清農工商部註冊執照 光緒三十四年二月二十四日

工商部公司註冊局

發執照事光緒二十九年十二月初五日本部具奏人臣等議欽此先後欽遵刊刻頒行在案查律載現已設立公司鋪店等均可向商部註冊以享一體保護之利益等處地方漢冶萍煤鐵廠鑛股分公司呈請註冊前列各款均屬相符應即准其註冊為此特給執照

右給漢冶萍煤鐵廠鑛股分公司收執

緒三十四年二月二十四日
第三類第五十七號註冊
第二百三十號執照

汉冶萍公司史

THE HISTORY OF HANYEPING CORPORATION

胡　政 / 主编
张后铨 / 著

招商局文库·研究丛刊

《招商局文库》编辑委员会

主任委员　胡　政　谢寿光

委　　员　(按姓氏笔画为序)

马　敏　刘兰兮　李亚东　朱荫贵
杨　群　陈争平　易惠莉　武　力
徐秀丽　虞和平　黎志刚

招商局文库总序

1872年创立的中国第一家民族工商企业——轮船招商局是晚清洋务运动仅存的硕果，它发展至今天，已成为横跨金融、交通、地产等三大核心产业的企业集团。自创立以来，招商局与祖国共命运，同时代共发展，饱经沧桑，几度挫折，几度辉煌，生生不息，以它与中国近现代化进程和中国近代社会经济生活的紧密联系从一个侧面折射了中国社会一百多年来的发展历程，它在自身经营发展中的重大事件印证了中国社会发展的跌宕起伏、荣辱兴衰，也成为中国近现代史上的重要坐标。招商局史不仅属于招商局，也属于全社会。招商局的发展史，值得学术界不断地探寻和回视。因此，有些学者提出了"招商局学"概念，希望学术界努力使之成为中国近代史研究的一个分支学派。可以说，发展和繁荣招商局历史研究，是大家的共同心愿。

自20世纪早期开始，不少专家、学者潜心研究，陆续出版、发表了许多有关招商局研究的著述，新观点、新发现层出不穷。继承招商局金字招牌的招商局集团深刻认识到招商局厚重历史的社会意义，自觉肩负起社会责任，从20世纪80年代开始，积极组织、投入各方面力量，挖掘招商局百年历史，分别在1992年和2007年成功举办了招商局历史学术研讨会，在2004年成立了招商局史研究会，设立了招商局历史博物馆，在2005年开设了招商局史研究网，历年出版和赞助出版了多本招商局历史研究图书，出资拍摄了多部招商局历史题材专题片，鼓励和支持了院校普及招商局历史知识以及培养招商局历史研究人才，派员对散落在各地的招商局文献进行了调查和复制以及购买，定期公开了许多招商局馆藏招商局历史档案。我们不遗余力地做好这些工作，除了推动招商局自身的企业文化建设外，最重要的是为社会各界研究招商局史提供力所能及的帮助，为社会研究招商局历史服务。

2010年，鉴于招商局历史研究的迫切需要和为了系统化地展示招商局历史研究的著述、文献史料，我们提出了出版"招商局文库"的设想，希望将以前历年来已出版的和今后将出版的有关招商局历史研究书籍以统一的版式集中出版。

社会科学文献出版社对我们的这一设想给予了大力支持，对如何建立"招商局文库"提出了具体的工作建议，并承担了出版任务。目前，"招商局文库"主要设有"研究丛刊"、"文献丛刊"两个系列。2012年，适逢招商局创立140周年纪念，我们将集中出版一批学术论著和历史文献，以作为"招商局文库"的开篇。今后，"招商局文库"书籍将陆续与大家见面。

希望"招商局文库"书籍能为大家提供更好的帮助，并引起更多的专家、学者和社会人士对招商局及招商局历史研究的关注、支持。

招商局集团
2012年1月

序

胡　政

呈现在读者眼前的，是"招商局文库·研究丛刊"系列最新收入的《汉冶萍公司史》，这是丛刊中第一次出现不以招商局为主要研究对象的学术著作，貌似突兀，却又是情理之中的事。

2012年，"丛刊"收入了一本题为《招商局与汉冶萍》的著作，作者张后铨教授在书中对汉冶萍和招商局的关系做了详细的梳理，指出招商局对汉冶萍在股权、人事、制度章程等方面的控制、参与和影响。譬如汉冶萍的前身汉阳铁厂和萍乡煤矿创办资本的95%和80%都来自招商局及其关系企业，招商局督办盛宣怀曾担任汉阳铁厂和汉冶萍公司最高负责人长达20年，等等。由于汉冶萍与招商局之间的这层"姻亲"关系，汉冶萍也就自然成为招商局史研究者视野中的一个焦点，张后铨教授的这本力著《汉冶萍公司史》正是在此关注焦点下的产物。

《汉冶萍公司史》从公司史的角度揭示了在中国近代动荡的社会环境下，一家钢铁公司从创立、发展直至消亡的完整历程。在近现代经济史研究中，专门为一家公司立传做史的很少，而以经济现象、事件、制度等方面的研究为主流，本书一方面为读者拉出了一条清晰的"史"的线索，同时在历史化的叙述中，深入剖析了汉冶萍公司的治理结构，对于它的官督商办体制、股份制结构、管理架构等，都做了梳理与深入研究。建立于大量一手资料的基础之上，这种史论结合的综合研究视角和方法，不仅努力向我们还原了历史场景，带出了对中国工业化、现代化进程的种种思考，同时也为读者带来了深入浅出、纵横捭阖的阅读体验。对于汉冶萍公司研究中的热点问题，如铁厂的选址、盛宣怀招募商股等，张教授也都提出了自己的看法，论述充分，让人信服。

张后铨教授是中国近代航运史与招商局史的研究专家，年已古稀，仍笔耕不辍。在写作此书的过程中，为了收集资料，张教授奔波于各大图书馆、档案馆、资料馆，付出了艰辛的劳动。《汉冶萍公司史》的出版，不仅丰富了我们对于招商局历史的认识，也丰富了我们对中国近代经济史的认识，在此要对张教授的辛勤工作深表谢忱。

"招商局文库"自2012年启动以来，迄今已收入了包括本书在内的七本学术著作以及历史文献，我们将继续丰富和完善这个文库，以推动对招商局及相关问题的学术研究。我们也将一如既往地为研究者提供适当的资助和必要的条件，希望能吸引到更多的有识之士加入到招商局史的研究中来。

2014年6月

（序作者为招商局集团副总裁、招商局史研究会副会长、招商局历史研究丛书编委会主任）

目 录

导　读 ·· i

第一章　强国之梦
　　——中国冶金业诞生的前奏 ··· 1
　第一节　中国矿产业面临的严峻形势 ······································ 1
　第二节　国人创办钢铁业的两次尝试 ······································ 13

第二章　异军突起
　　——江汉交汇处的巍巍大厂（1890～1896） ······················ 20
　第一节　汉阳铁厂的艰难诞生 ··· 20
　第二节　创办汉厂的重大意义与局限 ······································ 49

第三章　三足鼎立
　　——厂矿新格局的初步形成（1896～1908） ······················ 68
　第一节　官督商办体制在铁厂的确立 ······································ 68
　第二节　厂矿面貌脱胎换骨的变化 ··· 91
　第三节　汉阳铁厂的成就与缺陷 ·· 119

第四章　东方巨擘
　　——公司短暂的黄金时代（1908～1911） ······················· 144

第一节　汉冶萍公司的正式组建 …………………………………… 144
第二节　汉冶萍进入短暂黄金期 …………………………………… 157
第三节　汉冶萍举借日债及后果 …………………………………… 172

第五章　惊涛骇浪
——汉冶萍在困境中的挣扎（1912～1918） ………………… 185
第一节　一场险恶的中日合办案 …………………………………… 185
第二节　汉冶萍公司历经磨难 ……………………………………… 198
第三节　经营管理的大幅波动 ……………………………………… 248
第四节　大冶新厂的动工兴建 ……………………………………… 273
第五节　公司与中外势力的纠葛 …………………………………… 283

第六章　夕阳残照
——汉冶萍公司的迅速衰败（1919～1938） ………………… 307
第一节　汉冶萍厂矿的全面萧条 …………………………………… 307
第二节　公司与湖北矛盾的尖锐化 ………………………………… 351
第三节　公司与中央纠葛的长期化 ………………………………… 358
第四节　公司同日本关系的复杂化 ………………………………… 363
第五节　公司混乱的经营和管理 …………………………………… 401
第六节　安源路矿工人的伟大斗争 ………………………………… 423

第七章　烽烟四起
——抗战期间公司的风雨历程（1938～1945） ……………… 443
第一节　抗战初期厂矿大迁徙 ……………………………………… 443
第二节　重庆大渡口重建设新厂 …………………………………… 463
第三节　日本对冶矿资源的掠夺 …………………………………… 496

第八章　残阳如血
——汉冶萍公司退出历史舞台（1945～1948） ……………… 510
第一节　接收敌产和清理公司资产 ………………………………… 510

第二节　国民政府接收汉冶萍产业 …………………………… 516
　　第三节　华中钢铁公司的正式组建 …………………………… 519
　　第四节　战后钢迁会的沧桑巨变 ……………………………… 526

附　录 ……………………………………………………………… 531
　　汉冶萍公司大事年表 …………………………………………… 531
　　附　表 …………………………………………………………… 554

撰后杂感 …………………………………………………………… 565

导 读

钢铁救国

鸦片战争之后，外国势力不断蚕食中国的矿山资源。中国有识之士逐步认识到，必须发展民族矿产业，才能抵御外国势力对中国矿产的掠夺。在中国第一轮寻找煤铁矿的热潮中，布政使衔直隶候补道、招商局会办盛宣怀率先行动，于19世纪70年代奉李鸿章之命，相继在湖北广济、兴国和荆门设局采煤，虽然这些活动均以失败告终，但有一个惊人发现：找到了特大型优质铁矿——大冶铁矿。

中国人创办钢铁业的尝试开始于19世纪80年代。首先是潘霨、潘露兄弟在贵州试办青溪铁厂，接着是张之洞在广州筹设凤凰岗炼铁厂。这些试验均无果而终，但他们作为中国钢铁业先驱者的形象已经定格在中国冶金业的镜头上。

路通京汉

修筑京汉铁路的首创者是和李鸿章齐名的晚清重臣张之洞。

担任湖广总督的18年（1889~1907年）是张之洞一生中最辉煌的岁月，而创办京汉铁路和汉阳铁厂则是他督鄂期间最杰出的成就。张之洞力排众议，筚路蓝缕，主持修建了中国第一条干线铁路——京汉铁路（原称卢汉铁路），后世将他誉为"铁路主办元勋"。

时任津海关道兼招商局督办的盛宣怀是一位革新型、开放型官僚，也是一位长于谋略的经商奇才，自1896年兼任铁路总公司督办后，力克时艰，呕心沥血，为建成京汉铁路做出了极其重大的贡献，故张之洞称赞道："卢汉铁路乃吾兄一人之功。"

铁路是近代文明的象征，也是衡量一个国家近代化程度的重要标尺。1906年京汉铁路的建成标志着中国铁路建设新纪元的到来，这对于推动京汉之间的商业贸易往来，改变中国近代经济的总体格局，带动京汉沿线特别是汉口的城市建设和促进铁路相关产业特别是冶金业的发展，都具有难以估量的作用。

京汉铁路至今仍是贯穿南北的京广铁路的重要组成部分，武汉则是连接九省乃至全国的交通枢纽。呼啸前行的客货列车诉说着这段不寻常的往事，也在告诉世人：张之洞将和这条运输大动脉一道永远矗立在人们心中。

金牌铁厂

汉阳铁厂是为修建卢汉铁路于1890年创办的，是中国也是亚洲第一家规模最大的钢铁厂，1894年6月建成投产，使广袤而古老的亚洲大地上第一次露出了近代钢铁文明的曙光，并宣告了中国近代钢铁工业的正式诞生，其创办人张之洞赢得了"中国钢铁之父"的美誉。创办汉阳铁厂是中国近代化进程中里程碑式的大事，在中国冶金史乃至整个近代经济史上都具有极其重大的意义和深远的影响。

汉阳铁厂的建成，开创了中国冶金业的新纪元，为建设以汉阳为中心的钢铁煤炭联合企业奠定了基础，也为中国近代铁路建设做出了特殊重大的贡献。同时，初步形成了以武汉为中心的湖北近代工业新格局，引领了湖北乃至全国对外开放的潮流，并客观上为辛亥革命的爆发准备了社会经济条件。

汉阳铁厂在确定体制、筹措资金、购买机器、聘请洋匠、选择厂址、开采铁矿、寻找煤矿、扩大销路等方面均成绩斐然。尤其是已经大规模开采的大冶铁矿，成为亚洲最大铁矿和汉阳铁厂最重要的原料基地。

汉阳铁厂一度是亚洲首屈一指的金牌钢铁厂，盛宣怀称赞道："铁厂为中堂督鄂第一实业，十余年艰苦增拓，美溢欧美。"

但是，汉阳铁厂毕竟是一家官办企业，随着时间的推移，官办企业的弊端日益暴露，铁厂债台高筑，亏折不赀，似乎走进了一条死胡同，与此后创办的日本制铁所的差距也越拉越大。

汉阳铁厂已面临绝境，张之洞一筹莫展。

必经途径

汉阳铁厂要走出困境，必由之路只能是商办。

从官办到商办的过渡形式是官督商办，而其代表人物即为盛宣怀。他1896年就任铁厂督办后，委招商局帮办郑观应兼任汉阳铁厂总办。盛宣怀不仅在铁厂推行了一套行之有效的管理制度，而且带来了招商局、电报局、中国通商银行等企业的巨额投资，仅招商局一家的投资到1908年即达101.9万两。汉阳铁厂、萍乡煤矿、大冶铁矿的面貌发生了翻天覆地的变化。

盛宣怀委派总办李维格于1904年远赴欧美考察铁政，采买机器，选雇洋匠，采用西方新式技术，从1905年起对汉阳铁厂进行了彻底的改造和扩建，该厂从此被西方人士惊叹为"中国20世纪之雄厂"。

盛宣怀在中外专家对大冶铁矿反复勘测的基础上，开辟了新采区，使冶矿年开采能力达到17万~18万吨。

变化最大的莫过于萍乡煤矿，1898年3月成立萍乡煤局，次年，萍矿以招商局产业为担保，向德商借款400万马克，对萍矿进行彻底改造，并相继修建萍安、萍醴、萍株等铁路，萍乡煤矿成为中国较早采用机器采煤、洗煤、煤焦、运输煤焦的特大型煤矿之一，成为中国近代化程度最高的一座煤矿。

汉、冶、萍厂矿的规模不断扩大，20世纪初雇用工人约2万人，资产总值1908年高达4087万两，均为当时中国企业之最。

但是，官督商办之弊在汉、冶、萍厂矿越来越突出，任人唯亲、营私舞弊的现象越来越严重，相继发生林志熙贪污公款案等重大案件，对厂矿进行股份制改造已势在必行。

东方之光

如果说，汉冶萍从官办改为官督商办是一种无奈选择，那么，从官督商办到完全商办则是一种自觉行动。

盛宣怀1908年奏请清廷获准后，将汉、冶、萍各厂矿合组一家公司，即汉冶萍煤铁厂矿有限公司，1908~1911年共招股743万元，股本总额达到1380万元。产品销路不断扩大，迅速占领国内外两个市场，公司规模更加恢宏，在找矿方面更捷报频传。汉阳铁厂1909~1911年建成高炉3座，连续3年实现盈利。大冶铁矿1910年经总矿师赖伦勘测，总储量达1.039亿吨，为当时世界级大矿。萍矿1911年煤、焦产量分别达到创纪录的111.5万吨和16.6万吨。

汉冶萍公司是中国第一家民族冶金企业，是一家曾雄踞亚洲首位，总事务所设于上海，下辖汉阳铁厂、大冶铁矿、萍乡煤矿等厂矿，集化铁炼钢、煤铁开采、焦炭烧炼于一体，总股份达1380万元的股份制钢铁煤炭联合企业。

汉冶萍旗下企业众多，除三大厂矿外，还拥有独资或合资企业不少于40家，遍布鄂、赣、湘、皖、辽等省份及日本等外域。公司拥有一支颇具实力的专业运输船队。汉冶萍已成为国内最大企业，其资产总值约相当于另一家特大型企业——招商局的2.5倍，职工总人数在欧战爆发前后已接近3万和超过3万，这是近代中国最宏大的一支产业工人大军。

成立初期和欧战时期是汉冶萍公司的两个黄金期，钢、铁、矿石、煤、焦产销两旺，盈利大增，仅1916~1919年盈利即达1137万元。

商办初期的汉冶萍一派繁荣，光焰万丈，闻名遐迩。人们翘首企盼汉冶萍能够再攀中国冶金业的高峰。

风狂雨骤

正当汉冶萍健步迈进在世界钢铁舞台之时，一场狂风暴雨正在袭来。

公司受到辛亥革命风暴空前严重的冲击，财产损失高达372万两。心怀叵测的日本人趁机推销所谓的中日合办，试图将汉冶萍纳入自己的势力范围。此举激起中国人民的极大愤慨，在一片抗议声中，这场闹剧黯然收场。

此后几年时间内，汉冶萍历经了多次惊天动地的事变。国有风波、大借款案、官商合办、"二十一条"，将本已元气大伤的汉冶萍一次又一次推入黑浪翻滚的旋涡，其始作俑者正是日本人，汉冶萍走上了一条沦为日本附庸的不归路。

汉冶萍内外纠葛和矛盾特别频繁、复杂，公司与中央政府之间、公司与鄂赣等省地方势力之间、公司内部劳资之间的矛盾相互交织，更把汉冶萍折腾得遍体鳞伤。其中居于支配地位的是汉冶萍与日本帝国主义的矛盾，日本是扼杀汉冶萍的元凶。

在汉冶萍的各种纠葛中，我们要特别关注盛宣怀及其子盛恩颐所起的作用。盛氏父子先后担任汉冶萍最高负责人长达半个多世纪（1896~1948年），而整个汉冶萍历史不足六十年（1890~1948年），招商局一度是汉冶萍改归官督商办和商办后的最大投资商。招商局与汉冶萍的关系在盛宣怀逝世后虽基本终结，但以盛宣怀名字命名的愚斋义庄仍以第一大股东的身份牢牢掌控着汉冶萍。盛宣怀在汉冶萍所起的作用相当复杂，是他创办了汉冶萍并使之发展成为中国规模最大的钢铁煤炭联合企业，又是他将汉冶萍引向了沦为日本附庸的万丈深渊。其子盛恩颐对汉冶萍无寸功可言，他在充当日本傀儡、激化劳资矛盾等方面都扮演了一个不光彩的角色。

跌入深渊

自盛宣怀 1916 年病逝、欧战 1918 年结束之后，汉冶萍日渐走向衰败，貌似强大的躯体在内外势力夹击之下竟轰然倒下，昔日的繁华如过眼烟云，瞬间即逝。汉、冶两厂先后熄火停炉，萍乡煤矿被江西省接管，旗下众多企业如鸟兽散，显赫一时的汉冶萍只剩下孤零零的一座大冶铁矿在苦苦支撑。

是什么原因使汉冶萍顷刻间土崩瓦解？管理方面的失误、各类人才的奇缺、国内形势不安定、公司资本构成不合理、支付的利息过高、国家无力实行保护政策、国家无重大建设工程、盛氏家庭的操控、地方势力的争夺、公司高层无休止的盘剥、中央与公司关系未理顺、国际钢铁市场的萎缩、萍乡煤焦供应链断裂、公司执行寅吃卯粮政策……诸如此类，不胜枚举。这都是撼动汉冶萍这棵大树的力量，但都难以将它立即扳倒在地。

汉冶萍失败的主要原因是日本帝国主义对公司疯狂的经济掠夺和赤裸裸的独自占有，这是近代中国社会的主要矛盾——帝国主义与中华民族矛盾发展的必然结果。

甲午战争后创办的日本制铁所为解决铁矿石供应问题，将目光盯上大冶铁矿，开始了一系列有计划、有预谋的行动。先是前首相伊藤博文1898年来华作试探性"旅行"，1899年日本与中国签订煤铁互售合同，迈出了染指冶矿的第一步。1904年双方签订公司向日本借款300万元的合同，以冶矿的部分产业作担保，以向日本出售矿石的收入偿还债务，这是公司首次向日本借债。据日本官方透露，他们将通过各种手段攫取冶、萍两矿的采掘权、管理权，这是一个深谋远虑的长期侵略计划。日本在自身欠有大量外债的情况下，不断向汉冶萍贷款，截至1930年5月共贷款32笔，计5060万日元、银396万两、洋例银82万两。这些以公司全部财产作抵押、时间长达40年、利息又偏高的贷款，像一根根绳索将汉冶萍牢牢捆住，直至窒息而死。公司在冶矿的一切权利，包括矿山开采权、经营自主权、矿山管理权、产品定价权都被剥夺。冶矿变成了日本的单一供矿机构和经济附庸。大冶沦陷期间日本彻底抛弃最后一块遮羞布，设立日铁大冶矿业所，直接进行野蛮霸占和殖民统治。向汉冶萍贷款是日本进行资本输出的血淋淋的典型案例。

在公司走向衰亡的过程中，盛宣怀之子、汉冶萍总经理盛恩颐助纣为虐，起了特别恶劣的作用。

安源罢工

萍乡煤矿是汉冶萍的重要部分，路矿两局工人最多时达1.7万人，这是一支同先进的生产方式相联系，高度集中，特别能战斗的产业工人大军。

安源路矿工人运动是汉冶萍工人运动最精彩的一页，是汉冶萍工运史上参与人数最多、持续时间最长、活动区域最广、斗争策略最佳、影响最为深远的一章。

安源煤矿是中国工人运动的策源地之一，这里诞生了中国共产党第一个产业工人支部，中国第一个产业工会组织——安源路矿工人俱乐部，中国工人阶级第一个经济组织——安源路矿工人消费合作社。

安源路矿工人运动同毛泽东、李立三、刘少奇等领袖人物的革命活动紧密相连，同秋收起义、井冈山创建根据地等伟大革命斗争休戚相关。

安源路矿工人运动的烈火在极其严酷的环境下熊熊燃烧了五年多，他们采用"哀而动人"、"弯弓待发"等策略，使安源路矿工人俱乐部在白色恐怖下"巍然独存"。安源工人在秋收起义中的表现"颇具声色"，被党中央赞誉为"革命的先锋队"。

安源工人运动是汉冶萍工人运动的缩影，创造了中国革命运动史上的奇迹。

分道扬镳

抗战爆发后，汉冶萍经历了一场大动荡、大变迁、大分化。

汉冶萍大部分员工卷入全国抗日战争洪流，开展了一场惊心动魄的厂矿大迁徙。在钢迁会组织下，一支由招商局、民生等公司60余艘新式轮驳和7000余条旧式木船组成的浩大船队，承满5万余吨器材设备，穿梭于长江中流和川江航线，构成了一幅壮阔恢宏的画卷！中国钢铁工人和海员船工在严酷战争环境下抒写了一组雄浑悲壮的英雄史诗。

钢迁会入川后，选址大渡口重建钢厂，在川南桐梓、綦江开采煤铁矿，克服千难万险，承担起生产钢铁的重任，为保证抗日战争对钢铁的需求和大西南冶金工业体系建设做出了巨大贡献。

与此形成鲜明对比的是，盛恩颐一伙1938年东渡日本，对日方做出具有通敌性质的表态："通力合作，事不难为也"，后又当面接受东条英机"以后冶矿概归军部管理"的命令。汉冶萍部分职员为虎作伥，积极为日本震慑和役使华籍矿工效力。日铁战时疯狂掠运大冶矿石500万吨，盛恩颐同样难逃罪责。

落日斜阳

抗战胜利后，国民政府全面接收日铁大冶矿业所在鄂财产，同时清理和接管原汉冶萍在湖北境内的产业。整个接收和接管过程依法有序进行。

资源委员会清理汉冶萍的最终目的是将其收归国民政府所有。盛恩颐之流不甘心失去已有权力和利益，顽固地抵制和抗拒国民政府的接管，但这不过是螳臂当车而已。盛恩颐的哀号是留给这家企业的最后一首挽歌。

在接收日铁大冶矿业所产业和清理原汉冶萍资产的基础上重建一座新的钢铁厂本来是顺理成章之事。但是，由于内战爆发，经济萧条，民生凋敝，抗战胜利前夕就开始筹议的华中钢铁公司历经波折，一再缩减建设规模，最终只进行了试验性炼钢便草草收场。

抗战胜利后，随钢迁会西迁的原汉冶萍大部分设备和人员的命运也发生了重大变化。随着国民政府内战政策的失败，大渡口钢厂生产跌入低谷，基本建设停滞不前，企业的命运即将发生根本性改变。

抚今追昔，感慨万千。从武钢、重钢、汉钢、冶矿、新冶钢、萍矿身上，我们不仅可以依稀看到昔日汉冶萍的风采，也惊叹于时代的沧桑巨变，更为汉冶萍昔日最重要的盟友招商局重铸辉煌而喝彩。

第一章 强国之梦

——中国冶金业诞生的前奏

第一节 中国矿产业面临的严峻形势

鸦片战争之后，中国社会发生了广泛而深刻的变化，中国矿产业同样面临前所未有的变局。

一方面，西方殖民主义者（包括后起的日本军国主义者）不断蚕食中国的矿产资源，直至把中国各类矿山变为他们各自所在国的原料供应基地；另一方面，中国近代民族矿产业冲破重重压迫，顽强崛起，逐步发展成能与西方势力相抗衡的庞大产业。

一 外国殖民势力染指中国矿业

最初，外国人觊觎和追逐的目标是黄金。1865年2月，俄国军人聚集在中国吉林边境的额卢毕拉，将俄国的罪犯发往中国吉林所辖的阿穆达宾，准备开挖金矿，引起了清廷总理各国事务衙门（以下简称总署）和地方当局的警觉。[①] 此后，在山东平度州、宁海州等地，美、法、英、俄等国驻华使节和商人纷纷要求当地中国官员放松对私挖金矿的禁令，均遭到总署和地方官员的严词拒绝。

外国入侵者开始将搜寻的目标扩大到煤、铁等矿，且最初选在偏远的

[①] 中研院近代史研究所编《矿务档》，台北，中研院近代史研究所，1961，《附录 大事年表》，第1页。

海岛。1866年6月，英国驻华公使阿礼国（R. Alcock）谒见福建督抚，要求派人"帮同开采"澎湖厅所属的虎头山煤矿，被地方当局拒绝。[①] 1867年10月12日，总署恭亲王奕䜣上奏："各国骎骎乎于条约外多方要索，臣衙门但可据理辩驳，无论如何晓渎，总不轻易允许。"[②] 同一天，总署致各省将军督抚"条说"，指出外国人"开挖煤窑，欲将自然之利供彼贪婪"。[③] 总署的"严禁"显然是筑藩篱以自固。

船政大臣沈葆桢同年12月27日上奏："可否官为设厂，招彼国之精于是术者优予廪给，购置机器，于湖广之大军山先行试办。所得之煤许中国均照平价交易，利则他处仿照办理。"[④]

沈葆桢关于引进外国技术、用机器自开煤矿的主张比总署单纯查禁的做法要高明得多。洋务派领军人物曾国藩、李鸿章表达了相近意见。曾国藩奏称：

> 惟挖煤一事，借外国开挖之器，兴中国永远之利，似尚可以试办。[⑤]

李鸿章亦奏称：

> 或用洋匠购造机器，自行开挖，准洋商贩用，均由各督抚通商大臣临时筹议，妥章办理。推之产铁产铜未经开办之处，彼若固请开挖，并可酌雇彼之精于是术者，由官督令试办，以裕军需而收利权。[⑥]

[①] 《福建通志》第83册，外交志，第6页，转引自孙毓棠编《中国近代工业史资料》第1辑上册，中华书局，1962，第207~208页。

[②] 《总理各国事务衙门恭亲王等奏》（1867年10月12日），载《筹办夷务始末》（同治朝）卷50，1929~1930年影印本，第24~28页。

[③] 《总理衙门致各省将军督抚条说》（1867年10月12日），载《筹办夷务始末》（同治朝）卷50，第30~35页。

[④] 《船政大臣沈葆桢奏》（1867年12月27日），载《筹办夷务始末》（同治朝）卷53，第1~7页。

[⑤] 《两江总督曾国藩奏》（1867年12月29日），载《筹办夷务始末》（同治朝）卷54，第1~4页。

[⑥] 《湖广总督李鸿章奏》（1868年1月22日），载《筹办夷务始末》（同治朝）卷55，第6~16页。

沈葆桢主张"权操诸我",李鸿章亦主张"由官督令试办",其要害是维护国家矿权,这与洋人的想法相去甚远,诚如左宗棠所披露的那样:

> 洋人挖煤,实则开矿,其言煤者托词耳。将来开矿一事亦必议及。如准其租山,则变成夷业,年月久暂殊难预定,必滋事端。①

尽管总署和各级官员采取不同形式进行抵制,但外国人始终未放弃染指中国矿业的图谋。1868年7月,上海《字林西报》"建议中国开矿",为西方国家在中国开发矿业大造舆论。7月27日,上海的外国报纸又一次发出"强开中国沿海矿产"的鼓噪。他们还提出了具体的采矿目标,7月30日,美国驻华公使照会总署:"建议中国自开金矿。"但清政府有关不准洋人在华开矿的禁令并未松动。9月3日,总署函请山东巡抚丁宝桢:"选调劲旅,查禁洋人挖矿。"9月20日,总署又派天津洋枪队前往烟台,协助地方当局阻止洋人开矿。10月14日,总署再次照会英、法、俄、美、日等国驻华公使,指出:"已调派洋枪队前往山东,查禁挖矿。"清政府还采取了一些果断措施,将"宁海州挖矿洋人分别遣散"。

这一切都未能遏制住外国人攫取中国矿产的野心。1868年10月29日,美国驻华公使威廉士"再度建议中国开矿"。由于清廷和地方当局的强烈反对,外国人大规模开采中国矿藏的图谋暂未实现。

外国人在中国探矿是为了实现他们孜孜以求的"黄金梦",而中国更是一个产铁历史悠久的国家。到春秋时期,兵器、礼器多用铜,而农具则用铁。秦汉之际,铁多用于制造兵器,铁业始盛。同时,中国也是一个煤矿资源丰富、产煤历史悠久的国家。

从19世纪中叶开始,外国轮船大量驶入中国水域,所需燃煤激增。在此前后,不断有外国军人、煤矿老板、矿师、各类商人、地质学家甚至外交官来到中国勘测和考察中国煤矿资源。对外国势力的步步紧逼,清政府

---

① 《左文襄公全集》卷9,《书牍》,光绪十六年至二十三年刊,第52~55页。

仍予以抵制和拒绝。①

在力图开采中国矿藏的同时，西方开始在中国大量倾销煤铁等矿产品。这首先是为了满足已经在中国江海水域从事营运活动的外国轮船公司的用煤需求。据统计，19世纪60年代中期，行驶长江航线的美国旗昌轮船公司每年耗煤约20万~30万吨，行驶沿海航线的外国轮船每年约耗煤40万吨，这些煤大都从英国、澳大利亚、日本输入。从19世纪50年代中期到70年代初，每年从外国输入中国的煤炭，仅上海一埠即从3万吨增至16万吨。② 19世纪70年代初，英国发生煤荒，煤价1872年猛涨60%~100%，这就使依赖洋煤的中国企业压力大增，因此，中国人使用近代技术开采煤矿已势在必行。

二　中国近代煤铁开采业的试办

在清廷大员中，洋务派领袖李鸿章首先认识到开采矿业的重要性，他在19世纪70年代中叶就指出：

> 中国金、银、煤、铁各矿胜于西洋诸国，只以风气未开，精华闷而不发，利权之涸日甚一日，复岁出巨款购他国煤铁，实为漏卮之大宗。③

李鸿章将对煤、铁、铜、铅、汞和贵金属矿产资源不加开采比作"家有宝库，封锢不启，而坐愁饥寒"。他提议请外国地质学家到一些省份勘测矿藏，并且鼓励中国商人组织公司，用机器开矿；政府可以给予创办贷款帮助这些公司，然后每年酌提其利润的10%或20%。李鸿章期望10年后矿山将获得十分显著的收益。④

近代煤铁开采业的试办是与洋务运动中相继诞生的军事工业和民用工

---

① 袁为鹏：《聚集与扩散：中国近代工业布局》，上海财经大学出版社，2007，第15~16页。
② 严中平主编《中国近代经济史（1840~1894年）》下册，人民出版社，2001，第1239页。
③ 《李文忠公全集》卷40，《奏稿》，1905年南京版，第41页。
④ 〔美〕刘广京、朱昌峻合编《中国近代化的起始——李鸿章评传》，陈绛译，上海古籍出版社，1995，第80页。

业对钢铁、煤炭的巨大需求密切相关的。

中国近代军事工业的诞生以1861年9月5日曾国藩设立安庆内军械所为标志。此后，一大批军工企业相继创办，如上海洋枪局、苏州洋炮局、江南制造局、金陵制造局、福州船政局和天津、西安、福建、兰州、云南、广州、山东、四川、吉林、浙江、台湾等地的机器局及北京神机营机器局，截至1890年最少有军工企业19家，[①] 共耗银7200万两（库平银）以上，仅沪、宁、津三局从创办到1894年耗资2454万两，约占清政府在军工企业总投资5000万两的一半。

继军事工业之后，关系国计民生的民用企业纷纷问世。1872年12月26日获清廷批准，1873年1月17日正式开局的轮船招商局是中国近代第一家民用工交企业。[②] 中国政府和商人又相继创办了中国电报局、上海纺织局、磁州煤铁矿、开平矿务局、基隆煤矿、广兴煤局、荆门煤局、云南铜矿、平泉铜矿、淄川铅矿、漠河金矿、青溪铁厂等20多家近代民用企业，共约耗银1700万两。"军械和轮船的制造都以钢铁为主要原料，都成为钢铁的大消费者；可是当时本国不能制炼钢铁，必须自外国购入。这种情形，一直到了光绪中叶，还没有多大改变。"[③] 在此情况下，国人已经认识到：不能永远依赖外国钢铁，中国必须自设钢铁厂。洋务运动中诞生的规模宏大的军事和民用工业需要大量的铁、煤等原料和燃料。寻找煤铁矿摆上了清政府和相关大员的议事日程，试办煤铁开采业成为洋务运动的重要组成部分，详见表1-1。

表1-1 中国近代早期煤铁矿简表

年　份	矿　名	创办人	经营性质	资　本
1875	直隶磁州煤铁厂	李鸿章	官　办	不　详
1875	湖北广济兴国煤矿	盛宣怀	官　办	直隶湖北练饷30万串
1876	台湾基隆煤矿	沈葆桢	官　办	常年经费10万两，1887年再拨12万两

---

① 《中国近代工业史资料》第1辑上册，第565~566页。
② 张后铨主编《招商局史》（近代部分），中国社会科学出版社，2007，第32~33页。
③ 全汉昇：《清末汉阳铁厂》，载《中国科学院历史语言研究所集刊》第21本第1分册，1949。转引自陈真编《中国近代工业史资料》第3辑，三联书店，1961，第371页。

续表

年 份	矿 名	创办人	经营性质	资 本
1877	安徽池州煤矿	杨德、孙振铨	官督商办	10万两，1883年增资20万两
1877	直隶开平煤矿	李鸿章、唐廷枢	官督商办	80万两，后增至100万两
1879	湖北荆门煤矿	盛宣怀	官督商办	不 详
1880	山东峄县煤矿	戴华藻	商 办	2万两
1880	广西富川贺县煤矿	叶正邦	商 办	不 详
1882	直隶临城煤矿	纽秉臣	商 办	10万两（?）
1882	江苏徐州利国驿煤铁矿	胡恩燮、胡碧澄	官督商办	拟招50万两，实招10余万两
1882	奉天金州骆马山煤矿	盛宣怀	商 办	20万两
1883	安徽贵池煤矿	徐秉诗	商 办	不 详
1886	贵州青溪铁矿	潘霨、潘露	官 办	30万两
1884	山东淄川煤矿	张曜	官 办	不 详
1884	北京西山煤矿	吴炽昌	官督商办	不 详
1890	湖北大冶铁矿	张之洞	官 办	
1891	湖北大冶王三石煤矿	张之洞	官 办	由湖北铁路局经费开支
1891	湖北江夏马鞍山煤矿	张之洞	官 办	

资料来源：《中国近代工业史资料》第1辑下册，第1170~1173页。

这里，我们就中国冶金业萌芽时期的情况作一些简要介绍。

1874年初，直督总督兼北洋大臣李鸿章、船政大臣沈葆桢奏请开采煤铁矿以筹办江海防务。6月4日，清廷下旨："开采煤铁事宜，着照所请。"① 是年冬，李鸿章密谕布政使衔直隶候补道、招商局会办盛宣怀："中国地面多有产煤产铁之区，饬即密禀查复。"②

开办近代中国煤铁矿业正式拉开了帷幕。

第一个在中国冶金煤炭业中崭露头角的人物是盛宣怀（图1-1）。

---

① 《海防档》（四），第2305页。
② 夏东元编著《盛宣怀年谱长编》上册，上海交通大学出版社，2004，第28页。

盛宣怀（1844～1916年），江苏武进人，字杏荪，一字幼勖，号愚斋、次沂，晚年自号止叟、思补楼斋主人（补楼），1870年入李鸿章幕，其从政和经商才能得到充分显露，仕途一帆风顺，短短几年内从主事、淮军后路营务处会办升至布政使衔直隶候补道，1872年奉李氏之命，参与筹办招商局。1873年9月9日被李鸿章札委为招商局会办，成为洋务派在兴办民用工业方面最重要的代表人物。

图1-1　盛宣怀

盛宣怀最初的采矿活动是从湖北开始的。1874年初，湖北广济（今武穴市）、兴国（今阳新县）一带发现了煤铁矿。"洋人指称广济之阳城山产煤甚旺，请由彼国开挖。"李鸿章颇具胆识地指出："与其使利归外夷，不如使利还中国。且中国正苦煤绌，何为舍自有之利而转向洋人购买。"[①] 1875年1月，李鸿章和两江总督兼南洋通商大臣沈葆桢、湖北巡抚翁同爵联名奏准清廷，由盛宣怀负责办理湖北矿务。1876年1月14日设于广济盘塘的"湖北开采煤铁总局"木质关防正式启用。

广济兴国采煤得到最高当局的批准，1876年2月1日，清廷颁旨："现由李鸿章、翁同爵筹拨制钱共三十万串，拟即派员设局试办等语。"清廷命翁同爵"饬令道员盛宣怀妥为经理，并饬道员李明墀会同筹办"。清廷提出的煤矿利润分配方案是"至煤铁所售价银，即着照所拟，提还湖北、直隶资本。俟提清后即以此项余利作为江海筹防经费"。[②]

圣旨长260余字。如此长篇圣旨极为罕见，表明了清廷对开采湖北煤铁的高度重视。盛宣怀接旨后立即付诸实际行动，数度亲临广济现场指挥。

广济采煤引起巨大反响，据称："盛宣怀以广济试用洋法开煤，本为

---

① 吴伦霓霞、王尔敏合编《盛宣怀实业函电稿》（下），香港中文大学，1993，第775页。
② 《李鸿章札湖北开采煤铁总局文》（1876年2月6日），载陈旭麓、顾廷龙、汪熙主编《盛宣怀档案资料选辑之二：湖北开采煤铁总局、荆门矿务总局》[以下简称《盛档》（二）]，上海人民出版社，1981，第53页。

各省现设船炮等局需煤日多，与其购自外洋，不若采自中土。"①

由于广济兴国一带"多处煤层不厚，碎煤多而整块少"，声势一度较为浩大的广济兴国采煤最终在1880年11月落下了帷幕。② 诚如时人所言："湖北广济停办，移于荆门州开挖，官办改为商办。"③ 1877年10月下旬，盛宣怀又在湖北荆门州所属当阳县境内的观音寺设立荆门矿务总局，准备大规模开采当阳煤矿，但同样由于"煤既不佳，层亦太薄"，加上交通不便等诸多因素的影响，荆门采煤再一次无果而终。

盛宣怀既为开采湖北煤铁忙碌，又要处理招商局大量事务，他是如何二者兼顾的呢？两江总督沈葆桢有一段话将此讲得非常透彻。

> 该道（指盛宣怀）明敏干练，才识兼优，亟应督率经理，以裨局务而广利源。湖北开采煤铁，虽亦该道管理，然一水可通，常川往来，两事尽可兼顾，岂宜遽存去此就彼之心？④

盛宣怀凭着超凡的经营能力，再加上李鸿章的倾力支持，才能轮船、煤铁兼顾而游刃有余。盛宣怀可能因为将更多精力放在湖北煤铁上面，以致发出自己被"局中视为无足轻重之人"的感慨。⑤

三　大冶铁矿的重新发现与沉寂

（一）大冶铁矿的重新发现

盛宣怀湖北勘矿虽然遭受了两次挫折，但却有一个极其重大的发现：找到了当时举世罕见的特大型铁矿——大冶铁矿（简称冶矿）。

大冶铁矿是盛宣怀委派英籍矿师郭师敦（A. W. Crookston）在寻找煤矿的过程中发现的。1877年7月17日，郭师敦一行结束勘矿从兴国回到

---

① 《通商章程成案汇编》卷6，光绪二十二年（1896）版，第27页。
② 胡政主编、张后铨著《招商局与汉冶萍》，社会科学文献出版社，2012，第5～25页。
③ 刘坤一：《刘忠诚公遗集》卷16，《奏疏》，光绪元年刊，第46页。
④ 《沈葆桢札盛宣怀文》（1877年2月15日），载汪熙、陈绛编《盛宣怀档案资料选辑之八·轮船招商局》[以下简称《盛档》（八）]，上海人民出版社，2002，第40页。
⑤ 《盛宣怀禀李鸿章》，亲笔底稿（1879年），转引自《学术月刊》1982年第4期，第37页。

广济盘塘总局后,向盛宣怀汇报:龙港一带"五金较为可靠","其铁苗皆从大冶而来"。①

大冶铁矿是鄂东特大型富矿,面积约200平方里,开采时间长达1159年(226~1385年)。②

大冶绅士贺镜如听到盛宣怀在广济盘塘设立开采煤铁总局的消息后,便将大冶一些矿样送往盘塘,请矿师验视。盛宣怀遂命郭师敦将寻找铁矿的重点放在大冶一带。1877年8月初,郭师敦从大冶回到盘塘总局,"据称所看县北四十里之铁山,铁层平厚,毋庸打签(扦),可决其足供数十年采炼,且邻境俱属富有铁矿,机器熔炼必无矿少之患"③。从此,中国近代冶金史上甚至中国近代化历史上都会镌刻上这样一个非同凡响的名字——大冶铁矿。

大冶知县林佐获知铁山发现大铁矿的消息后,立即绘制铁山图样送呈盛宣怀。李鸿章特于8月16日致函鼓励盛宣怀,但鉴于其时盘塘已亏损3万两,李鸿章认为:"目下煤铁势难兼营,似应收窄局面,专力开煤。"他仍然把采煤放在优先位置。

盛宣怀和其矿师郭师敦在煤铁问题上的看法与李鸿章略有差异。郭师敦9月27日在宜昌拟订《化验矿质报告》,化验样品既有当阳煤矿,也有铁山铁矿、兴国锰铁矿。结果显示,铁山矿含铁86.6%,铁淡1.62%,此外是少量水和杂质,不含硫黄。郭师敦盛赞:"矿之佳者推此为最,以熔生铁,洵称上等。"他在铁矿周围还发现了大量铁渣,"足征前人在彼业经开采多年",经化验,这些铁渣含铁竟高达54%。这些铁渣的数量,各家说法不一,郭师敦称有数千吨;有人说有几十万吨。据有人取铁渣化验,平均含铁量竟达51.5%。④ 也有人说:"其所遗渣迄今尚存约有数百万吨,成为一山脉。"⑤

郭师敦在兴国州北门外5英里处还发现了一处上等锰铁矿,他预言,

---

① 《盛宣怀致翁同爵函》,(1877年7月18日)载《盛档》(二),第203~204页。
② 刘明汉主编《汉冶萍公司志》,华中理工大学出版社,1990,第42~43页。
③ 《盛宣怀致翁同爵函》(1877年8月5日),载《盛档》(二),第210页。
④ 《汉冶萍营业之扩张》,载《时报》1916年3月27日。
⑤ 《大冶铁矿》,译自《实业之日本》卷10,第14号,转见《时报》1907年10月21日。

如将兴国锰矿"与大冶县铁山所产之矿两质合熔生铁,再炼熟铁及钢,足供中国各厂一切需铁之用,所冀外挖不完"。这当然是极具诱惑力的一件事情,为了尽快实现大冶炼铁的计划,郭师敦于同年10月2日拟订了《核算生铁厂成本报告》。

(二) 大冶铁矿归于沉寂

盛宣怀将郭师敦的建议及时上报给了李鸿章,但李鸿章不同意拨款,故开发铁山之事暂被搁置。

虽然盛宣怀、林佐、郭师敦等对开发大冶铁矿态度积极,盛宣怀甚至提出了几套建厂方案,但李鸿章仍态度谨慎:"如果贸然举办,仍蹈前辙,该道不可不益加审慎,免滋后悔。"[①]

郭师敦1878年1月14日在武昌再次写成《勘矿报告》,着重分析铁山一带的铁矿化学成分与开采前景,同时提出未来熔铁炉的选址方案。据郭师敦估计,铁山总储量500多万吨,"若以两座熔炉化之,足供一百余年之用"。矿石含铁量60%~68%,平均约63%,且无硫黄杂质,"洵称上等佳铁,足与英、美各国所产上等铁矿相提并论"。郭师敦还建议,将化铁炉选在"黄石港东首半英里外地基地"。这里原系坚石,地近江滨,基址颇高,附近又有炼铁必须使用的石灰石,且运输条件好,"无不皆便"。郭师敦还发现,武昌(今鄂州市)樊口铁矿含铁47.68%~53.76%,虽矽石酸含量达26.6%,但地近长江,"转运便捷",仍具开采价值。

盛宣怀再次向李鸿章和湖广总督李瀚章提出勘察、开采大冶铁矿的请求。1877年12月11日,李瀚章批准盛宣怀率领郭师敦前往大冶复查铁矿,招募当地居民试挖,并详勘沿江转运道路,择地设厂。12月15日,盛宣怀从省城武昌起程,17日抵大冶黄石港,会同大冶知县林佐与郭师敦一起勘察铁矿。铁山矿苗甚旺,"遍山皆铁",龙洞、和尚帽、铁门坎、潘姓山等处,"铁苗到处显露"。

盛宣怀旋率林佐、郭师敦等详细察看了周边水陆运道,并对安炉基地也进行了考察,"周历大冶县属之沿江一带",未能发现十分理想的设炉之

[①] [附件]《李鸿章批》(1877年12月29日),载《盛档》(二),第271~272页。

地。1878年1月2日,盛宣怀督率林佐、郭师敦,会同武昌县令和黄冈县令等前往樊口,履勘两县所属长江南北两岸,行程百余里,仍未找到合适的安炉之地。

盛宣怀1月21日向李鸿章禀报履勘大冶、武昌两县铁矿和筹划安炉基地情况,"拟于日内率矿师赴上海",筹议订购铁炉机器,以便试炼大冶、武昌所产铁矿,从此,大冶铁山一带探矿、采矿、设炉炼铁逐渐步入正轨。是年2月,盛宣怀在经过周密调查和做好当地村民工作的基础上,以湖北开采煤铁总局名义用款60万串制钱买下了铁门坎、纱帽翅、铁山铺、龙洞等处矿山。① 据其堂侄盛春颐事后称:"铁山颇为辽阔,昔年大人所购之地,不过十之一二。"② 也有人称:"盛宣怀以九百两,买大冶之狮子山、得道湾等处铁山。"③

此时,李鸿章对开采大冶铁矿不再持反对态度。

于是盛宣怀逐渐将矿务重点由煤转向铁,1878年4月下旬禀李鸿章文中称:"湖北矿务当以铁为正宗,而采煤不能不一以贯之。"他给李鸿章算了一笔细账:购买机器、安炉、买地及储备矿石、灰石、煤共需银20万两。盛宣怀请求李鸿章批准,将直隶所存苏典生息14.5万串,再于应缴息款内拨钱5000串,凑足15万串,改拨湖北铁厂;另请湖广总督、湖北巡抚批准将湖北所存生息10万串改拨湖北铁厂,以备购办机器、买地造厂之需。其不敷之款,由盛宣怀续筹济用。盛宣怀还请求免息两年。

为了确保万无一失,1878年5月中旬,盛宣怀禀报李鸿章,他已于正月将准备购置的生铁熔炉所需各件,"绘图寄往英国铁厂,核实估价"。8月21日,郭师敦致信盛宣怀,称已接到英国方面的回信,数月前寄往伦敦的大冶、武昌铁矿样品,经著名化学家李雷化验,"当以大冶铁矿为最

---

① 《盛宣怀致吕景端函》(1912年7月3日)、《盛宣怀致李维格、杨学沂函》(1914年3月24日),载陈旭麓、顾廷龙、汪熙主编《盛宣怀档案资料选辑之四:汉冶萍公司(三)》[下简称《盛档》(四)之《汉冶萍公司》(三)],上海人民出版社,2004,第295、831页;夏东元编著《盛宣怀年谱长编》上册,第78页。
② 《盛春颐致盛宣怀函》(1890年2月23日),载陈旭麓、顾廷龙、汪熙主编《盛宣怀档案资料选辑之四:汉冶萍公司(一)》[下简称《盛档》(四)之《汉冶萍公司》(一)],上海人民出版社,1984,第11页。
③ 《汉冶萍煤铁厂矿大事年表》,载《中国近代工业史资料》第3辑,第515页。

佳"。李雷的化验结果与郭师敦原先的化验结果十分接近,据李雷称:"以大冶所产者为上等佳矿。"未久郭师敦又接到英国管理铁钢各政院董医士辛生史的信函,称"曾见大冶铁矿,铁质甚佳,将来堪以熔炼上等佳钢";"二人所述甚详,且极为称羡"。

盛宣怀于同年9月上旬致函李鸿章:"现在大冶铁山均已买成,安炉基址亦已勘定,铁样既经熔出,成本亦曾约核,应购熔炉机器并已绘图寄赴英厂。"鉴于条件已趋成熟,李鸿章9月9日任命盛宣怀为督办,主持创办大冶铁厂事宜,但盛宣怀多次致函李鸿章,建议在大冶安炉冶铁,始终未获批准。

李鸿章1879年2月14日致函盛宣怀,对兴办煤铁不无忧虑。为了解除李鸿章的疑虑,盛宣怀在5月上旬致函李瀚章,提出两策,其中有关炼铁的建议是:"如仍归官办,拟请在制造、海防项下每年拨款,以煤熔铁,以铁供制造,联为一气。而以前首五年用款,援照制造局奏销。"这里,兴办钢铁煤炭联合企业的思路已初露端倪。

李鸿章命盛宣怀"招商开采",但迄今我们未见到盛宣怀招商开办冶矿的任何记录。而外国人,如英国矿师郭师敦、总税务司赫德都打算招集洋股试开兴、冶之矿,对此盛宣怀深怀戒备。由于多种因素的制约,大冶铁矿同盘塘煤局、荆门煤局一样草草收场。

大冶探矿、炼铁从此归于沉寂。

(三) 中国矿产业的全面停顿

几年之后,朝野有关开采矿业的议论又活跃起来。1884年8月,左都御史锡珍等奏称:"五金金矿,听民开采,官征其税,载在会典。近来行驶轮船,设制造局厂,煤铁之需益伙。"他们建议朝廷对矿业实行商办,"不如令商任其事,而官考其成,以期有利无弊"[①]。这里所说的商办实际上就是官督商办。总理衙门对这份奏片表态冷淡:"本部堂既无成案可稽,未由悉其利弊,无从核议。"[②]

---

① 《矿务档》(一),第1~2页。
② 《矿务档》(一),第3页。

但是，社会需要总是工业发展的推动力量，时隔一年之后的 1885 年 8 月 10 日，矿务铁路总局正式开局，月领经费 1000 两。

清政府开发矿业拉开了序幕。

开发矿业尚未见眉目，一些衙门和地方大员就想到了分利。1886 年 7 月，署理湖广总督裕禄等奏称："请将招商、电报、矿务等项，酌提余利解充海军薪饷。"未久，京城"猝遭兵燹，所有铁路矿务局档案全行遗失"①。随着这一场大火，中国矿务事业再次陷于停顿。

第二节　国人创办钢铁业的两次尝试

19 世纪 80 年代，中国人进行了两次创办钢铁业的尝试。一次是潘霨、潘露兄弟试办青溪铁厂，一次是张之洞筹设广州凤凰岗炼铁厂。两次试验虽都无果而终，但这并不影响人们对中国近代钢铁工业先驱者历史地位的评判。

一　潘氏兄弟试办青溪铁厂

19 世纪 80 年代前后，全国不少省份纷纷投资挖煤采铁，地处西南的贵州也不例外。贵州巡抚潘霨及其弟潘露试办青溪铁厂便是典型一例。

潘霨（？~1892 年），江苏吴县人，字蔚如，亦字伟如，进士出身。1868 年任东海关道，次年擢升福建按察使，1870~1891 年历任福建布政使、湖北布政使、湖北巡抚、江西巡抚、贵州巡抚等职。

潘霨在维护国家矿产主权方面旗帜鲜明，1868 年便因反对洋人在烟台开挖金矿而名噪一时。1885 年 12 月 6 日，署理贵州巡抚才一年的潘霨上奏清廷，指出："黔省地瘠民贫，尺寸皆山，矿产极多，煤铁尤盛。"潘霨认为："此二项为黔产大宗，开采易见成效……未始非裕国民之一端也。"②

---

① 《海防档》（一），第 14 页。
② 《光绪十一年十一月初一日贵州巡抚潘霨片》，载中国史学会主编《洋务运动》（七），上海人民出版社、上海书店出版社，1961，第 169 页。

同一天，潘霨在《筹议开采铜铅煤铁硝磺各厂章程》中又指出："如果经理得宜，以天地自然之利，借补饷项之穷，虽未敢侈说富强，而民间多一生计，即公家多一利源。以上拨供邻省海防之需，亦属彼此两利。"这一章程共六条，共大略为：（1）镰铅各矿宜规复旧制也；（2）煤铁等矿宜扩充开采也；（3）硝磺二项宜变通办理也；（4）开办之法宜先集股份也；（5）股份既集宜豫筹销路也；（6）销路既通宜明定课票也。① 这一章程于1886年3月4日获清廷批准。此事在全国引起较大轰动，《申报》等报纸作了相关报道②。青溪铁厂进入试办阶段。

1886年4月22日，潘霨在省城贵阳设立矿务公商局（又称矿务总局），由贵州候补知府曾彦铨负责筹办，实行官督商运体制，即"矿由商办，官为督销"。③ 后除硝磺两项实行官办官销外，其余一概改为商办商销。为了筹集资金，潘霨经奏准从协饷、厘金两项内抽提2万两；同时凑集商股，凡愿入股者，由矿务公商局发给股票，领照分运煤铁等货物，当局课以20%的赋税，该局在镇远、常德、汉口、上海等埠设立分局，几个月便运输各类矿物5万斤。④

潘霨委其弟、江南制造局前任会办潘露办理贵州矿务总局。潘露，字镜如，曾由南洋大臣左宗棠奏办金陵、上海两局制造事宜，被左赞为"奇才异能"。据云贵总督岑毓英、署贵州巡抚潘霨1886年12月26日奏称："潘露留心时务，洞悉机宜……语及机器、化验、制造诸事，在在熟谙。"潘露讲求西学30余年，对采矿、制造等技术尤为擅长。岑毓英、潘霨请求朝廷同意南洋大臣曾国荃委派潘露兼办贵州矿务，并"在上海雇觅矿师、工匠人等一同来黔，以资臂助"。⑤

经清廷1887年2月14日批准，曾国荃5月3日札委潘露兼办贵州矿务，同时批准贵州机器矿务总局呈送的章程13条。⑥ 这就是云贵总督、贵

---

① 《矿务档》（六），第3389~3393页；《洋务运动》（七），第169~172页。
② 《申报》1886年4月3日。
③ 《光绪十二年八月三日贵州巡抚潘霨奏》，载《洋务运动》（七），第183页。
④ 《京报》1886年8月9日；《户部档案抄本》，转引自《中国近代工业资料》第1辑上册，第232~233页，下册，675~676页；《洋务运动》（七），第175~176页。
⑤ 《申报》1887年7月28日；《洋务运动》（七），第177~178页。
⑥ 李作栋编《新辑时务汇通》，载曾国荃《贵州矿务札文》（1887年5月3日），转引自《洋务运动》（七），第193~197页。

州巡抚在《致贵州矿务札文》中所要求的慎重资本以广招徕、先炼铁矿以图扩充、采制精良以胜洋产、机器设局以便转运等 13 条。①

潘露集资 30 万两，派潘志俊赴德国谛塞德公司购买炉机，在青溪县小江口设厂，"据称要岁出铁十万吨，钢轨七万吨，须用熔矿大炉六座，别色炼钢炉四座（及）他项机器，称是约价三百万金，黔无款，购炉甚小，只可试办"。②潘志俊购回的设备计有贝色麻炉两座，"每两刻可炼钢一吨"。每昼夜可炼生铁 25 吨；炼熟铁炉 8 座，另有轧条机 13 副。1889 年 9 月 14 日，青溪铁厂试炼，1890 年 7 月 17 日正式开炉出铁，一时引起巨大轰动。③铁厂日产铁 4 万余斤，月可得铁 120 万斤，约可售银 2.2 万余两，扣除各项开支 1.8 万两，月可余银 3000 余两，铁厂已"成功在望"。④

但是，青溪铁厂开工前后，遇到了难以想象的困难，而最大的难题：一是地处山区，交通不便，虽然"青溪县毗连湘境，一水可通"，"惟道路崎岖，重滞之物恐难转运"。⑤"刻下机器船十到四五，其参差不齐者，实有其故……常德以上，滩高水浅，挽行费力。"⑥

二是筹资不易，经费紧张。青溪铁厂先后借拨公款 19.2 万两，拟借洋债 30 万两。⑦"所集商股，催缴难齐。"⑧

从国外购买的机器分三批起运，共重 1780 余吨。这些机器运至湖南常德后，溯江而上，"滩高水浅，又须按件起驳"，经过多方努力，第一批机器于 1888 年农历八月运至青溪县，"二三批亦跟踪而来"。"节节转运，迄今二年之久，始行运到，可见创始之难。"⑨施工过程同样困难重重，1889

---

① 李作栋编《新辑时务汇通》卷 93，光绪十九年（1893），第 5~6 页。
② 《寄烟台盛道》（1889 年 11 月 30 日），载《李鸿章全集》卷 11，海南人民出版社，1997，第 3755 页。
③ 全汉昇：《汉冶萍公司史略》，台北，文海出版社，1982，第 11~12 页；刘明汉主编《汉冶萍公司志》，第 1~2 页；另见《中国近代工业史资料》第 1 辑下册，第 683~684 页。
④ 夏东元：《洋务运动史》，华东师范大学出版社，1992，第 285 页；《洋务运动》（七），第 182~183 页。
⑤ 《中国近代工业史资料》第 1 辑下册，第 684 页；《益闻报》1888 年 8 月 5 日。
⑥ 《申报》1888 年 11 月 18 日。
⑦ 《户部档案抄本》，转引自《中国近代工业史料》第 1 辑下册，第 684 页。
⑧ 《京报》1888 年 12 月 19 日。
⑨ 《洋务运动》（七），第 179~180 页；《京报》1888 年 12 月 19 日。

年6月的一场大水，使该厂"所存砖灰焦炭土石木植等项多被冲失"，损失惨重。①

清政府和地方封疆大吏对青溪铁厂寄予厚望。1889年底，时任云贵总督的王文韶视察了青溪铁厂。但是，青溪铁厂命运多舛，试产一个半月后便宣告停产，由于"矿山未探，机器先成，任用非人"，铁厂处境艰难，虽三易总办，仍无成效，潘露也因积劳成疾，于1890年8月31日病故，以身殉职。潘露死后，"黔省并无精通西学之员，无可委任"，青溪铁厂只好"暂行停工"。②

潘露死后，潘霨奏饬曾彦铨来黔接办，曾彦铨向德国泰来洋行（Telge & Co.）息借30万两，以便归还潘露办厂时的借款。此举未能扭转铁厂走向衰败的趋势。

在此前后，时任湖广总督的张之洞与潘霨频繁相互致电，对青溪铁厂的困境给予高度关注③。但仍未能挽救铁厂走向败亡的厄运。

青溪铁厂销声匿迹，昙花一现的青溪铁厂是中国近代钢铁业的前驱。

二　张之洞筹设凤凰岗铁厂

中国近代真正意义上举起钢铁业大旗的人物是张之洞。

张之洞（1837~1909年），字孝达，又字香涛，号壶公、香崖居士，晚清杰出政治家、思想家、外交家、实业家、教育家、学者、诗人。祖籍山西洪洞县，后辗转迁至天津府南皮县（今河北南皮），1863年入都会试，中进士。1867年秋简放湖北学政，为期三年多，始与鄂省结缘。1881年底被授山西巡抚，进入封疆大吏行列。从1883年起，在山西兴办铁绢等洋务企业，开始从清流派转向洋务派。④

张之洞对炼铁业特别重视。台湾出版的《矿务档》（一）正文第1页

---

① 《洋务运动》（七），第181~182页。
② 《中国近代工业史资料》第1辑下册，第685页。
③ 赵德馨主编《张之洞全集》（以下简称《张集》）第8册，电牍，武汉出版社，2008，第30、34页；《中国近代工业史资料》第1辑下册，第683~686页。
④ 冯天瑜：《张之洞传》，载《张集》第12册，第519~538页；冯天瑜、何晓明：《张之洞评传》，南京大学出版社，1991，第8页。

就记载了清政府相关大员于 1884 年 2 月 5 日致函山西巡抚张之洞，商谈招商投资兴办铁矿之事。①

1884 年，张之洞升任两广总督，成为继李鸿章之后洋务运动又一旗手。1887 年 6 月，他改设广东办理洋务处，举办洋务多项，包括创设枪弹厂、凤凰岗炼铁厂等。

广东地处中国南方沿海，与西方国家接触较早，开放程度也较高。这里很早就有洋铁进口，当地土炉炼铁也较为普遍。诚如张之洞所言："粤省诸矿惟铁为多，历年粤省所销洋铁为数甚巨。"为了进一步发展土炉炼铁业，张之洞 1888 年 4 月提出："所有此项铁税及各卡厘金，亦经奏明自光绪十四年正月起，三年内暂行宽免。"② 第二年 9 月，张之洞又奏准："拟自光绪十五年起，暂将炉饷、炉税停征三年，俾其传播鼓舞，尽力鼓铸，设法开采。"③

当时中国面临的外贸形势极为严峻。据 1886 年贸易总册所载，各省进口钢铁制成品总值 240 余万两，出口钢铁制品仅值 11.8 万余两，不及进口的 1/20，1887 年、1888 年两年竟无土铁出口。而土炉炼铁毕竟弊端甚多。张之洞等"详加筹度，必须自行设厂，购置机器，用洋法精炼，始足度外铁之来"。④

在自行设厂用洋法炼铁方面，张之洞主要做了下列筹备工作。

一是设法从国外引进炼铁设备和人才。1889 年 4 月 20 日和 28 日，张之洞分别致电中国驻英公使刘瑞芬和驻德公使洪钧，询问当地开采铁矿的情况和炼铁机器的价格，并请他们代寻"上等良（矿）师二人"，他表示："如有大效，酬以重金，许以奏奖，务须学精名著者。"⑤ 此后又多次致电刘瑞芬等，询问一些炼铁技术问题。张之洞耗资 8.35 万英镑，从比利时科

---

① 《矿务档》（一），第 1 页。
② 张之洞：《开除铁禁暂免税厘示》（1888 年 4 月 13 日），载《张集》第 7 册，公牍·谕示，第 239 页。
③ 张之洞：《两省铁炉不分官私煽铸片》（1889 年 3 月 21 日），载《张集》第 2 册，奏议，第 181~182 页。
④ 《洋务运动》（七），第 204 页。
⑤ 《中国近代工业史资料》第 1 辑下册，第 743~744 页；《张之洞致洪钧电》（1889 年 4 月 17 日），载湖北省档案馆编《汉冶萍公司档案史料选编》（以下简称鄂档《汉冶萍》）上册，中国社会科学出版社，1992，第 61 页。

克里尔（Soc. John Cockerill）购买日产铁100吨的高炉两座及其他附属设施。

二是千方百计筹措资金。张之洞在致洪钧函中所说的"款已筹备"，指的是广州闱姓商人预缴的饷银。闱姓商人是当年利用科举考试来操纵赌博的广东商人。他们在乡会试或岁科考试举行之前，让参赌者出钱来预测"中榜者"的姓氏。到发榜时看猜中与否来决定输赢。闱姓商人经营赌博，当局抽捐四成充饷。张之洞说："鄙人订购之时，本意系指明年冬更换闱姓商人预缴饷款一百四十万元一项内支用，充然有余；且办成后招商承领，愿者必多，是以敢于挪垫。"①

三是确定炼铁厂的生产能力。张之洞督粤期间，当地尚未修筑干线铁路，亦少近代工业，铁制品只供农业、手工业生产和人们日常生活之用，故炼铁厂生产规模应当适度。经刘瑞芬了解，英国铁厂"每礼拜出铁六百吨最合宜"，张之洞据此提出："礼拜六百吨，即是每日百吨，以百计为简明。请与订每日百吨以上炼熟铁及钢各半。"②他初步确定建设一个日产百吨的炼铁厂。

四是寻找合适的炼铁厂厂址。张之洞经过调查研究，决定设厂于凤凰岗。"至于建厂地方，择定于省城外珠江南岸之凤凰岗地方，水运便利，地势平广，甚为相宜。"③

五是创办与铁厂相配套的枪炮厂。1889年8月3日，张之洞奏呈《筹建枪炮厂折》，准备从德国柏林力拂机器厂购买机器、设备，在广州西北40余里的石门设立枪炮厂，"数年之后钢料、铁料悉取内地"。④这就为炼铁厂找到了一处钢铁产品销售对象。

正当万事俱备、炼铁厂即将开工之际，张之洞于1889年8月8日调补湖广总督，他放心不下正在筹建中的炼铁厂，9月20日在向清廷上奏《筹设炼铁厂折》中强调："开采铁矿，尤须机器西法，始能钩深致远，取精出旺。"他展望未来："倘物力稍纾，尚拟将民间需用各铁器及煤油、火柴

---

① 《中国近代工业史资料》第1辑下册，第838页。
② 《中国近代工业史资料》第1辑下册，第745页；鄂档：《汉冶萍》上册，第62页。
③ 《中国近代工业史资料》第1辑下册，747页。
④ 《筹建枪炮厂折》（1889年8月3日），载《张集》第2册，奏议，第214~215页。

等物，悉行自造。将来铸造渐多，岂惟粤民是赖，尚可分销各省。"① 在清廷调动圣旨已下的情况下，张之洞仍与驻英公使刘瑞芬频繁相互致电，继续处理购买炼铁机器的相关事宜。

随着张之洞奉调北上，筹办凤凰岗炼铁厂也就人去事息。张之洞将在湖北演出一幕更壮观的大剧。

---

① 《筹设炼铁厂折》（1889年9月20日），载《张集》第2册，奏议，第262~263页。

第二章 异军突起

——江汉交汇处的巍巍大厂（1890～1896）

第一节 汉阳铁厂的艰难诞生

汉阳铁厂是为修建中国第一条干线铁路——卢汉铁路而创办的，鄂督张之洞为兴建汉阳铁厂殚精竭虑，他的名字将和至今列车呼啸前行的这条运输大动脉一道永远镌刻在历史的丰碑上。

一　围绕兴建卢汉铁路的辩论

中国近代最早的大型钢铁企业汉阳铁厂是为修建卢汉铁路而创办的，而卢汉铁路的出现则经历了艰难曲折的过程。

19世纪末20世纪初，欧美国家掀起了兴修铁路的热潮，从而极大地推动了煤铁开采业及其他行业的发展。[①]

从19世纪60年代起，外国人尝试或动手在中国修建铁路，均未成功，直到1874年，英商怡和洋行兴修从上海闸北到吴淞口的铁路，1876年2月14日通车，为外国人在中国兴修铁路之始。但通车未及两个月，便因火车撞死一名中国士兵而引起中外纠纷，上海道竟以赔偿外国人28.5万两白银的代价将淞沪铁路拆除销毁。[②]

[①] 全汉昇：《汉冶萍公司史略》，第22页；周一良、吴于廑主编《世界通史》（近代史部分）下册，人民出版社，1962，第97～98页。
[②] 曹鲲化：《中国铁路史》，1923，第27页。

中国人修筑铁路的筹议始于19世纪70年代，恭亲王奕䜣和李鸿章请求慈禧和慈安批准修建清江至北京的铁路，"以便南北转输"，但"两宫亦不能定此大计，从此遂绝口不谈"。①

中国人修建的第一条铁路是唐胥铁路。1881年，招商局总办兼开平矿务局总办唐廷枢为便于煤炭运输，禀请李鸿章奏准清廷，聘请英国工程师金达主持兴修从唐山至胥各庄的铁路，全长20华里。这是中国人自修铁路之肇端，1881年6月9日动工修建，9月6日建成通车，采用每米15公斤的轻型钢轨，火车头则是中国自己制造的"龙号"蒸汽机车。②

19世纪80年代末，清廷有关大员就是否应当修建干线铁路的问题展开了一场大辩论。1888年10月津沽铁路建成通车后，李鸿章致函总署，提出由天津"就势接做"津通（州）铁路的建议，遭到朝中众多大臣的反对，1889年1月御史余联沅首先发难，朝中重臣，包括尚书翁同龢、孙家鼐在内的数十位大臣纷纷会奏，弹劾兴修铁路之议，弹的都是"生事"、"扰民"、"糜费"、"资敌"之类的陈词滥调。鉴于辩论言辞过于激烈，清廷下旨著曾国荃、张之洞、刘铭传、王文韶等10余位督抚大臣发表对于兴修津通铁路的意见。多数人的意见是先办边防漕路，亦可修建津通铁路。③

两广总督张之洞经过深思熟虑，发出了振聋发聩的声音：修筑卢汉铁路。

张之洞1889年4月2日上奏清廷，力主修建卢汉铁路，他认为，铁路"宜自京城外之卢沟桥起，经行河南，达于湖北之汉口镇，此则铁路之枢纽，干路之始基，而中国大利之所萃也"。④ 清廷实际最高掌权者慈禧对张之洞的奏折甚为赞赏："张之洞所议自卢沟桥起，经行河南，达于湖北之汉口镇，划为四段，分作八年造办等语，尤为详尽。此事为自强要策，必应通筹天下大局……但冀有益于国，无损于民，定一至当不易之策，即可毅然兴办，毋庸筑室道谋。"⑤

---

① 《复沈幼丹制军》（1877年11月1日），载《李鸿章全集》卷17，朋僚函稿，第2710页。
② 全汉昇：《汉冶萍公司史略》，第23页；张后铨主编《招商局史》（近代部分），第79页；宋路霞：《百年家族盛宣怀》，河北教育出版社、广东教育出版社，2002，第81页。
③ 《洋务运动史》，第373～375页；《张之洞评传》，第127～129页。
④ 张之洞：《请缓造津通铁路改建腹干路折》（1889年4月2日），载《张集》第2册，奏议，第183～186页；《洋务运动》（六），第251页。
⑤ 《慈禧懿旨》，载《张集》第2册，奏议，第186页。

虽然得到清朝最高当局的肯定，但张之洞依然谨慎。张氏与一般官僚不同，他着重从经济全局和国家安危的角度考虑问题。张之洞的主张获得了醇亲王奕譞的支持，奕譞称：张之洞的主张"别开生面，与吾侪异曲同工"。① 于是就有了张之洞改任湖广总督之举。

因奕譞的举荐，清廷于1889年8月8日下旨：张之洞调补湖广总督。关于这件事，张之洞与李鸿章有一段颇为有趣的对话：

张之洞：洞调两湖，自为创办铁路。昨自津来人面述尊教，知此举由公推毂，惶惶无似。

李鸿章：调楚想为创办铁路，闻由邸（按：指醇亲王奕譞）主持，非鄙意也。②

这段话证实了张之洞调鄂确实缘于奕譞的推荐，但也透露出李鸿章与张之洞之间的微妙关系。

张之洞后来在《劝学篇》中阐述了铁路在国民经济格局及国家总体战略中的极端重要性。

有一事而可以开士、农、工、商、兵五学之门者乎？曰：有，铁路是已。

士有铁路，则游历易往，师友易来；农有铁路，则土苴粪壤皆无弃物；商有铁路，则急需者应期，重滞者无阻；工有铁路，则机器无不到，矿产无不出，煤炭无不馓；兵有铁路，则养三十万精兵，可以纵横战守于四海。

张之洞特别强调："若内无铁路，则五方隔绝，坐受束缚，人游行于海上，我痿痺于室中，中华岂有生机乎？"③

1889年8月8日，清廷任命张之洞为湖广总督，主持修建卢汉铁路，

---

① 《醇邸来电》（1989年5月8日），载李鸿章《李文忠公全书》卷11，第16页。
② 鄂档：《汉冶萍》上册，第64~65页；另见《张集》第8册，电牍，第16页。
③ 张之洞：《劝学篇·铁路第十二》，载《张集》第12册，第188页。

正如其幕僚所言："公之移楚，为修路也。"① 而修此路的意义，张之洞1889年10月4日上奏《遵旨筹办铁路谨陈管见折》中谈得十分清楚："此举造端宏大，乃国家自强之远谟。"张之洞认为："此事推行之序，似宜以积款、采铁、炼铁、教工四事为先，而勘路开工次之。"在奏折中张之洞提出了分段修造的主张："黄河以北至卢沟桥为北路，直隶督臣任之。黄河之南至汉口为南路，湖广督臣任之。"分段负责对确保工程质量，加快工程进度无疑是有益的。张之洞指出："储铁宜急，勘路宜缓，开工宜迟，竣工宜速。"这都是一些非常深刻的见解。张之洞在致海军衙门电中强调："度支虽绌，断无合天下全力不能岁筹二百余万之理。""岂有地球上独中华之铁皆是弃物？""愚公移山，有志竟成，此无可游移者也。"② 这充分显示了张之洞兴修卢汉铁路的坚定决心。

至此，这场围绕干线铁路的争论暂时画上了休止符，但张之洞并未懈怠，他特别注意与同僚在筹办铁路、铁厂问题上的沟通。1889年11月8日，张之洞致电海军衙门和李鸿章，以英、美等国为例，说明修建铁路、采矿炼铁确实是"利民强国之策"。在取得清廷及其相关衙门的赞同和支持后，张之洞正式开始筹办为卢汉铁路提供钢轨和其他配件的大型钢铁企业——汉阳铁厂，"设炼铁厂，备修路资料也"。③ 同时准备动工兴建的还有随张之洞迁鄂的原设于广州的枪炮厂。④

张之洞肩负重任踏上了督鄂之旅。

二　鄂督张之洞创办汉阳铁厂

（一）张之洞就任湖广总督

履新之前，张之洞对在湖北创设铁厂并无十足底气，于是不耻下问，

---

① 张继熙：《张文襄公治鄂记》，1947，第41页。
② 《张之洞致海军衙门论修卢汉铁路电》（1889年10月31日），载《中国近代工业史资料》第1辑下册，第749页；《致海署》（1889年10月31日），载《张集》第8册，电牍，第27页。
③ 《张文襄公治鄂记》，第41页。
④ 《汉阳兵工厂史略》，第41页。

虚心向对办企业颇有经验的天津道兼津海关监督、招商局督办盛宣怀求教。

图2-1 鄂督张之洞

张之洞自1889年4月2日奏请修筑卢汉铁路，特别是同年8月受命担任湖广总督后，与盛宣怀的联系日渐频繁（图2-1）。

张之洞赴鄂上任途经上海时，特于11月15日致电盛宣怀："阁下能来沪面商铁事，甚好……缘海署来电，注重先办大冶。"11月27日，张之洞正式向盛宣怀发出赴沪面商的邀请电。

盛宣怀为这次会面做了充分准备，委派当地官员带同比利时籍矿师白乃富赴湖北大冶黄石、兴国富池口等地查勘煤铁矿，白乃富的薪水、川资由招商局代为垫付。12月7日盛宣怀奉命到沪，与张之洞连日晤谈，"详加考究"。盛宣怀为此撰写《筹拟铁矿情形禀》，总结了与张之洞谈话的主要内容，即责成、择地、筹本、储料。盛宣怀说："以上四大端，系铁矿谋始之要领。"① 盛宣怀提出的大员督办、选开煤矿、招集商股、扩大销路的主张，正是他此后经营汉阳铁厂的治厂纲领。

在上海会晤盛宣怀之后，张之洞乘"江宽"轮启程，溯江西上，于1889年12月18日抵达湖北省会武昌，开始了几近20年的湖广总督生涯，也意味着汉阳铁厂（以下简称铁厂或汉厂）的筹办进入了正式实施阶段。

（二）管理体制的确定

张之洞筹办汉厂主要从确定体制、筹措资金、购买机器、聘请洋匠、选择厂址、开采铁矿、寻找煤矿、扩大销路等方面进行。

---

① 盛宣怀：《筹拟铁矿情形禀》（1889年12月21日），载《盛档》（四）之《汉冶萍公司》（一），第6~8页。

先谈管理体制的确定，张之洞在1889年10月4日的奏疏中说得非常明确："干路专归官办，以一事权，支路留待商股，以便招徕。"实际上，支路在卢汉铁路总里程中所占比例只有7.95%，可以忽略不计，而且我们尚未见到支路招徕商股的任何记载。卢汉铁路是一条不折不扣的官办铁路。与之相配套的汉阳铁厂早期也只能是一家官办工厂。

清政府官办企业的弊端已日益显露，盛宣怀对官办即持异议。早在1889年9月13日，盛宣怀就向张之洞提出卢汉铁路、湖北铁厂"不借洋债，不买洋铁，八年亦可一气呵成"的主张。赴鄂途中的张之洞在上海与盛宣怀面商时，盛氏力主商办："应先招集商股，不足则官助之。商股系正本，盈亏皆归于商股。"① 显然，盛宣怀强调的是商本商办，而不是官本官办。

张之洞十分看重盛宣怀的经商才能，他在写给李鸿章的信中盛赞："方今有才思、有魄力、深通西法商务者，惟津海关盛道为最。"但是，张之洞不同意盛氏"商本商办"的主张，加上在铁厂选址问题上两人又有分歧，张氏最初并未让盛宣怀来承办铁厂。他在致李鸿章电中称："盛道前在沪具一禀，所拟办法与鄙见不甚同。商股恐不可恃，且多纠葛，与现在情形亦不合。"②

日理万机的张之洞对铁厂杂务不可能件件亲力亲为。1890年春，张之洞在武昌水陆街旧营务处设立湖北铁政局，6月3日迁至武昌宝武局公所，给该局发给木质关防，委湖北候补道蔡锡勇为总办，赵渭清、徐仲虎为会办，具体办理铁厂和枪炮厂日常事务。次年湖北铁政局移至武昌三佛阁，有办事人员60余名，白乃富任洋参赞。

铁政局下设兵工厂和铁厂，据后来者追忆："前张文襄公创办时，两厂总名曰铁政局，兵工厂为上厂，铁厂为下厂，不分畛域，互相提携，互相维持。"③ 两厂的总办都是蔡锡勇。

蔡锡勇（？~1896年），字毅若，福建龙溪（今龙海市）人，1867年肄业于总理衙门同文馆，曾任驻美国公使馆翻译官，回国后先后任汉黄德道兼江汉关监督、广东实业馆教员、广东洋务局委员等职，1890年任湖北

---

① 盛宣怀：《筹拟铁矿情形禀》（1889年12月21日），载《盛档》（四）之《汉冶萍公司》（一），第6~8页；另见《张集》第8册，电牍，第31~34页。
② 《张之洞致李鸿章电》（1890年3月16日），载鄂档《汉冶萍》上册，第72页。
③ 《赵时骧致兵工厂函》（1925年5月22日），载鄂档《汉冶萍》下册，第442页。

铁政局总办，后兼任湖北省织布局总办，是张之洞在湖北兴办洋务事业的具体策划者和组织者。

为了防止外国总监工在铁厂权力过大而使中方丧失对铁厂的控制，同时为"使经费不至虚糜，工料皆归核实"，张之洞1891年9月17日任命知县王廷珍为总监工，"常川驻厂"，"综理一切"。

由于铁厂工程浩大，事务繁杂，张之洞又于1892年7月17日任命湖北候补知县蔡国桢为总监工，"会同王令综理铁厂工程一切事宜"。

财务紧张一直是困扰张之洞的最大难题，1893年3月27日，张之洞札委候补同知朱滋泽为湖北铁政局坐办，主管财务工作。

湖广总督是湖广两省的最高行政长官，而总办则是官方意图在湖北铁政局的具体执行人，张之洞对蔡锡勇评价极高，在《保荐蔡锡勇片》中称赞蔡"器端识远，心细才长，熟习（悉）洋情"。①蔡果然不负厚望，在汉厂草创过程中发挥了极其重要的作用。

（三）办厂资金的筹集

钢铁业是典型的资金密集型产业。官办企业的投资渠道只有官方一家，而财政拮据的清政府无力举办这样的大型企业，汉厂的绝大部分资金只能靠张之洞设法自筹了。张氏1890年12月20日奏称："统核一切用款，大率以购机、设厂、采铁、开煤为四大端。"②这四件事都是要大量花钱的。

张之洞最初打算将筹办凤凰岗炼铁厂时广东闱姓商人缴纳的饷银140万元（约合98万两）挪用于汉阳铁厂，但继任的两广总督李瀚章不仅反对兴建炼铁厂，也不同意将此笔饷银挪借于湖北。

经过努力，汉阳铁厂还是拿到了闱姓商人缴纳的部分饷银，据全汉昇先生研究，"江南及闱姓商人捐款"共281670两。③其中，闱姓商人捐款13万余两，为此张之洞致电海署和李鸿章，称此举"已属公忠难得"。④

---

① 《张之洞评传》，第112页。
② 鄂档：《汉冶萍》上册，第85页。
③ 全汉昇：《汉冶萍公司史略》，第34页。
④ 《张之洞致海军衙门与李鸿章电》（1890年1月20日），载《中国近代工业史资料》第1辑下册，第839页；另见《张集》第8册，电牍，第39页。

兴建汉厂最大一笔资金是户部拨款 200 万两，海军衙门本已规定，铁路"部款岁二百万，已奏准的项"。① 但李鸿章不愿意看到张之洞的势力因修建卢汉铁路而过于膨胀，他在 1890 年 1 月 24 日致李瀚章电中说："香（指张之洞）复海署，抑扬铺张，欲结邸欢。即准拨部款，恐难交卷，终要泻底，枢廷皆知其大言无实也。"

李鸿章在致盛宣怀的电文中说得更直截了当："彼既不愿利国尔，俟估议定妥，禀夺开矿，以筹款为第一要义。巨款从何指拨？海署必不肯分认两处也。"②

正是这种提防和看笑话的心态支配下，李鸿章力主修建营口至珲春铁路。他 4 月 23 日致张之洞电中称："明年（即 1891 年）兴工，每年尽部款二百万造成二百里路，逐节前进。今年二百万汇归尊处，专办铁路，庶两无贻误。"海署 1890 年 2 月 21 日致张之洞电中也主张："先办营口至珲春，续办卢汉。"张之洞明知，办铁厂"事端甚繁，所费甚巨，二百万断不敷用"，③ 但也只能勉强接受，他 4 月 28 日致李鸿章电中说："一切均遵命办理……洞当勉力另筹，断不敢多用部款。"

在此情况下，张之洞只能东挪西借，设法从湖北盐厘银、盐粮道库银、新海防捐、枪炮厂经费、织布局股银等税项及海军衙门、江南制造局等部门挪借。据张之洞 1890 年 12 月 20 日咨呈海军衙门文中称：铁厂及煤、铁各矿总约需银 246.8 万两，仅大冶铁矿即需银 43.7 万两，其中运矿铁路约 35 万两，运矿分局房屋杂费约 5000 两，江边修筑木码头 1 座约 1.2 万两，开矿机器约 1 万两，买山、修路、买地各费约 6 万两。而实际用款远远超过预算。

据张之洞 1898 年 4 月 3 日奏称，截至 1896 年，铁厂（含大冶铁矿）借款和拨款共 5586415 两，实用 56876414 两，差额 101199 两为铁厂对华洋各厂的欠款。铁厂用款 5586415 两的来源见表 2-1。

笔者按《中国近代工业史资料》第 1 辑下册相关数据计算，铁厂办厂经费除户部拨款 200 万两、闱姓商人捐款、两淮盐商报效、湘岸盐商报效

---

① 《张之洞致海军衙门电》（1890 年 4 月 16 日），载鄂档《汉冶萍》上册，第 82 页。
② 《复盛道》（1890 年 1 月 1 日），载《李鸿章全集》卷 11，电稿，第 375 页。
③ 《张之洞致海军衙门电》（1890 年 4 月 28 日），载鄂档《汉冶萍》上册，第 83 页。

及铁厂销售收入外，其余均为借款，共3523134两，占铁厂用款总额的比例高达60.4%。详见表2-2。

表2-1 张之洞奏报汉阳铁厂办厂经费一览

单位：两（库平银）

项目	金额	项目	金额
户部拨款	2000000	铁厂出售钢铁收入	24825
奏拨盐厘银	300000	借拨江南筹防局款	500000
借拨粮道银	400000	两淮盐商捐款	500000
借用新海防捐	28552		
拨用枪炮厂经费	1564622		
拨用织布局股本*	278762	总　计	5586415**

  *原奏有"奏明拨用织布局股本银34万两……实用银278762两"。
  **经反复核算，并核对《张集》、《中国近代工业史资料》等史料，总数应为5596761两，误差10346两。
  资料来源：《张之洞奏查明炼铁建厂各项用款折》（1898年5月3日），载鄂档《汉冶萍》上册，第138页；《查明炼铁厂用款咨部立案折》（1898年4月3日），载《张集》第3册，奏议，第478~479页。

表2-2 汉阳铁厂经费来源

单位：两（库平银）

奏折年月	款项来源	款项性质	金额
1889年9月	广东闽姓商人捐款	捐款	131670
1890年3~4月	户部所筹铁路经费	部款	50000
1890年5月	户部所筹铁路经费	部款	950000
1891年2月	户部所筹铁路经费	部款	1000000
1891年4月	湖北新海防捐	海署款	28551
1892年3月	湖北厘金	省款	50000
1892年3月	湖北盐金	省款	50000
1892年3月	湖北盐道库存长江水师款	借省款	100000
1892年3月	湖北省粮道库存杂款	借省款	100000
1892年3月	湖北省粮道库存杂款	借省款	100000
1893年6月	湖北省粮道库存杂款	借省款	50000
1893年6月	湖北盐道库存长江水师款	借省款	50000
1894年8月	湖北厘金、盐厘	省款	200000

续表

奏折年月	款项来源	款项性质	金　额
1895年9月	两淮盐商报效款	江南捐款	130000
1895年9月	湘岸盐商报效款	江南捐款	20000
1895年9月	皖岸、湘岸盐商票引增价款	江南款	350000
—	挪借枪炮厂经费	挪借	1564622
—	挪借织布局股本	挪借	278762
—	铁厂销售收入	厂款	24825
—	借江南筹防局款	江南筹防局款	500000
—	历年积欠华洋厂商票号	借商款	10199
总　计			5829629

资料来源：《中国近代工业史资料》第1辑下册，第885~887页。

而全汉昇先生认为：截至1895年，汉阳铁厂共用款6097865两，其中借款3112819两，占用款总额的51%以上。① 张之洞的奏章、汪敬虞编《中国近代工业史资料》第1辑和全汉昇《汉冶萍公司史略》对汉阳铁厂用款的记述略有差异。

笔者认为：张之洞向朝廷奏报的铁厂用款大抵是准确的。一则张之洞作为晚清重臣，不大可能向清廷谎报铁厂用款；二则全汉昇把铁厂向枪炮厂挪借约268236两也作为铁厂经费，全先生在《汉冶萍公司史略》第42页中说，"张氏挪借枪炮厂的款项，可能有一部分已经归还，故说铁厂用款为560余万两"，基本承认了张之洞奏报数字的准确性。而汪敬虞先生也是把挪借枪炮厂的款项作为铁厂用款，实际上二者的差异仅14.2万两，与广东闱姓商人的捐款13万余两已十分接近。

一家铁厂的投资达五六百万两，在当时是一笔相当可观的数字。据统计，1895~1913年间，外国人在华设立的136家工业企业中，平均每家创办资本为75.8万元；而华资开办的246家规模较大的工业企业，平均每家投资43.2万两。汉阳铁厂官办时期的投资近600万两，应该算是相当大的一笔资金。这笔钱大都靠张之洞奔走张罗，四处借款，这是一件极不容易之事。

---

① 全汉昇：《汉冶萍公司史略》，第43页。

（四）购买机器

张之洞筹办凤凰岗炼铁厂时，本已耗资 131670 两从英国订购了相关设备。接替张之洞出任粤督的李瀚章对兴办铁厂没有兴趣，更怕背上这一沉重包袱。有鉴于此，张之洞 1890 年 1 月 18 日致电李瀚章："查此机粤既不用，自宜移鄂。……惟已垫之十三万余两，似可由粤归还。"李瀚章为了甩掉炼铁厂这个包袱，回答非常干脆："自系正办"、"谨即遵命"。张之洞于是在 1 月 20 日致电海军衙门和李鸿章："两广李督既不欲在粤置机采炼，且此机内本兼订有造铁轨机器，自应移鄂为宜。"

此后，张之洞继续委托中国驻英大臣薛福成采购炼铁设备。1890 年 6 月 9 日，张之洞致电薛福成，列出了采购清单："钢轨日出二百吨，扩大炉机，须添价二万三千镑。"铁厂采购的主要厂商是英国谛塞德公司（Tee Side Co.）。1890 年 7 月 13 日，张之洞致电薛福成："请饬谛塞厂将贝色麻炼钢炉及辗轨机应配各件，先行寄来。"在验收第二批到鄂机器后，张之洞 1891 年 10 月 20 日再次致电薛福成："请询谛厂添制鱼尾片、钩头钉、大螺钉、锅炉钉、歧轨各机器，配合日出钢轨百吨之用。"在张之洞、各驻外使节等人的努力下，汉阳铁厂购到所需的各种机器及其配套设备。

一些人批评张之洞因对西方近代炼钢技术缺乏了解而选错了设备。事实真相究竟如何呢？

19 世纪中叶以来，西方冶金界通常采用的炼钢方法主要分贝色麻法（转炉炼钢法）和马丁法（平炉炼钢法）。贝色麻（Henry Bassemer, 1813－1898），英国冶金学家，1856 年发明酸性底吹转炉炼钢法，人称贝色麻法。这种炼钢法直接用生铁炼钢，炼钢时间大大缩短，从 18 世纪每炉钢约需 3 个星期到 19 世纪下半叶只需 20 分钟，从而使钢产量剧增，成本大降，其缺点是不能除掉铁砂中所含的磷，因此只能选择含磷较少的铁砂做原料。而马丁法则使用碱性炼钢炉，可将铁砂中的磷在冶炼过程中除掉，从而炼出优质钢。①据我们现在所知，张之洞对这一技术问题是有所了解的。早

---

① 《张国辉集》，中国社会科学出版社，2002，第 248～249 页；《汉冶萍公司事业纪要》，载鄂档《汉冶萍》上册，第 17 页；全汉昇：《汉冶萍之历史》，转引自《中国近代工业史资料》第 3 辑，第 380 页。

在 1889 年 10 月 10 日，驻外公使洪钧在来电中就告诉张之洞："炼钢二法，曰别色麻（按：即贝色麻法），曰讬麦旅（即马丁法），视铁质内磷之多寡，炉亦异制。"洪钧是同治年间状元，后为出使俄、德、奥、荷四国大臣，是一位学者型外交官，他将两种不同炼钢法的区别讲得非常清楚。而驻英法比意四国公使薛福成也于 1890 年 8 月 19 日来电称："钢须铁炼，请示知矿、铁之磷质、硫质有无、多少，做炉方免爆裂。"薛福成是晚清著名学者、外交家，而张之洞是一位热心向西方学习的人，绝非庸碌之辈，对洪钧、薛福成的告诫是不可能充耳不闻、置之不理的。

不过，对此事也有完全相反的说法，其后担任铁厂总办的李维格 1914 年 6 月撰写的《汉冶萍公司历史说略》一文认为："冶炼钢铁，须视原料之质性何如，以配合炉座，当向英厂订购机炉时，驻英薛叔耘（即薛福成）公使一再言之，须将原料寄英化验，而（张之洞）未从其请，以致机炉与原料相凿枘，所制钢轨不合准绳……"李维格作为铁厂主要负责人，对这件 20 年前发生的事应当有所了解，但他毕竟不是购买机器的当事人，他的话不能视为铁证。

不管实际情况如何，张之洞并没有盲目蛮干。武汉大学代鲁教授根据《盛档》所记，指出张之洞向英国购置的机器设备，包括 5 吨贝色麻钢炉（转炉）两座，10 吨马丁炉（平炉）一座，即是说酸性炉和碱性炉各为 10 吨，难分大小。① 又据铁厂总管欧仁·吕柏所回忆，铁厂装有两台 5.5 吨的贝色麻炉，一台 12 吨的马丁炉。就是说，碱性炉化铁量要多于酸性炉。《中国铁矿志》一书说：铁厂"照英国所用酸法配成大炼钢炉（即贝色麻炉）2 座，每座容量 8 吨，另以碱法制 1 小马丁炉媵之（容量 10 吨）"。② 即是说，铁厂购置的酸性炉化铁量多于碱性化铁炉，但差距不大。全汉昇先生所撰《清末汉阳铁厂》一文也有类似说法。③

上述事实说明，张之洞购买的化铁炉酸性炉与碱性炉生产能力相差无几，很难说张之洞弄错了炼钢方法。他从英国谛塞德厂购回的高炉等机器

---

① 代鲁：《对张之洞办铁厂几条指摘的辨析》，载《张之洞与中国近代化》，中华书局，1999，第 266～275 页。
② 《汉冶萍公司全志》，载《中国铁矿志》，第 245 页。
③ 全汉昇：《清末汉阳铁厂》，转引自《中国近代工业史资料》第 3 辑，第 375 页。

设备当时在世界上算是较为先进的，只是囿于铁厂的经济条件，所购买的机器设备尺寸略小而已。

除英国外，张之洞也向比利时、德国购买机器设备。比利时科格里尔厂（Cockerill）同意为中国培训40名工匠，从英国人手中夺走了高炉订单。吕柏关于这件事的记载为："张之洞派了一批18岁的年轻人到欧洲去，在设在比利时塞兰（Seraing）的科格里尔公司接受操作工和工长的岗位培训。"①

张之洞购买机器的过程一波三折。从英国购买的贝色麻炉、马丁炉和抽条机、拉片机等设备的图纸久未寄到，停工待图，糜费甚巨。厂方寄来的图纸也残缺不全，"前所寄者唯生铁厂图总细图皆备，余厂或有总图而无细图，或有细图而无总图，布置不全，虽有图不能动工"。张之洞电催12次，"而谛厂总不上紧"。② 这给铁厂施工带来了极大不便。

张之洞为购买机器费尽心力，他频繁致电驻德、英、法、比等国公使许景澄、洪钧、薛福成，询问各厂机器的性能、价格、交货时间及优惠条件，甚至直接给德国的威巴文厂、博洪厂、比利时别儿厂、科格里尔厂发电报，催促机器早日来华。以堂堂总督之尊，张之洞亲自处理这些常人眼中的琐事，他为铁厂真正做到了鞠躬尽瘁。

（五）聘请洋匠

随着机器进入汉阳铁厂的还有大批外国技师和工匠。

诚如张之洞所言，铁厂"机器之笨重，名目之繁多，随地异宜，随时增补，洋匠亦不能预计；而起卸之艰难，筑基之劳费，炉座之高大，布置、联贯各机之精密，凿矿、修路、开煤、炼钢之纷歧，尤非他项机器局可比。而最难者，为图、砖（指耐火砖及炼钢用其他特殊用砖。——引者注）两端"。铁厂机器不仅技术复杂，而且数量庞大，"每一批机器物料运到，多至数万件或十余万件，必须数十日方能点清。每一种机器必须四五

---

① 吕柏：《中国的采矿业和钢铁工业》，转引自《汉冶萍公司志》，第275页。
② 《张之洞致薛福成电》（1892年6月30日），载《中国近代工业史资料》第1辑下册，第784页。

个月方能安配完好"。① 由此不难看出铁厂的技术难度之大。

19世纪80~90年代，中国人对西方炼铁技术非常缺乏了解。张之洞说："炼钢炼铁门类众多，华匠素不习见，无从雇用。"② 他又说："中国向未解炼钢之法，今日炼钢，尤为自强要务，必宜速为讲求。"③ 唯一办法只能从国外引进技术人才。

早在广州筹办炼铁厂时，张之洞就非常重视引进技术人才，其时招募的外国人有：英国矿师巴庚生，德国矿师毕盎希、司瓜兹，匠人目戈阿士，在烟台招募有比利时矿师白乃富（E. Braive），并在广东访有精于练铁的德国工匠时维礼，这些人都随张之洞来到湖北。来鄂洋技师还有化学教习骆丙生等人。督鄂后，张之洞又为铁厂大量招募洋工师、洋技师、洋匠。这些外国技师、工匠相当一部分是张之洞通过驻外公使招聘的，有的甚至是直接向厂家要来的。据驻英公使薛福成称：熔铁炼钢总匠首亨纳利·贺柏生（Herry Hobson）"学艺颇精，于选地、建厂、安机、熔铁各事均甚谙练"。此人1890年7月抵鄂，合同期3年，年薪1500英镑。④ 据德国人德培统计，到1896年铁厂共有洋人28人，另有2人在来华途中。⑤ 另据铁厂职员称："官办之时，洋人多至四十余人，月费一万余金，求其能办工程者，惟卢柏、司毛、威德及各厂匠目数人而已，余皆月费廪禄，一无所能。"⑥ 事实上，来华洋员中一部分人拥有真才实学，尽职尽责，为铁厂的发展做出过贡献。如卢森堡籍工程师吕柏向铁厂表示："我无父母，又无妻子，不必即回本国，督办待我厚甚，愿在此出力。我意愿将一班工匠，全行教成，使我去后，他年可不再用洋人，此我血心话。"⑦ 他也完全兑现了自己的诺言。不过，铁厂洋员中也不乏碌碌无为、空糜厂禄之辈。

---

① 张之洞：《预筹铁厂成本折》（1893年4月11日），载《张集》第3册，奏议，第78~80页。
② 《张之洞咨呈续估等办煤铁用款折》（1892年3月22日），载鄂档《汉冶萍》上册，第90页。
③ 《张之洞致海军衙门电》（1892年4月22日），载鄂档《汉冶萍》上册，第92页。
④ 薛福成：《出使四国日记》卷3，第36~37页。
⑤ 《德培致盛宣怀函》（1896年6月1日），载《盛档》（四）之《汉冶萍公司》（一），第25页。
⑥ 《徐庆沅说帖》（1896年10月，汉阳），载《盛档》（四）之《汉冶萍公司》（一），第245页。
⑦ ［附件］《袁遂：密陈五事》，载《盛档》（四）之《汉冶萍公司》（一），第266页。

通过购买机器和雇用洋匠，张之洞为汉阳铁厂的动工兴建准备了必要的物资和人才条件。

（六）厂址的选择

张之洞对铁厂设于何处持慎重态度。在这个问题上存在不同意见的争议。

盛宣怀及其英国籍矿师郭师敦主张将铁厂设于大冶。1877年7月至8月，郭师敦在大冶、武昌（今鄂州）一带发现大型铁矿，在兴国州（今阳新）发现优质锰铁矿。12月14日，盛宣怀向李鸿章提出三套建厂方案："或在大冶县属之黄石港，或在武昌县属之樊口，或在兴国州属之沣源口。"1878年1月14日，郭师敦进一步提出具体设厂方案，将炼铁炉设于"黄石港东首半英里外基地"。但这些方案均被束之高阁。此后，英籍技师贺柏生、湖北铁政局总办蔡锡勇等各自提出不同的选址方案，均被否决。

事隔数年之后，在厂址问题上的争论仍未平息。1897年3月2日，郑观应当面告诉张之洞："化铁炉不移大冶，而矿石不独加运费，且运来之矿石有不合用者，尤滋糜费。焦炭贵，运费多，势难持久。"李鸿章则电告盛宣怀："或谓熔铁一吨用煤三吨，设炉之地，宜就煤不就铁。"①

张之洞力排众议，主张将铁厂设于省垣武昌附近。1890年5月5日，张氏在致李鸿章电中说："外洋有移煤就铁者，但视所便，不拘一格。此间铁聚而煤散，铁近而煤远，铁逆水而煤顺水，且煤在鄂省上游及湘省内河，若运铁石往炼，炼好又须运下武汉，是煤一次而铁两次矣，故鄂事以运煤就铁为宜。"张之洞这番话说得相当透彻，批驳了盛宣怀、蔡锡勇及洋技师贺柏生等人有关设厂于武昌下游的主张，坚持了运煤就铁的原则。5月26日，张氏致盛宣怀电中列举了七条理由，斩钉截铁地说："铁厂宜设武昌省城外。"张之洞已有了一个具体目标：汉阳大别山（今龟山）脚下。李鸿章转借盛宣怀的话批评张之洞："惜在大别山下，转运费力，屡谏不从。将来迁徙不易。"②盛宣怀于12月27日直接给皇室显贵奕劻打报

---

① 《寄烟台盛道》（1889年11月30日），载《李鸿章全集》卷11，电稿，第3755页。
② 《李鸿章致张之洞电》（1890年11月27日），载《中国近代工业史资料》第1辑下册，第774页。

告：" 若就大冶设炉烹铁，虽官办稍加縻费，亦足能兴利持久。继闻香帅舍近图远，纵縻帑二百万，铁亦能成，而运远本重，必不能敌洋料。"

知名学者徐建寅也对设厂汉阳表示不理解，10 月 3 日致电盛宣怀称："如煤、铁、灰石均聚一隅，自应在黄石港设炉，而香帅偏信白乃富之邪说，以在距省相近者为合用，现已决计在汉阳矣。" 这一切都没有动摇张之洞设厂汉阳的决心。

张之洞这样做是经过了一番调查研究的。1890 年 12 月，洋矿师和道员徐建寅等人奉命前往大冶黄石港勘查后禀称："须将山头开低数丈，仍留山根。" 徐建寅认为，这一带设厂"劳费无算"，"碍难施工"。[①] 张之洞又派员在沌口、金口、青山、金沙洲、沙口以及汤生湖边的金鸡垸和武昌武胜门外塘角一带寻觅，上下行程数百里，都没有找到一块理想的设厂之地。

经过深思熟虑，并认真听取洋工师意见，张之洞最终决定将铁厂设于"旧为洼塘榛棘之区"的汉阳大别山脚下，张之洞 1890 年 9 月 5 日致函总理衙门称："汉阳大别山下有地一区，长六百丈，广百丈，宽绰有余，南枕山，北滨汉，西临大江，运载极便，气局宏阔，亦无庐墓。与省城对岸，可以时常亲往督察。又近汉口，将来运销钢铁货亦便。惟须填筑地基九尺，则盛涨不淹，沿汉亦须增堤数尺耳。筑地虽贵，较之他处筑闸开河所省尚多。外洋各工师佥以为宜，洞亦亲阅可用。" 设厂汉阳的理由包括便于运输、节省运费、人才集中、便于督察、官员可亲往察看、炉渣可用于填湖等六条。

12 月 17 日，张之洞设厂汉阳的计划获海军衙门同意并获清廷批准，这件事总算尘埃落定了。

张之洞设厂汉阳立即招来一派反对声，官员、技术人员和外国专家都提出质疑，其中曾在汉阳铁厂工作的卢森堡籍专家欧仁·吕柏的一段话非常具有代表性："这位老先生出于对其手下的官员们的诚实和可靠程度的不信任，为了能亲自控制整个工程的建设和工厂的资金支出，不顾专家顾问的反对意见，毅然下令把这个钢铁厂建在汉阳，也就是说建设在龟山脚

[①] 《中国近代工业史资料》第 1 辑下册，第 776 页。

下一片完全被汉水淹没了的稻田上。从地理位置和地形的角度来看，几乎找不到比这更差的建筑工地了。"①

然而，时过境迁，人们对于张之洞设厂汉阳终于有了正确理解和认识，一位青年学者指出："张氏的行为实深受当时历史地理环境的制约。综观汉阳铁厂从最初定议兴办于湖北到最终定址于汉阳大别山下，这一从宏观到微观的决策过程，我们与其说是张之洞本人的抉择，毋宁说是当时特定的政治形势、社会文化氛围、经济技术条件以及自然地理环境等人文—自然因素综合作用的结果。"②

张之洞设厂汉阳是一个非常重要和睿智的决定，它对于以武汉为中心的长江中游近代大工业格局的形成，对于以汉阳铁厂为中心的厂矿一体化局面的出现，特别是对建设接近世界一流水平的宏大钢铁企业和方便钢铁产品的销售及铁厂原材料运输等方面都具有极其重要的意义。

长江及其最大支流汉江交汇处的龟山脚下将矗立起一座巍巍大厂，芳草萋萋的鹦鹉洲旁将演绎出更加曲折而壮美的故事（图2-2）。

图2-2　晚清汉口江滩

---

① 欧仁·吕柏：《中国的采矿和钢铁工业》，慕峰涛译，转引自《汉冶萍公司志》，第275页。
② 袁为鹏：《聚集与扩散：中国近代工业布局》，第96页。

（七）煤矿的开采

铁厂需要大量铁矿石等原材料和煤炭等燃料。盛宣怀委派洋矿师郭师敦于1877年勘得的大冶铁矿自然成为张之洞的首选目标，盛对此也表示赞同："湖北煤铁，前请英矿师郭师敦勘得。如果开办，仍请原经手较易。"①张之洞虽未再雇请郭师敦，但他对大冶铁矿是高度重视的。

炼铁炼钢要消耗大量煤炭。据说，钢铁业发展最早的英国1825年炼钢1吨需耗煤3.4吨，②随着技术的进步，19世纪炼钢煤耗虽有所降低，但仍需要消耗大量煤炭。张之洞于是扩大煤矿的寻找范围，委派湖北知县高培兰、湖南试用典史王天爵、湖北试用知县欧阳炳荣、分缺间用典史欧阳棽、补用知县汤湘云等多位官员率领洋矿师，分别前往湖南宝庆府所属各处、衡州府所属的攸县、醴陵和江西萍乡以及贵州青溪等县，详细勘察煤铁矿情况，其内容包括"煤铁矿坐落何山？何年开采？矿深几何？占地几亩……"。调查项目共达18项。③

根据矿师白乃富的建议，张氏又派员前往大冶、宜昌等地勘察煤矿，根据勘察结果，张之洞认为："大约湘煤湘铁皆甚佳甚多，足可敷用。"④除上述各地外，张之洞还派员分勘兴国州、荆门、当阳、京山等湖北州县，辰州、永州等湖南州府，又查勘四川夔州，陕西的兴安、汉中等州，以及江西萍乡，并委托山西省泽、潞、平、盂各处采取铁煤标本。

根据"运煤就铁"的方针，张之洞决定在大冶周边地区寻找煤矿，于1890年1月20日札委湖北候补知府札勤哈里、候补同知盛春颐等多名官员，带同矿师白乃富前往武昌所属的西山、樊山，兴国州所属的沣源口、竹家槽，广济县所属的阮家山和蕲水县各处详查煤矿。张之洞指出："如大冶附近无煤，即溯江上驶，直抵宜昌以上至归州巴东一带，（至）川省交界止。"⑤

张之洞表面上信心满满："大冶附近无煤，兴山、巴东必有"，⑥ 实际上

---

① 《盛宣怀致张之洞电》（1889年10月24日），载鄂档《汉冶萍》上册，第71页。
② 《中国近代工业史资料》第3辑，第382页。
③ 见鄂档《汉冶萍》上册，第71页。
④ 《张之洞致李鸿章电》（1890年1月20日），载鄂档《汉冶萍》上册，第71~72页。
⑤ 鄂档：《汉冶萍》上册，第72页。
⑥ 《张之洞致盛宣怀函》（1890年2月4日），载鄂档《汉冶萍》上册，第72页。

却忧心忡忡,据盛春颐称:"今晨晋谒,帅(指张之洞)意颇以不得佳煤为虑。"① 张之洞认为:"铁厂日需白煤三四百担,筹办煤炭最为要务。"为此,1890~1893 年间,张之洞先后派员前往湖南、贵州、湖北、陕西、四川、山东等地勘察煤铁矿,各地一时掀起了找矿热潮。详见表 2-3。

表 2-3　张之洞派员勘察各地煤铁矿表(1890~1893 年)

派员勘察年月	勘察地区	勘察人
1890 年 1 月	湖南省宝庆府所属各地	高培兰、王天爵
1890 年 1 月	湖南省衡州府、攸县、醴陵及江西萍乡接界地方	欧阳柄荣、欧阳棽
1890 年 1 月	湖南辰州府、辰溪、浦市等地	杨湘云、蒋允元
1890 年 1 月	贵州省青溪县	杨秀观、张福元
1890 年 1 月	湖北省勋阳、兴山、巴东、当阳、京山等地	
1890 年 1 月	陕西省汉中、兴安等地	
1890 年 1 月	四川省夔州府	
1890 年 2 月	湖北省大冶县	白乃富、毕盎希、巴庚生、札勒哈里、盛春颐、易象等
1890 年 2 月	湖北省武昌、兴国州、广济、荆州、归州等地	白乃富、毕盎希、巴庚生、札勒哈里等
1890 年 3 月	山西省泽州、潞安、平定、盂县等	陈占鳌、周天麟等
1890 年 4 月	湖北省兴国州	梅冠林、毕盎希、柯克斯
1890 年 9 月	湖南省永州府祁阳县、衡州府各地	徐建寅、张金生、欧阳柄荣
1890 年 10 月	山东省	凌卿云
1890 年 11 月	湖北省大冶、王三石等地	张飞鹏、毕盎希、柯克斯、王树藩、游学诗、黄建藩等
1890 年 12 月	湖北黄安、麻城等地	朱滋澍、舒拜发、巴庚生、斯瓦而滋
1891 年 1~6 月	湖北省鹤峰	丁国桢、杨钧
1891 年 2 月	湖南省益阳县	高培兰
1893 年 4 月	湖北省兴国州秀家湾等地	夏峻峰等
1893 年 9 月	湖北省兴国州富山头	欧阳柄荣

资料来源:《中国近代工业史资料》第 1 辑下册,第 768~769 页。

---

① 《盛春颐致盛宣怀函》(1890 年 2 月 23 日),载《盛档》(四)之《汉冶萍公司》(一),第 11 页。

张之洞将勘煤范围大致确定为鄂西、湘东、川东一带,"湖北之荆门、兴山、归州,湘南之邵阳、耒阳、常宁、浏阳、永州,四川之奉节、巫山皆出白煤,合计灰少合用者不下二三十处"。①

尽管"湖北境内产煤之区,历经试验,灰多磺重,堪作焦炭者甚鲜"。②但张之洞仍迎难而上,寻找煤铁的步伐进一步加快。张之洞为此采取两条腿走路的方针。一方面鼓励民间多开煤斤,"一概不用洋煤,尽量购诸内地"。对外省煤炭也尽量收购,"四川夔巫,江西萍乡与鄂省一水可通,若该处之煤运至汉口,亦即一体收买"。③其中萍乡煤矿储量最丰,煤质最优,但萍矿距离汉阳较远,运输不便。另一方面加大鄂湘川三省的煤铁开发力度。经奏准清廷,张之洞于1890年12月1日发布《鄂湘川省开采煤斤告示》,要求各地"选择上等煤苗,设法广为开采,源源运来鄂省"。但各地采煤的效果却不尽如人意。张之洞曾设想利用盛宣怀当年开办的荆门州当阳煤矿,也曾打算采用木炭炼铁,但这些想法最终都未能实现。正如盛宣怀1889年11月15日致张之洞电中所言:"木炭炼铁最佳而价贵,且木炭必有时而穷,炼炉一时难停,仍用煤炼为是。"

张之洞逐渐将勘煤重点放在大冶王三石和江夏马鞍山两处煤矿,正如张之洞1893年4月11日《豫筹铁矿成本折》中所言:"访寻两年有余,试开窿口数十处,始得此两处堪以炼铁之煤。"

王三石煤矿系张之洞委派候补知县张飞鹏开办,据说"渐著成效"。由于张飞鹏此时正兼办大冶铁矿运道事宜,张之洞遂于1890年11月30日添派候选通判王树藩、矿务学生游学诗会同办理,并派洋矿师毕盎希、柯克斯前往王三石勘验确实。翌年4月,张之洞又命张飞鹏、游学诗等及矿师前往王三石、钩儿山、道士洑、明家湾等处,"用机试钻,择其煤层最厚、水运最便而又离铁山较近者,勘定三处"。这可能是湖北最早采用机器采煤的煤矿之一,王三石采煤正式进入实施阶段。

但是,王三石煤矿"煤质尚欠坚结"。该矿管理一开始就极为混乱,

---

① 《张之洞致盛宣怀电》(1890年5月27日),载鄂档《汉冶萍》上册,第74页。
② 《铁厂招商承办议定章程折》(1896年6月26日),载《张集》第3册,奏议,第376页;鄂档《汉冶萍》上册,第133页。
③ 《张之洞晓谕民间多开煤斤示》(1890年11月18日),载鄂档《汉冶萍》上册,第75页。

张之洞严厉批评张飞鹏等人"滥支糜费,任意浮开,实堪骇异……滥用司事,多立名目,浮支薪资,局丁、巡丁、县差重复开支,离奇已极"。[1] 特别严重的是,王三石煤矿极易透水,煤矿试掘两年后煤层深处突然冒出大水,张之洞采取紧急措施,1893年9月23日命候补通判袁敏功等督饬工人"轮班抽水,昼夜不得稍有间断"。但未能挽救王三石煤矿变为废矿的命运。这件事引起来了社会的关注,外国在华报纸《捷报》1894年6月1日报道:"王三石煤矿的开采工作已停止……停采的原因是矿中积水过多。"

张之洞另一个重点勘采的煤矿是马鞍山煤矿。

马鞍山煤矿位于江夏县(今武汉市江夏区)南乡,"江夏南乡煤矿产旺质优,水运甚便,又距汉阳铁厂较近。"1891年7月5日,张之洞令候补知县高培兰偕同矿学生池贞铨前往马鞍山等处查勘。高培兰等经采取煤样化验后认为:此煤可供炼铁之用,遂决定开采,以此作为汉阳铁厂的用煤基地,高培兰因此成为马鞍山煤矿创始人。马鞍山煤矿从此声名鹊起,据薛福成所记:"马鞍山煤矿自辛卯(即1891年)夏开采以来,出煤极旺。"[2]

图 2-3　马鞍山煤矿洗煤台

---

[1]《张之洞严札申饬王三石煤局委员文》(1893年1月17日),载鄂档《汉冶萍》上册,第77页。

[2] 薛福成:《出使日记续刻》卷3,第80~81页,转见《中国近代工业史资料》第1辑下册,第802页。

马鞍山煤矿一直受到张之洞的特别关注。1893 年 10 月 1 日，张之洞乘兵船溯江至煤矿视察，此时的马鞍山煤矿已初具规模：井上有蒸汽锅炉 3 座，在直井井底安装抽水锅炉 1 座，井下水装入煤罐推至井口，用卷扬机提升至地面，同时建有洗煤台和 35 格焦炉 1 座。井下采用人工开挖，巷中铺设轻便铁路，采出的煤装入小矿车，用人力推运至直井码头，再用卷扬机提升至地面，一部分生煤用来炼焦，另一部分生煤和焦炭用畜力拉运至梁子湖边码头，装上木船，用小拖轮拖至金口，入长江运往汉阳。[①] 此时马鞍山煤矿日约产煤百吨，日炼焦一二十吨，煤炭产量不高，远未达到铁厂所需煤三四百吨的目标；且多磺多灰，无法单独用此煤炼成焦炭，只能混合湘煤或开平焦炭才能用来炼铁。马鞍山煤矿虽然为铁厂烧炼钢铁提供了部分燃料来源，但多磺多灰的马煤不可能满足铁厂之所需，到 1907 年 7 月初，"马山再开无益，已商定停办"[②]。

此外，张之洞对炼铁所需的锰、白石等矿的勘查、开采也十分重视。1890 年 4 月 28 日，张之洞札饬襄阳县知县梅冠林，命其派员随同洋矿师毕盎希、柯克斯前往兴国复查锰矿情况。

兴国银山锰矿历史悠久，宋代中叶苏东坡曾游于此，题"铁壁"二字镌于岩石之上，后几经兴废，遗迹犹存。1877 年盛宣怀派遣英籍矿师郭师敦重新发现兴国锰矿，1900 年张之洞筹办汉厂时设局开采。该矿周长约 4000 尺，深约 100 尺，矿石含锰成分不一，约为 12%～30%，矿床厚度约 33 米。总局设于银山，用土法进行露天开采，开矿地点凡六：观音桥、螺丝湾、叶家坟、圣旨牌、上山头、笔架山，后又在卢家岩开矿。

石灰石主要分布于大冶、兴国一带。据统计，每一化铁炉每次须耗铁矿 4.5 吨，石灰石 1.5 吨。[③] 就是说，炼铁时铁矿与石灰石的比例大约为 3∶1，对石灰石需求量很大。好在大冶、兴国都有大量优质石灰石矿，寻找石灰石并不困难。

---

① 《中国近代工业史资料》第 3 辑，第 337 页；《汉冶萍公司志》，第 98 页。
② 见《盛档》（四）之《汉冶萍公司》（二），电稿，第 1290 页。
③ 见《中国近代工业史资料》第 3 辑，第 38 页。

（八）大冶铁矿的早期开采

对大冶铁矿张之洞早有耳闻。正式就任湖广总督前的1889年9月，张之洞就向湖北巡抚奎斌电询冶矿情况。张之洞也曾准备利用贵州的青溪铁厂的铁矿，但诚如李鸿章所言："黔铁难成而运远，断不可指。"李氏认为："应就湖北大冶勘办。"① 海军衙门指出："大冶下手，自是正办。"② 盛宣怀也对勘查、开采大冶铁矿表现出极大热情。经醇亲王奕𫍽批准，盛宣怀委派比利时矿师白乃富前往汉口，准备查勘大冶铁矿。

1890年3月19日，经海军衙门奏准清廷，同意开采大冶铁矿。张之洞于是从下述方面着手进行此项工作：

一是购买矿地。张之洞对当地居民实行股权换取土地款的办法。据《益闻录》记载："先与业主言明矿地给以官价。如情愿入股不欲领价，即照矿务章程，每百两作为一股，由官给领凭据，每年领息，三年一派花红。若将来矿产兴旺，可为子孙产业。一时乡民之入股者，殊形踊跃。"③ 这样做，对融洽矿局与当地居民的关系及降低矿山建设成本无疑有所裨益。在当地政府支持下，冶矿购得铁门坎、铁山、纱帽翅、大冶庙、老虎垱、白杨林等矿区，并在铁山铺购得民田、民地2000余亩，同时在铁山修建了办公室、机房、电报房、宿舍、营房等设施（图2-4）。

二是健全机构。1890年7月2日，张之洞派委员5人进驻铁山铺，筹备建矿事宜，待采矿基础工程及运矿铁路竣工之后，调补用知县李增荣来局，设运道矿务总局于大冶石灰窑，任命林佐、李增荣为总办。

林佐，生卒年不详，顺天（北京）大兴县人，原籍江苏省华亭县，清同治、光绪年间先后四任大冶县知县，曾协助盛宣怀及其英籍矿师郭师敦勘查大冶铁矿，为大冶铁矿的发现和发展做出了贡献。正如张之洞所言："补用知县林佐，曾任大冶，熟悉地方情形，堪以派委专办大冶铁山运道

---

① 《李鸿章致张之洞电》（1899年11月1日），载《中国近代工业史资料》第1辑下册，第753页。
② 《海军衙门致张之洞电》（1889年11月7日），载《中国近代工业史资料》第1辑下册，第753页。
③ 《益闻录》（1890年7月2日）；另见《薛福成日记》（1890年8月5日记），转见《中国近代工业史资料》第1辑下册，第759页。

图 2-4　冶矿得道湾矿区

事宜。"① 而对总办李增荣的情况,我们迄今所知甚少。1893 年 9 月 8 日,张之洞命李增荣稽查铁山开矿情形。

1890 年 11 月,张之洞札委副将周得胜等协助办理大冶铁矿。铁山运道矿务总局下辖李士墩煤局、王三石煤局、铁山分局和运道,聘德国人帕德波古、帕司儿、赖伦、马克斯为矿山技师,从技术上协助矿局组织指挥生产。1892 年 6 月,张之洞又委派宜昌知府存厚前往铁山,督催林佐等"妥速赶办"。

三是修建运道。1890 年 12 月 2 日,张之洞命张飞鹏勘修从铁山至黄石港江岸的运道,约宽 5 丈,以便车马驰骤,往来无碍。1891 年 4 月 13 日,张之洞委派林佐会同署理县令陆祐勤及德籍工匠时维礼,修建铁山至石炭窑的运矿铁路。其所用路轨、枕木、客车、货车全部从德国进口。张之洞命令,运道"限期今年(1891 年)腊月底竣工,不准稍有迟逾"。但直到 1892 年 10 月 16 日,全长约 35 公里的运矿铁路才竣工通车,建有桥梁、涵洞 50 余座,有支路 6 条,沿途建铁山、盛洪卿、下陆、石堡四个车站。

---

① 张之洞:《委员兴修大冶铁山运道由》(1891 年 4 月 13 日),载《中国近代工业史资料》第 1 辑下册,第 798 页。

大冶铁矿下陆机车修理厂、采矿、机修及其他基建工程相继开工。1893年，大冶铁矿基建工程基本完工，已形成年产铁矿石3万~4万吨的生产能力。汉阳铁厂终于有了稳定的优质铁矿供应基地。

张之洞十分关心铁山建设和发展。1893年10月3日乘"沂江"号兵船来到大冶石灰窑，第一次视察铁山，他从石堡车站乘火车抵达铁山车站，随即上山察看采矿工程，重点察看各种机器设备和横路开辟情况。张之洞在德国工程师和铁山巡检朱沛、矿局总办李增荣陪同下到山脚察看，看到遍地堆积的古炉渣，遂同意德国工程师采古炉渣冶炼的意见。1896年3月6日，张之洞在视察田家镇炮台之后，乘船抵达石灰窑，第二次视察铁山。随之视察了江夏马鞍山煤矿和汉阳铁厂。1899年春，张之洞陪同来华访问的德国亨利亲王，参观汉阳铁厂、汉阳兵工厂和大冶铁矿，这是他第三次来到铁山。①

大冶铁矿在世界享有很高知名度。《捷报》认为："英国煤铁最富，然而，湖北省所雇用的外国矿师则认为中国的铁矿比英国为尤富。"②

对大冶铁矿的重新发现，《大冶沿革史拔萃》另有所记。据说，这本书是后来担任大冶铁矿日本监督的西泽公雄所著。据该书称，张之洞聘请德国工程师前往大冶铁山寻找矿苗，这位工程师在铁山铺发现古代炼铁遗迹，"铁渣垒垒"，他"匿不以闻"，继续调查铁山矿苗，并密电德国政府。德国政府立即与总理衙门交涉，企图获得大冶铁矿的开采权。此举因遭到张之洞的抗议而未能得逞。③对此事的记载均为西泽一人所撰，系孤证，其真实性待考。

这本书的作者可能出于某种特殊目的，书中所记也有不少讹误之处，但通过这件事，我们仍不难看出：外国人侵势力是如何觊觎大冶铁矿并试图将之据为己有的。德国人的图谋虽然失败了，但日本人将以更长远的计划和更疯狂的努力将这座宝山变成囊中之物。

---

① 古冶峰：《张之洞三到大冶铁山》，载《湖北文史资料》第39辑，转引自《历史名人与冶矿》，武汉出版社，2009，第45~47页；《汉冶萍公司志》，第213、214、215页；参看《张集》有关内容；许同莘编《张文襄公年谱》卷5，1939年舍利斋排印本，第8页。
② 《捷报》卷46，1891年4月17日，第477页。
③ 西泽公雄：《大冶沿革史拔萃》（未刊本）；西泽公雄：《大冶铁矿历史谈》，载《东方杂志》第10卷第9期，1910年9月；《汉冶萍与日本关系史料》，第38~42页。

关于德国插手大冶铁矿之事，日本另有一个大同小异的版本："德国政府派出技师时，早已秘密指示他们将调查结果应先报告本国政府，然后听候政府处理，所以时维礼发现铁山后，在通知张总督之前，先已直接打电报报告德国政府。德国政府获悉该矿蕴藏丰富后，即向北京总理衙门交涉，望把该矿开采权让给德国政府。北京政府接此消息后不知所措，商之于湖广总督，张之洞因此大怒，拒绝了德国人。"①

（九）汉阳铁厂的动工兴建

虽然有了大冶铁山这座足供开采几百年的矿山，张之洞仍感兴办铁厂困难重重：一是缺煤，二是缺钱。

铁厂缺煤的情况已见前述。办铁厂另一个难题是资金极度匮乏。户部虽然一次性拨给铁厂 200 万两，但这点钱对兴办铁厂只能算洒了点毛毛细雨。张之洞被迫于 1890 年 5 月 17 日恳请李鸿章出手相助："河工借拨外余存当尚不少，伏望钧署深维大局，筹度主持，俾得及早举办。"本来就对修建卢汉铁路持有异议的李鸿章是断然不肯伸出援手的。

尽管前路充满荆棘，但张之洞仍于 1890 年 6 月果断命令总办蔡锡勇："务须于一年之内造成铁厂。"不过，此时张之洞对铁厂面临的困难似乎估计不足。蔡锡勇仍然有些迟疑，他对设厂汉阳仍持异议，7 月 13 日致电张之洞："请自省至黄石港中间一段另觅高地。"张氏 7 月 16 日予以拒绝："铁厂除汉阳外必无善地"，要求蔡"不必迟疑延误"。10 月 16 日，张之洞又从煤铁矿所在位置再次说明设厂汉阳的必要性："设厂汉阳，适居其中，以期两就。汉阳近接汉口，于行销较便；又近武昌省城，于督察工程较便。"

筹备工作告一段落之后，张之洞 1890 年 12 月 17 日奏呈《勘定炼铁厂基暨开采煤铁事宜折》，认为设厂炼铁"工程浩大，端绪纷繁，约以开铁、采煤、造厂为三大端"，张之洞在奏折中汇报铁厂规模："今鄂省开设炼钢铁两炉及抽条、夹板、造轨各机器，询据外洋工师，佥称为上中等机炉，

---

① 《支那经济全书》第 10 辑，第 824～825 页，转引自《中国近代工业史资料》第 1 辑下册，第 761 页。

在外国亦称大厂,更兼采铁、炼钢、开煤三事合而为一,复有修运道、筑江堤、设化学矿务学堂、添修理机器厂,皆连类而及。"据张之洞估计:"需银二百四十余万两。"

铁厂正式动工时间是1891年1月,据《捷报》报道:"铁厂的兴建工程刚刚真正开始,运料的铁道约有3/4哩长……汉阳大别山下非常热闹,以往几周内数千小工在挑土修堤,堤防20呎,堤基50呎,以防长江汉水的泛滥。地基已整理干爽,估计所修的堤能够防住洪水。炼铁厂地基已砸好,正在用耐火砖修墙;锅炉片正在由小工们拉运到厂地安装。"①

而《益闻录》这样描述铁厂的宏大场面:"烟囱高大过于大别山顶,屋做洋式,囱用铁铸。"②

为了保证铁厂基础建设的顺利进行,由前署汉阳县令朱滋泽负责,购买并拆迁了堤内外居民的房屋基地共113户,共发钱7544串文;堤内外搬、拆大小棚屋共112户,每户给钱15串文,共发钱1680串文;又搭住棚屋孤寡贫户36户,每户给钱5串,共发钱180串文。以上三项总共发钱9404串文。③

兴办铁厂对于中国而言是前无古人的创举。张之洞任命英国人贺伯生为总监工(总工程师)。铁厂由英国人约翰逊(E. P. Johnson)设计。除少数洋技师和洋工匠外,全厂中国工人共约3000人。

铁厂及其相关厂矿相继破土动工引起社会极大关注,盛宣怀为此致函张之洞表示祝贺:"想见宏规大起,握塞漏自强利用之全图,从此计日程功,不禁额手称庆。"④

张之洞对工程进展甚感满意,1892年12月3日致函李鸿章称:"从此可计日程功。大约明年二月,各炉及贝色麻钢厂、钢轨厂、西门士钢厂、熟铁厂均可一律竣事。"

---

① 《捷报》卷49,1891年1月30日,第119~120页。
② 《益闻录》1891年6月10日。
③ 见《盛档》(四)之《汉冶萍公司》(一),第27页注。
④ 《盛宣怀致张之洞函》(1892年12月13日),载《盛档》(四)之《汉冶萍公司》(一),第40页。

经过两年零 10 个月的紧张施工,汉阳铁厂建设工程稳步推进。炼生铁厂、机器厂、铸铁厂、打铁厂于 1893 年 4 月前完工,炼贝色麻钢厂、炼熟铁厂于 6 月竣工,炼西门土(即马丁)钢厂、造钢轨厂、造铁货厂于 8~9 月先后完工,鱼片钩钉厂于 10 月中旬完成。到 10 月,全厂工程已基本竣工。"全厂地面,东西三里余,南北大半里",共填土 9 万余方,高约 1.2 丈。全厂计有炼生铁、炼熟铁、炼贝色麻钢、炼马丁钢、造钢轨、造铁货六大厂,机器、铸铁、打铁、造鱼片钩钉四小厂,以及烟囱、火巷、运矿铁桥、厂内铁路、江边石码头、起矿机器房等配套设施。① 其中环绕厂内外的铁路长 43 华里,直达江边码头。

至此,一座延绵 4 华里,厂区面积约 28 万~36 万平方米,② 职工 3000 余人,拥有六大厂四小厂的近代钢铁厂屹立在扬子江畔的龟山脚下,向世人宣告了中国第一家钢铁企业的正式建成,广袤而古老的亚洲大地上第一次露出了近代钢铁文明的曙光(图 2-5)。

图 2-5 初创时期的汉阳铁厂

铁厂原定 1894 年 2 月 15 日开炉。由于各种因素的影响,延至 6 月 28

---

① 张之洞:《炼铁全厂告成折》(1893 年 11 月 29 日),载《张集》第 3 册,奏议,第 133~134 页;鄂档《汉冶萍》上册,第 109 页。
② 欧仁·吕柏在《中国的采矿业和钢铁工业》一文中称,汉阳铁厂"沿汉江展开,长度约 2000 米,宽约 140~180 米"。

日，汉阳铁厂为1号高炉升火开炼举行试产典礼，30日高炉正式出铁，日出铁50余吨，有时达六七十吨。是日，上海各西报对此纷纷进行报道。7月3日，张之洞视察铁厂，他称赞道："所出之铁虽系初炼，已与外洋相较无甚轩轾。"张之洞踌躇满志："鄂省奉旨设厂炼铁，实为中国创办之举。"的确，汉阳铁厂不仅为中国创举，是中国第一家采用西式机械设备进行近代化经营和管理的钢铁煤炭联合企业，而且先于日本八幡制铁所开办7年，是亚洲第一家也一度是最大一家钢铁煤炭联合企业。诚如张之洞1896年6月26日上奏清廷折中所言："湖北铁厂兼采矿、炼铁、开煤三大端，创地球东半面未有之局，为中国造轨制械永杜漏卮之根。"并称："今厂工早已次第告成，各种铁炉、钢炉、冶炼钢铁、制造轨械，均能精美合用，以致铁山、煤井一切机器运道皆已灿然大备。"汉阳铁厂的建成引起巨大轰动，西方人士将此视为"中国觉醒的标志"，惊呼"黄祸将至"。

当铁厂建成时，张之洞奏请清廷嘉奖有功人员，他说："全赖在事各员奔走往来，尽心筹划，艰险备尝，阅时四年之久，始克告厥成功。"清廷批准褒奖有功人员10名。①

应当说，建成汉阳铁厂的第一功臣是这一伟大工程的总指挥张之洞。张之洞殚精竭虑，为建设铁厂倾注了全部心血，特别是在筹集经费、寻找矿藏、购买机器、寻觅人才等方面做出了极其重大的贡献。现举几小例来加以说明。

筹集经费：铁厂建设耗资巨大，这些资金除200万两户部拨款外，全靠张之洞东挪西借。略举一例。截至1898年，铁厂堤工共需银约5万两，除盛宣怀已解之款外，尚欠1.7万余两。张之洞深知："鄂省赈款早已匮竭，无可再筹。"只好放下总督尊严向盛宣怀求援："务请由尊处劝集。"②

寻找矿藏：张之洞为寻找煤铁矿耗尽心力。再略举一例。湖南宁乡小花石矿是个日出煤百吨的小矿，张之洞听到该矿"可用机器，运道亦较捷"的消息后，立即致电正在通州办赈的盛宣怀，要求"将煤样送鄂化

---

① 张之洞：《铁厂著有成效请奖出力各员折》（1894年8月24日），载《中国近代工业史资料》第1辑下册，第793~794页；《湖北炼铁厂告成保奖出力文员折》（1896年农历三月），载《张集》第3册，奏议，第375页。

② 《致上海盛京堂》（1898年4月16日），载《张集》第9册，电牍，第306页。

验,并催阁下派司事带华匠来办"。① 张之洞急切找矿的心情不难想象。

购买机器:张之洞为购买外国机器不遗余力。亦举几例。1892年6月28日,张氏为购买生铁炉、贝色麻炉致电比利时科格里尔厂,时间只过了5天,7月3日再次致电该厂,以"全厂年底必要赶成造轨,已开夜工趱赶"为由,要求该厂将"各匠头,请选拨足用,饬即来鄂"。张之洞为买机器还亲自致电德国威巴文厂、博洪厂、比利时别儿厂、德国克虏伯厂等工厂。张之洞简直成了铁厂的一名采购员,这种尽职尽责的精神令人动颜。

网罗人才:张之洞深知,人才是铁厂成败的关键,他思贤若渴,不遗余力聘请各类人才。再举几例。1892年9月27日,他为雇请一名匠工亲自致电驻俄公使许景澄:"闰月东电请雇矿匠头二名,仅来一名,请添募一名速来。"1893年9月29日,张又致电许景澄:"请速托克虏伯厂代觅上等煤矿师一人,须能审察地隔,并能总管煤井工程,曾经阅历精深者,切嘱该厂勿以中等矿师充数。"这样的事例还有许多。

此外,张之洞还为铁厂争取到长期免税、钢轨专营等多项优惠政策。张之洞如此倾其心力支持汉阳铁厂,是在忠实履行自己作为湖广总督的神圣职责——修建卢汉铁路。可以毫不夸张地说:张之洞是晚清督抚大臣的一面旗帜、一个典范。

需要指出的是,初创时期的汉阳铁厂规模远不及官督商办时期和商办时期宏大,此时尚无一座炼钢炉,只有两座炼铁炉,均于1892年动工,1895年竣工,容积各为248立方尺,式样老旧,生产能力低下。这种落后的旧式炼铁炉直到1919年9月才停炼。

第二节 创办汉厂的重大意义与局限

张之洞创办汉阳铁厂在近代中国实属石破天惊之举,是中国近代化进程中一件具有里程碑意义的大事,在中国冶金史乃至整个中国近代经济史上都具有极其深远的影响。

---

① 《致京通州盛京堂》(1896年11月14日),载《张集》第9册,电牍,第163页。

一　张之洞创办汉厂的意义

（一）开创了中国冶金业的新纪元

中国冶金业具有几千年的灿烂历史，但近代却远远落后于西方列强。汉阳高炉的熊熊烈火，第一次照亮了东方钢铁舞台，翻开了中国钢铁迈向世界的新篇章。"当时风气锢蔽，昏庸在朝，苟无张之洞卤莽为之，恐冶铁、萍煤至今尚蕴诸岩壑亦未可知。"①

汉阳铁厂的大旗在中国和亚洲上空高高飘扬。汉阳铁厂开炉炼铁，标志着中国近代钢铁工业的正式诞生，张之洞因此被史家誉为"中国钢铁之父"。汉阳铁厂的建成为建设中国第一家钢铁煤炭联合企业奠定了基础。

举世闻名的大冶铁矿为汉阳铁厂提供了可靠的原料来源。湖北及其周边地区发现的大量煤矿虽然蕴藏量偏低、煤质也不太理想，但毕竟为铁厂提供了一定数量的煤和焦炭。特别是江西萍乡煤矿此时还藏在深山人未识，日后必将崭露头角，成为规模宏大的远东第一钢铁煤炭联合企业的组成部分。而汉阳铁厂仍然是这家联合企业的核心和龙头。

（二）为中国近代铁路建设做出了划时代贡献

张之洞的幕僚曾说："公之调鄂，以主张修京汉铁路也。"② 其时，"英、法、俄铁路相逼而来，中国干路已成欲罢不能之势。洋商早见及此，知中国开办铁路，需用钢材必多，就地取材，获利必厚"。③ 中国唯一的办法是自建铁厂，自修铁路。汉阳铁厂是卢汉铁路和国内其他铁路所需的钢轨等筑路材料的独家供应商，它将为即将开工的卢汉等铁路源源不断地提供钢轨、鱼尾板、钩钉等筑路材料。诚如盛宣怀所言："当以得煤为体，造轨为用。尤冀各制造局关怀自强之政，均购用自家之铁。"④ 汉阳铁厂将在挽回铁路权益方面发挥重要作用。王文韶、张之洞、盛宣怀认为："非轨不能成路，

---

① 鄂馆藏《汉冶萍产生之历史》。
② 《张文襄公治鄂记》，第 3 页。
③ 《铁厂招商承办议定章程折》（1896 年 6 月 26 日），载《张集》第 3 册，奏议，第 376 页。
④ 《盛宣怀上直督王文韶禀》（1896 年 7 月），转见夏东元《盛宣怀传》，第 134 页。

非铁不能制轨。"① 此后,张之洞、盛宣怀又称:"以制造钢轨为第一义。"② 他们对铁厂在中国铁路建设中的独特作用有较为清醒的认识。

(三)初步形成了以武汉为中心的湖北近代工业新格局

张之洞督鄂几近20年,在工矿业、交通业、金融业、通讯业、农业、商业等各个经济领域多有建树,包括汉阳铁厂在内共创设各类官办企业21家。详见表2-4。

表2-4 张之洞创设官办企业一览

顺序	设立年份	厂 名	开办经费或资本	职工人数
1	1890	湖北铁政局(汉阳铁厂)	568万余两	3000余
2	1890	湖北枪炮局(汉阳兵工厂)	70万两	4540
3	1890	湖北织布局	130万两	2000
4	1893	湖北银元局	4万两	—
5	1894	湖北省缫丝局	47万两	470
6	1894	湖北纺纱局	110万两	1500
7	1897	湖北官钱局	—	—
8	1897	湖北官砖厂	—	—
9	1898	湖北制麻局	20万两	453
10	1901	铜币局	—	—
11	1903	湖北制革厂	资本5万两	164
12	1904	湖北工业学堂附属工厂	配蒸汽机15台	—
13	1906	江岸机车厂	—	—
14	1907	模范大工厂	资本19万两	1800
15	1907	白沙洲造纸厂	30万两	—
16	1907	贫民大工厂	—	70
17	1907	湖北毡呢厂	60余万两	246
18	1908	汉阳铁厂水泥厂	—	—
19	1908	湖北铁厂砖厂	—	—

① 《直督王、鄂督张会奏》(1897年9~10月),载《愚斋存稿》(以下简称《存稿》)卷2,奏疏2,台北,文海出版社,1963,第68页。
② 《鄂督张会奏》(1898年3~4月),载《存稿》卷2,奏疏2,第77页。

续表

顺 序	设立年份	厂 名	开办经费或资本	职工人数
20	1908	湖北针钉厂	资本 30 万两	150
21	1908	钢药厂	—	—

资料来源:《武汉工业百年》(画册),第 115 页。

1890～1908 年的 18 年间,武汉近代 21 家工业企业全部由张之洞创办。汉阳铁厂在众多工厂中居于较为特殊的地位,是创办最早、投资最多的一家。在上述工厂中,有的是铁厂的下属工厂,如水泥厂、砖厂;有的与铁厂有着特殊渊源关系,如汉阳兵工厂。正是在张之洞的努力之下,武汉一跃成为中国第二大工业城市和全国主要工业基地之一。据统计,1895～1913 年,武汉地区有厂矿 28 家,仅次于上海的 83 家,而多于天津的 17 家、广州的 16 家;资本总额 1724 万元,仅次于上海的 2387 万元,而多于广州的 579 万元、天津的 421 万元,均居全国二位。[1] 以武汉为中心的湖北经济也实现了由传统经济向近代经济的转型,湖北由一个地处内陆的中等发达省份发展成为位居全国各省前列的经济较为发达的省份。

武汉的快速崛起引起了外国人的关注。他们这样描述武汉和汉阳铁厂:"当旅行者接近汉口城时,第一眼你就能看到林立的烟囱,它充分展示了一个工业城的面貌;在汉口和武昌你还能看到许多其他重要的设施的标志。""溯江而上,清晰可见屹立岸边的钢铁工厂,那是著名的官办汉阳钢铁厂。"[2] 汉阳铁厂的壮观给了人们十分清晰的印象,它在武汉崛起过程中的作用也是不言而喻的。

(四) 引领了湖北乃至全国对外开放的潮流

张之洞以全方位对外开放的姿态来创办和经营汉阳铁厂,采取"引进来"和"走出去"两条腿走路的方针。他聘请英国人贺柏生任铁厂总监工(即总工程师),授予他技术上的全权;聘英国人约翰生为总设计师,铁厂的

---

[1] 汪敬虞编《中国近代工业史资料》第 2 辑下册,科学出版社,1957,第 654 页。
[2] 《江汉关十年报告》,香港,天马图书有限公司,1993,第 43、45 页。

整体布局均由他谋划；卢森堡籍矿师白乃富等多人协助总工程师、总设计师工作。1895年7月，白乃富合同期满，张之洞另委德国人德培接办。一些外国专家在铁厂发挥了重要作用。如卢森堡籍炼铁工程师吕柏任劳任怨，尽职尽责，后升任铁厂总监。据铁厂统计，官办时期外籍人员多达41人。[①]

与此同时，张之洞也十分注意重用本国技术人员。如任命熟悉洋务的蔡锡勇为汉阳铁厂等多家企业总办，任命学贯中西的学界奇才辜鸿铭为翻译委员，任命徐寿之子、著名学者徐建寅为湖北铁政局会办，便是其中几例。

张之洞鼓励人才出国深造。早在铁厂建立之初，张之洞便派遣华匠10人赴比利时科格里尔厂实习，后该厂华匠增至40人。

张之洞麾下群星璀璨，人才济济，为汉阳铁厂等企业和卢汉铁路建设提供了强大的技术支撑。

张之洞以开放的胸襟面对国际钢铁市场的竞争，他瞄准的目标是当时世界最大钢铁厂——德国克虏伯钢铁厂。张之洞既看到这家工厂技术先进的一面，又看到该厂原料供应运距远的劣势。汉阳铁厂的最大优势之一是拥有一个储量极为丰富、离汉阳仅100多公里、可利用长江黄金水道进行运输的大冶铁矿，这是世界上许多国家的钢铁厂难以企及的。张之洞将目标盯在世界最大钢铁厂，而且从各自优势比较中看出汉阳铁厂的巨大潜力。这充分显示了这位政治家、实业家远大的战略眼光和激昂的爱国情怀。

（五）客观上为辛亥革命的爆发准备了社会经济条件

张之洞创办汉阳铁厂的主观动因是为卢汉铁路提供钢轨等材料，"以修路之利，通土货、厚民生为最大，征兵转饷次之"。实际上，武汉地区经济的快速发展为资产阶级民主革命提供了土壤，正如他的幕僚所言：革命"能成大功，虽为公所不及料。而事机凑泊，种豆得瓜"。[②] 这是历史给张之洞开了次玩笑，但又是社会经济发展的必然结果。

[①] 《中国近代工业史资料》第1辑下册，第881页。
[②] 《张文襄公治鄂记》，第7页。

张之洞具有远大抱负和超人才能。江汉关在十年报告中称赞道："现任两湖总督张之洞很可能是许多年来担任这一职务中的佼佼者"，"此人精力与才干过人，棉纺厂和钢铁厂傲然耸立的烟囱就是很好的说明"。①

二 铁厂的经营陷入困境

（一）铁厂面临的四大挑战

张之洞毕竟不是商人，不是实业经营家，缺乏在市场经济风浪中搏击的经验，也没有巨额个人资产，更不谙于经营谋略，汉阳铁厂遭遇挫折是难以避免的。

从表面上看，汉阳铁厂仍维持了一派繁荣景象。据《申报》报道："铁政虽未告竣，化铁铲中每日能泄 600 余吨，炼铁炼钢昼夜不停。冶出精铁高堆若阜。江、安两处有至局购买者，谓铁质较前更佳。"②《捷报》则称："汉阳铁厂并未停工，白天整天在开工，炼出大量的各种各样的钢铁。厂中安静而有秩序。"③ 汉阳铁厂 1894～1895 年每年钢铁产量 5000 余吨，在全国钢铁总产量中所占比例为 100%。

在这种表面现象"繁荣"的背后，汉阳铁厂却潜伏着巨大危机，面临着四大挑战和难题。

一是钢铁产量过低。一个号称亚洲第一的钢铁厂，官办时期钢铁年产量只有区区 5000 余吨，这个数字实在少得可怜。产量低的主要原因是产品质量低劣，销售不畅。

据张之洞奏称："惟生铁仅开一炉，每年匀算可出铁一万五千余吨。其铁路运道、码头及洋匠人工，原备生铁两炉之用。若仅开一炉，成本亏折甚巨，断难持久。"④ 实际上，官办时期铁厂的生铁产量远未达到年产

---

① 《江汉关十年报告》，第 28 页。
② 《申报》1894 年 11 月 10 日。
③ 《捷报》卷 53，1894 年 12 月 7 日，第 920 页。
④ 《铁厂拟开两炉请饬广东借拨经费折》（1894 年 10 月 30 日），载《张集》第 3 册，奏议，第 200 页。

1.5万余吨,则铁厂的亏损会更严重。

二是焦炭供应紧张。铁厂所需焦炭大都靠开平煤矿供应。但据蔡锡勇1895年12月5日致张之洞电称:"开平煤炭未到,不敷用,今日封炉,留火候炭到再开。"开开停停对铁厂实在是致命打击。诚如张之洞1894年7月19日致刘坤一电所言:"铁厂已经开炉,日需矿煤数百吨,不能稍有间断停待,一间断则炉必坏。"

铁厂开炉之初部分焦炭取诸英、比、德、日等国,其运费高昂。买煤要支付金或银等货币,19世纪70年代以来,各国相继实行金本位,银在世界市场上价格锐减,而中国依然使用银本位,故银币在国外价值日益走低。中国每1海关两在伦敦市场上与1英镑的比价1897年比1890年下降一半以上。① 如洋焦每吨价高达20两,且磺多灰重,不大合用,故指望外国煤焦供应铁厂只能是奢望。

张之洞一度对马鞍山寄予厚望,1895年6月委派著名改良主义者黄遵宪前往马鞍山协助蔡锡勇勘察,黄、蔡6月7日致电张之洞称:"今同见煤厚质佳,众口同称,实喜出意外。所炼焦炭甚佳,质松而坚,能受压力,以炼生铁极合用,胜于萍煤,与欧洲正同,尤为大局欣幸。"事实上,马鞍山煤矿并不能确保铁厂之所需,"马鞍山焦炭炉已全开,惟三层出煤无多,参用二层,炼焦炭多碎"。②

事后有人评论:铁厂"于各处询觅煤矿,最后得马鞍山煤矿,所费又不赀……而不知马鞍山等厂之煤,灰磺并重,实不宜于炼焦也"③。

萍乡煤矿同样难以保证对汉阳铁厂的供应。"因萍煤乏款少到,不能全开。"④

三是办厂经费支绌。据张之洞1890年底呈海署文称,铁厂创办经费需246.8万余两。详见表2-5。

---

① 全汉昇:《清末汉阳铁厂》,载《中国近代工业史资料》第3辑,第388页。
② 《蔡锡勇致张之洞电》(1895年11月19日),载《中国近代工业史资料》第1辑下册,第808页。
③ 《中国铁矿志》,第245页。
④ 《蔡锡勇致张之洞电》(1895年7月30日),载《中国近代工业史资料》第1辑下册,第808页。

表 2-5　汉阳铁厂需用经费简表

单位：万两

项　目	金　额	项　目	金　额
购买英国机器用款	26.9	填厂房、设码头、置抽水机、铺铁轨	9.75
机器运保费	15.0	添购外洋机器、物料	17.5
机器到鄂、沪转运起卸费	3.05	起造铁厂基墩炉座	30.7
购买大别山地基、码头	4.3	起造局屋工料	27.8
汉阳堤工	3.8	派人勘查煤铁用款	2.0
经营厂房	3.2	开矿用款	40.2
翻译、书吏等薪伙	4.0	开煤用款	25.1
洋匠薪水杂项	7.2	拖矿轮船用款	18.5
学堂经费	3.0		
铁政局经费	0.8	总　计	246.8*

* 笔者经反复核对，并查阅《张集》、鄂档《汉冶萍》等资料，发现该数有误，各项相加应为 242.8 万两。

资料来源：《张之洞咨呈海署约估筹办煤铁用款报明立案》（1900 年 12 月 31 日），载《中国近代工业史资料》第 1 辑下册，第 844~853 页。

张之洞深知，铁厂实际用款"尚恐难保不溢出初估之数"①，而实际办厂之困难、经费之浩繁，还是远远超出了张之洞的预期。

四是洋商削价竞争。汉阳铁厂投产后，外国钢铁厂立刻削价竞争。"洋轨价值，传闻较前又减。前年询考外洋轨价，需三十余两，尊电所议，亦二十九两。此时闻又略减，工本运费，断然不敷。此或是外洋铁价偶然轻减，不可为常；或是恐中国铁厂造成，利不外耗，故意减价求售。亦如太古、怡和减价，与商局轮船相争故智。"② 此时汉阳铁厂立脚未稳，困难重重，洋商的削价竞争给铁厂造成的压力是空前的。

（二）汉阳铁厂竭力筹措办厂经费

办铁厂在中国属创新之举，有许多不可预见的因素。在向海署呈送筹

---

① 张之洞：《咨呈海署请将新海防捐留支炼铁设厂及开采煤铁等费》（1890 年 12 月 17 日），载《中国近代工业史资料》第 1 辑下册，第 853 页。
② 《张之洞致李鸿章函》（1892 年 12 月 3 日），载《盛档》（四）之《汉冶萍公司》（一），第 30 页。

办煤铁预算一年多后的 1892 年 3 月 22 日，张之洞再向海署提出"续估案"：筹开锻矿炉 4 座、铁桥架 1 道、高白炉 2 座、制造鱼尾片钩钉机器多台、焦炭炉 40 座、铁山铺至王三石煤矿铁路 16 里、生铁炉火砖和热风炉火砖各 1 副以及派遣华匠 40 名前往比利时科格里尔厂实习的费用等各种费用共 324600 两。几天后，张之洞于 3 月 25 日上奏清廷，指出铁厂规模宏大，据洋匠估计，在外洋办一家相同工厂需银 300 多万两，即使中国人工易集，物价低廉，铁厂尽力节省，也需 2468000 余两。但开办之后，"实有意料所不及，思虑所难周，万不能省、必须购办者"。铁厂常年经费除部拨 200 万两外，尚缺 792000 余两，张之洞只能在湖北各类经费内"设法腾挪借拨"，其中包括动拨厘金 5 万两、盐厘 5 万两、盐道库存长江水师 10 万两、粮道库存杂款 10 万两，合计 30 万两，"不敷尚巨"，只能从枪炮厂经费中"酌量匀拨应用"。清廷批准了铁厂的借款方案。所有借款在 10 年内匀摊归还。

30 万两借款远不能满足铁厂之所需，两炉并开，成本约须百万两，又须筹还鄂省借垫之款。张之洞准备先开一炉，每年亦须五六十万两。此时李鸿章督办的关东铁路每年购轨 19 万余两，张之洞奏请清廷：划扣北洋经费 10 万两，作为北洋购买汉轨的预付款。①

此时张之洞为操办铁厂已是焦头烂额，内外交困。"香帅自遭群谤，意兴日衰，加以经费支绌，诸所筹画，皆在不能搏节之中。"②

正当张之洞为筹措办厂经费四处奔波之时，传来了令人震惊的消息，1895 年 9 月 27 日清廷电旨："有人奏湖北铁政局与大冶产铁处相距甚远，以致铁价太昂，且近处并无佳煤，炼铁未能应手。犯此二病，即难收效等语。铁政局经营数年，未见明效。"这是清廷对张少有的严厉批评。更有甚者，一些人恶意攻击张之洞："议办铁路，并开煤铁各矿，乞留巨款，轻信人言，浪掷正供。又复多方搜集，设电杆，毁通桥，几酿巨患。"清廷命两江总督刘坤一"确切查明"。刘氏经过调查得知真相后，盛赞张之洞"系怀时局，力任

---

① 《预筹铁厂成本折》（1893 年 4 月 11 日），载《中国近代工业史资料》第 1 辑下册，第 865～867 页；《张集》第 3 册，奏议，第 78～80 页。
② 《杨楷致盛宣怀函》（1893 年 6 月 20 日），载《盛档》（四）之《汉冶萍公司》（一），第 64 页。

其难，将以炼钢开生财之源，保自有之利"，"该督臣谋国公忠，励精图治"。①

张之洞听到批评并未气馁。百般无奈下，张氏向枪炮局挪借五六万两。

张之洞预借10万两轨款的要求遭到李鸿章的断然拒绝，"短此十万巨款，实属无从措手"。张氏只好从湖北粮道库和湖北盐道库中各再拨借5万两，共10万两，从1896年起，分作十年归还。张氏1893年10月21日甚至被迫向盛宣怀"代借银数十万"。1894年8月24日，张之洞向清廷递呈奏片，请求从厘金、盐厘两项中每年均提10万两济用。10月30日，张之洞再奏请清廷，催促户部尽早批准铁厂从本省税厘中匀拨20万两，张氏以闽厂事件为例，说明当年左宗棠、李鸿章、沈葆桢等重臣是如何维护闽厂生存的。张之洞"夙夜焦急，再四筹思"，决定上奏清廷，向两广总督李瀚章借拨广东省武营四成报效和银元余款共50万两，由于这两笔钱本来是张之洞在督粤时提议征收的，朝廷也就很快批准了这一奏折。

1895年10月，已经调署两江总督的张之洞，见"铁厂经费早罄，工作难定，万分焦灼"，遂于16日上奏清廷，将江南盐务票费35万两、淮南场商与淮北池商捐款13万两、湖南商人报效银2万两，共计50万两，扩充铁厂经费之用。

铁厂每开一炉，每月约需银5万两，铁厂洋匠41人，月薪共1.2万余两，每月开支即达6万余两，而历年积欠尚无法清还。诚如张之洞所言："每月总需七八万金，以后用款无从罗掘，以前欠债无从筹还，鄙人实无颜再向朝廷请款，亦无词以谢谗谤之口，是死证矣。"②

汉阳铁厂似乎已陷入绝境。

三　张之洞寻找铁厂新出路

（一）铁厂官办的特点和弊端

汉阳铁厂是官厂，在张之洞看来，铁厂所出的钢铁产品都是官物，张

---

① 刘坤一：《遵查疆臣参款据实复陈折》（1893年4月15日），载《刘忠诚公遗集》卷21，第6~9页。
② 《致武昌蔡道台》（1895年7月26日），载《张集》第8册，电牍，第365页。

氏在开炉之前就向清廷递呈奏片："凡我军国所需自宜取资官厂,惟赖户部与各衙门及各省合力维持,方足以畅地产而保利权。至所出铁货,既系动用官本,均系官物。"张之洞提出,北洋铁路局、各省机器局、轮船招商局所需的各种钢铁物料,都可标明尺寸或绘制图纸,由铁厂按其要求制造。至于产品价格,在成本尚未核算之前,可参照外洋输入的钢铁产品时价议定,购买方或付半价,或付 1/3,或酌付定银,由湖北省与其商办。张之洞请求朝廷命户部、海署、总署"迅速核定章程,通行各省查照办理"。清廷批准了这一奏片。①

张之洞继续走官办企业的老路:厂为官厂,铁煤均系官物,生铁官销。汉阳铁厂和其他官办企业一样:生产不以营利为目的,不讲求经济核算,官方意愿在企业经营活动中起决定性作用。

汉阳铁厂有一套衙门式的管理机构。湖北铁政局由湖广总督亲自领导,同时受湖北省级衙门如布政使、按察使、盐运使、粮道的节制。湖北铁政局最高行政长官称总办,而协助总办工作的有会办、提调、洋总管,下设文案、奏折、收支、矿务、郎中、翻译各办事机构或办事人,通过上述机构来管理汉阳铁厂、大冶铁矿(大冶运道矿务总局)、马鞍山煤矿、兴国锰矿和李士墩煤矿、王三石煤矿、道士洑煤矿。如此庞大的官僚机构,似乎并不适应近代大机器生产的需要。

作为官办企业,汉阳铁厂表现出如下特点:

一是官方对企业盈亏情况并不重视。迄今我们尚未见到汉阳铁厂官办时期的任何账略。是铁厂根本没有账略,还是有关账略没有披露,目前尚不得而知,我们从张之洞的大量奏议、电奏、电牍、咨札中虽可看到铁厂负债和经营困难的内容,但极少有反映铁厂经营活动的较准确的数字。

二是官方不尊重企业的经营自主权。枪炮厂本来是随张之洞迁鄂的一家独立军工企业,但张之洞硬要将其与铁厂合为一家,1894 年 12 月初致总署的电文中说:"枪炮厂地基、厂屋,即包在铁厂之内,本系一事,碍难划分。"张氏命蔡锡勇兼任两厂总办,"将枪炮厂仍并归铁政局"。② 这种

---

① 《张之洞拟定铁厂开办后行销各省章程片》(1893 年 11 月 29 日),载《张集》第 3 册,奏议,第 134~135 页。
② 《张之洞致总门衙门电》(1894 年 12 月 2 日),载鄂档《汉冶萍》上册,第 112 页。

拉郎配的办法显然不利于两厂的各自发展,合并仅半年时间,到 1895 年 5 月,"枪炮厂从铁政局分离,另成立枪炮局"。① 强行合并的两厂依旧各为独立企业。

三是官方对企业拥有绝对控制权。汉阳铁厂因系张之洞一手创办,与张氏有着特殊渊源关系。1894 年 11 月,张之洞调署两江总督,但他创办的湖北铁政局(汉阳铁厂)、湖北枪炮局、湖北织布局、湖北缫丝局、湖北纺纱局并未改变与张氏的隶属关系,清廷 1894 年 11 月 24 日上谕:"所有各局应办事宜,仍著该督一手经理。"② 这种从南京隔省遥控湖北企业的独特现象,固然说明张氏在创办湖北新式企业中的特殊贡献,但也透露出铁厂等企业与张氏的封建依存关系。这种关系对企业明显是一把双刃剑。

官办在铁厂经营管理过程中的弊端很快就暴露出来。

一是虚糜公款,浪费巨大。例如,铁厂等厂矿建设耗费水泥甚多,大冶本来有适合制造水泥的石灰石、黏土等原料,经外国机构检验,评价甚高,水泥质量远在开平、澳门水泥之上。但铁厂、铁路等厂矿所用水泥仍向外国购买,耗资 20 万两,张之洞对此感到"痛心疾首"。③

张之洞批评道士洑、明家湾等处煤矿负责人游学诗"经手工程功效毫无,而起造楼房,添置器具,一味铺张,虚开工匠,多用冗人,妄支滥用,难以枚举"。④

当时有人批评铁厂的一套做法:"盖此间全用官场办法,习气太重,百弊丛生,不可穷诘。加以香帅之极力铺张,洋人之任意挥霍,于是分局愈添愈多,机器愈买愈广。"⑤ 这种批评虽不尽正确,但也反映铁厂确实存在只讲排场、不计成本的现象。

二是管理混乱,弊病丛生。据研究者披露:汉阳铁厂上上下下一派衙

---

① 《汉阳兵工厂史略》(初稿,未刊),第 7 页。
② 《张之洞致谭继洵电》(1894 年 12 月 4 日),载鄂档《汉冶萍》上册,第 112 页;《洋务运动》(七),第 233 页。
③ 《张之洞致许景澄电》(1894 年 5 月 8 日),载《张集》第 8 册,电牍,第 150 页。
④ 《札铁政局撤换道士洑、明家湾等处煤矿委员》(1892 年 6 月 2 日),载《张集》第 5 册,电牍·咨札,第 353 页。
⑤ 《钟天纬致电盛宣怀函》(1893 年 2 月 3 日),载《盛档》(四)之《汉冶萍公司》(一),第 45 页。

门作风，冗员充斥，互相推诿，"每出一差，委员必十位、八位，爵秩相等，并驾齐驱，以致事权不一，互相观望"。这些人对管理近代化工厂一窍不通，但营私舞弊却是行家里手。"终日酣嬉，所费者不知凡几。"有人统计，铁厂官办时期所耗560余万两银中，真正用到实处的不过200余万两，"其余皆系浮费之款，于公司毫无利益"。① 此言虽有夸大其词之嫌，但也反映了铁厂管理上的混乱。

张之洞自己也批评王三石煤矿"滥支糜费，任意浮开，实堪骇异"，该矿在选调工匠时"名目种种，荒谬离奇，不可殚述"。② 看来，汉阳铁厂及附属厂矿滥支糜费的现象是较为严重的。

三是催赶工期，未按规范要求施工。一号高炉（甲字炉）1890年起造时，虽有英国工程师和谛塞德厂荐来的三名工匠指导，但并未按国外先进方法施工，而是任由中国泥水匠砌成，"是以地盘及炉脚均未坚固，而炉身之工程尤劣，砖多剥蠹"。"一经阴雨淋漓，而所涂之火泥尽皆剥落，则甲字炉恐有斜倾下陷之虞。"1893年动工兴建的二号高炉的情况也相差无几。总办蔡锡勇批评"该炉如何不固，机器如何不佳"，认为这是鄂督过于赶工期的结果："张制军催促开工，且京内亦屡催开办情形，只须开炼后，方可塞责，而诸事之未臻妥善，可以概不过虑。"③ 这样做的严重后果是显而易见的。

四是产品质量不高，销售困难。钢铁产品的销路本来是铁厂必须解决的问题。张之洞1889年10月奏折中就提出"储铁宜急"，就是要铁厂尽力为铁路提供钢轨；1890年12月提出"炼铁为造轨之基"；1892年又提出"枪炮路轨各厂皆以铁厂为根"；1896年6月26日，张之洞"与盛宣怀坚明要约以卢汉路轨必归鄂厂定造为断"。④ 张之洞将卢汉等铁路所需的路轨视为铁厂最重要的产品。但是，铁厂生产的钢轨却因质量问题难以赢得市场的主动权。张之洞曾把汉阳铁厂的产品，包括生铁1000吨，钢与熟铁20余吨，

---

① 《张之洞评传》，第116页。
② 《严饬王三石煤局委员并饬铁政局将所呈清折再核裁涉》（1893年1月17日），载《张集》第5册，公牍·咨札，第389页。
③ 《吕柏致比公司函》（1899年3月4日），载《盛档》（四）之《汉冶萍公司》（二），第102页。
④ 见《张集》第2册，奏议，第268、368页；第3册，奏议，第377页；第8册，电牍，第121页。

于1894年发至上海耶松船厂与义昌成洋行试销,结果钢、熟铁的售价与洋货大致相同,但生铁价格却低于洋货,这说明其质量较洋货仍有差距。

大冶铁矿矿砂含磷过高,制成的生铁含磷量达0.25%,经过贝色麻炉炼钢法冶炼后,含磷量仍为0.2%。但铁路钢轨却要求含磷量低于0.08%,汉阳铁厂炼出的钢因无法脱磷故而易碎不宜制轨。这种钢在市场上销路不畅,价格也远低于外国产品,不仅无法满足卢汉铁路之需,而且近在咫尺的兵工厂也拒绝使用铁厂的产品。1894年6月至1895年8月铁厂的生铁、贝色麻钢料、马丁钢料、钢条板产量分别为5600吨、940吨、450吨和1700吨,而外销或外处所用量分别只有1100吨、18吨、40吨和340吨,分别只占各类产品的19.6%、1.9%、8.9%和20%。①

就是说,铁厂产品销量最高只占产量的20%,最低不足2%。从铁厂投产到1895年,钢铁销售收入24825两,仅占铁厂投产后两年开支160万两的1.55%。这种局面是难以长久维持的。

应当指出,汉厂钢轨销售不畅,也与李鸿章的反对态度直接相关。张之洞本想将钢轨卖给正在准备修建的营口—珲春铁路(即关东路),但李氏却提出:"东路须急办,应购西洋钢轨",张虽于1890年5月18日反复强调购买汉轨的好处,"合计全路较洋轨可省银数十万",但李鸿章不为所动,5月21日反唇相讥:"迨定图购地后方可兴工,断无预定洋轨之理。"他说,应当将各国钢轨进行比较后选购,"未便预为限制"。李氏预言,汉阳铁厂"似一年后未必造成合用钢轨"。在张之洞再三询问之下,1891年8月2日李鸿章作出答复:"明春即需钢轨,已向外洋订购。"11月6日,李鸿章电张氏:关东路钢轨"只可暂向外洋订购。尊处初造,配合挑选,必需时日"。李鸿章的不合作态度是十分明显的。

五是焦炭供应不足,铁厂多次停炉。正如蔡锡勇指出的那样:"官运萍煤,旧者走油,新者间被船户搀杂柴煤,屡试成炭皆不佳,三十五炉不能全开。"② 而"马鞍山煤质含磺过重,不甚适用"。③ 张之洞、蔡锡勇焦

---

① 夏以溶主编、吴兆清著《中国近代史话》第四卷"自强求富",云南人民出版社,2001,第299页。
② 《蔡锡勇致张之洞函》(1895年7月29日),载鄂档《汉冶萍》上册,第114页。
③ 《张文襄公治鄂记》,第30页。

头烂额，被迫改购平焦、东洋焦和洋焦。但开平焦炭因辗转运输，来汉数量不多，且价格不菲。而外国焦炭价格奇昂，且来华数量有限。汉阳铁厂面临停炉的危险。

在张之洞等人的努力下，铁厂勉强维持了一个化铁炉的运转，但到1894年，这唯一开工的化铁炉也不得不停炉待焦。但停炉后，不仅要设法筹措每月八九万两的经常性费用，而且要偿还巨额债务，张之洞不得不于1895年重新开炉炼铁。焦炭短缺对困境中的汉阳铁厂无异于雪上加霜。

从全局看，张之洞创办的汉阳铁厂是从19世纪60年代开始的以富国强兵为目的的洋务运动的最后一幕。汉阳铁厂投产后不久，1894年爆发的中日甲午战争给了洋务运动致命一击，汉阳铁厂也不可避免地在洋务运动失败的阴影下徘徊。不管张之洞等人如何努力，汉阳铁厂只能沿着这一历史轨迹，艰难曲折地不断前行。挫败—抗争—破灭，这就是汉阳铁厂的必然结局。

（二）张之洞的深刻反思

张之洞毕竟是超乎常人的伟大人物。对挫败和困难，张之洞进行了深刻反思。早在1895年7月30日，张之洞在致蔡锡勇电中就提出了萍煤运输"或由官办，或由商包"的主张。10月16日，张之洞奏呈《查复煤铁枪炮各节通盘筹划折》，这本长达5500字的奏折全面回答了朝廷及相关官员对铁厂的批评，其中不乏张氏对市场、价格等问题的真知灼见。这是一篇难得的经济分析文章。

一是张之洞已经认识到洋商与铁厂之间的竞争关系、铁厂产品质量与其价格的互动关系。"今洋行于鄂厂钢铁，必较洋产压价，然犹肯给如此善价，足见制炼精良，可敌洋产；将来正可日开利源，何以言者反嫌其昂乎？"

二是张之洞已经认识到了企业必须壮大自己才能赢得在市场竞争中的主动地位。"今自开之煤可烧焦炭，自烧之炭可化铁矿，自炼之铁可造路轨、枪炮，可得洋行善价，铁厂之效似不外此。"

三是张之洞已经认识到了钢铁产品必须面向国际市场。"若虑此精钢熟铁各省一时不能全销，目前可托洋行代销外洋，除去运保行用栈租外，亦可值银一百八十余万两，核计总有盈余。……实为利国利民之举，此正今日讲求西法之大端，振兴工艺商务之始基也。"

四是张之洞已经认识到了铁厂必须寻找在国际市场竞争中的薄弱点和突破口。"盖地球东半面，亚洲之印度、南洋、东洋诸国，均无铁厂，止中国所创铁厂一处。……如招商无人，自以筹款接办经营为正办。"

五是张之洞已经认识到了铁厂必须与世界上最强的竞争对手比较优势和劣势。"查德国克虏伯厂，炼钢炼铁为地球第一大厂，其矿石自西班牙国运来，远在数千里之外，较之远近难易，实觉此胜于彼多矣。"① 张之洞将竞争对象瞄准世界第一大厂——德国克虏伯厂，确实表现出他的雄心壮志和过人胆识。

(三) 汉阳铁厂招商承办的谋划

张之洞欲将铁厂招商承办酝酿已久。早在1892年12月3日，张氏致李鸿章函中就提出："盛道若能照所拟各节招商督办，俟定议时，当会同合端具奏。"给事中褚成博1895年六七月间，奏请招商承办各省船械机器等局，朝廷命户部议奏。户部奏称："湖北枪炮、炼铁各局经营数载，糜币已多，未见明效。如能仿照西例，改归商办，弊少利多。"清廷批准了户部的奏折，1895年8月12日发布上谕"饬将铁厂招商承办"。

张之洞的想法与朝廷不谋而合，但张氏最初的打算是将铁厂包给洋人，他致电蔡锡勇："铁厂一切经费议包与洋人，有愿包者否？"② 这与蔡锡勇的想法相去甚远。蔡一贯主张由华人经营铁厂，其首选目标是身居高位、富甲天下的经商奇才盛宣怀。

早在1894年，张之洞便与盛宣怀商量过铁厂商办之事，"盛宣怀禀称，拟招集商股承领铁厂办理。先集股一百万两，以四十万缴还官本，以六十万作为开炼经费。所有营建厂工官本三百余万，除先缴四十万外，余

---

① 张之洞以上言论均引自《奏查复煤铁枪炮各节通盘筹划折》(1895年10月16日)，载鄂档《汉冶萍》上册，第115~118页；《中国近代工业史资料》第1辑下册，第809~817页。
② 《张之洞致蔡锡勇电》(1895年9月4日)，载鄂档《汉冶萍》上册，第124页。

款分二十年归还。还清后，仍报效三十万两，分年呈缴"。但张之洞对将铁厂交给商人承办仍表怀疑，认为"究非自强之本"①。

在张之洞授意下，铁厂总办蔡锡勇试图通过私人渠道来打探盛宣怀的真实意图。1895年9月16日，蔡锡勇致电在铁厂任职的盛宣怀堂侄盛春颐："帅（指张之洞）意铁厂经营多年，用款甚巨，甫著成效，事体重大，恐南洋华商无此才力。""令叔前三年本有承办之意"，蔡盛赞盛宣怀："令叔椠才硕画，承办此厂，必能日见兴盛。"他希望通过盛春颐的私人关系来打动盛宣怀："议请阁下电商令叔，有无接办之意。"此事暂无结果。

不过，张之洞此时并无包与华商之意，他接到朝廷严旨："毋妄费，毋受欺蒙。"② 张之洞"感悚莫名"，赶忙做出解释："招商总不甚便，似仍以筹款官办为宜。"③

实际上，张之洞再也没有官办的雄心和精力了，1895年12月12日致电蔡锡勇："铁厂仍以外洋厂包办为宜"。蔡14日回电列举许多事例说明："似包于（与）洋人不如包与华人为宜"。

张之洞欲将铁厂包与洋人的消息不胫而走，对铁厂觊觎已久的外国钢铁商人，如英商陶秘深、柯第仁、贺士当，法商戴马陀等先后来鄂，愿以银500万两附股合办。外国驻华公使、领事也为本国商人张目，"坚欲承揽"。1896年4月，法商凑成现款，派戴马陀找到盛宣怀，欲接办铁政，盛氏坚称"无权与议"，④ 拒绝了法商的要求。

张之洞主张："既包铁厂，则大冶铁山及江夏、大冶、兴国各煤矿均拟一并包与商办。"张氏心目中的承包对象仍是洋商，1895年12月29日致电蔡锡勇时仍称："兹有洋商包办铁厂，该道速即来宁面商一切。"

铁厂包与洋人的消息传出后，举国哗然。中国人对甲午战败之痛尚未

---

① 《铁厂拟开两炉请饬广东借拨经费折》（1894年10月30日），载《张集》第3册，奏议，第200~201页。
② 《总理衙门致张之洞电》（1895年11月2日），载鄂档《汉冶萍》上册，第124页。
③ 《张之洞致总理衙门电》（1895年11月5日），载鄂档《汉冶萍》上册，第124页。
④ 《盛档》（四）之《汉冶萍公司》（一），电稿，第735页。

忘怀,岂能让外国人不战而夺走中国唯一的钢铁厂。全国反对之声甚炽,湖南巡抚陈宝箴对此也持异议,于1896年1月30日致电张之洞:"忽闻铁政将与洋商合办,极用怅然。"铁政"诚中国第一大政,我公生平第一盛业。今需用正急,忽与外人共之,与公初意大不符合","必至喧宾夺主,甚为中国惜之"。

为减轻内外压力,张之洞尝试过由华商承办铁厂,此时也有一些华商愿意承办,如许、韦诸商特别是吕庆麟、许应铿、方培垚、刘学洵等商人及清末文人刘鹗纷纷提出此类要求。许应铿、方培垚、刘鹗、吕庆麟等"均称集有股份千万,先后具呈,各愿承办"。① 张之洞"试想粤商四起,各称集股千万,岂华商具此大力耶"。②

事实上,华商都没有如此财力,如广东商人刘学洵,"号慎初,系进士出身,现捐知府"。③ 这个人社会信誉度很差,实际上并没有多少资产。又如,刘鹗声称拥资 1000 万两,但据上海江海关调查,实系履祥洋行"转向外洋凑借一千万两,非真有股本存伊处。现既未奉有核准明文,伊更不便签押认保"。"履祥洋行开设未久,局面不大,纵使转借洋股,恐亦未可靠。"④ 为慎重起见,张之洞亲自对刘鹗进行考查,"刘鹗已见,已向上海查明,全是虚诞"。而方培垚一伙同样不可靠,方本人是新加坡公兴洋行买办,"方现已被劾,其谬可知"。⑤ 许应铿则自称在旧金山及南洋招集华股 700 万,而据旧金山领事调查,"在金华商并未入股"。经张之洞反复查验,刘、方、许及吕庆麟的行为"均属虚诞不可靠"。⑥ 张之洞称:"数月来查看数商,皆系洋商影射,碍难奏办。"⑦ 一些华商承包铁厂的闹剧就此收场。

张之洞这样做极有可能是为使铁厂不致贱卖而独出心裁导演的一幕幽

---

① 张之洞:《卢汉铁路商办难成另筹办法折》(1896 年 9 月 2 日),载《张集》第 3 册,奏议,第 388 页。
② 《致天津王制台》(1896 年 5 月 10 日),载《张集》第 9 册,电牍,第 118 页。
③ 《钟天纬致盛宣怀函》(1893 年 6 月 6 日),载《盛档》(四)之《汉冶萍公司》(一),第 55 页。
④ 《黄道来电》(1896 年 7 月 1 日),载《张集》第 9 册,电牍,第 130 页。
⑤ 《致上海盛道台》(1896 年 7 月 5 日),载《张集》第 9 册,电牍,第 132 页。
⑥ 《致上海盛道台》(1896 年 7 月 16 日),载《张集》第 9 册,电牍,第 134 页。
⑦ 《致上海盛道台》(1896 年 7 月 23 日),载《张集》第 9 册,电牍,第 138 页。

默戏。张氏致电蔡锡勇称：铁厂"固以华商包办为宜，但中华绅商类多巧滑，若无洋商多家争估比较，定必多方要挟。不肯出价"。①

张之洞开始把目光投向中国最大的民族企业招商局，投向在中国工商界有着很大影响的天津海关道兼津海关监督、招商局督办盛宣怀。

---

① 《致武昌蔡道》（1895年12月20日），载《张集》第9册，电牍，第59页。

第三章 三足鼎立
——厂矿新格局的初步形成（1896～1908）

第一节 官督商办体制在铁厂的确立

汉阳铁厂创办几年后便因经营困难而难以为继，被迫由官办改为官督商办。中国近代最善理财的一代官商盛宣怀出任铁厂督办后，彻底改变了汉厂、冶矿、萍矿的落后面貌，崭新的厂矿格局已初步形成。

一 绅商矿权意识的增强

19～20世纪新旧交替之际，中国矿产业的形势发生了重大变化。一方面，列强加强了对中国矿产地的入侵；另一方面，国内有识之士也进一步增强了矿权意识。

在此期间，清廷已逐步认识到，"路矿两项为今日要务，宜认真讲求，赶紧开办，以开利源而杜觊觎"。同时指出："各州县凡有可开之矿，一经绅商申请试办，无不立即批准。"① 1898年8月2日奉上谕，在北京设立矿务铁路总局，由王文韶、张荫桓"专理其事"，8月17日，该局正式开局，启用"统辖矿务铁路总局关防"②。同年10月，中国驻美、日、秘（鲁）公使伍廷芳奏称："从前矿务办法，大约有三：曰官商合办，曰官办，曰商办。"他最赞赏的是"华商承办，许附洋股"。这一点并未被清廷接受。伍廷芳还提出了"清地界、定年限、明抽分、占华股、公稽核、防后患、

---

① 《矿务档》（四），第2357页。
② 《矿务档》（四），第2259、2262页。

以备采择"的条陈。清廷命王文韶等会同总理衙门议奏。① 中国官商即将掀起一轮兴办矿业的热潮。

《辛丑条约》签订之后，列强再次强行瓜分中国矿权。正如工部左侍郎盛宣怀1902年10月26日奏折中所言："迫于时局，矿权矿利几不能由我自操，于是海内宝藏之区，辄为他人攘而有之。或因案交涉一入条款，而某省之矿柄暗授彼国矣；或被人勾引一给字据，而某府某州县之矿产多属他商矣。"② 1902年10月，英国外交大臣兰斯棠委派詹姆斯·马凯为英国首席全权代表，与清廷工部尚书吕海寰、工部左侍郎盛宣怀进行商务会谈。马凯硬要塞入与会谈毫不相关的矿务问题，遭到盛宣怀的坚决抵制，盛向朝廷奏称："英使马凯来议商约，内有矿务一条，臣等以事关内外，拒不入约。"马凯的图谋以失败告终。列强中的另一成员美国也虎视眈眈："美国虽甚和平，亦索矿务条款，并密告臣曰：中国地产之精华，将悉为各国有矣，吾美国亦当分沾其益。"③

为了抵御列强对中国矿权的侵犯，外务部1902年11月27日上呈盛宣怀1902年10月26日的奏折，拟在上海设立勘矿总公司，"以验矿购地为要义"，下设化验、钻地、绘画三司，拟集股本100万两，共招1万股，每股100两，"官商各认其半"，"又分五次拨付"。清廷批准了这一奏折。④

从以上事实我们可以看出：列强处心积虑地侵占中国矿权、矿利，而盛宣怀等人则努力维护中国的固有权利——矿权。而维护矿权极其重要的一点是积极自主开发矿产资源，盛宣怀在这方面身体力行，率先垂范，进行了有益的探索。

二　盛宣怀入主汉阳铁厂

任职汉阳铁厂在盛宣怀波澜壮阔的实业生涯中占有特殊重要的地位。盛氏担任铁厂及后来的汉冶萍公司（以下简称公司）督办、总理、会长达

---

① 《矿务档》（四），第2264页。
② 《矿务档》（一），第93页。
③ 《矿务档》（一），第94页。
④ 《矿务档》（一），第98页。

20年（1896~1916年），是担任公司最高负责人时间最长的一位。与此同时，公司又是盛宣怀投资额最大、耗费精力最多、所经历程最为复杂的一家企业。公司同盛宣怀及其子盛恩颐结成了共衰共荣的独特关系，是盛宣怀将公司引入了蓬勃发展的黄金时代，同样是盛宣怀将公司带进了万劫不复的黑暗深渊。

汉阳铁厂经历严重挫折后需要盛宣怀出手相救，盛宣怀也由于历经宦海浮沉和追求财富的强烈欲望愿意接办汉阳铁厂。机缘巧合，一代财阀和一家大型企业就这样走到了一起。

盛宣怀从参与创办招商局起步，相继创办了电报局、广济兴国煤矿、荆门煤矿、上海机器织布局、中国通商银行等企业，其中有成功也有失败。对于盛氏而言，接办铁厂无疑是一种新的尝试。

盛宣怀早在1889年4月就为铁厂之事与张之洞有过联系，1892年12月13日致函张氏，对铁厂"宏规大起"表示"不禁额手称庆"，但此时并无参与铁厂事宜的打算，"傅相接函后，因钧嘱预筹轨本百万，深费踌躇，职道并不参预轨事，竟难越谋"。

李鸿章对铁厂改归商办，实行官督商办似乎并不赞同。李氏1892年12月22日致函张氏称："至尊论经久之计，以招商承领、官督商办为主，极是深谋远虑。第恐成本太重，销路受挤，股分难集。盛道督办轮船、电线两事，已属竭蹶不遑，倘能兼任铁政，固所欣愿，似不便在津遥领，致有废弛。"李鸿章自己更是以"衰病侵寻"为由，表示"万不能效一臂之助"。没有李鸿章点头，盛宣怀不大可能接办铁厂。

1895年，盛宣怀突然态度大变。有不少史料证实，盛宣怀之所以接办汉阳铁厂，与一起沸沸扬扬的经济案件有关。1895年，直隶总督王文韶奉旨查核盛氏受贿案，旨称："前有奏津海关道盛宣怀招权纳贿，任意妄为各节，当交（山东巡抚）李秉衡确切查明……著王文韶将各局现在情形详细确查。"[①] 据《清史纪事本末》记载："宣怀时任津海道，以事得罪，着解任，交南北洋查办。朝旨严厉，咎且不测，宣怀乞缓颊于北洋大臣王文韶，许之。复乞援于南洋大臣张之洞，之洞任鄂督时办铁厂，糜费六百

---

① 《清季外交史料》卷119，第6页。

万，而无成效，部责甚急，宣怀为出资弥缝之，之洞喜，复疏为宣怀洗刷前案，并保荐宣怀路才。"①

正是在王文韶、张之洞两位最有权势的总督支持下，盛宣怀才从这起经济案件中脱身，开始了他一生中最为辉煌的事业——接办汉阳铁厂。

据盛宣怀的后裔在《行述》一文中称："北洋（指王文韶）夙与南皮（指张之洞）不相融洽，府君以路事关系，留津数日，极意为二公调和。"②此事说明盛宣怀熟练地掌握了政治平衡术，也显示出他在清末官场上的巨大影响力。

张之洞最初对盛宣怀印象并不好，他在1896年2月致礼部尚书李兰荪的信中称："渠因年来言者指摘太多，东抚复奏不佳，意甚自危，故决计舍去津海关，别图他项事业，遂亦欣然愿办。"张之洞称："铁厂一事，户部必不发款，至于今日，罗掘已穷，再无生机，故不得已而与盛议之，非此无从得解脱之法。种种苦衷，谅蒙垂鉴。"③

张之洞、盛宣怀各有所求，两人一拍即合。1896年4月，应张之洞之邀，盛宣怀再次来到湖北，开始对汉阳铁厂及相关厂矿进行考察。4月30日，在总办蔡锡勇陪同下视察汉阳铁厂的生铁、熟铁、炼钢各分厂；5月1日视察大冶铁矿，"周履山巅，铁苗极旺"；5月4日视察马鞍山煤矿，并接见德培等洋匠。盛宣怀这次在鄂活动的高潮是5月7日与张之洞商谈承办铁厂事宜，并"连日与议卢汉铁路事，极为透彻"。5月8日，张之洞致电直隶总督兼北洋大臣王文韶，认为若令盛宣怀"随同我两人总理此局，承上注下，可联南北，可联中外，可联官商"。循张之洞之请，盛宣怀于同年5月4日拟订《招商章程八条》，强调铁厂应当享有钢轨专销权，卢汉铁路"必得用本厂钢轨"，"有此销路，犹之当日招商局之承运漕粮，先得应有之利益，然后徐图开拓"。为此，盛宣怀提出了八项主张，包括官为保护、招集商股、开采煤矿、筹定销路、核计成本、酌予年限、悉照商章、明定税章等内容。

---

① 黄鸿寿：《清史纪事本末》卷63，台北，三民书局，1959，第459页。
② 《愚斋存稿》，附录·行述，台北，文海出版社，1963，第23页。
③ 《致李兰荪宫保》，载《张集》第12册，书札，第141页。

当张之洞要求盛宣怀接办汉阳铁厂时，盛态度鲜明："宣系创始得矿之人，颇愿为之区画。"①

1896年5月14日，张之洞札委盛宣怀为汉阳铁厂督办，札文称：

> 兹查有总办招商局直隶津海关道盛道，才猷宏达，综核精详，于中国商务工程制造各事宜均极熟习，经理商局多年，著有成效。现经电调来鄂面商，并亲往铁厂铁山运道等处详细查勘，议定湖北铁厂即归该道招集商股，官督商办。应即饬委该道督办湖北铁厂事务……督饬商董，酌量妥办。但随时择要禀报本部堂查考。

1896年5月23日，张之洞提出《湖北铁厂招商章程》，凡18条，其主要内容有：

一是划分官款与商款。"以前用款及各项欠款均归官局清理报销，以后收支各款均归商局筹办。"

二是办理财产交接手续。铁厂及所有煤铁矿财产"均于承接之日由官局交付商局逐项接收，造册呈报"。

三是招集商股。"现拟先招商股一百万两。"

四是归还官局用款。"已定炼出生铁每吨提银一两陆续归缴。"

五是"铁厂必须宽筹销路"。特别是各省铁路所需钢轨等材料"必要专向湖北铁厂随时定购"。

六是必须"在长江一带另寻上等煤矿"。

七是"应请奏明免税十年"。

八是"必须将化铁炉两座齐开……"。②

张之洞拟订的章程18条与盛宣怀拟订的章程8条大体相似，但也有区别，张之洞强调的是"官督"，盛宣怀关注更多的是"商办"。

走马上任之前，盛宣怀作了充分的准备。一是迅速组建自己的班底。他电命郑观应、盛春颐、宋燕之、傅作霖、陈其昂、潘诚斋、曹志清、刘振帮、萧文轩、汪春宇、庄庆孙、王省三、张绍曾、张廉泉等众多亲朋故

---

① 盛宣怀：《寄直隶王夔帅》（1896年4月27日），载《愚斋存稿》卷24，第19页。
② 《湖北铁厂招商承办章程》，载《张集》第5册，公牍·咨札，第460～463页。

旧来汉相帮。二是马上成立熟悉业务的团队。盛宣怀强调："铁厂洋人必须遣去十余人"，"铁厂非熟悉洋语及机器之学者不办"。三是做好充分的物资准备。他致电天津张友堂："弟接办铁政，需运开平焦炭甚多，沙宁船回空雇装焦炭或煤二三千吨，直放汉口。"①

1896年5月24日，盛宣怀以督办身份正式接管汉阳铁厂及大冶铁矿、马鞍山煤矿等相关企业，并向北洋大臣和湖广总督推荐招商局帮办郑观应为汉阳铁厂总办。盛宣怀强调："该道为招商局必不可少之人，仍当往来鄂、沪，彼此兼顾。"6月1日，张之洞正式任命郑观应总办汉阳铁厂，札称："该道即便遵照刻日到厂总办，暂住汉阳，督同全厂总董、委员、洋匠、华工以及大冶铁矿、马鞍山、李士敦煤矿员董人等，认真妥筹，遇有重大事件仍与盛道函电商酌办理。"

郑观应生于1842年②，卒于1922年，又名官应，字正翔，号陶斋，广东香山（今中山市）人，我国著名实业经营家、启蒙主义理论家、改良主义思想家、爱国诗人，先后担任过多家企业的主要负责人，如1880年任上海机器织布局商总办，1881年任上海电报局总办。1882年3月25日被李鸿章札委为招商局帮办，3月30日正式到职。

郑观应走马上任之前，对如何办铁厂作了一些谋划，他1896年5月致电盛宣怀，认为"铁厂不设于铁矿附近，又无好煤，糜费多，成本重，闻铸铁炉不佳，现成钢轨不如英美"。郑氏又说："公欲委弟暂行驻厂，既承过爱，勉遵台命，惟铁厂事非弟素谙，暂尽心力效劳则可，总办重任实未敢当。"③郑观应正是怀着这种既想干好工作又忐忑不安的心情走上铁厂总办岗位的。

盛宣怀本意是让郑观应暂时代理一段时间，1896年6月盛致电招商局会办沈能虎："铁厂陶斋暂代两月，仍回商局。"第二天又致李鸿章电称："铁厂改商，可冀起色，惟坐办难得其人。宜亟想由沪赴津，

---

① 见《盛档》（四）之《汉冶萍公司》（一），电稿，第736~739页。
② 据夏东元考证，郑观应生于1842年7月24日，见《晚清洋务运动研究》，四川人民出版社，1985，第277页。
③ 《盛档》（四）之《汉冶萍公司》（一），电稿，第738~739页。

已暂调郑官应替代，俟到津再商派。"① 不想郑观应一上任就"暂代"了一年多。

至此，一个从盛宣怀为督办、郑观应为总办的汉阳铁厂领导班子正式组成，汉阳铁厂的管理体制由官办转变为官督商办。

三　汉阳铁厂招集商股

盛宣怀走马上任后最重要的任务是招集商股，扩充资本。

盛宣怀1896年5月23日呈《接办汉阳铁厂禀》，涉及内容广泛，核心是要招集商股100万两。6月11日，盛宣怀发布《招集湖北铁厂股东公告》，公告最后说：

> 本督办不惜十年心血，弃海关道而不为，承此艰巨，无非上为朝廷立富强之本，下为华商开利益之源，将天下之利公之天下，不肯为外人所攘，亦不为私家所专。凡我中国仕官商贾，如有以本督办之言为不虚者，即将股银限一月内送至各省招商局、电报局代收。惟股份仅收一万股，每股先收一百两。各省函来愿附者纷纷，本督办只能收足一万股即行截止，迟到者必致向隅。

张之洞给盛宣怀强有力支持，6月24日札盛宣怀《添定铁厂招商章程文》，向盛宣怀说明"每出生铁一吨，提银一两"的政策，并表示：铁厂可在"大冶添造生铁炉数座"，他拟奏请清廷，准许铁厂在湘、赣、皖、苏四省"开采相宜之矿"，并"拟请奏明（钢轨、钢料、煤矿）免税十年"。

张之洞6月26日向清廷呈送洋洋6000言的《铁厂招商承办议定章程折》，对盛宣怀大加称赞，同时指出"嗣后需用厂本，无论多少，悉归商筹。从前用去官本数百万，概由商局承认，陆续分年抽还"，此折重申了"每出生铁一吨，提银一两"和钢铁产品免税10年等政策。章程共15条，着重谈了招集商股100万等事宜。1896年12月15日，清廷批准汉阳铁厂

---

① 《盛档》（四）之《汉冶萍公司》（一），电稿，第744页。

免税 5 年。

这次招股 100 万两以"汉阳铁厂、铁山煤（铁?）矿公司"总董宗得福、李维格、郑观应、严潆、盛春颐等 8 人的名义出具股票并留存根，如 1903 年 8 月 23 日吉庆堂（疑为盛宣怀又一化名）购买股票 3 股计银 150 两，即以上述 8 人的名义出具股票。但是，汉阳铁厂招股情况很不理想，入股者寥寥无几，截至 1907 年只招到股本 250 万两。汉阳铁厂和萍乡煤矿创办资本的主要来源只有一个——那就是其最大股东招商局和招商局的关系企业。

铁厂初期资本 95% 来自招商局及其关系企业，如电报局、中国通商银行、萍乡煤矿、钢铁学堂、南洋公学；5% 来自盛宣怀家庭及盛所创办的慈善事业。详见表 3-1。

表 3-1 汉阳铁厂初期资本构成

单位：两（库平银），%

投资者	数额	占总额
招商局	250000	25.0
电报局	220000	22.0
中国通商银行	328500	32.8
萍乡煤矿	100000	10.0
钢铁学堂	39000	3.9
南洋公学	6000	0.6
古陵记	36500	3.7
上海广仁堂	20000	2.0
总　计	1000000	100.0

原编者注：古陵记是盛宣怀家庭化名，广仁堂是盛以办慈善为名的单位。
资料来源：武汉大学经济系《汉冶萍公司史》（油印本），转引自《张国辉集》，第 255 页。

诚如盛宣怀 1907 年 8 月 26 日致总办李维格函中所言："汉厂股份以招商局附搭最早，电报局、通商银行次之"，说明招商局、电报局、中国通商银行是汉阳铁厂的主要投资商。

为解决铁厂的煤焦供应问题，1898 年 3 月，张之洞、盛宣怀会奏清廷，开采萍乡煤矿。3 月 22 日，萍乡等处煤矿总局正式成立，其投资的 80% 来自招商局、汉阳铁厂、铁路总公司、电报局。详见表 3-2。

表3-2　萍乡煤矿创办资本构成

单位：两（库平银），%

投资者	首次入股	二次入股	小　计	占总额比例
汉阳铁厂	200000		200000	20
招商局	150000	80000	230000	23
铁路总公司	150000		150000	15
电报局		220000	220000	22
香记等商户	100000	100000	200000	20
总　计	600000	400000	1000000	100

资料来源：陈真编《中国近代工业史资料》第3辑，第441页。

1908年，招商局向大冶铁矿投资178120两。

这里所说的初期投资或创办资本是指改归商办后其他企业或个人向汉阳铁厂、萍乡煤矿、大冶铁厂的直接投资。官方原先的巨额投资此时已转化为这些企业的沉重债务，故未包括在铁厂和其他厂矿的创办资本之内。

截至1908年，招商局共向汉阳铁厂、萍乡煤矿、大冶铁矿累计投资1019080两，[①] 为最大投资商。

招商局、电报局、中国通商银行、铁路总公司等企业对汉阳铁厂、萍乡煤矿和大冶铁矿的巨额投资为三家企业的各自发展发挥了特殊重要的作用，为三家企业合并组成特大型钢铁煤炭联合企业——汉冶萍厂矿公司奠定了较为雄厚的物质基础。正如盛宣怀所指出的那样："尚赖轮电两局、各华商及通商银行、纺织公司各华商，力顾大局，陆续凑入股份银两以立根本。"[②]

四　官督商办时期的管理

（一）盛宣怀对铁厂的官督商办

盛宣怀接办汉阳铁厂时，被朝廷免除天津海关道的职务，但仍兼任招

[①] 招商局第25~36届账略；邮传部第一至三次统计表（光绪三十三年——宣统元年）；《交通史·航政编》第1册，第315~316页。

[②] 见《中国近代工业史资料》第3辑，第465页。

商局等公司的督办。

盛宣怀1896年10月20日又奉朝廷之命以四品京堂候补身份兼任铁路总公司督办，兼办卢汉、粤汉、苏沪三条铁路事宜，算得上日理万机。

盛宣怀督办汉阳铁厂总厂，基本沿袭了在招商局的一套做法。在正式就职铁厂的前几年，盛宣怀就函告张之洞："宪意经久之计，终以招商承领官督商办为主，非此不能持久，非此不能节省，中国铁务创开风气，固不计官任其劳，商享其利，为国深谋，无逾于此，傅相亦甚钦佩。"盛氏又说："用人、理财，责成公司照轮船、电报两局之例，出入账目，一年禀报一次。大宪只持护其大纳，不苛绳其细务，庶可事简而责专，商人或能乐为其难。"① 这和1885年盛宣怀督办招商局时颁布的用人、理财双十条如出一辙。②

1893年上半年，《汉阳铁厂官督商办章程》颁布。从钟天纬写给盛宣怀的信中透露，这份章程是张之洞主持制定的，盛宣怀并未参与。③ 章程共40条，其中直接涉及督办权力的内容有：

> 第九条　未开炉以前至开炉以后炼成钢铁奏报办成之日为止，一切厂务、局务、用人行事均仍由官主持。
>
> 第二十九条　商派各局厂任事之人，须禀明督宪，报明铁政局立案。如有舞弊不法滋扰生事等情，一经告发，查明属实，由督宪饬该商局总办撤革，由商另行选人充补，以维大局。
>
> 第三十四条　将来如有利商而无损于公之事，准由商局总办随时体察，会商铁政局督办，禀明督宪核定办理。④

---

① 《盛宣怀致张之洞函》（1892年12月13日），载《盛档》（四）之《汉冶萍公司》（一），第41页。
② 《招商局史》（近代部分），第144~145页；《盛宣怀谨拟招商局用人十条》、《盛宣怀招商局理财十条》，载《招商局珍档》，中国社会科学出版社，2009，第358~362、382~386页。
③ 《钟天纬致盛宣怀函》（1893年6月13日），载《盛档》（四）之《汉冶萍公司》（一），第57页。
④ ［附件］《汉阳铁厂官督商办章程》（约1893年上半年），载《盛档》（四）之《汉冶萍公司》（一），第58~64页。

这份章程虽不是盛宣怀直接拟订，却是盛氏行使督办权力的重要依据。

盛宣怀真正执行的是他在就任铁厂督办差不多同步拟订的《招商章程八条》，不过，由于铁厂面临的经济形势过于严峻，故章程的侧重点放在招股上。

盛宣怀深知，为办好铁厂必须大力培养人才，他选派人员出国学习钢铁工艺，并让出国者本人、其父和保人出具甘结。铁厂给出国人员优厚待遇，学成回国后在铁厂充当工程师，月薪200～400两，"如欲别就，即将所有出洋学费缴楚，方能离厂。如在外洋学业未成而欲回华，亦须缴回学费"。①

由于盛宣怀同时兼任铁路总公司、招商局等多家企业的督办，力难专注于铁厂。1896年6月盛宣怀来鄂，20日返沪，盛说："职道今日旋沪，汉厂留郑道官应暂驻料理。"

盛宣怀上任之初遇到的困难难以想象，他第二年便向张之洞提出了辞职报告："兹事艰巨，既有要人掣肘，复有牟利之徒百计倾陷，即赖有两帅护持，而一人之精力无几，拼此心血与异族对付，尚嫌不足，岂再能以全副精神抵当掣肘倾陷诸人耶。事未数月，须发已斑。"他请求张之洞将其"放归田里，借免陨越"。②未久，他又致函时任户部尚书翁同龢称："昔年招商局每逢被参一次，必受挤一次。人生只此精力，聚精会神，专办公事，尚恐不及，而中朝任事之难，层波叠浪，必使志士灰心，同归于因循畏葸而后已。"③

不过，盛宣怀这样说，只是发发牢骚，向张之洞等人吐吐苦水罢了，不必当真。事实上，盛宣怀非常负责任地承担起了督办汉阳铁厂的工作。盛氏有句名言："旷时即是糜费。"④这和"时间就是金钱"正好相映成趣，他正是以这样一种形象出现在铁厂的。

身兼多职的盛宣怀不可能亲自驻厂处理杂务，他主要通过历任总办，如郑观应、盛春颐、李维格来管理铁厂（图3-1）。

---

① 《汉阳铁厂出洋学习人员甘结》（1902年10月23日），载鄂档《汉冶萍》上册，第167页。
② 《上香帅书》（1897年4月10日），载《盛宣怀未刊信稿》，第5页。
③ 《上翁宫保》（1897年6月3日），载《盛宣怀未刊信稿》，第7页。
④ 《盛宣怀致郑观应函》（1897年4月6日），载《盛档》（四）之《汉冶萍公司》（一），第472页。

为了突出督办在铁厂至高无上的地位和权威，郑观应于1896年8月15日拟订《处理公文章则六条》，其内容包括：

图3-1 总办郑观应

> 凡督办来文，嘱由应转行转咨者，拟由应单衔；凡上督抚公文及咨各局司道者，均用督办会衔；凡出示厂中约束工匠，拟由应单衔。缘见以前官办时，皆用提调之衔，今仿照此行，或一概会列督办官衔；凡与洋人争口舌者，无论票详咨移，皆由应单衔。因凡与洋人交涉，恐须与彼质对，应一身当之，不敢累督办也；凡与各股董催办公件，拟会列督办之衔。惟只可用札，不能如应之单衔到（例）用照会耳；凡咨会督办及咨商督办之件，拟应单衔，不复会衔。

督办是官方权力在铁厂的代表。在官权的高压下，股商是没有多少发言权的，包括汉阳铁厂在内的实行官督商办体制的企业无不存在这种现象。

应当指出，督办盛宣怀并不是什么事都不管的"甩手掌柜"。相反，凡涉及铁厂利益的重大问题，盛宣怀都事必躬亲。

盛宣怀是中国近代赫赫有名的实业家，是中外公认的经商奇才，"外国人曾言，统中国大臣熟悉商务者，惟官保一人"。[①]盛宣怀亦官亦商的身份和卓越的经商才能使他督办汉阳铁厂时游刃有余。他对郑观应、李维格等总办既充分放权，又严加控制。铁厂的一切经营管理活动都在盛宣怀可控的范围内进行。

官督商办时期，汉阳铁厂实行的是督办领导下的总办负责制，督办拥有铁厂的最高决策权。盛宣怀1896年6月2日上奏的《铁厂承办议定章程折》中规定："铁厂奉委商办之后，用人理财，筹划布置，机炉应否添设，款项如何筹措，委员司事、华洋工匠人等如何撤留，及应办一切事宜，悉照轮船、电报各公司章程，遵照湖广总督札饬，均由督办一手经理，酌量妥办。但随时择要禀报湖广总督考查。"同月，盛宣怀在一封电文中表示：

---

① 《陶湘致盛宣怀函》（1903年7月），载《盛宣怀档案资料选辑之一：辛亥革命前后》[以下简称《盛档》（一）]，上海人民出版社，1979，第2页。

"宜拟身任工程,不经手银钱,庶可两全。"① 这正是盛宣怀的高明之处,由亲信"经手银钱"比自己亲自出面要体面得多。

正如人们多年后评价的那样,铁厂"名为商办,实同官局"。②

盛宣怀在汉阳铁厂设总办一人并设总董三人,一司银钱,一司制造,一司收发。汉厂所属大冶铁矿、马鞍山煤矿等企业,均设一员一董。员董之下设委员几人至10余人。后经李维格争取,盛宣怀1905年3月做出批示:"本厂用人办事,准如该郎中所禀,给予全权,本大臣必无丝毫掣肘。"此后总办权力有所扩大,但仍由盛宣怀"另派专员总理银钱"。官督商办时期汉阳铁厂机构设置如图3－2所示。

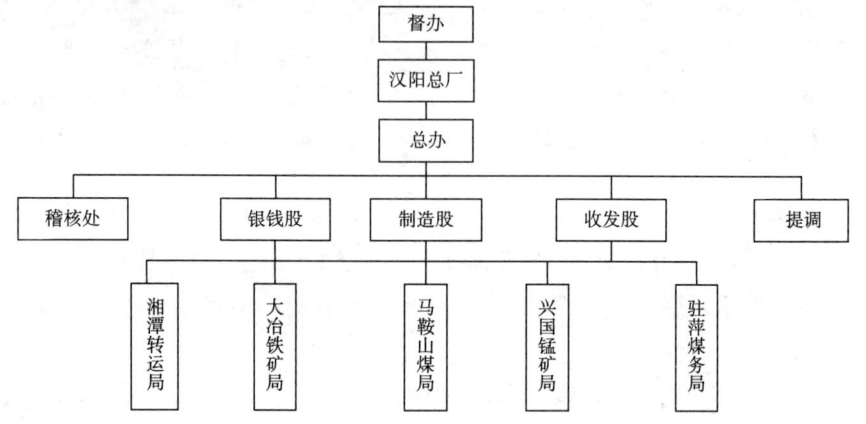

图3－2　汉阳铁厂机构设置图（1896年三月至1908年正月）
资料来源:《汉冶萍公司事业纪要》等史料。

经郑观应提议,盛宣怀审定,从1896年起,汉阳铁厂所用公函均使用"湖北钢铁厂"五个字,这是该厂对外的正式名称。

(二) 郑观应管理铁厂的五大特点

郑观应是位善于学习、思想开放的企业经营家,他很早就指出,西方国家"以商立国","是以泰西各国商务日振,国势日强,民生日富"。③

---

① 见《盛档》(四)之《汉冶萍公司》(一),电稿,第746页。
② 《工商部呈袁世凯文》(1912年12月31日),载《盛档》(四)之《汉冶萍公司》(三),第397页。
③ 《商务三》,载夏东元编《郑观应集》上册,上海人民出版社,1982,第615页。

作为官督商办时期的首任总办，郑观应对汉阳铁厂的管理表现出四大特点：

一是把握关键，带动全局。郑观应1896年11月12日向盛宣怀提出："本厂大纲，惟在觅焦煤、选人才两端。"郑将此视为治厂方略，特别是将购买、烧炼焦炭作为"本厂急务"，千方百计派人从开平购买焦炭。他选拨卢洪昶任运销局坐办，对缓解铁厂焦炭短缺问题发挥了一定作用。

官督商办之初，铁厂用焦十分困难。德培、马克斯、吕柏等外籍专家都称，"马鞍山煤质磺多灰多，取制焦炭，不宜熔炼"，而开平焦炭每吨价达13两，铁厂面临"停炉待炭"的窘境。1896年12月2日，郑观应与开平矿务局签订合同，向矿局订购用五槽煤制成的上等焦炭1.4万吨，每吨8.5两。

为彻底解决焦炭难题，盛宣怀、郑观应委派中外矿师遍查湖北及周边各省煤田，最终勘定了江西萍乡煤矿。后经张之洞、盛宣怀奏准，汉阳铁厂对萍乡煤矿进行了大规模开发，所炼焦炭价格比进口焦炭低1/3，使铁厂成本大大降低。

二是廉洁奉公，不图名利。初到铁厂时，盛宣怀赠他办公费百两，郑1896年6月29日致函表示："不敢领。各处人来谋事者，弟送其旅费返棹，皆出自行匣，不用厂中糜费。"到1897年1月11日，郑观应经再三辞职未获批准之后，再次致函盛宣怀，答应"勉力帮忙半年，照旧不领厂薪"。一个并无多少私产、主要靠工薪生活的人，在一年多时间内不领工资，义务尽职，还要倒贴往来人员的差旅等费，表现出可贵的献身精神。

郑观应对盛宣怀表示："所恨才拙性刚，不合时宜，于事无济，全恃正直无私，可对天日而已。"[①] 郑观应一直将"正直无私"作为自己的行为准则，他的廉洁和正派赢得社会广泛好评，张之洞也称赞："郑令清廉。"[②]

三是以我为主，善待洋匠。汉阳铁厂是聘请外国专家最多的一家中国企业。一些外国专家自恃有一技之长，瞧不起甚至鄙视中方管理人员。但在郑观应担任总办期间，汉阳铁厂却是另一种景象，形成了一道独特风景。

---

① 《郑官应致盛宣怀函》（1897年7月25日），载《盛档》（四）之《汉冶萍公司》（一），第602页。
② 《致上海盛京堂》（1898年7月25日），载《张集》第9册，电牍，第332页。

官办时期，铁厂外国技师和洋匠 36 人，实行官督商办后的 1897 年初，铁厂仍有洋工程师、洋医生 25 人。郑观应学贯中西，深谙商务，精通英语，熟悉外情，能够按照当时通行的国际惯例和商业规则办事。一方面，郑观应十分尊重外国专家的人格，注重发挥他们的业务专长；另一方面，郑观应坚决维护国家主权和铁厂利益，对某些国家个别人的欺骗行为和非分要求坚决予以披露和拒绝。

郑观应上任后不久，便于 1896 年 6 月 29 日在铁厂宴请洋匠头头德培、马克斯、吕柏、卜聂和洋医生、洋文案，铁厂各总董委员作陪，郑将此宴称为"大餐"，其场面较为壮观。洋人受到这样的礼遇会心存感激。

在充分信任多数外国专家的同时，郑观应对少数洋人的不良行为绝不袒护。如德籍总监工德培作风恶劣，擅权误事。当他获知郑观应即将出任铁厂总办时，公然写信给盛宣怀叫板，"宪谕末段，甚为诧异"，对盛的意见"断难听从"，"照西人意见，略嫌简慢"。[1] 郑观应与德培相处，表现出高超的领导艺术和卓越的办事能力。在郑催促下，盛宣怀撤销了德培职务。[2]

郑观应处理涉外事务的能力受到盛宣怀称赞："郑道颇能驾驭洋人，以后或可渐就范围。"[3]

特别值得一提的是，郑观应对个别外国人的不法行为心怀警惕。1897 年 4 月，马鞍山煤矿有人向郑报告，一些外国人"按日责成所绘，皆中国各省兵备要隘，宝藏优劣，各图重叠，图成寄回外国，尤为居心叵测"。郑观应批示："亟当查究"。[4]

四是加速培养民族人才。郑观应裁减铁厂洋匠，留下的空缺由华人顶替。除个别暂时无法代替的岗位外，郑观应尽量使用华人技术人员，他说："如有熟识管驾之华人，工价廉，仍用华人。"[5]

---

[1] 《德培致盛宣怀函》（1896 年 5 月 27 日），载鄂档《汉冶萍》上册，第 139 页。
[2] 见《招商局与汉冶萍》，第 82~85 页。
[3] 《盛档》（四）之《汉冶萍公司》（一），电稿，第 752 页。
[4] 《缪熔致郑官应函》（1897 年 4 月 17 日），载《盛档》（四）之《汉冶萍公司》（一），第 480 页。
[5] 《郑观应致盛宣怀条陈》（1897 年 6~7 月），载《盛档》（四），《汉冶萍公司》（一），第 572 页。

郑观应多次向盛宣怀建议，加快培养民族冶金人才，以改变"借材异域"的局面，并提出许多具体设想，但因客观条件所限，郑观应的办学计划未能付诸实施。

郑观应与一些知名学者也有密切往来，据盛宣怀称："郑与辜鸿铭较熟，请速派辜鸿铭至汉商局面商一切。"① 辜鸿铭这位学界名流，通过郑观应也与汉阳铁厂有所接触。1896年11月8日，郑观应向盛宣怀荐举我国未来的铁路专家詹天佑。

郑观应创作长篇叙事诗《铁厂歌》，既叙述了铁厂不凡的创办经过，又抒发了自己复杂的心路历程。

铁厂歌

泰西富强重煤铁，深山穷谷恣搜剔。地不爱宝用不竭，人定胜天恃巧力。经营伊始非草率，井井规模胡遗策。汉阳建厂地势卑，襄河水刷矶头窄。大冶采矿铁质良，转运终嫌一水隔。阴阳为炭造化炉，草木为焦山石枯。先觅煤源树根本，继开铁矿招丁夫。高管插天云雾涌，烘炉泻液雷霆驱。学步却笑邯郸拙，遗巨投艰动支绌。马山煤劣强开炉，烈炬烧天天且泣。器成价较西来昂，停工待料作复辍。洋匠挟制多纷更，总办无权费经营。翻译舞弊失物重，司农不允调水衡。斯时英雄气忽短，仰屋无聊但扼腕。奇谋猛得变通法，改官为商机可转。下走参读中外书，十载淞滨笺船算。一朝骤迁将作匠，任劳任怨意相左。移炉就矿煤价廉，事各专精无不妥。太常督办胆识优，只手相期挽逆流。彼族宅心既叵测，同舟时复操戈矛。热血填膺疾斯作，命危几赴修文约。幸知道术保天君，得免青灾占勿药。何事残棋劫未休，不须按剑记恩仇。孤怀欲向苍天问，往事重提暮雨愁。依旧回帆游海上，寸心耿耿谢同俦。富强中国非难事，贻误当途肉食谋。

但是，郑观应在铁厂的权力仍是十分有限的，郑上任未久，张之洞便致函盛宣怀，要求凡涉及铁厂公事，"均应列台衔，或附列郑道衔亦可，

---

① 《盛档》（四）之《汉冶萍公司》（一），电稿，第752页。

惟不便由郑道单衔"。① 就是说，郑观应没有单独向张之洞请示、汇报的权力。郑观应也感到，铁厂人员大多是督办盛宣怀的同乡、学生或朋友，"凡事多被掣肘，任意排挤，盖欲我告退而已"。"弟实事求是，不合时宜，每为各怀私利党同伐异者所忌。与其受人排挤，不如洁身自退。此辞汉阳铁厂之故也。"② 郑观应萌生了辞职念头，加上自己身体有病，不适应汉阳一带的气候条件和生活环境，坚请辞职。

（三）过渡性人物盛春颐

经再三挽留无效，盛宣怀批准郑观应辞职，并于1897年7月21日札委自己的堂侄盛春颐代理汉阳铁厂总办。

盛春颐，号观曾、我彭，江苏武进人，湖北候补道，曾任当阳县知县，1890年3月奉张之洞命赴当阳、京山、巴东等地复勘煤矿资源，1897年任湖北纺织局北厂总办。1896年6月任铁厂总董、会办，后正式升任总办，盛春颐主持铁厂工作达8年之久。这是一个过渡性人物，是靠私人关系当上总办的，并无多少建树，由于领导不力及焦炭短缺等原因，铁厂只维持了一座高炉运转，惨淡经营，难以为继。

盛春颐代理总办之前的1897年7月16日，就向盛宣怀发泄过对前总办郑观应的不满："当郑总办莅事以后，多染散漫之习，一时欲从整饬，实不易为。"盛春颐借贬郑来抬高自己的意味是非常明显的。

盛春颐欲辞铁厂之差，接任薪水较丰的管理武穴厘金的差事。张之洞于1896年8月25日致函盛宣怀称："谭敬帅（指署理湖广总督谭继洵，字敬甫）云：令侄现办铁厂，不便委。"张之洞提出给盛春颐加工资的办法："可加令侄薪水百金，或数十金，以安其心。"盛春颐在铁厂又待了好几年。

盛春颐不仅要钱，也伸手要官，1897年9月14日致函盛宣怀，毫无隐晦地要盛在鄂处理赈案时将他的名字补上，同时让他兼办招商局汉口分局的商务。现在尚未见到盛宣怀对这些非分要求做出的批复。

---

① 《致上海盛道台》（1896年7月1日），载《张集》第9册，电牍，第131页。
② 《郑观应集》下册，上海人民出版社，1988，第760页。

盛春颐任职期间，也颁布过一些规章制度，如1897年8月颁布的《汉阳铁厂厂规》，其内容全部是"严究"、"违者罚"、"斥革严办"、"酌赔"、"开除"之类的恐吓性语言，了无新意。①

盛春颐在铁厂威信很低，1897年7月，郑观应因病请假，"来电请派该守（指盛春颐）代理"，盛宣怀对此感到担心："通厂员匠恐不服节制。"② 盛春颐虽然受到盛宣怀的百般照顾，但仍然因私废公，盛宣怀批评他："骨肉休戚相关，岂顾私而不顾大局"，并指责盛春颐"空言见复"。③

未久，盛宣怀再次批评盛春颐："汝不能驾驭洋匠，殊负委任。"④

尽管盛春颐的表现相当糟糕，但盛宣怀对这位堂侄仍亲情高于公务。1898年，盛春颐打算在湖北羊楼洞开茶局，张赞宸大为不满。盛宣怀告诉盛春颐："（张赞宸）来电责令吾侄驻厂不应赴茶差，陈明大义，岂骨肉而不及朋僚耶。叔又不忍使我侄失此美差。"⑤ 在盛宣怀的干预下，盛春颐既得到了办茶局的"美差"，又没有丢掉汉厂总办职务。

到1900年4月，盛宣怀将盛春颐似乎更看透了一点："我彭（盛春颐字）又要我垫二十万，看得如此容易，岂知我已逼干。"⑥ 但仍然没有撤换盛春颐的职务。

这种非正常状况直到李维格主持铁厂工作后才有了根本改变。

（四）李维格管理铁厂的四大重点

李维格是在汉阳铁厂停滞不前的情况下临危受命的。

李维格（1867～1929年），字一琴，江苏吴县人，著名改良主义者、钢铁专家，出生于上海南市小东门，家境贫寒，幼年就读于上海，后求学于英、美、日诸国。清工科进士，候选郎中。力主变法，名噪一时。曾在

---

① ［附件］《盛春颐致盛宣怀函》（1897年8月4日），载《盛档》（四）之《汉冶萍公司》（一），第617~618页。
② 见《盛档》（四）之《汉冶萍公司》（一），电稿，第879页。
③ 见《盛档》（四）之《汉冶萍公司》（二），电稿，第684页。
④ 《盛档》（四）之《汉冶萍公司》（二），电稿，第687页。
⑤ 《致铁厂总办》（1898年4月1日），载《盛宣怀未刊信稿》，第66页。
⑥ 见《盛档》（四）之《汉冶萍公司》（二），电稿，第798页。

鄂湘两省任教授，未久回沪，先后任江南制造局提调兼南洋公学教授，1896年在《时务报》馆兼职，同年5月任汉阳铁厂总翻译时向盛宣怀表明："卑职既不能在辕当差，蒙批薪水，万不敢领。"1901年升任铁厂总稽核，实际居会办地位。1903年代理总办职务，1905年3月被盛宣怀正式委任为总办。

在汉阳铁厂工作初期，李维格为参与维新变法运动，于1897年离汉赴沪。汉阳铁厂多次去电催请，盛宣怀还奏请清廷赏赐李氏四品卿衔，以示恩典。李维格不为所动，婉拒了盛的回厂要求，直到变法失败后，才毅然投身到兴办实业的潮流中，1899年接受盛宣怀的邀请返回铁厂，逐步成为铁厂的主要管理者。①

李维格年轻时曾到英、日、美等国学习外语和"政教技业"（即科学技术知识），对钢铁业在国民经济中的地位有着清醒的认识，成为我国近代有名的钢铁专家，他在担任铁厂总办之初曾说："当今之世，非钢铁不足以立国。铁路、师船、商轮、枪炮、桥梁（西国桥梁，钢者居多，而铁路桥梁，则非钢不可）、屋舍（西国城市繁盛，尺地寸金，建楼有高至二十余层者，非用钢铁材料不可，沪上洋房亦已踵效）及一切机器制造实业，无一不以钢铁为根本。"②

现在我们能查到的李维格最早担任汉阳铁厂会办的记录是1901年1月21日盛宣怀从上海发给盛春颐与李氏的信函。③而李维格单独署名给盛宣怀写信则始于同年5月8日，信中尖锐地指出铁厂的四大病："曰章程未定，曰人材未养，曰料贵，曰货呆。章程未定则局势散漫，人材未养则外人挟制，料贵则难以减轻成本，货呆则无以广筹销路。"④从这封信中我们不难看出李维格这位企业经营家的远见卓识和务实作风（图3-3）。

---

① 王同起、瞿冕良编著《李维格的理想与事业：拯中原于涂炭，登亿兆于康庄》，中国档案出版社，2000，第3~8页。
② 李维格：《湖北汉阳铁厂、江西萍乡煤矿之缘起》（1905年4月上旬），载《盛档》（四）之《汉冶萍公司》（二），第485页。
③ 《盛宣怀致盛春颐、李维格函》（1901年1月21日），载《盛档》（四）之《汉冶萍公司》（二），第213页。
④ 《李维格致盛宣怀函》（1901年5月8日），载《盛档》（四）之《汉冶萍公司》（二），第235~238页。

图 3-3　总办李维格（坐者）

李维格对铁厂的管理正是围绕健全规章制度、培养本国人才、降低生产成本、加快货物流通四项工作展开的。

一是健全规章制度。首先是健全总办负责制。李维格指出："虽曰群策群力，而当家则只能一人，即所谓事权归一也。"厂中所设的总稽核就是一个多余的职位。"总办而让总稽核，则总办为虚设，总稽核而让总办，则总稽核为虚设，两让则徒滋纷扰，两不让则同室操戈，无并立两全之理。"李维格主张撤销总稽核一职，"惟是总办事权虽专，而定章则必须遵守"。[①] 这是一种十分超前的观点。此后铁厂在官督商办时期的一系列制度，包括督办领导下的总办负责制、汉阳铁厂与大冶铁矿的统一核算制、对外籍专家的管理制度等，都是在李维格的主持下制定、颁布和实行的。

二是培养本国人才。李维格 1896 年就向盛宣怀提议设立学堂，1897 年 3 月开始筹划，拟招收 14~20 岁的青年学子，以造就铁厂急需的专业人才。李氏于 1897 年 3 月拟设《汉阳钢铁厂学堂章程》，共 48 款，对学堂规模、课程、管理制度、开办经费等做出了明确规定。学堂共设化算、炼铁、炼钢、机器四所，由学监总理一切校务，副学监帮同办理。各所教习均由厂内工程师担任。学堂设有图书楼和实验室，按照学用结合的宗旨进

---

① 见《盛档》（四）之《汉冶萍公司》（二），第 236 页。

行授课和实习。学生必习严守堂规，学堂对学业突出者施以奖励。学堂第一期招收学生30名，每月约需银515两。李氏所拟的计划"一搁五年"，1902年才设立学堂一所。①

李维格通过创办学堂，不仅缓解了铁厂用人之需，而且为中国冶金行业培养了一批有用之才，在自己的教育生涯中写下了浓厚的一笔。

三是降低生产成本。李维格十分重视控制生产成本，1902年9月26日致函盛宣怀时指出："汉厂本炼熟铁，因煤价昂贵，不能与洋铁争胜，故机炉虽具，而已废置多年。夫煤价昂贵，由于运艰道远。"他提议按照以铁就煤的思路，在萍乡设立炼熟铁厂，将生铁运萍后，"即由转运萍煤回空船只带往，运费可轻"。据李氏计算，每吨熟铁可节省成本1.82两。在这封信函中，他还在节约成本方面给盛宣怀算了细账。李维格强调："今汉厂欲与洋厂争胜而全恃销路自养，则材料、人工必得一无遗算。"

李维格认真计算运输成本，"路廉则路运，水廉则水运，操纵在我，择廉而从"。②

为了降低成本，李维格加强经济核算，"现仿招商局用三联票，均须总办签字收支方能照发，如有不当而签字，自系总办之责"。他强调："预算表自当赶速遵办。"③ 1905年4月上旬，李维格编制《新公司接办汉阳铁厂之预算》，对铁厂改、扩建工程各项开支进行了极为详尽的预算。

四是加快货物流通。盛宣怀对李维格等说："生铁一项，务望分投觅销，以多为贵。""与其多搁身本，不如掉换现钱。"④ 根据盛氏意见，李维格1902年初接受洋工程师彭脱的建议："汉厂何以不售钢料与上海各船厂，彼各厂极愿买我之钢，且肯比洋钢加价一分钱，盖在上海随时可定，

---

① 《李维格：拟设汉阳钢铁厂学堂章程》（1897年3月26日刊），载《盛档》（四）之《汉冶萍公司》（一），第453页；《李维格致盛宣怀函》（1901年5月8日），载《盛档》（四）之《汉冶萍公司》（二），第237页；《李维格的理想与事业：拯中原于涂炭，登亿兆于康庄》，第13页。
② 《李维格致盛宣怀函》（1903年3月14日），载《盛档》（四）之《汉冶萍公司》（二），第318页。
③ 《李维格呈盛宣怀机要手折》（1905年4月上旬），载《盛档》（四）之《汉冶萍公司》（二），第478~479页。
④ 《盛宣怀致盛春颐、李维格函》（1901年6月14日），载《盛档》（四）之《汉冶萍公司》（二），第245页。

不若洋钢远隔，必须多存货色，搁本亏利。"他还提议盛宣怀聘彭脱为铁厂驻上海洋经理人。①

李维格就任总办后，更加注重产品销售："厂事以出货多、销路通两语为总诀。新厂未成以前，惟有尽两炉之力多出生铁。"他还指出："至于销路，虽目前生铁所出不敷所销，系一时偶值之事，不足久恃。"李维格认为："出货愈多，其利愈厚。"② 正是在李维格的主持之下，钢铁产量逐年递增，国内外市场也不断扩大。

李维格在铁厂的所作所为受到厂内外广泛好评。盛宣怀1909年2月22日致李维格函中称赞："公天资胜弟十倍，正可补弟迟钝。"铁厂提调张赞宸1897年2月23日致盛宣怀函中盛赞李维格："见其一言一行，半年如一日，不仅品学兼优，且能血诚报效。"总办郑观应同年5月18日致盛宣怀函中对李维格赞不绝口："官应与一琴共事一年，见其性情平和，颇有见地。"盛宣怀甚至发出这样的感慨："宣老矣，钢厂替人，舍公莫属。"

李维格最为人称道的，当属他的清正廉洁。李向盛宣怀表示："格自律甚严，在事一日即尽一日心力，所虑者焦劳过度，恐一蹶不振，此所以替人最为要紧。"③

1908年1月23日，李维格发布公告，宣布从1908年二月起，从他并不丰厚的薪水中"每月提银二百两存放本厂蓄储处生息，为同人中或因病因伤身故，家属无人养赡者，稍稍贴补，此项提薪至公家力能分润为止"。拿自己的工资作为死亡遗族的抚恤金，此举感人至深。

更加令人肃然起敬的是，李维格逝世之前将全部家产一析为三，将其中1/3尽捐东吴大学，以资助贫困学子完成学业，其轻财重教的风范为世人所景仰。李维格捐资兴建的维格堂至今仍屹立在苏州大学校园内，成为象征李维格崇高精神的一座丰碑。④

李维格淡泊名利，1908年公司发行的股票上署有盛宣怀与他的名字，

---

① 《李维格致盛宣怀函》（1902年1月18日），载《盛档》（四）之《汉冶萍公司》（二），第264页。
② 《李维格致盛宣怀函》（1905年6月11日），载《盛档》（四）之《汉冶萍公司》（二），第493页。
③ 见《盛档》（四）之《汉冶萍公司》（二），电稿，第1279页。
④ 《李维格的理想与事业：拯中原于涂炭，登亿兆于康庄》，第14页。

李维格非常不安，8月13日致电盛宣怀称，公司"获利之年即格报谢之日，洁身而退，以遂野性。若股票签名，则将一生不得清净，实非所愿"。这是何等高尚的情操。

应当说，郑观应和李维格两任汉阳铁厂总办有着太多的相似之处：他们都是著名的改良主义思想家，都是学者型企业经营家，都怀有炽热的爱国热情，都对事业有高度责任感，都非常重视教育和科学技术，都十分廉洁克己，都力图对企业实行制度化和规范化管理，都精通外语和国际市场行情，都主张占有国内外两个市场，都有一套与外国人打交道的真本领……他们成为汉阳铁厂在官督商办时期的一道亮丽的风景。

（五）汉冶萍厂矿管理制度的颁布

郑观应、李维格总办汉阳铁厂期间虽在经营管理方面卓有建树，但我们很少见到铁厂这一时期较为成熟和规范的管理制度，也许《萍乡各厂户公立条规》（以下简称条规）是少有的一例。

"条规"颁布于1897年六七月间。鉴于萍矿送往铁厂的焦炭"间有不甚合用者"，相关各方遂"公立包字，议定月交吨数，并拟整顿煤务经久条规四则"，其主要内容：

一是层层负责制。"焦炭首重灰磺均轻，质紧色润。""条规"为此制定了较为严格的奖罚制度，"倘挖手不先剔壁，希图含混，一经拣工验出，则罚挖手本日工钱，以奖拣工。拣工如不仔细，一经筛手验出有壁，则罪拣工本日工钱，以奖筛手………所罚之钱，随时赏给各班工人，无论多寡，作为酒资，俾众咸知"。

二是质量一票否决制。"各号炼焦，宜先将所有之煤井取样送局化验合用，方可开炼。凡质劣、油轻、灰磺皆重，不合炼焦者，止许发售生煤，不准设炉炼焦……违者公同禀局县封井，均不稍事姑容。"

三是承包制。"合帮承办焦炭，每月包有定数，截长补短，可盈不可绌。倘有将合用焦煤私售别处，以致比较不符包数，议罚之款，惟私售人是问。"

四是严禁盗卖。"焦炭成本甚重，必须严禁挑脚盗卖。欲禁盗卖，尤宜先禁销赃。"①

这一"条规"远谈不上规范和严密，但内容具体，可操作性强，它规定了煤的采掘方法和质量要求，不失为萍乡煤矿官督商办时期管理制度的一个范例。

此外，马鞍山煤矿员董汪钟奇1896年7月3日致盛宣怀函中附有《马鞍山煤矿章程》，共11条，但多系杂事、琐事，不是严格意义上的公司章程。同年11～12月，汪钟奇又提出《包办马鞍山煤矿酌拟条款》，共15条，内容包括铁厂包月提供经费4000两，马矿每月出煤3500吨，每吨煤运汉费用352.8文，等等。不过，目前尚不清楚这一承包条款是否实行过。

1896年7月15日，汪应度拟订《收发所及厂事条陈》；约1897年初，商人何培根又提出《包办马鞍山矿务条陈》，同样不清楚这些"条陈"实行过没有？此后，此类的《说略》甚多，如缪熔1897年4月17日拟订的《马鞍山煤务说略》、许寅辉同年4月拟订的《钢厂说略》、外国人墨尔林1898年5月16日拟订的《筹拟开办矿务节略》等，大多内容空泛，提出者又无实权，这些"说略"很难付诸实施。

第二节　厂矿面貌脱胎换骨的变化

盛宣怀就任督办后，对汉、冶、萍厂矿进行了大刀阔斧的改造：花费巨资对汉阳铁厂进行改、扩建，使其面貌焕然一新；成立萍乡煤矿总局，使萍矿发生翻天覆地的变化；对大冶铁矿反复进行勘测，开辟了新的采区。一个特大型钢铁、煤炭联合体已逐步展现在世人面前。

一　汉阳铁厂面临的困难

盛宣怀督办铁厂之初，铁厂仍处于长期亏损的局面，主要存在资本严

---

① 《萍乡各厂户公立条规》（1897年6～7月），载鄂档《汉冶萍》上册，第199页；《盛档》（四）之《汉冶萍公司》（一），第572～573页。

重不足和焦炭供应困难两大问题。

1902年9月，铁厂总办盛春颐、会办李维格、萍矿总办张赞宸向盛宣怀禀称："铁厂改归商办已阅六年，综计亏耗数逾百万。"造成亏损的第一个原因是铁厂财力过于单薄："中国利源未辟，财力远逊，而商本尤为微薄，故铁厂于商办之前，固形竭蹶，而于商办以后，更费支持，日处艰危之境。"张之洞在上奏《铁厂招商承办议定章程折》中也提出："必须另开大煤矿一处，并就大冶添造生铁炉数座，现在公款难筹，自应续招商股二三百万两。"

由于财力不足，致使铁厂生产能力过小。"在大冶添设炉座机轴，仿造市面通行繁货，庶可救此危局，官商两利。"① 这是铁厂招股后准备投资的最大项目。

铁厂亏损的第二个原因是煤焦供应困难。这是铁厂开办以来的一个老问题，盛宣怀说："铁厂不得佳煤，最为可虑。来年如不得煤矿钢轨，数千万漏卮只好买外洋之轨矣。"② 王三石煤矿因水势过大而停产，马鞍山所出之煤含磺过重，须掺用平焦，"开平一号块焦，每吨正价及杂费水脚，需银十六七两。道远价昂，又不能随时接济"。③ 为解决用焦难题，盛宣怀于1897年8月致函开平矿务局总办张翼，表示在合同之外愿出高价购买焦炭数千吨。④ 此后，盛宣怀多次向开平矿局求援，大都被张翼婉拒，汉阳铁厂的焦炭短缺问题愈来愈严重。"萍矿则自开办至今，全恃挪移为周转，所费利息，积数甚巨。现在各项井工，因前年拳匪事起，洋矿师等避沪一年有余，停工以待，是以尚未告竣。且铁路总公司垫款铺设铁道，仅至醴陵，轮驳未畅行于湘汉。存山煤焦，致多搁本。商号欠款，积数几及五十万两。盖行运愈迟，则垫本愈重，商欠愈巨。"⑤

资本严重不足和煤焦供应困难是造成铁厂亏损的两大原因。在盛宣怀

---

① 《矿务档》（四），第2288页。
② 《盛宣怀未刊信稿》，第25页。
③ 汪胡桢：《中国煤矿业小史》，载《东方杂志》卷18，第1号。
④ 《盛档》（四）之《汉冶萍公司》（三），电稿，第884页。
⑤ 《矿务档》（四），第2288页。

等人看来，"厂矿本相依为命"，萍矿在向德商礼和洋行借款时，"萍矿出名，汉厂作保，轮船招商局亦仍前保"，而"以大冶所售日本合同期内矿石之价抵还"。① 三厂矿的命运就这样牢牢地绑在了一起。

盛宣怀认识到，"煤矿为铁厂之根基，而铁路又为矿厂之枢纽"②。

正因为对所肩负的使命，特别是对汉、冶、萍厂矿之间的关系及其与中国干线铁路特别是卢汉铁路的关系有着较为清醒的认识，盛宣怀迎难而上，信心百倍地走上了督办汉阳铁厂之路。

二 汉阳铁厂的改扩建

盛宣怀督办汉阳铁厂期间的最大功绩是主持创办了萍乡煤矿局和改善了铁厂产品质量。总办郑观应、李维格等也为此做出了重大贡献。

李维格接办汉厂之前，该厂"以不得中国煤铁之性质，故照英国所用酸法，配置大炉，另以碱法制一小炉腰之，其法不过为敷衍主顾而已"。③

1901年5月，李维格自请到日本考察，"拟以十个月为期，一面看书，一面阅历"。④ 1902年9月，李维格再次向盛宣怀提出出洋考察和购买外国机器的建议，他认为："外洋铁厂积数十百年之阅历，可法必多"，要求核准他与钢铁专家徐芷生赴欧美各铁厂考察，为期5~6个月，同时考察萍乡熟铁厂所需机器与价格。李维格说："卑职等不辞远涉重洋，无非念铁政为中国一大要政，坐视废弛，或入外人之手，天良稍具，不能漠然不动于中。"⑤ 盛宣怀遂奏准清廷，委派李维格出国考察炼铁新法，并从户部领到的100万两中，拨出50万两作为李维格出国购买炼铁机器的费用。1902年10月22日，李维格带领彭脱、赖伦等外国专家，乘日本邮船"博爱丸"，26日抵达日本长崎，28日乘小轮前往日本八幡制铁所考察，发现

---

① 《矿务档》（四），第2289页。
② 《矿务档》（四），第2299页。
③ 《汉冶萍之历史》，载《中国实业杂志》第6年第6期，1915年6月东京版。
④ 《李维格致盛宣怀函》（1901年5月8日），载《盛档》（四）之《汉冶萍公司》（二），第236页。
⑤ 《李维格致盛宣怀说帖》（1902年9月26日，汉阳），载《盛档》（四）之《汉冶萍公司》（二），第293页。

"该厂规模、人才远过于我","且机器炉座之精之量,远在汉厂之上,实东方劲敌",不过,该所也有弱点:"铁矿须远求于大冶、高丽、九州三处,我之可望立脚在此一着耳。"李维格顿生紧迫感,他向盛宣怀建议:"我及早整顿,纵使不能运销日本,中国市面非彼所能喧夺也。"①

正当李维格准备离开日本前往美国时,突然接到盛宣怀的一纸命令,只得"暂回汉厂"。这件事的背后,有外国人干涉的影子,"郭厂来函,闻汉厂有人出洋采办机器,带有英人,甚不欢喜"。② 在科格里尔厂的反对下,盛宣怀只能暂作妥协。这里所说的英人,即英国人彭脱。这里反映出外国势力对铁厂的争夺和盛宣怀等人的软弱。

到1904年初,盛宣怀向日本兴业银行300万元借款合同签订后,随即派李维格再度出洋考察铁政,采买机器,选雇洋匠。盛宣怀交给李维格的考察任务包括:(1)考验矿质,包括萍乡生煤、大冶铁矿、萍乡铁矿等矿的化学成分以及汉阳铁渣如何能造水泥,铁厂的生铁何以不能炼上等贝色麻钢,如何炼成佳钢等;(2)考察厂务,包括如何仿效欧美小厂,生铁炉如何能省焦炭,如何让生铁水直达炼钢炉,贝色麻炉与马丁炉如何添办等;(3)访聘工师,包括聘请总监工,"不拘何国人,但求有本领、有条理、有忠心";总监工确定后,可分批聘请化铁工师、炼钢工师、制造工师及轧轨等工匠,合同期三年;(4)购办机炉,包括给汉厂购买调和生铁水机器、热钢坯炉连吊车、贝色麻炉风机、马丁炉、大轧轴、自造火砖机、造水泥机,给萍株路购大火车头两部等;(5)筹计用款,估计用款216.5万两,另萍株铁路用款20万两,从向日本借款中支付。③

1904年4月8日,李维格一行启程,在日本稍作停留,4月10日离开横滨,26日抵美国檀香山,5月3日到达旧金山,后又到华盛顿等地。李维格考察了美国的炼铁方法和产品销售等情况,发现该国炼铁时将"块末同装入炉","各厂无一有剔焦剔矿之事",他准备到欧洲"请专门名家化

---

① 《李维格致盛宣怀函》(1902年11月3日,神户),载《盛档》(四)之《汉冶萍公司》(二),第295页。
② 《李维格致盛宣怀函》(1902年12月30日),载《盛档》(四)之《汉冶萍公司》(二),第303页。
③ 《盛宣怀札李维格文》(1904年4月7日),载《盛档》(四)之《汉冶萍公司》(二),第416~419页。

验生料,考核风机炉式"。他又发现美国钢铁厂集中于东方滨大西洋一带,西太平洋沿岸并无铁厂,美国钢铁运往欧洲,"其价反视本国尚贱"。如果利用美国返程船只运承载汉铁赴美,每吨只需运费 3 美元,而美国每年运输松木来华的船只很多,这将是汉铁的一条销路。①

结束了在美国的考察,李维格一行又来到欧洲,他们将随带的大冶铁矿石和石灰石、萍乡焦炭、汉阳铁厂的钢铁样品,通过英伦钢铁会的介绍,请英国化学家史戴德(Soad, L. E.)代为化验,结果证实大冶矿石和萍乡煤焦皆为"无上佳品","铁石含铁 60% 至 65%,而焦炭则等于英国最上之品"。李维格告诉外国人:据总矿师赖伦估计,大冶浮面可采的矿石约 1 亿吨,按每年开采 30 万吨计算,可供开采 300 年;而萍矿平巷浅井可开采的煤约有 5 亿吨,若年采 100 万吨,可供 500 年之用。在场的外国人"皆以天富中国为贺"。相形之下,英国克利夫伦铁矿含铁只有 28%。从国外进口的矿石含铁分别为 55% 或 33%~37%,还要加上不菲的运费。但汉阳铁厂贝色麻炉炼出的钢轨含磷过多,易于脆裂,这是由于大冶铁砂含磷太高而贝色麻炉不能去磷所致。只有采用碱性马丁炉(即平炉)才能炼出优质钢材。

这次出国考察历时近 8 个月,李维格一行于同年 11 月 27 日回国。他们向盛宣怀提出购置马丁炉、改造铁厂、重新聘定工程师的建议。② 对李维格的《出洋采办机器禀》盛宣怀作了长篇批示,并命"该郎中应即日驰赴汉阳总办厂务,督同新订工司布置基脚装配事宜,并将化铁旧炉两座赶紧加风力,务使多出生铁,悉归该郎中一手筹办"。③

1905 年李维格接任总办后,又派员赴欧洲订购炉机,在英、德、法等国的 10 多家工厂招标,结果分别择优在上述三国的 9 家工厂购置了机炉及其附件,耗资共 163146 英镑(图 3-4)。

李维格后来追记这次考察时曾说:"英人顾问工师彭脱之力居多,该

---

① 《李维格致杨学沂函》(1904 年 5 月 26 日,华盛顿),载《盛档》(四)之《汉冶萍公司》(二),第 434~435 页;李维格:《出洋采办机器禀》(1905 年 1 月 17 日),载《汉阳铁厂调查本末》,第 1~14 页。
② 李维格:《出洋采办机器禀》(1905 年 1 月 17 日),载《汉阳铁厂调查本末》,第 1~14 页。
③ 《中外日报》1905 年 3 月 28 日。

图 3-4　1906 年的汉阳铁厂

工师于此道曾三折肱。在洋考察既有把握,于是绘图帖说,广招英、美、德专门名厂投标,并与同行之萍矿总矿师赖伦及新雇之工师等一再讨论,剔破疑团,然后分别订定。归国后激励同人勇往从事,胼手胝足,四年苦功,于去冬十月告成出钢。"①

李维格动用日本预付的矿石价 300 万日元,从 1905 年起改建扩充汉阳铁厂,为此做了一个十分详尽的预算,包括购买:容积各 30 吨的碱性马丁炉 2 座;容积 150 吨的调和铁汁炉 1 座;起重能力分别为 15 吨、30 吨、50 吨的挂梁电力起重机共 4 台;挂梁水力压顶钢胚出筒机 1 副;煤气地坑 1 座。此外还有挂梁电力吊取钢胚出地坑机、轧胚轴、胚轴汽机、条轴、条轴汽机、板轴汽机、电力运送钢坯机、发电机、电力水力剪锯机、电灯机等,并添造木驳、2000~3000 吨级轮船,在上海浦东建造码头、栈房以及储备钢铁、煤焦、矿石、杂料,共需银 300 万两,加上偿还债务本息银 200 万两,总计需银 500 万两。此外,李维格对生产成本、总办职责与权力、焦炭供应及暂免捐税等提出了许多

---

① 《李维格:在汉口商会演说词》(1908 年 10 月 25 日,汉口),载《盛档》(四)之《汉冶萍公司》(三),第 35 页。

具体建议。①

铁厂改扩建是一项技术十分复杂的系统工程，为了确保工程的顺利进行，盛宣怀聘吕柏为总监工（总工程师）（图3-5）。

吕柏（1864~1950年），卢森堡籍工程师，其中文姓名被卢森堡人译为欧·吕贝尔，1890年获得艾克斯—拉沙斐尔理工学校的工程师文凭，曾任德国菲尼克斯工厂的高炉副主任。1893年来华，任汉阳铁厂一座高炉的技术经理（即高炉炉长）。1898年因病回国。病愈后重回汉阳，再建高炉。未久到德国多特蒙德联合公司任高炉部经理。1903年再度来华，被汉阳铁厂任命为总监工（即总工程师），卢森堡人将其称为技术总经理。②

图3-5　汉厂改扩建工程3号高炉施工现场

李维格这样评价："前生铁炉工师吕柏，天资敏捷，笃学深思，办事亦有血性。回洋以后，阅历更多，现在德国一著名大厂充生铁炉总工师，近为该厂建一日夜出五百吨大炉，为司员所目见。该工师确系总核之材，驾驭华洋师匠，可期胜任愉快。"李氏又称："吕柏熟悉德、法、英三国语言文字，将来与铁路各公司交接必有裨益。"③ 李维格认为，吕柏"办事之

---

① 李维格：《出洋采办机器禀》（1905年1月17日），载《汉阳铁厂调查本末》，第1~14页。
② 《武汉—卢森堡：卓有成效之百年合作纪念展》（1994年3月15~24日）（说明书），第5~6页。
③ 李维格：《出洋采办机器禀》（1905年1月17日），载《汉阳铁厂调查本末》，第1~14页。

心热，期望之念切，良用幸慰"。① 吕柏确实是铁厂总工程师的合适人选。吕柏的为人得到全厂上下一致好评，马鞍山煤矿董事汪应度赞道："洋匠责任，以吕柏为最重，办公亦以吕柏为最勤。平时终日在工，见铁渣中零星弃铁，必使小工拣出……查点小工有被铁渣烧焦衣裤者，自出洋圆赔给，故小工均乐之用。此等洋匠，不可多得。"②

汉厂改扩建工程十分浩大，新钢厂的机器炉座于1904～1907年陆续从国外运回，拆除原有的贝色麻炼钢炉和容积10吨的小马丁炉，安装容积30吨的碱性马丁炼钢炉4座、150吨的混铁炉1座，同时建设轧钢厂、钢轨厂、钢板厂、轧辊厂、装货厂，扩建机器修理厂、电机厂，1907年工程基本竣工。1908年又拆除两座小型废旧化铁炉，兴建250吨化铁炉1座和马丁炼钢炉2座，整个工程全部竣工，共耗资300余万两（图3-6）。

盛宣怀担任督办期间，汉阳铁厂建成马丁炉、混铁炉4座，其中生产能力为30吨的1号、2号马丁炉于1905年开工建造，分别于1907年10月、12月竣工，3号马丁炉1907年开工建造，1909年2月竣工；生产能力150吨的混铁炉1905年动工建造，1908年9月竣工。

此外，汉阳铁厂建成第三炼铁炉，1905年动工，1910年4月竣工，5月开炼，容积477.5立方尺，比官办时期所建炼铁炉差不多大一倍。

从1894年至1908年，汉阳铁厂的钢铁产量呈逐年递增之势，1894年仅5316吨，1896年升至12291吨，1908年达到89036吨，相当于1896年的724.3%，即比接办时增长6倍多。

汉阳铁厂投产后的10余年时间内，钢产量始终占全国的100%，可谓一枝独秀。汉阳铁厂成为中国钢铁行业的一道独特风景。

外国记者惊呼：汉阳铁厂"今则狂睡初醒，眼光霍霍，振刷其精神，磨砺其胆识，以投罗遗利，步武西法，宏兴工业，百废俱举，一鸣惊人，加以选派学子，游习西方，以备将来回国，开浚利源，其处心积累（虑），

---

① 《李维格致盛宣怀函》（1905年12月16日），载《盛档》（四）之《汉冶萍公司》（二），第531页。

② 汪应度：《收发所及厂事条陈》（1896年7月15日），载鄂档《汉冶萍》上册，第146页。

图 3-6 汉阳铁厂轧钢厂

大足使人寝不安席"。[1]

汉阳铁厂开始享誉中外,"全球驰名之马丁钢出现,西报腾布,托为黄祸,预定之券,纷至沓来"。[2]

汉厂钢铁产量不断增长的同时,销量也稳步上升。据盛宣怀致候任邮传部尚书岑春煊函中称:"现今各省铁路开造,需用钢轨、桥料甚多,美国太平洋及日本、香港各处均来购铁。"[3] 就是说,汉阳铁厂已开始拥有国内、国际两个市场。除日、美等传统国际市场外,汉厂又开始进军俄国、印度等新的市场。

铁厂产品的种类也不断增多,除主要产品钢轨及鱼尾板、枕钉、螺丝、钩钉等附属材料外,同时生产来复枪筒、自来水管等军用或民用产品,产品辐射范围不断扩大。

---

[1] 《汉冶萍煤铁厂矿纪略》附录:《上海万国商办月报》译西报《论汉阳铁厂装运钢铁出口将为欧美二洲实在之中国黄祸》,转引自《东方杂志》第 7 年第 7 期,第 66 页,1901 年。

[2] 中国社会科学院经济研究所藏:《汉冶萍产生之历史》(抄件),转引自《大冶铁矿志》(未刊稿)第 1 卷上册,第 68 页。

[3] 《盛宣怀致岑春煊函》(1907 年 4 月下旬),载《盛档》(四)之《汉冶萍公司》(二),第 590 页。

三 大冶铁矿开辟新采区

汉阳铁厂的原料为大冶铁矿。张之洞开采大冶铁矿时，在大冶圈购了大批矿山，连同盛宣怀购置的矿山，总数达40余处。1896年张之洞将铁厂交给盛宣怀承办时，只将尖山（部分）、韶草林、白杨林、铁山寺、纱帽翅、陈家湾、大冶庙、铁门坎共8处锰、铁矿山，康中、马头、王三石、凤凰山、藕塘、五庙窿、李士墩（又名飞鹅头）、飞鹅尾、华兴窿、中山脑、株树下、道士洑、明家湾、白锋尖共14处煤矿及油花脸、老虎垱等无矿之山，金银坡、陈家山2处铅矿交给了盛宣怀，而将象鼻山、老鼠尾、鲇鲌地、方家山、尖山（北乡东山堡）、尖山脚、山窿头、王家山、松树坪、铜录山、石臼山、余家山、猪头山、四顾山等共计14处矿山仍归鄂省所有（图3-7）。

由于大冶铁矿与汉阳铁厂的特殊关系，人们常将大冶铁矿视为汉阳铁厂的组成部分，但这里所说的大冶铁矿只能是盛宣怀购买和张之洞划拨的部分铁矿。

图3-7 官督商办时期冶矿斜坡卷扬机

1896年之后，汉阳铁厂又购得狮子山、得道湾等矿山。张之洞看到象鼻山与狮子山毗连，恐外国人染指，故由官方出资买下，并订明如铁厂添炉需用，可归商采，每出铁矿1吨抽取官费2分5厘。

1896年8月，铁厂呈报张之洞："大冶县属铁山坡、白杨林相近之象白（鼻）山、狮子山及下陆之铁子脑一带地方，皆出锰铁、磁铁。此外如戴家湾、金山店等处，亦系上好铁矿。所有大冶县属及武昌、兴国等处，皆产铁矿。请一律归铁厂开采，不准商民私行勘买。"张之洞做出明确批示："除武昌县铁矿，先经封禁勿庸开采外，所有兴国、大冶所产铁矿，应准一律归铁厂购买开采，除饬大冶县及兴国州迅速出示晓谕，禁止商民私行勘买。"① 汉阳铁厂从此取得了大冶县属铁矿的独家开采权。

1901年4月18日，张之洞致函盛宣怀表示："如果铁厂乏用，必须扩充开采铁锰两矿，查明实系厂商开采，以供厂用者，即由官按照原购价值售与铁厂，惟不得将矿售与外人。"就是说，官方可将官购之矿按原价供铁厂使用，这对铁厂是极大的支持。为了进一步明确大冶铁矿的权属，湖北洋务总局1905年3月5日行文大冶铁矿时指出："除官山外，所有民间应续购之矿地，本非铁矿已购之产，实是湖北本省之地，自应由地方官主持，应即派委大员督同地方官勘明官山原界之外，凡有民间可开各项铁质、锰质以及铜、铅等一切矿产，一律由官悉数圈购。"就是说，除盛宣怀早年购买的部分矿山和张之洞批准铁厂购买的县属铁矿外，其余矿山仍属官方所有。

大冶铁矿的蕴藏量，英国矿师郭师敦估计为500余万吨。盛宣怀就任铁厂督办后，派员对大冶铁矿进行了重新勘测。1905年，上海矿务局所派外籍矿师乐路氏对大冶铁矿所属各矿区——铁门坎、纱帽翅、龙洞、狮子山及大石门、野鸡坪诸矿进行勘测，填制详图。结果显示，大冶铁矿储量露天可开采者为1791万吨。

1907年，矿师赖伦对大冶铁矿属于汉阳铁厂的部分矿山进行了重新测量，其总储量为55765623吨，详见表3-3。

---

① 《张之洞关于大冶县属铁矿一律归汉阳铁厂开采的批文》（1896年8月22日），载《盛档》（四）之《汉冶萍公司》（一），第181页。

表 3-3　赖伦勘测大冶部分矿山情况表

山　　名	脉长（米）	山高（米）	储藏量（吨）
铁山	700	75	6562500
夏盂子及邻东	700	120	15750000
狮子山	850	160	17000000
得道湾	675	195	16453123
总　　计			55765623

资料来源：《赖伦：大冶铁矿估单》（1907年7月30日），载《盛档》（四）之《汉冶萍公司》（二），第603页。

盛宣怀在中外专家对大冶铁矿进行反复勘测的基础上，开辟了新采区，使其年开采能力增至17万~18万吨，此后，大冶铁矿石产量更年有增长，1907年达174630吨，为1896年产量15933吨的1096%。

四　萍乡煤矿发生大变迁

（一）萍矿的早期开发

这一时期厂矿中变化最大的莫过于萍乡煤矿。萍乡煤矿位于江西省萍乡县安源镇。萍乡是个人口约60万的大县，煤炭地点为天磁山支脉安源山，矿区占地约504平方里，与湖南省攸县、浏阳、醴陵等县相邻。其境内多山，没有大河，只有两条可通木船的小河，一条叫袁水，向东流入赣江而至鄱阳湖；另一条叫萍水，向东经渌江注入湘江而至洞庭湖。安源距萍水河边仅7公里，木船可顺萍水、渌江而下，直达湘江两岸，后逐渐远及武汉。

萍乡煤矿发现和利用的时间很早，而煤炭开采兴盛于唐宋。清康熙年间，萍乡煤炭开采业已发展为集产、供、销于一体的规模较大的产业，光绪年间土井多达260口，最深斜井长390余尺，有的直井达240余尺。当地煤商为便于煤炭经营，或单独设立商号，或数家联合成一个商号。高坑、安源、青山、湘东、上栗、赤山等采煤区年总产量约20万吨。

萍乡煤矿虽早被发现，但由于该地离汉阳铁厂距离较远，故暂未进行大规模开采。据《昭萍志略》卷9记载：张之洞1892年农历九月派驻湘委员欧阳柄荣赴萍,"采择各矿煤质,标明种类,以篓盛之,回省候解,化验合用"。① 但此时张之洞并无开采萍煤的计划。

此后,欧阳柄荣再用萍煤自炼焦炭获得成功,每吨价银 9 两,远低于洋焦和平焦,铁厂于是大量购买萍焦。

张之洞、盛宣怀已准备大规模开发萍乡煤矿。

1896 年 5 月盛宣怀任汉阳铁厂督办后,委派江苏候补巡检文廷钧、候补县丞许寅辉赴萍乡督促萍煤采运事宜。6 月 28 日,张之洞札委候补知县、铁厂委员恽积勋查勘萍矿,此时铁厂对萍煤的依赖程度越来越高,1896 年下半年便有了"萍七马三"之说——炼焦时需七分萍乡煤、三分马鞍山煤,有时则为萍煤 2/3、马煤 1/3。8 月下旬盛宣怀在致萍乡知县许寅辉的信中说:"煤炭为铁厂急需,各处所采之煤,尤以萍煤为大宗。"据当地人称:"成色以全萍为上,萍七马三次之,萍马各半又次之。"②

此时,萍矿面临的形势非常复杂。当地"风气未开,恶闻洋务"。"萍民素畏机器,谓能使山崩地陷,田园庐墓悉被震伤,而借煤为业之人又恐官招新股,夺其现成之利。"萍矿只好采取一些应对措施,如由萍乡县令发布告示,"剀切晓谕",并请人在《汉报》上发表文章,说明萍矿使用机器开采的情况,分发给绅士劝谕开导;同时派"巡检汛弁并防营勇丁彻夜巡逻,幸保无虞"。③ 一些洋矿师也积极为萍矿出谋划策,如马克斯 1896 年 11 月撰写《萍矿采运情形并筹改用西法办理节略》,洋洋 1.7 万言,对萍矿的方方面面都提出了意见和建议。

与此同时,铁厂在萍乡大量购采煤焦,也易与当地煤炭大户发生摩擦。铁厂对萍煤的大量需求,终于与著名煤商广泰福号店主、回乡官僚文廷式发生了纠葛。

文廷式(1856~1904 年),江西萍乡人,光绪年间进士,为赞助光绪帝亲政、支持变法维新而发起组织强学会,因此受到慈禧太后的忌恨而被

---

① 转引自《萍乡矿务局志》,第 60 页;《萍乡煤矿创立的起源》,载鄂档《汉冶萍》上册,第 206 页。
② 《汪钟奇致盛宣怀函》(1896 年 2 月 28 日),载《盛档》(四)之《汉冶萍公司》(一),第 145 页。
③ [附件]《恽积勋致郑官应函》(1896 年 10 月中旬),载《盛档》(四)之《汉冶萍公司》(一),第 228~229 页。

贬回乡。文廷式回萍后，以文氏家庭为主组织广泰福商号，专事煤炭营运，他个人拥有煤窿50余个。文廷式主张汉厂所需的萍煤由广泰福承办，就地设炉炼焦，并议定每月运焦的数额。广泰福采取两面手法，一方面耗巨资建成大小炼焦炉8座，使月产焦能力达到2000余吨；另一方面于11月14日致函郑观应，以"萍煤转运至艰，途中走漏搀杂，弊端甚多"为由，要求将焦炭月供应量改为1000吨。汉阳铁厂本因焦炭短缺从10月19日起暂行停炉两个月，广泰福减少焦炭输汉数量，汉厂绝难同意。

事实上，广泰福手中并不是没有煤，1897年12月，广泰福又归并紫家冲、同源、同庆等炼焦厂8处，煤井18处，[①]它之所以要求减少对汉厂的焦炭供应量，显然是自抬身价，要挟铁厂。

在此情况下，盛宣怀等加快了在萍乡找煤的步伐。1896年7月30日，根据郑观应的安排，恽积勋先期抵达南昌，后德国矿师帕特勒克加入到勘矿行列。9月，马克斯、赖伦等也先后到达南昌。10月1日，两位洋矿师同恽积勋从袁州至萍乡，勘察了安源天磁山、紫家冲、高坑、黄家源、大屏山、胡家坊和青山、马岭等地。同年11月他们呈报了这次勘察结果，认为这一带煤炭储量丰富，煤质优良，距离萍河较近，是理想的建矿之地。后来，不少外国矿师对萍乡进行过勘探，对矿区煤炭储量进行过估算，各家估算结果不一。马克斯估计为2亿吨或2亿吨以上，赖伦估计为5亿吨，开平前矿师克利马和日本地质调查所所长井上禧之助估计为3亿吨，美籍教授德·拉克则估计为3.5亿吨。

在安源煤矿大规模开发前，铁厂所需焦炭仍大都由文家供应，但"广泰福办理不得其法"，"文家所包焦炭，未能如数解厂"。盛宣怀于是接受郑观应的建议，委派莫吟舫、卢洪昶等在萍乡设立官局——铁厂驻萍煤务局，改为官商分办，大量收购民间煤、焦。卢洪昶等1896年11月23日在汉阳与广泰福号经手人王振夫签订合同，其核心是煤务局与广泰福分办萍焦业务。盛宣怀认为："与广泰福所议数条甚公允。"后经协商，盛宣怀批准广泰福每月向铁厂"改煤添炭"2000吨，但从1896年冬至1897年2月，广泰福运至铁厂的焦炭只1400余吨，且"苦磷太重，

[①] 见《盛档》（四）之《汉冶萍公司》（一），电稿，第930~931页。

须与开焦各用其半"。这对铁厂是极大威胁。1897年6月19日，盛宣怀札饬汉阳铁厂提调兼总稽核张赞宸："萍煤极好，必须民挖官收，按法自炼。"

卢洪昶与广泰福的矛盾愈演愈烈，1897年夏秋间，广泰福终于在竞争中败下阵来，于是将各处煤窿、焦厂、轮驳等所有财产全部归并于铁厂驻萍煤务局，所有欠款由煤务局认还。至此，煤务局最终取得了对萍乡煤矿的控制权。

1897年3月24日，张赞宸受盛宣怀委托，赴萍查办煤务，妥筹购煤办法，他遍访萍乡县城东南一带，凡产煤之山必逐井考察，发现这一带脉旺质佳，迥非他处可比。为了预防厂商囤煤居奇，萍矿局自购土井采炼，创立平底炉法，炼出的"焦炭出炉坚光切响，巨细成条；化验则灰磷矿质俱轻，到厂炼铁果合炼钢之用"。① 为了确保萍煤供应，盛宣怀于1897年5月13日任命候选县丞莫㶇为萍矿总办，并要求萍矿实行包干制，每月供应汉阳铁厂净焦一千四五百吨。

（二）萍乡煤矿局成立后机器采煤和铁路运煤

经过盛宣怀、张赞宸等人的努力，萍矿成立统一管理机构的时机已经成熟。1898年3月22日，"萍乡等处煤矿总局"成立，盛宣怀任督办，张赞宸任总办。

张赞宸（？~1907年），字韶甄，江苏武进人，系盛宣怀同乡，湖北候补道，曾任汉厂提调，颇受盛宣怀器重，是盛心目中萍矿总办的不二人选。

萍乡等处煤矿总局因矿建在萍乡县境，故被称为萍乡煤矿，又因矿址在萍乡县安源，习称安源煤矿。信笺署名萍乡煤矿总局，电函中简称萍矿，对外使用萍乡煤矿公司或中国萍乡煤矿局名称。

根据盛宣怀1898年1月20日给赖伦的"训条"，张赞宸在萍矿拥有管理全权："萍乡等处煤矿总局事宜，本大臣派张提调为总办。向来总厂提调本有节制黜陟全厂洋人之权，今张提调暂驻萍乡，总办一切，本大臣给

---

① 见鄂档《汉冶萍》上册，第206页。

与全权,不为遥制。所有开井挖煤一切工程,凡关涉西法开矿之事,尔须一一就近请示,毋得径禀本大臣,以一事权,而专统属。"赖伦只能当技术助理,萍矿其他事务,如添办机器、购买物件等均归张赞宸负责。① 在张赞宸主持下,萍矿开始进入大机器生产时代。

张之洞颇知大机器生产的好处,他上奏清廷称:"开矿不用机器不能深入得佳煤,炼焦不用洋炉不能去磷成佳钢,运道不用铁路、轮驳不能济急用而轻成本。"② 而盛宣怀早在1896年7月就要求"萍煤用机器"③。

1897年8月,张之洞、盛宣怀提出:"自选顶好、顶大煤矿,用机开采。"为此,1898年3月25日,《萍乡煤矿聘请德国矿师合同》和《萍乡煤矿局洋工程司等合同附后章程》颁布,盛宣怀与赖伦在合同上签字。这表明,萍矿准备借助德国技术和人才来推动自身发展。4月16日,萍乡煤局聘赖伦为总矿师,为期三年,聘德籍工师史密特等协助赖伦,并请文廷式以地方首绅地位协同照料。同一天(4月16日),张之洞、盛宣怀联名会奏《开办萍乡煤矿禁止另立公司片》,指出:"现筹大举开办,运用机器、延订矿师以及筑路设线,工役繁难,目前需费约百万有余",因此,"拟请嗣后萍乡县境援照开平,不准另立煤矿公司"。7月6日,清廷批准这一会奏。

1898年7月26日,萍乡煤矿矿井工程在安源正式破土动工。煤局首先利用从汉厂、冶矿和江夏马鞍山煤矿调来的部分起重机、锅炉等设备,在直井的八方井、上平巷及东、西平巷各一处开始施工。同年9月,赖伦首批购置的欧洲机器到萍,矿井建设全面展开。

安源煤矿分窿内、窿外两部分,窿内有四方井、六方井、八方井、东平巷、西平巷、总平巷;窿外有大小洗煤台、上下修理厂、土洋炼焦处以及机器制造厂、发电厂、木料厂、铁路局、餐宿处等。这在当年算得上是

---

① 《盛宣怀致赖伦训条》(1898年1月20日),载《盛档》(四)之《汉冶萍公司》(一),第730~731页。
② 《张之洞奏查明招商局保借洋款扩充萍矿有益无碍折》(1899年7月24日),载鄂档《汉冶萍》上册,第226页。
③ 《盛档》(四)之《汉冶萍公司》(一),电稿,第751页。

一家规模宏大的煤矿。

为了从根本上解决萍乡煤焦运输问题,盛宣怀1998年12月决定修建一条从安源到湘江边的铁路,与待修的粤汉铁路和湘江航线相衔接。他利用铁路总公司督办的职权,动用修建卢保铁路的余款293万余两,于1899年1月开工修建一条从萍乡宋家坊到安源的铁路。11月,全长7公里的萍安铁路竣工通车。到1905年,全长90公里的萍乡至株洲的铁路——株萍铁路建成,设有四大站(安源、萍乡、醴陵、株洲)、五小站(峡山口、老关、板杉铺、姚家坝、白关铺)。萍乡煤焦运输的难题终获彻底解决。株萍铁路耗资巨大,据学者统计,这条铁路共用去官款4218308元。①

(三) 礼和洋行借款的背景与内容

扩大煤炭生产能力和建设近代运输通道是萍乡煤矿亟待解决的两大难题。

萍乡地方偏僻,如何将开采出来的煤运出去是个非常棘手的问题。最初,盛宣怀打算用毛驴驮运,他致电卢洪昶、莫吟舫:"河运不通时,拟用小驴驮运,近处有驴否?"② 卢、莫的回答令盛宣怀十分失望:"遵经访问湘潭相近地方驴子极少,远处惟郴州间有之,亦难多办,寻常买一两匹,价约八九串文。"③ 由此看来,驴运不是解决问题的办法。

扩大煤炭生产能力必须使用机器。兴办新式煤矿所需的巨额投资从何而来?1899年4月8日,盛宣怀以招商局在上海洋泾浜一带的产业作为担保,向德国华泰银行(Wavschauer)代理商礼和洋行(Carlowitz & Co.)借款400万马克(合银132.9万余两),为期10年,年利息7厘。300万马克暂存礼和洋行,德方现交100万马克。④

这是汉、冶、萍厂矿首次举借外债。400万马克借款的具体用途是:300万马克用于购置德国采矿、洗煤、炼焦、动力、发电、机制、造砖、

---

① 全汉昇:《汉冶萍公司史略》,第80页。
② 《盛档》(四)之《汉冶萍公司》(一),电稿,第905页。
③ 《盛档》(四),《汉冶萍公司》(一),电稿,第907页。
④ 《矿务档》(四),第2286~2287页;《盛宣怀致礼和洋行函》(1898年6月11日),载《盛档》(四)之《汉冶萍公司》(二),第24页;《萍乡煤矿公司与上海礼和洋行借款合同》(1899年4月8日),载《盛档》(四)之《汉冶萍公司》(二),第96~99页。

测量、化验等成套设备，100万马克用于修筑萍安铁路和置办湘潭至汉口的轮驳。

盛宣怀举借德债后，朝野反对之声不绝于耳，清廷下令"查禁"，著张之洞"详细查明"。张氏遂于1899年7月14日上奏清廷，为此次借款据理力争："该行议借四百万马克，分十二年摊还，统由萍乡煤矿公司商借商还。""彼既无办矿之权，又无余利可得，不得不照商例，切实保借，因将招商局产业以为作保之据。"

为从根本上解决萍矿困难，张赞宸等提议将萍乡煤矿归并于招商局，1901年7~8月，为此以盛宣怀的名义起草了一份札文，以供盛氏采择，札文称："将萍乡煤矿归并轮船招商局，以资缓急而保利权。"札文提出了一套扩大招集商股的办法："除萍矿从前自集股本库平足色宝银五十万两，嗣又招集湖北铁厂、铁路总公司、轮船招商局股本库平足色宝银五十万两外，尚少库平足色宝银二百五十万两，应由轮船招商局如数增集商股，接济急需。"

与此同时，张赞宸又草拟了《萍乡煤矿有限公司招股章程》，送呈盛宣怀审批。不过，这件事最终并没有办成。

萍矿既不能归并于招商局，礼和洋行的本息又要归还，招商局遂于1901年10月发布招股启事（图3-8），为萍矿添招股银290万两，其中招商局认搭100万两。这次招股的实际结果，人们还知之甚少。截至1904年，除招商局100万两外，似无其他人或企业入股。[1]

德国人的贷款绝不是天上掉下来的馅饼。1899年3月25日，督办盛宣怀与公证人赖伦签订一份标准合同，即《萍乡煤矿局聘请德国矿师合同》，1900年10月，双方正式签订《萍乡矿局雇用洋匠合同》，同时颁布《萍乡矿局雇用洋匠章程》。总的来说，这些合同、章程对萍矿还不算苛刻。

但是，德国人不可能忘记分享萍矿利益。德国驻华公使穆默1899年6月1日致函中国相关衙门称，萍安等铁路"所需各材料，总应经礼和洋行

---

[1] 陈真编《中国近代工业史资料》第3辑，第441~443页；《轮船招商局经办萍乡煤矿有限公司招股启》（1901年10月），载鄂档《汉冶萍》上册，第201页。

图 3-8 萍乡矿务公司股票存根

手购买"。未久,铁路大臣盛宣怀表示:"萍乡煤矿断无权招徕他行承办材料……不如恪守合同,仍令礼和承办。该洋行名驰中外,所开之价实系公道,且必须自保其名。"[①] 与此同时,双方还商定:"萍矿运出煤炭,除供给汉阳铁厂、大冶铁矿、轮船招商局外,余请专归该行代销。"[②]

礼和洋行通过借款,完全掌握了萍矿的对外采购权和煤炭外销权,萍矿的技术大权也落到了德国人手中。该矿 1 名总矿师、2 名副矿师、4 名洋钻石匠均由德国人充任。

盛宣怀等与礼和洋行 1902 年 6 月 19 日签订《礼和洋行代运萍矿煤焦合同》,规定 1903 年 4 月 1 日至 1904 年 3 月 31 日,萍矿每天交运 500 吨生煤或焦炭,由湘潭承运至武昌(或汉口、汉阳);1904 年 4 月 1 日至 1913 年 3 月 31 日,每天交运数为 1000 吨,每吨运费汉口银 3.5 两。1902 年 7 月 8 日双方又签订了《礼和洋行代售萍煤合同》。

1902 年 8 月 7 日,萍矿、招商局、汉阳铁厂、礼和洋行签订正式续借

---

① 《矿务档》(四),第 2285~2286 页。
② 《矿务档》(四),第 2289 页。

合同，写明先借款100万马克，作为萍矿购买机器之用，年息7厘，每半年一付，8年内匀摊还清，第一次摊还时间为1906年1月1日；萍矿及其担保者招商局、汉阳铁厂在委托礼和购办机器等物时，须付礼和九五回扣；汉阳铁厂作为萍矿担保者，在合同期内"不得将该厂地基、厂屋、机器等交割出售与人，或向人借钱，或抵押与人"。在合同上签字的有招商局督办兼汉阳铁厂督办盛宣怀、汉阳铁厂总办盛春颐、会办李维格、萍乡煤矿总办张赞宸及礼和洋行代表。① 德国人的用意非常清楚，就是要招商局和汉阳铁厂为萍乡煤矿作保，分担礼和洋行的贷款风险。

同一天（1902年8月7日），上述各方签订萍矿向礼和借款300万马克的合同，合同条款与签字人与上一合同大致相同，但也略有差异。如规定300万马克暂存礼和洋行，由萍矿或铁厂总办"签字声明何用，任听随时陆续取用"；本息摊还时间从1905年1月1日开始，等等。②

（四）萍矿发展到鼎盛期

礼和贷款合同签订后，萍乡矿局先后购得宋家山、桐梓坡、大冲尾、蟹形嘴、罗家坡、栎树下等处1700余亩山田。根据1898年8月萍乡知事顾家相发布的告示规定：在矿区范围内"不准另开商井，已开商井全部封闭"，矿局对矿区范围内的商井、商厂优价收买，截至1906年农历闰四月，共收购土井321口，圈定矿界总长92.71华里，圈内面积504平方里。③（图3-9）

与此同时，盛宣怀派德籍职员福克驻德采买机器材料，以供基建工程之需。

萍乡矿局在天磁山、紫家冲、小冲（坑）、龙家冲、黄家源、铁炉冲、善竹岭、张公塘、高坑、锡坑、南木坑、坝善坑、五坡下、太平山一带开土窿14个。

---

① 《矿务档》（四），第2290~2293页；《盛档》（四）之《汉冶萍公司》（二），第282~284页。
② 《矿务档》（四），第2294~2296页。
③ 傅春官：《江西农工商矿纪略》卷2，萍乡县，第11~14页；《盛宣怀咨端方、瑞良文》（1907年4月5日），载《盛档》（四）之《汉冶萍公司》（二），第583页。

图 3-9　萍矿界碑

1903 年,萍乡各矿窿道渐次告成,近代炼焦炉也大体完工。

1906 年 10 月 12 日,安源总平巷被打通,紫家冲、小坑等处的小槽煤质甚佳。

1907 年,萍乡煤矿基建工程竣工。矿山工程、轮驳购置共耗银 6767866 两,加上购地买山、修建铁路、地质勘探等费用,萍矿基建工程共耗银 740 余万两。[①]

萍矿的主要工程计有:横井一处,直井二处。横井称之为总平巷,计有上平巷、东平巷、西平巷三处。直井分甲、乙井。各平巷开采之煤,以东平巷为总出路,直井开采之煤,以西平巷为总出路。另有洗煤机两座,大者每小时约洗煤 70 吨,小者每小时约洗煤 20 吨。还有洋焦炉(名曰科别炉)262 格,土焦炉 224 座。此外,萍矿矿轨、煤车、电车、钢缆、起重、打风、抽风、钻石各种机器一应俱全,同时拥有矿山基地、办公用房、大小机器制造、造火砖厂等设施。

萍乡煤矿除安源机矿外,还在紫家冲、小坑、高冲和小花石设有 4 个分矿、14 口土煤井。同时拥有上珠岭铁矿、白茅锰矿、盆头岭锑矿、白竺

[①] 《萍乡矿务局志》(未刊),第 60~64 页;《汉冶萍公司志》,第 61~64 页。

铅矿等附属矿山的产权。①

萍乡煤矿建成后，直井日出煤300多吨，上、东、西三条平巷日出煤300～400吨，近代炼焦炉日产焦650多吨。土炼焦炉月产焦1万多吨。

萍乡煤矿不仅储量丰富，而且煤质优良。1904年经英国化学师史戴德化验，高坑、安源一带煤的化学成分为：炭65.89%，浮轻炭质28.09%，硫0.62%，灰5.40%，水0%，灰内含硫0.2%。土炉焦炭成分：炭83.81%，硫0.62%，灰15.57%，水0%。英国人认为萍乡煤质甚洁净，极适合用来炼焦，洋炉所炼焦炭可与英国上等焦炭相媲美，而土炉所炼焦炭质量更佳。

为了便于煤炭运输，萍乡煤矿继1899年修建萍安铁路之后，又分别于1902年和1905年建成萍乡至醴陵段铁路（萍醴铁路）和醴陵至株洲段铁路，聘德籍总工程师李冶、副工程师马克和中国副工程师罗国瑞等负责勘测设计。萍乡至株洲铁路总长90公里，被命名为萍株铁路，由萍乡煤矿兼管。② 此时粤汉铁路尚未完工，株洲以下可以利用轮驳和民船，取道湘江运往汉阳。从此，萍矿煤炭外运能力大增，但长途运输难题仍待解决。

为加快运煤大通道建设，张之洞于1907年5月9日致电盛宣怀，提出武昌至株洲铁路分三段施工：武昌至岳阳段归湖北修，岳阳至长沙段由湖南修，长沙至株洲再连接湘潭的支路请盛宣怀代修，修成后归萍乡煤矿局代管，待湖南省将路款还清后再移交湖南。"照此办法，多用工程师，每段之中又分为四五小段，同时并举，一年半可成。"盛宣怀5月14日复电张之洞，上述提案使他"不胜狂喜"。

萍乡煤矿已发展到鼎盛期，有工人近万人，德籍矿师、总管、工匠20余人，设有汉阳运销局、岳州转运局、长沙分销局、株洲转运局、湘潭转运局，拥有钢驳24艘，木驳165艘，成为中国早期采用机器生产的大型煤矿之一。

---

① 张赞宸：《奏报萍乡煤矿历年办法及矿内已成工程》，载《萍乡煤矿调查本末》，第1～15页；又见鄂档《汉冶萍》上册，第209页；《萍乡矿务局志》（未刊），第64页。

② 凌鸿勋：《中国铁路志》，世界书局，1963，第238页；参看《汉冶萍公司史略》，第139页。

(五) 张赞宸、赖伦的重大贡献

萍矿的发展离不开总办张赞宸的努力,他"专办矿务,创议大举,购买机器,规划窿井,修造铁路,设置轮驳",为勉力撑起萍矿这座大型煤矿,张赞宸长期超负荷工作,"经之营之,无间昕夕,卒致积劳成疾"。[①] 5月底,盛宣怀力催张赞宸赴沪就医,张因公务繁忙力辞:"嗣久雨大水,萍境缺米,人心惶急,更不能行。"[②] 暂时接任萍矿总办的林志熙也称:"张道咳嗽气逆,声低小,溲混浊短赤,骨瘦如柴,去冬大病至今,负病办事,未曾小休,受伤更甚。橘三郎偕东洋医生来萍游历,嘱其诊治,所言与德国医生同,据云劳心过度,病根已深。"[③]

盛宣怀多次函电相催,张赞宸仍未赴沪就医,他于 1906 年 12 月 23 日致函盛宣怀,婉拒公司雇请名医费绳甫来萍为其诊治:"宸以亏累满身,何堪再添此巨款,且病根已深,恐费亦难为力,一再坚拒之。"

张赞宸 1907 年 4 月 13 日病逝于上海,以身殉矿。盛宣怀十分悲痛,据《汉冶萍公司事业纪要》记载:"盛公尝曰:君与一琴,为吾左右手。其卒也,盛公哭之,痛挽之曰:'失吾臂助,'纪实也。"

张赞宸的献身精神和卓越贡献赢得萍矿员工的广泛赞颂,"殁后张公祠之建,所以念其劳,亦以顺众情也"。[④] 建于萍乡的张公祠迄今犹存,成为人们凭吊张赞宸的最好去处(图 3-10)。

德籍总矿师赖伦在萍矿建设过程同样功不可没。在 1899 年担任总矿师前后,赖伦经过勘查,得出萍乡东南煤炭总储量 5 亿吨的乐观估计。1898 年赖伦在萍乡峡山口发现耐火泥,主持设计、筹建了耐火砖厂,使萍矿摆脱了完全依赖进口耐火砖的局面。赖伦为萍乡煤矿从欧洲购买采煤、洗煤机器,确保了矿井建设工程的全面展开。赖伦设计并绘制了安源煤井开发图纸,力主采用平洞、立井多水平开拓煤层群的作业方式,为萍矿所采用。

---

① 《汉冶萍公司事业纪要》,载鄂档《汉冶萍》上册,第 56 页。
② 《盛档》(四)之《汉冶萍公司》(一),电稿,第 1133 页。
③ 《盛档》(四)之《汉冶萍公司》(一),电稿,第 1150 页。
④ 《汉冶萍公司事业纪要》,载鄂档《汉冶萍》上册,第 56 页。

图 3-10　萍乡煤矿张公祠

鉴于在大冶铁矿、萍乡煤矿开发中的杰出贡献，赖伦被汉冶萍公司聘为顾问，直到 1914 年 12 月 3 日聘任合同期满退任。

赖伦这位外籍专家得到汉冶萍公司的高度评价，公司编纂的《汉冶萍公司事业纪要》称赞赖伦"襄助张公（赞宸），同心协力，克底于成，厥功最伟"。

鉴于赖伦的不俗表现，盛宣怀 1908 年 5 月向清廷附奏《请赏赖伦宝星片》。赖伦是汉冶萍厂矿中荣获中国政府宝星的第一个外国人（图 3-11）。

（六）萍乡煤矿的基本建成

经萍乡煤矿多次邀请，盛宣怀终于决定启程赴萍乡。1907 年 10 月 15 日，盛氏经长沙抵安源，"已坐电车亲勘，钻通石塄尚有二百法尺即到大槽"①。盛宣怀来萍视察是萍乡煤矿历史上一次有意义的事件，标志着萍矿基本建设工程的大体完成。盛宣怀致电张之洞："赴萍履勘新通之大煤槽，乘窿内电车，约四里许，始达正槽，自取块煤而出。所炼焦炭每月万吨，汉厂自用。炼铁一吨只需焦炭一吨有零，与从前开平、日本焦两吨炼铁一吨大相悬殊。现又添造洗煤机、炼焦炉，月计可出三万吨，

---

①《盛档》（四）之《汉冶萍公司》（二），电稿，第 1320 页。

足供添炉之用,兼销日本等处。只待昭山铁路接成,并造浅水轮船,便可每日出煤三千吨。以二千吨炼焦,以一千吨售块煤,并能制造火砖以济厂用。此煤矿已成之大效也。"① 这就表明,盛宣怀对萍乡煤矿寄予厚望。

当时,社会上有"北有开平,南有萍乡"之说,且萍矿后来超越开平煤矿,成为中国人自办的最大的近代化煤矿。萍矿被中外人士誉为中国"第一之实业"、"东亚有数之大煤矿"或"江南煤都"。②

满载萍乡煤焦的大小船只,溯湘江、越洞庭、入长江,分段驳运,将煤焦从

图 3 – 11　萍矿德籍总矿师赖伦

株洲运往汉阳铁厂及后来的大冶铁厂,同时分销湘江、长江中下游各地,并远销日本、美国。煤矿局在株洲至汉阳沿线及九江、南昌、安庆、大通、芜湖、南京、镇江、常州、上海等地设立运销机构,形成较为庞大的运销网络。

萍矿与汉厂互相依存,衰荣与共。盛宣怀指出:"厂倚路为命,萍倚厂为命,一失凭依,则两处掣动。"③ 铁厂提调施省之说得更直截了当:"厂中以萍焦为命脉。"④ 萍矿总办张赞宸则称:"焦炭为(铁厂)养命之源,萍乡为必由之路。"⑤ 据萍矿统计,从1896年至1904年农历十一月底,萍矿共运往汉阳铁厂焦炭32.1万余吨,煤19.1万余吨,仅焦炭一项,

---

① 《盛宣怀致张之洞密函》(1907年11月30日),载《盛档》(四)之《汉冶萍公司》(二),第650页。
② 《萍乡矿务局志》,第64页;《安源路矿工人运动》(上),第2页。
③ 《盛宣怀致盛春颐、施肇曾、宗得福函》(1899年7月12日),载《盛档》(四)之《汉冶萍公司》(二),第151页。
④ 《施肇曾致盛宣怀函》(1899年7月24日),载《盛档》(四)之《汉冶萍公司》(二),第151页。
⑤ 转引自《萍乡矿务局志》(1998年3月,内部准印),第5页。

铁厂就比购买开平焦炭节省160余万两。① 这一组数字说明，萍矿在汉、冶、萍厂矿中占有何等特殊重要的地位。

萍矿的建设、生产呈蒸蒸日上之势。到1907年，萍乡煤矿产煤40.2万吨，焦炭11.9万吨，分别为1898年的40多倍和4倍多。官督商办时期萍矿生产情况见书后附表四。

至此，萍乡煤矿已成为中国较早使用机器采煤、洗煤、炼焦、运输煤焦的特大型煤矿之一，是中国近代化程度最高的一座煤矿，是中国近代最大钢铁企业——汉阳铁厂的煤、焦主要供应商。

五 煤焦运输机构的设立

运输是钢铁、煤炭生产体系的重要环节。公司创设之初，未设专门运输机构。1896年，盛宣怀派卢洪昶在湘潭设转运局，自办运输。到1898年萍乡煤局创办后，始在汉阳设立萍煤转运局。其时铁路未兴，煤炭运输异常险阻，无论是将煤焦由萍运汉，抑或将机器由汉运萍，都必须节节盘驳。从萍河到渌口水路300余里，属于溪流，河道浅窄，沿途有水坝100余座，仅能行驶一种被称为"倒划"的小木船，装载量小，行驶迟缓。这条水道受季节影响很大。船只出渌口后进入湘江，仍多浅滩，过洞庭湖、入长江后才畅行无阻。由于在萍河行驶的均系小船，萍矿于是在湘潭县窑湾设立转运局，专司过载之事。船只到湘潭后过船转汉，因水路甚长，船户盗卖成风，1900年在醴陵设立稽查局。未久设长江稽查局，后改称转运局，仍兼稽查事宜。1901年在岳州设立稽查局。又因洞庭湖以上航道冬季水浅滩多，船只受阻，故在城陵矶配设立转运局，购地70余亩，建起堆栈。

1899年萍安铁路通车，后又延伸至醴陵，1904年修抵株洲，运煤船只避开了萍河这条最险阻的水道，萍矿于是撤销湘潭转运局和醴陵稽查局，改设株洲转运局，所有民船、轮驳均在株洲受载。这种运输方式一直持续到1916年粤汉铁路株长（株洲—长沙）段通车。

---

① 《中国近代工业史资料》第3辑，第447页。

六　汉冶萍厂矿的宏大规模

（一）庞大的水上运输船队

汉、冶、萍厂矿不仅建立了专业的煤焦运输机构，而且拥有一支颇具规模的专业运输船队。

厂矿交通运输等配套设施日臻完善。1905年，盛宣怀投资983532元为汉阳铁厂创办专业运输船队，拥有轮驳、拖船23艘，计14737总吨，这是中国近代企业中最大一支专业船队，其中汉阳铁厂拥有"楚强"、"楚富"、"汉顺"、"汉兴"、"汉通"、"汉利"、"汉发"等7艘拖轮和"汉正"等多艘小轮；萍乡煤矿拥有"萍富"、"萍强"、"祥临"、"振源"4艘深水轮船，"萍元"、"萍亨"、"萍利"、"萍贞"4艘浅水轮船，另有载重各400吨的钢驳船4艘，载重各300余吨的大木驳船3条，载重30~100吨的小木驳船17条；另外，汉厂1000吨级的"汉平"轮则主要承担从汉阳装运钢铁产品运往上海销售的任务。

除企业自有船只外，汉阳铁厂、大冶铁厂、萍乡煤矿也经常租用其他公司的船舶，仅招商局参与煤铁运输和设备、器材运输的江海轮船就有"安平"、"江裕"、"公平"、"江永"、"江孚"、"永清"、"利运"、"爱仁"、"海定"、"图南"、"江宽"、"丰顺"、"鸿安"、"江顺"、"海晏"、"富平"、"江泰"、"爱仁"、"美富"、"新济"、"益利"、"富顺"、"普济"、"新丰"、"新裕"、"广利"、"江平"、"快利"、"江裕"等共约30艘，招商局几乎所有客货轮都曾参与汉、冶、萍厂矿的运输。招商局相关人士早就指出："湖北张香帅煤铁矿俱用轮船拖带驳船，装运工人、物料往来甚为便捷。"①

铁厂对招商局非常信任，马鞍山运往上海之煤，"必须轮船拖带者方免搀杂"，轮船抵沪后"直放招商局码头照交也"。② 招商局对承运的煤

---

① 《陈猷致盛宣怀函》（1892年3月8日），载《盛档》（八），第412页。
② 《郑观应致盛宣怀函》（1897年6月12日），载《盛档》（四）之《汉冶萍公司》（一），第543页。

炭、钢铁、麻袋等货物逐项逐船进行核对，如1896年由天津运往汉厂的开平焦炭11122.5吨，汉厂实收11059.1040吨，原计短少数和实际缺少数都算得非常仔细，甚至每条船运输量都有精确记载。①今天我们已难以找到招商局运输汉冶萍物资的完整记录，但仍可以说招商局船舶是这支运输大军的重要力量，从大冶、萍乡运往汉阳的铁矿、煤焦，从汉阳运销上海及沿江各埠的钢材、生铁，特别从开平购进的焦炭，"全赖局轮转运"。②

汉、冶、萍从其他轮船公司租用的船只还有"开运"、"宝乾"、"宝坤"、"宝巽"、"宝华"、"麦边"、"长安"、"德兴"等轮。

从自有及租借船舶数量也不难看出汉、冶、萍厂矿规模的宏大。

（二）厂矿的宏大规模

汉厂、冶矿、萍矿等主体厂矿规模不断扩大，清末三厂矿共雇用工人约2万人，人数为近代中国企业之最。此后，厂矿职工人数不断增加，形成了一支与大机器生产相联系的产业工人大军。

除汉厂、冶矿、萍矿三大主体厂矿外，汉阳铁厂还有一家合资企业扬子机器制造公司，该公司1907年在汉口谌家矶成立时，汉阳铁厂入股5万两并提供了部分旧机器设备。

1907年外籍矿师估计，大冶铁矿值银5000万两，萍乡煤矿值银3000万两，汉阳铁厂值银2000万两，公司共值银1亿两，盛宣怀称，此"系至少之数"。③冶矿、萍矿总价值中包括了铁矿、煤矿的潜在价值。而盛宣怀档案和《东方杂志》又记载：汉、冶、萍各厂矿及码头、轮驳等配套设施以及扬子公司股份1908年共估值4087万两。详见表3-4。

至此，一个横跨鄂赣两省、总资产达4000余万两、潜在资产约1亿两的铁、煤厂矿联合体已初现雏形，一厂两矿三足鼎立的局面已初步形成。

---

① ［附件］汪应庚：《煤炭、钢铁等项清折》（1897年3月17日），载《盛档》（四）之《汉冶萍公司》（一），第424~432页。
② 见《盛档》（四）之《汉冶萍公司》（一），电稿，第743页。
③ 《盛宣怀致张之洞函》（1907年11月30日），载《盛档》（四）之《汉冶萍公司》（二），第656页。

表 3-4　1908 年汉、冶、萍各厂矿及附属企业资产估值表

单位：万两

名　称	款　项
汉阳铁厂	1227
大冶铁矿	1130
萍乡煤矿	1550
码头、轮驳	175
扬子公司股份	5
总　计	4087

资料来源：《东方杂志》第 14 卷第 8 号，1917 年，第 23 页；《盛档》（四）之《汉冶萍公司》（三），第 93 页。

汉阳铁厂产品迅速占领了国内外市场，除供应国内广九、津浦铁路所需钢轨及其他配件外，也受到国内其他行业和国外市场的欢迎。"钢铁质地，欧美行家均称为精品，生铁行销已远之美国、日本及南洋各岛；而上海翻砂厂已唯汉阳生铁是用。"①

第三节　汉阳铁厂的成就与缺陷

汉阳铁厂一度是中国最大也是亚洲最大的钢铁厂，在中国近代国民总体格局中占有特殊的地位，发挥了不可替代的作用。

一　汉阳铁厂在近代中国的地位

众所周知，汉阳铁厂是中国第一条主干铁路——卢汉铁路所需钢轨的主供应商，是专为卢汉铁路而建设的配套厂家。

对卢汉铁路在中国近代铁路总体布局中的地位，卢津铁路督办胡燏棻有这样一段论述："中国铁路以卢汉、粤汉为最要之大干，津镇次之，而

---

①《汉冶萍煤铁厂矿有限公司第一期股东会汉阳铁厂总办李维格报告》，《时报》1909 年 5 月 28 日。

山海关外奉天营口等处，亦为扼要必争之地，余皆为支路。"他特别提出"干路为本，支路为末"的观点。① 这就清楚不过地表明了卢汉铁路和粤汉铁路的地位，而卢汉、粤汉两条铁路所需钢轨等材料全部由汉阳铁厂提供。

修建卢汉铁路所需款项由铁路总公司向外国借贷。1898年，盛宣怀与比利时银行工厂合股公司签订《卢汉铁路详细合同》与《行车合同》，借款1125万法郎（合库平银3750万两），用以修建卢汉铁路，全部钢轨由汉厂提供，并预付轨价400万两。②

粤汉铁路的情况与卢汉铁路相似。1905年，中国驻美公使梁诚与美国合兴公司订立《赎路合同》，将粤汉铁路收归自办，所需钢轨等料均由汉阳铁厂提供，价格同于外国产品。③

中国正在兴修或准备修建的铁路，如广九铁路、正太铁路、洋浦铁路、沪杭铁路、南浔铁路（九江至涂家埠段）的钢轨，均由汉阳铁厂供应。

在中国通往其他国家的铁路干线上，汉阳铁厂同样充当了不可或缺的角色。以中越铁路为例，1895年6月25日，中法两国商定，建设连接中越两国的国际铁路，从广西百色、南宁经镇南关（今友谊关）直达越南同登，盛宣怀为此致函张之洞，请其与承修这条铁路的费务林公司妥商，这条铁路的钢轨统由汉阳铁厂供应。后由于八国联军进犯北京，该路停止修筑，汉阳铁厂停止供给钢轨。

铁路是近代文明的象征，也是衡量一个国家近代化程度的重要标尺。汉阳铁厂作为中国近代铁路建设的主要供应商，同样在中国近代化进程中书写了辉煌篇章。

钢铁业是近代国民经济最重要的基础产业，是一切产业之母。没有近代钢铁业，就没有近代铁路运输业、机械制造业、国防工业及其他一切产业。诚如张之洞所言："举凡武备所资枪炮、军械、轮船、炮台、火车、

---

① 《矿务档》（四），第2268页。
② 刘秉麟：《中国近代外债史稿》，生活·读书·新知三联书店，1962，第62~65页。
③ 《张宫保来电》（1905年12月5日），载《愚斋存稿》卷69，电报46，第2~3页。

电线等项，以及民间日用、农家工作之所需，无不取资于铁。"① 盛宣怀也很早就认识到："金银矿仅能富国，煤铁矿兼能强兵。"②

汉阳铁厂作为中国第一家大型钢铁煤炭联合企业，在中国近代国民经济总体格局中占有无可替代的特殊地位。在一定意义上我们可以将汉阳铁厂称为中国近代化进程的领跑者或排头兵。有了汉阳铁厂，才有中国主干铁路的初步骨架，才能将中国近代化的进程向前推进一大步。

二　汉阳铁厂的巨大成就

盛宣怀在谈到汉厂时说："臣不自量力，一身肩任，初谓筹款数百万即足办理，实不知需本之巨，有如今日之深入重地者。盖东亚创局素未经见，而由煤炼焦，由焦炼铁，由铁炼钢，机炉名目繁多，工夫层累曲折，如盲觅针，茫无头绪，及至事已入手，欲罢不能，惟有躬冒奇险，精思锐进，艰危困苦，绝不瞻顾，期于必成。"③

官督商办时期汉阳铁厂的最大成就是为中国第一轮铁路建设提供了钢轨等材料。世人均已看到："铁政为中国富强根本，冶铁萍煤其矿质之优，均经欧洲名家考验确实，外人垂涎已久。"④

在汉、冶、萍三厂矿中，汉阳铁厂居核心地位。大冶铁矿和萍乡煤矿是汉阳铁厂的原（燃）料供应基地，三厂终极产品是钢铁，而钢铁产品的主要市场在国内。

铁厂面向国内市场的产品以钢轨为主。卢汉铁路约九成的钢轨及其配件全部由汉阳铁厂提供。淞沪、沪宁、沪杭甬、津浦、正太、南浔铁路中的一段（九江至涂家埠）等铁路都购买了铁厂生产的钢轨。据统计，1894~1908年间，铁厂共供应京汉铁路钢轨8万吨，鱼尾板、钩钉等约6000吨，总价400余万两。1905年供给正太铁路钢轨3000吨，1906年供给国内各铁路的钢轨、鱼尾板等产品共2224吨。整个官督商办时期

---

① 《洋务运动》（七），第203页。
② 《上陈右铭中丞书》（1897年11月23日），载《盛宣怀未刊信稿》，第47页。
③ 见《中国近代工业史资料》第3辑，第465页。
④ 《商部奏派员会查路矿款项情形折》（1905年6月16日），《中华报》第183册。

(1896~1907年)，汉阳铁厂出售生铁共值洋例银333.2万两，钢轨及配件洋例银587.2万两，钢料洋例银176.9万两，销售总收入超过洋例银1000万两。

在中国版图上，作为京广铁路主要组成部分的卢汉铁路居于特殊重要的地位，这条铁路1897年动工，1905年9月南北两段建成（图3-12），1906年4月1日全线通车，改称京汉铁路，全长1214.49公里，另有6条支线共96.6公里。京汉铁路当时是一项伟大壮举，至今仍然是我国南北交通的大动脉。

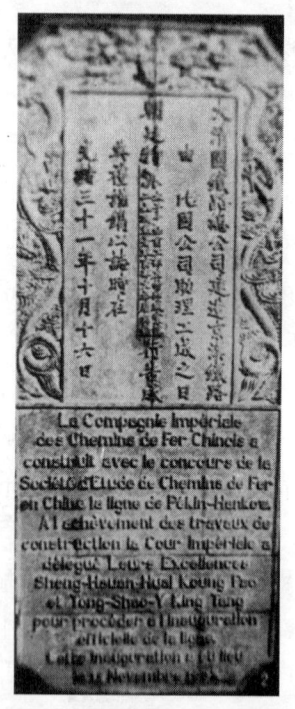

图3-12 铁路总公司1905年为建设卢汉铁路立的铁碑

盛宣怀兼任铁路总公司督办长达10年（1896~1906年），除兴建卢汉铁路外，还主持修建了淞沪（吴淞至上海）、正太（正定至太原）、广三（广州至三水）、株萍（株洲至萍乡）、道清（道口至清北）、沪宁（上海至南京）、汴洛（开封至洛阳）等铁路。这些铁路的钢轨绝大部分由汉阳铁厂供应。张之洞称："粤汉铁路所有需用钢轨，一切钢铁料，鄙人嘱其统向汉阳铁厂订购，不得向外洋购买。"① 其他铁路也大抵如此。

据汉口海关统计，截至1908年，汉阳铁厂供给浙江、江苏、福建、广九、南浔、津浦、粤汉（湖南段）、京汉等路的钢轨约6万吨，按每吨50两计算，共可收入约300万两。②

另据《东方杂志》报道，汉冶萍公司商务长王阁臣1909年2月底报告："本年尚应赶造浙路、苏路、闽路、九广、南浔、京汉六大路钢轨、零件三万二千一百零五吨。二月以后，又揽定粤汉钢路钢轨八千吨，津浦铁路钢轨、零件一万八千四百零四吨。

---

① 《致上海盛大臣》（1905年12月4日），载《张集》第11册，电牍，第257页。
② 汪敬虞编《中国近代工业史资料》第2辑，科学出版社，1957，第482页。

综计揽定之货五万八千五百零九吨,每吨通扯五十万,可得货价银三百万两。"

汉口海关记录与汉冶萍公司的统计结果十分接近。

汉阳铁厂不仅为我国近代铁路网的初步形成作出了重大贡献,而且铁厂自身也取得了可观的经济效益。

铁路对推动中国近代经济发展所起的作用难以估量。以武汉地区为例,"武汉两岸为卢汉、粤汉铁路南北两端发轫之地。南北陆行,东西水运,均为往来要冲。将来铁路告成,商务畅盛,所有沿江紧靠铁路之地,价值腾涌,十年之后,其利必增至数十倍"[①]。由张之洞首创盛宣怀接办的以铁厂、铁路等为代表的近代工交业的出现,标志着武汉已迅速成为中国内地商业的中心和最重要的工业城市之一。1897年创办的汉阳兵工厂,成为中国第一家系统较为完备的军工企业,"汉阳造"的美名蜚声中外。以纺纱、织布、制麻、缫丝四大局为代表的轻纺工业,使武汉成为中国最重要的纺织基地之一。依托长江黄金水道的武汉港,更一举成为中国四大港口之一,在近代较长时间内吞吐量居全国港口第二位。

从1896年至1905年,汉口对内对外贸易增长一倍多。1906年汉口贸易额占全国贸易总额的12.04%,几乎接近上海的水平。[②]

据卢森堡人统计,到1900年前后,汉口已拥有居民80万,而武汉三镇总人口约200万。[③]

20世纪初,武汉年耗煤约100万吨,大致与天津接近。[④]

汉口的发展引起外国人的关注。1905年,日本驻汉总领事水野幸吉在《汉口》一书中写道,这座城市"使观察者艳称为东洋之芝加哥(米国第二大都会)"。从此,汉口"东方芝加哥"声名鹊起。美国学者罗威廉非常认同这一提法,在其著作中写道:"美国观察家们则逼真的把汉口在国内商品市场上的地位(以及大陆上的位置)同芝加哥对联起来。"[⑤] 而江汉关

[①] 《致盛杏荪》(无日期),载《张集》第12册,书札,第124页。
[②] 《武汉市进出口商业解放前历史资料》(未刊稿),转引自《张之洞评传》,第135页。
[③] 《武汉—卢森堡:卓有成效之百年合作纪念展》(1994年3月15~24日)(说明书),第3页。
[④] 《张国辉集》,第323页。
[⑤] 罗威廉:《汉口:一个中国城市的商业与社会(1796~1889年)》,武汉市档案馆藏。

1902～1911年的《海关十年报告》则再次强调："汉口是人们普遍公认的中国的芝加哥。"

京汉等铁路在中国近代社会经济总体格局中占有举足轻重的地位。汉阳铁厂对此功不可没。

尤为重要的是，汉阳铁厂在抵制外国资本对中国铁路权益的攫夺方面发挥了特殊作用。甲午战争后，列强纷纷在中国划分势力范围，攫取势力范围内的铁路建筑权，进而控制铁路沿线的矿产资源及其他权益。例如，英国将长江流域划为势力范围，获取了津镇（天津至镇江）、豫晋两省至长江、广九、苏杭、浦口至信阳等铁路的建筑权。德国强借胶州湾，取得了胶济铁路的建筑权。法国将西南各省作为势力范围，攫取了滇越等铁路的建筑权和经营权。日俄对中国东北铁路权益的争夺异常激烈。1905年日俄战争前，东清铁路及其他铁路建筑权为俄国所控制。俄国战败后，日本取得了南满铁路和安奉铁路的建筑权。仅1895～1898年间列强在中国便获得6420英里的铁路建筑权益。[①]

面对列强对中国铁路权益咄咄逼人的侵犯，汉阳铁厂为铺设铁路及时制造出大量钢轨，挽回了一些铁路利权。据清末统计，中国共有铁路5796英里，其中华资（包括官办资本和民办资本）在中国铁路总里程中所占比例约为59%。

此外，汉阳铁厂的钢铁产品还远销日本长崎、大阪和美国旧金山等地，虽然数量有限，却是中国钢铁产品走向国际市场的一次大胆尝试。

三 两位重臣对铁厂的贡献

汉阳铁厂是为修筑卢汉铁路而兴建的，张之洞为修建这一厂一路呕心沥血。盛宣怀接任铁路总公司督办和汉厂督办，同样为中国铁路建设和钢铁工业建设做出了宝贵贡献。

张之洞始终关注卢汉铁路，1902年10月18～19日亲乘火车前往信阳

---

① 刘秉麟：《近代中国外债史稿》，第57～59页；《汉冶萍公司史略》，第115页。

视察，只见"沿途商民欣悦"，他认为这条铁路"于民间生计裨益甚多"。①卢汉铁路通车时，清廷委派张之洞与直隶总督袁世凯共同验收。后世将张之洞誉为"铁路主办元勋"②。

盛宣怀对卢汉铁路的贡献为世所公认，张之洞1905年10月9日致电盛宣怀称："卢汉铁路乃吾兄一人之功。"③

盛宣怀在汉阳铁厂的作为毋庸赘述。而张之洞对铁厂的贡献，盛宣怀1908年12月18日致张之洞电中是这样评价的："铁厂为中堂督鄂第一实业，十余年艰苦增拓，美溢欧美。"

应当说，张之洞、盛宣怀都为修筑卢汉铁路和兴建汉阳铁厂立下了不世之功。

需要指出的是：张之洞对汉、冶、萍厂矿的贡献尤为世人所称道。张之洞不仅创办了汉阳铁厂，而且对大冶铁矿和萍乡煤矿也大力扶持。张之洞宵衣旰食，勤于政务，且为官十分清廉，《清史稿》称赞他"风仪峻整"，实非过誉之评。现略举几个小例：

据张的幕僚辜鸿铭在《张文襄幕府纪闻》中记载："文襄自甲申后，亟力为国图富强。及其身殁后，债累累不能偿，一家八十余口，几无以为生。"张之洞一生以廉洁闻名于官场，诚如他在《遗折》中所言："臣平生以不树党援、不殖生产自励。"④ 张之洞清正廉洁的形象永垂青史。

有一则轶闻颇有意思："有一次他正在理发，有一位新人物向他建议，香涛（张之洞别号）先生认为可以采用，马上离开理发的座位，跳到办公桌边坐下，下令举办。"⑤ 张之洞热情支持新事物的形象跃然纸上。

另举一例。盛宣怀与张之洞有几十年交往，在张面前自称"侄"。有一次，盛送给张氏四支人参，张氏以"贱躯气分尚足，向不服参。以珍贵之品置之无用，殊属可惜"为由，将人参退还给了盛宣怀。⑥ 从这桩人际交往的小事中，我们不难看出张之洞人格的伟大。

---

① 《查勘卢汉铁路片》（1902年10月26日），载《张集》第4册，奏议，第74~75页。
② 《中国铁路史》，扉页。
③ 《张集》第11册，电牍，第238页。
④ 《遗折》（1909年10月4日），载《张集》第4册，奏议，第344页。
⑤ 《涛声》卷1，第20期，第16页。
⑥ 《致盛杏荪》（十首，无时间），载《张集》第12册，书札，第125页。

对张之洞的清正廉洁,时人做出这样的评价:"张之洞久任封疆,创办各捐,开支国家经费,奚止巨万。湖北一省岂竟毙绝风清,毫无陋规中饱。"①

张之洞因创办实业等"厥功甚伟"而被人们永远纪念。1933年5月,汉口市政府在中山公园兴建张公亭,亭内竖立汉阳铁厂所塑张之洞石像。②此类建筑几乎遍布三镇。

汉阳铁厂首任督办盛宣怀同样为中国冶金业和铁路建设做出了极其重要的贡献。尤为可贵的是,盛宣怀将铁路、铁厂的荣衰同国家的命运紧密联系在一起,"铁路、铁厂及身所肩之事,但须国步坦平,毫无掣肘,竭愚殚虑,不累知明。若势变日乘,则成败非敢所料"。③

正是基于这种责任感和事业心,盛宣怀将濒于破产的汉阳铁厂引上了一条生机勃勃的复兴之路。

盛宣怀的业绩引起清廷的关注。1899年10月6日,慈禧、光绪召见盛宣怀,君臣深入探讨了政治、经济、军事、外交及盛氏个人阅历等诸多问题,这是臣子的殊荣。其中有这样一段:"上问:矿务办得如何?奏对:臣办的是湖北铁矿,现在铁厂出铁、炼钢。卢汉铁路用的钢轨均系自己所炼,与外国一样好。现造枪炮亦是自己所炼的精钢,此造轨之钢更要加工。"④

汉、冶、萍事业达到历史的一个高峰期。

至1903年,盛宣怀产生了将汉阳铁厂交给国家经营的想法,为此连续写了节略和说帖(一)、说帖(二)。收归国有的时机虽未成熟,却为辛亥革命后汉冶萍收归国有风潮作了必要准备。

四 汉冶萍厂矿的先天不足

由于历史条件的限制,汉冶萍厂矿并没有直接从官办过渡到商办,而

---

① 许同莘编《张文襄公年谱》卷7,第9页。
② 《鸿藻致总经理、襄理函》(1933年5月1日),载湖北省档案馆藏汉冶萍公司档案,LS56-1-12-12(下简称:鄂馆藏汉冶萍)。
③ 《致翁中堂函》(1897年5月21日),载《盛宣怀未刊信稿》,第59页。
④ 《奏对自记》(1899年10月6日),载《盛宣怀未刊信稿》,第274~279页。

是经历了一段官督商办时期。

既任过招商局帮办又当过汉阳铁厂总办的郑观应对官督商办的内幕是最为了解的。他早在就任铁厂总办之初就指出："用人之权，操在督办。"①

对汉厂、冶矿、萍矿三厂矿的督办盛宣怀，学术界似乎已有定论，台湾学者苏同炳先生有一段论述具有一定代表性：

> 盛宣怀办洋务三十余年，电报、轮船、矿利、银行皆归掌握，揽东南利权，奔走效用者遍天下，官至尚书，赀产过千万，亦可谓长袖善舞矣。②

对历史人物，特别是盛宣怀这样复杂的历史人物，既要看到他促进社会经济发展的积极作用，又要看到他阻碍社会经济进步的负面影响。简单否定或全面肯定的观点都是值得商榷的。我们既承认盛宣怀对汉厂等厂矿发展的重大贡献，同时也要指出，掌控汉阳铁厂等企业正是盛宣怀经济实力急剧扩张的重要标志，也是他政治地位迅速上升的重要台阶。1896年8月16日，郑观应致盛宣怀密函称："南北洋须保公为商务大臣。"10月20日，盛宣怀奉上谕："津海关道盛宣怀著开缺，以四品京堂候补督办铁路总公司事务，钦此"，同时被授予专折奏事特权。10月30日，盛又被授予太常寺少卿衔。郑观应12月1日对此表示祝贺："愿公为鄂帅，接南皮之手，毕卢汉、江粤非常之功，然后为北洋大臣。"这当然是盛宣怀非常渴望并力求实现之事。1903年4月7日，盛宣怀受光绪帝召见，从此仕途更一帆风顺，同年被清廷赏加尚书衔。盛宣怀凭借清廷授予的官督特权，完全掌控了招商局、电报局、汉阳铁厂、大冶铁矿、萍乡煤矿、铁路总公司（兼管卢汉、粤汉、苏沪三条铁路）、中国通商银行、华盛纺织总厂等一大批关系国计民生的中国近代企业，建立起一个显赫一时的庞大财团。盛宣怀1906年1月30日致张之洞函中承认：铁厂之所以"敢于冒昧承办，所恃招商、电报、铁路、银行皆属笼罩之中，不必真有商股，自可通筹兼顾，故支持铁厂，余力尚能凭空起造一上等煤焦矿"。

---

① 《盛档》（四）之《汉冶萍公司》（一），电稿，第761页。
② 苏同炳：《中国近代史上的关键人物》（下），百花文艺出版社，2007，第841页。

盛宣怀富甲天下，对其资产总额曾多次有人进行过估计和推算，目前所知至少有八九种说法，有的估为 1000 余万元，有的学者推算为 1726 万两，盛的亲属称实有 3000 万两，有的估计更高：或 6000 万两，或数千万两，或 1.4 亿元，等等。盛宣怀逝世后，以李鸿章长子李经方为首的"盛氏财产清理处"经过两年半的努力，于 1920 年 1 月认定盛氏财产总额 13493868.855 两，其中汉冶萍公司股份 20267 股，共 100.01 万余元。①

不论盛宣怀个人财产究竟有多少，在全国都堪称首富。盛宣怀在汉阳铁厂及后来的汉冶萍公司任职期间，基本执行了一条任人唯亲的用人路线。早在担任湖北开采煤铁总局督办期间，盛宣怀就任命自己的堂兄盛宇怀担任该局提调（秘书长）。此后，盛宣怀在主持汉阳铁厂和汉冶萍公司期间，又相继大量提拔亲朋故旧担任总办或其他重要职务，仅盛宣怀家族中的子侄辈就有盛春颐、盛恩颐、盛重颐、盛渤颐、盛慕颐等在公司担任要职，而盛宣怀与其子盛恩颐、盛昇颐、盛重颐、其孙盛毓邮等人都是占股 500 股以上的大股东。

盛宣怀 1912 年 7 月 11 日写给昔日同僚吕景端的信中自我评价：

> 弟生平但知埋头做事，功不铺张，过不辩白，吃亏在此。即如保护东南，非我画策，难免生灵涂炭；创设北洋大学、南洋公学，造就人才不少；轮船、电线、煤矿、铁厂、银行、纺织，莫不倡其所难。其任事之勇，在能自筹商资，以图公益人。弟见其收利之处不少，而不知其受害之处亦多也。

这样写，不免有自夸之嫌，但大抵是事实。

官督商办时期，不仅盛宣怀富甲天下，汉冶萍厂矿的腐败现象也普遍存在。盛宣怀曾批评道："总办不得人，洋匠不用命，百弊丛生，散漫杂乱。"② 历任总办中就有盛的堂侄盛春颐，盛宣怀难辞其咎。

---

① 宋路霞：《百年家庭盛宣怀》，河北教育出版社、广东教育出版社，2002，第 231～232、234～235 页。
② 见鄂档《汉冶萍》上册，第 4 页。

汉冶萍厂矿存在的腐败现象招致广泛批评。外籍总监工吕柏说：铁厂的大小官员们"只想着去满足他们自己的私人利益。工厂的兴衰对他们来说，就像宇宙中最遥远的恒星距地球那样遥远"。①

五 危害极大的《煤铁互售合同》

（一）煤铁互售合同的签订及其后果

盛氏最为人诟病的当属汉阳铁厂及后来的汉冶萍向日借款。

钢铁业是典型的资金密集型产业，建设汉阳铁厂、萍乡煤矿及专线铁路——萍（乡）株（洲）铁路的费用达到惊人的程度。据萍株铁路1905年竣工时统计，这条仅长90公里的铁路就用去官款4218308元；而截至1907年，萍乡煤矿已累计投资500余万两，与汉阳铁厂的创办费用大致相同。巨额资金的来源，除招商局等企业和个人投资外，就是以较高的利息向钱庄、外国银行和洋行借款，1899年向礼和洋行押借400万马克仅是其中一例。

汉阳铁厂的最大债主是日本。而汉阳铁厂向日本借款，又与日本对大冶铁矿石的巨大需求交织在一起。

甲午战争后，日本挟战胜国之余威，1896年选定在九州福冈县远贺郡八幡町创办制铁所，1897年6月动工，1901年2月投产，时称八幡制铁所，亦称若松制铁所或枝光制铁所，泛称日本制铁所。其创办人和田维四郎侯爵（1835～1915年），和日本首相伊藤博文系至交。在日本政府支持下，截至1908年，制铁所投资达6000万日元。1905年日俄战争后，日本各界特别是军队对钢铁的需求急剧增长。日本是个铁矿资源极度匮乏的国家，铁矿石产量只能满足国内需求量的1/10，他们于是把目光投向大冶铁矿。日本专驻大冶铁矿代表西泽公雄认为：大冶铁矿矿石蕴藏丰富、品质优良，是一座"很有希望的矿山"，于是日本政府开始了一场有计划的行动。1898年7月18日，盛宣怀与日本驻沪代理总领事小田切万寿之助（以下简称小田切）签订合同，聘请日本矿师大日方一辅来华勘验矿务，

---

① 吕柏：《中国的采矿业和钢铁工业》，转引自鄂档《汉冶萍》上册，第4页。

拉开了日本人染指大冶铁矿的序幕。

西泽公雄，1897年任清政府实业顾问，1899年汉冶萍公司与日本制铁所签订《煤铁互售合同》后，由制铁所派为大冶出张所驻在员又称驻在官、监督、委员、管理员、所长，成为日本制铁所相关利益在大冶铁矿的具体执行人。他长期担任此类职务，直到1927年离开大冶。小田切，字富卿，原任日本驻上海总领事，1906年任横滨正金银行董事，1907年兼任驻该行北京分行董事（亦称经理），是汉冶萍与日本相互关系中一个特别重要的角色。

紧接着，日本重量级人物出场了。1898年10月，日本前首相伊藤博文侯爵携日本国藏相松方正义之子来华。湖广总督张之洞对伊藤此行极为重视，特派武昌武备学堂提调姚锡光专程去上海迎接，沿途"百般照料"。途中又派自强学堂总办赴九江迎迓。10月14日，伊藤等乘坐招商局"江永"轮从上海抵达汉口。当他乘坐湖广总督衙门的炮舰"楚材"号从汉口抵达武昌时，炮舰鸣礼炮19响，"表示最热烈欢迎之意"。16日午后，张之洞在黄鹤楼宴请伊藤，出席者包括英、德、美、法等国驻汉口领事和当地文武官员。此后，张之洞又数次会晤伊藤博文。① 伊藤事后称张之洞为中国第一能办事之人，自有其原因。②

从表面上看，伊藤博文与张之洞会晤弥漫着"热烈"氛围，但据日本《钢与铁》杂志透露："伊藤公爵于赴中国游历之际，晤张之洞，得到张之洞之赞同，决定以日本煤焦，交换大冶铁矿之矿石。自是最初所谓中国和日本之煤铁互易问题，便得到实现。对八幡制铁所来说，此即所谓得到中国大冶铁矿石之开端。"③

开始，张之洞对煤铁互易持支持态度："日本煤行前议以彼焦炭，换我矿石，似甚合宜。"④ 在正常情况下，煤铁互易是国际市场上常见的以物易物交换方式之一。但实际上，日本是想通过煤铁交易来达到控制大冶铁

---

① 武汉大学经济学系编《旧中国汉冶萍公司与日本关系史料选辑》（以下简称《汉冶萍与日本关系史料》），上海人民出版社，1986，第1~3页。
② 冯天瑜、何晓明：《张之洞评传》，第14页。
③ 〔日本〕《钢与铁》杂志卷16第6号，1924年6月25日，转引自《汉冶萍与日本关系史料》，第4页。
④ 《致上海盛京堂》（1897年7月14日），载《张集》第9册，电牍，第238页。

矿的目的。伊藤博文到武昌会晤张之洞是策划已久的行动。日本人早就觊觎大冶铁矿，伊藤中国之行更激发了日本染指，直至独霸大冶铁矿的野心。伊藤回国未久，日本外务大臣青木周藏（以下简称青木）11月30日致电上海总领事小田切："现欲确定，在此情况下购买现属中国人所有之大冶铁山某一特定区域内之全部矿石及商议在上述区域内之矿石由日人单独开采是否可能。"据日方称："盛同意出售大冶某些区域全部矿石"，"拒绝该矿石由日人单独开采，但同意聘请日本工程师担任开采工作"。①

实际上，盛宣怀对日本人的意图还是有所戒备的。据他1907年8月28日致吕海寰函中回忆："戊戌（1898）年，伊藤来华，商请购我铁山，小田切即承上又屡见之，弟坚持不允。尤虑其借端要挟，方始援照湖南由我自挖矿石，只按吨售与矿石，于人工之外，稍沾其利，以息其要求矿山之念。"事实上，盛宣怀的想法不过是一厢情愿罢了。1898年12月3日，小田切致函盛宣怀，提出："指定某处一地，将其地所出所有一切铁石，售与日本铁政局，按吨付价，其地所出铁石，不得别处用。""中国铁政局聘请日本矿师及帮手若干名，管理开采事宜"，等等。这就为此后的中日煤铁互易定了基调。

日本制铁所长官和田维四郎（以下简称和田）1899年3月带着伊藤博文的信函来到上海，与盛宣怀商谈煤铁互易事宜。和田提出日本在大冶租山自采，盛力阻不允。和田又提出第二套方案：只售生铁，按吨定价，或换焦煤。盛宣怀3月26日致张之洞电中认为，此法"当可无弊"。

日外务大臣青木1899年3月14日致函小田切，鼓励他"劝诱"盛宣怀接受日本贷款，"政府决定命正金银行负责贷款谈判。此项资金实际上由政府贷出"。他还要求小田切"设法不使盛氏与他国进行贷款谈判"。他还说："日本态度是：万一各国实行瓜分中国时，日本也不会坐视。"青木强调："大冶铁矿无论如何有将其作为抵押品之必要。"

最终，盛宣怀同意日本购买大冶铁矿石，为中日两国的煤铁互售开了

---

① 日本外务省编纂《日本外交文书》卷31，文件号539，昭和三十一年三月二十一日发行，转引自《汉冶萍与日本关系史料》，第5页。

绿灯。经过讨价还价，盛宣怀与八幡制铁所长官和田维四郎于1899年4月7日签订《煤铁互售合同》，其要点为：

（1）日本制铁所预购大冶铁矿，第1年为5万吨，第2年以后所需数由日本议院批准后订定，至少亦以5万吨为度。汉阳铁厂、招商局等企业须由制铁所经手，每年向日本购煤3万~4万吨。

（2）日本制铁所因订购在先，大冶铁矿矿石必须先尽日方购买，每年最少5万吨，"如日本要加买矿石，亦必照办"。这就使汉阳铁厂、大冶铁矿开始丧失自主决定铁矿石出口的权利。

（3）日本制铁所委派委员二三名常驻石炭窑、铁山两处，以便处理购买矿石等一切事宜，所住房屋由汉阳铁厂免费提供。

（4）本合同以15年为期，期满后可展续15年。

这份合同附有《购办大冶铁矿矿石定准成色清单》，对磁铁矿石中铁、锰、磷、硫黄、铜等化学物质所占百分比、褐色铁矿中锰的含量、磁铁矿石的价格等均做出了极其严格的规定。其中磁铁矿含铁量65%，不得少于50%；含锰量0.5%；含磷量0.05%，不得超过0.08%；含硫量0.1%，不得超过0.5%；含铜量不得超过0.4%；并视各种成分的实际含量增减价格。合同规定，磁铁矿价格从合同签订之日至光绪二十七年（1901年）十一月止，每吨定价2.4日元，合同期满后另行商议。

1899年和1900年，日方又与汉冶萍公司两次续订条款。1899年6月25日，盛宣怀致函小田切时提出，由于大冶系非通商口岸，中国又没有豁免出口的先例，日轮势难报关直放，建议按照双方合同第二款的规定，由汉阳铁厂自将矿石运沪交货，日本制铁所则另给铁厂每吨运费2元。

1900年4月，盛宣怀与总税务司赫德等核订了《日本商轮赴大冶县装载铁石办法》，答应了日方直放的要求。而出口税问题，直到1902年尚未解决。

日方力图通过借款获取更大利益，小田切1900年8月30日致日本外务大臣青木公函称："利用当前形势（指八国联军入侵北京）极力说服盛氏，终于使其单独负责，缔结了本合同。"这两份续订条款对大冶矿输日的数量、质量等做出了更为严格的规定。

由于矿石价格过低和质量要求过于苛刻，盛宣怀经与日本制铁所长官和田、驻沪代理总领事小田切多次商谈，分别于 1900 年 6 月 21 日和 8 月 29 日签订第一次续订条款和第二次续订条款，将头等矿石价格提高到 3 元，含铁量改为 62% 以上，同时对磷、硫、铜的含量作了相应变动。

签订《煤铁互售合同》后，日本人采取了一些具体行动。1900 年初，日本农商省和日本制铁所任命西泽公雄为监运铁矿局局长，亦称大冶铁矿驻在员，负责铁矿输日事宜。

日本很快就将煤铁互售合同付诸实施。1900 年 7 月 4 日，三菱公司的"饱浦丸"首次从大冶石灰窑运走铁矿石 1600 吨。此后，日本"嵯峨"、"浦风"、"小鹰"、"安宅"、"神风"、"岛羽"、"天龙"、"满洲"、"千早"等军舰经常在石灰窑江面游弋。1906 年 8 月，日本先后派"田浦"、"福浦"、"大冶"、"若松"等轮来大冶运矿，并派"龙田"、"神风"、"满洲"、"千早"等舰护航。

日本人伺机独占汉阳铁矿、大冶铁矿和萍乡煤矿。正当盛宣怀急于为上述三家厂矿筹措开发经费时，日本认为抓到了机会。小田切早在 1898 年 12 月 18 日致密函给日本外务部次官都筑："我相信此际由我国提供此项资金，将铁政局和大冶铁矿管理权，掌握在我国手中，实属极为必要之事。"小田切认为，由日本向汉阳铁厂等厂矿提供资金，"除营业上一般利益外，还得获得下列利益：第一，有运出我国焦煤而回运生铁矿石之利；第二，有在中国扶植我国势力之利；第三，有东方制铁事业由我国一手掌握之利……"他们终于炮制了一份露骨的通过借款培植亲日势力进而蚕食汉阳铁厂等厂矿的计划。

盛宣怀深知举借洋债的严重后果，"历年与洋商磋议借款，不止一次，厂矿担保外，并须侵我办事之权，因是屡议无成"[1]。盛宣怀痛心地对张之洞说："一息尚存，此心欲为中国留大冶、萍乡两矿，庶不负公所托，然维持保护，微公谁归？宣怀力已竭矣！岂仅负商债一百八十余万、负铁政五十万、负铁路一百余万而已哉！"[2] 但是，面对铁厂等米下锅的困境，盛宣怀除向洋商借债外似乎又无计可施："不借款，则煤不能运，炉机不能

---

[1] 盛宣怀：《愚斋存稿》卷 62，电报 39，第 6 页。
[2] 《盛宣怀致张之洞函》(1900 年 1 月 10 日) 载《盛档》(四) 之《汉冶萍公司》(二)，第 181 页。

添，日炼钢铁数十吨，售价不敷炼本，接济已断，人情势利，挪借俱穷。"①

1900年庚子事变，八国联军攻陷北京，厂矿形势骤然紧张。盛宣怀7月6日命盛春颐等将"汉厂、大冶、萍乡先后所购矿山地亩宽博广袤，隶属县名、村名，汇开清折，删除官局名目，连同契据即日封送寄沪，以便设法照商局华产暂寄港籍办理"②。就是仿效招商局1884年、1894年两次寄籍换旗的办法，以免局产遭受灭顶之灾。

日本对冶矿的野心越来越露骨，很多日本人蜂拥而至。1901年10月，日本议员、前铁路督办藤田郎"到冶游览"，"到厂游历"。接着，"外来日人到冶游历矿山，日多一日，几于无月不有，闻一月之中多至两三起，往往结侣成阵，坐为之溢"。③

（二）盛宣怀首次向日本正式借款

由于建设萍乡煤矿和改造汉阳铁厂需要大量资金，盛宣怀于1902年向日本兴业银行提出借款200万日元的要求。这是日本求之不得的向大冶铁矿渗透的机会。1902年12月27日，日本外务大臣小村寿太郎致小田切密函："希望在商定期限届满前，即将我方权利予以确定。"小村说："为了确立我方权利，务望全力以赴。"1903年3月10日，小村再次以密函指示小田切，指出"（日本以外的）外国人对此（指大冶铁矿）也有觊觎之意"。为了将大冶铁矿变成日本永久性的供矿基地，小村提出：贷款期限定为30年；铁矿之外，其附属铁道、建筑物及机器等一切物件作为借款担保；大冶铁矿聘用日本技师。小村还说："不使大冶铁矿将矿石卖给我制铁所以外之制铁所，乃最紧要之事。"当小田切将上述条款告诉盛宣怀而盛表示困惑时，小田切3月27日致小村机密函中称："甚望我国驻京公使监视盛之行动，并见机同盛氏和外务部进行交涉。"

日本政府为促成借款合同的正式签订积极活动，日驻华公使内田康哉

---

① 《愚斋存稿》卷59，电报36，第27页。
② 见《盛档》（四）之《汉冶萍公司》（二），电稿，第888、889页。
③ 《解茂承致盛宣怀函》（1902年11月4日），载《盛档》（四）之《汉冶萍公司》（二），第296页。

12月1日致电张之洞:"务望贵宫保鼎力赞成。"因为"张之洞对盛不同其商量即达成协议之武断行径,颇有不满"①。经日驻华公使内田、驻沪总领事小田切及盛宣怀等人游说,张之洞的不满情绪有所缓和,表示"录示附件稿,语甚活动,且言明临时商办,似无流弊"。双方签订正式合同的时机已臻成熟。

事实上,在正式合同签订前后,日本一些洋行便开始向汉阳铁厂及萍乡煤矿提供贷款。大仓组(即大仓洋行)是日本一家金融企业,其创始人兼董事长大仓喜八郎是向汉厂和萍矿贷款最积极的角色。他捷足先登,于1903年12月14日在汉口同汉阳铁厂签订合同,向汉厂贷款20万两,折246153.84日元,借期1年,月息6‰,铁厂以钢轨6000吨作抵。这笔贷款不过是日本人小试牛刀罢了。1904年10月11日,萍乡煤矿向大仓喜八郎借款373106.89日元,折合汉口洋例银280296.89两,借期1年。1905年8月20日,双方同意这一合同从1905年10月11日起展期两年,但这仍属短期借款性质。1905年6月26日,萍矿又与大仓喜八郎签订借款30万日元的合同,借期4年,月息7.5‰。大仓借钱给萍矿是别有图谋的,盛宣怀1907年5月30日给卢洪昶的信中指出:"大仓之意在借我专销合同为逼勒制铁所购用萍焦之计。"通俗地说,大仓借钱给萍矿就是要萍矿给制铁所提供焦炭。

日本向汉阳铁厂提供长期巨额贷款的《大冶购运矿石预借矿价正合同》是1904年1月15日签订的,合同规定:

(1)大冶铁矿向日本兴业银行借款300万日元,以30年为期,年息6厘;

(2)以大冶得道湾矿山、铁路、矿山吊车并车辆房屋及修理机器厂为担保;在借款限期内,上述担保"不得或让或租与他国之官商";

(3)聘用日本矿师;

(4)日本购买大冶铁矿头等矿石7万~10万吨,头等矿石每吨3日元,二等矿石每吨2.2日元。

---

① 《日驻华公使内田致外务大臣小村电》(1903年12月3日),转引自《汉冶萍与日本关系史料》,第95~96页。

盛宣怀、小田切万寿之助和兴业银行理事井上辰九郎在合同上签字。其中小田切作为日本制铁所代表和驻沪总领事的双重身份两次在合同上签字，反映了日本政府和日本钢铁企业利益的高度一致性。日本在这次借款中大得其利，日本人承认：1904年"订结大冶借款之条约，而彼地丰富之原料铁之供给，我乃得受其惠。是故我枝光制铁所诸般之设备已可称为完全"。[①]

日本政府对贷款的总方针，集中反映在日本农商、外务、大藏三省的大臣1905年8月21日致内阁总理大臣的"请议案"上。三位大臣认为："帝国政府对此如不确定将来之方针，而徒然随着问题发生进行小额贷款，则仅流于一时之姑息，恐有不能达到最终目的之虞。为此，希望阁议先决定附记甲号之方针作为原则；然后再由外务大臣根据附记乙号之旨意训令汉口领事。"三位大臣在"附记甲号"中提出下列方针：

（1）为确实扶植帝国在汉口方面之利权，并对中国将来之形势有所准备起见，特采取下列手段：①大冶铁矿及萍乡煤矿之采掘权，将来应看准时机，使其全归于我国；②上述两矿之经营，以及汉阳铁政局和兵工局之经营，必须以聘用日本技师负责业务为条件，提供资金，其管理权亦须归于我国。

（2）上述手段之实行，以表面作为商业关系较为便利。因此，应通过制铁所长官着手进行，逐渐扩大其权利。

（3）与本件历来有关系之日本兴业银行、三井物产会社及大仓组，将来亦须适当利用之。

（4）为此目的，贷款及其他必需使用之资金，约在日金五百万元之内。

（5）应避免与英国之冲突，与德国之冲突亦务须避免。

三位大臣还提出了"附记乙号"，其主要内容包括：借款金额要大，利息减低；延长大冶铁矿采掘权的年限；以铁厂和萍矿作抵押；聘用日本技师等。

次日（8月22日）内阁总理大臣桂太郎签署内阁第七号批示："关于

[①] 《大冶铁矿》，译自《实业之日本》卷10，第14号，转见《时报》1907年10月21日。

汉阳铁政局及萍乡煤矿借款案，决定帝国将来方针之件及有关该案之致汉口领事训令之件，照请议案办理。"

这一重要史实的披露，使人们不难理解：日本在自身欠有大量外债的情况下，为何对汉冶萍公司的借款要求从不拒绝。日本的具体实施方案是：打着"商业关系"的旗号，由日本兴业银行、三井物产会社及大仓组出面，通过增大贷款金额、降低利息、延长大冶铁矿采掘权的年限、以汉阳铁厂和萍乡煤矿作抵押、聘用日本人为技师等手段，最终将大冶铁矿、萍乡煤矿的采掘权、管理权归于日本。这是一个深谋远虑、令人不寒而栗的长期侵略计划。

日本驻大冶铁矿监督的势力越来越大，日本人在铁山建有两栋西式大厦，驻矿监督先后有日本人西泽公雄、松尾茂条、加藤直三、石板益太郎、小野虎雄、松平卯三郎和非日本裔的蒲飚、弗楞克麟以及一批在冶矿的日本矿师。

日方矿师在冶矿的表现难以令人满意。大日方是日本最早派到大冶铁矿的矿师。到1900年4月，来冶矿才两年的大日方提出辞职，"坚留不允"。盛宣怀为此致电驻沪总领事小田切："贵国矿师初次受华聘请，勿废半途，为西人笑。"① 大日方要求增加酬劳，盛宣怀颇感为难："日方来两年未曾办事……日方两年只车干水，去年回国数月，我待他不罚（薄），如具天良，顾大局，必不争此些微。倘去志已决，故作留难。"② 日方矿师这种消极怠工、索要报酬、动辄以辞职相威胁的行为并不是个别现象。

据制铁所长官中村1903年12月24日致外务大臣小村函中透露，大冶铁矿技师西泽公雄建议："鉴于实利实权之归于日本，事关重大，自应不断进行严密观察。"这就是日本向冶矿提供贷款的真实动机。

日本向汉阳铁厂提供贷款所针对的首要目标是俄国。日本人称："日俄战争之中，我国军舰炮几铁条等所用之铁多取自大冶铁矿，故俄国向列国抗议，谓大冶铁当为战时禁止品，主张甚力，当开战之时，此抗议为有

---

① 见《盛档》（四）之《汉冶萍公司》（二），电稿，第802页。
② 《盛档》（四）之《汉冶萍公司》（二），电稿，第812页。

名之交涉一事件。"①

日本向汉阳铁厂贷款的另一目的是与德国竞争。据日临时外务大臣桂太郎1905年11月14日致外务次官珍田电中称："汉阳铁政局已从其他方面借款50万元，贷款人恐系德国商人卡洛维兹。倘日本政府不采纳我们忠告，则有转移到德国人手中之危险。此与我国在长江之利权关系很大，务请将此意禀报总理大臣。"

日本为取得冶矿的专用权，与德国展开了激烈争夺，据西泽公雄称："1900年，余赴中国办理此约之实行，并派汽船数艘开往扬子江，装运约定之铁，德国即起而抗议，甚至派战舰为示威举动，然日本使者卒实行其职任，无所窒误，时1900年西7月也。"后又与德国围绕借款问题展开争夺，日本大获全胜，"德国工师遂被辞退，而代之日人，此大冶铁矿由德而入日人之历史也"。②

日本能如此迅速战胜德国人，与西泽公雄的活动密切相关。当西泽获悉盛宣怀为扩建汉阳铁厂准备向德国借款时，立即向日本政府密报："借款之举，吾日本能著先鞭，是为上策。"正是在西泽建议下，日本政府决定以低息为诱饵，诱使盛宣怀与之签订了《煤铁互售合同》。

（三）盛宣怀陷入举借日债的怪圈

日本人对大冶铁矿简直到了如痴如狂的程度，"夫矿量之丰富既如彼，而铁分含有之多又如此，今后枝光制铁所之发达，此丰富之原料为其一大宝库，当益利用之"。③ 日本人向铁厂贷款的直接目的就是占有冶矿。盛宣怀对日本这个侵略计划竟毫无觉察，或者视而不见，多次代表公司向日本借款。1906年2月13日，向三井物产会社借款100万日元。1907年5月1日向大仓组借款200万日元。同年12月13日向汉口正金银行借款30万日元。1907年9月小田切升任横滨正金银行总董后，更热衷于向中方贷款，而1908年汉冶萍公司成立后向日本借款的次数更为频繁。盛宣怀将公司一

---

① 《大冶铁矿》，载自《实业之日本》卷10，第14号，转引自《时报》1907年10月21日。
② 西泽公雄：《大冶铁矿历史谈》，译自《字林西报》，转见《东方杂志》第7年第9期，1910年9月。
③ 《大冶铁矿》，译自《实业之日本》卷10，第14号，转引自《时报》1907年10月21日。

步步带入了日本人早就设计好的陷阱。

盛宣怀很想跳出这个陷阱，1903年提出《汉阳铁厂收归国有、议借洋债节略》，收归国有的总金额约1000万两，盛氏认为："如此巨款，商人断断无此魄力，一再筹维，实非国家之力不办。"① 1906年3月4日，盛宣怀致函军机大臣、庆亲王奕劻，再次提及"将铁厂收回官办"。但庚子事变后的中国积贫积弱，哪有如此财力？这显然是个画饼充饥的计划。

盛宣怀的另一个想法是将他所控制的通商银行的股份250万两改作萍矿商股。这个计划同样未能实现。盛宣怀只好再从卖东西给日本这件事上做文章："焦炭、矿石、生铁三大宗，皆足供邻国之取求。""彼需铁，我需款，各有所图。"②

总办李维格对日本人的行为深怀戒心："彼不得派人驻厂干我事权。"③

与李维格不同，盛宣怀仍加紧与日本人的合作，甚至幻想汉阳铁厂能和日本制铁所成为"有无互济"的"擎天双柱"。他1907年8月1日致函制铁所长官中村雄次郎："汉阳铁厂与贵国制铁所实为亚东铁界之擎天双柱，论邦交、论商战皆应有无互济，借塞欧铁之漏卮，同兴东方之实业。"事实证明，这不过是痴人说梦罢了。

事实上，盛宣怀在向日本上借款问题上有时还是较为清醒的。例如，1907年向日本大仓组借款时，盛宣怀坚持不能以铁路、轮驳作抵，不能让大仓组派人驻萍，等等。④ 这从一个侧面说明，盛宣怀1904年向日本人做出的许多让步是一种不得已的行为。

六 张之洞对铁厂的继续关注

（一）张之洞对铁厂的大力扶持

自盛宣怀接办后，鄂督张之洞依然关注汉阳铁厂（图3-13）。

---

① 《汉阳铁厂收归国有、议借洋债节略》（1903年），载《盛档》（四）之《汉冶萍公司》（二），第399~404页。
② 《盛宣怀致李维格函》（1905年8月1日），载《盛档》（四）之《汉冶萍公司》（二），第515页。
③ 见《盛档》（四）之《汉冶萍公司》（二），电稿，第1069页。
④ 见《盛档》（四）之《汉冶萍公司》（二），电稿，第1104页。

一是为铁厂争取钢轨专营权。1896年8月22日，张之洞致函礼部尚书李兰荪，强调"轨归厂造"，指出"该厂炼钢造轨，足媲西制，将来铁路、铁厂必须联为一气，我用我轨，方能自保利权"。

二是努力为铁厂解决焦炭短缺问题。张之洞1897年7月14日致函王文韶，希望在盛宣怀同意加价的前提下，开平煤矿总办张翼"不应吝惜不与"，以缓解"铁厂需煤万紧"的局面。张之洞与盛宣怀于1897年10月15日联名上奏清廷，请求开平公司每年供应汉厂焦炭六七万吨，奏片称："湖北大冶县铁矿臣宣怀谋之于先，

图3-13 晚年张之洞

汉阳铁厂臣之洞成之于后，皆所以为今日造路计也。顾非轨不能成路，非铁不能制轨，非佳炭不能炼铁。"此时马鞍山、萍乡两矿之煤均难以炼焦，而"卢汉铁路两端并举，非开两炉无以应期成轨"。因此，"非赖开平公司之力不可"。

三是在免税问题上为铁厂据理力争。1896年10月31日张之洞致电盛宣怀，告之已拟好"铁厂免税折稿"。经清廷批准，铁厂产品免税5年，1901年期满后展期5年。1906年9月19日，张氏又与盛宣怀联名致函商部、税务大臣，称汉阳铁厂"先后集款至一千余万，转眴新炉告成，凡机械、船舰、路轨、桥屋及一切市面钢铁熟货皆可拉制，冀在东方成一绝大铁市，一洗从前中国以金购铁之病"。请求再给铁厂免税10年。经清廷批准再次展期5年。

四是对铁厂日常事务极度关心。略举一例：1890年农历六月的一天，张之洞同时致电两江总督曾国荃、开平矿局总办唐廷枢、广东前山县署理知县蔡某，分别要求他们协助铁厂解决运输炼铁机的大驳船、炼铁厂急需的耐火砖以及火泥、红毛泥等。张之洞对铁厂的关心是始终如一、一以贯之的。

五是对盛宣怀经常给予鼓励。当盛氏担心债务难还或朝廷不予支持

时，张之洞1900年12月28日致电盛宣怀："阁下乃中外推重之人，债勿忧难还，奏勿虑难允也。"张之洞的支持和勉励对盛氏至关重要。

（二）张之洞对《煤铁互售合同》的批评

尤为重要的是，张之洞始终关注铁厂的前途和命运。以他宦海沉浮几十年的丰富阅历和出于他主持修建卢汉铁路的崇高使命，张之洞不愿看到外国势力染指汉阳铁厂，因此极度质疑盛宣怀向日本出卖矿石和借款。特别是对合同规定的借款期限过长和盛宣怀不和他商量便与日本人签订合同，张之洞尤为不满。开始张之洞对《煤铁互售合同》一度表示赞同，但同时也持有疑虑，他1899年7月18日致电盛宣怀："大冶铁产富饶，而中国焦炭短缺，以有余之铁，随时酌易急需之炭，未始非计。"但他仍十分担心："合同以十五年为满，试办之事为期未免过久，设或佳铁不多，岂不于自用有碍，一也；限定每年卖铁石吨数，价值亦嫌太廉，操纵似欠自如，二也。"张之洞提议："似先定三年或五年为妥，此时合同已定，不知能设法更改否？"盛宣怀7月22日电复张之洞，对《煤铁互售合同》之事作了全面解释。

第二年，小田切来到湖北，张之洞正告："此事我未咨复，本难允准，但上看伊藤侯面子，下看贵领事交情，格外通融，暂允两年，后仍当另议。"小田切要求进口铁矿石"每年不限五万吨，弟持不许，彼无词"。[①] 1900年4月27日，张之洞致电盛宣怀，再次对与日本煤铁互易合同提出严厉批评："其最要者尤在期限太久，至多似不过三年、五年。若照十五年，每年五万吨，共七十五万吨，设或将来佳矿不多，东人必须取盈，铁厂转而无用。况尊处正在推广萍煤，兴修铁路，萍煤旺后，铁厂自必添炉，需矿更多。若煤旺炉增，而矿石已罄，则铁厂数百万资本皆成虚掷，为患过巨，阁不独不虑此乎。"张氏态度空前严厉，措辞异常强硬："此等事合同虽定，若非奏咨有案，仍可再商，且合同有湖广大宪之语，似即指鄙人而言，敝署并非咨复定议，则此语鄙人实不敢贸贸承认。"张之洞特别叮嘱："以照此吨只先定五年，五年后再议。"盛宣怀虚与委蛇，5月6

[①]《致上海盛京堂》（1900年6月26日），载《张集》第10册，电牍，第54页。

日回电:"此次回沪,当再摘录钧电与原议之小田切商,令更改年限,以副宪廑。"

羽翼渐丰的盛宣怀准备自作主张与日方续订出售矿石合同,据小田切1900年8月30日致制铁所长官和田函中称:"盛氏最初以为无须与张之洞协商,即可允诺。""盛氏遂凭自己个人意见,缔结了本条款。"就是说,盛氏认为不需要张之洞同意,便可以个人身份与日本签订相关合同。

在张之洞看来,煤铁互易最好是双盈局面:"务使三十年内彼必有矿石,以备制炼,三十年后我毫无遗累。"① 但实现这一构想谈何容易!

1903年12月11日,外务部来电称:"大冶合同第二款,将矿山运路作为担保,甚有流弊,应删。"盛宣怀对此进行了辩解。

张之洞对以矿山作保格外担心,1903年12月3日致电盛宣怀,对正在草拟中的合同表示严重关切,特别是对合同期长达30年尤为忧虑,"此节关系紧要,必须商改,至要"。他对草拟合同中转手将官山之矿卖给日本提出严厉批评:"若卖官山之矿以为商本,此事万不能行,后来湖北督抚断不能默然也。"

张之洞、盛宣怀此类火药味十足的往来电文甚多,仅1903年12月16日至1904年1月1日短短半个月内往来电文即达15封(其中与外务部往来电文3封),平均每天一封,② 共洋洋四千言,足以说明双方对合同的重视程度。

张之洞对此事继续持反对态度,1904年12月15日致电盛宣怀:"前内田公使来商,当告以非将至少之数加至七万吨,每年抽还本项,三十年内本利还清,鄙人万不应允。"盛宣怀12月18日回电张之洞,再次为草约进行辩解:"一经注销,事便完结,断无遗累。"

由于内田等日本人的游说,盛宣怀的自我辩护,外务部的公开表态,加上张之洞此时已署理两江总督,张氏的态度终于软化,于1905年1月1日致电外务部和盛宣怀:"如果自用有余,且言明临时商办,似无流弊,

---

① 见《盛档》(四)之《汉冶萍公司》(二),电稿,第198页;《愚斋存稿初刊》卷62,第4~5页。

② 见《盛档》(四)之《汉冶萍公司》(二),电稿,第983~989页。

敝处已允存此附件。"事情似乎圆满解决了。

实际上,张之洞对盛宣怀已极度失望,1905 年再署两江总督时致电尚书瞿鸿禨特别叮嘱:铁路等事"断不能再令盛公督办……三省绅民亦万不承认"。① 甚至直截了当地指出:"盛电意在搅局,幸勿为其所动。"② 作为谋国老臣,他对出卖大冶矿石和向日本借款越来越感到忧虑,他告诫盛宣怀:"今后尚希盛大臣严饬铁厂商人,勿再蹈卖矿与外人之辙,则中国利权可永远不失矣。"③

在内忧外患的环境下,张之洞对公司前途茫然无措,连盛宣怀也对此深有感触:"汉厂虽属商力,外人虎视眈眈,实与国际大有关系。"④

面对如此险恶局面,汉、冶、萍厂矿只能走真正商办之路——建立较为规范的股份制公司。

---

① 《致京瞿尚书》(1905 年 6 月 19 日),载《张集》11 册,电牍,第 214 页。
② 《致华盛顿梁钦差》(1905 年 8 月 31 日),载《张集》11 册,电牍,第 229 页。
③ 《张之洞咨复盛宣怀文》(1907 年 9 月 10 日到),载《盛档》(四)之《汉冶萍公司》(三),第 629~631 页;《张之洞咨盛宣怀饬铁厂商人勿再蹈卖矿与外人之辙文》(1907 年 8 月),载鄂档《汉冶萍》上册,第 174 页。
④ 《盛宫保来电》(1909 年 2 月 4 日),载《张集》第 11 册,电牍,第 382 页。

第四章 东方巨擘

——公司短暂的黄金时代（1908~1911）

第一节 汉冶萍公司的正式组建

汉冶萍公司是中国近代第一家也是最大一家股份制钢铁煤炭联合企业，是一支冲破外国势力的重压脱颖而出的民族钢铁力量。它的出现，犹如沉沉黑夜中的一声春雷，给人们带来破晓的希望；好似茫茫大海中的一座灯塔，引领航船驶向遥远的彼岸。

一 公司成立时机的成熟

19世纪末20世纪初，世界主要资本主义国家已进入帝国主义阶段。为满足对外扩张的需要，列强将钢铁业列为重点扶持的产业。欧美主要国家1910年钢、铁和铁矿石产量见表4-1。

表4-1 欧美主要国家1910年钢铁、铁矿石产量

单位：吨

国 别	钢产量	铁产量	矿石产量
美 国	26094919	27333567	56889734
德 国	13698638	14793604	28709700
英 国	6541000	10012098	15228571
法 国	3481572	4038297	14605542
比利时	1944820	1852090	123560
奥地利	1552231	1558719	2760304

续表

国　别	钢产量	铁产量	矿石产量
俄　国	3592024	3040102	5637635
瑞　典	472461	603939	5552678
西班牙	316301	373323	8666795

资料来源：《李维格、叶景葵报告》，载《盛档》（四）之《汉冶萍公司》（三），第428页。

列强依仗钢铁制成的军舰、枪炮，或实行赤裸裸的铁血政策，或采用绵里藏针的手段，强迫中国政府签订一系列不平等条约，为列强扩大对华资本输出和商品倾销提供了更加有利的条件，中国矿权更为列强所攫夺。据统计，到辛亥革命前夕，列强已夺取中国云、黔、桂、川、粤、闽、浙、皖、热（河）、吉、奉（天）、蒙等省重要矿产的开采权，开采矿山达34处，资本总额4100万元以上，机械采煤业91%以上已控制在外国人手中。

中国铁路更是列强觊觎和追逐的目标。日本《朝日新闻》叫嚣："铁路所布，即权力所及……有铁路权，即有一切权，则凡其它官吏，皆吾颐使之奴，其地人民，皆我俎上之肉。"[①] 1902年至1903年间，正太、汴洛、沪宁三条铁路干线，已分别落入俄、比、英等国手中。到辛亥革命前夕，全国9600多公里的铁路中，完全由中国自主掌握的只有600多公里，约占全国铁路总里程的6%~7%。

面对列强咄咄逼人的经济、政治、军事侵略，摇摇欲坠的清政府不得不从1905年起实行"预约变法"，推行新政。1903年设立商部，实行讲求商务、奖励实业的政策。

"甲午战争后帝国主义对中国经济掠夺的主要对象是铁路、矿务，而清政府经营洋务企业的重点也转移到这一方面来，确实可以说是针锋相对。"[②] 京汉铁路的兴建，正是清政府与列强在经济方面"针锋相对"的战略措施。而汉阳铁厂等厂矿的发展，更无疑是这场斗争的直接产物。

不仅铁路、矿务得到快速发展，其他各类工厂也以前所未有的速度增长。以武汉地区为例：从1863年到1911年，武汉地区共有外商开办的工

[①] 宓汝成编《中国近代铁路史资料》第2册，第684页。

[②] 夏东元：《盛宣怀传》，第147页。

厂 43 家，地方官办和官商合办工厂 17 家，占全国各类工厂总数的 17%。1892 年外商在汉口设立洋行 45 户 374 人，1905 年增至 114 户 2151 人，1910 年复减为 106 户。① 其中日商居多，英商次之，德、美、法、俄、意、比、印、葡、菲、瑞（典）再次之。1911 年，武汉地区已有民办工厂 122 家。种种迹象表明，辛亥革命前武汉地区的近代商品经济已相当繁荣。

这一切都为汉冶萍公司的组建提供了必不可少的经济条件。

此时，汉阳铁厂（图 4-1）与日本制铁所相比已相形见绌。"彼邦极以钢铁为重，该厂糜款六千万元，冶铁与我相埒，而地广十倍于我，工师不用外人。"② 看到了差距就应该迎头赶上，盛宣怀说："若松合一国之力为之，尚形竭蹶，汉阳尽吾一人之力为之，必敝之道也。"唯一的出路只能是合众商之力组建一家大公司，以便与外资企业抗衡。盛宣怀认为："中国地大物博而实业程度太低，当此国困民穷，舍实业何以裕国用，何以养民生。"③ 而近代最具活力的实业形式只能是股份公司。

图 4-1 汉阳铁厂全景

此时，汉冶萍厂矿的整体经济形势不容乐观。

汉阳铁厂的招股情况不够理想，截至 1907 年 8 月，只陆续招到 250 万

---

① 水野幸吉：《汉口》；袁汉亚、冯彩函：《汉口外国洋行调查表》。
② 《与湖广陈制军》（1908 年 11 月 12 日），载《盛宣怀未刊信稿》，第 138 页。
③ 《致伦贝子再启》（1908 年 12 月 26 日），载《盛宣怀未刊信稿》，第 141 页。

两。铁厂出现了巨额亏损，截至 1907 年已累计结亏 240 万余两。萍乡煤矿截至 1904 年 11 月积欠各钱庄、招商局、德商礼和洋行库平银 2047500.346 两。为解决资金不足问题，萍矿从 1899 年开始对外招股，截至 1904 年共招股 100 万两。1899 年至 1904 年间支付各钱庄、礼和洋行欠款本息及老商股的股息共 150 余万两。①

铁厂与萍矿的关系也未理顺。两家企业虽都以盛宣怀为督办，但各为独立企业，互不隶属，很难联手合作，发挥各自优势，同克时艰，共渡难关。相反，两家企业很可能为了各自经济利益而相互竞争，给厂矿总体利益带来损害。

为了解决汉阳铁厂、萍乡煤矿的资金短缺和体制不顺问题，盛宣怀开始思考如何把汉阳铁厂、大冶铁矿、萍乡煤矿进行合并，组成一家大的商办股份公司，赴农工商部注册，使之对投资者具有更大吸引力。诚如盛宣怀致张之洞电文中所言："铁厂、煤矿相依为命，若仍前分作两公司，难免畛域，拟商并作一大公司，添集巨股，步步扩充。"②

此时，汉、冶、萍合并不仅具有必要性，而且具有可能性。此时汉阳铁厂六大厂四小厂的宏大局面已经形成，钢轨及其他钢铁产品具有广阔的市场空间。萍乡煤矿开辟了大量新煤井，近代炼焦炉日炼焦能力达 650 余吨，土法炼焦月达 1 万余吨，且已建成萍潭铁路，煤焦外运能力达到新的水平，煤矿的盈利能力也有大幅度增长。大冶铁矿开辟了新采区，1906 年铁矿石产量达到 18.56 万吨。"钢厂都已开工，秩然大备，声名大噪，洋人尤艳羡。"③ 汉、冶、萍三家厂矿的各自发展，大大增强了投资者的信心，三厂矿的合并已水到渠成。

早在 1904 年 6 月之前，盛宣怀就在上海静安寺路斜桥 110 号设立萍汉驻沪总公司。这一举动，与清廷推行新政的氛围是吻合的。汉、冶、萍三厂矿的功绩得到清廷的高度赞扬，1907 年 8 月 2 日清廷颁旨嘉奖："凡有能办农工商矿，或独立经营或集合公司，其确有成效者，即从优奖励，果是一厂一局所用资本数逾千万，所用人工至数千名者，尤当破格优奖，即

---

① 陈真编《中国近代工业史资料》第 3 辑，第 441~443 页。
② 见《盛档》（四）之《汉冶萍公司》（二），电稿，第 1268 页。
③ 见《盛档》（四）之《汉冶萍公司》（二），电稿，第 1320 页。

爵赏亦所不惜各等因，钦此。"①

得到最高当局的嘉奖，盛宣怀进一步加快了将汉、冶、萍合并成一家公司的步伐。至此，成立汉冶萍公司的时机已完全成熟。

二　汉冶萍公司的组建过程

经过长时间的酝酿和磋商，驻于上海跑马厅斜桥的汉阳制铁厂萍乡大冶煤铁矿总公司于1907年8月9日发布《公启》，首次提出三家合并的问题："现值制铁新厂工竣，萍煤石榾打通，幸赖众擎，渐有成效，集众公议汉冶萍制铁采煤公司，本属一气呵成，亟待扩充商股，通力合作，以恢实业。"据目前所知，这是汉冶萍公司的名字首次见诸公众。

在经过充分准备之后，盛宣怀于1907年9月3日上奏清廷并附两份奏片，禀报了公司取得的重大成就与发展前景，同时提出："凑足银元五百万作为老股……拟将汉冶萍三局厂归并一大公司，续招商股五百万，共成一千万元，其余仍作活本……会议公司章程投筒公举董事，设立股东正式会，遵照钦定商律赴部注册，实行商办宗旨，永为华商实业。"

奏折最后请求朝廷："饬下农工商部准予注册立案，并参酌商律定其名曰汉冶萍制铁采矿股份公司。"

一封奏片主要有两项内容：一是保荐若干高层管理人员：总公司由道员、候选知府杨学沂驻沪办理；铁厂由李维格驻鄂办理；铁路（矿？）派王锡绶驻冶办理；萍乡煤矿原由张赞宸所办，因张病故，派林志熙接办，另选举董事7人。二是拟刊刻"总理制铁事务"木质关防一枚，同时请旨饬部专铸铜质关防一枚。

另一封奏片的内容是请求刊刻"总理制铁厂兼萍冶等煤铁矿务"木质关防一枚。

同一天（9月3日），盛宣怀咨张之洞文，通报同日奏折及奏片的主要内容。同日，盛宣怀致函奕劻、载沣、世续、鹿传霖等皇室成员

---

① 《盛宣怀奏折》（1907年9月3日），载《盛档》（四）之《汉冶萍公司》（二），第621页。

和朝中重臣，请求他们"鼎力维持，批准所请，饬部注册，避免功败垂成"。

盛宣怀与时任军机大臣、外务部大臣袁世凯私怨之深路人皆知，盛的侄儿盛文颐致函盛宣怀时这样咒骂袁氏："庶几一到汴梁，使项城（按袁世凯，河南项城人）知我盛氏亦有一日而使天下人知；袁氏之结党营私即此可见，庶可气死此老奸贼也。"① 但是，为了促成三厂矿的合并，盛宣怀仍于1907年9月3日致函袁世凯，内称："幸值我公在京，尚乞于宫枢前加意维护，免使商业中隳，是所跂祷！"此举显得十分豁达大度。

筹办汉、冶、萍公司的大剧正式拉开了帷幕。

1907年8～9月颁布《汉阳铁厂、萍乡煤矿、大冶铁矿筹议合并招股章程》，其主要内容有：集股应达到1000万元；"归并一公司，以期融洽一气"；对老股东实行优惠，将旧股票250万两库平银，并作商股500万元。

与此同时，《汉冶萍钢铁煤焦股份公司章程》也酝酿出台。其主要内容包括：公司名称定为"汉冶萍钢铁煤焦股份公司"；改督办为总理，并添举协理一人；公司董事按商律举用13人；公司总办及总司理均由董事局选派；老商原股250万两，加足500万元，添招新股500万元。这家公司名称未最后确定，时人亦将其称为汉冶萍制铁采矿公司。9月29日，汉冶萍制铁采矿公司发布公启，称"厂矿本属唇齿，亟应联合团体并成一大公司"。

为了消除老股商的疑虑和增强对新股商的吸引力，《公议汉冶萍制铁采矿合并公司扩充办法条款》于10月公布。

11月4日，总理盛宣怀及汤寿潜（抑卮代表）、郑孝胥、李维格、蒋鸿林、宋炜臣、苏德镳（宋炜臣代表）、金鼎、金邦平、沈铭清、胡焕、汪希、叶东川、王子坊、周命之（东川代表）、蒋汝藻（苏堪代表）、刘歆生、刘恒（苏堪代表）、万昭度、朱文学、史致容共21人代表老股创办人和新股发起人召开会议，通过"议单"共15条，对10月份颁布的《汉冶萍煤铁有限公司大概章程草拟》进行了若干调整，修改之处主要有：将权

---

① 《盛文颐致盛宣怀函》（1909年7月14日），载《盛档》（一），第74页。

理董事由7人增至9人；"除官息外，所有盈余先提公积十分之一，余作若干成分派，俟股东会议决"。

11月6日，该章程草拟改称《汉冶萍公司组织章程》，内容基本不动，文字和发起人排名顺序略有差异。

拟议中的汉冶萍公司新股1500万元准备由汉商和沪商各认600万元，余皆散股，由于预计年收益率高达20%，故商界趋之若鹜。盛宣怀自认招足旧股500万元。

为争取湖北当局和清廷相关部门的支持，盛宣怀先后致函鄂督赵尔巽、农工商部大臣吕海寰、军机大臣张之洞、军机大臣兼外务部大臣袁世凯，信件内容相近。

在盛宣怀及众多股东共同努力下，汉冶萍招股工作开始步入正轨。据盛宣怀1908年1月22日致函王存善称："商律必开股东会方能成就董事局。公启所列八十人，招商局领衔，包括甚众，计股本数十万元，凡有局股者皆属汉冶萍股商也。"这里凸显了两个重要事实：一是股东会由招商局领衔，二是凡持有招商局在汉冶萍股份者皆属汉冶萍股商。

此后，汉冶萍公司注册等项工作便紧锣密鼓地进行。

经清廷3月12日核准，盛宣怀、李维格等拟定公司章程共88节，赴农工商部注册。3月13日，盛宣怀会同湖广总督赵尔巽向清廷上奏《汉冶萍厂矿现筹合并扩充办法折》，清廷当天发布圣旨："著责成盛宣怀加招华股，认真经理，以广成效。余依议。"

同一天，盛宣怀奏请《改督办为总理并改铸关防片》，内称："总理一席，自应遵照张之洞原奏，有股众商推举，湖广总督奏派。"公司总理只能是原督办盛宣怀。该奏片"拟请饬部另铸铜质总理汉冶萍煤铁厂矿公司事务关防"。当天奉旨："依议。钦此。"

同一天，盛宣怀奏《委李维格为公司协理片》，内称："郎中李维格本属创办总董，现充铁厂总办，新钢厂布置井井，皆该郎中一人之力。""以之充当汉冶萍厂矿公司协理，必能胜任。"当天奉旨："依议。钦此。"

3月15日，盛宣怀咨农工商部注册文，其主要内容有：

（1）商办汉冶萍公司添招新股1500万元，遵照商律，由公司创办人具呈注册，候续招股份齐全，老商新商另举董事，另行咨部立案。

（2）公司创办人为盛宣怀、李维格、杨学沂、林志熙、王锡绶、张赞墀、卢洪昶、王勋、顾润章、金忠赞等。

（3）遵章呈缴注册费300两，合库平银216两。

同一天（3月15日），汉冶萍公司呈《农工商部注册文》，这是汉冶萍公司呈送农工商部的正式注册文本。其内容略为：

（1）公司正式名称：汉冶萍煤铁厂矿有限股份公司。

（2）业务范围：采矿、炼铁、开煤三大端，系开采铁矿、煤矿及化铁炼钢所需各矿质，如锰、镁、矽、铅等类；烧炼焦炭、火砖、细棉土；化铁炼钢、制造钢铁各项机器；轮驳、短铁路为转运煤焦钢铁之用。

（3）机构设置：总公司设在汉口、上海。码头、栈房设在汉口、武昌、大冶、萍乡、株洲、昭山、长沙、岳州、上海、镇江、江宁、芜湖、九江等处均有分销处所。

（4）股份总额：老股500万元已招足，新股1500万元尚未开招，拟共招足2000万元。

这份文件还对每股银数、招股办法、公司创办人（同前）、查察人员（邱瑞麟、沈哲孙）等作了详细说明。

3月26日，农工商部发给汉冶萍煤铁厂矿有限公司（以下简称汉冶萍公司、汉冶萍或公司）注册执照。

至此，一个雄踞亚洲首位，总事务所设于上海，下辖汉阳铁厂、大冶铁矿、萍乡煤矿等厂矿，集化铁炼钢、煤铁开采、焦炭烧炼于一体，企业遍布鄂、赣、湘、皖、苏、冀、辽等省，配套设施齐全，规模宏大的钢铁煤炭联合企业出现在亚洲东方的地平线上。

一个按照近代企业制度建立和运转、企业法人主体明确、管理较为规范的完全意义上的股份制企业——汉冶萍煤铁厂矿有限公司宣告诞生。

这是一桩具有重大意义的事件，诚如《湖北通志》一书所评："自是以后，汉冶萍遂为中国巨擘，而外人觊觎，外资入侵，得益非复中国所独有，其变亦不可胜纪矣。"[①]

[①]《湖北通志》卷54，第19~20页。

汉冶萍实现商办后，为加强与清廷及相关衙门的沟通和联系，特在北京骡马市大街宝兴隆金店内设汉冶萍厂矿驻京办事处，这也是公司影响进一步扩大的一个标志。

三　公司招股的顺利进行

（一）通过四条途径招徕股份

盛宣怀对汉冶萍公司招股颇有信心，1908年5月在回答股商的疑问时说："现在股份甚为踊跃。即如电报商人，皆愿卖去电票买此汉冶萍股票，目下尚未开始，而纷纷投股，已经收足八百万元。"对招股持不同意见的新老股商，盛宣怀注意做好疏导工作。此时，"老商、新商意见已属不合"，他说："俟本大臣亲赴沪汉，再邀老商、新商和衷商办。"① 终于使问题得到妥善解决。

盛宣怀主要通过四条途径招徕股份。

一是千方百计动员个人入股。盛宣怀利用自己的官宦地位、社会影响和广泛人脉，尽可能动员达官贵人和富商巨贾购买汉冶萍股份。1907年11月，盛宣怀致电大冶铁矿总办王锡绶："请招老股十万元，官利八厘，连余利必有二分。"② 1908年4月13日，盛宣怀致函陆安清、孙多森，将他们原存在大纯、华盛纺织总厂的41018两改为汉冶萍新股份5万元，此股折银36750两，余款4268两退还陆、孙。1908年8月，盛宣怀致书电报大股东，预言汉冶萍股票必升值，"票价亦可盼望如轮电必有一股作两股之日"，劝募其入股。

盛宣怀非常重视动员高官及其眷属入股。8月25日，盛宣怀致函湖广总督陈夔龙："如尊处及亲友中有愿入股者，祈将堂名记号早日示知。"据《盛宣怀未刊信稿》一书所记，仅1908年9月1日这一天，盛宣怀就写了8封信，分别致鄂督、袁太史、吴太史、候选道宗、前宁绍道、江苏左廉

---

① 《盛宣怀咨农工商部文》（1908年4月9日），载《盛档》（四）之《汉冶萍公司》（三），第4页。
② 见《盛档》（四）之《汉冶萍公司》（二），电稿，第1333页。

访、度支部绍侍郎（两封）等，规劝他们入股。

9月2日，盛宣怀致函宗耿吾称："秣陵地大物博，如有相好愿入此股，尚可得优先。"从1908年12月23日至1909年2月21日不到两个月时间内，盛宣怀连续致函内务府大臣奎俊、南书房翰林袁珏生、皇族成员溥伦、湖广总督陈夔龙、河南巡抚吴重憙、贵州巡抚沈瑜庆、吏部尚书陆润庠及官衔不详者陈邦瑞、恽毓鼎、吴蔚若等人，给一些人甚至写了两封信，劝募他们入股。盛氏1909年2月21日致吴重憙的信中甚至说："恨不得十八省百姓个个有股份。"由此不难看出盛宣怀为招股所花的功夫。

盛宣怀设法将自己投资企业的资金转化为汉冶萍股份。1909年2月，磁器公司附股4000元，盛氏将此股写成盛愚记2000元，广仁堂2000元。① 盛愚记是盛宣怀化名，广仁堂是盛氏创设的慈善机构。盛宣怀这样做，显然是为了进一步制造入股十分踊跃的气氛。盛宣怀在招股方面所费的心血和精力远超人们的想象。

二是将与汉冶萍相关的官款改为官股。1908年4月5日，盛宣怀致函张之洞称："力筹以公济公之款，"居然得款126万两，他准备将自己的创始股凑入，共达200万元。这样做，"华商公司可入公股，借开风气，实于农工商大有裨益"。4月14日，盛宣怀奏请《将原存公款改作公股折》，其中公款共三项：

（1）盛宣怀承办京汉铁路时奏准农工商部拨款1300万两，几经变动，剩存91.653万两，留为汉厂预支轨款；

（2）开办萍乡煤矿时附入铁路公司股份15万两，又附入尾款3897两；

（3）铁路公司入股萍矿后应得息股9万余两。

以上共计116万两，② 核作银元174万元。盛宣怀奏请将此"存款尽数充作公股"。当天，清廷下旨："著照所请，股息及利息均交农工商部。"

三是动员官方入股。1908年7月13日，盛宣怀致函湖北巡抚柯逢时："敬乞我公传话诸君子，多则一二百万，少则一二十万。若是鄂省籍贯无

---

① 见《盛档》（四）之《汉冶萍公司》（三），电稿，第1104页。
② 见《中国近代工业史资料》第3辑，第513页。

论多寡，皆当让给优先股，俾得多分红利，但未便再事迟延。"

盛宣怀十分重视在海外华侨和港澳商人中招收股份，并承诺："凡寄籍外国之华人，仍准搭股。"① 盛宣怀1910年6月诚邀东南亚爪哇、新加坡、槟榔屿等地华侨梁炳农、蔡奇凤、梁祖禄、蔡金源、陈富老、陈沧浪等入股。据说，"南洋各岛向用欧洲钢铁、焦炭甚贵"，因此，对购买汉冶萍股票很感兴趣。盛宣怀认为"华侨入股以小股为便"，李维格也主张，让他们"再来厂矿一看，再请新加坡等处说法较易动人"。②

（二）盛宣怀、李维格的巨大努力

为了招徕更多股份，盛宣怀于1908年4月发表《为公司推广加股详细章程征求意见书》，号召"海内达官巨商、通人志士，谂知西国富强之所由来，必与宣怀等具有同心，群策群力，互相维持，以成就一完全商办公司"。

盛宣怀、李维格1908年5月又发出《致汉冶萍公司股东函》，提出"无论有股无股、局中局外，皆当知钢铁为当今急务，群策群力，互相保持，以成就一完全商办公司"。盛宣怀、李维格从6月23日至9月28日共通信至少10封，对招股提出了许多极具价值的意见。

盛宣怀此时兼任电报局督办，他在致函一家金店老板时称："劝其不附电股而附矿股。"③ 这是为招足汉冶萍股份不得已采取的措施。为此盛氏发表《致电报大股东书》，号召电报大股东将股票移入厂矿，"似胜于勉强附股于电政多矣"。他说："即如敝戚属所执电股九百份，亦皆移入厂矿。"

盛宣怀说："以前以为旧股皆弟所招致，当有感情，现在接晤诸商新股居多，即属旧股，亦必声称重价所购。"④ 这既是盛宣怀广招股份的有利条件，也是对他融资技巧的新考验。

9月，公司发表《招股章程启》，着重分析了公司招股的动因，一是要还债，"至今日用款几及二千万，大半押借而来……今事已办成，自

---

① 《盛档》（四）之《汉冶萍公司》（三），第94~95、148页。
② 《盛档》（四）之《汉冶萍公司》（三），电稿，第1230、1238页。
③ 《致京都宝兴隆金店表》（1908年8月9日），载《盛宣怀未刊信稿》，第121页。
④ 《致邮传部公函》（1908年8月16日），载《盛宣怀未刊信稿》，第122页。

应招股还债并再扩充";二是要集中天下人力财力办大事:"成立为真正股份有限公司,其董事查账人均由股东选举,集天下之才能财力而共保之。"

为了给招股造势,10月25日,李维格在汉口商会发表长篇演讲,强烈呼吁:"凡我国人,尚其眷顾大局,集腋成裘,千钧之系一发,勿任危悬九仞之山一篑,请君助力翻东半球阒茸之旧局,作西半球灿烂之奇观。群策群力,齐向煤铁世界展动地惊天之事业。"演讲中最精彩的一句话是:"拯中原于涂炭,登亿兆于康庄。"2000年王同起、瞿冕良在整理、编写李维格的理想与事业时,就用这句话作为书名,虽长了一点,但较能概括李维格思想的精髓。这次演讲,博得盛宣怀好评:"读汉上演说,一腔热血发为宏论,佩服之至。"盛预言:"必须(然)先掀动其上中社会。"①

(三) 汉冶萍招股进入鼎盛期

由于盛宣怀等人的努力和广大华商的积极参与,到1909年3月初,汉冶萍公司1000万元股份已招足。到7月底,连历年息股共得股份1105万余元。

诚如盛宣怀所言:"汉冶萍十年以来,纯是扶墙抹壁,得步进步,现在居然集成真实商股一千万以作基础。"② 其兴奋之状溢于言表。

汉冶萍公司招股之所以能顺利进行,盛宣怀起了关键作用,正如李维格指出的那样:"其时全赖盛公与轮电两公司华商多有感情,慨然分其公积作为创始股份。"③ 在汉冶萍股东中,有两类人居多,一是盛氏家族成员及其亲友,二是盛宣怀掌控下的轮船招商局和电报局的负责人。

根据汉冶萍公司的统计,500股以上股东为孙宝琦、盛恩颐、孙景扬、刘襄孙、陶兰泉、李载之、张仲昭、徐冠南、靳翼青、郑观应、左子翼、屈文六、陶子石、鲁嘉林、邢冕之、沈仲礼、周金箴、邵月如、王箓生、施子英、王心贯、李敬纪、洪念祖、沈联芳、丁问槎、陈辉庭、吴锦堂、

---

① 《盛宣怀致李维格函》(1908年11月22日),载《盛档》(四)之《汉冶萍公司》(三),第44页。
② 《致河南抚台吴》(1909年2月21日),载《盛宣怀未刊信稿》,第155页。
③ 李维格:《汉冶萍公历史说略》(1914年6月),载鄂档《汉冶萍》上册,第315页。

杨学沂、盛绳祖、夏偕复、盛宣怀、厉树雄、徐季荪、盛昇颐、贺得霖、林子英、盛毓邮、李经羲、邵子愉、盛泮澄、张知笙、傅宗耀、潘馨航、王颂坚、王星北、吕镜宇、李经方、林薇阁、任筱珊。100 股以上股东为朱葆三、庄仲咸、姚慕莲、宋德宜、李朴臣、庄得之、李桐荪、汪作之、盛玉麃、汪幼安、李树农、庄迪先、钱亢夫、徐季凤、林伯㭿、陈思明、傅品圭、叶琢堂、孙莲荪、谢子楠、包荃孙、傅子汉、蔡伯良、周厚坤、陆储干、方叔远、金韵清、林邱叔、刘润树、施禄生、卞傲成、秦待时、陶惺存、谢蘅牕、袁履登、林降秋。

随着经济效益的提高，汉冶萍股票看涨，"近日纷纷投资，转瞬即完"。1908 年 8 月 16 日盛宣怀致书电报局大股东，转述邮传部的公函："汉冶萍已为完全商办性质之公司，预算将来利益，比较电报始有过之。"1909 年 1 月 16 日，盛致函谢志铺再次强调："（汉冶萍）利益将来必在轮电之上。"

上面所说的汉冶萍、轮、电都是盛宣怀辖下的企业，他也将汉冶萍同其他行业相比较，如 1909 年 5 月 22 日致函吏部尚书陆再启称：将来汉冶萍"获利奚啻十倍，似必在银行、自来水各公司之上也"。

盛宣怀甚至将汉冶萍股票与外国股票进行比较，得出了自己的结论："外国股票实无把握，不及大清银行、汉冶萍及招商局可靠。鄙见不如售出耶松（按：外国在华最大船厂）买进自己股票，可期加倍翻身。"①

根据 1910 年 2 月评估，汉冶萍产业已达 4081 万两，约合 5000 余万元，而所招股份只 1200 余万元，为了"固商本，副众望，符奏案，均不能不加股扩充"。

汉冶萍发布《优先零股说略》，准备另招优先零股 1000 万元，分 200 万股，每股 5 元。票分甲、乙、丙三种，年息一律 8%，至此，汉冶萍招股已至鼎盛期。

据统计，1908 年至 1911 年汉冶萍共招股 7436360 元，历年招股情况见表 4-2。

---

① 《盛宣怀未刊信稿》，第 176 页。

表4-2　1908~1911年汉冶萍公司招股概况

单位：元

年　份	1908	1909	1910	1911	湖南入股（注）	合　计
股　份	1631583	3135836	1226835	89552	1352554	7436360

注：修建株萍铁路时湖南省加入公股724800元，股息拨作股份627754元，合计1352554元。

资料来源：鄂馆藏《汉冶萍商办历史调查》（1913年编），第28~29页；参阅《汉冶萍公司志》，第120~122页。本表对湖南入股数根据相关资料做了订正。

4年招收的股份连同1908年之前的股本，汉冶萍股份总额达到13804777.5元。

汉冶萍实现商办后，一举扭转多年亏损局面，1908年盈余61883.5元，1909年盈余154000.53元，1910年盈余61451.71元。

汉冶萍公司成立之初，所发的股息也逐年递增。详见表4-3。

表4-3　汉冶萍公司初期发放股息表（1908~1911年）

单位：两（洋例银）

年　份	1908	1909	1910	1911
股　息	398469.036	600440.993	684371.406	445705.361

资料来源：鄂馆藏《汉冶萍公司事业纪要》，载鄂档《汉冶萍》上册，第41页。

第二节　汉冶萍进入短暂黄金期

一　公司管理机构的加强

汉冶萍公司实现商办后，进入了一个短暂的繁荣时期，其表现为：一是公司管理机构更加完善；二是企业经济效益良好；三是公司规模更加宏大。

汉冶萍的发展异常迅猛，大有超过日本制铁所之势："日本制铁厂已用款六千万，而程度不过与我相埒，其所产铁质皆不如我。"[①] 正是在这一派大好形势下，汉冶萍公司加快了召开首届股东会的进程。

[①] 《致吴仲怿中函再启》（1909年1月6日），载《盛宣怀未刊信稿》，第143页。

盛宣怀满怀豪情迎接股东大会的召开，在大会前夕说："汉冶萍为东方杰出之一事，震动欧亚，鄙人将老于此矣。"①

经过一年多的筹备，汉冶萍公司第一次股东大会于1909年5月16日在上海召开，出席代表近500人，会议洋溢着一派祥和、欢乐、热烈的气氛。

盛宣怀抱病在大会上作了简短报告，宣布这次会议由"股东选举董事，成就一个中国实在钢铁大公司"。他说："现在大冶的铁，萍乡的煤，都是顶好的，尽我取用，几百年用不完。尤其在炼的钢是第一等货色，不但可以供中国自己用，并且可以运出洋去。"盛宣怀预言，到第二年"光汉冶萍股票至少票价总在十倍"，"只要添足资本，我可保两三年之内便要做到八个炉子，十倍其利"。盛宣怀表示，他将与协理李维格"一步一步办下去，做成一个中国第一好公司，想必你们股东多是喜欢的"。

公司发起人林志熙、王锡绶分别代表萍乡煤矿股东和大冶铁矿股东发言，充分表达了股东们对汉冶萍前途的信心。股东代表、沪宁铁路前总办沈敦和汉冶萍公司协理李维格也在会上发了言。

这次股东大会公布了拥有100股以上、可被选为查账董事的股东302人，拥有500股以上、可被选为权理董事的股东71人，拥有500股以上"合格"股东（即董事候选人）28人。大会选举王存善、顾润章、宗子戴、张月阶、何伯梁、罗焕章、严子均、聂云台、李云书9人为权理董事，施禄生、顾润章为查账董事（查账人），盛宣怀任总理，李维格为协理。汉阳铁厂、大冶铁矿、萍乡煤矿各设总办一人，均由董事会任命。

盛宣怀及其家族势力仍然控制着汉冶萍，在公司第一次股东大会公布的500股以上股东中，盛宣怀化名盛杏记和盛愚记赫然在册。盛氏家庭成员盛恩颐、盛重颐、盛昇颐、盛艾臣、盛撰臣和外甥顾润章等也名列其中。盛宣怀所办的慈善机构天津广仁堂总办、上海广仁堂总董、广仁堂振记董事均在公司拥有巨资。盛宣怀担任督办的招商局主要负责人，如总办王存善、会办陈辉庭、帮办郑观应、银钱总董施禄生等都是拥股500股以上的大股东。由此不难看出盛宣怀在汉冶萍公司的权势和威望。

---

① 《盛宣怀致韩古农函》（1909年5月5日），载鄂档《汉冶萍》上册，第249页。

至此，一个以盛宣怀为总理、李维格为协理的商办汉冶萍领导机构正式组建，为公司的顺利发展提供了组织保证。

二 产品销路的逐步扩大

（一）供应国内钢轨

进入商办后，汉冶萍公司面对市场，更加注重产品质量，逐步赢得了国内外市场的主动权。汉钢在国内外市场上大受欢迎。1908年5月16日，汉阳铁厂与川汉铁路总公司签订《订轨合同》，其主要内容有两点：一是确保质量。合同规定："钢轨汉阳铁厂担保五年，如此五年内如有断裂，即以新轨易换。"二是先付款，后交货。合同规定："川路公司允于本年（指1908年）四、五、六三个月内先付轨价，计汉口洋例银一百万两。"

盛宣怀、协理李维格和川汉铁路总公司总理费道纯代表双方在合同上签字。与此同时，双方签订了《购轨预付轨价附合同》，规定川汉铁路总公司的预付款按年息9厘起息，比常年利息7厘高出2厘，"此系彼比允予特别之利益，他公司不得援以为例"。

铁路公司接踵而至。1909年12月，临城至枣庄铁路支线及利国驿车站向汉厂订购钢轨、搭板、螺钉等件共重6300余吨。1910年1月，锦州至瑷珲铁路准备动工兴建，由于"汉厂现炼钢货为最上品，各省铁路均已购用，洋工程司（师）亦皆赞美"。双方于是在1月25日签订草合同，皇族成员锡良次日（26日）致电盛宣怀表示："先尽购用中国合宜材料……将来如该路开工，自应极力主持，以免利权外溢。"11月12日，津浦铁路北段总局与汉阳铁厂签订《购买钢轨草合同》，规定钢轨每吨6英镑，鱼尾板每吨8镑6先令，并规定了鱼尾板螺钉、钢轨垫板、钢轨钩板、枕木螺钉的价格，这次钢轨总重6000余吨。

（二）扩大国际市场

与此同时，汉冶萍把目光投向国际市场。盛宣怀1909年10月写给吴绷斋的信中说："妙在日、美、澳大利（亚）均愿买我货。以吾黑铁易彼黄金，亦计之得。"1909年，该公司销往美国、日本、澳洲、西贡及中国香港等地的钢铁产品销售额113万余两，1910年海外销售收入增至142.8万余两，均此1908年有较大幅度增长。汉阳铁厂至欧战爆发前历年外销钢铁数量见表4-4。

表4-4　汉阳铁厂历年销售国外钢铁数量

单位：吨

年　份	生铁（含马丁铁）		钢　货		全国钢铁出口量
	国　家	数量	国　家	数量	
1894~1895	?	2956	?	52	
1896~1897	日　本				
1898~1899	日　本	4250			
1898~1899		2500			
1901~1902	日　本				
1903	日　本	138			138
1904	日　本	12334			12334
1905	日　本	25130			25130
1906	日　本	34326			34326
1907	日　本	33326			33326
1908	日　本	30890			30890
1909	日　本	38713			38713
1910	日　本	65362			65362
1911	日　本	70875			70875
1911	美　国	19164			
1912	日　本	15752			15752
1913	日　本	14800			65054

资料来源：汉口海关年报，转引自《汉冶萍公司志》，第33页，参阅《张国辉集》，第307~308页。

汉冶萍在国际市场上最大一笔买卖当推该公司与美国西雅图西方炼钢公司（以下简称钢厂）的生铁、铁矿石贸易。

1910年3月22日，汉冶萍总理、协理与西方炼钢公司总理在上海议订《生铁及铁矿合同》，双方商定，公司原卖给钢厂生铁每吨价13美元，矿石每吨价1.5美元。双方约定，在合同允许的范围内，每吨生铁只收现金 12.5 美元，每吨矿石只收现金 1.25 美元，不足之数作为公司付给钢厂年息 6% 的价款。同一天，钢厂、美商大来洋行签订购买汉冶萍公司生铁合同。合同主要内容包括：

年限：从 1911 年 1 月 1 日起，为期 7.5 年。

吨数：公司售与钢厂之西门士马丁炉炼钢生铁每年最少 3.6 万吨，最多 7.2 万吨。

价目：每吨 13 美元。

转运：每年扬子江涨水期准备轮船装满 3.6 万吨，由汉阳直达美国埃烟第尔，以免转载。

续展期限：本合同 7.5 年期满，钢厂可以续展 7.5 年。

双方签字人：汉冶萍煤铁厂矿有限公司总理盛宣怀

协理　李维格

西方炼钢公司总理　Westers Steel Corp. Hubert E. Law, Pres.

大来洋行总理　The Robert Dollar Co. By Robert Dollar, Pres.

见证人　M. S. Dollar

同一天，签订《汉冶萍公司、美国西雅图西方炼钢公司租用大来洋行船只合同》，规定从 1911 年 1 月 1 日起，为期 7.5 年，大来洋行每年代运生铁、矿石各 3.6 万吨，每吨运费 2.5 美元。

大来洋行总理罗巴特·大来（Robert Dollar），美国大木材商、大船主。1903 年起创立大来洋行，后在上海设事务所，从此不断与汉冶萍公司接触。在这次汉冶萍与西方炼钢公司签订《生铁及铁矿合同》的过程中，大来穿针引线，发挥了重要作用。大来在购买汉冶萍生铁及承运输往美国的生铁、矿石交易中，获得了可观的经济利益。他同汉冶厂矿人员往来甚密，1909 年至 1910 年曾三次专门到大冶和武汉考察。

汉冶萍与西方炼钢公司商定，在合同期内年运生铁四批至上海，每批约 6000 吨，从上海转运至美国西雅图的埃烟第尔；规定从 1910 年起，汉阳铁厂将运往美国的生铁、铁矿石每年最多增至各 10 万吨，付给大来洋行的运费由西方炼钢公司支付，每吨增加 0.5 美元。

未久，大来洋行的"维西·大来"号轮到汉阳铁厂装载生铁。1910 年 5 月 27 日，该轮在汉厂码头留下一幅照片，并配有文字说明："这是第一批生铁货物从中国船运到美国。"①

公司生铁在国际市场上的主要销售对象是日本若松制铁所。1910年11月7日，双方签订草合同，规定1911年至1914年的4年时间内，公司每年销售若松生铁1.5万吨，1915年销售8万吨，1916年及其以后10年，每年销售10万吨，每吨26日元，1911年3月31日，汉冶萍公司与日本制铁所正式订立《购售生铁合同》，正式确认了上述草合同。

1910年12月3日，暨南公司与汉冶萍签订《在南洋包销煤铁合同》，规定在上海码头交货的头号生铁每吨英洋32元，二号生铁每吨英洋30.7元，三号生铁每吨英洋29.4元；在上海交货的头号、二号焦炭每吨英洋分别为17元和14.5元。销售地点为安南、暹罗、新加坡、爪哇、仰光等地。

由于国内外市场的不断扩大，铁厂的经济效益也有所改善。铁厂自投产至1907年，由于煤焦价格过昂和管理不善，连年亏损。自实现商办后，1908年至1910年均实现扭亏为盈。

盛宣怀对汉冶萍的发展前景十分看好，1910年4月表示，出售给美国的马丁铁"得利在六分以外"，即利润率高达60%，1911年出口美国的马丁铁19164吨。公司的前景似乎一片光明。

三　公司短暂的黄金期

（一）汉阳铁厂的新气象

进入商办之后，汉冶萍迎来短暂的黄金期。

汉冶萍的核心企业——汉阳铁厂商办时期出现了新变化。截至1911年，汉阳铁厂已建成高炉3座，其中容积477立方米的3号高炉日产铁约250吨；30吨的平炉（马丁炉）6座，其中4号、5号、6号马丁炉分别于1909年、1909年、1910年开工，1909年11月、1910年9月、1911年4月竣工，1911年产钢38640吨。

---

① Robert Dollar, *Memoirs of Robert Dollar*, 1918, p. 144. 转引自《汉冶萍与日本关系史料》，第165页。

汉阳铁厂产品质量广受好评,"西洋铁专家见我新钢啧啧称道"。[①] 钢铁产量在商办时期也迅速增长,1910 年达 169509 吨,为 1907 年产量(70686 吨)的 2.4 倍,仍占全国钢铁产量的 100%。1908~1911 年铁厂钢铁产量见书后附表二。

汉阳铁厂改扩建工程已经完工。李维格(图 4-2)1908 年 10 月 25 日《在汉口商会演说词》中盛赞铁厂"定厂基于汉阳,以其襟江带河,武汉对峙,商务荟萃,交通利便也"。汉阳铁厂以近代大型钢铁厂的面貌崭露在世人眼前。

图 4-2　总办李维格(中)

汉轨成了各界竞相争购的抢手货。津浦铁路德籍工程师订购钢轨 5000吨,铁厂竟无法满足其要求,盛宣怀 1908 年 6 月 30 日致函李维格:"今商妥预定五千吨,而汉厂竟复以赶不及,不独贻外人口实,有损汉厂名誉,并且贻中国羞",实则盛内心充满喜悦。李维格 1909 年 5 月 10 日盛赞:"汉厂新马丁钢质地为极精之品。美国钢铁名家毛尔根来汉考察,回美著论于报名曰《钢铁世界》者,啧啧称道,叹为上品。"

(二)大冶铁矿的新勘测

进入商办之后,汉冶萍多次派员对大冶铁矿进行勘测。1910 年,矿师

[①]　见《盛档》(四)之《汉冶萍公司》(二),电稿,第 1375 页。

赖伦勘测铁山、纱帽翅、龙洞、象鼻山、狮子山、大石门及野鸡坪、管山、下陆各矿山，水平以上总矿量68934375吨，水平以下总矿量3500万吨，总计矿藏量103934375吨。①

后经过补充勘探和生产勘探，截至1985年底，累计探明大冶铁矿储量15773.6万吨。② 这与赖伦70多年前的探测结果较为接近。

1911年，公司又派矿师李莱对大冶铁矿进行勘测，结果狮子山等5座矿山铁矿总储量1791万吨，而赖伦依据李莱所测数据（铁矿苗脉宽度、长度等）重新计算，上述5矿矿石总储藏3965万吨。详见表4-5。

表4-5 李莱、赖伦对大冶铁矿部分矿山勘测结果比较表

单位：万吨

矿山名	狮子山	大石门、野鸡坪	铁门坎	纱帽翅	龙洞	总计
李莱（勘测结果）	800	550	340	11.3	90	1791.3
赖伦（勘测结果）	1550	800	1225	115	325	3965*

* 所有数字相加为4015万吨，误差50万吨。

资料来源：《赖伦致李维格函》（1911年3月28日），载《盛档》（四）之《汉冶萍公司》（三），第167~168页。

李莱认为：铁矿石在整个矿山中所占比例为34%，而赖伦则认为应达60%，若取值50%，则上述五矿共储藏矿石5830吨。若再加上象鼻山、得道湾（图4-3）的官矿，大冶铁山矿石储量为8830万吨，与赖伦原先估计的1亿吨相差无几。

商办初期冶矿的产量同样呈飞速增长之势，1911年矿石产量达359467吨，为1907年产量174630吨的2.05倍。1908~1911年冶矿铁矿石产量见书后附表三。

（三）萍乡煤矿的新变化

这一时期，萍乡煤矿面貌也发生了重大变化。经过大规模基础工程建设，萍矿以崭新风貌展现在世人面前。煤炭销路不断拓展，除汉阳铁厂

---

① 丁格兰：《中国铁矿志》，转见《汉冶萍公司志》，第40页。
② 武钢大冶铁矿矿志办公室编《大冶铁矿志》（内部刊印本）第1卷下册，第346页。

图 4-3 得道湾采区装矿码头

外，湖北所属枪炮、钢药、银币、铜币四厂也都购买萍乡煤矿煤焦。[①] 萍乡俨然成了一座近代工业城市，请看当事人之一李维格的描述："今日现于地面，则厂屋连云；深入山腹，则煤巷如市；电车汽车之纷驰，轮船驳船之挽运，其如荼如火之观，外人之到此者，盖无不惊叹也。"[②]（图 4-4）

1909 年，萍乡煤矿产煤突破 100 万吨，1911 年煤炭产量达到创纪录的 1115614 吨，焦炭产量 166062 吨，分别为 1907 年煤（40.2 万吨）、焦（11.9 万吨）产量的 2.77 倍和 1.39 倍。1911 年

图 4-4 萍乡煤矿全景

萍矿煤产量仅次于开滦与抚顺，居全国第三位，约占全国煤炭总产量的

---

① 见《盛档》（四）之《汉冶萍公司》（二），电稿，第 1269 页。
② 《李维格：在汉口商会演说词》（1908 年 10 月 25 日），载《盛档》（四）之《汉冶萍公司》（三），第 34 页。

1/10。萍矿是我国第一座准机械化煤矿。该矿 1908~1911 年煤焦产量见书后附表四。

萍矿焦炭质量也受到好评。盛宣怀 1909 年 6 月 28 日在一封电文中这样评价:"萍乡焦炭质极净,与美国上等焦相埒,不特各省制械、铸币均用此焦,日本制造各厂亦来购运。"

(四) 附属企业和保障体系的全面发展

此时汉冶萍除拥有汉阳铁厂、大冶铁矿、萍乡煤矿三大厂矿外,还拥有众多附属厂矿和合资企业。详见表 4-6。

表 4-6　汉冶萍公司附属厂矿一览

厂矿名称	坐落地区	开办时间	经营性质	备注
马鞍山煤矿	湖北江夏	1891 年	自办	
兴国锰矿	湖北阳新	1890 年	自办	
常耒锰矿	湖南常宁耒阳	1908 年	自办	
龙山铁矿	安徽当涂	1921 年	自办	
海城镁矿	辽宁海城	1919 年 1 月	自办	
汉阳红砖厂	湖北汉阳	1909 年	自办	
幕阜山煤矿	江苏南京		自办	
武昌铁矿	湖北鄂州		自办	
王三石煤矿	湖北大冶	1891 年	自办	隶大冶运道矿务总局(后改称大冶铁矿)
李士墩煤矿	湖北大冶	1891 年	自办	
道士洑煤矿	湖北大冶		自办	
白杨林锰矿	湖北大冶		自办	
永和煤矿	江西萍乡	1921 年 7 月	自办	
福宁门煤矿	江苏江宁	1920 年 6 月	自办	
小花石煤矿	湖南湘潭		自办	隶萍乡煤矿
上沬铁矿	江西萍乡	1901 年购置		隶萍乡煤矿
白茅锰矿	江西萍乡			隶萍乡煤矿
白竺铝矿	江西萍乡			隶萍乡煤矿
盆头岭锑矿	江西萍乡	未开采		隶萍乡煤矿
金山店铁矿	湖北大冶	未开采		隶大冶铁矿
株树下煤矿	湖北大冶	未开采		隶大冶铁矿

续表

厂矿名称	坐落地区	开办时间	经营性质	备注
飞鹅尾煤矿	湖北大冶	未开采		隶大冶铁矿
华兴煤矿	湖北大冶	未开采		隶大冶铁矿
康中煤矿	湖北大冶	未开采		隶大冶铁矿
五福荫煤矿	湖北大冶	未开采		隶大冶铁矿
明家湾煤矿	湖北大冶	未开采		隶大冶铁矿
马头煤矿	湖北大冶	未开采		隶大冶铁矿
中山堖煤矿	湖北大冶	未开采		隶大冶铁矿
白峰尖煤矿	湖北大冶	未开采		隶大冶铁矿
陈家湾锰矿	湖北大冶			隶大冶铁矿
九州制钢所	日本九州	1915年	合资	
鄱乐煤矿	江西鄱阳	1919年	合资	
龙烟铁矿	河北龙烟	1919年	合资	
扬子机器制造公司	湖北汉口	1907年	合资	
振冶铁厂	安徽当涂	1914年	租采	
城门山铁矿	江西德化	1919年	合资	

资料来源：汉冶萍公司档案，转见《汉冶萍公司志》，第97页。

在上述厂矿中，以马鞍山煤矿、阳新锰矿、常耒锰矿、龙山铁矿、海城镁矿和汉阳红砖厂规模较大，但发展不平衡。总的来说，附属企业增强了公司经济实力，也扩大了公司在全国的影响。

汉冶萍颇具实力的专业运输船队在生产过程中发挥了重要作用。除"汉平"、"楚强"、"楚富"、"汉顺"、"汉兴"、"汉通"、"汉利"、"汉发"等8艘轮船外，铁厂又添置了"川正"等小轮，这些轮船将矿石从大冶运至汉阳晴川阁码头下卸，然后由火车运进铁厂冶炼。萍矿除"萍利"、"萍通"、"萍贞"、"萍达"、"萍寿"、"萍元"外，又添置了"萍福"等运煤船。公司在武汉、长沙、株洲、湘潭、上栗等地设有转运局或分销处，在武昌设有轮船修理处。这一切构成了规模庞大的煤铁开采冶炼的保障体系。

（五）公司规模跃居中国企业之冠

汉冶萍资产规模此时已跃升中国企业之冠。据外籍总工程师吕柏、总矿师赖伦1909年结算，汉冶萍总值4087万两。① 而同期（1909年）中国另一家大企业招商局轮船成本为261万两，轮船实值为450.92万两。此时招商局尚未对地产值进行估算。直到1913年，根据外国验船师的估算，招商局轮船实值390.34万两，地产实值1274.08万两，资产实际总值1664.42万两。② 也就是说，1909年汉冶萍资产总值是招商局1913年资产总值的2.45倍。

汉冶萍不仅资产庞大，开支也相当惊人。据1909年第一次股东大会公布的公司第一届账略结算，从1890年创办到1908年公司各项开支达2246万余两。③

汉冶萍在技术上也有重大突破，提出了中国第一部钢轨规范。各国路轨轨式虽不统一，但在一国之内均有规定定式，即统一路轨标准，"所以利交通，昭整齐，法至善也"。1911年，汉阳铁厂提出中国第一部钢轨《技术标准和验收规范》，仿照英国85磅轨式，作为中国轨式。此标准经奏准清廷，由邮传部颁布施行，将奏案及验轨章程、轨式图样刊本发行各路，以此作为轨式标准。④ 轨式统一对中国铁路发展的重要性是不言而喻的。

（六）公司巨大的发展潜力

更为重要的是，公司具有难以比拟的发展潜力，特别是在探矿方面有许多重大发现。外籍矿师赖伦1909年3月所写报告称，该公司除拥有汉、冶、萍厂矿外，在武昌县（今鄂州市）有含铁60%~65%的上等贝色麻铁矿一处，在九江附近有含铁约50%的铁矿一处，在萍乡上洙岭有含铁约60%的血石铁矿一处，在萍乡所辖的白茅和衡州两地均有含锰45%~55%的锰矿，在湘潭、衡州之间有小花石煤矿一处。除兴国锰矿外，湖南常德、耒阳锰矿也很有名，1909年3月至1910年1月共开采锰矿7600余吨，每吨3元多。

---

① 《盛档》（四）之《汉冶萍公司》（三），第93页。
② 《招商局史》（近代部分），第206、295页。
③ 鄂馆藏《汉冶萍公司第一届账略》。
④ 鄂档：《汉冶萍》上册，第379页。

白石也是烧炼钢铁的必备原料。1910年春，汉冶萍派人在广济县所辖的大黄荆林勘得白石矿，经检验为甲类矿质，其质量胜过大冶白石矿，遂通过广济县衙将此山买下。

此后，汉冶萍相继在兴国富池口找到储量1000多万吨的煤矿，在南京找到含铁60%左右的铁矿和含磷量极低的赤墨德（生铁）矿，在山东峰县找到可以炼焦的煤矿，在湘中找到铁矿……该公司在找矿方面捷报频传，硕果累累。

有了健全的管理体制和雄厚的物资基础，汉冶萍各项事业呈现蓬勃向上之势。

（七）公司进入第一个黄金期

盛宣怀在《汉冶萍公司第一届账略》前言中踌躇满志地写道："鄙人自得此铁矿以来，三十五年矣，肖肖白发，滚滚红炉，当竭吾生之心血，蔚成宇宙之大观。凡舟车之所需，皆江汉所取给。"盛氏豪气冲天的神态已跃然纸上。眼前的一切令外国人惊讶不已。他们的心态是复杂的，或觊觎，或诅咒，或羡慕，或赞许。"德国驻胶大臣过阅铁厂，极赞，谓不料中国亦能办成此一事。"[1]

国内舆论称赞道："大冶之铁，既为世界不可多靓之产，而萍矿又可与地球上著名煤矿等量齐观，是汉冶萍不独为中国大观，实世界之巨擘也。"[2]

此时的汉冶萍如日中天，正大步迈进在世界钢铁舞台上。汉冶萍不仅一度在亚洲钢铁行业雄踞首位，据说在全球也一度仅次于德国费尔克林根钢铁厂而居亚军。

汉冶萍在中国近代享有很高知名度，《中华实业丛刊》第10、11期合刊用这样的语言形容汉冶萍的特殊地位："阳夏一厂，冶萍两山，为全国富强命脉所系。"

随着厂矿规模的扩大，职工人数逐年递增，1914年公司职工近3万人，欧战时期超过3万人，是近代中国最宏大的一支产业工人

---

[1] 《盛宣怀未刊信稿》，第100页。
[2] 《汉冶萍公司过去及将来》，载《东方杂志》卷15，第10页。

大军。

汉冶萍的重大成就使盛宣怀豪情满怀，他说："汉冶萍为东方杰出之一事，震动欧亚，鄙人将老于此矣。"① 就是说，盛宣怀将把自己的余生托付给汉冶萍。后来，盛宣怀又说："弟则自喜钢铁，一见成效，即可拂袖入山。"② 再一次表达对汉冶萍的喜爱之情。

盛宣怀一生经营实业甚多，而投资额最大、耗费心血最多的当推汉冶萍公司，"所营实业，皆有成绩，表见于世，而汉冶萍厂矿为其大宗"。③

盛宣怀将汉冶萍与招商局进行对比，借此形象地概括自己的一生：

> 宣怀一生心血，以航业始，以铁业终。轮船招商局，只须步武日本邮船会社，以旧作新，不劳而理。汉冶萍钢铁，成败得失，数十倍于航业，成则钢舰、钢械、钢货皆足自办，而输出外洋，数必浮于丝茶，不难与美、德争胜，英、法瞠乎其后已。④

这番话，说得意味深长，给人一种"烈士暮年，壮心不已"的感觉。特别是"以航业始，以铁业终"，高度概括了盛宣怀自己波澜壮阔的一生，也强调了汉冶萍的独特地位。

商办最初几年的汉冶萍，光焰普照，闻名遐迩，公司迎来了历史上的第一个黄金期。

四 公司经营状况的改善

汉冶萍公司成立后，外部环境有了较大改善，经济实力明显加强，又有了较为完善的管理制度，其经营情况大为好转。由于股东入股踊跃，公司实力大增，汉阳铁厂经过改造后生产能力提升，萍矿煤焦产量亦有所增长，故1909～1910年公司出现了少有的盈余。详见表4-7。

---

① 《致前岳常醴韩道台》（1909年5月10日），载《盛宣怀未刊信稿》，第166页。
② 《致前南北洋大臣端午帅函》（1910年1月20日），载《盛宣怀未刊信稿》，第204页。
③ 《行述》，载《愚斋存稿初刊》，思补楼藏版，中国书店印行。
④ 《盛宣怀致袁世凯函》，载《盛宣怀实业函电稿》（下），第796页。

表4-7 汉冶萍公司商办早期账略总汇

单位：规元两

年 份	总收入	总支出	转为固定资产或其他项目	实际盈亏
1908	4739113.3	8235707.4	3496594.1	0
1909	—	—	—	+10934.3
1910	7810999.3	11486058.3	3720606.7	+45547.7
1911	6518724.3	9729828.6	1577038.7	-1634065.6

资料来源：鄂馆藏《汉冶萍公司第一、三、四届账略》、《汉冶萍第一届至第十届账略盈亏总表》。

这里要说明几点：

一是在湖北省档案馆无法查到汉冶萍公司第二届（1909年）账略，只在馆藏汉冶萍公司其他档案资料中查到公司1909年的盈亏数，只好暂列其中，以免阙如。

二是汉冶萍规模十分庞大，汉厂、冶矿、萍矿等厂矿各有账略，内容非常繁杂。总的来说，商办早期汉阳铁厂、萍乡煤矿依然亏损，而大冶铁矿继续盈余。详见表4-8。

表4-8 商办早期汉冶萍主要厂矿盈亏情况表

单位：规元两

厂矿名	项 目	1908年	1910年	1911年
汉阳铁厂	收 入	2065955	4549122	-2483167
	支 出	3951637	7098618	-3146981
	盈 亏	3804581	5883527	-2078946
大冶铁矿	收 入	303585	265903	268692
	支 出			
	盈 亏			
萍乡铁矿	收 入	2673157	3686585	-1013428
	支 出	3859361	4387439	-528078
	盈 亏	2714142	3846301	-1132159

注：大冶铁矿与汉阳铁厂合记一本账，尚未独立建账，此项收入系指冶矿卖给铁厂的铁矿石收入，不含卖给日本的铁矿石收入。

资料来源：《汉冶萍公司档案史料选编》所载公司第一、三、四届账略。

这种状况的出现，是与汉冶萍总体形势相一致的。商办初年，铁厂基建工程虽已完成，但焦炭供应极度紧张，生产时断时续；而萍矿运输铁路虽已修通，但连接武汉的粤汉线尚未建成，严重影响萍焦、萍煤的外运，故汉厂、萍矿出现亏损难以避免。而冶矿基建工程早已竣工，且开采的主要为露天铁矿，采矿成本较低，因此，冶矿出现盈余是件很正常的事情。

这里要顺便指出：迄今我们尚未查到汉阳铁厂及汉冶萍公司在官办与官督商办时期的账略，无法对其经营情况进行分析。从盛宣怀督办其他企业的情况看，汉冶萍公司至少在官督商办时期应该是有账略的，我们希望公司这一时期的账略能尽早披露。

汉冶萍商办时期的账略主要藏于湖北省档案馆，这是一套弥足珍贵的资料。但非常遗憾：一是这套账略已有残缺，如缺第二、第十届账略；二是部分账略破损严重，湖北省档案馆根据有关规定不对外开放，这也给我们的研究和撰写工作带来不便。

第三节 汉冶萍举借日债及后果

汉冶萍在经济表面繁荣的背面，拖着一条长长的债务阴影。而汉冶萍的最大债主是对公司垂涎已久的日本。

向日本借款是影响汉冶萍命运的一个特别沉重的话题。

日本借钱给汉冶萍的直接目的是想长期、稳定地获得大冶铁矿石，最终把整个公司变成自己的经济附庸。而公司总理盛宣怀等人为筹措公司发展所需的巨额资金，虽明知贷款是日本人设计好的圈套，仍不顾一切往里钻。双方各有所求，中日近代交往史上一场没有硝烟的矿石争夺战开始了。

一 汉冶萍公司举借日债

（一）日本以占有冶矿为目的贷款

盛宣怀对日本有一个基本认识：中国要富强，必须以日为师。他1908

年东游日本后在一封信中写道："该国地狭民穷，而于财政上不遗余力，讲求实业，处处维持工商，不似吾家空文敷衍。倘能起而学之，择善而行，地大物博，富强指日可造。"① 正是从这一点出发，盛宣怀开始大量向日本借债。

从 1902 年起，日本以兴业银行名义向汉冶萍提供 300 万日元，用于预购矿石的活动开始秘密进行。这次活动仍由小田切出面联络。实际上，这次日方借贷是由日本内阁会议通过，并由内阁总理大臣做出的最终决定。包括向汉冶萍贷出的 300 万日元在内，日本对华贷款的绝大部分资金来自日本大藏省储金司，兴业银行不过是名义上的经手人罢了。②

盛宣怀同日方为磋商借款条件进行了较长时间的谈判。日驻沪总领事小田切 1903 年 3 月 27 日致外务大臣小村密电称，他"曾寻求机会不露痕迹地与盛宣怀进行商谈"，而盛氏在谈判中对日方的低价格持有异议，对此小村 8 月 17 日表示："万一盛宣怀方面对上述价格不同意，以致本件不能成立时"，可以略微提高一点矿石价格。

公司还有一个可以借钱的潜在对象是德国。可能德国人在同公司打交道时没有日本人那么精明，因此"盛宣怀同驻大冶德国技师及铁厂某人商谈后，情况为之一变"。这就为中日双方最终签订合同扫除了障碍。盛宣怀急于就合同条款达成一致："目前官本无可拨，商股无可加，洋债无何抵，数年以来，焦头烂额，日夜思维，始得此无中生有一线之生机，实属转败为胜、百年之要策。"③ 如此冠冕堂皇的话不过是面临诱饵饥不择食的托词而已。

（二）公司多次向日本借款

由于张之洞等朝中重臣虽总体上赞成签订中日矿石合同，但对某些条款仍心存疑虑，故盛宣怀向日本借款合同的正式签订被一再延宕，最终于 1904 年 1 月 15 日签订了《大冶购运矿石预借矿价正合同》，日本人的用意就是要把大冶铁矿牢牢掌控在自己手中，不准他国染指，从而实现对这一

---

① 《盛宣怀致张望屺函》（1909 年 2 月 25 日），载鄂档《汉冶萍》上册，第 538 页。
② 代鲁：《汉冶萍公司所借日债补论》，《历史研究》1984 年第 3 期；《张国辉集》，第 282 页。
③ 《愚斋存稿》卷 62，电报 39，第 7 页。

矿山的长期独霸。盛宣怀在这一丧矿失权的合同上签字，当然要负上不可推卸的历史责任。

盛宣怀要实现自己的远大目标，除向外国银行借钱外似乎没有更好的选择。1908 年至 1910 年，公司举借外债多达 11 次，债主有麦加利银行、东方汇理银行、德华银行、礼和银行、捷成银行、华俄道胜银行、义品洋行（六合公司）、汇丰银行等。货款数目最小者为 1908 年向捷成洋行借款 8.2 万两，最大者为 1910 年向华俄道胜银行、东方汇理洋行举借洋例银 100 万两。[①]

截至 1911 年，汉冶萍共欠内外债务约 2200 万两，其中内债包括预收邮传部钢轨价款 200 万两，川汉铁路总公司预售款 100 万两以及向沪、汉各钱庄的借款等；外债则指预收日本购买生铁价款 600 余万元和矿石价款 200 余万元，以及汉冶萍向横滨正金、华俄道胜、汇丰各洋行的借款、三井洋行的纱厂押款等。其中向日本借款共达 1200 余万元，且都附带有苛刻条件。这些借款中，对汉冶萍危害最大的当属日本横滨正金银行为购买大冶铁矿石而预付的款项。日本正是利用这些借款，一步一步向汉冶萍公司渗透。

如此巨额债务本息使汉冶萍如牛重负，步履艰难。据统计，从官督商办之初到民国初年，汉冶萍公司支付给各银行、商号的利息以及分配给股东的股息共达 1000 余万两，约占汉冶萍同期总支出的 1/3。[②] 在此情况下，汉冶萍公司难以进行资本积累和扩大再生产，故在革命风暴来临之时，庞大的汉冶萍竟不堪一击，立即陷入重重危机之中。

据学者研究，包括 1903 年汉阳铁厂向日本大仓组借期一年的 20 万洋例银在内，汉阳铁厂及后来的汉冶萍公司 1903 年至 1911 年期间向日方借债多达 13 笔。借款详情见书后附表五。

据学者统计，1903 年至 1911 年日本向汉冶萍公司提供的贷款达 1200 余万日元。[③] 正如张国辉先生指出的那样，通过借款"多年来日本梦寐以求控制大冶铁矿作为八幡制铁所原料基地的图谋终于全部实现"[④]。上述借

---

① 徐义生编《中办近代外债史统计资料》（1853～1927 年），中华书局，1962，第 42～50 页；全汉昇：《汉冶萍公司史略》，第 133 页。
② 全汉昇：《汉冶萍公司史略》，第 131 页。
③ 按汪敬虞《中国近代工业史资料》第 2 辑，第 120 页插页所列数定计算，转引自《张国辉集》，第 127 页。
④ 《论外国资本对洋务企业的贷款》，载《张国辉集》，第 127 页。

款的"本息均以大冶矿石作为偿还手段,从而使汉冶萍公司长期无法摆脱日本势力控制。而日本政府利用在表面上是'商业关系'的贷款,逐步取得萍乡煤矿、大冶铁矿的采掘权,进而'使企业管理权归于本邦之手'"①。

日本人为达到占有冶矿、萍矿及整个汉冶萍公司的目的是不择手段的,包括恫吓、欺骗、阻挠、威逼,种种花招,不一而足。②

盛宣怀对向日本借款的危害还是有所认识的。永泷1907年5月2日致外务大臣林董密函中称:"盛宣怀唯恐重蹈前数年大冶借款覆辙,故希望此次萍乡煤矿局和汉阳铁政局借款,仅限于商业上关系,不欲本领事或银行介入其间。"

盛宣怀之所以不愿日本驻华领事或日本银行介入冶矿、萍矿和汉厂向日本借款之事,是担心日本当局和银行将正常的商业行为变成日本势力渗入汉、冶、萍事务的政治行为。盛宣怀的忧虑不幸而言中。

(三) 盛宣怀赴日期间继续商谈借款事宜

经朝廷批准赏假两月,盛宣怀赴日本就医,1908年9月2日乘"钧和"兵轮出发,到吴淞口外换乘美国商船"高丽"号直驶横滨,此行一边就医,一边考察日本钢铁工厂,盛宣怀说:在东方只有"日本制铁所与我并峙,彼之总理曾已亲来汉考察,我亦宜往一行,借资互证"。③盛这次赴日就医也包含继续商谈借款事宜。

盛宣怀在日逗留期间,与日本首相桂太郎、外相小村寿太郎、新任日本驻华公使伊集院彦吉、日本银行调查局局长片山贞次郎、日本陆军中将兼制铁所长官中村雄次郎、日本前首相伊藤博文等进行了广泛接触。

在与日本朝野人士的多次会见中,盛宣怀同日本首相、外相、驻华公使、制铁所长官的会见都十分引人注目。盛宣怀受到日本的破格接待,日

---

① 《日本农商务大臣、外务大臣、大藏大臣致内阁总理大臣请求阁议案》(1905年8月21日),载《日本外交文书》卷38第2册,第207页,转引自《张国辉集》,第127页。
② 《招商局与汉冶萍》,第191页。
③ 《愚斋存稿》卷23,第29页;《盛档》(四)之《汉冶萍公司》(三),电稿,第1063页。

本制铁所长官中村雄次郎说:"东亚惟汉厂与制铁所并峙,近来名誉远播,欧美至为震惧,煤铁报章至论之为黄祸西渐,极力筹抵御之策,美、德各厂已经联合,而国家又任保护。"①

盛宣怀有点受宠若惊,接过中村的话头说:"我两厂亦宜实力联络,何妨先就目前做一小交易,以免徒托空言。"②

做什么"小交易"呢?盛宣怀向中村表示:买钢筒一万吨,售生铁、萍焦各一万吨,"中村允俟回所商量,握送而别。"③ 这桩私下的交易并未正式签署合同。

盛宣怀在日本大力鼓吹中日亲善,他对日公使伊集院说:"中日同种同文,兄弟之国,讲求亲睦之道,须在实际不可徒托空言,即从商务而论,铁为日本所至急,而出数甚少,汉厂不惜大冶矿石公道售济,此其一端。总之,有无相通,患难与共,相依如唇齿,相顾而辅车,方不愧兄弟二字。"④ 这种亲日言论,虽是一种外交语言,却也部分道出了盛宣怀向日本出售大冶铁矿石的真实意图。

盛宣怀同日本首相桂太郎、外相小村寿太郎的会谈更值得重视,因为这两次会谈首次提到所谓"中日合办"汉冶萍之事。桂太郎在同盛氏会谈时直截了当:"鄙见最好两国合办,贵国富原料,敝国精制造,资本各半,利益均分。"他还具体建议:"贵大臣此次到制铁所应详细阅看,或可商量一合办之法。"而小村在同盛宣怀会晤时,互相谈了一些十分热情的话,小村强调:"合资如办事其利厚而活。"⑤ 合资的对象,首先是汉冶萍。虽然日本"合办"汉冶萍的野心此时尚未实现,却给民国初年的"合办"埋下了种子。

盛宣怀的行程排得很满。11月1日,盛宣怀前往日本制铁所参观,现场了解日本钢铁业发展情况。

盛宣怀在日本逗留期间,未停止与之进行借款谈判。1908年11月14

---

① 《愚斋东游日记》,思补楼藏版,第17页。
② 《愚斋东游日记》,第40页。
③ 《愚斋东游日记》,第40页。
④ 《愚斋东游日记》,第18~19页。
⑤ 夏东元编著《盛宣怀年谱长编》下册,第889页。

日，汉冶萍以矿山作抵押，与横滨正金银行签订借款 50 万日元的合同。此时因光绪帝、慈禧太后先后逝世，盛宣怀提前回国奔丧，于 11 月 25 日返抵上海。

盛宣怀回国之后，又与日方签订了多份借款合同。1909 年 3 月 21 日，与汉口正金银行签订举借洋例银 50 万两的合同。9 月 24 日，小田切从日本来到上海，转述日本高层的意见，邀请盛宣怀"速赴东洋面商铁事"。

尽管盛宣怀 1911 年 10 月之前再未赴日，但却于 1910 年 11 月 11 日聘请日本人高木陆郎任公司驻日本商务代表，年薪 7000 日元。以一个日本人作为公司驻日本的商务代表，这当然是一件非常值得深思的事情。

（四）日美对冶矿的争夺

中日借款谈判仍在紧张进行。从 1910 年 9 月到辛亥革命爆发前的 1911 年 3 月，汉冶萍向日本横滨正金银行及三井物产会社连续借款 5 次，总额 927.712 万日元。[①] 这些借款有一重要背景是汉冶萍向美国大来洋行出售生铁案。

1910 年 3 月 22 日签订的合同中规定汉冶萍每年向西方炼钢公司出售马丁炉炼钢生铁最少 3.6 万吨，最多 7.2 万吨，由大来洋行负责运往美国。1909 年，汉阳铁厂已向"美国钢铁公司交付生铁 2 万吨"，[②] 虽然西方钢铁公司很快就陷入财政困难，未能完全履行上述合同规定的权利与义务，但此事却引起了日本政府的关注。1910 年 3 月 26 日下午，日本驻沪总领事有吉奉外务大臣小村之命访问盛宣怀，盛坦然相告："订合同乃通常之买卖，毫无保密之必要。"盛还说："大来公司原属太平洋轮船公司之代理店，该轮船公司……乃常运汉阳生铁至美国出售，获得意外好成就。"

同年 3 月至 4 月，日本大藏省、外务省、日驻华总领事相互频致密电，了解事态的最新进展。日本驻大冶铁矿监督西泽公雄在其中扮演了十分重

[①] 根据《汉冶萍与日本关系史料》第 1114~1116 页中有关数据推算，参阅《盛档》（四）之《汉冶萍公司》（三），第 151~155、159~160 页；鄂档《汉冶萍》上册，第 592~596 页。

[②] 《日本外交文书》第 2 册卷 43，文件号 653，转引自《汉冶萍与日本关系史料》，第 168 页。

要的角色。

1909年4月14、17日西泽两次致函制铁所长官中村，向中村汇报：他于4月11日夜紧急会见盛宣怀和大冶铁矿总办王锡绶，并发表声明称："美国购买大冶矿石，不仅出于政略上企图将来在长江流域掌握利权"，而且"是因为美国最优质之铁矿逐渐频于缺乏，结果不得不乘机插手东亚"。这对于日本是"绝对不能容许之事"。西泽肆无忌惮地扬言中国事先不知照日本，"不能不说是有损于中日两国之邦交"。他危言耸听："像现在这样，把作为担保品的狮子山之矿石供应汉阳（铁厂），则将来二十多年间我国制铁所用之原料，将有陷于枯竭之虞。"

一个日本技师竟然以教师爷的口吻与盛宣怀这样的重要级人物交涉，不仅横蛮地要求狮子山铁矿停止对汉阳铁厂的矿石供应，而且出言不逊，直接要求"盛宣怀必须尊重（日本）既得利权"。西泽还特别提醒中村："今见美国之入侵，知列强对扬子江野心之大，我国人之警觉，更亟需提高。"在日本的巨大压力面前，汉冶萍负责人表现得异常软弱，李维格4月23日复函西泽时作可怜状："弟向来办事，于公理之外，最喜参以情意，故非万不得已，不愿即据理直争。况尊处与敝处交谊更非恒泛可比。"

西泽的颐指气使和李维格的唯命是从形成鲜明的对照，说明日本向汉冶萍所谓"预购矿石"，完全不能反映平等的资金借贷关系，日本人居然以主子的姿态居高临下对待中国高官、富商。

此时盛宣怀、李维格虽然对与日本签订借款合同非常热心，但对日本的某些做法还是保持一点戒备，1908年"冬面议汉冶萍不可再借日款，自系老成持重之见"。① 既然"不可再借日款"，那到底从哪里借钱？据说，1908年9月，"政府与美国密约欲将铁厂归美办，已派美工师由沪赴汉考验，现值少川（唐绍仪）赴美……"盛宣怀特于9月26日致函李维格："美国人看厂少川主使，欲借美款改官办。"

我们对美国欲接办汉阳铁厂或清政府欲借美债将铁厂改归官办之

---

① 《盛宣怀致李维格函》（1909年2月7日），载《盛档》（四）之《汉冶萍公司》（三），第53页。

事知之不详，所知道的是，汉冶萍不顾日本方面的反对，多次向美国出售生铁，1910年5月27日第一批生铁在汉阳铁厂装载上船，准备运往美国。当日本再次就此进行交涉时，盛宣怀做出的解释是，1904年1月15日签订的合同"只说不得卖与中国地方有洋股之铁厂，并未订明外国地方全系外人资本之铁厂亦不另卖"。对此日方则强辩："即使同我国所订合同中无明文规定，亦应先同我国磋商，从道义上讲，乃系当然之理。"① 合同中并未作任何规定，日本仍强迫汉冶萍停止向他国出售生铁，并称这是汉冶萍应承担的"道义"，日方的态度是何等专横无理。

（五）日本企图全部买断汉冶萍生铁和矿石

此时，日本八幡制铁所正在快速发展，但仍未满足国内经济发展和对外扩张的需要。1901年至1905年，日本国内对生铁的年均需求量约12万吨，钢约25万吨，1906年至1910年，二者年均需用量各增为26万吨和46万吨，但日本国内生铁和钢的自给率分别只有60%和40%。为此，日本加紧了对八幡制铁所的扩充增建。1906年至1909年间，该所完成了年产18万吨钢的第一期扩建工程。②

为了更好地解决制铁所所需的原料供应问题，日本政府于1910年10月委派制铁所长官中村雄次郎来华与盛宣怀进行密商。中村10月20日抵沪，25日到汉阳，26日抵大冶，受到公司高层的"优待欢迎"。双方经过商谈，"制铁所扩充已定议"，③ 即双方就汉冶萍为日本铁厂扩充增建提供矿石、生铁之事达成了协议。

日方公然向汉冶萍提出全部买断该公司生铁、矿石的要求。是年11月7日，中村雄次郎致函汉冶萍时要求："如再有多余生铁、矿石……当先尽问敝所愿否购买。如不愿再购，贵公司即售与他人。"对中村这样的非分

---

① 《日本外交文书》第2册卷43，文件号651、652，转引自《汉冶萍与日本关系史料》，第160~167页。
② 参见代鲁《从汉冶萍公司与日本的经济交往看国家近代化的政治前提》，《中国经济史研究》1988年第4期。
③ 见《盛档》（四）之《汉冶萍公司》（三），电稿，第1264~1267页。

要求，盛宣怀、李维格在回函时并未直接进行反驳。

（六）盛宣怀步步退让的原因

据日本人猜测，在向日本借款 200 万日元商谈的过程中，盛宣怀可能怀着某些个人目的，据永泷 5 月 2 日致林董的密函中透露："此项借款金额，虽有一部分系充萍乡矿局费用，但另一部分似将供盛氏自己私用。"这也许能解释，为什么当借款合同中一些条款严重地损害大冶铁矿、萍乡煤矿乃至整个汉冶萍的利益时，盛宣怀仍敢冒天下之大不韪，在这些合同上签字画押。不过，永泷未能拿出证据来证明一部分借款被盛宣怀"私用"了。

日方是把这次借款视为盛宣怀的个人行为。在很多日本人看来，盛宣怀是只肥羊。据三菱洋行和日本媒体估计，盛氏财产达到惊人的 4087 万元，其中汉阳铁厂 1227 万元，大冶铁矿 1130 万元，萍乡煤矿 1550 万元，轮船及码头 175 万元，扬子机器公司 5 万元。[①] 不论这种估计是否准确，日本人要盛宣怀个人对借款作担保，可以达到一箭三雕的目的：既可以保证贷出之款的绝对安全，又可以伺机向汉冶萍渗透，再就是如果汉冶萍公司无法按期还款，日方可以随意处理盛宣怀的巨额个人财产。顺便指出一点，日本人所称的 4087 万元，是汉冶萍的资产，不全是盛宣怀的个人财产。据日本人声称，盛宣怀将自己的全部私产几乎都投进了汉冶萍厂矿，当盛氏年纪渐老、身体又有病时，急于将自己投进的资金收回来，他只能靠外债来填补资金缺口，于是他在主要债主——日本人面表现出奴颜婢膝的样子也就不足为奇了。

（七）日本对盛宣怀的死死相逼

1911 年初，中国正值辛亥革命前夜，盛宣怀的处境已异常危险，他向小田切提出暂停对日借款谈判，但小田切哪肯善罢甘休，他以所谓"难保其（指盛宣怀）在此期间不采取某种形式从他国借款"为由，要求盛宣怀

---

① N. C. H.，1912 年 2 月 10 日，第 361 页，转引自聂宝璋、朱荫贵编《中国近代航运史资料》第 2 辑（1895～1927）上册，中国社会科学出版社，2002，第 596～597 页。

确保日本"在汉阳、大冶取得优先权",盛宣怀虽在口头上表示过:"公司今后如以汉阳、大冶作担保进行借款,就必须尽先与日本洽商",但日方仍要盛氏做出"书面保证"。①

为了确保在汉冶萍的既得利益,日驻华公使伊集院1911年4月26日致外务大臣小村的信中说:"由于盛宣怀的健康关系以及周围的情势,很难预料他在何时死去或者垮台,万一发生上述情况,则关于本件借款之商谈将较前更为困难。"

日方加快了谈判速度。1911年5月1日,《预借生铁价值续合同》签订,其主要内容为:汉冶萍向日本横滨正金银行订借1200万日元,期限15年,年息6厘。中村雄次郎、盛宣怀、李维格、小田切分别代表双方在"续合同"上签字。为了减少中国国内的反对声浪,"续合同"第五款规定:"此借款并无抵押,但公司亦不将公司所有汉阳、大冶两处现在及将来一切产业抵押他国借款,如将来欲将此汉、冶两处产业抵押借款,须先尽银行。"在这次合同及此后的合同中均载明一条:"本合同字句如有疑义,以日文为准。"这当然是一种强者为王的逻辑。

中国国内反对借款一事的声音越来越大,小田切特别向正金银行总经理高桥叮嘱:"有严守秘密之必要。"② 此时,汉冶萍董事会内部对此事也持有不同意见。据盛宣怀称:"今日将合同提交董事会求得通过,实则极为困难,而且反有误事之虞。"盛的打算是等待"董事会改选后,将总管处设在汉阳",他的心腹董事将在总管处担任要职,由总管处代替董事会,"然后履行本合同"。日方小田切认为,对此时的盛宣怀应采取两面手法,一方面"大感不快,对此采取强硬主张并非难事",另一方面,"除非万不得已,不能粗暴从事……对他不严格追究,灵活使用他"。③

日本虎视眈眈,只要日方董事会和汉冶萍总管处通过1911年5月的

---

① 《日本外交文书》第2册卷44,文件号574,转引自《汉冶萍与日本关系史料》,第197页。
② 《日本外交文书》第2册卷44,文件号588,转引自《汉冶萍与日本关系史料》,第211页。
③ 《日本外交文书》第2册卷44,文件号590,转引自《汉冶萍与日本关系史料》,第212~213页。

"续合同"，日方就可以大张旗鼓地"渗入"汉冶萍各厂矿。1911年8月23日，小田切致函正金银行总经理高桥，提出日方"在此期间，可观察公司状况和外国动静，随机应变，乘机有可能使我国势力渗入汉阳、萍乡之利"。9月26日，日本政务局长分别向外务省石井次官、大藏省桥本次官、正金银行小田切董事、日本银行高桥总裁和正金银行总经理、制铁所长官发出函件，准备9月28日"假外务省关于召开汉冶萍煤铁厂借款案协商会议"。这是一次决定汉冶萍生死存亡的高端会议，出席者包括日本技师西泽，却没有任何一名中方人员。

正当日本准备大规模渗入汉冶萍的时候，一场发生在湖北武昌的革命打乱了日本的部署，却又为日本提供了鲸吞汉冶萍的良机。

二　举借日债的巨大危害

（一）日本将冶矿变为国中之国

日本借款给汉冶萍公司的合同中明文规定将大冶铁矿作为抵押品，而日本对大冶铁矿的掠运是以武力为后盾的。

20世纪初，日本派遣"龙田"、"神风"、"满洲"、"千早"等军舰在大冶一带游弋，为日本运矿船只护航。大批日本政客、商人纷纷来铁山一带"旅游"，这些人居心叵测，他们瞄准的不是当地风景，而是铁山矿石。日本人将铁山变成了日本的"国中之国"。日本监督西泽公雄也似乎成了铁山的主人。甚至连铁山地方的治安管理权也完全落入了日本人之手。

铁山被日本控制的局面使盛宣怀、李维格非常担心。1908年6月1日，盛宣怀收到李维格来电："格所虑者大局如此，万一江上有事，借口保护派兵登岸，事未通天，宫保如何担当得起！或平日东人之游历者络绎如今日之大冶，亦非所宜。"盛宣怀也对日本人以履行合同为由，派兵在大冶强行登岸或随意赴冶"旅游"深感忧虑。

日本作为债主，属强势一方，其蛮横态度始终未改。1908年6月20日，当盛宣怀派人与日方代表铃木磋商借款合同时，"铃木云一字不能改，如要改,即罢议"。① 态度何其嚣张。

更为严重的是,日本运矿船员竟行凶杀人。1910 年 10 月 9 日,"大冶丸水手酒醉刀杀趸船水手耿文甫身死,群愈思逞",当地官府对愤怒民众进行了弹压,"东人感谢"。这不过是日本人在大冶胡作非为的一例罢了,杀人犯两三天后便被放回日本。②

显然,日本人将铁山变成了不受中国政府管辖和中国法律约束的独立王国。

在武昌起义爆发前 9 天,日本内相原敬 1911 年 10 月 1 日听取日本驻大冶铁矿监督西泽公雄的汇报后,在日记中写道:"不管怎样,不妨把大冶地方视为我之势力范围。"③ 汉冶萍面对的是日本人贪婪的目光和无穷的欲望。

(二) 日本吞噬大冶铁矿的野心

日本在铁山建立国中之国的目的是占有这里的优质铁矿石。对此日本人并不避讳。

日本以兴业银行名义向汉冶萍提供 300 万日元贷款的合同签字之前,日本驻沪总领事小田切 1903 年 2 月 6 日致电日本外务大臣小村寿太郎,提出与盛宣怀谈判的三项条件:(1) 煤矿不得出让或抵押与其他外国;(2) 铁矿石价格在合同规定年限第一期期末妥善商定;(3) 借款由铁矿石价偿还。日本人的意图非常清楚,长期控制大冶铁矿,为日本八幡制铁所提供可靠的原料供应。小村 3 月 10 日致小田切密电称:"我国对大冶铁矿方针,在于使其与我制铁所关系更加巩固,并成为永久性者;同时,又须防止该铁矿落入其他外国人之手。此乃确保我制铁所将来发展之必要条件。因此,借款期限亦当以尽可能长期为得策,故特定为三十年。"

由此不难看出:把大冶铁矿变成专一向日本提供铁矿石的基地,已成为日本政府的一项既定方针。这种借贷不是什么单纯的经济行为,而是以掠夺中国矿产资源为目的的政治行为。

---

① 见《盛档》(四) 之《汉冶萍公司》(三),电稿,第 1040 页。
② 见《盛档》(四) 之《汉冶萍公司》(三),电稿,第 1260~1261 页。
③ 〔日〕升味准之辅:《日本政治史》第 2 册,商务印书馆,1997,第 429 页。

日本官方人士在互致密函时，对从掌控大冶铁矿的采掘权入手进而吞噬这座矿山的野心是毫不掩饰的，相互交换看法时也是直言不讳的。1905年8月2日，日临时兼任外务大臣桂太郎在致大藏大臣曾祢的密函附件中称：

（1）大冶铁矿及萍乡煤矿之采掘权，将来应看准时机，使其全归于我国。

（2）上述两矿之经营及汉阳铁政局（指汉阳铁厂）和兵工局之经营，必须以聘用日本技师负责业务为条件，提供资金，其管理权亦须归于我国。

大冶铁矿正是沿着日本人设计好的线路，一步一步滑入他们早就挖掘好的深坑。

第五章 惊涛骇浪

——汉冶萍在困境中的挣扎（1912~1918）

第一节 一场险恶的中日合办案

武昌城头的枪声宣告了一个崭新时代的来临。汉冶萍公司在这场革命中受到空前冲击。心怀叵测的日本人乘虚而入，推销所谓的中日合办。在全国人民的反对声中，这幕闹剧草草收场。

一 辛亥革命对公司的冲击

汉冶萍在辛亥革命之初受到了巨大的冲击。公司最高掌权者盛宣怀成为这场革命的直接打击对象。时任邮传部尚书的盛宣怀因鼓吹"铁路国有"政策在四川等地激起保路风潮，成为武昌起义的导火线。为了平息民众愤怒，清政府于1911年10月26日下令将盛宣怀革职，"永不叙用"。（图5-1）

盛宣怀慌乱之中于10月12日藏身于横滨正金银行北京支店长实相寺寓邸。日本驻华公使伊集院、美国银行团代表司戴德、英国驻华公使朱尔典及法、德驻华使节为了各自利益都极力将盛纳入其保护之下。10月28日晚盛氏搭乘特别快车从北京急赴塘沽，"行色匆匆，危险异常"，英、法、德、美四国各派两名士兵护送。当天盛从天津搭乘德国轮船"提督"号，于30日抵达大连，随行者除其家眷外，还有高木陆郎及华人一名。未久盛又经大连、芝罘转往青岛，后乘"台中丸"直达神户，亡命日本。[①]

---

① 《日本外交文书选译——关于辛亥革命》（以下简称《关于辛亥革命》），中国社会科学出版社，1980，第51~55页；《汉冶萍与日本关系史料》，第275~280页。

图 5-1　辛亥革命后的盛宣怀（中）

辛亥革命后，日本派"满洲"、"千早"、"神风"等军舰驶往大冶，长江江面上还有"伏见"、"秋津洲"、"对岛"、"隅田"4艘军舰，日本还准备从旅顺口、横须贺、濑户内海调"龙田"、"卷云"、"敷波"等军舰来大冶，对革命政权进行恫吓。日本利用盛宣怀东逃之机，竭力扩大在汉冶萍的势力，扬言日方对大冶铁矿"有理由以国家自卫权名义加以保护"。日本人称："大冶地区之治安，一向仰赖我警备舰艇维持，故此时应以继续保持警备力量为名，派若干陆战队在大冶登陆，实为有利。"在强大的日本武力面前，革命军难以行动。日本人称，革命军"曾准备占领大冶矿山，但因我国军舰'龙田'号碇泊于该地，因而踌躇未决"。日本威胁道："如果革命军实行武力占领，我国为维护本国利权，不能默然置之。"①

盛宣怀出逃后出演了一幕所谓"中日合办"汉冶萍公司的闹剧，而这场闹剧又与中国政府向日本借款密切相关。

1912年1月1日，以孙中山为临时大总统的南京临时政府宣告成立，需要金钱来维持政权的运转（图5-2）。据著名实业家张謇预算，临时政

---

① 《关于辛亥革命》，第101、102、139、183~184页。

府一年的军费开支约 5000 万两，中央行政与外交至少需要 3000 万两，加上其他支出，一年的财政支出约 1.2 亿两，而岁入仅有海关税和两淮盐税共 4000 万两，每年的财政赤字最少 8000 万两。①

临时政府准备将汉冶萍公司抵押借款。孙中山回国的当天，通过陪同他到上海的日本人宫崎寅藏和山田纯三郎向三井物产提出了借款要求。

宫崎寅藏，号滔天，早年参加同盟军，系孙中山至交。通过宫崎等人的活动，三井物产上海支店长藤濑政次郎提出以合办汉冶萍公司为条件，向中方提供 500 万日元，孙中山接受了这一条件。② 三井物产常务董事山本条太郎在八幡制铁所长官中村雄次郎及日本外相内田、首相西园寺的支持下，决定向中方贷款。

图 5-2　南京临时政府大总统孙中山

此时的汉冶萍正处于风雨飘摇之中。

武昌首义对汉冶萍造成巨大冲击。汉阳铁厂与武昌仅一江之隔，在炮火中其厂房、机器设备受到严重损毁。据盛宣怀称："此次大别山党军架炮，铁厂危如压卵。"③ 他又说："汉厂新炉受炮揭，华洋人均星散，萍矿尚无消息，冶矿幸无恙。"④ 战火使汉阳铁厂损失惨重，三座高炉因值班人员匆忙逃离而被迫熄灭停炉，致使炉膛中的铁水凝结成块，事后要用炸药才能炸开；铁厂所属造砖厂被人侵占；建于汉阳伯牙台（今琴台）准备给洋匠居住的洋房也被军方占用，均长"借"不还。与此同时，化铁炉用的火砖需从欧洲进口，因受战争影响这些砖迟迟未能运到。直到 1911 年 11 月、12 月和 1912 年 4 月，三座化铁炉才先后修复。其间，萍乡煤矿也因

---

① 张孝岩：《南通张季直先生传记》，中华书局，1930 年影印本，第 169 页；范福潮：《清末民初人物丛谈》，湖北长江出版集团、湖北人民出版社，2009，第 32 页。
② 〔日〕升味准之辅：《日本政治史》第 2 册，第 429 页。
③ 《盛宣怀致王存善函》（1911 年 11 月 9 日，大连），载《盛档》（四）之《汉冶萍公司》（三），第 195 页。
④ 《复李伯行函稿》（1911 年 10 月 17 日），载《盛宣怀未刊信稿》，第 213 页。

战争影响而不能维持正常生产。公司第四届账略这样描述公司所受损失："武昌起义,烽火弥天,警耗迭至,保护洋匠出险,资遣工匠回籍,机炉熄火停炼,材料委弃遍地。当南北鏖战之时,移铁作墙,炉顶架炮……"

不仅盛宣怀逃之夭夭,各厂矿总办也纷纷出逃。冶矿总办王锡绶"临时告退",继任总办刘维庆与汉阳铁厂临时总办舒修泰一起逃往上海。他们的逃亡更加重了公司损失。据公司董事兼总稽查陈廷绪赴各厂矿实地调查,汉冶萍因这场战争所受损失达372.48万规元两。①

公司生产出现萎缩或陷入停顿。1912年,汉厂只产铁7989吨,钢3321吨,大冶铁矿运往汉阳铁厂的铁矿石只有13435吨,而同年萍矿产煤和焦炭分别为243923吨和29834吨。这些数字只分别相当于武昌首义前一年(1910年)相应数字的6.6%、6.6%、5.4%、73.2%和13.8%,降幅达到惊人的程度。1912年公司亏损高达2872075元。公司已经到了生死存亡的紧急关头。

李维格挺身而出,力挽狂澜,留守汉阳,独撑危局。他甚为忧虑公司人员财产安全:"萍煤数百艘,劳力数千人,待资输遣,委而去且大乱,顾安所得(得所?)资耶?"② 为此李维格采取多项措施:一是请求上海总公司速运银元、铜钱各4万到汉,并向德商捷成洋行商借10万元,"乃得以发给匠工及萍、汉两处轮驳工食";二是将萍矿煤焦存于礼和洋行在武昌的空地,并以此煤向礼和押借10万两,"萍矿得稍资周转";三是将铁厂及萍汉轮驳委托三井丹羽洋行代理。③ 10月24日,李维格发表《告汉冶萍公司同人书》,宣布铁厂"暂行停工",对员工作出遣散或暂避安排。但这一切并未能挽救汉冶萍的危局。

二 中日合办合同的签订

(一)中日合办案的肇起

盛宣怀受辛亥革命的冲击最大。自1911年10月被革职后,盛宣怀

---

① 《汉冶萍公司辛亥军兴损失总细数目册》(1914年6月),载鄂档《汉冶萍》上册,第315页。
② 陈三立:《李君家传》,见《李一琴先生家传》,转引自《李维格的理想与事业:拯中原于涂炭,登亿兆于康庄》,第66页。此段文字不太通顺,疑有误。
③ 《李维格日记》(1911年10月11日至24日)。

"恐遭刺客暗杀或官场倾轧,已逃往天津"。他心灰意冷:"鄙人此后断不再入政界,拼数年精力将钢铁厂办好,可以无憾于天地间矣。"协理李维格也准备乘坐日本"满洲号"军舰从武汉逃往上海。不料这次出逃却为他们与日本的合作提供了机会。

早在1908年盛宣怀东渡日本期间,"在两国当事人之间便起中日合办之念"。① 而李维格在《告汉冶萍公司同人书》中认为,鄂省局面变化后,"铁厂一切事务,必须有人暂时经理"。李氏认为:"洋行中则以三井为宜。"这就为中日合办汉冶萍作了必要铺垫。另据大冶铁矿监督西泽公雄11月14日透露,李维格离汉前与他谈话时曾表示:"武汉地区将来大有兵连祸结之虞,不适于大规模工业发展,若求长远稳定且交通便利,仍以选定上海为宜。"李维格看到"上海浦东地区保有大片土地",准备在一两年内"将汉阳铁厂所有一切机械设备全部迁往上海,与日本合资,共同经营"。这表明,李维格也有中日合办汉冶萍公司的打算。

辛亥革命的爆发特别是盛宣怀的东逃对日本来说是一次千载难逢的插手汉冶萍的机会。1911年10月22日,日驻沪总领事有吉明致外务大臣内田转驻汉口总领事松村请训电称:"本月17日李总办受盛宣怀之命,提请日本政府坚决出兵,以保护与日本有重大关系之汉阳铁厂……唯此际如欲予以绝对保护,则势非依靠武力不可。"而日外务大臣认为时机尚未成熟。日驻华公使伊集院10月24日致外务大臣内田电中分析了日本在此时的利益和风险,他认为:"就其最终结果来看,总会有助于我方向汉冶萍公司伸展势力和确保权益。"

盛宣怀的东逃更为日本所关注。11月16日,小田切向盛宣怀发出赴大连聚会的邀请,而盛宣怀最初的行动是请求日本公使对汉阳铁厂"设法予以保全",但狡猾的日本政客表示"暂持静观态度",待时机有利时"届时可有插手之机。"② 盛宣怀立即改变态度,要求中日合办汉冶萍公司。

盛宣怀等人之所以主张中日合办,是害怕汉冶萍被临时政府没收,想凭借日本势力来保护自己在公司里的巨大利益,并表示愿意出面代临时政

---

① 日本参谋本部:《湖北省金属矿物》,日文本《非卖品》,第30页;陈真编《中国近代工业史资料》第3辑,第488~489页。
② 《关于辛亥革命》,第41~42页。

府向日方借款 500 万日元，作为政府允许公司改为中日合办的条件。

孙中山也打算通过盛宣怀的渠道向日本借款，但他对中日合办持怀疑态度："所拟中日合办，恐有流弊。"孙中山的打算是："不若公司自借巨款，由政府担保，先将各欠款清偿，留一二百万作重新开办费，再多借数百万转借与民国。"为此孙中山做出了重大让步：盛宣怀的"不动产可承认发还"，并对他回国提供"保护"。①

临时政府之所以倚重盛宣怀，第一，盛氏"拥有巨资"。第二，"盛宣怀是中国官场中有数之人才，有比较聪明的头脑和敏捷的手腕"。② 第三，当然是盛宣怀与日本的特殊关系。而南京政府向日本借钱的筹码仍然是将汉冶萍实行中日合办。

陆军总长黄兴委任何天炯为临时政府赴日借款代表，其委任状云："兹因军事需财孔亟，特委任何君天炯赴东借募巨款，所有订立条件悉有全权，但不得损失国权及私利等弊。"③

何天炯，字晓柳，广东梅县人，同盟会员。1912 年 1 月 21 日，何天炯致函汉冶萍公司：

> 汉冶萍公司大鉴：刻接南京政府来电，须将该公司改为华日合办，因筹巨款以接济军费，兹请贵公司即日照行，所有后事新政府能一力保护，断勿迟疑可也。即问鸿安。何天炯顿首。中华民国第一年一月二十一日

盛宣怀不肯轻易就范，1 月 21 日致函李维格，逐条驳斥孙中山的主张，甚至调侃道："合办恐有流弊，吾亦云然……抑孙与他人谋，不欲担此坏名耶？"

临时政府用款孔亟，被迫再作让步，黄兴 22 日致函盛宣怀："特请三井洋行与尊处接洽，商订条约，"并对盛宣怀同意将汉冶萍押借 500 万日元表示赞许。

---

① 《盛档》（一），第 231~232 页。
② 《汉冶萍与日本关系史料》，第 282 页。
③ 《黄兴集》，中华书局，1981，第 96 页；《汉冶萍与日本关系史料》，第 290 页。

得此消息,盛宣怀十分高兴,即于23日致函小田切:"务祈设法玉成,以济要需。"小田切趁机敲诈,于24日函复盛宣怀:"闻三井曾有华日合办之说,弟一再筹思,除此亦别无办法。"

当何天炯持孙中山电文找盛宣怀商谈借款事宜时,盛宣怀回答:"义不容辞,但目前即以产业加借押款,无人肯借。或如来电所云,华日合办,或可筹措,或……由政府与日合办,股东只要股款、欠款皆有着落,必允。否则,或由公司与日商合办,均可。"① 很明显,盛宣怀的意图就是通过借款实现图谋已久的中日合办的计划。据日本驻华公使伊集院猜测:"盛氏提出此案之真实意图,不外乎想借此获得我方对保护汉阳铁政局作出确实保证,同时想乘此清廷急于筹措军费而穷极无策之际,通过此次借款,以维系摄政王等对其本人之信赖。"②

小田切立逼盛宣怀画押。据盛事后回忆,"1月29日,小田切来神户,当面交出东京所议合同,立逼画押。其末条云:'以上所开新公司华日合办,已由中华民国政府电准汉冶萍公司'字样。盛告以公司当以股东会命令为主,况我亦并未奉到政府命令,不允签字。小田切怫然而去,语多不逊,几致决裂"③。与其他相关史料相印证,盛宣怀的回忆除日期可能有误外,大体还是准确的。

(二) 中日合办汉冶萍草合同的签订

窥视已久的日本正金银行驻北京董事小田切1月24日拿出了第一套中日合办方案,26日,日方又拿出了对自己更为有利的方案。

中华民国政府、汉冶萍公司(以下简称公司)和三井洋行于当天(1月26日)在南京签订了《汉冶萍公司中日合办草约》,内容包括:公司股本为3000万日元并由中日合资办理,股本中日各半,公司除原借入的1000万日元外,续借500万日元,共1500万日元作为日方投入的股本;公司借入的500万日元交付现金若干给政府,"其余作为政府向三井购买

---

① 《盛档》(一),第231页。
② 《关于辛亥革命》,第48页。
③ 盛宣怀:《日本售铁缘起》(1915年2月19日,上海),载《盛档》(四)之《汉冶萍公司》(三),第907页。

军装之需","政府担保不收中国出口铁块之出口税"。

盛宣怀对合同的某些条款尚在犹豫,日方便敦促南京政府向盛宣怀施加压力,迫使盛就范。1月27日,盛宣怀委托森格赴南京接受借款条件。

同一天,公司经理王勋将汉冶萍筹款八条带到上海,与上海三井物产会社协商中日合办汉冶萍公司事宜。

至此,临时政府、三井洋行与盛宣怀在中日合办汉冶萍问题上勉强达成了一致。盛宣怀签发委任状,授予李维格可在日方所拟草合同上"先行签押"之权。孙中山虽赞成中日合办,但"不甚愿用盛宣怀之名义",各方于是达成妥协,准备将实业总长张謇推上主持中日谈判的第一线。[①] 不过,张謇对中日合办持有异议,并未参与其事。

日方越俎代庖,主动草拟了会谈所需的文件。临时政府、三井洋行、汉冶萍公司于2月2日签订"草合同"及"中华民国政府之认证"。草合同主要内容有:

第一条 公司资本额为3000万日元,为中国、日本两国人共同经营之事业。

第二条 中国人、日本人持有之股数相等,各股之权利相同。

第三条 公司除现已由日本借入1000万日元外,再向日本借入500万日元(以上借入资金总额1500万日元,抵作日本人之股份)。

第四条 上列500万日元借款,由公司借与中华民国政府。

对汉冶萍来说,这一合同的最大危害是公司在实际并未得到分文借款的情况下,丧失了一半权利,使公司成为所谓中日合办的企业。

与此同时,临时政府与三井物产株式会社缔结"权利合同"与"认证书",其中最重要的内容各有一条:

中华民国政府同意将来对中国之矿山、铁路、电气及其他事业让于外国人时,如条件相同,则让给三井物产株式会社。

中华民国政府承认采取适当措施,与汉冶萍事业经营所在地之湖

[①] 《日本外交文书》第2册卷45,文件号623,转引自《汉冶萍与日本关系史料》,第306页。

北、湖南和江西各省官宪交涉，不得因其他地方事故而妨碍公司业务。

也就是说，三井洋行在所谓"相同条件"下取得了对中国矿山、铁路、电气及其他事业的占有权，同时取得了在鄂、湘、赣三省以汉冶萍公司名义从事经营活动的被保护权。

同一天（2月2日），临时政府与三井洋行签订借款续合同，以"中日合办汉冶萍公司"为条件，向三井洋行借款250万日元。①

一石激起千层浪，此合同一签订，立即引起一派反对声。经理叶景葵2月2日在一封电报上说："今汉冶萍引日资合办，是不啻举全国钢铁业拱手授诸外人，危险何堪设想"，"有此美产，不能自保，授权东邻，于民国借款前途大有妨碍"。

由于国内反对声音很大，盛宣怀又从中作梗，临时政府遂于2月9日致电山本与李维格："今日不签定，前之所议全行取消。"山本与李维格在强大压力之下，急电在东京的盛宣怀："事急矣，委任状请先签字。"所谓委任状就是今日常见的授权书。

次日（2月10日），盛宣怀给李维格签发委任状，内称："不违背条款之宗旨，可以酌量更改。"他对临时政府与三井2月2日签订的合同仍有所保留。盛最关心的是借款，而山本则认为"借款条款不吃重"，这当然不合盛氏的心意，同一天致函李维格要求"在未签字之前与小田切商酌"。

（三）与合办案相伴而生的《预借矿石价值合同》

由于"合办"案过于露骨地暴露了日本吞并汉冶萍的野心，日本需要一块布来遮掩一下，这就是所谓的《预借矿石价值合同》。

5月1日，盛宣怀（李维格代表）、中村雄次郎、小田切万寿之助分别代表汉冶萍公司、横滨正金银行和若松制铁所签署《预借矿石价值合同》，汉冶萍向银行借款300万日元，年息7厘，以大冶县辖区的"矿山、铁路暨其余在大冶地方一切产业作为第二次抵押"；而武昌县银山

---

① 中国第二历史档案馆编《中华民国史资料汇编》第2辑，江苏人民出版社，1981，第339页；另见《明报》1912年2月28日。

头马婆山、兴国州富池口、鸡笼山开采的矿石也作为"所开借款付还本利之抵押"。合同规定："本年起三十年内，每年应向制铁所另售矿石，至多以十万吨为限。"合同还规定，一旦公司遇到经营困难等情况，"即请制铁所、银行暂作公司之代理人，代办汉阳铁厂制造生铁"。这就更清楚不过地表明了日本利用借款长期掠夺汉冶萍矿山资源直到最后吞并汉冶萍的野心。

同一天，横滨正金银行与汉冶萍公司订立《特别合同》，强调借款的目的是为了"中日合办煤铁厂矿有限公司之件借有所益"。换言之，借钱给汉冶萍是为了实现"中日合办"。

借款谈判是在高度保密的情况下进行的，因为一旦泄露，将会激起国人的愤怒和抗议，导致借款案流产。因此，汉冶萍与若松制铁所、横滨正金银行在相互致函时都强调："彼此均须严守秘密。"

参加秘密谈判的是汉冶萍公司的真正债主横滨正金银行，而公开露面的却是三井洋行。日方以三井洋行出面与中方谈判是经过精心策划的。2月24日，日外务大臣内田致日驻华公使伊集院密函称："如实行合办，则细目之协商尚须时日，而对方（指盛宣怀等人）屈于革命军方面之压迫，又希望尽速作若干通融。"以三井名义贷出的300万日元，实际上是横滨正金银行的资金。日本政府、三井洋行和横滨正金银行为实现日华合办之事完全是勾串一气的。

藤濑政次郎按照原拟的借款条件，"与孙文直接地商谈，以先交纳汉冶萍铣铁的代价为名义，签订了五百万元借款的契约"。[1] 日本出资500万日元的目的，当然是要实现所谓"中日合办"。

（四）社会各界反对"中日合办"

这时正值中国政局急剧变动，袁世凯即将上台，孙中山准备辞职，国内错综复杂的矛盾使汉冶萍借款案发生了微妙变化。

中日合办图谋一经暴露，立即激起了全国人民的极大愤怒。社会团体、政府内部一些人士和汉冶萍股东纷纷发表措辞严厉的声明或函件等，

---

[1] 彭泽周：《近代中日关系研究论集》，台北，艺文印书馆，1978，第392页。

谴责盛宣怀等人的行径。

湖北都督致函临时政府大总统,认为"此次战争,武汉生命财产损失最巨,鄂省财产不能任该公司抵押借款"。① 民社、湘赣川豫四省的共和协会或联合分会、国民协会、中华民国联合会共7个团体在《申报》上发表《汉冶萍合资公揭》,强烈要求将"盛宣怀所有私产概行充公","凡属盛氏家庭一律逐出民国之外","汉冶萍公司股东应立即反对盛宣怀合办之举"。②《申报》2月28日又发表《湖北省共和促进会致南京临时政府孙总统、各部总长及参议院各团体通电》,指出盛宣怀"辱国丧权,莫此为甚",表示"倘用以抵押借款,鄂人誓不承认"。

一些人士致函参议院,指责中日合办汉冶萍公司"为虎作伥,引狼入室,居心实不可问。政府若不措意,一经立契,不仅三省之款丝毫无着,以后全国军政实业及我湘鄂赣三省土地财产,将入于日人势力范围,后患何堪设想?"③

临时政府内部也是一片反对声。总统府枢密顾问章太炎强烈反对日本借机染指汉冶萍。孙中山2月13日致函章太炎,在谈到临时政府财政困难时说:"无论和战如何,军人无术使之枵腹。前敌之士,犹时有哗溃之势。"面对危局,被迫借款,故"祈达人之我谅"。④ 此信写得真切感人,但反对借款之声并未停止。

实业总长张謇本来就对借款案持反对意见,他在致孙中山、黄兴函中说:"汉冶萍之历史,鄙人知之最详。综要言之,凡他商业,皆可与外人合资,唯铁厂则不可;铁厂容或可与他国合资,唯日人则万不可。日人处心积虑以谋我,非一日矣。"⑤

孙中山复函进行辩解,希望张謇发挥影响力:"令政府迫于救患之苦衷,权宜之政策,免为众矢之的,不胜厚望。"⑥ 看来,此时孙中山尚未改

---

① 《时报》1912年1月12日。
② 《申报》1912年2月25日。
③ 贺良朴:《电参议院节略汉冶萍公司盛氏与日人密订合资契约宜亟谋抵制》(1912年11月18日),北京大学图书馆藏《汉冶萍公司档案》抄本第4册,载《中国近代工业史资料》第3辑,第503页。
④ 北京图书馆藏《近代史信札》第109函,转引自《汉冶萍与日本关系史料》,第307页。
⑤ 《张季子九录》第2册,卷4,第5~6页。
⑥ 张孝若:《南通张季直先生传记》,中华书局,1930,第1765页。

变通过中日合办来实现借款的初衷。

副总统黎元洪也来电阻止，于2月13日《致南京临时政府暨参议院》函中指出，汉冶萍"如定为中日合办，为累恐非浅鲜"，"万不可再蹈满清覆辙，致以机会均等均沾之说，启外人干预之渐，此间议会全体及各部处职员，均不敢承认此举。如果有合资开办情事希迅即设法取消"。①

2月13日，孙中山复函进行解释："汉冶萍款原急不择荫……前此借款，因清廷与民国互相抵制破坏，故难成就。"② 孙中山开始有了取消此次借款的打算。

更为严重的是，参议院认为此举违法，湖北参议员刘成禺、时功玖，江西参议员文群，陕西参议员赵世钰递交提案，认为"临时政府押借外债及发行军用钞票，未交院中议决，有背临时组织大纲"，提案"警告政府，另议善法"。③

按照法律程序，孙中山派遣专员前往参议院对此进行解释和道歉，并于2月18日与23日两次咨文参议院，第一次咨文认为"汉冶萍借款并无违法"；第二次咨文则承认"本总统以与外人合股，不无流弊，而其交款又极濡滞，不能践期，是以取消前令"。④ 中日合办案有可能胎死腹中。

三 中日合办阴谋的破产

盛宣怀似乎方寸已乱，言谈远不及以往缜密，且多次相互抵牾。一会儿"欢迎"废约，一会儿又说"合办必好"，这种矛盾心态正是所谓"中日合办"即将失败的前兆。

汉冶萍股东对所谓"中日合办"极度愤慨。

股东龙黻燨、马维桂、何声灏等10人在致盛宣怀的公电中，言辞激烈，咸称："阁下拟以汉冶萍厂矿与日人合办，殊深骇异。"他们指责盛氏"以私

---

① 《黎大总统书牍汇编》，1914，第36～37页；易国乾等编《黎副总统政书》卷6，台北，文星书店，1962，第23～24页。
② 《孙中山全集》第2卷，中华书局，1982，第88页。
③ 《时报》1912年1月12日；《参议员议案》，载鄂档《汉冶萍》上册，第330～331页。
④ 《孙中山全集》第2卷，第106、123～124页；《申报》1912年2月28日。

人资格,擅与外人订约,不独国权所系,又我等血本所关,断难承认"。①

公司董事会见股东反对甚烈,遂于2月26日致信盛宣怀,指出"未经会议,此合(约)并无效力"。此信指出:"各股东来函,均以此事有损国权、商业,极不赞成,应请照合同第十条取消。"

鉴于股东们反对声甚为高涨,汉冶萍公司2月份发表致各股东公函,提出进行"股东公决","并附议可、议否印票"。

盛宣怀趁势而下,于2月26日分致函电给公司董事、股东和杨学沂、李维格,主张召开股东大会,"候公决后,即由公司正式告知日商代表,取消草约"。

盛宣怀坚持要开股东大会公决,而董事会2月29日致函盛氏:"今日董事会议,佥以董事系代表全体股东,今董尽反对,无一赞成,加以全国舆论均极端忿激,便足证全体股东之意向。应请迅即取消,万勿再迟。"但盛宣怀并未改变态度,认为董事毕竟是少数人,没有过半股东赞同,不能承认草合同。对于盛氏这一态度,章太炎非常反感,于3月3日致电孙中山云:"盛宣怀致电股东、董事会,尚借口于公司合办草约亦经核准,诱咎我公,以肆狡诈。"对盛宣怀这番言论,孙中山3月5日致章太炎函中进行了反驳,但同意"登报开股会公决"。

3月22日,决定汉冶萍命运的临时股东大会召开,与会代表440人,他们言辞犀利,锋芒直指中日合办案及盛宣怀本人。会议经过投票表决,"全体反对,共计四百四十票",即反对票高达100%。当天,临时股东大会致电盛宣怀、袁世凯、孙中山,告之"全场一律反对合办"的消息,指出:"草合同自无效,请即取消。"② 同日将表决结果电告鄂、湘、赣三省都督。3月23日,盛宣怀、李维格将汉冶萍临时股东大会否决中日合办的消息电告小田切。4月,盛宣怀从日本神户分别呈文袁世凯、孙中山、唐绍仪及外务部长、工商部长,告之"此次股东会既不赞成(中日合办),数逾公司全股十分之八,该草合同自应取消"。③

喧闹一时的"中日合办"风潮终告结束,日本政府试图通过合办方式

---

① 《申报》1912年2月25日;另见鄂档《汉冶萍》上册,第336页。
② 湖北省档案馆藏《汉冶萍有限公司历史》(公司内部刊印本)第1册,第57~61页。
③ 《盛档》(一),第260~262页;另见《中国近代工业史资料》第3辑,第506~507页。

吞并汉冶萍的图谋暂告失败。

从 1912 年 2 月中旬至 4 月初，中国南北势力处于胶着状态。这给善于窥测方向的日本提供了又一次吞并汉冶萍的良机。

3 月 12 日，小田切在致日本外相内田的信中提出了一个狠毒的计划：将（中日合办）"保留于半死状态，以俟否极泰来。此种手段，不外为当局迅速与南京政府交涉，将此案全部移交民国政府（按指北洋政府）接办"。小田切认为，"必须使南京政府令暂停开股东大会"。

内田是一位处理对华关系的"高手"。3 月 14 日，内田在致日驻宁领事铃木的密电中，提出了更具诱惑力的计划："我方决不坚持提出如何处理办法，只是务必取得股东大会通过之保证，或使股东大会停止开会。"

老谋深算的内田 3 月 20 日再次致电铃木，提出了一个阴险计划："唯有将确保本案实行之重大责任推之于孙黄"，他希望铃木"非正式地会晤孙、黄两氏"，"等候好时机再尽力使合办案得以成立"。

铃木 3 月 23 日拜访孙中山，"要求孙氏确保将合办案移交给新政府（按指北洋政府）接办，并尽力促使其实行"。就是说，要孙中山促使北洋政府接受和实行中日合办的方案。孙中山使用了一些外交辞令与之周旋。忙于政权移交的孙中山，并没有将中日合办汉冶萍之事告诉北洋政府总理唐绍仪。在日方再三催促下，孙中山 4 月 3 日离开南京前往广州时才对此事做出回应："目前商议的某事（指中日合办汉冶萍），我们不便赞成，目前因解职匆匆，公私多忙，无暇详述。"铃木大为光火，指责孙中山"将此葬送在不明不白之中，此乃孙氏一流最为得意的手法"，铃木要求内田命令日驻广州总领事在孙中山抵穗后对其问责。

喧闹一时的"合办案"在国人的一派反对声中黯然收场，但"合办"的暗流仍在地下涌动。

第二节　汉冶萍公司历经磨难

从辛亥革命爆发到盛宣怀逝世的不到五年时间内，汉冶萍公司历经了惊天动地的变化。公司国有、大借款案、官商合办、"二十一条"……一次又一次狂风暴雨的袭击,使汉冶萍元气大伤,最终走上了沦为日本附庸的不归路。

一 汉冶萍公司国有风波

(一) 北洋政府无力将公司收归国有

汉冶萍公司实行国有是由副总统黎元洪首倡并得到公司部分人士支持的一次体制变革,但因日本政府的强行干预,汉冶萍公司的国有草草收场。

黎元洪在1912年3月26日《上大总统》书中说:"盛氏信用久失,国内所谓之殷实股份毫无着落,外商合资复召危险,语其流弊,不可胜言",汉冶萍"一归国有,即可立时开办,三万工人均全生计,消弭隐患,莫此为尤,其利一;且停工日久,机械锈蚀,矿穴淹没,洋工程师日事闲散,坐糜薪资。若一经兴办,即不至再虞损失,其利二"。

黎元洪给汉冶萍国有提出了一套设计方案:

> 设开办之后,再筹得大宗借款二千五百万两,偿还零债之余,作为扩充之费,假以二十五年,所有债务皆可清偿,则公司发达,自可操诸左券矣。①

对于黎元洪这个方案,未见袁世凯做出任何反应。

其时,汉冶萍财务已陷入绝境,营业收入渠道几乎全被堵塞,每月还需支付借款利息等共20余万元,三厂矿内外债务达2440.76万两。② 公司难以自保,必须寻找生路。

在汉冶萍董事会1912年8月1日召开的常会上,股东中出现了两种截然相反的意见,一种主张(甲说)收归国有,另一种主张(乙说)继续维持商办。常会决定,在全体股东中"一体投票公决"。

身居日本的盛宣怀不甘寂寞,自撰"栖身异域,岂忘故乡,避世避

---

① 黎元洪:《上大总统》(1912年3月26日),载《黎副总统政书》卷8,第20~21页。
② 周泽南:《汉冶萍公司之内容》,载《东方杂志》卷9第3号,1912年9月。

人，聊以养晦"，① 这 16 个字也许能代表他此时的心情。当得知公司董事会出现分歧时，他于 8 月 3 日致函李维格，力挺国有："让还国有，此上策也。"盛宣怀显然是为了让国家背起汉冶萍这一沉重包袱，归还自己的巨额投资，他说："汉冶萍足以扰我心胸，如焚如捣，深悔半生心血如陆沉海……无论国有、商办，必须办之胜算。"

汉冶萍 8 月 12 日股东特别大会经过投筒检验，甲说（国有说）86985 权，乙说（商办说）5179 权，就是说，赞成国有的股东占股东总数的 94.4%。

公司董事会据此于 8 月 20 日呈文北洋政府大总统、国务院、工商部，公举董事袁思亮、查账员杨廷栋、经理叶景葵作为股东代表"进京陈请办理"。北洋政府虽极想将汉冶萍收归国有，但又不敢接这个烫手山芋，工商部于 9 月 17 日作了一个模棱两可的批示："无论国有商办，本部力予维持。现已派员分途调查，仰候查明后再行核办可也。"

工商部派员调查后认为：

> 汉冶萍地连数省，易启纷争，债多股少，运掉不灵，事大人众，督察不易，员司丛弊，整饬无方，外债纠葛，关系主权，请发布命令收归国有……②

此时，汉冶萍公司亟待确定体制，恢复生产，诚如公司董事会 1912 年 9 月 21 日常会所指出的那样："粤汉铁路来电，鄂湘开筑在即，嘱预备轨件，若不照办，即拱手让诸洋厂。"但北洋政府仍未作出将汉冶萍收归国有的决策。

公司董事会为申请国有奔走呼号，请求北洋政府"拨济二百万两"。经再三呼吁，财政上十分拮据的北洋政府于 10 月 10 日同意"由政府拨发公债票五百万元"。同时附加了"准押不准售、利息由公司担任"等 4 个条件。此时袁世凯已决定：汉冶萍"仍归商办，官为维持"。③

---

① 《盛宣怀致罗怡函》（1912 年 7 月 13 日，东京），载《盛档》（四）之《汉冶萍公司》（三），第 299 页。

② 《盛宣怀致向瑞琨函》（1913 年 4 月中旬），载《盛档》（四）之《汉冶萍公司》（三），第 472～473 页。

③ 《汉冶萍公司董事会常会记录》（1912 年 10 月 12 日），载《盛档》（四）之《汉冶萍公司》（三），第 359 页。

总经理张謇出面为汉冶萍国有呼吁。1912 年 11 月 23 日，张謇在致北洋政府大总统函中指出："公债票行使市面，信用未孚，售现仅值六七折，且为数至多只能在十万以内，不惟亏耗过巨，亦属无济于事，至以之押借巨款，多方求觅，迄无应者。"张謇请求政府担保，以公债票 500 万元，向日本押借 350 万日元。11 月 29 日，张謇与李维格、叶景葵联名致函交通部，重申前请，仍然未见函复。12 月 5 日，张謇再次致电："伏恳大总统令饬国务院、交通部查照上述各节，分别电致公司及上海正金银行，俾公司合同即日成立，以苏涸辙。"

在张謇等人的努力之下，北洋政府 12 月 10 日同意将公债票押借日债，但公司国有问题仍无着落。12 月 29 日，工商部又派参事陈其殷、技正张景先、佥事王治昌、王季点到沪调查公司账目、财产，"以备设法维护"。

汉冶萍公司与北洋政府在公司是否国有问题上相争已久。此时，公司除冶矿外已基本停业，但各项开支，包括债息、总事务所经费、上海码头栈房轮船用费、汉厂机炉修复与员工薪工、萍矿隆路所需费用以及各转运局经费等每天高达 7000 元以上，停工 10 个月的损失十分惊人。①

在此情况下，汉冶萍公司终于放弃了让北洋政府收归国有的幻想。经理李维格、叶景葵 3 月 20 日在一份报告中指出："收归国有，发还股本，自是第一上策。惟国有问题迄未解决，万一政府困难不能兼顾，则不得已只有仍归商办。"

事实上，汉冶萍虽然面临诸多困难，但仍在资源、人才等方面具有潜在优势："天然之效在矿产。冶铁分数重而有磷，现已觅到无磷之铁，可炼精钢供军用。兴国有锰而质轻，现已觅到质重之锰，可炼锰精得善价。萍乡煤合用而运难，现已通长沙之铁道。焦质佳而炼难，现可收洋炉之肥料。尤难得者，一吨生铁可炼一吨钢，是铁质之最佳。一吨焦可炼一吨铁，是焦质之最美。人力之效，留学生如吴俭及卢成章等可继工师之职，

---

① 汪幼安：《汉冶萍国有议》，载《中华实业丛报》，转引自《中国近代工业史资料》第 3 辑，第 472 页。

匠目经验日众，人材愈出愈多，洋人可渐减少，工费自可日轻，此皆十余年造就之功，非仓猝所能致。"① 如仍归商办，公司似可一搏。

但公司实难再度徘徊，"厂矿皆以化铁炉为命根，一停而萍焦冶石无所用，生铁钢轨无可交，身负三千万之巨本，日赔七千两之重息。且邮传部无轨可造，制铁所无铁可交，各债户无本可还，无息可付，必致名实两亏"。虽然盛宣怀仍对公司国有一往情深："商办不过以公司小部分为股东，国有乃合全国大部分为股东，其大利直可公诸天下；而其要旨，尤在合天下之铁矿，不能为他人所夺。"② 但北洋政府的单薄财力和游移态度只会使公司的国有希望更加渺茫。

3月中旬，股东们再次就汉冶萍公司国有问题展开讨论，股东王达记、立本记、庆云堂、树德堂、养元记、张子庄、陈雪斋等众多股东分别发表公启、驳议书、意见书，其看法大同小异：如不能实现国有，就回归商办。

1913年3月29日在上海召开的汉冶萍公司股东特别大会全体一致通过了汪幼安、孙铁舟、章佩乙提出的议案："取消国有，主张完全商办及另举总理。"

至此，汉冶萍公司收归国有案落下了帷幕。

事后，工商部1913年4月中旬呈国务院文中承认："本部两次调查，再四审慎，熟知公司内容外况决非纯全商办所能维持。理由复杂，未易殚述，略引其端；一曰地跨数省，易启争端；二曰债多股少，运掉不灵；三曰事大人众，督察不易；四曰财务枯竭，无术救济；五曰积弊太深，难期振作；六曰外债外纠葛，关系主权。凡此数端，一不解决，即无公司。"

（二）日本强烈反对汉冶萍国有

日本的干预是汉冶萍国有计划受挫的重要因素之一。1912年7月22日，高木陆郎从上海写信给若松制铁所长官中村雄次郎，认为"只有请政

---

① 盛宣怀：《通筹全局意见书》，载《中华实业丛报》，转引自《中国近代工业史资料》第3辑，第473页。
② 盛宣怀：《通筹全局意见书》，载《中华实业丛报》，转引自《中国近代工业史资料》第3辑，第475页。

府自行经营，即改为国有"，高木为中村提出了一个十分狠毒的计划："如日本仍愿意与公司保持关系而不喜国有"，则应"策动停止营业机关"、"李维格以下技师职员声明去职"、"以矿石不能如约运送，再向北京政府提出严重抗议"。

日本正金银行上海分行1912年8月13日致函横滨总行建议："日本若有非国有之意，则可以在代表们赴北京之时，制造种种难题，强烈破坏国有问题，似亦并非难事。""制造难题"、"强烈破坏"，就是日本应付汉冶萍收归国有的基本对策。

汉冶萍是否收归国有，这本纯属中国内政，但日本外务大臣内田8月15日致电日驻华公使伊集院时竟称："中国方面对本案向上提出陈请，不预先咨询我方意见，即决定如上之组织变更，毫无道理。"

日本方面正在改变观望政策，准备直接干预汉冶萍改归国有之事，日本外务大臣内田8月20日致驻华公使伊集院函中称："国有后以中国政府为对手，毕竟不便之处甚多……与其说担心此事对我无益，勿定说更加讨厌，即不愿国有及其他中国政府增加干涉之倾向。"

伊集院21日复密电称："如认为中国官方采纳公司之请愿，其结果可能给我国既得权利带来不利时，即提出抗议。"到了9月份，"小田切董事已向北京政府声明反对该公司国有"。① 内田9月7日致电伊集院："为了保护我国权利，不得不采取充分之保障措施。我方旨意……不愿国有及增加官厅干涉之关系。"日方还对汉冶萍名誉总理张謇说："公司国有问题，终究无成功之望。"② 日方的强烈反对，正是汉冶萍收归国有案最终失败的直接原因。

事实上，公司10月7日会呈北洋政府大总统、国务院、工商部电中，也是将公司国有问题同对日关系联系在一起的。由于公司向日方借款数额巨大，"彼云……不能再借"。公司"内外交迫"，"若竟败坏，即国有亦已迟矣"。

---

① 《正金银行上海分行经理儿玉谦次致总行副总经理井上准之助电》（1912年9月4日），载《汉冶萍与日本关系史料》，第392页。
② 《日正金银行驻北京董事小田切致总行副总经理井上函》（1912年10月8日），载《汉冶萍与日本关系史料》，第396页。

二　轰动一时的大借款案

（一）围绕大借款的谈判过程

辛亥革命后，汉冶萍面临的形势极为严峻，需要借债来维持生存。日本利用中国社会较为混乱的时机谋夺更大利权。日正金银行代总经理山川1911年10月25日致函外务大臣内田，认为日方应提出"更进一步的条件（即将萍乡煤矿也纳入我势力范围之条件）"。11月2日，正金银行北京分行经理实相寺致总行总务部密函中重申："准备加速将萍乡列入我国势力范围。"汉冶萍面临的形势更加险恶。

正是在这种特定条件下，1913年5月20日，公司假上海青年会召开股东常会，与会股东917人，盛宣怀任主席。常会研究讨论的重大问题是筹借款项。常会提出："查厂矿进行，非款不可。现定办法，汉厂全行炼钢，大冶另设铁炉。筹借轻息大宗款项，圆活金融机关。另有刊件详细说明。请公决。"与会股东一致通过借款议案。盛宣怀成为借款第一责任人，正如他自己所言："这是大借款，弟在股东常会通过，一肩担任，责无旁贷。"①

汉冶萍拥有的最大财富是大冶的优质铁矿石，要借款只能重走向日本预收矿石款以大冶铁矿石偿还的老路。汉冶萍战后重建是一个浩大工程，盛宣怀认为："现在公司以借款为第一要义。"② 盛氏在1913年6月21日分别致函小田切和井上，向正金银行新借款750万日元，修改旧借款900万日元，准备用于汉厂、冶厂兴建高炉，使未来几年内高炉达到七八座："目前必有巨款接济，始足以如法通行，务乞鼎力维持，代为筹措。"后来，盛宣怀对借款计划作了更具体的说明："一息尚存，若能赶成化铁炉八座，每日出钢铁二千吨，不特转败为胜，且可为输出熟货一大宗，则死无余憾矣。"③

---

① 《盛宣怀致高木陆郎函》（1913年8月22日），载《盛档》（四）之《汉冶萍公司》（三），第617页。
② 《盛宣怀致高木陆郎函》（1913年5月31日），载《盛档》（四）之《汉冶萍公司》（三），第538页。
③ 《盛宣怀致孙宝琦函》（1913年9月8日），载《盛档》（四）之《汉冶萍公司》（三），第629页。

汉冶萍公司董事盛宣怀、王存善等8人7月18日联名签发授权书，"证明会长盛宣怀先生有承结该合同及签押之权"。同一天，公司董事会委派高木陆郎赴日接洽借款事宜，借款总额2000万日元，其中900万日元为预借生铁价值借款，另1100万日元称作善后借款，分订两个合同；善后借款中的900万日元"充大冶添设新炉二座及改良汉厂、萍冶两矿之用"，年息6厘；公司将全部产业作为抵押；公司必须选用日本工程师、会计师各1人作为顾问；除已订合同外，公司须加卖矿石5万吨给制铁所。当天，盛宣怀致函高木："特寄上所有委任书两件。"

高木虽为汉冶萍商务代表，实际上充当了日本政府和大财阀的辩护人与说客。1913年，正金银行汉口分行请求日本政府派炮舰一艘，驻扎在汉阳一带，"以维护汉厂完全之中立"。高木为日本这种赤裸裸的侵略行为进行辩护，8月4日致函李维格称："此次日政府俯充该银行之请求，专为保全制铁所及正金银行对于尊处生铁出口之利权起见，此外别无他意也。"这种狡辩只会使人疑窦丛生。高木也是一名说客，8月12日，高木从日本横滨给盛宣怀寄出一函，附上若松制铁所长官中村雄次郎关于该所扩建后的成就介绍，盛赞该所"进步极速。1905年出货16万吨，净余日金5万元；1911年出货18万吨，净余日金150万元；1912年出货20万吨，净余日金400万元"。这使盛宣怀羡慕不已。他在1913年8月22日致函高木陆郎时称："阅之深为中村男爵贺，亦为贵国贺。"

中日双方的分歧逐步集中在两个问题上。一是期限，盛宣怀主张20年，正金银行主张40年；二是利率，盛宣怀主张"利息头五年付息不还，本期内周年利息七厘，第六年起六厘息"，"如交半金半银，即付利息六厘半"等，日方则坚持年息7厘，并称："例如放款利息，虽对于有信用者概出九厘以上；存款如透支往来，亦称六厘以上。"①

应当说，当时的日本并不是一个资金富余的国家，它本身也负有外债，1896年欠外债467万日元，1904年增至4.2亿余日元，1905年更增至14亿余日元，直到1911年，日本外债长期在15亿日元上下徘徊。② 显

---

① 《高木陆郎致盛宣怀函》（1913年10月5日），载《盛档》（四）之《汉冶萍公司》（三），第651页。
② 《论外国资本对洋务企业的贷款》，载《张国辉集》，第123页。

然，日本不是一个资金过剩的国家。它之所以拼命给汉冶萍贷款，是想利用甲午战后时机，尽力打入中国冶金市场，直至把汉冶萍变成日本钢铁业的原料供应地。

小田切1913年8月12日致函日本驻中国公使山座圆次郎，送呈《关于汉冶萍公司新计划及旧债整理所需借款金额条件案》，内容包括：借款总额1600万元，包括续借款900万元，整理借款700万元，均分3年支付，年利息6厘；续借款以生铁售价尽先偿还，40年还清，整理借款以生铁和钢轨售价尽先偿还；以汉冶萍全部财产作为抵押。盛宣怀对日本此举感激涕零，于9月10日致函高木陆郎称："贵国有此一举，亦足以表白于天下，使人晓然于贵国对我之真心诚意，毫无深谋。"

日本内阁会议10月14日做出关于此次借款的四条决定，其内容与小田切送呈的上述议案大致相同，但增加了第四条："日本政府推荐日本人为采矿技术顾问（一名）及会计顾问（一名），由公司聘请，以监督公司事业及会计事务。"

这次大借款最终是按照日方提出的条件签署合同的。10月28日，正金银行总经理井上致函高木，列出甲、乙两号合同，这两号合同与稍后签订的正式合同文本如出一辙。

在这次大借款中，高木陆郎是一个独特角色。他于11月11日致函井上，详细汇报了杨廷栋来沪调查汉冶萍内部情况与盛宣怀的谈话要点，高木称：盛氏"尽管如此称病，实际非常健康，每晨八时起就检阅报纸"。这些情况不是一般人所能了解的。

日本正金银行和汉冶萍公司经高木穿针引线，对借款文本进行了多次讨论，但大都是些细枝末节的文字修饰。11月22日，正金银行总经理井上准之助委派上海分行副经理水津弥吉担任正金银行代理人，负责签订借款合同。

高木急于办理合同签字手续，于11月29日致电正金银行总行："（汉冶萍）公司方面对贵方对案已全部同意，希从速办理合同签字。"以傅宗耀为会长的公司股东联合会亦于12月2日通过借款合同议案："在会股东，自应赞成。"盛宣怀更急于将这笔借款早日办成，8月12日函催高木加快借款谈判速度："孙黄无识，特予项城以全胜机会也。此次中央军务得手，意兴大豪，必将做一绝大借款，放手办事。而汉冶萍公司续借之件，必须办在国家大借款之先。"①

此时，汉冶萍公司的经济困难已达极点。截至 1913 年 11 月，公司仅产业抵押借款、预收生铁、矿石、钢轨款及应作股票款、铁庄行号款几项即达 25346975 两，而积欠日本横滨正金银行及其他日本银行的款项更达到天文般数字，1915 年 9 月约达 3500 万日元。正是在内外压力之下，盛宣怀与日方开始了新一轮磋商。

盛宣怀与日方的谈判仍由高木陆郎居中调停，据说："高木驰赴神户，请盛氏给以代理调印签字委任状，高木既持状返东京，喜握山本之手曰：'汉冶萍权利今日乃殆隶于日本人国权之下矣'。"② 从此事不难看出大借款对中国的危害。

(二) 大借款合同的正式签订

经过反复谈判，汉冶萍与日本制铁所、横滨正金银行于 1913 年 12 月 2 日在日本驻沪领事馆签订预借生铁矿石价甲合同、乙合同和别合同。

甲合同称："大冶地方新设熔矿炉二座，且扩张改良湖北省汉阳铁厂、大冶铁路、电厂、并江西省萍乡煤矿电厂、洗煤所等项"，因此续借日方 1911 年借款余额 900 万日元，期限 40 年，利息从签订合同之日算起，6 年内年息 7 厘，从第 7 年至债务还清为止，年息 6 厘，以公司现有全部财产及本借款新添之一切财产作为抵押。"本合同及附件缮写中文、日文各六份，制铁所、公司、银行各执文二份以为凭据。"在甲合同上签字的有汉冶萍公司董事会会长盛宣怀、制铁所长官代理藤濑政次郎、正金银行头取（行长）井上准之助、正金银行上海分行副经理水津弥吉、"立会人"日本驻沪总领事馆西田畊一、右认证人日本驻沪总领事有吉明。

乙合同规定，汉冶萍向正金银行借款 600 万日元，"以公司售与日本国制铁所矿石、生铁价值作抵"，年限 40 年，其余内容，如财产抵押、借款利息及合同所用文字、签字人等与甲合同相同。

---

① 《盛宣怀致高木陆郎函》(1913 年 8 月 12 日)，载《盛档》(四) 之《汉冶萍公司》(三)，第 596 页。
② 《时报》1915 年 4 月 17 日。

三方于同日签订的别合同除规定汉冶萍在 40 年内售与制铁所头等铁矿石 1500 万吨、生铁 800 万吨外，最值得关注的是合同的第三款至第六款：

第三款，公司应聘日本工程师一名为最高顾问工程师，唯公司愿托制铁所代为选择前项顾问工程师。

第四款，公司于一切营作、改良、修理工程及购办机器等事，应允与前款所载最高顾问工程师协议而实行。至于日行工程事宜，顾问工程师可随时发表意见，关照一切。

第五款，公司应聘日本人一名为会计顾问。唯公司愿托银行代为选择前项会计顾问。

第六款，公司一切出入款项，应允与会计顾问协议而实行。①

这三份合同到 12 月 10 日才签字完毕，但日期伪记为 12 月 2 日。在 12 月 10 日合同签署后的宴席上，盛宣怀祝酒称："取得此种成果，确使十数年来具有密切关系之汉冶萍公司同日本制铁所和贵行交谊进一步加深。"话说得如此甜蜜，而事实真相究竟如何呢？

为签订合同，李维格的确耗费了大量心血。据高木 12 月 11 日致井上函中称，李维格"尽力辅佐盛氏，使缔约告成。以是从昨日起，因气力松弛，遂病床不起"。李氏生病显然是身心俱疲所致，他甚至还提出了辞职要求。

汉冶萍确实需要一笔巨款来维持运转并投资于大冶铁厂等新的项目。尽管公司对日方派驻最高顾问工程师和会计顾问一再拒绝，但日方始终不肯让步，"磋商又费半月之久，实亦出于不得已"，公司只好接受日方要求，并且用一种近乎"精神胜利"的方式来自我安慰：

> 汉冶萍十五年内既可还清各债，而四十年内又陆续得此一万万两之余利，以之分年陆续建设化铁炉、炼钢炉数十座，不必另筹巨款，而汉冶萍已足屹然自立于地球之上。②

---

① 《汉冶萍与日本制铁所、横滨正金银行订立预借生铁矿石价》甲合同、乙合同、别合同分别见《盛档》（四）之《汉冶萍公司》（三），第 686～688、690～692、693～695 页；另见《汉冶萍与日本关系史料》，第 439～442、443～446、446～448 页；《中国十大矿厂调查记》，第 45～50、52～54 页。

② 《汉冶萍公司董事会呈农商部文》（1912 年 3 月 14 日），载《盛档》（四）之《汉冶萍公司》（三），第 808～809 页。

汉冶萍向日本借债实属无奈之举：

> 公司自国有不成后，内则厂矿经费无着，外则各债环逼，向日往来银行、钱号丝毫不肯通融，并且追索旧欠，不允付息转期，势将破产，危险万分。①

尽管如此，我们还是要指出：向日本借钱是件极危险的事，如果寄希望日本借款使公司摆脱困境，那只能如李维格所言："自难怪其疑虑。"②

日方签署这几份合同是经过深思熟虑的。总额高达1500万元、长达40年的大借款，将把汉冶萍牢牢掌握在日本人手中，其后续作用将慢慢显现。而且通过所谓"别合同"，日本人得以充任汉冶萍的最高顾问工程师和会计顾问，实质上掌握公司工程技术和财务全权，从而翻开了汉冶萍沦为日本军国主义附庸的沉重一页。"公司至此，遂完全在日人控制之下。"③

以盛宣怀丰富的政治经验和为人的绝顶聪明，不可能对日本的阴谋毫无觉察，但面对汉冶萍公司的沉重债务和尽快摆脱困境的迫切企盼，盛宣怀除了饮鸩止渴，别无选择。

（三）日方催促落实"别合同"

在日方催促下，汉冶萍公司12月15日聘用日本工科大学教授兼若松制铁所"嘱托"工学博士大岛道太郎为最高顾问工程师，盛宣怀、大岛及"立会人"日驻沪总领事馆西田畊一在聘用合同上签字。同日颁布《汉冶萍公司顾问工程师职务规程》，其要点有：

> 最高顾问工程师专关于技术上事件，为公司董事会会长及总经理（或代理总经理）之顾问，受其协议而非自任执行及直接号令各业务。
>
> 公司于一切营作改良修理工程之筹计及购办机器等事，应先与最高顾问工程师协议而实行。至于日行工程事宜，该顾问工程师可随时

---

① 《汉冶萍公司股东大会纪事》（1913年3月7日），载《盛档》（四）之《汉冶萍公司》（三），第795页。
② 李维格：《汉冶萍公司创办概略》（1914年6月12日），载《盛档》（四）之《汉冶萍公司》（三），第848页。
③ 《中国近代工业史资料》第3辑，第782页。

提出意见，关照一切。

……

最高顾问工程师年薪不超过 2 万日元。

盛宣怀、藤濑政次郎、井上准之助（代理）、水津弥吉和"立会人"西田畊一在规程上签字。

从上述规程不难看出，最高顾问工程师职权大约相当于总工程师，在技术、工程方面的地位和权力仅次于董事会会长及总经理，而从日本角度看，最高顾问工程师地位和作用远大于总工程师。

大岛道太郎（1859～1921年），日本东京府人，工学博士。对汉冶萍而言，大岛并不是什么陌生人物。早在1900年，大岛就来到武汉，"即派威林臣往大冶"。1913年，根据借款条约的规定，大岛被聘为汉冶萍最高顾问工程师，在公司工程建设，特别是在兴建大冶铁厂的过程中扮演了特别重要的角色。

1913年12月15日，汉冶萍公司与日本法学士池田茂幸订立合同，聘池田为会计顾问，年薪1.5万日元；同时颁布《汉冶萍公司会计顾问职务规程》，重要条款如下：

关于公司所有收入、支出之事，应与会计顾问协议而实行。

会计顾问以为须要时，关于公司财政致其最善之法提出意见。

……

同一天（12月15日），盛宣怀与水津弥吉、西田畊一等签订《聘用会计顾问合同》，将会计顾问的任期、职权、义务、待遇等做出了详细规定。

从上述规定中不难看出，会计顾问的职权大约相当于企业的总会计师，其职责涵盖公司财务管理的方方面面。从日本角度看，会计顾问的地位和作用远大于总会计师。

盛宣怀12月19日致函中村和井上，表示"感激二公今日推荐之诚心，不特益表我公司双方亲密之意，且于我两国交际之感情更臻美满矣"。

盛宣怀与日方签订的借款合同，特别是日方向汉冶萍派出最高顾问工程师和会计顾问长期未得到中国当局的承认。1914年1月11日，农商部致电汉冶萍，指出公司所订合同"必须先呈本部核准，方准签字，否则无效"。2月28日，农商部再次发出批文，重申上述立场，并强调："所有该董事已签定之合同，本部不能视为有效，应即暂缓实行。"

当局者迷，旁观者清。这次借款对中国的危害，在华的外国人看得十分清楚，英文《京报》称，这次借款，"除超出寻常的7厘重息外，又允许日本人可以任命顾问2人、技师1人、司事若干人，想来日本人，要想掌握该公司永远的管理权，所以才有这项要求。中国人居然答应他，真是奇事"。当然，英国人最担心的是影响英国在长江流域的利益："我怕这宗借款一成功，中国最繁富的长江流域从此就断送在日本人的手里。"①

在上述合同的合法外衣掩饰下，日本进一步加紧了对大冶铁矿的掠夺。1914年6月，日本制铁所大冶出张所成立，原大冶铁矿监督西泽公雄任所长，继任者为山县初男和松冈辨次郎。日本制铁所在大冶铁矿有了正式机构，也就可以更加名正言顺地掠运中国的铁矿资源。

更加引人关注的是，最高顾问工程师和会计顾问在汉冶萍沦为日本经济附庸的过程中充当了极为关键的角色，起了特别恶劣的作用。1914年3月12日，汉冶萍公司聘藤田经定为顾问工程师襄办人，9月20日又聘大野弘为会计顾问襄办人。1915年9月，日本会计顾问池田回国，由笠原实太郎继任。

至于日本顾问的表现，可能盛宣怀的话最有说服力："近有日本顾问，极欲侵权，亦甚喜总经理一人易于欺侮。"② 这样侵权跋扈的日本顾问对汉冶萍的危害是任何漂亮的言辞都无法掩饰的。

在此情况下，盛宣怀竭尽心力为国家保留一点矿产资源。其主要措施是将九江、鄂城、萍乡三处矿山与汉冶萍煤铁矿分开，作为上海广仁善堂永远产业。广仁善堂是以盛宣怀为首的政商名流创设的慈善机构，三处矿山由该堂遴选矿师，出资购置，过户注册。盛宣怀认为，他这样做，"一则为中华保存佳矿，一则为汉冶萍留作后盾，一则为该堂义振筹款。是一举而三善备焉"。③

---

① （英文）《京报》：《英国对于汉冶萍公司的意见》，载《京话日报》1914年3月27、28日。
② 《盛宣怀未刊信稿》，第254页。
③ 《致内务部、农商部公函》（1915年12月26日），载《盛宣怀未刊信稿》，第258页。

同一天盛宣怀在一封密信中把话说得更直截了当，汉冶萍"因预借日本铁价，所有动产不动产俱作抵押"，强调九江、鄂城、萍乡三矿"均系上海广仁善堂名义所置，与汉冶萍公司无涉，兹为未雨绸缪之计，亟应分清界限"。① 农商部、内务部同意保护广仁善堂矿产，免被日本吞并。此举为保全汉冶萍矿产发挥了一定作用。但总体而言，盛宣怀对甲、乙合同和别合同仍然是全力支持的。同时也要指出，广仁善堂是盛宣怀创办的慈善机构，保全这部分善产在一定意义上也是保全了盛氏家族的财产。

需要指出的是，1500万日元借款中有600万日元用来归还公司所欠债务，其中归还东方地产公司、三新纺织公司的欠款即达230万余日元，约占600万日元的38.3%。而这两家公司的老板都是盛宣怀，时人批评盛氏"以公济私"不能说毫无根据。

（四）社会各界的反对未能阻止合同的实施

社会各界对这次大借款普遍持反对态度。北洋政府和汉冶萍股东对借款均不赞成。"工商部来电云：闻关于矿石与生铁价值之规定及其他条件中，均有对中国不利之处，希速电呈合同条件，再者，股东中亦有对盛宣怀威胁者，以是盛宣怀忧虑丛生。"②

此次大借款在汉冶萍内部的支持者主要是1913年6月7日在上海四马路东首5号成立的股东联合会，有评议员21人。股东联合会是个很特殊的组织，拥有的权力很大。1913年5月公布的《汉冶萍公司股东联合会简章》规定，联合会的权限为："凡有股东质问公函件，条陈厂矿办法，由主任邀请全体评议员公同审查，以达于董事会，得复后即时公布。倘事关重大，评议不一，得依法票决，从多数决定。"具体而言，凡公司大事，诸如举借外债、董事会选举、出售钢轨等，股东联合会均可介入。主任（又称会长）为傅宗耀。由于股东联合会的股权占整个公司股权半数以上，因此，盛宣怀对这次借款也就有恃无恐，12月27日致王勋函中说："本无须开股东大会之必要。"虽然内外压力很大，汉冶萍股东大会仍于1914年

---

① 《致内务部·农商部密函》（1915年12月26日），载《盛宣怀未刊信稿》，第260页。
② 《日正金银行上海分行代发高木陆郎致总行电》（1913年12月17日），转引自《汉冶萍与日本关系史料》，第456页。

3月7日在上海召开，代表盛宣怀主持大会的王存善很善言辞，在其鼓动下，大会用"起立法"一致通过了此次借款合同。

尽管汉冶萍股东大多赞成向日本借款，但北洋政府仍持反对立场。借款合同签订之前，众议院议员、矿务局局长杨廷栋奉总理熊希龄、工商总长张謇、秘书长梁士诒之密令来到上海，"直接来与盛宣怀交涉"。杨廷栋转述袁世凯等人意见：北京政府不愿意汉冶萍向日本借债，今后公司可以向日本以外的欧洲资本家借款。盛宣怀强硬回答："此次向日借款交涉，全由我自身担当……且从欧洲借款，到底不如向日本借款有较多有利条件。"他还信心满满地说："就矿石和生铁贩卖一点而论，乃公司利益，此只不过黑铁同黄金交换而已。"由于日本政府对杨廷栋等南下之事向北洋政府提出警言，北洋政府态度开始变软，称杨"并非政府派遣者"。①

从1914年初开始，北洋政府和汉冶萍就向日本借款问题发生激烈争论，农商部指责公司"持论强辩，无当法理"，对公司已签订的合同"本部不能视为有效，应即暂缓实行"；公司则强调公司的商办性质，"商借商还，故所订合同，部未过问，公司亦未报部"。

日本人趁机强行介入，使问题变得极为复杂而敏感。1914年2月21日，日驻华公使山座圆次郎公然向北洋政府代理国务总理兼外交总长孙宝琦发出所谓"警告书"，批责中方"关于正金银行前与汉冶萍公司所订借款合同，妄加不适当之评伦"，斥责"如世论纷传之损失利权等语，毫无根据"，甚至威胁孙宝琦"勿为他人僻见谬言所惑，漫然破坏已成之议，致酿国际镠辖"。

山座2月23日会见农商总长张謇，气势汹汹地指责"中国各地反对攻击该合同之声渐炽，着实使人难以理解"，山座扬言："合同现已成立，现在若加以废弃，于理断不允许，若擅自强行，必致酿成国际纠纷。"张謇据理力争，经过一番唇枪舌剑，"张謇终于坦白表示愿采取适当办法以维持此次之借款合同"。张謇如此表态，实属无奈之举，未久他就表示了辞职之意。

---

① 《日正金银行驻北京董事小田切致上海分行电》（1912年12月2日），转引自《汉冶萍与日本关系史料》，第484页。

日本的态度越来越嚣张。日外务大臣牧野竟于28日发出密电，指示驻华公使山座向中国当局"提出警告，不得轻举妄动，以免累及邦交"。

在高压下，北洋政府的态度变得暧昧。3月3日，山座会见孙宝琦，据孙氏称：政府无意主张废弃合同，不过以矿山抵借款，事前须得中央政府许可。山座则向孙警告：倘中国政府出以意外之措施，则必发生极大纠纷。在山座歇斯底里的淫威下，"孙则默思片刻不作任何回答，然后顾我而言他"。

此时，仍有一些团体发出反对的声音，例如，中国实业研究会1914年3月呈文参议院，批评"盛宣怀此次借款，国权之损失与公司之危险，皆所不顾，惟以取得现金，摊还虚本，为其唯一之目的"。呈文"仰恳贵院，依据国家应有之权，将合同立令取消，一面派遣专员前赴汉冶萍公司彻底清查，并治盛宣怀以应得之罪"。①

但是，这种反对声已成强弩之末，北洋政府已停止对借款事件的干预。

三　无果而终的官商合办

（一）盛宣怀寻找官商合办之路

盛宣怀面对汉冶萍债台高筑的危局，开始策划新的办厂模式：官商合办。官商合办是公司一种无可奈何的选择。

公司经济已到崩溃边缘，一方面，公司要筹集巨款来修复遭武昌首义炮火破坏的机器和厂房；另一方面，要偿还各项借款本息，其中包括六合公司的300万两借款。此时，公司拟借用制币局存于通商银行的90万元铜价银，因被革命军扣留而不能动用，这使公司财务状况更加窘迫。1914年1月23日，汉冶萍董事会呈农商部文，说明公司积欠内外债务情况：鉴于"厂矿经费无所出，第四新炉不能成，到期债票不能转，银行钱铺丝毫不

---

① 中国实业研究会：《致参政院为盛宣怀违法借债请饬取消合同呈》（1914年3月），北京大学图书馆藏《汉冶萍公司档案》（抄本）第4册，载《中国近代工业史资料》第3辑，第506页。

能挪借，信用屡失，破产即在目前。经理李维格亦再三辞职"。盛宣怀面托施肇曾、杨廷栋向北洋政府求借1000万两，请政府在6个月内支付。北洋政府根本无力向汉冶萍施以援手，这也意味着汉冶萍收归国有之路已走进死胡同。

盛宣怀开始探寻实现官商合办之路，在北京会见农商部次长刘厚生时，详细介绍了自己对汉冶萍官商合办的构想。与此同时，矿务局长杨廷栋在上海调查后返回北京，向张謇做了汇报。张謇对官商合办"极力赞成"，并传达了国务总理熊希龄等的意见："钢铁关系大局，非官力维持不能扩张。惟官商股份各人1500万恐做不到，因工商部已有110万在旧股之内。"①

盛宣怀与杨廷栋在上海接谈三次，1月29日向杨递交了一份《汉冶萍公司官商合办六条》（又称《汉冶萍公司简明节略》），请杨转呈农商部。其大略为：公司官商资本各1300万元。农商部170万元作为官股，湖南六七十万元作为商股；大冶新炉两座限两年半成功。除向日本借款900万元外，所少活本1000万两，拟请政府设法暂为借用。

公司董事会1月31日召开的临时会议公议："先电致国务院农商部，陈请官商合办。"2月2日，盛宣怀、王存善等8名董事电呈北洋政府国务院及农商部："请将公司官商合办"。2月5日，国务院复电盛宣怀等董事：官商合办之事"应由该公司即开股东大会议决，用正式公文呈请，再行接办"。

根据国务院的要求，汉冶萍股东大会3月7日假上海青年会召开，与会股东1253人，拥有股份共214099权，经投票，赞成官商合办者116710权，反对者仅110权。当天，会长盛宣怀将表决结果电呈国务院、农商部，请他们"派员来沪与公司妥商办法"。

（二）袁世凯的直接介入

袁世凯对汉冶萍实行官商合办很感兴趣，1914年5月6日训令肃政史

---

① 《盛宣怀致汉冶萍公司董事会函》（1914年1月29日，上海），载《盛档》（四）之《汉冶萍公司》（三），第772页。

兼税务处提调曾述棨："从速前往，俟调查清楚，再订办法"。

曾述棨 5 月 23 日偕同农商部佥事王治昌前往上海，向盛宣怀及董事李经方、王存善等"详述中央意旨"，并与前经理李维格、会计员于焌年、查账员孙慎钦等"悉心讨论"，"令其检齐账册，借次核据，逐日钩稽。瞬逾月余之久，始悉该厂矿自开办以来，事事失败，原因复杂，沿袭至今，大有不可收拾之势"。这次调查共抄录历年收入股本、历年支出利息、历年收支总结、借日款 600 万用途、债款总细数等共 11 册，"汇订成帙"，送呈袁世凯审阅。①

盛宣怀要求董事、经理将公司历年账略分门别类，共分"接办铁捐"、"汉厂地价"、"冶矿地价"、"萍矿地价"、"因乱损失"、"历年商务盈亏"等 20 大类，"不特可使部员容易调查研究，并可布告股东，一目了然"。公司董事会据此于 6 月 24 日致函曾述棨、王治昌，指出公司自辛亥军兴后"直接间接所受损失至巨"，共计 3724800 余两，"此项损失巨款，自应报告"。

曾述棨等经过一个多月的调查，收集到 11 本调查材料，于 1914 年 7 月向北洋政府提交《调查汉冶萍公司报告书》，指出公司地势失败、用人失败、经营失败、组织失败，解决方案只能是：或商家自办，或收回国有，或官商合办，②但并未拿出切实可行之策。公司董事会于 8 月 2 日再次致函交通部、农商部、财政部："此事根本解决，仍在选下政策"，"国有、合办，悉唯君命"。

农商部对汉冶萍实行官商合办极为重视，总长张謇于 1914 年 8 月 5 日、25 日及 1915 年 2 月 4 日、28 日四次呈文袁世凯，提出了一个又一个具体方案。③

---

① 中国社会科学院近代史研究所藏《北洋政府档案》（抄件）之《曾述棨上袁世凯报告书》（1914 年 7 月 20 日），转引自《汉冶萍与日本关系史料》，第 502~504 页。另见鄂档《汉冶萍》上册，第 317 页。
② 《曾述棨调查汉冶萍公司报告书》（1914 年 7 月），北京大学图书馆藏《汉冶萍公司档案》（抄本），载《中国近代工业史资料》第 3 辑，第 484~487 页。
③ 《张謇呈大总统文》（1914 年 8 月 5 日），《张謇呈大总统文》（1914 年 8 月 25 日），《农商部呈大总统文》（1915 年 2 月 4 日），《张謇呈大总统文》（1915 年 2 月 28 日），分别载北京大学图书馆藏《汉冶萍公司档案》（抄件），转引自《汉冶萍与日本关系史料》，第 507~508 页；《张季子九录》第 4 册，卷 9，第 10~15 页。

官商合办虽喧闹一时，但因政府无力支付现款，特别是外来势力的粗暴干涉，只能是纸上谈兵。北洋政府走马灯般派员来公司调查，肃政史曾述荣、参事陈其殷、技正张景先、佥事王治昌和王季点、江海关监督施炳燮先后奉命南下，紧锣密鼓地展开调查，结果都石沉大海，杳无音讯，官商合办问题始终未获解决。正如盛宣怀5月下旬在董事事会所做的报告中所言："叠次呈请政府速定方针，或收归国有，或官商合办，时会所迫，迄无圆满之结果。"盛宣怀在这里所说的"时会所迫"指的是日本人的干预。

（三）日本人插手官商合办案

盛宣怀向北洋政府递呈《官商合办六条》不到一个月，嗅觉异常灵敏的日本人便伺机直接插手其间。1914年2月14日，日本正金银行上海分行副经理水津弥吉致函盛宣怀："敬祈即将预备在该会提出之条件，详为示悉。"盛宣怀做了含糊其辞的回答。实际上，日本人已掌握了相关情报。2月16日，正金银行上海分行致北京分行电："汉冶萍公司3月7日临时股东大会已登广告。重要议案：第一，借款合同报告；第二，宣布债务一律调换中国政府名义之股票，而改为官商合办。"

此后，正金银行相关分支机构之间及与总行之间的联系更加频繁，内部全部涉及汉冶萍官商合办之事，11天时间内（2月16～27日）正金银行内部有关汉冶萍官商合办的各类往来电文便多达9封。

日本对汉冶萍官商合办之事的关注和反对态度已暴露无遗。1914年2月26日，儿玉谦次在写给盛宣怀的信中说：汉冶萍如实行官商合办，"即为将来与公司利害有极大关系之重要事件，然则自应与敝国关系人协同商议"。3月6日，儿玉谦次再次致信盛宣怀，赤裸裸地表示反对，"尊处呈请华政府官商合办一事，仆前经向尊处面陈中村男爵及井上君反对此策之意"，"兹接到敝总理训令，嘱向尊处声明，日本一方面之意见仍系与前告尊处一式，绝端反对"。

儿玉在致井上的信中称：他们"迭次提出严重警告，并将我方反对合办详细理由通告，但公司依然以不理会之态度，擅自进行。时至今日，鄙人认为决无任何商谈之余地，我方主张绝对反对合办，除此之外，别无可说"。

公开反对未能奏效，日本人又对盛宣怀进行挑拨离间，一位东京来的"说客"对盛宣怀说："汉冶萍大好事业，中（国）政府不为维持，各部多次排挤，地方官时时掣肘，会长一人独立难支，公司恐吃不住。"这位说客扬言："非中日合办不能保护。"他还警告盛宣怀：如反对中日合办，"将来必贻后悔，特来奉劝，万勿迟疑"。幸好盛宣怀还保持了较为清醒的头脑，他告诉这位来自东京的"说客"："政府并不与公司为难。"① 日本人的图谋虽暂未得逞，但已使汉冶萍处境更加恶劣。

（四）官商合办的彻底收场

公司经济困难已达极点，领导层已一片混乱，会长盛宣怀因病不能视事，他自感已走到生命尽头，便于1915年5月下旬提出了辞职要求，虽然辞职书未被众股东接受，但老病交加的盛宣怀确实再也无力处理重大事务了。公司另一位关键人物李维格以病为由辞去经理职务，"其他董事及代理经理等，均由于业务不熟悉，不按程序办事，致生误解和差错，惶恐之至"。② 公司领导层已无力处理任何涉及公司命运的大事，对官商合办这样一个事涉公司前途和股民切身利益的大事，公司没有人能够拍板定案，加上不久又发生了更为严重的"二十一条"事件，汉冶萍官商合办也就胎死腹中了。

日本人的粗暴干涉是汉冶萍未能实现官商合办的最直接原因。

此时，日本政坛重量级人物井上馨出场了，他是日本第一任外务大臣，历任内务大臣、财政大臣、农商大臣等职，是日本近代财阀尤其是三井财阀的总后台，此时虽已去职，但仍代表财阀利益，力谋吞并汉冶萍公司。井上馨1915年5月下旬再弹中日合办老调，就是要用所谓的中日合办来代替官商合办，他在致盛宣怀信中说："若期事业之发展稳固，即以中日合办为最妥方法，虽议有草合同，而时机不佳，未能如愿。敝国资本家无挟持私心。"井上馨如此欲盖弥彰地表白后，又信誓旦旦地表示："如议

---

① 见《盛档》（四）之《汉冶萍公司》（三），第794页。
② 《盛宣怀致杨士琦函》（1915年3月23日），载《盛档》（四）之《汉冶萍公司》（三），第911页；《高木陆郎致正金银行总行密函》（1914年4月1日），转引自《汉冶萍与日本关系史料》，第533页。

中日合办时，贵国政府可即允准，并求保证贵公司根本地位不致变更，亦不强制施行合办。"

尽管井上馨如此振振有词，但最终是日本人打了自己的嘴巴。所谓"公司根本地位不致变更，不强制施行合办"，是日本政客自己也不相信的鬼话。

在内外强大压力之下，官商合办最终只得偃旗息鼓，悄然收场。

四　日本独吞公司的"二十一条"

（一）"二十一条"中涉及汉冶萍的条款

1914年8月，第一次世界大战爆发。欧洲各国忙于在战场上厮杀，日本阴谋趁机独占中国。1915年1月，日本向袁世凯提出臭名昭著的"二十一条"。这是日本妄图独吞中国的侵略条约。

诚如知情人、北洋政府外交次长曹汝霖所言："时日本总理大隈重信、外相加藤高明都是对中国有野心之人。"[①] 把汉冶萍变成日本的附庸是日本政府的既定国策。1914年11月12日，日驻华公使日置益奉召回国，秘密参与策划更为凶狠的对华侵略计划。12月3日，日外务大臣加藤高明致日置益的训令中明确提出："帝国政府为图时局之善后，且巩固帝国将来之地位"，准备同中国政府缔结别纸第一号至第五号条约及协定。这就是日本人所称的"二十一条觉书"，也就是中国人所熟悉的"二十一条"。

"二十一条"的一项重要内容涉及汉冶萍公司，规定"将汉冶萍作为中日合办，附近矿山不准公司以外的人开采"。[②]

"二十一条"是一纸妄图灭亡中国、变中国为日本附属国的条约，是近代对中国危害最大的条约之一。其中别纸第三号主要内容有：

第一款：两缔约国互相约定，俟将来相当机会，将汉冶萍公司作为两国合办事业；并允：如未经日本国政府之同意，所有属于该公司一切权利、产业，中国政府不得自行处分，亦不得使该公司任意

[①] 曹汝霖：《一生之回忆》，香港，春秋杂志社，1966，第115页。
[②] 翦伯赞主编《中国近代史纲要》第4册，人民出版社，1964，第144~145页。

处分。

第二款：中国政府允准：所有属于汉冶萍公司各矿之附近矿山，如未经该公司同意，一概不准该公司以外之人开采，并允此外凡欲措办无论直接间接对该公司恐有影响之举，必须先经公司同意。

日置益12月3日致函日外务大臣加藤，狂妄地叫嚣："帝国政府最近由于青岛陷落，我军事行动粗告终了，帝国威力新压服海外，同时欧战尚酣，无暇东顾，今日诚为对华提出要求之好时机。"日置益穷凶极恶地表示："对中国应不遗余力尽量采取威吓、劝诱及其他计策；同时对中国以外之各国有使用充分外交手段之必要。"

未等日置益正式回任，日外务大臣加藤于12月13日致电代理会使小幡酉吉，要他按照12月3日机密件的要求，"即将准备情况，连同办理要求会见袁世凯之手续电知"。

一场疾风骤雨又要在汉冶萍降临了。

（二）所谓的日华合办大纲

日华合办是中日合办的翻版，只不过它贴上了"二十一条"的标签。

1914年12月15日，日置益携"二十一条觉书"回到驻华公使任上。12月17日，加藤致函日置益，附上《关于汉冶萍公司之调查》和《汉冶萍公司日华合办大纲案》，前者的内容包括：日本对公司之贷款（总共3530万日元）、公司募集款（1532.6万日元），重要股东及日华合办所需资金；后者则为日华合办大纲，主要内容有：

1. 中国政府收买汉冶萍煤铁厂矿有限公司，即变更其组织，成为中日合办股份公司。

2. 新公司资本，定为日金3000万元。中日两国政府股份各五成，即日金各1500万元；中国政府股份不得买卖让与；日本资本家股份仅限于日本人间买卖让与。

3. 新公司之董事定为十一名，其中六名由中国政府委任，五名由日本资本家选日本人担任。

董事互选中国人一名为董事长，日本人一名为副董事长，又中、日人各一名为常务董事。监事定为四名,二名由中国政府委任,二名由日本资本家选日本人担任。

4. 任用日本人一名为会计科长,由董事会选任,受常务董事指挥处理事务;但将来再添置一名会计科长,得任用中国人。

5. 汉冶萍煤铁厂矿有限公司原来所负一切债务和责任而有确实凭证者,一切由新公司继承……

加藤鼓吹:"当此欧洲列强正互以国运作赌注抗争、无暇兼顾东亚之际……正可利用中国政府目前财政极端困难,以实行本计划,实为最好之时机。"

据曹汝霖回忆:1915年1月18日,日置益被袁世凯接见,袁表示:中日两国亲善,为我之夙愿,但关于交涉事宜,应由外交部主管办理。日使辞出后,袁世凯将觉书留下,"容我细阅"。第二天,袁世凯召集外长孙宝琦、秘书长梁士诒、政事堂左丞杨士琦及曹汝霖四人到府,指出:"日本这次提出的觉书,意义很深,他们趁欧战方酣,各国无暇东顾,见我国是已定,隐怀疑忌,故提出觉书,意在控制我国,不可轻视。"袁对日本"二十一条""已逐条细阅批示"。其中对第三条款袁世凯做出批示:"此为商办性质,按民国法律,该公司有保有财产营业之权,政府不得违法干涉";"此件应召集股东会讨论"等。如此看来,袁世凯是不完全赞同"二十一条"中有关汉冶萍公司内容的。

1月下旬,中日两国代表在北京召开第一次会议,与会者有中方外交总长陆徵祥,次长曹汝霖,秘书施履本;日方公使日置益,一等书记小幡酉吉,通译官高尾亨。双方争论非常激烈,"对于汉冶萍合办问题,我方答以此系民间商营公司,政府不能越俎代谋,应与该公司自行商议,日使请为介绍亦未允"。据曹汝霖称:"日本所提之'二十一条',议结者不满十条,而第五项辱国条件,终于拒绝撤回。"[①]

2月5日,中日外交官员第二次会议召开,双方出席人员与第一次会议相同。双方在汉冶萍问题上分歧依然严重。双方磋商时间很长,其焦点

---

① 曹汝霖:《一生之回忆》,第115～127页。

是争论汉冶萍是否应当与日本"合办"。1915年2月12日日方收下中方"对案",4月26日又将修正案交给中国政府,27日提出所谓"最后修正案",其主要内容如下:

> 日本国与汉冶萍公司之关系极为密切,他日该公司关系人与日本资本家之间合办之议达成时,中国政府应承认之。又,中国政府不得没收该公司。再者,不经日本资本家之同意,不得作为国有。而且不得自日本国以外将资本引进该公司。

经与日方反复磋商,北洋政府于5月1日交给日方最后修正对案:

> 日本国与汉冶萍公司之关系极为密接,如将来该公司与日本资本家商定合办,中国政府应即允准。又中国政府声明该公司不归为国有,又不充公,又不准使该公司借用日本国以外之外国资本。

1915年5月4日,日本政府起草《关于汉冶萍公司案》,后经日本元老会议讨论,结果改为最后通牒,5月4日起草的对案成为废案。通牒称:

> 中国政府亦应谅帝国政府之谊……(对日方)提出之修正案所记载者,不加以何等之更改,速行应诺。帝国政府兹再重行劝告,期望中国政府至五月九日午后六时为止,为满足之答复。如到期不受到满足之答复,则帝国政府将执行认为必要之手段。

日本政府虽未解释将执行何种必要手段,但明白人一眼便可看出,这里面包含有经济、外交、军事等各种可能使用的手段。

慑于日本政府的巨大压力,北洋政府外交部于5月9日(亦有称5月8日者)复文应诺,公然承认这一最严重侵犯中国主权的所谓"最后通牒"和有关"觉书"。5月25日,外交总长陆徵祥和日驻华公使日置益代表各自政府就汉冶萍之事换文,中文文件的主要内容为:

> 中国政府因日本国资本家与汉冶萍公司有密接之关系,如将来该公司与日本资本家商定合办时可即允准;又,不将该公司充公;又,无日本国资本家之同意不将该公司归为国有;又,不使该公司借用日

本国以外之外国资本。

日本"最后通牒"和"觉书"的要害是完全剥夺了汉冶萍公司作为一家中国企业所拥有的一切法人权利,变成了日本军国主义的原料供应基地和经济附庸。袁世凯政府应诺这一卖国条约的罪行,立即激起了全国人民的强烈愤慨,各地掀起了大规模的爱国抗日活动。1915年3月25日,上海各界通过抵制日货的决议。4月间,长江沿岸各埠群起响应,随即波及全国。各校学生和留日学生首先罢课,或走上街头演讲,或散发抗日传单;工人罢工,游行示威。6月间,北洋政府下令劝阻,袁世凯更诬称爱国民众为"乱党"、"乱徒",但群众自发的爱国抗日活动的烈火却愈烧愈旺。

慑于中国人民的爱国声势,在1921~1922年的华盛顿会议上,日本政府声明放弃了一部分侵华权益。1923年3月,北洋政权的国会通过决议,并由驻日代理公使廖思寿向日本政府提出全部废约的要求,遭到日本政府拒绝。故此时中日关于汉冶萍之事的换文,尚在存续期间。

(三) 盛宣怀在日华合办问题上举棋不定

盛宣怀在日华合办问题上的心态十分复杂,既有反对的一面,又有支持的一面。

辛亥革命之后,盛宣怀对袁世凯的态度发生了重大变化,盛致函孙宝琦称:"近日伏睹项城一举一动,无不令人五体投地,为其下之国务大臣,何修而得此。"[①] 盛宣怀以"上海无名氏"名义上书袁世凯,除为袁世凯出谋划策外,竟称"此天与宫太保万世不易之勋也"。[②] 不管盛宣怀玩弄两面手法也好,还是对袁世凯心悦诚服也罢,对袁氏看法的转变,都为盛宣怀在日本推行"二十一条"过程中的表现作了很好的铺垫。

在小田切看来,"二十一条"与盛宣怀的利益息息相关,他1915年3月6日致盛宣怀密电,认为汉冶萍中日合办,"事成公司股东均沾其利,而公(指盛氏)所享之益尤大","不料风闻公对此问题反对甚力,谅非公

---

① 《致济南孙慕帅函稿》(1911年11月20日),载《盛宣怀未刊信稿》,第231页。
② 《录上海无名氏上项城宫保书》(1911年11月21日),载《盛宣怀未刊信稿》,第232页。

之本意"。小田切对盛进行挑拨和威胁:"万一交涉不成,诚恐大局或致决裂,我公与公司均受其累。"3月28日,盛宣怀复小田切密电,认为"合办一节,股东势必始终反对,非弟一人所能独断。弟为贵国设想,一国合办,必致各国效尤……恐日商有损无益,公宜为日商计较实在利益,幸勿徒骛虚名。弟老且病,将不久于人世,有生之日,决不肯改变成约"。

盛宣怀态度好像十分坚定,至死不渝,但他未能看清或有意模糊一个基本事实:日本的最终目的是要独占汉冶萍公司,哪管什么"各国效尤"?

为谋划在"二十一条"问题上的对策,3月28日在上海斜桥路盛宅召开股东谈话会,与会者有王存善、施子英、李维格、赵凤昌、顾咏铨诸人。盛宣怀"主张先举代表去京,晋谒当道,陈述股东意见及沥陈该公司与日本借款之内容"。王存善则认为此事复杂而重要,"拟请盛氏自去京以昭郑重"。

此事一时闹得沸沸扬扬,满城风雨。《申报》1915年4月16日发表评论:"汉冶萍公司为日人觊觎之目的物……日本即提出于'二十一条'要求之中,而汉冶萍公司乃无日不风雨飘摇,霜露零落。"

据高木陆郎透露,盛宣怀"有意将来将汉冶萍公司会长让与孙氏(宝琦),而孙氏亦已内心允诺,袁氏(世凯)心中似亦同意"。[①]

正式出任会长之前,孙宝琦呈文财政部、农商部,谈了自己对中日合办的见解:"武汉为南北咽喉,倘日本合办汉冶萍公司,实为腹心之患。""此希望合办者,非甘于媚外,实系灰心之论也。"[②] 看来,孙宝琦对中日合办汉冶萍的危害还是有所警惕的。

孙宝琦1915年6月24日出任汉冶萍董事会会长后,日本方面急于了解这位新任会长的对日态度,8月24日,日驻华公使日置益拜访了他。孙此时对中日合办之事尚缺乏了解,只模棱两可地表示:"合同等应处理之事项当然理应遵守,丝毫不必担心。要之,股东方面均希望合办之实行。"日置益对孙宝琦的评价是:"孙氏于事业无经验,不过仅凭记忆而作之谈

---

① 《高木陆郎致儿玉谦次密函》(1915年4月27日),转引自《汉冶萍与日本关系史料》,第572页。
② 《孙宝琦呈财政部、农商部文》(1915年5月下旬),载《盛档》(四)之《汉冶萍公司》(三),第942页。

话片段而已。"

汉冶萍公司从此走上了更加曲折和艰难的道路。

五 日本干预公司向通惠借款

（一）公司向通惠借款

1915年前后，公司面临的经济形势十分险恶，每年要支付日本债息200多万两，加上增建大冶铁炉等费用，厂矿经费年需500多万两，而出售钢铁等项收入年仅约300万两，年亏200多万两，"公司艰危，已达极点，非由政府速赐维持，则破产即在目前"。①

当孙宝琦接任会长时，袁世凯曾表示："嗣后北京政府对于公司当可极力保护。"孙宝琦请求政府每月补助汉冶萍20万两，以3年为限。袁世凯认为："此项借款与其由政府办理，莫若由通惠公司办理，较为妥当。"②

通惠公司遂应运而生。

1915年6月，由袁克定（袁世凯之子）、杨士琦、周学熙、孙宝琦、孙多森等人倡议，集合友好30人，各出资5万元，共募150万元，再由财政部融资350万元，共募集500万元，发起成立通惠公司，主要经营发行公债等业务，孙多森暂任总经理。

孙多森，字荫亭，安徽寿县人，晚清时曾任天津劝业道，汉冶萍公司重要股东，民国初年任中国银行总裁，系上海阜丰面粉厂、北京中孚银行创办人，是一位经济实力雄厚的皖系财阀，与袁世凯有很深关系。

通惠公司是中国第一家控股投资公司。③这次为汉冶萍发行债券总额1200万元，偿还期限4年，年息8厘，无须担保，由北洋政府提供保证。

据孙宝琦、王存善1915年6月8日致盛宣怀函中称，上述实业债票，政府出息6厘，公司贴息2厘，从第5年起，分作10年归还本息。对汉冶萍来说，通惠公司的这次借款条件是较为优惠的。北洋政府最初推荐孙多

---

① 《公司董事会致孙宝琦函》（1915年9月15日），载鄂档《汉冶萍》上册，第377页。
② 《高木陆郎自上海致北京日使馆一等书记官小潘西吉密函》（1915年10月18日），载《汉冶萍与日本关系史料》，第592页。
③ 陈真、姚洛合编《中国近代工业史资料》第1辑，第333页。

森为通惠公司总经理，孙力辞不就，于是改荐赵椿年。8月13日，通惠公司董事会公举赵椿年为总经理。袁世凯甚为关注，特询问："总经理有权办事否？"杨士琦亦称，如其"权限不足，财部必不满意"。8月24日，董事会致电孙宝琦，开列了总经理的权限，包括黜陟之权和极优之礼待遇。对此，"财部似已满意"。

通惠公司董事会1915年9月6日正式聘赵椿年为总经理。这是一位袁世凯和盛宣怀都能接受的人物。

赵椿年，字剑秋，江苏常州人，与盛宣怀系同乡，曾任北洋政府财政次长。董事会在聘书中规定总经理的职权为：公司员司归总经理节制进退；遇有更变章程、重要事项，照章商明董会公决；总经理分高责重，以极优之礼待遇；总经理月薪1000两。汉冶萍董事会希望此举能造成有利于公司借款的稳定局面，9月15日致函孙宝琦："至借款垫款办法，前已议有眉目，我公为全体股东票举之董事会长，赵公剑秋又为本会敦聘之总经理，同负公司责任，必能双方兼顾。"

汉冶萍董事会9月15日呈文大总统，请求发行债票1200万元，"即乞将拨借债票，并先由中、交两行垫款各办法，令饬财政、交通、农商各部迅予实行"。这次债票商借商还。为了增强偿还能力，董事会当天又呈文大总统，请求划拨大冶官山铁矿和萍乡高坑煤矿，公司预计每年可获余利120余万元。同时请求政府统一全国铁路轨式，并暂免各路轨价扣成。同一天，孙宝琦上书袁世凯，请求饬"赵椿年迅即到沪就任"。

1915年10月15日，汉冶萍向通惠公司借款合同草案签署，其主要内容有：借款总额1200万元；通惠公司分4年交足借款，每年300万元，由通惠公司照九五交付，此款由通惠公司按月如数交予总经理；常年利息8厘；还款期14年，头4年只付利息，从第5年起至第14年止，按年将本息均摊十分，每年归还一分；汉冶萍以全部股票并指明陆续新出之货物为第一次抵押，等等。袁世凯在借款合同草案上亲笔批一"妥"字，表示对这一合同的认可。

这一合同草案的附件有6条，其主要内容有：通惠公司总经理有完全用人办事之权，公司一切组织及章程须由总经理核定；汉冶萍总经理一职如有变更，须由通惠公司选荐照推；汉冶萍如变更华商自办性质，应先由通惠公司主持；汉冶萍股东倘将股票转卖，只准卖给通惠公司。如查出卖与非中国人，或将股权私授与非中国人，得由汉冶萍取消其股东权利，并照违背本国法律办理。①

很显然，这一附件的要害有两点：一是将汉冶萍置于北洋政府的严密控制之下，二是坚决拒绝外国人（主要是日本人）继续染指汉冶萍。

盛宣怀最初认为，通惠公司的贷款"实则亦系政府资金"。盛氏10月15日在一封信上称，这一合同草案"甚为完善"。但盛宣怀很快发现袁世凯在通惠借款之事上做了手脚，"以通惠公司代替旧有股东，完全剥夺盛氏实权"，盛立即改变态度，竭力阻挠正式签署借款合同，股东联合会和代经理王勋均对合同草案提出异议。股东联合会10月25日致函董事会：一是反对将公司股票作为向通惠借款的抵押品，二是反对通惠公司总经理权力过大。说到底，这些都涉及联合会股东的利益和盛宣怀的实权。

盛宣怀欲施故技，径由股东联合会直接表决此草案，盛于10月26日致函孙宝琦称："若开大会，恐须耽延半月，不如抄送联合会，请其担任，较为简捷。"

代经理王勋也对合同草案表示反对，10月23日致函董事会，认为该"合同及附件各条款，其附件内第五款：汉冶萍公司如需向他处包工、采办材料、转运或关于商业上委托代理等事，通惠公司应享有优先承办权，但其价值不得贵于他处云云，于营业进行颇有妨碍"。

正式合同迟迟未能签订，北洋政府甚为不满，"总统面谕：仍应力予维持借款合同，无理取闹者可删改，倘股东有意反对，只好置之不理"。②

尽管如此，借款合同最终仍被扼杀，但操刀者不是汉冶萍内部人士，而是对这一合同咬牙切齿的日本人。

（二）日本反对公司向通惠借款

日本人非常清楚，汉冶萍向通惠借款的目的是为了增强自身实力，最终摆脱日本人的控制。因此，日本人从一开始就密切关注和强烈反对这桩

---

① 合同草案及附件见鄂档《汉冶萍》上册，第380页；另见《汉冶萍与日本关系史料》，第585~587页；《盛档》（四）之《汉冶萍公司》（三），第972~973页。
② 《孙宝琦致盛宣怀函》（1915年11月7日），载鄂档《汉冶萍》上册，第390页。

借款。

早在借款酝酿期的1915年6月26日，日本会计顾问池田茂幸就致函井上，除报告这次借款的相关消息外，还特别指出："事关重大，不可不仔细注意。"

北洋政府叮嘱"可不令日人预闻"，但代经理王勋仍将合同草案送给顾问处，使盛宣怀非常生气："日前鄙人切嘱阁下，会计顾问处只可以空言探彼意见，万不能令彼知有此合同也。"①

两天之后，公司顾问已知此事，会计顾问处虽只剩襄办大野宏，但其人"能通华语，迹近侦探，断无不知"，盛宣怀认为：借款之事"谅难隐瞒"，遂于10月15日致函孙宝琦："鄙见不如按照合同，预先与彼协议。汉冶萍为商办营业公司，通惠亦为本国商办公司，借款正大光明，何必讳言，示人以弱。"

第二天，横滨正金银行上海分行经理儿玉致函质问汉冶萍董事会，要求"将该借款各条件全行示知"，并认为"应先与鄙人商议方合也"。汉冶萍于是派王勋与之"商议"。

儿玉的态度异常强硬，于10月25日致函董事会，称他奉银行总裁之命："汉冶萍公司与通惠借款合同，于精神上显然违反敝处与该公司向来合作之宗旨。"儿玉表态："敝处断难承认。"盛宣怀当即致函孙宝琦，转述儿玉的态度："敝银行反对，不是条件上之反对，乃系根本上反对。"日本会计顾问、顾问襄办等人的恶劣态度使盛宣怀几近崩溃："弟虽遗臭万年，亦不足偿其罪孽也。"②

日方觉得反对力度还不够，正金银行总行10月29日致函儿玉："日本资本团不论如何方法及如何程度，不愿使通惠公司干预汉冶萍公司，故应将通惠公司借款断乎谢绝。"

盛宣怀此时在苦闷中徘徊，他于11月5致函孙宝琦，附自己所拟的《合同缘起》。其要点是由政府补助利息，"14年期限之内，特准由部酌量

---

① 《盛宣怀致王勋函》（1915年10月13日），载鄂档《汉冶萍》上册，第381页；《汉冶萍与日本关系史料》，第591页。
② 《盛宣怀致孙宝琦函》（1915年10月25日），载鄂档《汉冶萍》上册，第385~386页；《汉冶萍与日本关系史料》，第596~598页。

补助年息"。据说,"日本顾问、正金银行均为同意"。实际上这是一个替代方案,儿玉将盛氏的意见电告东京,"冀可转圜"。

实际上,让日方"转圜"是个幻想。11月11日,正金银行上海分行致电横滨总行:"应请小田切明确通知孙宝琦,公司不管直接间接同通惠公司发生关系均不喜欢,绝对反对。"此电认为"使有关人等对于此项借款完全绝念,而认为此为此次事件之唯一解决方法"。

小田切15日来见孙宝琦,传达总行意见:对借款日方"不得不反对,请再勿令通惠干预汉冶萍公司之事"。当天,孙宝琦与小田切就汉冶萍向通惠借款问题举行会谈并发表《会谈纪要备忘录》,双方各自阐明观点,但并未达成共识。16日,小田切致函孙宝琦,转述总行表态:"断不得不反对该借款。"当天,盛宣怀照会儿玉,委婉解释公司借款的苦衷和政府维持实业的美意,同时转述孙宝琦来电:"大总统既允借款条件如有不合者可以删改,似此则无反对之理由。"当天(16日),小田切致函孙宝琦:"敝总行此次行动恐为贵国方面所不欢迎,而犹且出于此者,权衡两害,去重就轻之意也。"很显然,日本对中方的反对态度甚为轻视。

据儿玉谦次11月17日致井上绳之助电文中透露:盛宣怀认为"无辞反对此借款,只好限于与日本合同条项不相触之范围内承认此次借款"。儿玉对盛氏的回答是:"通惠借款原案,于其精神系欲沾夺贵公司实业权……且蔑视与日本已定之合同者";"至于其居心,不外乎以搅乱贵公司与日本之关系为宗旨。故贵公司与通惠公司结成关系无论如何形式,日本决不肯承认。"盛宣怀约11月中旬致函儿玉,引用中日借款合同的相关条款来驳斥其言论,并指出,通惠借款"决不丝毫贻累前债,亦不短缺后债,则与日本合同之抵押并无妨碍"。

尽管袁世凯似乎依然强硬:"汉冶萍系中国公司,而通惠借款当然不能不借。"[①] 但日方态度十分嚣张,正金银行总行11月24日称:"通惠借款原案,其精神在于占夺贵公司(指汉冶萍)营业权","敝行确知通惠公司所怀居心……不外乎搅乱贵公司与日本之关系。""日本绝对不能承认贵公司与通惠公司结成关系。"紧接着,小田切"又对孙宝琦发出绝对拒绝

---

① 《孙宝琦致盛宣怀函》(1915年11月18日),载鄂档《汉冶萍》上册,第391页。

之公文"。①

在日本的强大外交压力之下,北洋政府与汉冶萍精心谋划的通惠借款案也就遁迹于无形了,但通惠公司仍继续存在了相当长的时间。

通惠借款的中止给汉冶萍带来巨大影响。"目下,金融机关必日紧一日,中、交两行必大受影响,通惠款日本此时必不能赞成。中、交垫款必难应手,即轨价抵押亦恐不能践言。"② 汉冶萍进一步陷入困境。

(三) 日本借机兜售日中合办

日本之所以拼命反对汉冶萍向通惠借款,根本原因仍在重温日中合办旧梦。

日本正金银行1915年10月30日致上海分行经理电中扬言:"通惠公司借款,应断然拒绝。日本方面相信,改变汉冶萍公司组织,进行日中合办,对双方均最为安全有利。"同一天,日本驻沪总领事有吉明致北京代理公使小潘酉吉电中也强调,日本希望看到的结果是:"一方面力图使通惠公司借款不能成立;另一方面,乘此机会促进汉冶萍公司日中合办。所需资金,决定由日本审议供给。"这就最清楚不过地表明,日本政府和正金银行将反对向通惠借款与日中合办紧紧挂钩。

正金银行上海分行11月6日致横滨总行电文为合办之事出谋划策:"关于合办问题,希在通惠问题解决后,再开始向北京政府交涉。其理由是,通惠问题如得不到解决,不仅有象鼻山、高坑不能完全归于公司之不利情况;且在北京方面会有通惠借款绝对反对者,原来不是日本而是盛宣怀之误解。"

盛宣怀在这件事上扮演了一个尴尬和微妙的角色,也许盛氏自己的话最能描述这一点:"盛云,拒绝通惠借款一事,倘贵我双方利害一致,实具同感。但立即贸然拒绝北京方面实有困难。"③

---

① 《高木向日外务省及正金银行提出的意见书》(1915年11月26日),载《汉冶萍与日本关系史料》,第617~624页。
② 《孙宝琦致盛宣怀函》(1915年12月24日),载《盛档》(四)之《汉冶萍公司》(三),第984~985页。
③ 《日正金银行上海分行致横滨总行电》(1915年11月8日),载《汉冶萍与日本关系史料》,第615页。

袁世凯在这件事上则别有所图。一方面，北洋政府"十分重视汉冶萍问题"；另一方面，此时袁氏正忙于恢复帝制，"直至帝制见诸实现，当感到有保持对日友好之必要"①。袁氏力求在二者之间找到平衡点。

汉冶萍高层人物，如孙宝琦、盛宣怀等人在中日合办问题上与日方观点并不一致。1915年11月15日，儿玉与孙宝琦就通惠借款问题举行会谈时称："若借款，先尽正金商办；且中日新约许日后合办，不收归国有。"孙宝琦委婉地表达了不同意见。② 同一天，小田切在与孙宝琦会谈时亦称："我曾访问过外交次长，认为公司问题，除日中合办外，无圆满解决办法。"小田切又说："解决此问题之方法，除日中合办外，实无其他良策。"对小田切喋喋不休的"合办"说辞，孙宝琦含蓄地进行了反驳。

盛宣怀11月25日致孙宝琦函中称："日人之意，视通惠公司为抵制中日合办而设。"盛宣怀认为，他与儿玉"已无商量之余地，大概日人心理终不能忘情于合办"。

盛宣怀此时对日中合办汉冶萍似乎较为冷淡，据日本正金银行上海分行11月23日致北京分行电文称："盛宣怀认为非通惠公司问题解决后，不愿商谈合办问题。"正金银行上海分行发出哀叹："合办案之协定亦不一定能成功。"

因中国朝野的一致反对，日本通过反对通惠借款案实现中日合办的图谋再次化为幻影。

六　中日合办九州钢铁厂

（一）中日合办炼钢厂的酝酿

中日合办炼钢厂始于1915年上半年。

此时欧战正酣，钢铁供不应求。但情况突然发生变化，一是印度铁在华销售，与华铁产生竞争；二是日本与奉天合办本溪湖铁厂，所产生铁超

---

① 《日正金银行北京分行致横滨总行电》（1915年11月14），载《汉冶萍与日本关系史料》，第615页。
② 《孙宝琦致盛宣怀函》（1915年11月18日），载鄂档《汉冶萍》上册，第391页。

过汉冶萍；三是日本制铁所准备增加高炉，扩大生铁产量；四是大冶铁厂投产后，连同汉厂年可产铁约 44 万吨，超过日本制铁所和汉厂炼钢之所需。这样，汉冶萍生铁必须寻找新的销路。

恰逢此时，安川敬一郎准备在日本九州筹建钢铁厂，这与汉冶萍公司的想法不谋而合。

安川敬一郎，日本福岗县武士、活跃在石灰行业的企业家、当地著名矿主，在九州拥资千万，此时年约七旬，是一位对华较为友好的人士，辛亥革命前后与孙中山多有交往，力推中日间的政治往来与经济合作。

安川敬一郎在一封信中这样表明自己的心迹，一是从经济层面促进中日友好："向来中日两国屡见于政治上时失意见疏通，敝人常以为抱歉。奈吾人于政界无容喙之资格，只好创设合办事业，一则借以增进公司及个人各自之利益，一则借资两国进运以便真正实行两国亲善敦睦、唇齿辅车之实果。"二是自己并不图虚名："敝人年齿将近七旬，并非欲妄贪一时之功业，而博当代之虚名，实系为忧惧东亚实业之不振，欲增进两国之国利民福，借以继续两国亲善敦睦于永远，以保东亚对泰西各国之国势均衡。"①

安川 1914 年底驰函高木，托其规劝盛宣怀等合办"中日制钢厂"，即购买汉冶萍公司生铁作为炼钢厂的原料，"两方有益"。未久，安川之子松本健次郎来华，通过正金银行的介绍，与盛宣怀等面商前议，盛氏等"亦表赞同"。盛宣怀认为，在日本办炼钢厂"本轻利厚"。按日本税则，生铁、钢材进口税每吨分别为 1.68 元和 10.08 元，"以轻税之铁运往炼钢，实为合算"。盛宣怀"遂主张购我生铁，必须合办炼钢。销铁以外，尚可收回钢利一半，嘱由安川拟来合办购铁合同草稿，交王前代经理修改"。② 盛宣怀 1915 年 5 月命高木陆郎到日本进行调查，"与此都人士讨论一切"。③

---

① ［附件］《安川敬一郎致高木陆郎函》（1915 年 11 月 11 日），载《盛档》（四）之《汉冶萍公司》（三），第 974 页。
② 《公司董事会提交股东大会报告书》（1916 年 10 月 31 日），载《汉冶萍与日本关系史料》，第 633 页；孙宝琦谈话，见长沙《大公报》1916 年 12 月 10 日、11 日。
③ ［附件］《高木陆郎致盛宣怀函》（1915 年 6 月 5 日），载《盛档》（四）之《汉冶萍公司》（三），第 948 页。

据高木称，由于他"竭力运动"，日本制铁所长官押川则吉和次长服部均表达"善感"，并由服部拟成钢厂成本和营业收入预算表。该预算表按照李维格的计划，拟建日产钢 50 吨的马丁炉 3 座，每天出钢 150 吨，总投资 420 万日元。后根据股部意见，拟扩大生产规模，总投资增至 1000 万日元，先收足一半，中国各出 250 万日元。①

盛宣怀深感，此事"意在必办"，但款项难筹。8 月 30 日，王勋为盛代拟致高木函，提出中日钢厂设计年产钢 4.5 万吨，资金靠招股解决。对此盛宣怀亲笔批示："何以如此之少"，以这样少的产量来招股"未免小题大做"。

从表面上看，中日合办钢厂是汉冶萍首先发起的。实际上，真正发起人是日本大资本家安川敬一郎。

在横滨正金银行总经理井上绳之助和日本制铁所长官押川则吉的鼓励下，安川愿独自出资三四百万日元，与汉冶萍合办钢厂，"愿任两国合办之发起人也"。但此时合办尚属酝酿期，"是以安川之名暂时不肯披露"。②

高木与安川经多次磋商，拟出制钢公司合同及生铁供给合同草案，送呈盛宣怀审阅。1915 年 10 月，盛宣怀与安川敬一郎签订《创设日华合办制钢股份有限公司合同》，其主要内容有：公司定名为日支合办制钢株式会社，中文为日华制钢股份有限公司（下简称九州钢厂）；"公司以经营炼铁，售卖钢铁，并其附带一切事业为目的"；公司总营业所设于日本国；公司资本定为 1000 万日元，分为 10 万股，每股 100 日元，由中日两国人士各认一半，先期拟招 500 万日元；公司推选董事 8 人，监察人 2 人；董事会会长由日本人充任。这是合同的第一份草案。很明显，汉冶萍在未来的制钢厂处于较次要地位，且厂名为"日支（支那）合办制钢株式会社"，也带有歧视的意味。

与此同时，双方签订了《日华制钢公司与汉冶萍公司特别合同》，规定汉冶萍供给制钢公司铣铁（即铸铁）在大冶定价每吨 26 日元；凡铣铁

---

① ［附件］《高木陆郎致盛宣怀函》（1915 年 7 月下旬），载《盛档》（四）之《汉冶萍公司》（三），第 984～955 页。
② 《高木陆郎致盛宣怀函》（1915 年 9 月 17 日），载《盛档》（四）之《汉冶萍公司》（三），第 960 页。

供给制钢公司作为制钢之用者，每吨退回 2 日元；如日后汉冶萍不在制钢公司占有股份，此合同即行作废。

同年，安川敬一郎与盛宣怀又签订《汉冶萍公司与中日合办制铁股份公司生铁供给草合同》，规定汉冶萍公司每年供给制钢公司生铁最高限度为 20 万吨。

站在安川背后的是横滨正金银行。该行总经理井上绳之助 1916 年 1 月 6 日致函盛宣怀，认为安川是推动中日合办钢厂的"最佳人选"，"各方面形势对于推动阁下方案均极有利，我诚恳地再次进言，把此方案努力进行下去"。

正金银行北京分行副经理武内金平同王勋及大岛顾问的助手 2 月 14 日访问盛宣怀，"商谈有关中日合办制钢厂建立一案"。武内称："关于本案，日本政府及制铁所早已声明给予充分之援助和保护"。盛宣怀对此持有异议："盛氏对新制钢厂原案中，购买汉冶萍生铁案，表示有不完全赞成之意。"因为此时盛宣怀想在上海浦东"建设高炉，经营炼铁业"。他当然不愿看到九州钢厂与浦东新厂形成竞争之势。①

未久，盛宣怀病逝，中日合办钢厂改由孙宝琦和安川敬一郎及其子松本健次郎负责。此事遂由酝酿期转入筹办期。

（二）中日合办钢厂的筹备

松本 1916 年 7 月 17 日致函孙宝琦，其主要内容是要求汉冶萍向九州钢厂供应的生铁必须降低价格和增加数量，"使计划中公司在市场上尽可能处于强有力地位"。

1916 年下半年，孙宝琦及公司董事对合办钢厂"均表同意"。松本健次郎应邀来沪，经与孙宝琦、王勋磋商，1916 年 8 月 23 日双方签订《创设中日合办制钢厂合同》，其内容与 1915 年 10 月签订的《创设日华合办制钢股份有限公司合同》大致相同，只在董事会会长之下添了一名中方副会长，将原条款改为"董事会会长就日本各董事、副会长就中国各董事，

---

① 《正金银行北京分行副经理武内金平致总经理井上函》（1916 年 2 月 15 日），载《汉冶萍与日本关系史料》，第 627~629 页。

由董事会选任各一人"。但这并未改变日本人掌控制钢公司大权的局面。公司日文名称改为株式会社九州制钢所，中文名称为九州制钢股份有限公司。孙宝琦与安川敬一郎在合同上签字。

同天，双方签订《生铁供给合同》，规定汉冶萍公司每年供给九州钢厂头等西门子马丁生铁最少6万吨，在大冶交货的生铁价格按伦敦三号克力郎生铁的市价核定。

同一天，双方在附件一中规定：安川借给汉冶萍公司250万日元，作为公司应缴纳的股款，年息7厘，以公司所交生铁价内每吨提15日元和钢厂应分余利的一半抵还。附件二规定：生铁售价以伦敦市价八五折计算，但不得低于大冶铁厂生铁成本另加成本的2%。附件三则规定：上述合同及二份附件须待汉冶萍公司1916年10月股东大会通过后方能生效。① 这几份文件是中日合办钢厂合同的第二稿。

汉冶萍股东大会1916年10月31日在上海总商会召开，与会股东代表及农商部代表虽对合办钢厂合同的部分细节持有不同意见，但仍以起立法表决通过。日驻沪总领事有吉明11月14日致函外务大臣寺内正毅，表示此举可能影响汉冶萍对若松制铁所的生铁供应，但双方的立场已十分接近。

高木仍然充当中日合办钢厂的中间人，他于1917年5月向汉冶萍公司经理、副经理转述日方意见：由于注册等手续烦琐，不如日方先行创办九州制钢公司，招集股份，再由汉冶萍认购一半股份；日本制铁所长官押川对此事表示支持，拟派制铁所次长工学博士服部、建设课长工学博士荻原、计划课长濑尾等给予"照料"。

公司副经理盛恩颐启程赴日，6月19日与松本在下关就合办钢厂相关事宜举行会谈。7月2日，双方在东京举行第二次会谈，分歧进一步缩小。双方商定，正式合同在上海签订。

1917年8月，《汉冶萍公司与安川合办九州制钢股份有限公司章程》在上海颁布，日方发起人安川敬一郎、松本健次郎、安川清三郎、平贺义

---

① 《各项合同草案及附件》（1916年8月23日），载《汉冶萍与日本关系史料》，第636~643页；另见《中国近代工业史资料》第3辑，第497页。

美和中方发起人孙宝琦、盛恩颐、吴作镆在章程上签字。其主要内容与前两次所订合同大体相同。章程明确规定：总公司设于福冈县八幡市，分公司设于上海；公司设董事会会长、副会长各一人，办事董事二人，会长、副会长分别在日、中董事中互选。9月7日，双方在上海签订《借款合同》，孙宝琦和安川敬一郎的代理波多野养在合同上签字，日本驻沪总领事有吉明当场予以认证。合同规定，安川借给汉冶萍应纳股款125万日元，其股票交给安川作为借款担保，借款从九州钢厂开炉之日即从第6年起，分10年均匀摊还；利息前5年年息6厘，嗣后每5年由双方商定，最高不超过7厘，最低不低于6厘。至1919年4月25日，双方签订第二次借款合同，安川再借给汉冶萍125万日元，合同条款同于1917年合同。

1917年9月30日，安川等在福冈县若松市召开股东成立大会，推选董事8人，监事2人，公司于10月9日注册。董、监事名单见表5-1。

表5-1　九州制钢公司董、监事名单表

	安川方面	汉冶萍方面
董　事	安川敬一郎（会长） 安川清三郎 松本健次郎（常务董事） 石渡信太郎	孙宝琦（副会长） 盛恩颐（常务董事） 林熊征（本人台湾籍） 杨学沂
监　事	河上谨	吴作镆（本人为日本兵库县籍）
经理兼建设部长	村田素一郎（1919年6月13日聘）	

注：汉冶萍方面董事，1921年10月4日增加夏偕复。
资料来源：鄂档《汉冶萍》下册，第141页；《汉冶萍与日本关系史料》，第663页。

安川借钱给汉冶萍的目的是要获得生铁供应，双方遂于1917年10月10日签订《生铁供给合同及附件》，孙宝琦与安川敬一郎在合同上签字。合同规定"制钢公司所需一切生铁悉由公司供给"。制铁公司承诺不从汉冶萍以外的地方购买生铁；年生铁供给量不低于6万吨；公司提供的生铁必须是头等西门子马丁铁，其质量与供给八幡制铁所者相同；有关生铁价格的规定同于前所订合同；规定交货时按生铁转运途中的4‰加耗。至此，双方合办公司的相关手续已经完成。

1918年4月16日,九州制钢公司第一次股东大会召开。此时国际市场上生铁价格已涨至每吨370元,因而入股九州钢厂者更加踊跃,到1919年6月,汉冶萍在九州钢厂的股份已达5万股。详见5-2。

表5-2 九州钢厂汉冶萍方面股票表(1919年6月9日)

种 别	号 数	张 数	股 数	股东姓名
百股卷	自甲491~980	50	49000	汉冶萍公司
十股卷	自乙101~150	10	500	孙宝琦
十股卷	自乙151~160	10	100	孙宝琦
十股卷	自乙161~170	10	100	盛恩颐
十股卷	自乙171~180	10	100	吴作镆
十股卷	自181~190	10	100	林熊征
十股卷	自191~200	10	100	杨学沂

资料来源:《汉冶萍与日本关系史料》,第664页;鄂档:《汉冶萍》下册,第143页。

据九州钢厂《第五四营业报告书》内载,上表股数发生变化,详见表5-3。

表5-3 九州钢厂汉冶萍方面股数变化表(1921年3月1日~1922年2月28日)

股 数	49400	100	100	100	100	100	100
股东姓名	汉冶萍公司	孙宝琦	盛恩颐	林熊征	杨学沂	吴作镆	夏偕复

资料来源:《汉冶萍与日本关系史料》,第665页。

在此前后,九州钢厂进入如火如荼的施工阶段。

1918~1919年,"炉机陆续抵九州,厂基亦先后掘筑就绪,鸠工营造,锐意进行"。钢厂有钢炉3座,年可产钢6万吨,拥有轧钢机及压板机,年可产钢制品4万余吨,"厂势洪(宏)大,配置相宜,外观亦极壮丽"。①

---

① [附件]《九州钢厂经过情形及其结束状况》,载鄂档《汉冶萍》下册,第146~147页。

七　公司继续举借日债的影响

（一）催生了中国第一代财阀

武昌首义后，汉冶萍举借日债活动暂停了几个月，从 1912 年 2 月 8 日起，公司又开始大规模向日本借债。1912 年至 1927 年，汉冶萍公司共向日本借款 12 笔，最大的一笔是 1913 年举借的 1500 万日元。历次借债具体情况见书后附表五。

日本借钱给汉冶萍的目的是长期占有大冶铁矿。但失之东隅，收之桑榆，这些借款在一定程度上为中国近代一批财阀的产生起了某种催化作用。

盛宣怀是清末民初中国第一富豪，总资产达数千万两，而掌控汉冶萍正是他的最大财源之一。

日本外务大臣加藤 1912 年 12 月 17 日致函驻华公使日置益时称："其（盛宣怀）私产之大半均投在公司，"现在"因六百万日元旧债调换借款成立，已收回其全部"。

那么，盛宣怀在汉冶萍公司究竟投资了多少？

据加藤的说法，汉冶萍当时股本约 1533 万日元，重要股东如下：

中国政府	285 万日元
盛宣怀	475 万日元
招商局与电报局	约 200 万日元
其他一般股东	约 550 万日元

应当说，加藤的说法大体是准确的，盛宣怀是汉冶萍第一大股东，占股约 30.98%，说他"私产之大半均投在公司"，虽有点夸大，但大抵是事实。

根据有关资料记载：1928 年上海租界法院判定盛氏家族愚斋义庄持有汉冶萍股份为 133990 股，以每股 50 元计，共为 6699500 元，约占当时公司股本的 25.4%。而根据现已查到的 1914 年日元兑换银元的比率 100 日元总换 83.38 银元计算，1912 年盛家的股份 475 万日元约折 396 万元（银元），也就是说，1928 年与 1912 年相比，盛氏家族持有的汉冶萍股份不仅没有减少，反而大量增加。这里面有一部分是历年股息转化为股份的结果。汉冶萍自成立至盛宣怀逝世期间历年发放股息如表 5-4 所示。

表 5-4　汉冶萍公司 1908～1916 年发放股息概况表

单位：洋例银（两）

年 份	1908	1909	1910	1911	1912	1913	1914	1915	1916
股 息	398469.036	600440.993	684371.406	445705.361	274495.834	806215.189	883641.181	940006.424	739469.027

资料来源：《汉冶萍公司事业纪要》，载鄂档《汉冶萍》上册，第 41 页。

我们现在尚未全部查清盛氏家族在汉冶萍历年占股的比例，如按 1912 年占股 30.98% 和 1928 年占股 25.4% 平均计算，年均占股约 28.2%，从 1908 年至 1916 年，盛家共从汉冶萍分得股息约 230 万元。这些股息按常例将全部换化为股份，加上原有股份，盛家在公司共有股份约 630 万元，与 1928 年上海租界法院认定的愚斋义庄在汉冶萍的股份 669.95 万元相差无几。

由此得出结论：盛氏家族从汉冶萍分得股息数百万元，约占盛氏在汉冶萍股本总额的一半。这是盛氏财产得以迅速膨胀的原因之一，也是盛宣怀极力向日本借钱来维持汉冶萍的根本动因。

（二）给汉冶萍带来灾难性后果

日本贷款给汉冶萍带来的负面影响是慢慢显现的。

第一，汉冶萍向日本支付了巨额本息。这种沉重债务是汉冶萍难以承受的。不过，借债还钱，似乎是古已有之的道理，对此似乎不宜多加非议。但是，日本向公司贷款是以低价购买公司的生铁和矿石作为条件的。据日本人竹内克已 1916 年在《北京周刊》发表的文章透露，仅第一次世界大战的头三年日本从这种不平等贸易中获得的利益不少于 4500 万日元，[①] 约为同期汉冶萍公司股本总额的 3 倍。《大冶铁矿志》则称：欧战期间，日本降低大冶矿砂价格，从矿价差额中获得暴利 10787102 日元。[②]

[①]《中国近代工业史资料》第 3 辑，第 439 页。
[②]《大冶铁矿志》（未刊本）第 1 卷上册，第 71~72 页。

第二，使汉冶萍痛失发展良机。欧战期间，东京市场的生铁价格一度高达每吨 480 日元，最低也有 460 日元。而汉冶萍同期输往日本的生铁多达 20 万余吨，大冶铁矿运往日本的铁矿石亦达 151.9 万余吨。欧战期间公司输往日本铁矿石、生铁详情见书后附表三与附表六。

铁矿石 151.9 万余吨可炼生铁约 91 万吨，加上输日生铁 20 万余吨，欧战时期输日生铁总可达 111 万余吨，若按战时生铁平均市场价每吨华币 160 元计算，汉冶萍输往日本的生铁、铁矿石可值 1.77 亿元，除去成本 4000 万元，公司可净赚 1.37 亿元，高于国内学者侯厚培、陈真、吴景超等先生有关欧战期间输日铁矿石、生铁少赚 1 亿元的评估。

但是，由于受债务合同的约束，定价权掌握在日本人手中，汉冶萍生铁只能以市场价 1/5 到 1/4 的价格卖给日本，铁矿石销售情况也大抵如此。汉冶萍痛失发展良机，与其向日本大举借债息息相关。

副经理盛恩颐 1917 年 6 月东渡日本，经过先后 6 轮会谈，双方于 1917 年 6 月 25 日签订《矿石、生铁价值及分年交额合同》，规定分别从 1920 年和 1921 年开始，公司在 40 年内须向日本交足铁矿石 1500 万吨、生铁 800 万吨，矿石价格每吨 3.8 日元，生铁每吨 28 日元，最低不能少于 26 日元。汉冶萍公司从此更深地陷入日本债务的泥潭而不能自拔。

（三）日本利用贷款之机加紧对大冶铁矿的渗透

为了将大冶铁矿的管理权，特别是矿石出口权牢牢握在自己手中，日本制铁所利用贷款之机于 1914 年 6 月设立大冶出张所，第一任所长是在冶矿活动了几十年的西泽公雄，以后几任所长也全是日本人。详见表 5-5。

表 5-5　日本制铁所大冶出张所所长

姓　名	任　期
西泽公雄	1900~1927 年
山县初男	1927~1933 年
松冈辨次郎	1934~? 年

注：1914 年 6 月正式成立出张所，并设是职；在此之前称大冶驻在员。
资料来源：《汉冶萍公司档案》之《八幡制铁所五十年志》，转引自《旧中国汉冶萍公司与日本关系史料选辑》，第 1122 页。

关于向日本借债给公司带来的广泛而深刻的影响,本书还将继续进行讨论。

八 盛宣怀对公司的功过

(一) 盛宣怀的历史功绩

1916年4月27日,盛宣怀在上海病逝,享年73岁。

盛宣怀是中国近代著名的实业家、政治家、社会活动家、慈善家、教育家、外交家。仅就作为实业家而言,盛宣怀独自或参与创办了一大批关系国计民生的近代民用企业,包括中国第一家轮运企业——轮船招商局,中国第一家电报公司——天津电报总局,中国第一家大型纺织企业——上海机器织布局,中国第一家银行——中国通商银行,中国近代第一家钢铁煤炭联合企业——汉冶萍厂矿公司……在一长串闪光名字的背后,都有盛宣怀的身影。

有人说:"盛宣怀虽在轮船招商局等企业拥有极大势力,但(汉冶萍)公司是他最重要的活动场所。"① 事实的确如此。记录其生平的《盛宣怀行述》亦称,盛氏"所营事业,皆有成绩,表见于世,而汉冶萍厂矿为其大宗"。②

盛宣怀对其一生开创的事业颇感自豪,他在致邮传部尚书岑春煊的信函中写道:"后人未能比我增胜,中外颇有公论。"踌躇满志的情怀溢于言表。与此同时,盛宣怀在创业中所遭遇的困难、挫折也是外人难以想象的,盛氏称:"弟进止荣辱,皆不在怀,惟一腔愤懑以至吐血,无人可白。"③ 这是盛宣怀内心的真实剖白。

总资产达数千万两的汉冶萍是盛宣怀宏大事业的一部分,盛宣怀作为最高负责人在汉冶萍活动时间长达20年(1896~1916年),活动的范围涉及鄂、湘、沪多个省市,远及日本,所起的作用相当复杂。是盛宣怀组建了汉冶萍公司并使之一度登上了亚洲最大钢铁煤炭联合企业的广

---

① 《汉冶萍公司及其档案史料概述》(代序),载鄂档《汉冶萍》上册,第11页。
② 《盛宣怀行述》,载《洋务运动》(八)。
③ 《盛宣怀实业函电稿》下册,第789页。

阔舞台，同样也是盛宣怀将这样一家曾经生机勃勃的企业引入了一条沦为日本军国主义附庸的不归路。盛宣怀之所以选择这样一条让自己落下千古骂名的道路，原因也相当复杂，有当时国内外形势的逼迫，也有他自己的私心作祟。

这里，我们只能对盛宣怀在接办汉阳铁厂并组建汉冶萍公司的功过是非进行一些评述。

张之洞创办汉阳铁厂，开创了中国冶金业的新纪元。盛宣怀将三大厂矿组合成汉冶萍公司，谱写了远东组建钢铁、煤炭联合企业的新篇章。

中国近现代的一些伟人都对张之洞创办汉阳铁厂和盛宣怀组建汉冶萍公司赞誉有加。孙中山曾说：中国需要几百个像汉阳铁厂这样的工厂，1912年4月他亲临汉阳铁厂视察。毛泽东1958年夏季在武昌一次讲话时指出："湖北的工业基础，如汉阳铁厂、纺织厂、兵工厂、京汉铁路，都是张之洞带头办的。"他又说："讲到重工业不能忘记张之洞，讲到轻纺织业不能忘记张謇。"毛泽东讲到的两个"不能忘记"的人物张之洞和张謇，前者是汉阳铁厂的创始人，后者在民国初年担任过汉冶萍公司总经理。毛泽东的嘉奖在一定意义上是对汉冶萍历史地位的肯定。刘少奇在1924年11月撰写的《整顿萍矿意见书》指出："中国汉冶萍公司，即东方最大之煤铁产业，他的衰败兴隆比平常产业有更深几层的重要。他不独在国民经济上占有极重要的地位，且为发展东方'物质文明'之根据。"[①]

中外学者对张之洞、盛宣怀和他们所创办的汉阳铁厂、汉冶萍公司都有过极高评价。美国著名学者费正清在《中国：传统与变革》一书中认为，张之洞"比李鸿章迟20年成为独霸一方的重臣。虽然他不如李那么博学多才，但他更为清廉刚正，急切地希望为现代化创立哲学基础，从而在理论上使之符合中国的古老传统"。[②]

张之洞创办汉阳铁厂，功莫大焉。他的钢铁事业的继承者就是盛宣怀。如果说，张之洞是"钢铁立国"的倡导者，那盛宣怀就是"钢铁兴

---

① 刘少奇：《整顿萍矿意见书》，载《安源路矿工人运动》（上），中共党史出版社，1991，第280页。
② 政协武汉市委员会文史委、政协武汉市汉阳区委员会主编《中外名人学者论张之洞》，第21页。

国"的实践者。

应当指出,盛宣怀是怀着一颗爱国之心来从事钢铁事业的,早年就"深知保商方能裕国",愈到晚年,他的爱国热情愈炽烈。

1912年3月11日,亡命日本的盛宣怀这样写道:"汉冶萍现为中华最大公司,共和世界必讲求实业,始足以救穷困,况钢铁富中有强,关系尤巨,岂能听其堕跌。"他又说:"惟半生心血,公尔而忘私,做到如此地位,其中辛苦艰难,谅必在董事股东洞鉴中也。"

为使汉冶萍走出困境,盛宣怀殚精竭虑,1913年6月在《中华实业丛报》上发表近6000字的长文《通筹全局意见书》,全面介绍了汉冶萍的历史、债务、优势及对策等,着重分析了公司实行国有的必要性,并强调:"诚能合各省铁矿为一大钢铁会,名曰中华钢铁会,先以已成之汉冶萍为初基,再行次第推广,必足与欧美抗衡,为中国自强之大端。"① 提出建立全国性钢铁托拉斯,盛宣怀可能是中国第一人。

为了使自己的理想变成现实,盛宣怀在写给朋僚的信函中一再强调钢铁业的重要性和汉冶萍的特殊地位。1914年2月23日盛宣怀在致王存善信中写道:"我辈惟有坚忍目前,为中华留此一大实业。"

盛宣怀对钢铁业的重要性有着深刻认识,1913年4月上旬在写给向瑞琨的信中写道:"此事关系国防主权。矿产商业,外人耽耽(眈眈)注视,或思攘夺己有,或思另帜树敌。民国不思富强则已,舍此别无入手之策也;民国不欲振兴实业则已,非此无以为凡百工厂之母也。"在这封信中,盛宣怀恳切地说:"眷眷爱国,寤寐难忘,致于执手披沥言之。"

此时盛宣怀已进入人生暮年,无须任何言辞来粉饰自己,他讲的是肺腑之言。

还有一点需要指出,盛宣怀除从政和兴办实业外,对中国慈善事业也极为关注。1909年,他在上海集资兴建广仁堂,"以免义振(赈)中辍";又在苏州附近捐助贫儿院,"拟教养数百贫孤以工艺为养生计",这些钱由

---

① 盛宣怀:《通筹全局意见书》,载《中华实业丛报》第2期《纪事》,第1~10页。1913年6月版,转引自《中国近代工业史资料》第3辑,第476页。

盛宣怀独力捐助，每年至少3万元。① 盛宣怀1909年2月荣膺中国红十字会首任会长，就是人们对他从事慈善事业的一种褒奖。此外，盛宣怀还创办了天津北洋大学堂（今天津大学前身）、南洋公学（今上海交通大学前身）、上海图书馆等文化、教育机构，在中国近代文化、教育史上也镌刻了自己的名字。《盛宣怀行述》称："（盛宣怀）平生最致力者实业而外，惟振灾一事。鼎革后隐迹海上，值各省兵戈旱潦，仍力疾任筹义振及江皖水利各端。"

历来人们对盛宣怀评价不一，批评者甚多，但公司内部却对盛氏的表现几乎一致表示认同。公司一名职员这样称赞盛宣怀："伏念会长白发苍苍，销磨于煤铁几数十年，构成东方独一无二之实业，卧薪尝胆，抱冰握火，宁苦于此！"②

对盛氏评价更具代表性的当属无名氏1913年撰写的《汉冶萍公司历史平论》，该文对盛氏做出了全面肯定的评价。

一是赞扬盛宣怀的贡献。"只就汉冶萍着想，大冶是伊勘获，萍乡是伊创办。当年张南皮智尽能索，无力再办之汉阳铁厂，是伊拼命接去，竭力扩张，方有今日之局面。"

二是肯定盛宣怀的人品。"就操守论：盛氏任督办总理，未曾开支公费分文，所集股份、所借款项，无不归总公司收支员直汇汉口交明汉萍收支处列收。"文章甚至说："盛氏但有筹款之权，而无用款之事。"

三是称赞盛宣怀的用人之道。"就用人论：今日我股东所推崇之实业专家李一琴，即是盛氏所识拔。"文章认为盛氏所选拔的吴健、卢鸿沧、张韶甄等人"皆一时之彦"。

四是讴歌盛宣怀的招股功绩。盛氏"一面招股，一面垫款，一面挪借商款，居然集到商股1300余万元。数虽不多，公司如此艰难，若无信用，亦难遽集"。

五是褒扬盛宣怀的借债功劳。"就借债论：萍乡先借礼和马克，后还礼和，续借大仓一款，非此不能成萍矿；大冶先预支矿石价，非此不能成

---

① 《盛宣怀致陆润庠函》（1909年5月22日），载鄂档《汉冶萍》上册，第539页。
② 《孟震致盛宣怀函》（1914年2月19日），载《盛档》（四）之《汉冶萍公司》（三），第783页。

汉厂。嗣后九江矿借正金一款,又预支正金生铁价一款,非此不能续成汉、萍两处之扩张。"①

这篇文章可能是一家之言,但从中不难看出,此时在汉冶萍弥漫着颂扬盛宣怀的浓烈氛围。

盛宣怀本人对汉冶萍真正做到了鞠躬尽瘁。1915年中,垂垂老矣的盛宣怀欲为挽救汉冶萍作最后一次努力,提出《对于汉冶萍公司的意见》、《对汉冶萍公司会计制度的意见》和《对于汉冶萍公司总事务所移汉问题的意见》,洋洋数千言,对公司存在的各种问题提出了解决方案。② 对于一位垂暮老人而言,实在是件不易之事。

(二) 盛宣怀在对日借款中的责任

盛宣怀生前和死后最受人攻讦的当属向日本借债。这是件极复杂的事情,其后续作用在很长时间才显现出来,对此我们应当进行客观的实事求是的分析。

辛亥革命之后,汉冶萍除向日本借款外,似无别的出路。据统计,从1912年至1917年,公司共向日本借款12笔,共402万规元两1900万日元。这些借款,除具有一般借款利息高等特点外,其主要特点是借期长,并由汉冶萍全部或主要财产(如矿山、铁路、房产等)作抵押。日本债主的用意是静候汉冶萍生产经营难以为继或公司破产,以便坐收渔翁之利。这些债务完全靠公司向日本出售矿石和生铁来偿还,日本乘机将价格定得很低,甚至独占矿石定价权,使公司丧失了最后一点权利。

从1900年大冶铁矿向日本出售矿石到盛宣怀逝世,多数年份运销日本的铁矿石远多于运销汉阳铁厂的铁矿石。详见书后附表三。

沉重的债务本息压得汉冶萍喘不过气来,即使是在被称为冶金行业黄金期的欧战时期,汉冶萍也连年亏损,直到战争快结束的1916年才扭亏为盈。

向日借款给公司带来的危害,本书已多次提及,概而言之,它使公司

---

① 《汉冶萍公司历史之平论》(1913年3月中旬),载《盛档》(四)之《汉冶萍公司》(三),第434~435页。
② 见《盛宣怀未刊信稿》,第247~255页。

丧失了五大权利，即矿山采掘权、经营自主权、矿山管理权、矿石定价权和矿山所有权。此外，还殃及对汉阳铁厂的矿石供应。

早在1904年签订的《大冶购运矿石预借矿价正合同》，规定日本每年购买大冶铁矿头等矿石7万～10万吨，日本农商、外务、大藏三省的大臣声称，他们将趁机取得大冶铁矿的采掘权、经营权和管理权。日本也果真做到了这一切。

丧失矿石定价权使公司在欧战期间损失收入1亿或1亿元以上，这在当年是一个天文数字。

最为可怕的是公司矿山所有权的丧失，使大冶铁矿不仅沦为日本的原料供应基地，而且成为日本发动侵华战争的战略物资来源地，对此我们将作进一步分析。

盛宣怀步步退让，多次在丧权失矿的借款合同上签字，当然要负起作为主要当事人的责任。

盛宣怀一生最大的过错是对日本借款的过分依赖。人们不禁要问：盛宣怀明知向日本借债是一杯毒酒，那他为什么要一而再再而三喝下呢？

事实说明，盛宣怀举借日债，不是挪作私用，也不是换回自己在汉冶萍的巨额投资。他借日债的主要原因是：

（1）汉冶萍经济极度困难，除向外借债外似乎别无出路；

（2）日本人的诱惑和威逼；

（3）盛宣怀虽在一些问题上与日本存在分歧，但总体上对日本心怀好感，故在有事时逃往日本避乱，借钱时想到的第一个债主也是日本。

盛宣怀的许多想法与日本人的权谋在特定背景下不谋而合。

盛宣怀确实在对日关系的处理上铸下大错，那人们对他的一生，特别是晚年应当作何评价呢？

辛亥革命后的盛宣怀到底是什么身份？洋务运动史专家夏东元先生认为："作为资本人格化的盛宣怀仍不失为有民族性的资本家。"[①]

笔者大体赞同夏先生的观点。辛亥革命后盛宣怀无任何官衔，又主要在被世人公认的民族股份制企业——汉冶萍公司任职，从事钢铁生产的经

---

① 夏东元：《盛宣怀传》，第301页。

营和管理。以盛宣怀这样的地位、职务和工作，人们只能将他视为民族资产阶级的上层人物。

在举借日债问题上，盛宣怀并不是完全麻木不仁的。他在举借日债多次吃亏之后得出这样的结论："此策（指官商合办）定后断不能再借丝毫外债。"① 这是痛定思痛的反思，是汉冶萍举借日债血的教训。

（三）盛宣怀在汉冶萍享有的殊荣

汉冶萍是盛宣怀投资最多的企业，晚年他几乎为汉冶萍耗尽了全部心血。盛宣怀直到生命最后一刻仍在为汉冶萍之事操劳。在逝世十几天前的4月8日，盛宣怀致函汉冶萍公司查账员孙慎钦，就汉冶萍许多善后事宜作了安排。

正因为盛宣怀为汉冶萍的发展作出过贡献，因此在公司享有他人难以企及的殊荣。

盛宣怀病逝两年后，1918年12月29日公司股东常会提出："以盛前会长为公司创办之人，主持厂矿二十年，从未支送薪费，请照现在会长薪费例补送。"公司股东联合会遂提出意见并经股东常会议决：补酬洋40万元，"自十一届账略起，在余利项下陆续提出，在沪建设盛公祠，铸像竖碑，春秋祭祀"。盛公祠建于上海英租界极司非而路汉冶萍公司总事务所俱乐部旁（今上海北京西路万航渡路路口），今遗迹犹存。

1921年3月，萍矿矿长李寿铨提议，将萍乡煤矿旧总局楼房改建为盛公祠，1923年12月16日举行公祭，据说："此项用款全系同人、工人醵资。"② 至今萍矿盛公祠犹存，其外观古朴庄重，内部装饰华美，是一处颇具历史与文物价值的建筑。1924年，大冶铁矿又为盛宣怀建造纪念碑和专祠，其中纪念碑用款2450元，专祠用款11106元又81千文，至该年阴历年底竣工，用款均从出售废铁款中开支，"并未动用公司正款"。冶矿每年从本矿经费中拨款2000串文支付专祠维修

---

① 《盛宣怀致孙宝琦函》（1915年11月29日），载《盛档》（四）之《汉冶萍公司》（三），第983页。
② 《夏偕复致公司董事会函》（1923年12月29日），载鄂档《汉冶萍》下册，第285页。

及春秋祭祀人员、祀役的工薪等费用。① 冶矿盛宣怀纪念碑与专祠今已不存。

第三节　经营管理的大幅波动

在辛亥革命浪潮的冲击下，汉冶萍管理机构一度陷入瘫痪，营业情况严重恶化。未久，东逃日本的盛宣怀回到国内，重掌汉冶萍大权，公司的经营管理逐步好转，第一次世界大战后期公司更进入了另一个短暂的黄金期。但是，由于国内外诸多因素的影响，在盛宣怀逝世后，特别是欧战结束之后，公司的经营管理再次陷入混乱之中。

一　管理机构的再度调整

（一）盛宣怀重掌公司大权

汉冶萍管理机构的任何变动都和公司实际掌权者盛宣怀密切相关。

流亡日本的盛宣怀1912年3月9日从神户向杨学沂提出重组董事会的方案：股东仍公举董事9人，推举其中一人为总理（即会长），一人为协理（副会长），并推办事董4人，一司厂、一司矿、一司银钱、一司商务，其余3人为无职董事，如遇会议，总、协理及办事董共6人必须到会。盛宣怀对具体人事安排也提出了意见。汉冶萍新的董事会就是按照盛氏方案组建的。

1912年3月11日，盛宣怀以自己"既老且病，求医海外，即便归国有期，亦恐无力相助"为由，正式向董事会提出辞职要求。4月13日，公司股东常会在上海召开，与会代表380人，常会选举赵凤昌、盛宣怀（陈理卿暂代）、杨士琦、聂其杰、王存善、沈敦和、何声灏、朱葆三、袁思亮九人为董事，朱志尧、杨廷栋为查账董事。未久何声灏辞职，董事会推荐唐文治递补，但遭唐婉拒，改由李经方担任。这次常会决定："不用总、协理名目，另举董事，公选总、副总理。"股东常会决定改总理负责制为

---

① 《季厚堃致夏偕复、盛恩颐函》（1926年5月20日），载鄂档《汉冶萍》下册，第290页。

董事会领导下的总经理负责制，批准盛宣怀辞职，选举赵凤昌为会长，推举张謇为总经理，李维格、叶景葵为经理，将上海总公司改为总事务所；经理处下设厂务所、矿务所、商务所、收支所；各厂矿总办改称坐办。赵凤昌，字竹君，江苏常州人，自担任董事会会长之后，知盛氏在公司势力颇大，故极少参加董事会议，也未承担实质性工作。

处在艰难竭蹶之中的汉冶萍需要一位能力超群、声望卓著的实业家来主持公司大计。诚如李维格1912年4月17日致盛宣怀电中所言："总经理一席，秉三（按：即熊希龄，时任民国政府总理）意须借用张季直君名望，与政府说话方能有济。"李氏所说的张季直，就是我国近代大名鼎鼎的实业派人物张謇。张謇（1853~1926年），字季直，江苏南通人，1894年考中状元，我国近代著名实业家、教育家、政治家。1912年4月19日，盛宣怀等董事致函张謇称："群谓非有名望卓绝商界伟人如先生者，不足以主持总

图 5 - 3　汉冶萍总经理张謇

理。众论赞成非公莫属，用特专具公函，恭请先生为公司总经理。"4月20日，公司董事会正式聘请张謇任总经理。4月26日，张謇函复董事会："暂行勉任。"（图5-3）

张謇接受总经理职务时，声明"担任数月，惟说明不办事，亦不负责任。"[①] 张任职未久，即被北洋政府任命为农林、工商总长兼全国水利局总裁，故未到汉冶萍实际行职，但仍为维护公司利益做了大量工作。在1912年8月12日的特别股东大会上，张謇书面致辞："謇老矣，经手事繁，不暇他顾，以事正棘手，声明暂任数月。"张謇满怀信心："铁业为吾华一线生机，今日为世界各国所注目者仅此一厂。"

4月20日，董事会聘商界名人叶景葵为经理。叶景葵（1874~1949

---

① 《盛档》（四）之《汉冶萍公司》（三），第254页。

年），字揆初，浙江杭州人，22岁时为山西巡抚赵尔巽幕僚，以代赵起章《条陈十策》而名噪一时。从1905年起为浙江兴业银行效力，1907年辞官就商，走上了实业救国的道路。

4月20日，董事会聘杨学沂为总公司秘书长。

4月26日，董事会推举原协理李维格任驻沪办事经理兼厂务所长。5月16日，李维格、叶景葵致函董事会，他们即日来沪任事。

至此，汉冶萍新的领导机构已正式组成。董事会下设经理处，下辖四所、七厂（矿、局、处），即商务所、收支所、矿务所、厂务所和汉阳钢铁厂、大冶铁矿、萍乡煤矿、兴国锰矿、常耒锰矿局、武昌铁矿局、轮驳处。

此后，董事会董事频繁更换，不及备述，显示汉冶萍领导层还不够稳定。1912年10月30日，盛宣怀悄然回沪，会长赵凤昌即于1913年2月称病辞职，董事会1913年2月21日准赵辞职，推选王存善任会长。王存善，字子展，晚清官僚，曾代表清政府参加沙头角勘界，系中国近代著名藏书家，1907~1908年任招商局总理，是一位在政界、经济界颇具影响的人物，与盛宣怀交情极深。

王存善担任汉冶萍董事会会长之后，力推盛宣怀出任董事。盛宣怀在日期间，目睹了董事会在企业中特殊重要的地位，"此次到日本，视其社会章程，莫不注重董事会，而董事皆真属股东代表，休戚相关，愿负责任。会中有专务役，新资最重常务役，监查役次之，议事与办事，相为表里。闻欧美亦莫不如此，故能发达。中华实业，方能崛起，汉冶萍为实业最大者，应为之倡"。[①]

盛宣怀由于在汉冶萍公司仍拥有相当实力，故在1913年3月29日股东大会上再度当选为总理，盛力辞："现以已举董事，兼任总理，不仅病体不胜，且以议事人侵及办事之权，亦于法定不甚符合。是以复任总理一议，绝对不能承认。"[②] 董事会接受了盛的辞职要求，并在3月31日董事

[①] 盛宣怀：《通筹全局意见书》，载《中华实业丛报》，转引自《中国近代工业史资料》第3辑，第474页。

[②] 《汉冶萍公司董事会临时会议记录》（1913年3月31日），载《盛档》（四）之《汉冶萍公司》（三），第441页。

会议上将盛宣怀推选为会长，公司继续实行董事会负责制，"盛一人负完全责任"，盛宣怀重新执掌了公司大权。

4月4日，张謇称"徒拥虚名，内疚久矣"，特具书请辞。第二天（5日），董事会表示，张謇"一年以来，纯尽义务，公司受益良多"，暂未准辞。4月7日，盛宣怀致函李维格，提议举张謇为名誉总经理。4月14日，张謇致函李维格、叶景葵："谨再奉辞。"4月22日，董事会致函张謇："……同人何敢重违意旨，挽留无计，祗益怅然，"即勉强同意张謇辞职。

1914年7月19日，李维格、叶景葵正式向董事会提出辞职，盛宣怀命王勋和于焌年代理经理职务。

汉冶萍管理机构的调整和重组宣告完成。董事会下设经理处，下辖三所八厂矿（局或处），即商务所、会计所、英伦事务所和汉阳钢铁厂、大冶铁矿、萍乡煤矿、阳新（兴国）锰矿、常耒锰矿、武昌铁矿局、萍乡运销局、轮驳处。

这届董事会成立两年之后，公司内外形势越来越险恶，盛宣怀因年老多病，于是真正萌生了退意，1915年，盛宣怀与杨士琦商量，内定孙宝琦为下届董事会会长，希望通过孙的活动，争取袁世凯维持汉冶萍财政。袁世凯答应再拨付陇海铁路钢轨价款30万两，以支持汉冶萍解决财政困难。显然，孙宝琦能在汉冶萍崭露头角，与盛宣怀的举荐不无关系。

孙宝琦（1867~1931年），字慕韩，盛宣怀姻亲（儿女亲家），曾任清政府驻德国和西班牙大使，1913~1914年任北洋政府外交总长，一度兼任国务总理，从1914年起历任北洋政府税务处督办、审计院院长、财政总长兼盐务署督办、经济调查局总裁等职，是北洋政府经济方面的实权人物。盛宣怀曾称赞孙宝琦："公交涉老手，为大总统所信任，于地方、商务、外交三者，均能融洽。"[①]

1915年5月下旬，盛宣怀发表《致汉冶萍公司股东函》，正式提出辞职：

---

① 《盛宣怀致孙宝琦函》（1912年9月18日），载《盛档》（四）之《汉冶萍公司》（三），第345页。

入会以后，载阅寒暑，大端虽略有措施，内部迄未尽整理，心羸力绌，歉疚万分。迩来肺病日深，起床日少，艰危之局势，势难以孱躯撑柱其间，谨奉收辞谢。务祈各股东另举声望卓越、经验宏富者接办会务，以匡不逮，幸勿再举鄙人，感祷无极。

汉冶萍新的管理机构即将诞生。1915 年 5 月 27 日，公司召开股东大会，孙宝琦补选为董事，另选盛宣怀、王存善、李经方、周晋镳、沈敦和、张武镛、林熊征、杨学沂为董事，谢纶辉、吴作镆为查账董事。第二天，董事会致电交通部、农商部报告选举结果。6 月 24 日，董事会选举孙宝琦为会长，盛宣怀为副会长。

1916 年 4 月 27 日，盛宣怀在上海病逝，享年 73 岁。汉冶萍公司的盛宣怀时代结束了，但盛氏在汉冶萍的影响并未消失。

（二）盛恩颐开始崭露头角

盛宣怀逝世后，汉冶萍实权逐步落到其子盛恩颐手中。

盛宣怀逝世近 4 个月后的 8 月 21 日，公司董事会推举李经方为董事会副会长。李经方（1855～1934 年），年伯行、端甫，安徽合肥人，李鸿章之子。1890～1892 年曾任驻日公使，1895 年随其父李鸿章赴日议和。1905 年任商约大臣，1907～1910 年任驻英公使。孙宝琦 1916 年 8 月 24 日致董事会函中称："敝正会长不在沪时，（提拨款项事）得由李副会长签字。"李氏在公司拥有极大权力。

孙宝琦原打算让李维格担任总经理，但李"托故力辞"。1916 年 9 月，董事会任命夏偕复为总经理，盛恩颐为副经理。

夏偕复，字棣三或地山，生卒年不详，曾任清政府云南交涉使。辛亥革命后任天津造币厂厂长和驻美公使。夏家与孙宝琦家族系世交，且有亲戚关系，孙宝琦致函董事会称："地山先生学贯中西，才望兼优，足以相副。"① 夏偕复出任公司总经理同孙宝琦力荐大有关系。

盛恩颐，江苏武进人，字泽臣或泽承、希曾、我纶，生于 1891 年，约

---

① 《孙宝琦致公司董事会函》（1916 年 10 月 10 日），载鄂档《汉冶萍》下册，第 279 页。

卒于 1958 年农历七月，系盛宣怀第四子，为盛宣怀正妻、盛氏家族财团——愚斋义庄庄正庄德华所出。盛恩颐嗜食鸦片，喜欢豪赌，娶孙宝琦长女孙用慧为妻，并娶有上海名妓鉴冰、贾翠华、贾凤藻以及奚仪贞、金钰清、余德贞、殷四珍等众多妻妾，"女朋友尚不在此数"，为一纨绔子弟。① 盛恩颐虽留学英国，但缺乏管理才能，主靠其父盛宣怀的余威、岳父孙宝琦的提携和日本人的扶持来维系其在汉冶萍的统治。盛恩颐开始在公司崭露头角。孙

图 5-4 汉冶萍总经理盛恩颐

宝琦 1916 年 10 月 10 日致公司董事会函称："泽臣虽系鄙人女婿，为事择人，固非滥举私亲者比。"（图 5-4）

这显然是为了遮人耳目。

盛恩颐的能力、威望远逊于其父。日驻华公使芒泽谦吉 1923 年 10 月 27 日致密电外务大臣伊集院彦吉称："大股东盛宣怀在世时，以其威望与财力，诸事进行顺利，现其子（指盛恩颐）当副经理，近来内外关系远不如昔，弊端不少。"

相比较而言，夏偕复在汉冶萍的根基不如盛恩颐深厚。

此时，汉冶萍公司管理体制又有一次重大变动，由董事会负责制变为经理负责制。公司业务直接由经理领导，除厂矿高级职员外，人事任命不再经董事会批准。

1918 年 1 月 27 日，汉冶萍公司股东大会在上海召开，与会代表 981 人，大会选举孙宝琦、李经方、周晋镳、盛恩颐、杨学沂、傅宗耀、张武镛、沈敦和、邢冕之、陶湘、吴作镆共 11 名董事，沈镛、谢纶辉、林熊征、刘燕翼 4 人为查账人。孙宝琦、李经方分任正副会长，正式任命夏偕复、盛恩颐为总经理和副经理。

公司管理层的表现远不及盛宣怀时代，他们追逐的不是如何管好企

---

① 宋路霞：《百年家族盛宣怀》，第 162～173、328 页。

业，而以各种名目瓜分企业利润，如领取股息、红利、酬金、奖金、高额工资乃至营私舞弊、贪污挪借等。如1916~1918年公司发给办事人员酬劳费和奖金共105.5万余元，而董事会各董事和正、副经理便拿了34.8%。孙宝琦和盛恩颐各5万多元，夏偕复分得6万余元。①

一个以追求私利为宗旨的企业领导班子是难以将维持企业的正常运转和长远发展放在重要位置的。

公司董事会对盛氏昆仲寄予厚望，认为"盛氏昆仲能为补公（按：盛宣怀晚年自号补楼）第二，继承先烈，是为策之最上……将盛氏大股东资格全权托付，而受托付者，自必负有全责"。②盛氏家族对权力分配讨价还价的结果是盛恩颐阴差阳错地在汉冶萍扮演了"盛宣怀第二"的角色。盛宣怀同父异母弟盛善怀（莱荪）1918年在孙宝琦力荐下任公司总稽查。

公司的最高权力逐步转移到盛恩颐手中。到1917年，董事会虽仍拥有一定权力，但实权已逐渐落入副经理盛恩颐之手。夏偕复虽是总经理，但由于会长是盛恩颐的岳父，盛家又是汉冶萍最大股东，故夏的实力远不如盛。

盛恩颐实际执掌汉冶萍公司最高权力达32年（1916~1948年）。此后风云变幻中的汉冶萍被打上了更深的盛氏家族烙印。

（三）商务所的成立及其职责

汉冶萍实现完全商办后，"每年销售钢铁煤炭，内地各省，南洋各岛，东西各国，经营所至，声誉渐充，实为中国一绝大之商务公司"。为适应这一形势，公司董事会1912年4月决定成立商务所，委王勋为所长。③1913年7月，商务所成员包括所长王勋、副所长陈荫明、稽核员陈焕文等9人，月支薪水规元1110两、银元212元。④未久倪锡纯继任商务所所长。

商务所下设销售、采买、船务、事务及账务四股。1918年3月8日，

---

① 武汉大学经济系：《汉冶萍公司史》（油印稿），转引自《安源路矿工人运动史》，第37~38页。
② 《公司董事会致盛氏叔侄函》（1917年2月8日），载鄂档《汉冶萍》下册，第281页。
③ 《公司董事会致王勋函》（1912年4月26日），载鄂档《汉冶萍》上册，第424页。
④ 《公司商务所职员名单》（1913年7月），载鄂档《汉冶萍》上册，第425页。

商务所颁布《分股办事细章》。

商务所成立后，业务上与其他部门时有交叉。例如，销售煤焦属卢鸿昶"设所批发，而销售钢铁仍由汉厂商务股管理，事权不一，统系亦淆"。商务所 1918 年改组后，所长倪锡纯筹设驻汉分销处，辛耀庠"专管武汉三处销售钢铁煤焦事宜"，《商务所驻汉分销处办事章程》也随之颁布。[①]

从整个公司构架而言，商务所是公司经理处下设机构之一，"总管物料、产品及商业交易等事"。[②]

（四）汉阳运输所的轮驳运输

汉阳运输所的前身是汉冶萍公司轮驳处，是为了适应萍乡至武汉之间煤焦运输的需要而成立的。

萍乡至武汉间既有水路，又有铁路。1899 年萍安铁路建成后，始辟汉湘煤焦运输线，并在汉阳设立萍乡煤矿转运局，卢洪昶任坐办，莫吟舫任会办，共有员工 57 人（含外籍职员）。1904 年，株洲转运局成立，所有轮驳、民船都在株洲受载，通过水路运往汉阳。汉冶萍公司成立后，萍乡煤焦产量大增，除供汉厂外，亦在汉外销。公司为此将汉阳转运局移设汉口，后萍煤改由宝华公司包销，转运局重回汉阳。

萍乡煤焦除走水路外，也通过铁路运输。

早在 1899 年 11 月，萍乡煤矿由安源至萍乡宋家坊长 7 公里的铁路竣工通车。1902 年 11 月，萍乡至醴陵铁路建成。1905 年，醴陵至株洲铁路竣工，与萍醴铁路相衔接，全长 90 公里，被称为萍潭铁路，由萍乡煤矿兼管。1908 年 4 月，萍潭铁路交给邮传部管理。1910 年，萍潭铁路改称萍株铁路，1912 年复改为株萍铁路，交由湖南交通司管理。

此时，武汉至长沙、株洲的铁路尚未修通，萍矿煤焦运汉必须水陆分段运输，费时长，损耗多，偷盗严重，而公司在武汉、株洲设立的运销局，"运销兼营，流弊滋多"。[③]

[①] 《夏偕复、盛恩颐致公司董事会函》（1919 年 8 月 19 日）[附件一]《商务所驻汉分销处办事章程》，载鄂档《汉冶萍》下册，第 316 页。
[②] 见《汉冶萍公司事业纪要》，载鄂档《汉冶萍》上册，第 32 页。
[③] 见《汉冶萍公司事业纪要》，载鄂档《汉冶萍》上册，第 18 页。

宣统年间，公司为统一运输管理，设立汉冶萍公司轮驳处，统一管理汉冶、汉湘两线轮驳，但正如公司董事会所言："萍矿运输一席，上接长株，分输武汉，而尤以接济汉厂为主要，其事至繁，其任至重，非有人提携其间，无以收统一之效。"公司于是委卢洪昶为坐办，"将武汉运销收支账册文件及轮驳等，一并接收管理"①。

时过四年，公司经调查发现：运输管理的混乱局面尚未彻底改变，"轮驳一项，投资甚巨，而管理调度不得其宜，以致运输疲靡，害及出产。汉厂、萍矿各有轮驳，畛域太分，酌剂甚难。"为改变这一状况，夏偕复1917年2月28日提出设立运输所，"凡铁厂所需矿石、煤焦，均由该所专司供应；售出钢铁、煤焦，亦归该所司理运送；所有各处堆栈均归该所节制，以专责成"；在运输所下设轮驳处，"专司航行事业"。②该所因主要办理汉阳铁厂的煤、焦输入和钢铁、焦炭输出事宜，故又称汉阳运输所。

公司董事会1917年3月1日常会议决：设立运输所，委潘国英为所长，撤销武汉萍矿运销处，岳、长、株、豹（按：指距长沙15里的豹子岭）各转运机构统归运输所管辖，3月5日运输所正式成立，编制39人，包括所长、稽查、华洋文书、报关兼庶务等。

运输所的基本任务是管理轮驳。公司将汉厂、萍矿轮驳划归运输所接收，经营汉冶、汉湘两线，前者由原隶属于汉厂的轮驳承担，后者则由原属萍矿的轮驳负责。

1918年5月24日，公司商务所所辖的船务股和上海浦东码头栈房划归运输所接收管理。5月27日，船务股更名为运输所上海转运处。

二 管理制度的重新颁发

（一）董事会建设方面的制度

在辛亥革命的冲击下，汉冶萍旧的管理制度受到巨大冲击，公司基本陷入无政府状态。远在国外的盛宣怀甚感忧虑，遂于1912年3月11日提

---

① 《公司董事会致卢洪昶函》（1913年4月14日），载鄂档《汉冶萍》上册，第424页。
② 《夏偕复致公司董事会函》（1917年2月28日），载鄂档《汉冶萍》下册，第319页。

出《复议四端》，要求公司在股利、办事、选举、预算等方面进行修改和调整。这些建议受到董事会重视，但因时局影响，并未被完全采纳。

1912年4月19日，汉冶萍公司召开新董事会会议，以赵凤昌、王存善名义提出《董事会办事细目》和《董事会对于公司所负责任大纲》，并获得通过。

4月中旬，李维格亦提出《汉冶萍公司组织办事机关节略》，对公司办事机关的职责、权限等做出了更为具体、详细的规定。

盛宣怀重新执掌汉冶萍大权后的1913年3月1日，《汉冶萍公司机构组成大纲》、《董事会办事细目》、《秘密总纲》相继颁布。

《汉冶萍公司机构组成大纲》的主要内容是：公司设总经理一人，副经理二人，由董事会延用。副经理二人为办事经理。设厂务、矿务、商务、收支所长各一人，均由办事经理举荐，董事会延用。各厂矿各派坐办一人，由办事经理会同所长举荐，与董事会签订合同。公司向厂矿各派收支一人，由收支所长举荐，董事会核定委任。

《董事会办事细目》的主要内容是具体规定董事会如何运作。

《秘密总纲》则是盛宣怀私党为其鸣锣开道的宣传品，内称："会场如有人举盛氏为总理，凡我股东应当鼓掌辅助。投票公决应即缮注赞成字样；会场如有人攻讦盛氏，凡我股东应即合力辩驳；会场如有人攻讦叶经理，凡我股东应即附和鼓掌。"

此后，各所、厂、矿提出了各自的规则、事宜等。如会计所提出《会计所办事规则》，分定名、宗旨、责任、权限四章，共12条。又如，冶矿坐办刘宝余提出《条陈冶矿应办事宜》十项等。

同年5月20日，董事会发布《公启》，再次对章程进行修改：

（1）总协理名称已取消，执行立法议事机关并监督办事进行。

（2）股本总额改2000万元为3000万元。

（3）查账员仍改为一年一举，任满续举仍可被选。

（4）办事员名称已取消。总事务所经理及厂务长、矿务长、商务长、会计长、秘书长以及汉冶萍三处坐办，统由董会选聘委任。

这次对章程的修改是与盛宣怀担任董事会会长、重掌汉冶萍大权的形势相呼应的。

这一时期厂矿管理制度变化最大的当属从坐办、厂（矿）长分设到"事工分治"再到取消"事工分治"。盛宣怀重新执掌汉冶萍大权后，在大冶铁矿和萍乡煤矿分设坐办和矿长，共同管理矿中事务。这一做法弊端甚多。如大冶铁矿坐办徐增祚和矿长王宠佑为争夺实权，互相攻讦，矿上职员也大多卷入争权旋涡，先后两次罢工，驱逐矿长。盛宣怀遂于1915年初在冶矿、萍矿实行"事工分治"，就是将两家管理机构各自分为事务和工务两部，形成两个组织系统，坐办管理事务，矿长管理工务，各自为政，互不干涉及互相箝制。但这种管理办法造成事工两部互不统属，给生产带来极大影响。

盛宣怀死后，汉冶萍公司取消冶、萍两矿的"事工分治"机构，由矿长管理全矿的事务和工务，矿长接受董事会和总副经理的监督指挥。这样既精简了机构，又提高了办事效率。①

（二）对总事务所设于何处的争论

总事务所设于何处是公司管理中的一个重大问题。1912年李维格等"拟定在汉口组织总管理处，由董事会公举总会计一人，汉萍总办各一人，商务长一人，工程司矿司各一人，居中调度，正欲开会议决，军兴未果"。② 1913年6月27日，公司董事会常会决定："总事务所设在上海，即当以上海为总汇之区。"双方各执一词，争论仍在继续。

傅宗耀为首的股东联合会1915年8月11日以189821股股东名义致函董事会，反对将总事务所移设汉口，他们将风马牛不相及的林虎侯、毕仙俦、钦钰如贪污案与此联系在一起，并称自总事务所设沪后，"尚无一人一事营私舞弊、仍蹈前辙者"。董事会据此于8月14日致函孙宝琦、盛宣怀称："以前集权于汉，百弊丛生。自沪有机关后，厂矿诸事，一切皆有限制，不似从前之随意自由，因此竟无一人之营私舞弊。"董事会认为："自未便违反大多数股东之同意。"同一天，董事会将总事务所继续留沪的意见函复股东联合会（图5-5）。

股东联合会、董事会列举的理由似是而非，不值一驳。客观地说，将总事务所设于上海有利也有弊。上海作为远东金融、贸易中心，具有交通

---

① 《大冶铁矿志》第1卷上册，第71页；《汉冶萍公司志》，第55页；《萍乡矿务局志》，第8页。
② 《中国近代工业史资料》第3辑，第474页。

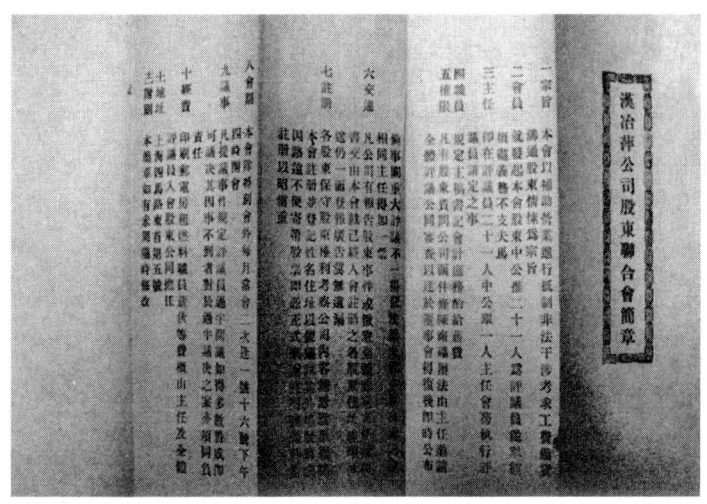

图 5-5 汉冶萍公司股东联合会简章

便利、商贸活跃、科技发达、融资便捷、信息灵通、人才荟萃等诸多有利条件,但汉冶萍厂矿分布在鄂、赣、湘等省,将总事务所设于上海,遥隔数省指挥调度,很难做到反应及时、协调适当、处置有力,将总事务所设于上海弊大于利。盛宣怀之所以坚持这样做,是由于他已渐入古稀之年,很难再对厂矿之事劳师远征,亲力亲为,且公司大股东大都是他的亲朋故旧,这些人一般生活在上海等繁华都市,很难想象他们愿意跋涉千里远赴汉口去商讨公司发展大计。另外,日本派驻公司的工程、会计顾问也一直长驻上海,因此,公司虽早在 1908 年就提出汉口、上海分设总公司,盛宣怀在 1915 年 7 月 25 日也明确表示:"总事务所移至汉厂,总经理主之。"但董事会同年 9 月 15 日致孙宝琦函中仍提出相反意见:"一旦移汉,则董事、股东远在沪上,对付殊难,主权所关,不得不隐相维系,此为阻止移汉之重要理由,因关系外交,不便宣布。"

尽管 1916 年 12 月 30 日董事会再次议决"总事务所移设汉口",但这仅是一纸空文,汉冶萍从未在汉口设立统一的管理机构,这对公司的日常管理和长远发展是非常不利的。孙宝琦 1918 年 1 月 30 日致董事会函中感叹:"公司迁汉问题,延宕三年,迄未实行,此皆鄙人未能常川莅会、诸事疲缓之故。"

（三）公司的财务管理

官办时期，汉冶厂矿的财务由湖北铁政局统收统支。官督商办时期，汉阳铁厂（包含大冶铁矿）和萍乡煤矿先后成为独立的核算单位，收支沿用中国传统的记账方式，各厂、矿设有银钱、收支和稽核机构，人员由盛宣怀委派。各厂矿按一定比例分摊公司总部的各项开支。为加强对厂矿财务的监督、检查，盛宣怀任命宗德福为汉阳铁厂总稽核处处长，1896年李维格接任总稽核。

汉冶萍公司成立后，上海总公司设管理银钱一人，由董事会在股东中公举；各厂矿设管理银钱和稽核各一人，由董事会选派，各厂矿成为自负盈亏的经营实体，各自拥有股本，各自负责资金的筹集、产品的销售和材料的供应。从1909年开始，公司每年都发布账略，内容包括"收支各款简明账略"——汉冶厂矿收支款、萍矿收支款和汉冶厂矿、萍矿盘存总；同时公布"该存各款简明清账"，内容包括汉冶厂矿和萍矿的该款和正本存款，汉冶厂矿和萍矿的活本存款；并公布各厂矿及公司所属财产价目，内容十分详尽。

辛亥革命后，汉冶萍成立收支所，1912年4月25日命项兰生为所长，下设款项、稽核、文书三股，改流水记账为簿式记账，各厂矿各项收支，均须凭条签字。1913年4月23日，公司又对财务制度进行了改革，改收支所为会计所，总管银钱收支、股票产业事宜，命于焌年代替已经辞职的项兰生出任会计所所长，杨静祺（介眉）为稽核。之后，于焌年走马上任，随之颁布《会计所暂行试办规则》，其中办事规则大纲12条、分股掌理事务规则32条、办事规则90条，内容极为详尽。按照规定，会计所下设三股四处，即簿记股、统计股、收支股和汉厂、冶矿、萍矿、运输所四个会计处，各厂矿亦设立收支、稽核、统计三处，财务人员接受公司会计所和厂矿长的双重领导。12月16日，于焌年致函公司董事会，附呈会计所组织法、职（员）名单、职务表、薪水等级表，其组织法规定："会计所设立稽核、款项、统计、文书等四股，并于厂矿及运销局内分设会计股。"1914年7月9日，将统计、文书两股裁并，仍称文书股。同年，大冶铁矿开始实行财务独立核算。

约 1915 年，于焌年因代理公司经理，会计所所长一职由金忠赞暂代，赵兴昌任副所长。

从 1916 年起，公司酝酿进行财务制度改革。这既是公司业务发展的需要，同时也是日本人强行干预的结果。公司债主日本正金银行提出："公司会计一部分簿记之式既未完备，管理之法亦多未善，嘱为改良。意中要求添用日人执掌簿记"，① 就是日本要直接派人掌管公司财务大权。公司对此有所警觉，于 1917 年 7 月筹备设立改良簿记处，由总、副经理直接领导。8 月颁布《改良簿记专员职务章程》，对簿记专员的职责作了专门规定。11 月，公司改良簿记处正式成立，聘历办银行、铁路会计多年的凌潜夫主其事，另聘顾宗林、李惠之、孙天孙三人襄助之。该处先后聘请专家 10 余人，对各厂矿进行两次调查后制定《统一成本办法条款》，改良会计处的筹备工作告一段落。

凌潜夫为进行财务制度改革做了大量准备工作，1918 年 3 月 27 日，凌潜夫提交洋洋万言的《改良簿记报告书》，实际上是有关复式簿记制度的一部教科书。4 月 18 日，凌潜夫致函夏偕复，要求公司配备会计人员六七人，其中总事务所两到三人，汉厂、萍矿、冶矿、运输所各一人，集中进行培训并开展调查。

1918 年 7 月，公司董事会委派凌潜夫代理会计所长，准备实行新式簿记制度，原计划公司总事务所从 10 月 1 日起试行，各厂矿从 11 月 1 日起试行，后改为从 1919 年 1 月 1 日起执行。改革总的思路是："集权中央，以总公司总其成，此后账目系以总公司为主脑，以各厂矿为肢体。"② 会计所改设审核、簿记、收支、统计、产业五股，公司仿照日本制铁所的复式簿记方式，将各厂矿的固定资产收归公司所有，再将其资产值按年息 8% 作为公司向各厂矿的投资，各厂矿亦不必再摊付公司的费用；厂、矿、所的股票、借票、一切有价证券及其他无形资产，悉归总公司经管；各厂矿所有的债务、股本及应付的债息、股息，悉由总公司负责。

以汉阳铁厂为例，当时核定固定资产 2028.77 万元，按此提取折

---

① 《夏偕复、盛恩颐致公司董事会函》（1916 年 10 月 31 日），载鄂档《汉冶萍》下册，第 704 页。
② 《凌潜夫致夏偕复、盛恩颐函》（1918 年 9 月 6 日），载鄂档《汉冶萍》下册，第 711 页。

旧。铁厂产品按1917～1918年平均价（定价）售与公司，由公司商务所统一销售，将产品定价与实际成本差作为该厂盈亏，仍由公司结算。大冶铁矿实行独立核算。汉阳铁厂会计处改隶于总事务所会计所，但仍兼办汉阳运输所会计业务，1916年3月5日，汉冶萍正式设立总稽核处，"总核银钱费用、汇兑及出货、售货、材料、工程各项账目表册"，设处长一人，处员若干人。总稽核处下设汉厂、冶矿、萍矿三个稽核处。①

（四）厂矿的人事管理

汉冶萍公司下属厂矿大都存在机构重叠的问题。仅以大冶铁矿为例。1917年5月2日，夏偕复、盛恩颐致函董事会称："大冶铁山及得道湾两处均有分局，名目与采矿处并峙，形同骈指，亟应将分局裁去，以节糜费。"尽管坐办季厚堃、矿长杨华燕对此持有异议，6月16日致函公司总、副经理称："值此机关裁并入手办理，苟非严定责成，将来遇事必多推诿，转误事机。"但公司仍于1917年7月将得道湾、铁山两处分局裁撤。

冶矿最大的行动当属裁减矿一级领导班子。

长期以来，大冶铁矿实行分设事、工两部的制度，即冶矿同时设有坐办与矿长。1914～1916年，王宠佑任冶矿矿长，在生产管理方面与坐办意见不一，双方争吵不休，盛宣怀于是采取"事工分治"的办法对大冶铁矿领导机构进行改组，成立事务、工务两部，由坐办管事务，矿长管工务，风波虽得以平息，但两套机构的并存，不仅叠床架屋，人员冗杂，而且"各不相谋，事权隔阂，责任不专"，对此实有改革之必要。

夏偕复、盛恩颐于1917年11月7日致函公司董事会称："近来大冶铁矿情形殊形疲靡，出矿不多，外交日订，内顾厂需，均甚竭蹶"，其原因"实系内部组织之未善，事工两部分权并立，不相统属，指挥不灵"。夏、盛建议：仿照萍矿之例，取消坐办，由矿长专门负责。他们提出具体人

---

① 《汉冶萍公司事业纪要》，载鄂档《汉冶萍》上册，第31~32页；《经理报告书》，载鄂档《汉冶萍》下册，第11页；《汉冶萍公司志》，第35~36、108页。

选：季厚堃任矿长，赖伦任工程师，杨华燕调总事务所。11月9日，董事会批准了这一议案。

为落实矿长负责制，盛恩颐12月6日致函董事会，呈上《大冶铁矿应设员额并矿长职权及分股办事职守试行章程》，规定"矿长受经理之监督指挥，督饬全矿工程师、员司执行职务，对于经理负全矿完全责任"。矿长的职权、责任包括：负保守全矿产业及整饬秩序、保护公安之责等，共达11项。矿长下设采矿、运务、事务、材料四股，同时撤销转运处，将材料股总账划归统计处办理，公司颁发的冶矿试行章程20册、稽核等处章程3册，12月18日已寄达冶矿。

矿长季厚堃根据公司要求，对冶矿工程、人事等诸事做出具体安排，矿属各机关经归并改组，从1918年1月1日起正式成立。

至此，冶矿的这次改组已告完成。

三　虎头蛇尾的林志熙案

1913年3月4日，上海《时报》一则消息在全国引起巨大轰动，这就是萍乡煤矿前总办林志熙侵吞公款30多万两的大案。

1912～1918年，汉冶萍公司连续发生多起经济大案，如华仙俦、钦钰如贪污案，蒋毓林、姜仲采、顾厚卿贪挪公款案等，其中贪污数额最大、影响最为恶劣的当属林志熙案。

林志熙，福建闽侯人，字虎侯，1907年接替病故的张赞宸任萍乡煤矿总办，后兼办运销局事宜。

1911年9月（辛亥年八月），林志熙"忽萌异志，捏造假账，侵蚀公司款项至30余万两之巨"。公司内部已风传此事。1912年9月6日，萍矿负责人李寿铨在一封信中说："十五年心血付之流水，林某磔尸万段不足以蔽辜。总公司以重薪养几辈昏庸，失此萍乡一大实业，恨极，恨极。"

是年10月，工农部派王治昌前往汉冶萍调查，发现萍矿账内有付汉厂垫款48543.96两，"显系浮冒"。王治昌回沪后，即在总公司当面讯问林志熙，林"承认账目不实，惟捏称款系运动湖南政府所用，由吴章（按：长沙转运局负责人）经手过付"。公司经理李维格、董事兼厂矿总稽查陈廷绪在座亲闻。董事会遂于 12 月 16 日召开临时会议讨论此案，决定林志熙、吴章"即行交卸所管事务，听候查明，再行公议"。董事会派陈廷绪前往长沙、萍乡调查。据陈廷绪报告，林志熙侵吞各款查有实据者五项：浮报汉局垫款 4.85 万余两，侵吞兑换盈余款 7 万余两，浮报煤焦损失银 17 万余两，侵蚀股票作价 2.6 万余两，浮报运费 1.5 万余两，共计 30 余万两。虽疑点甚多而证据不足者尚未包括在内，公司遂将此案向上海会审公堂起诉，将林志熙传唤到案，取保候审，迭经开庭审判 5 次。由于犯罪地点不在上海，未便由上海公堂判决，故法院暂将林志熙拘留一个月，待各方商议后再定办法。

1913 年 2 月 18 日，林志熙在上海公堂审判，法院提出的审判意见："此案可由公堂移问江西，再行审判。"汉冶萍董事会对此持有异议，于 2 月 20 日呈文工商部，认为林志熙侵吞公款案，"起点实在上海，而终点决不在江西，事关江苏、湖北、湖南、江西四省，上海公堂既无权判决，则他省益不相宜，惟有提归中央法庭审判，庶合法理"。公司于是"公举董事驰赴北京法庭提起诉讼"。①

2 月 21 日，北京中央法庭同意被告林志熙的律师将被告保释的要求，"断准以确值 20 万契券存堂保释"。汉冶萍董事会决定派陈廷绪赴京在中央法庭提起诉讼。

2 月 23 日，工商部就林案函复汉冶萍："已电苏督饬沪交涉使提办，希将证据就近呈验。"此时，公司董事会内部有人出面为林志熙说情，周廷弼、俞复代表林的同乡亲友愿出面调停，负责追回 4.8 万两欠款。董事会表示同意。董事会之所以不愿将此案移交江西审理，是担心欠款被江西取走。

此案审判正式开始。2 月 24 日，林志熙案调处人周廷弼、俞复正式具函，将林志熙赔款 4.8 万余两的抵押品交存中国通商银行。此案追查之声渐趋平缓。文明书局、大经丝厂、永泰丝厂、周舜卿等厂商均出面为林担保。据李维格、叶景葵 2 月 25 致董事会函中称，这一案件"商有和平了结

---

① 《公司董事会呈工商部文》（1913 年 2 月 20 日），载鄂档《汉冶萍》上册，第 463 页；另见《盛档》（四）之《汉冶萍公司》（三），第 411~412 页。

办法"。董事会于 3 月 17 日致函工商部王治昌、王琴希："电奉大部核准，并派二公监查。"公司派刘鹤庄为查账员，又派冯荫三、丁钦斋"会同办理各在案"。①

此案后经追查，发现湖南光复时，筹饷局派捐萍矿巨款，林志熙允捐 5 万两，但并未缴款，而长沙运转局吴章同意向商界学界捐缴 10 万元，名曰湘省公益捐。因无现款支付，吴章填写公司股票 10 万元，一年之后此股票仍存吴章处。这一案件疑点甚多，"恍惚离奇，无从索解"。董事会 1913 年 6 月 6 日做出决定，"饬令吴章将此项股票缴出，取销发还"。②

林志熙案眉目渐清，到 6 月 20 日，只有两项尚未查明：一是支付湖南公益捐，共两笔（10 万元和 7.4 万余两）；二是某项支款 1.5 万元，其中兑换不符者 1900 余两。董事会查账员谢纶辉、朱五楼认为：这些款项"是否弊混，必须调该矿清账，方能核定"。董事会表示赞同："林案应查各账，业经调存公司会计所，应请调查，以期核实。"③

林志熙案与吴章案关系密切。7 月 10 日，吴章见到盛宣怀时面称："萍矿填给湘省公益捐 10 万元，股票户头全系填明某校字样。"而据会计所长说：吴章已来换过新股票，当经查阅换票底单，共计 107000 余元股票内，只 8000 元一股系湖南"复初"校名，其余均系"某记"，与吴章面称之言不符。董事会公议，请盛宣怀在吴章来见时，诘问其何以不符之故，并将此项公益捐视为查办林案的一项内容。④

此后不知何故，本已成为强弩之末的林志熙案戛然而止，无论在档案还是在报刊上都未找到有关此案的只言片语，此案给人以"雷声大、雨点小"的感觉。笔者推测，由于说情者太多，此案最终并未提出诉讼，而是以林志熙、吴章被撤销职务、退回欠款了结。不过，真相究竟如何，还有

---

① 《公司董事会致王治昌、王琴希函》（1913 年 3 月 17 日），载鄂档《汉冶萍》上册，第 463 页。
② 《汉冶萍公司董事会议事秘录》（1913 年 6 月 6 日），载《盛档》（四）之《汉冶萍公司》（三），第 538~539 页。
③ 《汉冶萍公司董事会常会记录》（1913 年 6 月 20 日），载《盛档》（四）之《汉冶萍公司》（三），第 547~548 页。
④ 《汉冶萍公司董事会议事秘录》（1913 年 7 月 11 日），载《盛档》（四）之《汉冶萍公司》（三），第 568 页。

待相关史料的披露。

林志熙案说明，汉冶萍公司在管理方面存在许多薄弱环节，这也是公司营业多年亏损的原因之一。

四　公司的第二个黄金期

在经历了革命时期的阵痛后，汉冶萍又迎来了第二个黄金期。

欧战给中国冶金业带来机遇和挑战。"因欧战延长，钢价飞涨，汉厂本以造轨为大宗，而目下造售钢货，价值倍屣……至贱者每吨获价一百二十两，只得暂停造轨。"①

钢铁作为一种重要军用物资，各交战国对此需求量激增。汉阳铁厂为适应这一形势变化，于1915年11月呈报公司，要求公司准予增产工字钢、角钢、钢板等。1916年1月，汉厂暂停钢轨生产，日夜加工赶制工字钢、槽钢和角钢等产品。1917年，公司高层也认为："与其接造轨件，究不如接造钢料较为上算"，他们算了一笔账，工字钢、槽钢、角钢同钢轨相比，造法、成本等大致相同，但"钢料售价可高于钢轨"。②汉厂所造钢轨所占销售比重由1914年的35.3%下降到1918年的5.9%，而钢铁器件所占销售比重却由1914年的3.4%增加到1918年的21.8%。

欧战时期，汉冶萍生铁出口量猛增，1915年出口日本50936吨，为1914年出口量1.5万吨的3.4倍，"营业之发展，实居环球铁厂300余处中之第一"。③

汉阳铁厂产品的国际市场主要在日本，1915~1918年每年出口日本生铁约5万吨，详见书后附表六。

欧战期间公司生产相当均衡、平稳，生铁、钢、铁矿石、煤、焦炭几种主要产品的产量均呈稳步上升之势。详见书后附表二、附表三、附表四。

---

① 《致杨左相》（1916年1月21日），载《盛宣怀未刊信稿》，第264页。
② 《夏偕复、盛恩颐致公司董事会函》（1917年8月24日），载鄂档《汉冶萍》下册，第664页。
③ 《汉冶萍营业之扩张》，载1916年3月27日《时报》。

铁矿、矿石、煤焦产量的稳定增长相当程度上得益于运输的畅通。

1916年株洲至长沙铁路通车，十分有利于萍乡煤焦的转运。10月21日，粤汉铁路湘鄂工程局、株萍铁路管理局、汉冶萍公司萍煤转运局订立《运煤合约》，共10条，规定转运局委托"粤汉、株萍两路运输煤焦由安源路至豹子岭"，"转运局须每日至少装运焦煤五百吨，至多装运七百吨，所用车辆由两路各备一半"，合同有效期5个月。同一天，转运局与湘鄂工程局订立《运煤合约》，对煤焦运输的里程、运价、运量等做出了更为详尽的规定。

萍焦的足额供应对汉冶萍钢铁的平稳发展起了至关重要的作用。

五　前亏后盈的经营状况

辛亥革命后的前5年，汉冶萍公司的经营情况并不好，连续亏损，1912年亏损达200多万两。欧战爆发后的第3年（即1916年）才扭亏为盈。详见表5-6。

表5-6　汉冶萍公司1912~1918年账略总汇

单位：规元两

年　份	总收入	总支出	转为固定资产或其他项目	实际盈亏
1912	2645340.9	3906159.7	-778354.7	-2039173.6
1913	6034676.3	8918435.2	1791502.1	-1092256.7
1914	7792995.2	9750172.2	1885489.7	-71687.2
1915	8269742.2	11203720.9	2658423.4	-275555.2
1916	11262596.9	11179913.4	1271049.2	+1333732.7
1917				+1989329.2
1918	18449671.5	10650652.2		+7799019.3

资料来源：湖北省档案馆藏《汉冶萍公司第五届至十一届账略》。

1911年铁厂受到武昌首义巨大冲击，萍矿遭地方当局困扰和土匪侵犯。厂矿损失分别达64万余两和14.8万余两。而冶矿由于要保证日本的矿石供应，故有日本军警守卫，所受损失较小。这就出现了武昌首义后铁厂、萍矿继续亏损、冶矿持续盈利的现象。

辛亥革命爆发后，盛宣怀仓皇出逃，公司经营出现停滞，营业亏损是不可避免的。特别是日本人趁机策划"日华合办"，给汉冶萍带来极大混乱。而公司还要归还积欠日本的巨额债务本息，更使困境中的汉冶萍焦头烂额。

欧战爆发后，汉冶萍迎来了第二个黄金期。这一方面是由于战争需要，钢铁生产呈现繁荣局面，全国出现了一大批钢铁厂，如1915年本溪湖公司开采庙儿沟铁矿冶炼钢铁，1917年和兴公司在上海浦东添设化铁炉，1918年官商合办的龙烟公司成立，1919年安徽繁昌的裕繁公司正式出矿，同年中日合办的振兴公司开采鞍山铁矿并设炉炼铁，同年扬子公司在汉口谌家矶建设化铁炉一座并于翌年正式出铁，1920年湖北官矿局成立，开采象鼻山铁矿。① 大冶等铁厂也是在这一时期创办的，中国冶金业迎来了黄金期。

另一方面，北洋政府对汉冶萍公司给予了一定程度的支持。1915年7~8月，孙宝琦以审计院长的名义出巡，到上海和盛宣怀交换意见，盛宣怀拟就一份说帖，就汉冶萍生产经营方面的问题，向北洋政府提出12项要求：（1）继续开采阳新锰矿；（2）照旧案定萍乡矿界；（3）大冶官矿归汉冶萍开采；（4）汉阳铁厂大别山穿洞通车；（5）由政府颁定全国铁轨式样；（6）由政府通令全国购买汉厂所制轨件；（7）萍株铁路从速添车修桥；（8）公司厂矿运料轮驳免纳船纱；（9）核减萍株铁路运费；（10）免付冶矿自治捐；（11）发还各铁路结欠轨款；（12）发还政府租用煤价款。由于孙宝琦的努力，袁世凯基本满足了盛氏要求。袁氏还同意拨还陇海轨价30万两，以解汉冶萍的燃眉之急。

但是，欧战的头两年（1914~1915年），公司仍然出现巨额亏损，这当然与公司向日本的巨额借款密切相关。汉冶萍因受债务合同约束，只能接受日本人规定的低价格，痛失一次盈利良机。

欧战期间世界钢铁价格暴涨，日本钢铁业获利达到惊人的数额，而汉冶萍则蒙受了重大损失。在东京市场上生铁价格1914年上半年每吨46日元，1918年7月至9月达到每吨480日元。汉冶萍运往日本的矿石和生铁，价格不能随行就市，长期维持在头等矿石每吨3日元、生铁每吨36日

---

① 《中国近代工业史资料》第3辑，第738页。

元的水平上。据中华矿学研究会估计，欧战期间汉冶萍售与日本生铁约30万吨，矿石约100万吨，这些矿石可炼生铁60万吨。若按战时生铁市价每吨160元计算，卖给日本的生铁与矿石可售银1.4亿余元，除去成本4000余万元，尚有利润约1亿元。但是，矿石和生铁的定价权掌握在日本人手中，公司虽曾与日方交涉，争取到一部分生铁的加价，卖给日本的生铁每吨可达92日元或120日元。但此时东京市场生铁每吨已高达480日元，就是说，公司卖给日本的生铁价格只有东京市场的1/5至1/4。因此，学者侯厚培指出："欧战期中，公司售与日本生铁约计30万吨……公司损失3000万元。若与铁砂合计，公司于欧战期间所贡献于日本者，约合华银11550万元。"① 陈真先生认为："欧战期中，公司售与日人生铁约计30万吨，每吨华银30元，铁砂约100万吨，每吨华银1.5元，而当时生铁时价最低为每吨160元，铁砂100万吨可炼生铁60万吨，每吨炼费最高30元；公司贡献于日本者约华银11000余万元，日金每元换华银5角，约合日金23000万元余元。"② 吴景超先生的看法与侯厚培先生大体相同，也认为欧战时期公司输日矿石折成生铁加上输日生铁共有生铁90万吨，"彼时生铁市场价，最高约国币200余元，最低亦需160元，即以每吨160元计算，此60万吨生铁，可售国币14000余万元，其中除去成本4000余万元，尚有1万万元之利，约合当时日金2万万元"。③

三位学者对此的看法虽有差异，但大体接近，即公司输日矿石、生铁欧战期间少赚华银1亿～1.1亿元。公司若享有价格自主权，能赚到这1亿多元钱，再以其中3000万元归还日本的债务，还剩八九千万元用来发展公司业务，公司也就可以摆脱日本人的约束而自由发展了。但是，历史没有假设。汉冶萍由于受多份债务合同的束缚，只能坐以待毙。

欧战爆发最初几年，汉冶萍公司继续亏损。1914年亏损71687两，1915年亏损275555两。

日本人竹内克已1916年在《北京周刊》上发表《论汉冶萍问题》，承

---

① 侯厚培：《中国近代经济发展史》，上海大东书局，1929，第129～130页；参阅全汉昇《汉冶萍公司史略》，第194页。
② 陈真：《汉冶萍煤铁厂矿大事年表》，载《中国近代工业史资料》第3辑，第517页。
③ 吴景超：《汉冶萍公司的覆辙》，载《新经济半月刊》卷1第4期，1939年1月。

认日本在华钢铁业盈利1.5亿元,扣除利息、投资、杂捐等,"实获四千五百万之纯利。此种利益大半系欧战中铁价奇昂,而公司仍然按照原契约供给"。① 另据香港《工商日报》称:"日本人在欧战时靠该公司获利之数超过两万万元。"②

公司股东后来就此发表颇为激烈的言论:"欧战期内,煤铁市价飞腾一时,而公司当局,生心自外,生铁铁砂,一任日人给予最贱之价格,殆国罔民,骇人听闻,综其损失,何止万万!"③

当然,这种情况并非汉冶萍负责人所乐见。

诚如孙宝琦1916年10月17日写给制铁所长官押川的信中所言:"历年运售生铁矿砂,供给该所,且贱价出售;近年铁价飞涨,公司吃亏不小。"李维格12月3日写给李经方的信中也称:"价值一层,前在北京所订合同,实在太贱,以致受人攻击。"

为扭转亏损局面,汉冶萍作过巨大努力。1916年10月,日本制铁所长官押川来华"游历",受到汉冶萍的隆重接待。10月14日,孙宝琦设筵款待,宴请随行的日本各企业家。押川受到袁世凯接见,"亦蒙优睐"。17日,押川启程赴汉,孙宝琦商之交通部,挂一花车,代购车票,并送至车站,押川"甚为满意"。此外,汉冶萍公司多次派出高层人员赴日,与之商谈适度提高生铁、矿石售价事宜。公司高等顾问李维格衔命赴日,12月1日和4日与制铁所长官押川、理事长吉川等进行了两轮谈判,李维格指出:"照前合同售与贵所(生铁)只26元,每吨须亏五六元……惟售与三井之铁,却有每吨63元之多。"④ 就是说,公司卖给制铁所的生铁比卖给三井生铁每吨低37日元。这次对日交涉的案卷后被大火焚毁,仅剩两件,故交涉结果未详。据称,"制铁所长官当即答应增加到42.5日元一吨"。⑤

副经理盛恩颐1917年6月衔命赴日,就输日生铁、矿石的交额、价格同制铁所长官押川交涉,从6月13日到7月5日,双方经过六轮激烈争

---

① 《申报》1917年8月26日。
② 香港《工商日报》1937年6月30日。
③ 《汉冶萍股东警告盛泽承书》,载《时事新报》1931年7月24日。
④ 李维格对日交涉情况,见《汉冶萍与日本关系史料》,第680~688页。
⑤ 《汉冶萍与日本关系史料》,第688页。

论,于6月25日签订《中国汉冶萍公司、日本制铁所订定矿石生铁价值及分年交额合同》,规定矿石、生铁磅耗比率从5‰、8‰分别降为2.5‰、4‰;合同期内矿石价格每吨3.8日元,比以前略有增加,盛恩颐经与横滨正金银行交涉,银行同意公司欠款再展期5年,并同意公司在还款期内透支320万日元,"以备扩充工程之用"。

总经理夏偕复1918年10月赴日再次商谈矿石、生铁交额与售价,结果定生铁价格为每吨120日元,交额为5万吨,不足之数以两倍矿石补足,矿石价每吨3.8日元。生铁售价虽有所提高,但此时日本生铁已涨至每吨406日元,汉冶萍生铁售价只有日本市场价的29.5%。即使按公司1918年6月所称的"现下生铁日本市场每吨日洋三百七十元至三百八十元"[①] 计算,公司生铁售价也只有日本市场价的31.5%~32.4%。

据笔者统计,欧战期间汉冶萍输日铁矿石151.98万吨,生铁20.65万吨。由于日本市场生铁价格浮动,我们难以获知日本制铁所从中获利的具体数字。若按侯厚培等先生所言,铁矿石按60%折成生铁、生铁按160元计算,则公司欧战时输往日本的生铁、矿石共可售17894万元,比陈真、吴景超两位先生估算的1亿~1.1亿元还要多6894万~7894万元。由此不难看出丧失矿石定价权给公司造成的损失之大。

不过,由于战时生铁价格的飞涨,汉冶萍多少从中分得一点余沥,1916年实现扭亏为盈。1916年到欧战结束后的1919年,公司累计结余11378737元。

欧战时期,公司当权者以填发股息、发放现金股息、办事人员酬劳和奖金、修盛公祠及报销以往亏损等名义分配掉了2940万余元,远远超过了公司欧战时期的实际盈余。详见表5-7。

表5-7 汉冶萍公司在第一次世界大战期间盈利分配表

分配总额(元)	29406408.51	100%
1. 报销以往亏损	6653467.88	22.6%
2. 填发股息	1906541.40	

[①] 《汉冶萍公司致自仁武函》(1918年6月20日),载鄂档《汉冶萍》下册,第116页。

续表

分配总额（元）	29406408.51	100%
3. 发放现金股息	7296283.20	36.3%
4. 发办事人员酬劳及奖金	1055582.31	
5. 修盛公祠（后改为汉冶萍俱乐部）	400000.00	
6. 公积金提存	7838028.14	26.7%
7. 盈余滚入下届	4256505.58	14.4%
其中滚入下届拨作扩充经费	4224000.00	

资料来源：《汉冶萍公司档案》，转见《汉冶萍公司志》，第126页。

公司盈余极少用于扩大再生产和偿还日本债务，而是巧立名目收入私囊，仅1917年便以"普红"、"特奖"名义分掉了29万余元。这笔钱只有职员才能分享，广大工人被排除在分配范围之外。董事会人数虽不多，但红奖分配金额却高居榜首。详见表5-8。

表5-8 1917年公司职员红奖总表

机关名称	人数	普红数额（元）	特奖数额（元）	合计（元）	百分比（%）
董事会	44	10646	49900	60546	20.67
经理处	18	12799	37500	50299	17.17
会计所	22	3625	7000	10625	3.63
商务所	26	5426	2300	7726	2.64
运输所	278	16671.9	5500	22171.9	7.57
汉 厂	456	35223.2	22944	58167.2	19.86
冶 厂	77	8776.4	7000	15776.4	5.39
冶 矿	166	10486.8	7960	18466.8	6.30
萍 矿	416	40123.1	9000	49123.1	16.77
总 计	1503	143777.4	149104	292881.4	100.00

资料来源：鄂档《汉冶萍》下册，第716页。

这一时期公司发放的股息远高于辛亥革命后的最初几年，1918年发放的股息竟是1912年的5倍以上。详见表5-9。

表 5-9　汉冶萍 1912～1918 年发放股息表

单位：规元两

年 份	1912	1913	1914	1915	1916	1917	1918
股 息	274495.834	806215.189	883641.181	940006.424	739469.027	1275695.144	1414348.766

资料来源：《汉冶萍公司事业纪要》，载鄂档《汉冶萍》上册，第41页。

正如后来有人指出的那样："斯时公司当局只事分红浪费，不知巩固公司基础，迨欧战忽然停止，钢铁价格猛然一落千丈，销售无路，屯货山积，亏蚀不已，安矿形势与日岌岌。"[1]

这一时期，汉冶萍继续维持冶矿盈余、汉厂和萍矿亏损的局面。冶矿几乎成了公司的唯一盈利来源，这更引起日本人的觊觎。公司主要厂矿盈亏情况见表5-10。

表 5-10　1912～1918 年汉冶萍主要厂矿盈亏概况表

单位：规元两

厂矿名	项 目	1912 年	1913 年	1914 年	1915 年	1916 年	1918 年
汉阳铁厂	收 入	1267588	3167495	4213147	4843480	7303642	15693569.9
	支 出	1792388	5319027	5793545	6788369	6671759	7344813.9
	盈 亏	524800	-2151532	-1580398	-1944889	631883	8348756.0
大冶铁矿	收 入	380172	566636	658808	727043	589963	714039.1
萍乡煤矿	收 入	1377752	2867180	3579847	3426262	3958954	2756101.5
	支 出	2113771	3599407	3956626	4415351	4508153	3305838.2
	盈 亏	-736019	-732227	-376779	-9890089	-549199	-549736.7

注：历届账略中汉冶厂矿收支均合并计算。冶矿收入系指将铁矿卖给铁厂的收入，不含卖给日本的收入。

资料来源：鄂档《汉冶萍》之第五、六、七、八、九、十一届账略。

第四节　大冶新厂的动工兴建

汉冶萍公司这一时期的最大成就是兴建了大冶铁厂。但该厂生不逢

---

[1] 《江西萍乡安源煤矿调查报告》，江西省政府经济委员会，1935，转引自《中国近代工业史资料》第3辑，第454页。

时，建设过程中一波三折，建成后仅开炼两年多便停炉熄火。在一定意义上，命运多舛的冶厂是汉冶萍走向衰败的一个缩影。

一　新厂筹备工作基本就绪

辛亥革命后，汉冶萍公司的基本建设处于停滞状态。除1917年建成开炼的汉厂7号高炉外，业已使用多年的机械设备严重老化。据汉厂厂长吴健1916年7月12日致夏偕复函中称："汉厂一、二号化铁炉数月渐露不佳之情形，似必须大加修理。炉心、炉底之砖业已大都烧坏，且有裂缝，铁汁由裂缝漏出，已非不常见之事矣。至于炉管，所有冷风及热风总管均有漏气之裂孔，以致打风不能得力，而且高白炉之砖悉已烧化成灰，万难再用，必须重换新砖；更有一层，升降机业经用二十五年之久，万一出险，则束手无策，应趁此改装修用之新机。"此时，按公司同日本签订的合同，汉厂每年须向日本交生铁25万吨，李维格为此于1917年5月12日向公司建议，对铁厂建设"定一进行之规程"，包括向外国购买设备，以改造汉厂。

但是，汉厂购买设备并不顺利。汉厂原向德国西门子厂订购发电机及其附属设备，后因欧战影响迟迟不能运回，汉厂难以久等，于是改向美国威斯汀好司电气厂订购，但美国为适应战争之需，将所有民用品的订货单都往后排，无法预测交货期。汉厂的改造只好暂停。吴健于是建议："公司外购山西平孟昔等处土铁回炉炼铁，"① 据说效果不错，但这绝非长久之策。

公司最急迫的基建工程是动工兴建大冶新厂。

设厂大冶的构想早在盛宣怀及其英籍矿师郭师敦1877年重新发现冶矿时就已提出，郑观应1896年就任铁厂总办时也提出："定造新化铁炉于大冶。"② 此后，包括外国专家密楷、赖伦等在内，多次有人提出在大冶建设

---

① 《夏偕复、盛恩颐致公司董事会函》（1918年4月20日），载鄂档《汉冶萍》下册，第434页。
② 郑观应：《查勘大冶矿务节略》（1896年7月3日），载《盛档》（四）之《汉冶萍公司》（一），第89页。

铁厂的方案，终因客观条件不备而未果。

盛宣怀在1913年4月25日董事会上重提"必须在大冶添设四炉"，5月20日股东常会将这一方案进一步具体化："汉阳全行炼钢，大冶另设新炉。"同一天董事会所做报告中明确指出："就大冶产铁之山，添造新式大化铁炉四座，每炉日出铁二百五十吨，从少估算，一年以三百日计，每年约可炼生铁三十万吨，尽以供中外生铁之求。"24日，盛宣怀致函李维格称："尊意冶厂工程不能迟，与鄙见甚合。"看来，汉冶萍领导层已就兴建大冶铁厂取得共识。建设大冶新厂必须解决两个关键问题：一是人才，二是资金。

李维格1914年指出："十年前有人才缺乏之患，今则公司所派出洋留学生已毕业归国，在厂经验多年，有此地利，得此人才，际此千载一时之机会，谓汉冶萍无发达之一日，似非事实之言。"① 而资金问题只能靠借债。

汉冶萍公司委派李维格全权负责大冶铁厂建设工程。李维格前往汉阳、大冶、萍乡实地考察，于1913年7月提出《筹设汉冶萍厂矿事宜清折》，实际上是兴建大冶铁厂的工程预算书。公司董事会批准了这一预算案。预算书提出："大冶添造生铁炉二座，每日出生铁五百吨，专售生铁。"预算书的具体内容包括：（1）建高炉2座及附属机件，需银350万两；（2）厂基2000亩，共需10万两；（3）填土500亩共15万立方米，约需银15万两；（4）铁路车辆、挂线、趸船、修理厂、栈房、房屋、驳岸等共约需银75万两，上述各项共约需银450万两。公司董事会的设想是：工程1914年动工，1916年底建成，1918年投产，设计生产能力年产铁从25万吨增至40万吨，规模超过汉阳铁厂。

有了预算方案，就要设法筹钱。1913年6月21日，盛宣怀致函日本横滨正金银行副总裁井上绳之助，准备向日方新借750万日元，修改旧借款900万日元。12月2日，盛宣怀与日本制铁所长官代理人、横滨正金银行代理人签订借款900万日元的甲合同和借款600万日元的乙合同。甲合同规定，借款的一部分将在"湖北省大冶地方新设熔矿炉二座"。

---

① 李维格：《汉冶萍公司历史说略》（1914年6月），载鄂档《汉冶萍》上册，第316页。

接下来的工作便是选择厂址和确定建厂规划。经过比较并听取日方驻大冶铁矿监督西泽公雄的意见,公司决定设厂于大冶江边。1913年5月,李维格赴大冶考察,最终决定将铁厂建在离石灰窑约1公里处的袁家湖(今湖北新冶钢)。公司立即着手在袁家湖圈购土地,原计划圈地3000亩。尽管"乡民群起拦阻",但在湖北巡按使段芝贵和大冶县当局的支持配合下,圈地工作得以顺利进行。截至1918年底,大冶新厂厂基征购完毕,共计4186亩,其中涉讼土地7亩多,厂基实际面积4178.99亩。其范围大致为:东起西塞山,西至石灰窑镇,南达黄荆山北麓,北临长江之滨。①

二 吴健负责筹建大冶新厂

在确定建厂规划、购买机器、圈购土地的同时,盛宣怀于1913年冬命汉阳铁厂坐办(厂长)吴健负责筹建大冶新厂。

吴健,生卒年不详,字任之,上海县人,1902年被盛宣怀选派入英国设菲尔德大学冶金系学习,1908年学成回国,1909年2月被聘为汉阳铁厂工程师。辛亥革命后,铁厂一度陷入混乱,吴健临危受命,担任铁厂工程总负责人,1913年升任汉阳铁厂坐办(厂长)兼化验股长,1916年1月19日任汉阳钢铁厂务长。吴健民国时期曾任全国工程师学会第一任副会长。

吴健受命筹建大冶新厂后,即与美国设计公司麦基公司洽谈大冶新厂规划事宜。但麦基公司提出的方案最终被否决。

公司董事会临时会议1914年9月22日通过议案,提出赴美购机炉办法18条。9月25日,董事会颁发《委任吴健赴美订购机炉嘱托书》,委托吴健与日本最高顾问工程师大岛道太郎前往美国购买"最新最良之化铁炉二座"。该嘱托书主要内容有:(1)这次赴美,吴健为主,大岛为宾,主宾关系十分清楚;(2)每座化铁炉每天出铁350~400吨;(3)化铁炉多余煤气用于发电,"须达到厂矿不用蒸汽之目

---

① 《夏偕复、盛恩颐致公司董事会函》(1919年2月8日),载鄂档《汉冶萍》下册,第422~423页。

的"；（4）这次赴美，以格利（Gary Plant）、多勒（Duluth）两厂为考察根据之地。

吴健、大岛前往美国，考察了格利、多勒两厂，通过招标，他们收到美国三家、英国两家制造公司的标书，其中以美国摩尔根制造公司报价为廉，并允许减价2425美元，且所投的标单和图样最为精详，遂决定向摩尔根公司订购机炉。中国扬子机器公司表示可以承办除两座化铁炉以外的配件。吴健、大岛认为："扬子标价最为合宜。"

1915年7月，吴健、大岛一行搭乘"德和"轮回上海。10月，美国列德干利制造公司的标书也寄到了汉冶萍公司。摩尔根、列德干利公司机器的重量、价格对比见表5-11。

表5-11 两家美国公司机器对比表

单位：吨，美元

公司名称	钢铁与建筑料	机 器	钢 料	共 计	标 价
摩 尔 根	2210	111	62	2383	287200
列德干利	2150	117	48	2315	227100

资料来源：鄂档《汉冶萍》上册，第470页。

公司董事会根据王勋意见作出决议："摩尔根价虽较昂，而先有清单考定，可免日后纠葛，列德干利价虽较廉，而清单尚须候至两月……现值钢价翔贵之时……不如即向摩尔根订定。"①

王勋对汉冶萍财务状况作了全面分析。据计算，汉冶萍厂矿扩充工程共借日金900万元，折合规银810万两，除掉汉厂、萍矿、冶矿三处所需之款，只有4384675两用于大冶新厂，不敷之数70.9万余两，"若仍只勉强挪移，东茸西补，工程未竣而周转先艰，则与其勉强企图，不如预先收缩"。王勋提出缓建沪渣机、冷风祛湿机、生铁机、装卸煤机等项目，停建修理厂及拖轮、小轮等项目，共可减少投资73万两，"比较预算不敷之数，所差不多"。此外，王勋认为：厂内铁路、房屋亦可酌减，共可拟减拟缓银81.55万两。吴健、大岛各自提出了不同的核减经费的意见。王勋又向董事会提出折中意见，减少预算76.5万两，董事会最终核定大冶新

---

① 《公司董事会议案》（1915年8月13日），载鄂档《汉冶萍》上册，第470页。

厂预算 433.2 万两。

经盛宣怀提议，1916 年 3 月 11 日公司董事会常会议决，委任吴健兼任大冶铁厂厂长，日本最高顾问工程师大岛道太郎兼任总工程师。大冶新厂建设进入全面施工阶段。

为了健全大冶铁厂管理机构，公司董事会 1916 年 4 月 17 日决定在冶厂设立工程（工务）、事务两部，由厂长吴健总其成，委大岛道太郎为总工程师，孙慎钦为事务部主任。5 月 13 日公司致函大岛，明确规定："关于建筑方面一切工程，均隶属总工程师管辖。"同年 10 月，新厂正式定名为大冶钢铁厂。

由于大冶新厂的建设经费系日本借款，1918 年日元贬值，1 日元折合洋例银由 9 钱降至 5 钱，冶厂大受损失，加上管理不善，浪费严重，公司被迫将冶厂建设经费预算增至 5811320 两，比汉阳铁厂官办时期 560 余万元的总投资还要多。

三　日本干预大冶新厂建设

大冶新厂建设虽然利用了日本借款，但毕竟是公司内部之事，而日本政客和某些财团却以主人自居，对冶厂建设横加干涉。

列德干利公司的代理商三井洋行 1915 年 8 月 13 日竟致函盛宣怀和王勋，"以不宜辞少取多"为由，要求汉冶萍将招标截止时间暂缓两三个星期。8 月 18 日，三井洋行发表声明："限三个礼拜之内（列德干利公司）定必将该项清单交到（汉冶萍）公司，以凭比较而定去留。"① 三井洋行这样做，显然是为了列德干利公司能赢得这桩生意。

在三井洋行的压力下，公司董事会 1915 年 11 月 1 日做出议案："冶厂化铁炉现与列德干利厂订定"，计有日产生铁 450 吨的高炉两座及附件，总价 223500 美元，比摩尔根厂便宜 56925 元。

经厂长吴健和总工程大岛检查核对，列德干利公司的设计方案中需改动之处多达 11 项，如"顶塔原标乘柱六条，须改为四条"；"升降机原标

---

① 《王勋致公司董事会函》（1915 年 9 月 11 日），载鄂档《汉冶萍》上册，第 473 页。

系每一转二分四十五秒,须改为一分四十五秒"等,该列德干利竟据此要求加价 22650 美元,遭到公司拒绝。① 1916 年 2 月 1 日,汉冶萍公司将原计划部分改动但不加价的意见函告三井洋行。5 月 5 日,三井致函王勋,转达了列德干利厂的强硬立场:"公司增改太多,以致迟误,今料价增巨,必须将原合同之价重新改议,否则不肯履行原合同责任。"三井这位捐客"似自居于居间人不负责任之地位",王勋气愤地要同三井打官司,5 月 9 日向董事会提出:未来钢价上涨"所亏之价及工程延误之损失,将来必须一并向三井索偿"。

三井继续玩弄手法,自知仲裁必输,"故一味支吾不允仲裁",反劝公司接受列德干利厂新增价款 11.9 万元的要求,"随后再由彼商请总行尽力设法津贴与我"。② 公司再次拒绝三井要求。三井和列德干利又将加价降为 8 万美元,三井与公司各认一半。

公司董事会权衡利弊,应允了加价 4 万美元的要求。③ 之后,列德干利又通过三井洋行提出新的无理要求,一是不能保证机器重量;二是添料机是德国某厂专利品,尚未在美国注册,无须付专利费,如将来须付,仍由公司支付。公司逐一批驳了这些要求。

工程的正式设计是从 1916 年 9 月开始的。在大岛主持下,设计单位绘制了 1∶2400 的《大冶钢铁厂设计布置总图》,厂区分为炼铁厂、炼钢厂、轧钢厂三大片,主要项目有:(1) 日产生铁 450 吨的高炉两座及其附属设施;(2) 日产 200 吨钢和 75 吨钢的炼钢炉各 2 座及其附属设施;(3) 1600 吨混铁炉 3 座;(4) 100 吨炼焦炉 2 套;(5) 发电机 2 台;(6) 2600 吨煤仓 2 座。此外,还有炉渣水泥机、炉渣大砖机、机械修理厂、废钢料场、火砖厂等设施。

大岛又开始伸手要权。1917 年 8 月 25 日,大岛致电顾问笠原,认为大冶新厂所需配件应分别在日本、美国订购,"必须鄙人亲自往美查考分别,方有急效,故应请公司以全权委任鄙人办理"。公司虽答应大岛赴美厂查催,但并未赋予他办理配件的全权。

---

① 《王勋致盛宣怀函》(1916 年 1 月 26 日),载鄂档《汉冶萍》下册,第 412 页。
② 《王勋致公司董事会函》(1916 年 5 月 18 日),载鄂档《汉冶萍》下册,第 414 页。
③ 《公司董事会议案》(1916 年 6 月 3 日),载鄂档《汉冶萍》下册,第 415~416 页。

四　李维格亲任冶厂厂长

由于吴健仍任汉阳铁厂厂长，力难兼顾大冶铁厂，公司董事会遂于1916年8月22日致函李维格，任命李为大冶新厂厂长。李担心遇事掣肘，于当天将《大冶新厂办事规则》送呈董事会审阅。该规则共九条，规定"厂内用人行事拟请董事会予厂长以全权……所有一切厂务，厂长得便宜行事"。董事会同意李维格拟订的办事规则。李维格因"气血亏耗，身体孱弱"，请求公司将其工作时间定为上午9时半至午后2时，未久李维格请求公司添设副厂长。董事会遂于9月26日任命吴健兼大冶铁厂副厂长。"惟李公任事未半年，因病辞去"。[①] 1917年5月5日，董事会重新调整大冶铁厂领导班子，吴健任厂长，黄锡赓任副厂长。至此，大冶铁厂的领导机构趋于稳定。

大冶铁厂建设出现了一些新气象。一方面公司和冶厂重视使用本国技术人才。1917年，当公司同大岛商量添用5名工程师时，大岛竟称："只得求之日本。"夏偕复和盛恩颐则认为："总宜参用中国人材，不惟易于驾驭，且以奖掖后进，振兴工艺。"结果选用了多名学成回国的留学生。[②] 另一方面，冶厂加快了工程进度。1917年两座高炉同时动工兴建，各项附属工程及厂区至石堡的铁路也相继动工。工程由大岛总负责。工程项目由日本各洋行总承包，其中大仓洋行承包的工程项目最多，包括两座日产450吨铁的高炉和其他钢筋混凝土建筑，雇佣中国工人4000余人。中国包工头承包的则是一些土木建筑。指挥施工的技术人员大多为日本人，这些人由大岛推荐、汉冶萍公司聘用。他们还分别担任了大冶铁厂部分处、股、科的负责人。

大冶新厂原定1918年秋冬季完工，后因欧战影响，新厂所需机件，如打风机及各种电器均未运齐。1915年2月和8月，公司向英国斐尔沙湛密斯厂（Fraser & Chalmers）分别为大冶铁矿和汉阳铁厂订造发电机和起矿

---

① 《吴健致公司董事会函》（1923年4月13日），载鄂档《汉冶萍》下册，第349页。
② 《夏偕复、盛恩颐致吴健函》（1917年5月11日），载鄂档《汉冶萍》下册，第343页。

图 5-6 大冶铁厂厂内运输机车

机各一部,但第一部机器被英国政府征作军用,第二部也因该厂被英国政府监管专门制造军用品,故迟迟未能交货。而 1914 年 2 月向德国西门子公司订造的两部电机也因英国政府禁止德国货输出而不能起运。汉冶萍公司向美国多家公司订购的发电机、化铁炉及全套电机也因战争影响逾期很久不能运抵大冶或汉阳。① 化铁炉等机件在运输来华途中遗失零件甚多,公司只好在汉厂、萍矿等处配制,故冶厂竣工时间被一再推迟,"至欧战停止,第一号冶铁炉尚未建妥"。②

五 冶厂配套项目相对滞后

大冶铁厂所需的原材料、燃料主要为铁矿石、焦炭和石灰石等。铁矿石仍依赖于大冶铁山,汉冶萍为此对大冶铁矿再次进行勘测,结果无法令人满意。1913 年,黄锡赓对冶矿的勘测结果为地表矿石 2743 万法吨。详见表 5-12。

---

① 全汉昇:《汉冶萍公司史略》,第 195~196 页。
② 《国闻周报》卷 4 第 48 期,第 2 页,转引自《汉冶萍公司史略》,第 196 页。

表 5 – 12 　黄锡赓 1913 年勘测大冶部分矿山情况表

单位：万法吨

地　　名	铁门坎	纱帽翅	龙　洞	狮子山	大石门	野鸡坪	总　　计
储　　量	496	29	271	976	413	558	2743

资料来源：[附件]黄锡赓《勘察铁矿报告》(1913 年 9 月 20 日)，载《盛档》(四)之《汉冶萍公司》(三)，第 644 页。

2743 万法吨折为 2694 万吨。这个数字较为保守，一是未统计象鼻山等大矿藏量，二是未统计深层矿石藏量，故只能聊供参考。

1915 年，丁格兰对大冶铁矿再次进行勘测，结果可资利用的矿量为 1926.2 万吨，此后，汉冶萍公司、中央大学、国民政府实业部及一些专家学者多次对大冶铁矿进行勘测，结果预测储量最多者为 2660 万吨，最少者为 1723 万吨。

显然，2000 万吨左右的储量是难以满足对日输出、汉阳铁厂及新建的大冶铁厂对矿石的巨大需求的。

大冶铁矿矿长杨华燕 1916 年 11 月 6 日致公司董事会函中称：根据 1913 年的大借款合同的规定和汉、冶两厂之所需，冶矿每年需产矿石 150 余万吨，1918 年交矿石预定为：制铁所 44 万吨、冶厂 48 万吨、汉厂 40 万吨。而冶矿的基础设施却相当落后，"矿中泥土，专恃人力挑挖"，挑矿上船也全靠人力，致使"工人不敷"，一年很难出矿 150 余万吨，杨华燕遂提出"设去土机、改良方车、扩张厂位、设压汽及各种电机四款"。公司董事会 11 月 20 日复函认为，这些建议"尚属可行……不日可来实地考查，自有区画"。

但是，冶矿扩建工程几无进展，"除路线修改 2/10 及得道湾建筑电机压汽房，屡次更改尚未竣工，又装设石堡机磅三项以外，悉属旧观，一切建筑工程均从前每岁出矿一二十万吨之计画，现交额已两倍，后年骤加四倍，几有迫不及待之势"。[①]

大冶铁矿仍在不断提高铁矿石产量，不过主要是为了日本制铁所的需求，而不是供应大冶铁厂。

[①] 《季厚堃致夏偕复、盛恩颐函》(1918 年 1 月 8 日)，载鄂档《汉冶萍》下册，第 464 页。

冶矿矿石产量远不能满足汉、冶两厂及日本制铁所的矿石需求。1918年9月7日，公司与振豫公司签订购买山西土铁1万吨的合同，每吨价格天津公砝银75万两。为争取生铁从山西平定州辗转运汉途中能够免税，盛恩颐批示："派宋子文办理关税。"10月23日盛恩颐致函宋子文："加委执事兼管运输事宜。"宋子文的舅舅、兼代商务所长倪锡纯表扬自己的外甥："该员办理土铁关税及联单事宜……均尚妥贴。"①

大冶新厂所需焦炭来自萍乡煤矿。由于运输路程遥远，途中破损严重，加上萍矿产焦量萎缩，只能供应汉阳铁厂之所需，因此，大冶铁厂自建蜂巢式土焦炉数座（图5-7），用萍乡煤炼焦供高炉使用。而石灰石则就地取材于大冶石灰窑。

图5-7　大冶铁厂蜂巢式土炼焦炉

特别严重的是，1917年8月18日约晚6时，萍矿直井五段四号窑发生火灾，烟毙或烧死100余人，造成萍矿出煤量锐减，"此时出煤仅得平日之半数"。② 此后萍矿采取了一些措施才扭转这一局面。

第五节　公司与中外势力的纠葛

汉冶萍始终处在各种矛盾、纠葛之中。其中公司内部矛盾包括劳资矛盾、公司领导层之间的矛盾等；外部矛盾主要指三大类矛盾，一是公司同鄂、湘等省的矛盾，二是公司同中央政府的矛盾，三是公司与日本的矛盾。这些矛盾又相互交织，盘根错节，而起决定作用的是日本对公司的肆意掠夺而引发的一系列严重冲突。帝国主义同中华民族的矛盾是近代中国

---

① 《倪锡纯致夏偕复、盛恩颐函》（1918年11月14日），载鄂档《汉冶萍》下册，第603页。
② 《李寿铨致夏偕复、盛恩颐函》（1917年8月23日），载鄂档《汉冶萍》下册，第484页。

社会的最主要矛盾，汉冶萍正是这一矛盾的一个焦点。因此，我们在叙述公司各种矛盾时，应特别关注日本在其中所起的推波助澜的作用。

一 湖北对股权的非分要求

（一）湖北派驻厂矿监督的撤出

汉阳铁厂、大冶铁矿均地处湖北。武昌首义后，湖北军政府与汉冶萍的摩擦和纠纷也格外尖锐、复杂。

湖北对汉阳铁厂的诞生和发展作过巨大贡献，但因在汉冶萍占股很少，因此，从公司得到的回报并不多。辛亥革命后，湖北一些军政要人为壮大湖北地方实力，试图染指直至独占汉冶萍公司，演出了一幕幕闹剧。

1912年4月，湖北军政府约同江西军政当局派员赴沪了解汉冶萍公司情况，准备接管该公司；并委派蔡绍忠、纪光汉分任汉厂、冶矿监督。纪光汉虽对外宣称："（对铁厂）只任保护，不预内政"，但鄂省通过派遣监督来控制汉冶萍的意图是十分清楚的。1912年5月4日，公司董事会致电黎元洪："拟请分饬蔡、纪二君回省销差，以免重縻公帑而符完全商办名义。"公司对蔡、纪两位监督下了逐客令。

汉冶萍与鄂省关系趋于紧张。湖北派驻公司的监督蔡绍忠、纪光汉不受欢迎，"商办实业，由官派监督，原属不合"，且两人每月津贴、伙食费达一千二三百元。汉冶萍向北洋政府提起控诉，湖北省议会遂于11月初取消驻厂监督，当地报纸发表评论称："两监督一律取消，又破了两个金饭碗。"[①] 公司董事会12月24日致函汉阳铁厂、大冶铁矿，命对蔡、纪二人的"津贴伙食等项，送至本年12月份即行停止"。

监督准备撤走，但公司与鄂省的关系并未理顺。蔡绍忠竟然提出"武昌去秋实行薪水，因月收津贴致未请领，所失利权甚巨"，要求铁厂补发工资，遭到公司断然拒绝。蔡绍忠赖在汉厂不走，坐办吴健十分无奈，

---

① 《湖北群报》，1913年11月2日；《公司董事会致卢洪昶函》（1913年11月14日），载鄂档《汉冶萍》上册，第281页。

"商请送以数月津贴，方好解散"。① 直至1914年2月7日，公司董事会才"议决致送两月津贴，了此公案……总以达其离厂之目的为要"。湖北驻汉阳铁厂监督拿了钱后总算离开了铁厂。

湖北军政府撤销驻矿监督，与日本的干预直接相关。武昌首义后，革命军虽在冶矿派驻了监督，但并未占领大冶铁矿，"系因我（日本）军舰龙田号现停泊该地而踌躇"。② 矿山管理部门还与日本订立了这样的"协约"，规定"如兵乱长期延续，以一时之通融难于办理时，日本政府可代替中国矿务局，自行管理一切矿山事务"。③ 很明显，日本是以武力抗拒革命军占领大冶铁厂和直接代替中国矿务部门管理矿务。质言之，就是趁机用军事手段占领大冶铁矿。

日本陆军派出40人"驻冶保护"，直到1913年11月初湖北省议会取消驻铁厂监督后，驻大冶铁矿的日本军队才接到上级"训令，全队撤回"。

湖北军政府终于撤销了驻汉厂、冶矿监督。

(二) 湖北对厂矿股份的过分要求

湖北对公司股份提出要求由来已久。1908年汉冶萍公司成立，据说，并未知照湖北，故湖北认为此举违背张之洞奏案。湖北咨议局成立后"立即提案交涉，迄于民国，叠举代表和平与商，毫无结果"。④

武昌首义后，湖北议会1912年6月下旬议决没收汉冶萍公司，并在咨湖北军政府文中要求取消承认汉冶萍实行商办的电文，公司董事会6月29日作出决议：拒绝湖北方面的要求。

公司6月30日呈文黎元洪，对鄂议会的要求给予驳斥，并表示："今鄂省议会既愿收回利权，如将全体股东所投资本一律给还股东，并将公司所欠内外各债二千三四百万继续承认，由鄂省议会筹还债主，敝公司董事等自当召集股东大会，竭力陈请各股东解散公司，收回股本。"这显然是

---

① 《吴健致公司董事会函》（1914年1月18日），载鄂档《汉冶萍》上册，第282页。
② 《日驻沪总领事有吉致外务大臣内田电》（1911年11月12日），载《汉冶萍与日本关系史料》，第258页。
③ 《日驻沪总领事松村致外务大臣内田机密函》（1911年11月12日），载《汉冶萍与日本关系史料》，第259页。
④ 《湖北代表致公司股东会电》（1918年1月27日），载鄂档《汉冶萍》下册，第183页。

鄂省无法做到的事情。

北洋政府和工商部对汉冶萍公司表示支持,"鄂省议会欲没收汉冶厂矿,本部奉大总统批饬,咨行鄂都督、民政长查明办理在案"。① 工商部要求鄂议会、军政府收回成命。

鄂省问题成为1913年3月召开的汉冶萍股东大会讨论的议题之一,时象晋、丁立中作为湖北汉冶萍厂矿官代表与会。

时象晋(1854~1928年),字越皆,时任湖北教育司长,后任代民政长。丁立中,字笏堂,其余未详。

4月3日,丁立中致函汉冶萍董事会,提出湖北在公司应拥有三权:事权、财权、地权。此函称:"此公司创办之时,人为鄂人,地为鄂地,款为鄂款,产为鄂产。鄂政府设局办事,所以委孙上将武督办之意。"②

所谓财权系指股权,即张之洞创办汉阳铁厂所用款项,按公司章程应填给股票计息;所谓地权,即指公司应上缴给湖北的铁捐和砂捐;而事权则是指人事权。

在鄂省当权者和一些士绅看来,"汉冶萍公司积欠吾鄂债款本息及捐银共计已达二千数百万两之巨",这样一笔天文数字的财富对鄂省相关人士的诱惑力实在是太大了。

略知公司历史的人都知道,丁立中等人的说法与事实相去甚远。4月19日,公司函复丁立中,对上述说法逐条予以驳斥。

根据张之洞向清廷奏折所记,湖北在汉阳铁厂的投资仅几十万两,详见表5-13。

表5-13 湖北历年向汉阳铁厂投资情况表

单位:万两(库平银)

奏报年月(农历月)	款项来源	款项性质	款 项
1889年闰二月	户部所筹铁路经费,由湖北认筹经费截抵	部 款	5

---

① 《汉冶萍公司董事会常会记录》(1912年8月31日),载《盛档》(四)之《汉冶萍公司》(三),第327~328页。
② 《丁立中、时象晋致公司董事会函》(1913年4月3日),载鄂档《汉冶萍》上册,第396~397页。

续表

奏报年月（农历月）	款项来源	款项性质	款 项
1890 年四月	户部所筹铁路经费，由湖北 1890 年应解京之地丁京饷银内截抵	部 款	36
1890 年四月	户部所筹铁路经费，由湖北 1890 年应解京之厘金京饷银内截抵	部 款	8
1890 年四月	户部所筹铁路经费，由湖北 1890 年应解京之盐厘金京饷银内截抵	部 款	16
1890 年四月	户部所筹铁路经费，由湖北 1890 年应解京之西征洋款改为加放俸饷银内截抵	部 款	20
1890 年四月	户部所筹铁路经费，由湖北 1890 年应解京之厘金边防银内截抵	部 款	8
1890 年四月	户部所筹铁路经费，由湖北 1890 年应解京之旗兵加饷银内截抵	部 款	7
1891 年正月	户部所筹铁路经费，由湖北 1891 年应解京之饷银内截抵	部 款	45
1891 年正月	户部所筹铁路经费，由湖北 1891 年应解海署海防经费银截抵	部 款	24
1891 年正月	户部所筹铁路经费，由湖北 1891 年应解户部京饷银内截抵	部 款	25
1891 年三月	湖北新海防捐奏准留垫勘矿杂支	海署款	2.8551
1892 年二月	奏拨湖北厘金余款	省 款	5
1892 年二月	奏拨湖北盐厘余款	省 款	5
1892 年二月	奏拨盐道库存长江水师申平银，自 1894 年起分十年摊还	借息款	10
1892 年二月	奏拨湖北粮道库杂款，自 1894 年起分十年摊还	借省款	10
1893 年二月	奏拨湖北粮道库杂款，自 1896 年起分十年摊还	借省款	10
1893 年五月	奏拨湖北粮道库杂款，自 1896 年起分十年摊还	借省款	5
1893 年五月	奏拨盐道库存长江水师申平银，自 1896 年起分十年摊还	借省款	5

续表

奏报年月（农历月）	款项来源	款项性质	款 项
1894 年七月	奏拨湖北厘金、盐厘	省 款	10
1894 年七月	奏拨湖北厘金、盐厘	省 款	10

资料来源：孙毓棠编《中国近代工业史资料》第 1 辑下册，第 885~886 页。

不难看出，张之洞投资于汉阳铁厂的鄂款共 30 万两，暂借鄂款必须归还的共 40 万两。另外，从湖北解京的铁路经费中截抵的各种费用 194 万两，此即是户部向汉阳铁厂 200 万两拨款的大头，另 6 万两由江西支付。由此看来，湖北向汉厂投资仅 30 万两，加上暂借款也只有 70 万两。而据上海总商会 1918 年 1 月 27 日致农商部电文称，汉阳铁厂所用"各款非系部拨即属江南、两淮拨借，即鄂省盐厘及盐粮库之七十万两亦是内销部款，与鄂省地方收入款无涉"[①]。

由此看来，丁立中等人所说的"人为鄂人，地为鄂地，款为鄂款，产为鄂产"有失偏颇。主持汉厂事务的人物，从张之洞、盛宣怀到郑观应、李维格等，无一是鄂人。丁立中所称的"地为鄂地"大体正确，但包括大冶铁矿在内的部分矿山，是盛宣怀等人出资购买的，这是一种正常商业行为，且公司地除在鄂省外，也分布于赣、湘等省。至于"产为鄂产"的说法，更无太大价值。

湖北代表不肯作丝毫让步。1913 年 4 月 20 日，丁立中致函汉冶萍，下了最后通牒："立中现为最后之厉言，鄂省官本五百六十万之股票，如照填给，速付交来；不允填给，限函到二十四钟内正式答复。"

丁立中等"大肆责言，势将决裂"。在此关键时刻，会长盛宣怀出面了。盛氏深知，不能同地方势力硬抗，必须讲究斗争策略，他次日（21 日）两次致函丁立中，语言亲切，表示自己"挹彼注兹，绝无畛域"，"惟我公此来实为大局，鄙人倾心佩服"。这就大大缓和了双方的对立情绪。21 日下午 3 时，盛宣怀邀请丁立中到其寓所，设宴招待，"将鄂省要求之事公司实有为难，一一剖析"。据盛宣怀 4 月 21 日称："昨夜接丁代表公

---

① 《上海总商会暨全体股东致农商部电》（1918 年 1 月 27 日），载鄂档《汉冶萍》下册，第 183 页。

信,甚为激烈。"经过盛宣怀劝说,丁立中态度大变,"丁君满口应允,并欲公司再给催函,以便彼回鄂可凭催定"。当天,《公司关于铁捐改填股票之条议》和《官本改填股票预算账单》公布,丁立中均在上面填章。同一天,丁立中发出《请拨官山归商开采函》,要求将"大冶官矿,请允拨济新炉之用"。这一切表明,盛宣怀已彻底说服丁立中。

盛宣怀与丁立中经再三磋商,"驳论五六次,易稿三四通",21日双方订议十条,分年填股,除官本之已缴不计外,以400万两填股抵捐,从1914年起至1925年止,"预算出铁抽捐之数,填给股票,列表备查"。① 盛、丁两人在《公司条议》、《股数期限》等协议上签字,其文字冗长而琐碎,但实质问题并未得到彻底解决。②

丁立中、时象晋返回武昌后,于1913年5月上旬呈文黎元洪,转述了汉冶萍公司的三点要点:(1)请湖北省政府令地方官发还兴国锰矿和汉阳军队所占房屋;(2)湖北官本大多由部奏拨,现既改为股本,望鄂政府向中央说明,这些款项与公司无关;(3)"拟请鄂政府酌拨大冶官购矿山为新炉之用"。

即使对于这样一个要求极低的条款,湖北省议会也不承认,认为"似此解决,鄂省并无权利,请另派代表来沪重行开议"。汉冶萍态度则是:丁、时两人"系为鄂省军民两府委任,代表鄂政府,即有全权"。即使鄂另派代表,汉冶萍"仍守定前议条款,不能退让为主"。③

湖北民政府则认为,按照汉冶萍的方案,"原五百余万之官本,不啻完全取消","一经允照所拟,将举鄂省所有该厂矿之事权、财权、地权澌灭殆尽"。④ 湖北遂于6月15日委派顾问官李钟蔚(号云衢)赴沪磋商。这次谈判同样漫长而艰难,7月8日,公司董事会致函李钟蔚、丁立中,重申有关请求鄂省将大冶官山拨给公司、兴国人退还锰矿和生铁抵还官本

---

① 《汉冶萍公司董事会常会记录》(1913年4月25日),载《盛档》(四)之《汉冶萍公司》(三),第483~484页。
② [附件]《丁立中、时象晋报告书》,载《盛档》(四)之《汉冶萍公司》(三),第495~506页。
③ 《汉冶萍公司董事会常会纪录》(1913年6月6日),载《盛档》(四)之《汉冶萍公司》(三),第540页。
④ 《湖北民政府致孙武函》(1913年6月14日)载鄂档《汉冶萍》上册,第402页。

的立场。

公司董事会较为清醒地认识到,这样争论下去,"不为久计,则汉冶萍终必破产,不第商股一千三百万尽掷虚牝,即鄂省所争并填股票数百万亦仅换一废纸"。公司就铁山、锰矿、铁捐、股息、股权再次作了说明。① 由于涉及公司根本利益,公司董事会并未作出实质性让步。

约1913年7月,湖北各团体公举孙武为汉冶萍督办。孙武(1879~1939年),辛亥革命党人,1911年武昌起义后,任湖北军政府军务部长,为陆军上将。1912年1月组织民社,与同盟会分离,拥护黎元洪。1913年7月上旬,孙武呈文黎元洪,对汉冶萍态度趋于强硬。同时,湖北民政府致函孙武,认为汉冶萍官本500余万两已收入鄂省,该公司毋庸过问,其是否为纯粹鄂款及如何奏拨,是否解还,亦与中央无涉。湖北民政府责令孙武"照案磋商,妥订换股办法"。孙武的态度从此更加专横,7月上旬向湖北民政府提出:"自应向该公司交涉将股票全数填齐交鄂收存。"孙武复黎元洪等人函中,除重申上述立场外,还反驳汉冶萍"官本并非纯粹鄂款"的主张,力主"应饬该公司先给股票,一面由鄂呈报中央,如部中或有异议,应由鄂省声复,与该公司无涉"。② 这实际上是要剥压汉冶萍对企业股权的控制,使公司丧失全部财权。

与孙武相比,李钟蔚、丁立中的态度要缓和得多,李、丁7月14日所拟《为铁山、锰矿等事项辩论节略》,与汉冶萍在铁山、锰矿及股息等问题上取得了大体一致的意见,在铁捐上双方的立场也在接近,分歧集中在股权问题上。汉冶萍认为:"未届起息前有议事之权,已届起息后并有选举之权。"而湖北认为:"是鄂省所得股票公司既承认为股东而又否认为股东也。"双方的分歧之所以能迅速冰释,盛宣怀发挥了重要作用。李、丁感叹:"仰见董事诸公擘画周详,无任钦佩。""公司如此推诚相与,鄂省岂可执意坚持。"③ 这就为双方下一步谈判创造了良好氛围。7月中旬,公

---

① 《公司董事会致湖北代表说贴》(1913年7月9日),载鄂档《汉冶萍》上册,第403页。
② 《孙武致黎元洪、夏寿康文》(1913年7月上旬),载《盛档》(四)之《汉冶萍公司》(三),第565~566页。
③ [附件]《李钟蔚、丁立中:为铁山、锰矿等事辩论节略》(1913年7月14日),载《盛档》(四)之《汉冶萍公司》(三),第568~570页;鄂档:《汉冶萍》上册,第403~404页。

司董事会对李、丁"节略"做出回答,基本同意湖北方案,只将铁捐年限由原来的15年改为12年,"股票未起息以前仍不得有选举权,应改为停息期内常会之时,由鄂公举监查员一人,会同查账员一并查账"。双方的立场已十分接近。

公司董事会7月22日致函李钟蔚、丁立中,说明公司"凡此一再退让,实因鄂省军民两府自起义以来,情谊可感。条件至此,已无另再续商之地"。李、丁于同一天致函汉冶萍董事会,附列两家合拟的草合同,就铁山、锰矿、铁捐、股息、股权作出规定;另列汉冶萍公司董事议案,主要对事权、财产、地权的含义进行规范性的说明。① 双方的分歧似已完全弥合。

但是,鄂省议会不承认汉冶萍厂矿官代表与公司在上海达成的协议,呈文工商部,指责"公司将应缴各款,巧为延宕"。工商部8月22日发出指令,态度明显偏向鄂省,要求公司将"所有出井税、年租两项,自应照章缴呈湖北实业司,以重国税而符定章"。公司董事会遂于8月30日呈文工商部,言辞悲切而凄苦:"公司自辛亥军兴后,损失不赀,亏负丛集,破产之危,形如累卵。附股之商,方深悔前此不应纠集血本,承官之乏。""现须一律改填股票,股商闻之掩耳却走,谓惟恐其不速破产,而又以巨石击卵也。"

湖北方面再派丁立中、李钟蔚来沪交涉,盛宣怀为挽回此局颇费心力,"鄂中苦再坚持,鄙人独力恐难久抗"。② 他一方面嘱孙慎钦出面与丁、李晤谈,发现丁立中"顾全大局,双方兼顾";另一方面,盛氏25日约两人到家中吃中饭,面议一切。

在盛宣怀的大力斡旋下,汉冶萍与鄂省维持了表面较和缓的关系,但实质问题并未解决。1913年12月11日,湖北行政公署再派李钟蔚、丁立中前往上海,"迅向该公司商定后,双方全权签字"。

1914年1月2日,盛宣怀命王存善代表公司与湖北代表进行谈判。1

---

① 上述函件及附件一、二见《盛档》(四)之《汉冶萍公司》(三),第578~582页;草合同又载鄂档《汉冶萍》上册,第404~405页。
② 《盛宣怀致孙德全函》(1913年9月23日),载《盛档》(四)之《汉冶萍公司》(三),第639页。

月3日的谈判非常艰苦,"遂致决裂"。① 公司董事会内部对此意见并不统一,其主流看法是:"公司骤增股票数百万之多,董事会断无擅主之理。"他们将此事通知股东联合会,"俟得复后再行议办"。

丁立中、李钟蔚在上海度日如年,"此事不死不活,致调人屡进屡退"。他们准备10日返鄂。

董事会深感,双方"各执一词,殊难定议",遂于1月8日致函股东联合会,要求该会评议员"公同研究"。

盛宣怀透过同湖北纷繁复杂的关系,深深感到:"鄂事棘手,悬系殊深,必须从都督入手,方能融洽。"盛宣怀、王存善等8名董事于2月17日致函时任湖北都督段芝贵,对段大唱赞歌:"此值阁下建牙江汉,声教统一之时,汉冶厂矿辱隶骈幪,来暮之歌,其苏之望,公司同人实有渴盼云霓之象。"董事会派铁厂坐办吴健"渡江晋谒,面陈一切"。同一天,合肥同乡、"世兄"李经方亦致函段芝贵。② 这一切,都是为了拉近与段芝贵的距离,不过,这些举动并未起到太大作用。

经过约8个月的疲劳战,公司董事会于12月呈文农商部,汇报与湖北交涉情况,猛烈批评孙武:"挟省界之私见,不顾统一政治之公义,去沪就京,借端诋毁,殊难理解。"呈文请求农商部"俯赐维持"。

公司与鄂省的交涉延续数年。到1917年,始有在北平的湖北同乡向农商部和警厅立案,成立鄂产清理处,并分设事务所于武昌,"内外呼应,同向该公司严重交涉"。

此后,湖北与汉冶萍的矛盾逐步从股权上的纠葛转移到矿权的交涉上。孙宝琦在此问题上与董事会成员看法不同,1918年1月30日,孙氏致函董事会称:"鄂代表磋商之件,鄙人雅愿和平商订,且以民国二年补公(指盛宣怀)曾与商订草约,此时全然翻悔,殊为不易。"孙氏说:"今大会复完全反对,是与鄙人之宗旨大相径庭。"为此,孙宝琦提出辞职

---

① 《王存善致盛宣怀函》(1914年1月4日),载《盛档》(四)之《汉冶萍公司》(三),第731页。
② 《盛宣怀致吴健函》[附件一]《汉冶萍公司董事会致段芝贵函》、[附件二]《李经方致段芝贵函》(时间均为1914年2月17日),载《盛档》(四)之《汉冶萍公司》(三),第776~778页。

要求。

董事会竭力挽留,于3月7日致函孙宝琦,除表示对"会长历尽义务并无报酬,至深愧对"外,从3月份起每月送会长"公费"1200元,每年送交际费1万元,其驻京办事处每月仍支800元。① 孙宝琦怒气始息。

公司与湖北的交涉得以继续进行。

(三)汉冶萍与湖北交涉矿权

公司与鄂省在矿权上纠纷由来已久。

1896年,鄂督张之洞将纱帽翅、龙洞等矿山划归汉阳铁厂。商办以后,汉冶萍又陆续购进得道湾、狮子山、野鸡萍、大石门、尖儿山等矿山。官拨矿山和商购矿山共达40余处。

按照张之洞的规定,铁厂每出生铁一吨,捐银一两,后称此为铁捐。而官属矿山允许公司开采,如对外出售,则每出铁矿石一吨,抽费二分五厘,此即谓砂捐。所谓地权即系矿权,即指铁捐和砂捐。

从1913年起,盛宣怀就认识到,汉冶萍根本无法拿出巨额资金来解决湖北所要求的股权问题,只能在铁捐和砂捐上做文章。

盛宣怀1913年7月10日致函湖北代表,附公司董事会《为解决铁山、锰矿等事说贴》,内容之一是铁捐问题,盛氏认为:官本改填商股,"对半作算,填给股票后第十五年起,每铁一吨,捐银一两。此项铁捐是否属于国税,抑属地方,请军民两府径商中央核定,与公司无涉"。但这些要求很难被湖北接受。

魏景熊1914年初奉鄂督之命前往上海交涉,他在与病中的盛宣怀接谈时也言及铁捐事宜,他说:矿山有官产,有民产,"其山名段落自当分明","即如国税与地方税,不能并为一谈"。② 魏景熊4月1日提出"旧案五条",对与公司相关的铁山、锰矿、铁捐、事权、官本的历史和现状提出了特别详尽的质疑。3日,魏致函盛宣怀,认为公司"商购之山只有得

---

① 《公司董事会致孙宝琦函》(1918年3月7日),载鄂档《汉冶萍》下册,第283页。
② 《魏景熊致湖北都督省长函》(1914年3月11日),载鄂档《汉冶萍》上册,第407页。

道湾、金山店二处",要求"先将矿山理清,再查铁捐之确数"。10日,公司致函湖北代表,对其提出的疑问作了十分具体的说明,包括商购矿山的山名、坐落地、户主名、历年冶矿运厂数量、汉厂所出生铁数量以及解缴铁捐详细清单均一一列出,其中商办之日至1913年6月解缴铁捐包括付解纱纺局、织布局、枪炮局、湖北善后局、汉阳赫山培修官堤、武胜门外塘角堤工、修筑襄河堤工等共达长平银1103192两,折合洋例银1125752两。应当说,汉冶萍对湖北经济有所贡献。但是,此后双方仍在一些具体细节上纠缠不清。

欧战期间,钢铁价格飞涨,汉厂对矿石需求量激增。1916年9月,公司董事会致函湖北财政厅,请求将大冶官矿各山划归公司开采,被湖北财政厅婉拒。11月11日,孙宝琦又致函湖北官矿公署,"务恳将大冶象鼻山铁矿官产勘定范围,售与敝公司开采",但官矿总署以"象鼻山原系官矿,应归官办"为由,拒绝出售。① 农商部12月3日发布指令,对湖北官矿公署予以支持。就是说,官方已拒绝汉冶萍继续购买大冶矿山。

象鼻山铁矿位于得道湾矿山之东南,地相毗连,矿质与得道湾所产之矿相同,据矿学家报告,该矿矿量实有1100万吨。

由于购买象鼻山的要求遭官方拒绝,汉冶萍只好以盛宣怀创办的慈善机构广仁善堂的名义在鄂城县(今鄂州市)购买新的铁矿,除原已购买灵乡(今属大冶)的鸡子山、小宝山、广山、成山四处外,另拟购买大汪对面的玉屏、大宝、神山、刘岱等山,为此上海广仁善堂董事会1917年3月12日致函农商部,亦遭拒绝。会长孙宝琦亲自出马,于4月呈文大总统:"沥陈汉冶萍公司困难情形,吁恳维持。"经多方努力,汉冶萍虽购得鄂城部分矿山,但"已购者县署不为税契,未购者山户因之居奇"。② 汉冶萍并未享有这些矿山的全部矿权。

灵乡铁矿又称纪家洛铁矿,据矿学家报告,其蕴藏量约3500万吨。③

---

① 《湖北官矿公署致公司驻京事务所函》(1916年11月14日),载鄂档《汉冶萍》下册,第164~165页。
② 交涉情况,见鄂档《汉冶萍》下册,第165~169页。
③ 《公司关于原料资源之意见》(1924年7月),载鄂档《汉冶萍》下册,第620页。

由于冶厂开炉在即，需大量矿石，公司董事会遂于5月28日致函湖北督军兼省长王占元，恳请王省长允许公司遵照前议，按每吨矿石2分5厘缴纳租费，以开采大冶铁厂附近的矿山，但被湖北官矿公署断然拒绝。一方面，公司由副会长李经方致函时任北洋政府陆军总长段芝贵，恳请段"解此沉疴"；另一方面，公司通过汉阳铁厂厂长吴健，说服汉阳兵工厂总办刘庆恩，"代请鄂城矿归我，俾炼钢供军用"。尽管刘庆恩给北洋政府总理段祺瑞发了求援信，但国务院8月25日给孙宝琦的签复是："广仁堂呈请租采鄂矿一事，现尚归部核议，自应另案办理"，而汉阳兵工厂所需的酸性铁，"即行遵照筹拨"。汉冶萍两方面的努力均未见效。

（四）三家合办灵乡铁矿的筹议

商办之后，公司原有的纱帽翅、龙洞两处矿山已出矿不多，且矿石多含杂质，故又陆续购进得道湾、狮子山、野鸡坪、大石门、尖山儿等矿山。

与此同时，盛宣怀以上海广仁善堂的名义购进灵乡（纪家洛）铁矿的四个矿区，其"成分极佳，矿量亦极丰富，不亚于大冶"。[①] 后于1915年12月该矿呈农商部暨内务部批准立案。

辛亥革命之后，湖北与公司发生债捐纠纷，公司提出以大冶官山价拨公司作为偿还官款的条件，为湖北所拒绝。欧战期间，公司对矿石需求量大增，而所购矿山经多年开采，已不敷所需，公司董事会遂于1916年9月致函湖北省财政厅："准将大冶官矿各山拨归敝公司开采。"但这一要求仍被湖北拒绝。于是，汉冶萍逐步把灵乡等矿山作为与湖北进行矿权谈判的重点。

公司与湖北关于股权、地权的争议，"荏苒数年，迄无成议，若长此以往，矿务前途双方俱多窒碍"。1917年3月12日，广仁善堂董事会孙宝琦等致函农商部，请求购买灵乡附近的玉屏、大宝、神山、刘岱等山。未久，农商部发出指令，未批准公司对纪家洛矿山的开采权。[②] 湖北省议会

[①] 《夏偕复、盛恩颐致公司董事会函》（1917年3月12日），载鄂档《汉冶萍》下册，第165页。

[②] 《笠原致井上函》（1917年9月11日），载《汉冶萍与日本关系史料》，第714页。

遂于9月5日推举代表李宗唐、张国恩、李法、胡潜赴沪，10月2日与汉冶萍代表李经方、沈敦和、杨学沂、盛恩颐举行会谈，湖北代表在股权、地权方面开列了条件："于官款填股外仍须按吨照缴铁捐，并索砂捐。"但会谈同样未取得进展。

1917年10月2日、12月15日、19日、24日，鄂省与公司在京举行会谈。从第二次会谈开始，公司总经理夏偕复与鄂方代表汤化龙、张国淦、夏寿康等，"几经折冲"，双方唇枪舌剑，仍无任何结果。农商部虽派代表与会，也无法扭转僵局。

1917年11月，夏偕复衔命赴京，面见新任农商总长田文烈，请求将鄂城灵乡和大冶象鼻山两矿区交给公司开发。据田文烈称，"鄂人现亦来部申诉与汉冶萍公司交涉之事，总须先将此事双方让步，和平解决"。田还说："灵乡矿照既难发给鄂省，亦不能给予公司，部中并无成见，惟必须公司与鄂省商定办法，方可发给。"夏偕复代表公司提出："鄂城（灵乡）、象鼻山两铁矿均归公司开采"，但湖北代表"全不承认"公司提出的办法。① 两家的立场相距甚远。夏偕复在京逗留约两月，直到1918年1月23日返沪复命。

公司和鄂省都在积极活动。1917年8月，公司将准备开采灵乡铁矿或象鼻山铁矿之事报告农商总长张国淦，张"允以善意考虑，并进而与段（祺瑞）总理协商"，但段态度"固执"，认为"制铁材料不轻易许可采掘"。② 12月8日，公司董事会再次呈文农商部，"请拨象鼻山官矿，并准采鄂城矿山"，仍未获批准。农商部的天平又开始向鄂省倾斜，1918年3月做出批示："汉冶萍接办之初，承受官本既如此之巨，该公司自应负相当酬偿之义务，（鄂省）所请填股票一节，言之成理，于情事亦属允协候转行该公司查照办理也。"

日本则公开支持公司开采纪家洛或象鼻山铁矿。日本驻华公使林权助4月9日致农商部觉书称："帝国公使确信，中国政府不会忽视我方屡次声

---

① 《夏偕复致公司董事会报告书》（1918年1月25日），载鄂档《汉冶萍》下册，第182页；又载《汉冶萍与日本关系史料》，第719~722页。
② 《日驻华公使林权助致外务大臣本野机密函》（1917年8月25日），载《汉冶萍与日本关系史料》，第723页。

明,而将汉冶萍公司请求置诸不理。"

农商部的表态和日本的干预使问题变得更加扑朔迷离。在汉冶萍和鄂省都无法取得灵乡矿权的情况下,经北洋政府调解,汉冶萍公司与湖北官绅于11月最终达成妥协,"矿归官绅商三家合办"。1918年12月,三方拟订《合办灵乡铁矿公司办法》,共5条,其中规定灵乡铁矿由湖北官厅及绅界与汉冶萍组织一公司,三方合办。所需资本,湖北官厅、汉冶萍各认四成,绅界认二成,矿照即归公司请领收执;矿局经理或总办,由湖北官绅方面选任,总工程师由汉冶萍方面选任,等等。①

这家新公司所需资金由日本财团暗中通过汉冶萍垫付。但这个协议因湖北乡绅之间意见分歧而未被接受,三方合办之议也久拖未决。

二 江西对萍乡煤矿的争夺

(一) 赣督接管萍矿计划的失败

萍乡煤矿的情况比汉阳铁厂、大冶铁矿更复杂。萍矿地处江西,紧邻湖南,所产煤焦供应汉阳铁厂,而汉厂又地居湖北。因此,三省在萍矿的争斗空前激烈,而江西更首先发难。

武昌首义后,江西尚未独立,其境内萍乡煤矿近万名工人饥溃堪虞。界连萍矿的湖南立即借给萍矿5万两,"以济眉急"。湘省从此在萍矿有了更多发言权。湖北军政府不甘寂寞,委派士绅叶戀康、邹梦麟接办萍乡煤矿,而江西方面认为萍矿"应归赣主持"。三省势力在萍矿顿成鼎足之势。湖南都督谭延闿1912年2月上旬咨黎元洪文称:"鄙意不如暂时不动声色,汉阳铁厂、大冶铁矿则由尊处派人,萍矿则由敝处派人",即由湘鄂两家分掌汉、冶、萍三厂矿,黎元洪接受了这一意见,撤回叶戀康,并派沈明煦赴萍调查,沈认为,对萍矿"不必实行干涉,仍令林君(林志熙)竭力维持",这样才能"保全该矿于不败之地"。②

---

① [附件一]《与鄂省官绅会商矿照等事大略情形记录》、[附件三]《合办灵乡铁矿公司办法》,载鄂档《汉冶萍》下册,第191页。
② 《谭延闿咨黎元洪文》、《谭延闿咨李烈钧文》(1912年2月上旬),载《盛档》(四)之《汉冶萍公司》(三),第205~208页。

但是，江西都督李烈钧并未放弃对萍矿的接管，6月29日咨汉冶萍股东会文称："萍厂在江西行政区域之内，又为出产丰富之矿区。公利所在，自应共谋整顿。非再派令该员驰往萍矿实地调查，无以筹善后而策进行。"8月间，李烈钧委派欧阳彦谟为总理，周泽南、刘树堂为协理，准备接管萍乡煤矿。汉冶萍董事会8月13日致电北洋政府大总统、工商部称："商情万分疑惧，务恳工商部查照大总统批示，电咨赣都督取消委状，实行按法保护。"同一天，公司致电李烈钧："务恳贵都督查照大总统批示，取消委状"。同一天，公司又致电湖南都督，请其"协助维持"。工商部特于16日致电李烈钧："汉冶萍实系商办公司，本部亦有股本在内，成案俱在，自应照章保护。"

李烈钧未接受工商部"照章保护"和汉冶萍董事会"取消委状"的要求，于8月18日电称："（萍矿）旬月之中无人过问"，"即以萍地论，赣为边防计，为饥民计，为安靖工人计，亦实有不能不代为担任之势"。8月24日，公司复电进行了有力驳斥。

面对工商部和公司董事会的强烈反对，李烈钧仍一意孤行，在接到汉冶萍电文的当天（即24日），李烈钧在江西都督府政务会议上强硬表示："我仍一意坚持到底。""该矿在我省区域之内，自以我为主体。""我省既发难端，必须坚持心力，切实进行，务求矿之主体，握一切管理之权。"①这里已将江西掌握萍矿的意图表达得淋漓尽致。

李烈钧态度强硬，很快就付诸行动。8~9月，李烈钧设立江西省萍乡煤矿总局，耗资13.7万元，在锡坑、高坑、张公矿一带收买土井山田，延绵10余里，拟投资200万元进行开采，以便与汉冶萍竞争。在这一举动的影响下，萍乡煤矿矿界内外土井越来越多，达60余口。后因经费困难和李烈钧下台，这个煤矿总局并未建成。

汉冶萍董事和北洋政府工商部获此消息后，"纷纷来电，无非欲撤回经理，仍归商办。""商情万分悚惧，恳咨赣都督取消委状。"萍乡煤矿更"全矿哗然，结团抵御"，公举俞彤甫、高寿林、屠介颐为代表，李寿铨为

---

① 《江西都督府政务会议第一次议案》（1912年8月24日）、《汉冶萍公司董事会常会记录》（1912年8月31日），载《盛档》（四）之《汉冶萍公司》（三），第822~823、827~828页。

临时矿长，出面调停解决萍矿事宜。①

李寿铨（1859~1928年），号镜澄，江苏扬州人，同盟会会员、南社社员、诗人。1897年随张赞宸赴萍乡开矿，翌年任机矿处长，对矿山建设做出了巨大贡献。1907年张赞宸病故后，李寿铨任萍矿会办。武昌首义后，萍矿总办林志熙出走，"矿局只剩下李寿铨一人负责事务"。江西省委派的总理欧阳彦谟、协理周泽南向李寿铨等发出咨文，限1912年9月5日将全矿产业一律清点交出，李寿铨和矿员薛宜琳等表示："只知保矿，不知送矿"②，态度非常坚定。同时，李寿铨等急电汉冶萍董事会，请公司速电大总统、副总统、湘督，恳请他们出面呼吁。"经工员再三婉商"，萍矿终于与赣省达成展期到12日接收的协议。9月7日，萍乡煤矿召开全矿大会，推举李寿铨为临时矿长，全权办理矿务。9月9日，公司董事会正式委任李寿铨为萍矿临时矿长。李寿铨为保护萍矿立下了汗马功劳。

9~10月，国务院、工商部、赣督、湘督、汉冶萍公司、李寿铨之间电文交驰，气氛肃杀。仅鄂档《汉冶萍》一书所记，从9月4日至10月31日，有关萍矿往来的电文即达31封。

9月上旬，"工商部已派员赴萍查办矿事"，湖南也已派李旅长率兵抵萍，抗衡赣军，并以股东名义电责赣督。黎元洪则派华梧生赴沪调查此次萍矿事件，并派高传柏任湖北矿业头等顾问，"仍驻萍矿，随时报告矿事"。黄兴也到矿视察，进行斡旋。

工商部和鄂赣两省的联合行动，使赣督倍感压力，被迫发出"和平解决之电"。③ 萍矿之争终于烟消云散。

"此次保卫萍矿全赖李（寿铨）、俞（彤甫）请君镇静之功。"萍矿人士对李寿铨赞誉有加："李镜澄才长心细，识力过人，在矿十余年，留心研究，经验甚深，遇事任劳任怨，不矜不伐，且居心公正，银钱丝毫不

---

① 《刘康遹致盛宣怀函》（1912年9月28日），载《盛档》（四）之《汉冶萍公司》（三），第350页。

② 《公司董事会致北洋政府大总统等电》（1912年9月4日），载鄂档《汉冶萍》上册，第286~287页；《谭延闿致公司董事会电》（1912年9月4日），载鄂档《汉冶萍》上册，第287页。

③ 《李寿铨致刘康遹函》（1912年9月18日），载《盛档》（四）之《汉冶萍公司》（三），第344页。

苟，为全矿中第一品端之士。以之举充矿长，绰有余裕，且众情悦服，将来必大获效果。"他们最后的结论是："李君诚为全矿不可多得之人。"①

工商部10月22日电告汉冶萍："已由国务院及本部电知赣省取消前令。"到1914年，汉冶萍"议准以十万元填股，收买李烈钧购置矿地，即以贴还赣省损失"。②

喧闹一时的江西接管萍矿案终于以这种特殊方式宣布结案。

从此，萍矿在汉冶萍公司扮演了更为重要的角色。为满足欧战时期钢铁旺盛对煤炭的需求，经理王勋、汉厂厂长吴健以及卢鸿沧、大岛道太郎等于1915年11月26日在汉阳召开会议，要求萍矿1916年生煤产量达到100万吨，1917年增至120万吨，萍矿矿长黄锡赓表示"定可如数，无虑缺乏"。

尽管1917年8月18日萍矿发生大火，生产受到较大影响，未能达到年产生煤100万～120万吨的目标，但该年产量仍达94.6万吨。

此后数年，产量仍在70万吨左右徘徊。直到1925年公司高炉全部停产后，萍矿煤产量才猛降至十几万吨甚至几万吨。

（二）集成公司私挖萍矿土井

江西争夺萍乡煤矿资源的一种特殊形式是一家商办公司——集成公司私挖土井，而其背后支持者则是赣督李烈钧。

早在萍乡煤矿开发之初，鄂督张之洞"曾经禀奉谕饬江西巡抚禁止商人另立公司多开窿口"。但到1903年，萍乡绅士文国华等30余人趁庚子乱后银根奇紧之际，提出"若非酌给价值归并萍矿，则土井竟有不了之势"。在此压力下，萍矿虽自身极其困难，仍勉强筹措20余万元，收并商井数十座，这就开创了萍矿出钱购买私井的先例。

武昌首义后，江西局势一度失控。约1912年上半年，萍绅萧景霞、段斐如联合湘绅龙天锡及段鑫等创办集成公司，私发矿照，龙天锡任总经理（又称总办）。5～6月间，"集成公司混入界内穿凿土窿……其数综计百余

---

① 《刘康遐致盛宣怀函》（1912年9月28日），载《盛档》（四）之《汉冶萍公司》（三），第350～351页。
② 《汉冶萍公司呈江西巡按使文》（1914年6月8日），载鄂档《汉冶萍》上册，第295页。

座,概在界内乱挖,悉以机矿为壑,其势必将萍乡全矿蹂躏殆尽而后已"。① 集成公司还请江西军政府政事部在萍乡张贴允其开矿的布告。汉冶萍董事会遂于 6 月 17 日咨请赣督李烈钧、湘督谭延闿,谕令政事部速行吊销允许集成公司开采萍煤的布告,并勒令其即日停闭。7 月 5 日,董事会呈工商部文称:"务祈贵部严行查禁,并咨明湖南、江西都督令饬萍乡县知事,即行封禁。"

李烈钧对集成公司持庇护态度,7 月 6 日咨汉冶萍文称:"集成公司创办煤矿,业经前政事部核准立案……未便遽令取消牌号,封闭井口。"在赣督纵容或默许下,萍乡当地人在煤矿矿界内私挖土井达 60 余口。②

由于汉冶萍的强烈反对,集成公司态度有所收敛。据说,江西省议会1913 年 4～5 月份已决定取消集成公司的土井。③ 但这一消息并未得到证实。

随着李烈钧的下台,集成公司私挖土井的问题已易于解决。盛宣怀等1913 年 10 月 20 日致函新任江西都督李纯时指出:"集成公司混入界内穿凿土窿",希望赣督"迅赐将前次李烈钧派委萍绅文启划界之乱命取消,一面撰印示谕,令行萍乡县封禁王家源、紫家冲、龙家冲、高坑一带私开土井。并诰诫萍民声明萍矿界内嗣后不得再有搀越乱挖情事"。

工商部 1913 年 12 月 3 日做出批示:"本部咨行江西民政长,饬(萍乡)县将所有土井一律查封。"

集成公司私挖萍矿土井事件从此得到有效遏制。

三 日本对矿权之争的干预

(一) 日本开始介入矿权之争

公司与湖北的谈判如此艰难,砂捐等事变得如此复杂,与日本方面的

---

① 《汉冶萍公司董事长事会常会记录》(1913 年 5 月 9 日),载《盛档》(四)之《汉冶萍公司》(三),第 493 页。
② 《汉冶萍公司董事会常会记录》(1912 年 10 月 19 日),载《盛档》(四)之《汉冶萍公司》(三),第 361 页。
③ 《李寿铨致刘康遐函》(1913 年 5 月 2 日),载《盛档》(四)之《汉冶萍公司》(三),第 489 页。

强行介入有极大关系。

日本介入矿权之争是为了实现蓄谋已久的独占汉冶萍的计划。早在1917年8~9月，公司会计顾问笠原实太郎向正金银行头取井上准之助汇报：孙宝琦与李维格已取得共识，他们将"促使北京政府反省，以便依靠日本援助，获得（灵乡铁矿）采掘权"。① 此后直到1918年11月间，笠原随着公司代表常驻北京，参与幕后策划，并将他的意见和双方交涉情况向正金银行总行汇报。笠原实际上扮演了公司谈判顾问和联络官的角色。

日本为夺得象鼻山、鄂城两处矿山，向李维格提出两套方案；一是召开股东大会，要求政府接受公司的一切债权债务；二是公司提议实行中日合办。另外，日方还"提出给政府提供相当数量之金钱，以求达到此目的，李答以可作为第三方案予以考虑"。② 日本的上述方案均用意颇深。

日本经常直接出面为公司游说，当北洋政府表示不能将灵乡铁矿交给公司开采时，日驻华代公使芳泽谦吉1918年1月20日致外务大臣本野的机密函中竟声称，对此"日本政府岂能置之不理。因此希望农商当局对于此事深加考虑，务将纪家洛采掘权给与有优先权之汉冶萍公司"。

公司开始上门向日本求援。1918年2月25日，公司副经理盛恩颐拜访日驻华代理公使芳泽，先对日方的支持表示"深厚谢意"，然后请芳泽"会见外交总长交涉，试加说服，或送致备忘录予以警告"。但日方尚未完全接受公司请求。

（二）日方向中国政府施加压力

在日本看来，"铁矿问题自属我最重要问题"。因此，日本对中国政府不将纪家洛矿山交给汉冶萍而可能交给湖北籍政坛元老汤化龙等人十分恼火。1918年2月3日，外务大臣本野致代理驻华公使芳泽密电扬言，中国政府"应顾及日中关系大局，尽最大努力，改变其过去对铁矿问题之态度，从速设法解决纪家洛及其他铁山采掘问题，以符合我方之希望"。2月10日，芳泽公使会见农商总长田烈文时提出警告："汉冶萍公司目前对我

---

① 《笠原致井上函》（1917年9月11日），载《汉冶萍与日本关系史料》，第715页。
② 《日驻华公使林权助致外务大臣本野密电》（1917年9月6日），载《汉冶萍与日本关系史料》，第725页。

国债权额已达三千万日元以上，""本官遂提出警告说：倘不批给汉冶萍而特许他方，其将引起如何事件，请中国当局预为考虑。"孙宝琦认为芳泽此举"是日本为了保护汉冶萍公司债权者——日本资本家利益而提出者"。

为了便于同中国政府交涉，日本2月10日在外务省召开会议，与会者包括日本驻华公使林权助、制铁所长官押川、日本汉冶萍公司会计顾问笠原等。会议通过了由正金银行提出的"今后应采取措施要点"：（1）纪家洛：日本政府对汉冶萍"决定与以外交上必要援助"；中国政府"必须给予公司矿山采掘权"；中国政府将此矿"批给灵乡铁矿公司，实不合法"；"自信及时采取迫使中国政府许可公司采掘权之手段是正当者"；"汉冶萍公司须持有灵乡铁矿公司总股份半数或半数以上"；"灵乡铁矿公司采掘之全部矿石，由汉冶萍公司承受"。（2）象鼻山："应使中国政府根据相当条件，尽力促使公司获得官矿局所经营该矿山之采掘权"。

日本这种强大的外交阵势给中国政府施加的压力是不言而喻的。

（三）日本的所谓调停人角色

公司与湖北在灵乡矿权问题上争执不休。一贯乐于使用平衡战术的孙宝琦1918年2月3日致函夏偕复称："（日本人）船津私意，双方坚持，终难解决，可否由日馆作'调人'。"从此，日本便在两者之间扮演了调停人的角色。

不过，日本实在无法担任这一角色。

正当日本向中国政府施加压力之时，汤化龙、张国淦、夏寿康等湖北名人也在为申请纪家洛和象鼻山采掘权而四处奔走。老练的孙宝琦懂得不能凭借日本势力来压服湖北，汉冶萍驻京处长、孙宝琦的代表王晋孙认为："目前对于农商部当局不必过分强求。"① 这与不久前王晋孙向日方透露的想法是大体一致的："照个人意见看来，以象鼻山、纪家洛由汉冶萍公司与湖北人合办作为最后妥协办法为宜。"其条件是所产矿石全部供给汉冶萍公司。②

---

① 《日驻华代理公使芳泽致外务大臣本野密电》（1918年2月19日），载《汉冶萍与日本关系史料》，第736页。
② 《日驻华代理公使芳泽致外务大臣本野密电》（1918年2月15日），载《汉冶萍与日本关系史料》，第733页。

日本于是同湖北官绅开始了密切接触。1918年2月28日和3月1日，湖北矿务公司代表马德润、卢弼、阮毓崧及黎元洪的秘书刘钟秀两次来到日驻华使馆，就湖北矿务公司同汉冶萍的关系等事宜交换意见。据称，湖北方面"对灵乡矿区出产之矿石，作了全部卖与公司之保证，透漏了原则上无任何异议之口吻"。芳泽声称："乘此机会，使我方在湖北方面势力得以大大扩张，而且可进一步使公司与矿务公司能作到直接妥协。"[1]

在与湖北方面达成基本共识后，日本转而向农商部施压。3月22日，日外务大臣本野致驻华公使林权助密电中指示："希台端要求中国当局作出确无蔑视我方屡次提议、置汉冶萍公司于不顾、反而特许与其他公司之书面声明。"日本根据公司董事会3月25日的决议，提出了三项"要领"，包括由汉冶萍取得纪家洛开掘权，并对湖北支付报酬；按照湖北所要求的数额，200万元交付股票，其余则分年免息付清；铁捐全免。湖北则提出截然相反的方案：灵乡采掘权由湖北方面取得，并将开采出来的矿石卖给汉冶萍；交给湖北的约600万元全部为股票，或200万元交付股票，其余以现款一次付清；不同意对铁捐全免。汉冶萍与湖北的立场可谓南辕北辙。

日本正式作为调停人粉墨登场了。1918年4月初，日驻华公使林权助来到农商部，他认为"目前我方介于两者之意，想试作调解"。但农商部江次长"认为不需要第三者居间，当事人之间不无妥协余地"。日公使"遂痛斥其对我方接洽毫无诚意，并促其深刻反省而离去"。[2] 其气焰十分嚣张。

尽管日方多次怒不可遏，但接触仍在进行。4月11日，日方代表芳泽谦吉、武内金平和湖北代表马德润、时象晋等举行第一次会谈。这次会谈无果而散。

日本这个调停人明显偏袒汉冶萍。当获悉湖北官矿局早在1916年就给象鼻山矿局颁发了开采许可证时，林权助勃然大怒："当局如此不讲信义，

---

[1] 《日驻华代理公使芳泽致外务大臣本野密电》（1918年3月2日），载《汉冶萍与日本关系史料》，第738~739页。
[2] 《日驻华公使林权助致外务大臣本野机密函》（1918年4月8日），载《汉冶萍与日本关系史料》，第741~743页。

对此必须严予谴责。"①

但汉冶萍方面仍希望日本这个调停人帮忙。副经理盛恩颐1918年4月21日致李经方、夏偕复函中表示，他"拟先不出面，且俟'调人'与鄂代表所议事理相近，再行与之会议"。

6月初，武内同湖北方面举行第二次会谈，武内"声明彼此系以个人资格谈话，毫无他种关系"。日本的调停人角色并不成功。孙宝琦7月16日致函李经方称："灵乡事，正金调停进行甚慢，又以芳泽参事回国搁议。"日本的调停人角色已名存实亡。

（四）官绅商合办灵乡铁矿案的终止

历经日本侵略之痛的中国人对日本政客并无好感，对此日驻华公使林权助心知肚明，他7月19日致外务大臣后藤密电称："中国朝野人士从来对日本有不好印象，已为明显事实，以致关系铁矿问题各项交涉，总是受累不少，此亦为无可争辩之事实。"事既如此，日本为何要抓住象鼻山、纪家洛两座铁矿不放呢？原来与日本制铁所对铁矿的巨大需求密切相关。

日本制铁所自建成后编制并实施了三次扩张计划，第一期扩张计划始于1906年，预算1088万日元，目标为三年后年产钢材18万吨；第二期扩张计划始于1911年，预算1238万日元，目标年产钢材35万吨；第三期扩张计划始于1916年，预算3451万日元，目标年产钢材65万吨。日外务大臣内田康哉致林权助密电中对此直言不讳："汉冶萍当局曾屡次私下表示，象鼻山和纪家洛两铁山，早晚要归汉冶萍公司所有，我方即以此作为前提制定制铁所扩张计划。"内田断言，如果"汉冶萍公司不能按合同供给铁石，此不仅在中国方面会招致很不愉快之结果，且对我制铁业前途亦将发生意外障碍"。② 很清楚，日本直接介入这场纠纷，是为日本制铁所的第三次扩张计划寻获更大的优质铁矿来源。

但是，正如林权助11月9日复内田密电中所承认的那样，关于纪家洛

---

① 《日驻华公使林权助致外务大臣本野密电》（1918年4月13日），载《汉冶萍与日本关系史料》，第745页。

② 《日外务大臣内田康哉致驻中国公使林权助密电》（1918年11月7日），载《汉冶萍与日本关系史料》，第755页。

问题的交涉"终未能进行协议",由于各种因素影响,"交涉不可能期望其迅速进行"。

湖北之所以不愿与汉冶萍合作,原因之一是他们另有合作对象。早在1916年12月20日,李维格致函孙宝琦称:传闻鄂前财政厅长徐荣庭拟以楚兴公司名义,同美国人一起开采象鼻山铁矿。日驻华公使林权助闻讯甚为震惊,命船津于1918年11月13日面见湖北督军询问此事,得到的是"安全是虚构诬说,断无此事"的回答。

日本人为此进行了一系列外交活动,11月13日,船津拜访农商次长,并访问孙宝琦;17日,驻华公使林权助同湖北督军王占元见面;23日,参事官芳泽、正金银行分行经理同湖北代表会面。但这些活动毫无收获,"至此,本事件之会谈,事实上即暂告停止"。

但日本人并不会就此罢休,他们认为:"湖北方面亦对将采掘权掌握在自己手中,只将其出产之矿石出卖于汉冶萍一事,并无异议。汉冶萍所希望者,亦不过收买其矿石而已。"他们打算"由汉冶萍方面直接从新出任交涉"。①

没有日本的调停,汉冶萍与湖北反而在灵乡铁矿采掘问题上取得了一些进展,"计划由湖北官、绅及汉冶萍三方合办经营;同时,对多年成为问题之湖北要求额(外?)偿还方法,大体亦均得解决"。② 但日本人绝不会善罢甘休。日驻华公使小幡酉吉12月29日致内田密电称:"为了使汉冶萍方面取得有利地位,最好命正金银行代表亦参加交涉,同时,再由汉口总领事及本公使馆间接予以援助。"不过,这些动作并没有帮助日本与汉冶萍在矿权之争上占到太大便宜。

---

① 《日驻华公使林权助致外务大臣内田密电》(1918年11月24日),载《汉冶萍与日本关系史料》,第761页。
② 《日驻华代理公使芳泽致外务大臣内田密电》(1918年12月20日),载《汉冶萍与日本关系史料》,第763页。

第六章 夕阳残照

——汉冶萍公司的迅速衰败（1919~1938）

第一节 汉冶萍厂矿的全面萧条

从欧战结束到抗日战争爆发是汉冶萍急剧衰落的时期，在多种因素作用下，特别是在日本处心积虑的干扰下，汉冶两厂先后停产，萍矿脱离汉冶萍公司，只剩下大冶铁矿作为日本钢铁工业的原料基地继续存在。大厦将倾，繁荣已逝，昔日的钢铁巨人已变成萧索凋敝的孤独矿山。

一 汉阳铁厂被迫停炉

汉冶萍的短暂繁荣是在欧战这一特殊背景下出现的一瞬即逝的现象。

1918年9~10月间，欧洲战争"若即若离，消息或虚或实"，购买钢铁的货主持币观望，"谣啄纷传，铁市顿现沉寂之象"。11月11日，交战各国签订停战协议，德国投降，第一次世界大战宣告结束，"钢铁市场遂有一落千丈之势"。[①]

欧战之后，美国经济实力急剧增长。1921年11月至1922年2月，美、比、英、中、法、意、日、荷、葡九国举行华盛顿会议。经过多轮磋商，相关国家签订了《四国条约》等一系列条约，实现了西方各国和日本对远东、太平洋殖民地和势力范围的再划分。在"门户开放"、"机会均

---

① 《经理报告书》（1920年2月8日），载鄂档《汉冶萍》下册，第11页。

等"的幌子下，各国对中国的争夺也更加激烈。它们各自在华扶持军阀势力，使中华大地陷入战乱之中。1920年的直皖战争、1922年的第一次直奉战争，狼烟四起，数万人喋血沙场。

西方列强进一步加强对中国的经济侵略和政治压迫，中国社会经济陷入停滞和倒退。铁路建设已基本停止。

欧战结束后，钢铁价格猛跌。在东京市场，汉阳一号生铁1918年市价曾高达每吨435日元，1919年降为170日元，1920年跌至119日元，1921年降至74日元，1923年更跌至64日元。① 在中国国内市场，钢铁价格更是一落千丈，1920~1921年，生铁每吨约40元，钢每吨约80~110元，1924年头号生铁降至31~36元，竹节钢降至55~62元。汉冶萍的战时繁荣已消散得一干二净。

汉阳铁厂也迅速陷入停顿和萧条。汉厂虽适应形势变化，停造钢货，恢复钢轨生产，但因全国铁路停建或缓建，钢轨大量积压。1919年库存钢轨3万吨，1920年达4.4万吨，1921年更增至4.8万吨。但此时北洋政府交通部改变轨式，造成汉厂库存钢轨全部报废。1923年9月初，汉厂4号高炉停炼，1924年10月，3号高炉熄灭。至此，偌大汉阳铁厂的四座高炉全部停歇，中国第一家也是最大一家钢铁厂完全停止生产。铁厂收入来源基本断绝，仅留部分员工驻厂收拾残局。

为减轻工厂负担，铁厂厂长吴健1923年7月裁减机器股工人240余人，每人发给20元工资。此举激起工人反抗，铁厂呈请地方当局派兵镇压，至8月上旬事态才逐渐平息。未久即由赵时骧任代厂长。这种局面并未维持多久。公司总经理盛恩颐、副经理潘灏芬1925年1月6日致函赵时骧和萍矿代矿长舒修泰："自本年1月起将汉阳铁厂副厂长、萍乡煤矿副矿长一并裁撤，以示一律而资撙节。"

代厂长赵时骧维持汉厂已久，于1927年初提出辞呈，虽未获批准，但不断请假避事，盛恩颐、潘灏芬1927年6月2日任命黄金涛代理厂长。

黄金涛代理厂长后，汉厂更加萧条。员工人数已由1920年的273人减至182人。到1928年11月，全厂仅有员工33人。公司为撙节费用，仍令

---

① 谢家荣：《第二次中国矿业纪要》，地质调查所，1926，第127、134页。

汉厂裁人。黄金涛被迫向盛恩颐请求：工厂范围大、机器多，必须防止有人盗窃或侵占；铁厂原来 40 个股、处存有大量案卷、机件图样，仍需专人保管，等等，因此，"人员已属不敷"。盛恩颐 11 月 23 日致董事会函中承认，黄金涛"所陈不能再裁情形，尚属实在"。汉阳铁厂又勉强支撑了约10 年。

二 大冶新厂惨遭厄运

（一）大冶铁厂的基本建成

大冶新厂生不逢时，尚在基建期间就面临严峻形势。欧战结束之后，钢铁价格猛跌，大冶铁厂无利可图，亏损严重。新厂仅维持几年便与大冶铁矿合并，成为大冶厂矿的一部分。（图 6-1）

大冶新厂在欧战结束后一度试图再展雄姿。1919 年 4 月 1 日修通铁厂至石堡车站的铁路。12 月 8 日，1 号高炉开始砌砖修造，至 1921 年 5 月炉身建成。与此同时，高炉各项附属工程先后竣工。1921 年 6 月 1 日，大冶钢铁厂设立开炉筹备处，负责开炉出铁事宜。是年底，大冶钢铁厂主要工程陆续竣工，包括：（1）日产 450 吨的高炉及其附属设施；（2）修理厂、发电机、水厂等辅助设施；（3）炼焦炉、热风机、压风机等设备，以及水运、铁路、公路等运输设施和办公用房、试验室、员工俱乐部、医院等配套设施。到年底，大冶铁厂实际用银达

图 6-1 濒于停产的大冶铁厂热气炉

5691905两，其中机械设备173.2万两，运输装卸设备115.5万两，建设厂房66万两，码头工程21.7万两，购地64.2万两，其他开支128.6万两，另外冶厂几年支付的利息98.7万余两尚未计入。

冶厂造价如此之高，原因很多，其中与日本人横加干预、从中渔利关系极大，"三井介绍之厂家标单既欠精详，规画复从简略，工作上随意裁减，不按照我之规定，两方争持，工作迟滞，机件竟因欧战阻隔，延至九年（按：1920年）迄未交清，价复昂于摩根"。①

按吴健厂长的规划，冶厂在1916年可以完工，即使延长二三年，"犹在欧战未停以前，钢铁畅销达于极点"，如按这一计划，冶厂和汉厂年可分别获利3600万两与1200万两，共折成银圆7000万元，加上"公司原有成本底值，我公司资本得号称一万万元，以如此雄杰之局面直与地球各大企业家抗衡，区区之外债，以六百万两清偿足矣"。但是，现实比人们预想的要严酷得多，直到1921年秋，"工程尚未完竣"，"以此律彼，赢输相隔天渊耳"。②

公司与大冶铁厂都急于完工开炉，1922年3月1日，夏偕复亲赴冶厂查催，并提出设立"开炉特别奖薪"。3月5日，吴健致函夏偕复，建议如能在1922年3月份出铁，直接有关人员除正薪外，均给予两个月的特别奖薪；如在4月份内出铁，除正薪外，均给予一个月的特别奖薪。与此间接相关人员照上述标准"半数给与之"。夏偕复批准了这一报告。

3月16日，董事会致电吴健，决定在3月27日举行开炉点火仪式，并"邀请当地官绅、中外各宾莅止观礼"，费用不超过2000元。

公司3月27日预先从上海发来祝贺开炉的函件："讵26日晚吊车忽然出轨，是夜赶紧修理，至27日日间未能完好，已违误开炉定期……27日晚竣工开车，至今午前十时忽又出轨，似此非大加修理不可。"③ 大冶铁厂出现如此重大事故不是偶然的，据吴健等事后报告称，冶厂吊矿机、吊矿桶钢钩、转矿天桥、加料设备、泄气管、热水放泄、瓦斯扫除器、高白炉、打风机、起煤机、铸造工场、江边抽水机等机械设备在设计或施工方

---

① 《吴健致公司董事会函》（1921年8月13日），载鄂档《汉冶萍》下册，第448页。
② 《吴健致公司董事会函》（1921年8月13日），载鄂档《汉冶萍》下册，第448~449页。
③ 《吴健、黄锡赓致夏偕复函》（1922年3月28日），载鄂档《汉冶萍》下册，第450页。

面均存在问题。吴健认为："全厂设计原由故大岛博士负责，厂长仅居名义，有时建议，彼即郑重声明无须我之负责，故关于工程事项未容置喙也。"其他工程技术人员也提出了类似看法。① 正是大岛的独断专行和自以为是给冶厂带来了难以挽回的损失。

夏偕复经与盛恩颐、孙宝琦商定，冶厂 1 号高炉于 6 月 24 日开炉。但到 25 日，"炉盖练断，不能盖密，煤气因之外散"。冶厂只好抓紧抢修，7 月 5 日"午后 9 时忽然发见（现）炉盖开关机件损坏，关盖不能自如，炉火上延，几有焚如之虑……修理时间既经两昼夜，下部热气渐冷，致令上部炉料悬挂不下，遂呈雍塞之象"。②

此后，冶厂奉公司之命，日夜兼程赶建 2 号高炉，公司为此赶拨经费 120 万余两。1922 年底，2 号高炉炉盖全部由汉厂造好运往大冶，但有部分配件仍须就地安装，故 2 号高炉开炉时间从原定 1923 年 2 月中旬延至 4 月 4 日清晨举火，"一切均甚顺遂"，5 日出铁 152 吨，6 日出铁 172 吨，7 日出铁 223 吨，8 日出铁 159 吨。③

从 1917 年动工兴建到 1923 年 2 号高炉出铁，公司为建设大冶钢铁厂共耗资 6894950 两。

吴健 1923 年 4 月命郭承恩为代理总工程师，"遇有工程事项，似有须先请示（日本最高顾问工程师）服部先生之意"。郭承恩感到大惑不解："恐服部先生不胜其烦"，"亦有缓不济急之虞"。④ 不过，此后工程进展还算较为顺利。

大冶铁厂拥有的主要设备包括：（1）两座日产生铁 450 吨的美国固定式高炉，每座容积各 800 立方米，两炉相距 40 米，炉顶以钢桥连接；（2）斜式上料机 1 套，为两座高炉共用；（3）热风炉 3 座；（4）1000 马力汽炉 5 座；（5）旋转送风机 3 座；（6）1500 吨贮水塔 1 座；（7）铸铁场 1 处；（8）蜂巢式土煤焦炉数座；（9）洗煤场 1 处，此外还有 500 马力柴油

---

① 《吴健、黄锡赓致夏偕复函》（1922 年 4 月 2 日），［附件一］《大冶钢厂化铁炉工场缺点报告书》、［附件二］《大冶化铁炉工场纪要》、［附件三］《唐瑞华致吴健函》，载鄂档《汉冶萍》下册，第 450~453 页。
② 《吴健、黄锡赓致盛恩颐函》（1922 年 7 月 8 日），载鄂档《汉冶萍》下册，第 453 页。
③ 《夏偕复致公司董事会函》（1923 年 4 月 10 日），载鄂档《汉冶萍》下册，第 455 页。
④ 《郭承恩致夏偕复函》（1923 年 4 月 17 日），载鄂档《汉冶萍》下册，第 455 页。

机 3 部、1500 千瓦透平汽轮发电机 2 座、拔柏葛锅炉 6 台及其他附属设施。

大冶铁厂在 20 世纪 20 年代算是一家规模较大、设施较为先进的钢铁企业。

(二) 大冶铁厂遭遇的挫折及其原因

大冶铁厂一开始就出师不利,这家设计年生产能力 32 万吨、员工 1300 余人的大厂,只维持一座高炉运转,"焦供如不继,请斟酌情形,暂行压火,惟既压火,须为两个月之计"①。

2 号高炉自 1923 年 4 月投产后,同样面临焦炭短缺的难题。为了公司的整体利益,"暂将冶炉多焖火一月,暂停炼焦,腾出萍煤,运汉销售,以应急需"。② 2 号炉 1924 年底也因焦炭短缺而停炉,总共出铁 204004 吨。1 号高炉自 1925 年 5 月 15 日重开后,运行情况一度较好,至 19 日两炉共出铁 1200 吨。两座高炉开开停停,一号炉 5 月 22 日开炼,不久也因焦炭供应不足而停炉。到 10 月 18 日,勉强支撑 5 个多月的 1 号高炉因焦炭供应断绝和时局突变而停炼,其间共出铁 5448 吨。两座高炉共生产两年零两个月,总共生产生铁 25.8 万余吨。详见表 6-1。

表 6-1 　 大冶铁厂 1922~1925 年生铁产量表

单位:吨

年　份	炉　号	开炉日期	停炉日期	产　量
1922	1 号	6 月 24 日	7 月 5 日	1000
1923	2 号	4 月 4 日	8 月 30 日	86144
1923	2 号	9 月 5 日	—	
1924	2 号	—	12 月 31 日	117860
1925	1 号	5 月 15 日	10 月 18 日	53482
总　计	—			258486

资料来源:《大冶铁厂历年生铁产量表》,载鄂档《汉冶萍》下册,第 458 页。

---

① 《夏偕复、盛恩颐致季厚垫电》(1924 年 11 月 7 日),载鄂档《汉冶萍》下册,第 456 页。
② 《盛恩颐致季厚垫函》(1924 年 12 月 10 日),载鄂档《汉冶萍》下册,第 457 页。

大冶铁厂投产后，所需矿石由大冶铁矿供应。1922年，冶厂购进冶矿矿石2000吨，1923年升至17.3万吨，1924年23.536万吨，1925年降至106964吨。此后冶厂停产，再未购进冶矿铁矿石。

大冶铁厂1922~1923年两年亏损700余万元。1925年10月之后，该厂高炉全部停产，员工被大量裁减，冶炼管理机构被撤销，全厂只留少量人员看管设备和负责维护运矿设施。

建成仅3年的大冶铁厂完全陷入停产状态，高炉熄火，机器锈损，袁家湖畔的这家钢铁大厂从此沉睡了十几年，直到抗日战争爆发后的1938年才开始苏醒，却扮演了一个完全不同的角色。

造成冶厂迅速停产的直接原因是萍乡煤矿的焦炭供应不上，对此我们将作专题探讨。此外，大冶铁厂停炉熄灭的原因还有：一是大岛道太郎的专权渎职。大岛是根据1913年签订的汉冶萍向日本借款合同规定聘请的首位最高顾问工程师，1916年3月又被公司委任为大冶铁厂总工程师兼工程股股长。5月13日，公司董事会致大岛函中规定："关于建筑方面一切工程，均隶属总工程师管辖。"大岛凭借债权国的地位和公司的授权，在冶厂工程技术和基本建设方面拥有至高无上的权力。他独断专行，我行我素。按照技术规范，冶厂高炉的热风炉应建4座，但大岛擅自主张只建3座，结果造成检修困难。同时，热风炉未建电力除尘装置，使高炉煤气中含有灰尘，造成火孔常被堵塞，风量大减。大岛指挥建造的1500吨贮水塔，因设计失误等原因，工程质量低劣，1921年7月24日装水试压时水箱坍塌，几百吨水从20多米高的空中倾盆而下，"塔中之水向下倒泻，竟将墙砖冲至五十尺以外"，[①] 造成房屋、设备、人员的重大损失，高炉随之迟开4个月。事故发生后，大岛备受各界指责，于10月11日在其寓所突然死去。汉冶萍派人前往大岛寓所吊唁，向其家属赠送抚恤金10万日元。后又呈报国民政府批准，追授大岛"嘉禾"勋章一枚。事实上，大岛对这一事件负有重大责任，"新厂一切工程系总工程师大岛专责，黄厂长先因

---

① 《夏偕复、盛恩颐致黄锡赓函》（1921年7月28日），载鄂档《汉冶萍》下册，第448页。

塔身工料薄弱，屡与中川工程师言之，该工程师不加检点，致骤出此意外之巨险"。①

二是对高层管理者分配不公。李维格从 1905 年起历任汉阳铁厂总办、汉冶萍公司协理等要职，1916 年出任大冶铁厂厂长，为冶厂建设作过重大贡献。1928 年公司董事会承认："李顾问在公司服务多年，著有劳绩，为同人所共知。"李维格自认为"担负重大，劳心焦思，致牺牲健康，疾病丛集，意谓鞠躬尽瘁，公司必有以安其老病"，但结果是"送洋五千元，以示酬劳而资结束"。这点钱同送给大岛道太郎遗族的 10 万日元抚恤金相比，不啻有天壤之别，李维格十分痛心："今所得之酬报不如一洋员矿师"，"心实感伤"，"抱憾终身"。董事会承认酬报"未免菲薄，深为歉怀"，但未采取任何补救措施。② 1929 年李维格病逝，公司仅送赙仪 1000 元，只相当于李经方等人一两个月的夫马费。

厂长吴健是另一位对大冶铁厂立有大功之人。1916 年兼大冶铁厂厂长，1921 年 10 月又兼冶厂总工程师，遵前"会长盛宣怀面嘱，不领兼薪，事后当特别酬劳"。吴健屡请辞职，但直到 1923 年 4 月 2 号高炉出铁后始获批准。1927 年 3 月 19 日，吴健致函总、副经理，以"行将解职，只得仰求垂念健兼役数年，不无微劳，即赐特别酌给酬金"。公司 11 月 2 日函复吴健："酬予五千元。"同样是兼职，大岛得到的报酬是 10 万日元，而吴健只有区区 5000 元，这种不公正待遇对吴健的打击是可想而知的。

中外高层管理人员待遇的过分悬殊，极大挫伤了中方人员的积极性，必然对冶厂生产造成影响。与此形成鲜明对比的是，1935 年盛宣怀遗孀庄德华七十冥寿，公司致送礼金 4000 元，"以资太夫人之冥福"。③

三是冶厂存在不良现象。公司和冶厂制定了多项管理制度，努力为冶厂创造较为良好的生产、生活环境。但是，冶厂仍然存在偷盗等不良现

---

① 《公司董事会致夏偕复、盛恩颐函》(1921 年 8 月 3 日)，载鄂档《汉冶萍》下下册，第 448 页。
② 《董事会临时会议案》(1928 年 7 月 3 日)，载鄂档《汉冶萍》下册，第 41 页。
③ 《公司董事会 1935 年第九次常会议案》(1935 年 10 月 16 日)，鄂馆藏《汉冶萍公司》，档号 LS56 - 1 - 1233。

象。例如，"蓝处长宗浩，身为厂巡，此次窃运焦炭至二百担之多，当事竟一无觉察"。① 冶厂焦炭供应本来就异常紧张，而处长兼厂巡蓝宗浩一次盗运焦炭多达200担，既反映了冶厂管理上的漏洞，也给高炉开炼带来重大影响。

此时社会风气不正。为维持与大冶地方的"正常"关系，公司董事会1920年3月批准大冶铁厂每年以公司名义送给大冶县知事（县长）夫马津贴800元，县佐（副县长）300元，"藉资联络"。② 诸如此类的额外负担加大了生产成本，冶厂不堪重负。

四是日本减少对冶厂的生铁进口。冶厂本来是利用日债建设起来的，所产生铁大部分按借款合同的规定交售给日本，生铁品种大体上按照日本制铁所的需要而定，主要为马丁铁和翻砂铁。此时日本制铁所正迅速发展，需大量进口大冶及中国东北等地的铁矿石，而对生铁的需求锐减，故大冶铁厂和汉阳出口日本的生铁、钢的数量大幅度减少，1925年之后汉冶萍再无钢铁出口。

五是全国经济建设处于低潮期，国内连年战乱，百业凋敝，直至抗战之前，人均消费钢铁仅1~2千克。详见表6-2。

表6-2 各国年人均消费钢铁比较表

单位：千克

国别 \ 年份	1913	1923	1925	1930
美 国	372	468	468	570
德 国	261	125	197	280
英 国	236	207	200	282
法 国	151	170	203	288
日 本	9	30	30	47
中 国	1	1	1	2

资料来源：陈真编《中国近代工业史资料》第3辑，第750页。

---

① 《夏偕复、盛恩颐致吴健、黄锡赓函》（1919年8月28日），载鄂档《汉冶萍》下册，第343页。
② 《公司董事会致夏偕复、盛恩颐函》（1920年3月6日），载鄂档《汉冶萍》下册，第343页。

即使是人均消费钢铁最高的 1930 年，中国人均消费量也只有美国的 0.35%、德国或英国的 0.71%、法国的 0.69% 和日本的 4.2%。这样低的人均消费量，难以支撑汉厂、冶厂及国内其他钢铁厂的钢铁生产。

包括汉厂、冶厂在内的中国钢铁企业在世界钢铁工业中更难占一席之地。1927~1931 年，中国各年生铁产量分别只占世界总产量的 0.44%、0.47%、0.45%、0.59% 和 0.86%，中国各年钢产量只占世界总产量的 0.029%、0.027%、0.016%、0.015 和 0.021。① 在此背景下，汉冶萍钢铁已无立足之地。

六是国外钢铁制品大量涌入中国市场。除欧美与日本等国的钢铁制品在华倾销外，价格低廉的印度"太太铁"也开始进入中国市场。羸弱的中国钢铁业难以自保，更谈不上向前发展，一度号称亚洲第一的汉冶萍也难逃厄运。

三　萍乡煤矿彻底衰败

（一）军阀混战阻碍萍煤北运

作为汉冶萍的重要一员，萍乡煤矿的命运同汉冶萍紧密相连，衰荣与共，萍矿欧战时期随公司进入黄金期，欧战后也同公司一起进入衰败期。

民国时期，国内政客纷争不断，国家陷入分裂状态，各地军阀混战不已。据记载，"民国成立以来，十有一年，国内战争之祸，无时或已"，造成"交通阻滞，商市萧条"。② 据统计，中国内战的总损失在 100 亿元以上。③

本来，萍矿面临一次发展机遇。1921 年 5 月 27 日，公司董事会在《委任书》中称："大冶新厂将次工竣，以后汉冶四炉齐开，需焦加多，自应积极筹备，以供要需。"萍矿为此制订年炼焦 18 万吨的计划，并设置了"特别研究洗煤台委员会"，大岛任委员长。

---

① 全汉昇：《汉冶萍公司史略》，第 262~265 页。
② 张梓生：《奉直战争纪事》，载《东方杂志》卷 19 第 8 期，1922 年 4 月 25 日，第 59 页。
③ 柯泉峰：《中国贫穷问题》，正中书局，1945 年 10 月，第 202 页，转引自《汉冶萍公司史略》，第 220 页。

1922年萍矿制订了年产毛煤94万吨、炼焦炭20万吨的计划，结果产煤82.78万吨、焦炭25.49万吨，其中焦炭超额完成计划。

但是，连年战乱打乱了萍矿的发展步伐。

自建矿以来，供应汉阳铁厂的萍煤、萍焦大都通过水路运往株洲，再转运汉阳，这些煤、焦"均为汉阳炼铁养命之源，历年兵争被劫，不止一次"。萍矿被迫请求日本顾问笠原"面托上海日总领事，迅电长沙日本总领事，面告湘局当道，切戒行军官吏对于在路在站萍焦煤万勿稍有蹂躏"。①

赣湘鄂一带战争从未停止。1920年6~8月，驻扎萍乡的各路军阀争夺铁路，造成交通断绝80余天，"始则第三师及混成各旅由衡撤防，水运大部分停顿；继则战事发生，水陆运全停……乃十二月，湘军内讧，车运续停"。1921年2月，退守袁州的张宗昌部一师，突然逼近离安源仅35华里的芦溪镇，赣西镇守使奉赣督之命带兵迎堵，要求萍矿选矿工千余人充担运夫，使煤矿生产大受冲击。至8月间，"湘鄂战事又起，交通断绝两月有余"。② 1921年7月29日，湘鄂"战祸已启，运道完全停顿"；8月末，"萍醴兵事，株萍之车亦停"。③ 1922年6月，黔军过矿，索要军费，强征民夫，萍矿生产再受影响。1923年9月，湘战复起，萍矿交通又中断20余天，损失甚巨。直到汉厂、冶厂全面停产，这类战争从未停止过。"公司轮驳多被征用载械运兵，强驱于航线未经之地、行军作战之区，无不受有损伤。"④ 运输所在1923年的账略报告书中说："萍矿毗连两省，地处军事要道，每遇政变，辄当其冲，故产量因工潮而骤减，运道亦被兵事而阻塞"，造成营业严重亏损。萍矿被迫压缩生产规模，每天产煤除自用外，仅供应粤汉、株萍两条铁路之所需。萍矿一派萧条，"不特矿工停顿，且致炼炉停工，船舶停运，综计前后损失约在百万

---

① 《公司董事会1921年第11次常会秘密议案》（1921年8月1日），载鄂档《汉冶萍》下册，第16页。
② [附件]《经理报告书》，载鄂档《汉冶萍》下册，第29~30页。
③ 《潘国英致夏偕复函》（1921年8月2日、10月17日），载鄂档《汉冶萍》下册，第648、649页。
④ 《夏偕复、盛恩颐致公司董事会函》（1921年12月13日），载鄂档《汉冶萍》下册，第649页。

以上"。①

1925 年安源运往株洲的煤焦降为 16 万吨，约为 1924 年运输量 28 万吨的 57%。到 1926 年，安源运株煤焦仅 1.7 万吨，"运汉之货可云绝无"②。就是说，萍矿已完全停止对武汉的煤焦供应。

（二）改归赣办未能挽救萍矿

汉冶两厂停产前后，萍矿经营十分困难。公司再施故技，频繁更换萍矿负责人。1923 年由李寿铨任矿长，金岳佑任正矿师。1924 年初改由黄锡赓任矿长，舒修泰任副矿长。8 月 25 日，黄锡赓在《致公司说帖》指出了公司在矿界、工程、制度等方面存在的问题，请求公司免去其矿长之职并获批准。同年 11 月，舒修泰任代矿长，金岳佑任总工程师。1925 年 7 月，萍矿班子再度改组，原稽核马载飏任代理矿长。1926 年 1 月，公司正式任命雷炳焜为萍矿矿长，未及半年，雷氏也提出辞职但未获公司批准。萍矿每年都在换矿长，每一任新矿长（或代理矿长）都要向公司提出"说帖"或其他形式的建议，均未能使萍矿走出困境。

诚如黄锡赓 1924 年 8 月 25 日《致公司说帖》所言："近年萍矿出额少而成本巨，岁亏达百万余金，腐败之声，闻于遐迩，遂引起各方之注意。"矿长雷炳焜 1926 年 1 月 16 日根据萍矿现状向公司提出裁汰冗员等 12 条对策，并获盛恩颐批示："极有条理，容次第实行。"但萍矿面貌毫无改观。

到 1925 年，萍矿完全停止炼焦，1926 年煤产量仅 75715 吨，仅为产煤高峰年（1911 年）的 6%，对此，盛恩颐 1926 年 2 月 9 日《致萍矿同人电》中哀叹道："矿事停顿，实受环境之累，初非意料所及。弟接任一年，萍矿一处已筹付二百余万，实已智尽能索。"

矿内外人士都在为萍矿寻找出路。

一是尽快决定萍矿的生产方向。矿长雷炳焜 1926 年 7 月 24 日呈公司文中称："萍矿进行宗旨，是否仍为供汉冶两厂烧煤之用，抑或售煤自卫，

---

① 《舒修泰致夏偕复函》（1924 年 5 月 21 日），载鄂档《汉冶萍》下册，第 652 页。
② ［附件一］《十三年至二十一年份运输情况》，载鄂档《汉冶萍》下册，第 656 页。

借以清还历欠商家之债务。"质言之，要么专供两铁厂之用，要么萍矿自己经营。显然，这两条路都无法走通。

二是暂由国民政府设法开采。1926年9月，北伐军总司令蒋介石"电令督促萍矿即日开工"，有人认为："如汉冶萍公司实在无力开工，应责令萍矿将债务结清，归公司自理，暂由国民政府设法开采。"① 这是汉冶萍公司不愿也无力做到的事情。

三是请求蒋介石对萍矿给予保护。1926年10月23日，公司董事会致电国民军总司令蒋介石："务请俯念实业关系至重，转饬驻在汉冶萍各地军队对于厂矿机炉料件及员工生命妥为保护。"11月4日，蒋介厂复电公司董事会，全文如下：

> 汉冶萍公司董事会鉴：漾电诵悉。尊重农工，为敝军之本旨，复承电示，更当严饬所属对于贵公司鄂赣各地之厂工生命，一体分别保护。知关廑注，特复。蒋中正。全。

但是，这一切都未能扭转萍矿走向衰败的命运。

1927年四一二政变后，萍矿完全停工。湖南省政府一度打算对该厂"加以整理，终以工潮及资本无着，归于无效"。此后萍矿又恢复生产，此时尚余工人5590人，"每人每日仅领五分至一角之伙食费，尚无力按月发给。出煤滞销，乃至停工待毙"。之后萍矿机构几度变化，令人眼花缭乱：1928年5月当地军、政各界与萍矿共同组织保安储煤公司；8月湖南军阀何键主张湘、赣政府同为保安公司股东；10月农矿部主张由整理汉冶萍公司委员会通盘筹划；未久农矿部分电湘、赣政府就近设法维持。这些方案均以失败告终。②

内外形势的混乱、管理机构的缺失、运输通道的阻塞、劳资矛盾的激化，使萍矿煤、焦产量每况愈下，1919年产煤79.4万余吨，焦24.9万余吨，1928年陡降至煤16.8万余吨，从1925年起停止炼焦。1919~1928年

---

① 《仇瑞龙等致盛恩颐函》（1926年9月27日），载鄂档《汉冶萍》下册，第504页。
② 江西省政府经济委员会编《陈维、彭蘙江西萍乡安源煤矿调查报告》（1935年），转引自《汉冶萍与日本关系史料》，第1033~1034页。

萍矿煤焦生产情况见书后附表四。

从 1928 年起，江西省政府独力承担起维持萍矿的责任。经省政府议决：派专员驻矿，组织萍矿管理处，担负全责。赣省政府任命何熙曾为暂管萍矿专员，建设厅荐派周敏为专员办公处总务干事，汉冶萍则委派凌善永为公司留萍矿负责人。何熙曾携款 5 万元，于 1928 年 11 月 30 日到矿，12 月 1 日正式接管萍矿，"萍矿之组织及现有职员，一概仍照原职办事"。① 到 1929 年 9 月一年未满，萍矿积欠江西省政府和建设厅垫借之款 20 余万元。1929 年 10 月江西省政府改组，何熙曾辞职。

何熙曾任职期间，伙同他人"盗卖萍矿机件，侵害债权，迭经指名告发，呈请行政院及实业部、江西省政府暨建设厅彻查惩办"。② 此案最终无果。

何熙曾辞职后，江西省建设厅改派商人肖家模为专员，10 月 24 日到矿，27 日在盛公祠宣誓就职。此人"成绩甚劣，亏负颇巨"。后江西又派曹修龙、朱龠等"驻厂视察，协助整理"，但"矿务遂无成绩(绩)"。③

肖家模接管萍矿一年多，共亏省款 25 万元。1931 年初，肖家模以"办理不易"为由，托病辞职。江西省改委董纶继任，而董又因经费无着，不敢到矿，后勉强赴任，在任不过 8 个月，又亏累商款 18 万元。1932 年 3 月，江西省政府再派何熙曾为专员，由省府拨借 3 万元到矿，何任职未久向省府辞职，未获批准。1934 年何熙曾再次辞职获准，省府改派陈国屏、雷宣为正、副专员，3 月 1 日到职。1935 年 4 月，陈国屏调离，省府委任姚敏为专员，并拨款 1 万元为之周转。1936 年 10 月，姚敏辞职，11 月 3 日肖笃轩就任萍矿管理处专员。1938 年 1 月 11 日，国民政府军委下设的资源委员会委派王野白为整理萍矿专员。26 日，王野白赴萍接任，资源委员会萍乡煤矿整理局成立。

---

① 《凌善永致盛恩颐、赵兴昌函》(1929 年 1 月 7 日)，载《汉冶萍与日本关系史料》，第 1035 页。
② 《董事会常会议案》(1934 年 2 月 1 日)，载鄂档《汉冶萍》下册，第 54 页。
③ 见《汉冶萍与日本关系史料》，第 1034 页。

从 1928 年萍矿被江西省政府接管到 1938 年上半年，汉冶萍与萍矿的联系并未完全中断。凌善永作为原萍矿处长、现公司留萍矿负责人，经常以函、电等方式向盛恩熙、赵兴昌汇报萍矿重大事件，公司也秘密派员前往萍矿了解情况。如 1937 年公司职员金衡荪奉命前往安源考察，经湖南省政府介绍，于 6 月 14 日抵矿，"即至窿外各厂一一察勘，暗中估计"，虽未直接进入窿内，但根据前萍矿旧友、现相关部门负责人介绍的情况，金衡荪编写了《调查萍矿报告书》。

通过"卧底"和密探，汉冶萍可随时了解萍矿情况，且在关键时刻施以援手。1931 年 5 月，萍矿八方井被水淹没，情况危险万分，公司董事会 12 月 16 日呈文实业部："呈请大部鉴核，准即转咨赣省政府令行建设厅转饬驻矿专员董纶速予施救。"实业部部长孔祥熙 12 月 25 日做出批示："咨请江西省政府查核办理可也。"

不仅如此，汉冶萍有关人员还伺机收回萍矿管理权，凌善永向公司建议："若维持现状，五万元流动资金已足敷用，总公司倘能暗予援助或改换目名，善永当呈请实业部转咨江西省府对矿放弃管理权，总公司所投资金当以煤斤抵偿"。① 但终因公司财力所限，凌善永这一计划并未付诸实施。

直到抗战爆发前的 1937 年 7 月，公司还在为萍矿财务纠纷与人打官司，公司与萍矿的渊源由此可见一斑。

四 大冶铁矿徘徊不前

当汉冶萍厂矿纷纷停产、整个公司一派萧条之际，唯有大冶铁矿勉强维持生产，但也是惨淡经营，风光不再。

欧战之后，大冶铁矿为满足日本制铁所继续扩大生产规模的需求，不断提高铁砂产量，1920 年生产铁矿石 82.449 万吨，创该矿建矿以来的最高纪录，其中运往日本 38.595 万吨，运往汉阳铁厂 21 万余吨。1922 年，

---

① 《凌善永致盛恩颐、赵兴昌快邮代电》（1931 年 3 月 8 日），载鄂档《汉冶萍》下册，第 510~511 页。

公司为了节省开支，停止开采铁山矿区，集中开采得道湾采区，是年冶矿产量下降到345631吨。

这一时期值得关注的是大冶铁矿和大冶铁厂合组为大冶厂矿。

厂矿合并的最初提出者当推日本顾问大岛道太郎，"大岛总工程师建议请将厂矿合并，以资撙节，且可通筹合作，有裨厂需"。① 不过，由于铁厂尚在建设阶段，大岛的建议暂未被采纳。1919年10月22日，夏偕复、盛恩颐致函董事会，认为大冶铁厂之设，"原为势取便利"，而该厂机构"多与冶矿分列并峙，各有专司"。为改变之一局面，在厂矿合并之前，可将铁路管理职责统一，并将厂矿各自的材料、会计部门合并。

经过几年酝酿和筹备，夏偕复拟订的《大冶厂矿合并机构设置方案》于1924年3月14日出台。方案规定，冶矿、冶厂合并为大冶厂矿，拟由季厚堃任厂矿长，统一管理铁山、下陆、石灰窑、袁家湖等各处的矿山、铁厂、码头、工场、运道等各个生产部门。厂矿长下设会计处、稽核处、冶炼股、工程股、采矿股、运务股、事务股、厂材料股、矿材料股和巡查处等部门。会长孙宝琦对方案做出批示：赞同。

事实上，从1925年10月18日大冶铁厂高炉停炼后，大冶厂矿只剩大冶铁矿。而大冶铁厂一片萧瑟，大批工人被遣散。1925年10月遣散工人500余名。截至1926年3月，冶厂共裁工人1122人，共裁工食13799元。详见表6-3。

表6-3 冶厂部分已裁工人人数及其工食表（1926年3月）

股　别	冶　炼	工　程	运　务	材　料	共　计
已裁工人（人）	238	366	493	25	1122
已裁工食（元）	3414	5350	4805	230	13799

资料来源：鄂档《汉冶萍》下册，第363页。

大冶铁矿虽勉强维持生产，但矿石产量呈下降趋势。1919～1938年历年矿石产量及运输日本、汉厂、冶厂情况见书后附表三。

---

① 《夏偕复、盛恩颐致公司董事会函》（1919年10月22日），载鄂档《汉冶萍》下册，第359页。

造成冶矿产量徘徊甚至下降的原因甚多，撮其要者简述如下。

一是汉阳铁厂、大冶铁厂先后停产，完全停止了对铁矿石的需求。

二是中国钢铁业处于萧条期，且发现了辽宁鞍山等大型铁矿，对大冶铁矿石的需求减少。

三是大冶铁矿领导班子变动靡常，削弱了对矿石开采的领导。1926年5月，季厚堃调往上海总事务部，遗缺由盛渤颐暂代。1927年4月1日，盛渤颐不辞而别，自动放弃其职责。赵时骧接任大冶厂矿长。1936年1月，赵时骧病逝，翁德銮代理厂矿长。1937年，汪志翔又署理大冶厂矿长。领导者变动之频繁，在企业中颇为罕见。

四是盛氏家族成员不负责任，甚至监守自盗。盛渤颐是盛恩颐的堂兄弟，盛铭也是盛氏家族成员。先以盛渤颐为例。刚上任10个月，盛渤颐于1927年2月9日便借口"日无暇晷，对内对外，单独支撑，精力有限，颇难为继"，向公司提出辞职要求。公司董事会3月9日致函盛渤颐，许以"实任大冶厂矿长，月给薪水洋三百五十元"。但盛渤颐4月1日"忽然不告离冶"。事隔九个半月，盛渤颐11月23日致函董事会，以所谓"头眩之疾"为自己不辞而别的行动进行辩解。矿材料股股长盛铭的行为更加荒诞。据董事会称："胡某、蒋某与稽核处邹某等串通一气，狼狈为奸"，销售焦炭500吨，他们竟能磅出700吨，溢出的钱合伙分赃。盛铭"每吨另取陋规两元，再与群奸朋分所得，盖不如此不足以填亏而饱私囊，且供两位如夫人之挥霍也。人言啧啧，有口皆碑，厂矿长因投鼠之忌不得不故作疾聋"。① 董事会1925年9月15日只好请盛恩颐"破除情面，认真查办"。盛铭是盛氏家族成员，又由盛恩颐一手提拔，怎能奢望盛恩颐"破除情面，认真查办"？直到1926年底，盛铭从厂矿材料股调往厂矿事务股，仍任股长，并未受到任何"查办"。厂矿的腐败由此可见一斑。

五是厂矿盗窃成风，给生产带来影响。据大冶厂矿巡查处长沈开运报告，1931年在铁山、黄思湾丙区共查获炸药6410筒，引线32卷，铜炮205枚。1932年在黄思湾、下陆乙丙两区缉获炸药314筒，××（引线？）

---

① 《公司董事会致盛恩颐函》（1925年9月15日），载鄂档《汉冶萍》下册，第362页。

25 卷，铜帽 231 枚。1934 年拿获炸药 410 筒（内有 5 整盒），引线 2 卷，铜帽 330 个。1935 年查获炸药 1333 筒，引线 46 圈，铜帽 62 个。1936 年窃铁之案先后告破，又在黄思湾丙区查获炸药 1533 筒，引线 15 卷，钢帽 34 个。多年来如此触目惊心的盗窃案，说明冶矿对爆炸物的管理十分松懈，这对矿石开采是极大的威胁。

五 属下企业纷纷停办

（一）常耒锰矿匆忙下马

汉冶萍公司属下企业大体可分为两类。一为独资企业，二为合资企业。

常耒锰矿为公司最大独资企业之一。据常耒锰矿局坐办严濂（号汲青）所呈《常耒锰矿条陈》称："湘省南路常宁、耒阳等处锰苗富厚，人民耐苦，工价便宜，天然佳矿，向为汉冶萍公司独有开采之权。"[①] 矿区面积约 6 平方里，共有锰山 1180 余座，全矿分甲、乙、丙、丁四厂，分别设于耒阳城、常宁荫田、宁阳隔州和常宁柏坊。

常耒锰矿局系汉冶萍公司 1908 年创办，设总局于衡阳县湘东镇，设转运处于耒河口，未使用机器，全靠人工进行露天开采。据 1912～1923 年统计，该矿共产锰砂 85117 吨，最高年产量 13749 吨。

为了扩大锰矿局的采矿范围，1917 年 3 月 14 日公司董事会决定，将汉冶萍公司常耒锰矿局的印章改为"汉冶萍公司驻湘采运锰矿局"，[②] 但人们仍习惯将其称为常耒锰矿局。

但是，由于常耒锰矿局远离公司总部，一些管理者和办事人员"上下相朦（蒙），莫明真际"，致使管理无序，弊端百出，甚至"朋分巨款"。1918 年 2 月，公司驻常耒锰矿局稽查员李凤岗等以安仁县常丰公司名义持矿图面见省财政厅厅长林伯渠，请求发给营业执照。虽然常丰公司的请求

[①] ［附件一］《常耒锰矿条陈》，载鄂档《汉冶萍》下册，第 519 页。

[②] 《夏偕复、盛恩颐致公司董事会函》（1918 年 3 月 27 日），载鄂档《汉冶萍》下册，第 524 页。

被批驳，而常耒锰局"测绘领照"的申请获批准，① 但从中仍不难看出矿局管理的混乱。

另外，常耒矿区治安环境非常恶劣，"年来南北军队往来不绝，土匪乘机蠢动，在在堪虞"。②

再者，常耒锰矿不是富矿，苗脉不深远，矿床厚薄不一，不具备开采潜力。

从1921年3月起，汉冶两厂储存的锰矿已足够炉用而有余，对批山采运的积极性不高。常耒锰矿渐入困境。1922年初，"此间钱价日低，米价日昂，各工采运锰砂困难既如此，而土匪掳赎，军队纷至，报纸所载又属非虚"。③ 是年，严濂因病请假赴沪就医，严时继任，1924年夏秋，常耒一带又遭严重水灾，锰矿遵常例照捐粮食200石。锰局的处境更加艰难。

常耒锰局的隶属关系也未理顺。锰矿局历来由汉厂领导，公司副总经理赵时骧认为："常耒锰矿局采运锰砂有售日本者，有运供冶用者，而汉厂只少数用途，理应直接归总公司管辖。"赵于1925年2月11日向盛恩颐建议：常耒锰矿局自1925年1月起"直接归总公司管辖"。而盛恩颐的回答是："总公司相隔较远，鞭长莫及，所请毋庸议。"

常耒锰矿局因经济异常紧张，1926年7月10日与裕甡锰矿公司签订《售砂合同》，售与裕甡锰砂1000吨，售价为含锰35%者每吨16.2元，35%以上者每吨加价0.46元。但湘省以此次运往裕甡的锰砂运单为"免税通案"，不准运锰车辆通过，后常耒锰矿局花了1000元钱"托人疏通"，但这些车辆是否放行，尚不得而知。

1926年下半年，常耒锰矿停止生产。但此事却引起了一场严重风波。1927年1月，坐办严时因经济困难拟将锰局归并于转运处，将局内公役等全部解散。这些人"需索恩饷情形激烈"，严时"允许给洋五百元，以作遣散之资"。款尚未发，衡阳工友联合会闻讯前来调查，并将公役人等游街示众，羁押为首者二人。湖南省总工会查知此事后，以"勾结劣绅，破

---

① 《严濂致夏偕复函》（1918年2月21日），载鄂档《汉冶萍》下册，第523页。
② 《严濂致夏偕复函》（1918年12月29日），载鄂档《汉冶萍》下册，第525页。
③ 《严濂致夏偕复、盛恩颐函》（1922年2月12日），载鄂档《汉冶萍》下册，第528页。

坏工会，系反革命行动"等罪名，将严时押在衡阳狱中，将500元遣散费封存工会。① 后将严时释放。

抗战前夕，公司为适应时局需要，恢复常耒锰矿局，仍由严时任局长，批准发给各项筹备费用9300元，每月办公费50元。

正当常耒锰矿准备恢复生产之时，有人诬告锰矿局私采矿砂出口，湖南建设厅遂按照建设部要求，准备派员调查矿床、矿量及附近地质。严时等与地质调查所洽谈前后，已将存砂约1300吨全部运清。又将转运处存砂1830余吨一律查封，湖南建设厅1937年10月7日做出批示：（常耒锰局）并未私采锰砂装运出口，准免置议。这场风波才算平息。

1938年，湘省战局趋紧，公司驻湘锰矿局停办，改设保管处。7月2日，盛恩颐致函严时，命从7月起撤销保管处。至此，创办已30年的常耒锰矿正式停办。

（二）阳新锰矿划入冶厂

阳新锰矿自光绪末年开始开采、1900年正式创办后命运多舛，时开时停，锰矿产量无从查考，大约日产锰砂10~30吨，全年约产锰砂7000吨。辛亥革命后锰矿停产，1916年重开，1922年又停，1924年再开。从1916年3月至1922年2月，共产锰砂34083吨，最高年产量10193吨。

为适应大冶铁厂开炉炼铁需要，阳新锰矿从1924年下半年开始进行筹备：一是从阳新所属双港、县城、富池等处招雇装卸工人；二是准备若干条航行于阳新、武穴间的运载锰砂的汽船。

冶厂提出1925年需锰砂1.5万吨，但阳新锰矿面临压力甚大。据大冶厂矿长季厚堃估计：该矿原有生产能力为年锰砂四五千吨，如增加产量，"一切设备自应酌量扩充"。而该矿水陆疏运能力明显不足，陆路方面必须将银山至双港的铁路延长8里，直达河边；或者加造矿车15部；水路方面除原有6只驳船外，尚需加造载重各7吨的驳船6只。

这一计划尚未实施便面临夭折。1925年10月18日，大冶铁厂1号高

---

① 《黄金涛致盛恩颐、潘灏芬函》（1927年2月8日），载盛档《汉冶萍》下册，第530页。

炉产出最后一炉铁水，阳新锰矿随之停产，公司于12月22日命季厚堃迅即派人前往该矿查点采存的锰砂并接收所有器具文卷，"酌留一二人帮同管理"。1928年，该矿划归大冶厂矿管理。1929年7月29日，公司又致函大冶厂矿长赵时骧，命阳新锰矿"将存锰运完后应即实行结束"。已经正式建矿近30年的阳新锰矿完成了历史使命。

（三）永和煤矿停工收束

永和煤矿是公司独资企业，位于江西省萍乡县境西部的湘东，距安源20多公里，具体地名叫茶山里。该矿俗称湘东煤矿。

永和煤矿原是萍矿职员于清宣统年间开办，属私人煤矿，1918年改由朱祖荫、屠鹤清接办，高峰期有工人约2000人，共有3个矿区，采矿点分布于萍乡县凤鸣乡坡里、洞天眼、沙坡处，共占地约16平方公里，距株萍车站9华里。其矿石层、煤槽同安源煤矿大同小异，煤炭储量约五六百万吨，日可出煤一二百吨。"该矿煤质既佳，而又接近安源，密迩铁路，工作既挹注有资，运输亦极便利。"永和煤矿公司为一家股份制企业，所发行的股票不超过优先股10万元，普通股78550元。

1921年7月，朱、屠二人因急需预付他人现款3万元，故愿出让永和公司股权。汉冶萍公司认为："该公司既愿移转，似应收回，量予扩充，取携自便，不惟免购外煤，且去安源之一敌。"经一再磋议转让条件，朱、屠二人1921年7月19日与夏偕复签订合同，愿将其名下及经手所招友人名下的永和煤矿股票票面14万元以上，即2800股以上，票面178550元以下即3571股以下的优先股和普通股转让给汉冶萍公司，分别作价每股75元和65元。① 永和迈出了成为汉冶萍旗下企业的第一步。

永和煤矿要变为汉冶萍旗下公司必须完成一系列法定程序。7月31日，永和公司董事会在上海召开，通过了一项重要议案：永和公司将"14万之股票交汉冶萍公司接收，汉冶萍即履行代还本公司债务之责任"。8月

---

① 《江西永和煤矿公司转让合同》（1921年7月19日），载鄂档《汉冶萍》下册，第535页。

3日，汉冶萍公司董事会致函夏偕复、盛恩颐，对上述合同、决案"准予追认"。

夏偕复同朱祖荫、屠鹤清于1921年8月4日签订《附合同》，对7月19日签订的《转让合同》进行了多达12条的补充修订，其中最重要的内容是规定："特扩充股额至收全为止（即收至178550元）。"

通过股票购买和置换，汉冶萍成为永和最大股东。夏偕复认为：永和公司应立即召开股东会，旧董事应当场辞职，股东选举新董事接任，"似此递嬗，则永和矿产即为我所有权矣"。[①] 10月11日，永和煤矿公司股东大会在上海召开，朱祖荫、屠鹤清等8名董事请辞，夏偕复等7人当选新董事。同一天，永和煤矿股东大会通过《永和煤矿公司章程》，共33条，其第三条规定：本公司设总事务所于上海，并设分事务所于矿山；第五条规定：本公司全系华股资本，总额定为银元40万元，分作8000股，每股计银元50元，内有优先股10万元，普通股30万元。[②]

11月，永和煤矿公司董事会任命舒修泰为永和煤矿矿长，盘顶永和煤矿全部财产。1923年3月26日至1924年3月27日，矿师赖伦奉命查勘永和煤矿，"在小槽煤槽内，发现可以炼焦之良煤，且利用无凝结性之大槽煤，与萍乡煤混合，为汉冶萍公司化铁炉制造冶金用之良焦"。赖伦认为："其费用，亦必低廉。"

但是，永和煤矿的生产并未步入正轨。自1923年初魏允治继任矿长后，煤矿局面更加混乱。公司发现该矿并无多大开采价值，一直没有正式生产，仅有工人约160人"维持残局"。与此同时，汉冶萍公司同朱祖荫、屠鹤清在原永和煤矿股权和债务上的纠纷愈演愈烈，1924年煤矿又遭水灾，生产大受影响。1925年4月窿内只留工人36名。据称："该矿自接办以来，仅出煤7800余吨，近年出数益减，每月仍需支用三四千元，而出煤尚不敷自己烧用，如以用款扣合煤款，成本之巨当为中外所无。"永和煤矿董事会4月16日致函矿长魏允治，命其"自接函之日起即行停工收束，酌留十数人保守，自5月1日起月支经费以1000元为限"。1925年6月15

---

① 《夏偕复致公司董事会函》（1921年8月9日），载鄂档《汉冶萍》下册，第538页。
② 《永和煤矿公司章程》（1921年10月11日），载鄂档《汉冶萍》下册，第539~540页。

日公司董事会常会议决:"永和煤矿既称现在所开并非正窿,应即照经理所请,改保为守,以节縻费,俟将来必须开办时,另再寻获正窿,妥筹办理。"①

第二年四五月间,正当永和煤矿筹备开工之际,"讵其时霪雨兼旬,山洪暴注,矿井悉被淹没,几至尽弃前功。同时株萍路之湘东桥亦被水冲圮,该路本已缺车滞运,今更转运维艰,即使勉力开采,煤无出路,势必益陷困境。正在观望时机,而湘鄂遽发生战事,赣西亦复告警,金融杜塞,遮断交通,更无措置余地"。在此情况下,夏偕复9月16日以矿商名义呈文江西实业厅,告之永和煤矿停工之事。②

(四) 佛宁煤矿撤局停办

位于江苏江宁(今南京)的佛宁煤矿,又称福宁门煤矿,或称佛宁山煤矿,简称佛宁煤矿,系盛宣怀于清代晚期勘获。该矿距离南京神策门约9里,山高300余尺,与南京幕府山相邻,占地5244亩。1910年11月4日,盛宣怀照会江南矿政总局,请求颁发探矿执照,缴纳照费、地租银共178两,12月4日获批,期限一年。汉冶萍公司委派温秉仁驻宁探采。佛宁煤矿从此成为汉冶萍旗下企业。

南京光复之初,江苏都督府将该矿查封充公。1912年1月,矿商王梧生筹集资本2万元,经江苏都督程德全批准,并发给开矿执照,于2月18日成立支宝煤矿股份有限公司,计划再招股份18万元,股本总额20万元。临时政府实业部对此持不同看法,在咨江苏都督程德全文中认为:"南京佛宁门煤矿有汉冶萍公司领办在前,兹复有支宝公司请照开办,是否与汉冶萍公司协商妥当,来咨未详,碍难照办,相应咨请贵都督切实查明赐复,再行核办可也。"③

汉冶萍公司亦咨程德全文,请程德全令饬支宝公司王梧生将佛宁煤矿"即日交还敝公司接办"。程德全1912年7月咨汉冶萍公司文,承认"以支宝公司名义请照开办,殊属不合,自应取消"。7月11日,工商部批准

---

① 《公司董事会致盛恩颐函》(1925年6月17日),载鄂档《汉冶萍》下册,第547页。
② 《夏偕复呈江西实业厅文》(1926年9月16日),载鄂档《汉冶萍》下册,第547页。
③ 《程德全咨汉冶萍公司文》(1912年7月),载鄂档《汉冶萍》上册,第507页。

将佛宁煤矿交还汉冶萍公司,并命汉冶萍偿还支宝2万元。

支宝公司不服,以江苏"都督、民政长之训令系以命令为法律,违背约法,侵害人民自由保有财产之特权"为借口,"即以招集工人,在他人之地肆行开挖"。在江苏当局和北洋政府工商部支持下,汉冶萍公司据理力争,终于收回了佛宁煤矿。1913年3月17日,汉冶萍公司给坐办温秉仁发布收回该矿的通告,此案终于了结。① 汉冶萍董事会4月25日常会讨论了佛宁煤矿递呈的意见书,大致谓:佛宁煤矿虽已收回,如欲开办,"是矿日出一百吨,尚需续费十余万元,时间亦在两年以后"。佛宁煤矿认为:"怀远县属舜耕山煤矿,煤质尤胜于佛宁。当此财政困难,与其以十数万元经营此矿,勿宁购用怀远之煤,较为合算。"公司董事会对此作出如下批示:"所筹甚是。佛宁煤矿应即就近托人照管,刊立界石,作为本公司备而不用之产。如有人具领开采,准可议章办理。"②

佛宁煤矿停办达5年。到1918年,汉冶萍董事会认为:"有人在江苏实业厅呈领南京佛宁门煤矿,请向农商部设法挽回。"农商部复函认为:难以用"经济困难"导致停办来批驳要求开采该矿的商人。农商部5月24日要求汉冶萍详细说明佛宁煤矿停办5年的原因,汉冶萍于是呈文农商部,对该矿停办多年的原因作出说明:"旋因政局未定,延至于今部照尚未发给,而公司因大冶新炉告成,用煤甚多,仅恃萍矿所产,实不敷用,务恳大部俯念商艰,准予所请,发给矿照,以便开采。"经过孙宝琦出面斡旋,江苏实业厅1919年3月25日给佛宁煤矿办理了注册给照的手续。

其时,佛宁煤矿已十分荒凉,矿事务所设于三台洞庵,"后殿三间向作佛堂禅房,前殿三间颓垣漏屋,后檐矮墙上无遮栏,门窗隔板均不完全。庵外左右沿山十二洞,榴木成林。询据土人云,是宵小出没之区"。工程员汤尚松等1920年3月15日向公司呈请:租定该庵前殿为事务所,

---

① 《汉冶萍公司通告》(1913年3月17日),载鄂档《汉冶萍》上册,第510页。
② 《汉冶萍公司董事会常会记录》(1913年4月25日),载《盛档》(四)之《汉冶萍公司》(三),第485页;参阅《公司经理意见书》(1913年4月),载鄂档《汉冶萍》上册,第511页。

月租费五至八元，修理费待定；该庵"修理未竣以前，请在下关暂行租房并购驴两头以作赴山代步，并函请县署派警驻矿保卫"。3月19日，公司复函："均属可行，准予照办。"

佛宁煤矿开采工程尚未动工，当地人孙占魁十分眼红，欲夺取该矿开采权，他不服农商部决定，提起行政诉讼。汉冶萍立即应诉，聘请律师许卓然、曹祖蕃，于3月呈平政院诉讼书。这场官司很快就以汉冶萍胜诉告终。

然而，佛宁煤矿进展不顺，"先用钻探，继用人掘，初开直井，后辟横窿，纵横约达数丈以外，除土石外全系黑炭石，再掘则见灰石与山顶露石相似，经营将近一年，迄未发现煤层"。1921年4月1日，汉冶萍董事会常会决定："佛宁门矿既经探验无煤，应即停办。"6月8日，公司呈文江苏实业厅，告之该矿"撤局停办"。几经波折的佛宁煤矿至此曲终人散。

（五）龙山铁矿草草收场

龙山铁矿位于安徽省当涂县西南乡龙山，矿区面积280.96亩。

1920年6月12日，安徽实业厅收到汉冶萍开采龙山铁矿的申请。经农商部批准，安徽实业厅1921年3月24日给汉冶萍核发探字第827号探矿执照。

公司在龙山桥镇设矿业事务所，委席德炯为工程师，拟于是年4月20日正式开办。但是，该矿出师不利。首先是富矿稀缺，两个多月共开窿口8处，其第一、二、三号窿"工作月余未见矿质"；第四、五号窿"浮面略有矿质，入内又系坚岩"；第六、七号窿"初为浮土，次遇坚岩"；第八号窿"内部如何，刻尚难以预料"。[①] 其次是当地人多次阻挠。开矿未久，当地人以保护古墓为由，极力反对汉冶萍开矿，经再三交涉，决定将矿区以内的地亩划归地方公有，争执始告平息。11月间，当地"业主借口未得公司利益，竟纠聚多人上山滋扰"。汉冶萍公司认为："该矿蕴藏既未丰富，似无开采价值，现既有此波折，应即暂行停工"，同时付给当地业主

---

① 《席德炯致夏偕复、盛恩颐函》（1921年8月4日），载鄂档《汉冶萍》下册，第555页。

六七百元的土地使用费。①

1922年1月，龙山铁矿筹建工作停止。

（六）海城镁矿自动放弃

海城镁矿的正式名称为汉冶萍公司海城苦土矿事务所，位于奉天（今辽宁）海城县35里的麻耳峪北山与杨家甸西北沟之间，矿区面积执照所载地亩为159.2亩，实际丈量达1800余亩。

1918年上半年，工程师席德炯等奉命赴奉天一带选购镁矿（当地人称苦土矿），他们先后查勘了海城县所属陈家堡、庙耳沟等矿，均因与业主未就价格或租卖方式达成一致而作罢。后在奉天财政厅科员王趾仁、海城公益公司协理李滋普的协助下，找到了杨家甸、麻耳峪两处矿山。经反复磋议，终以小洋9000元另加保人佣金500元，购买了上述镁矿。6月25日，双方"立契付款"。公司决定在海城县城内设立事务所，委张德勋为主任。经农商部核准，汉冶萍公司海城杨家甸第103号矿区的矿业权于1919年2月在奉天财政厅注册，领有农商部591号采矿执照。1919年该矿试采1000余吨，运往汉阳铁厂试炼，其镁矿石成分极优。

但是，时值欧战之后，汉阳铁厂生产每况愈下，至1924年完全停炉，海城镁矿也随之停产。1939年4月，公司将该矿卖给满洲工务所的李敬三、孙善一。根据满洲矿业开发株式会社理事长竹内德亥的安排，同年12月27日海城镁矿又转卖给该会社②，沦为日满伪政权所属的企业。

（七）其他下属企业简况

汉冶萍公司属下企业众多，除上述企业外，还有汉阳红砖厂、武昌铁矿、幕阜山煤矿、小花石煤矿、上沫铁矿、白茅锰矿、白笠铝矿、盆头岭锑矿、金山店铁矿、株树下煤矿、飞鹅尾煤矿、华兴煤矿、康中煤矿、五福荫煤矿、明家湾煤矿、马头煤矿、中山堖煤矿、白峰尖

---

① 《夏偕复、盛恩颐致丁应午函》（1921年12月16日），载鄂档《汉冶萍》下册，第555页。

② 《盛恩颐致胡宗瀛函》（1940年1月10日），载鄂档《汉冶萍》下册，第559页。

煤矿、陈家湾锰矿等。这些煤、铁、锰、铝矿或隶属于大冶铁矿,或隶属于萍乡煤矿,且大都未进行开采。现撮其要者介绍一二,以见一斑。

汉阳红砖厂又称汉阳砖厂,位于汉阳铁厂20里处的汉阳琴断口,系张之洞1908年创办,所产的红砖专供铁厂建筑工程之用,系汉阳铁厂的配套工厂。辛亥革命后,汉阳砖厂被鄂军政府占用,"屡索不还",损失达1.03万两。由于铁厂工程大减,用砖不多,到1914年8月,"砖厂新造之砖尚有三百数十万(块)未经售出"。① 后公司将砖厂出租给明锠裕公司,年收租金7000元,年份不详。

武昌铁矿位于今鄂州市,是汉冶萍公司最早的下属企业之一,拥有西山、雷山等矿区,早在1877年12月,盛宣怀就提出在武昌樊口设炉炼铁的构想,英籍矿师郭师敦发现,该矿含铁47.68%~53.76%,且"转运便捷",具有开发价值。清末,盛宣怀以广仁善堂名义买下武昌铁矿,作为汉冶萍公司的后备铁矿,并设立武昌铁矿局,准备进行开采,但直到辛亥革命之后,武昌铁矿局虽机构犹存,但始终未进行开采。日本企图染指鄂城铁矿,竟鼓吹大冶铁矿与鄂城西山、雷山铁矿"同时解决,最为有利"②。但日本的阴谋并未得逞。

汉冶萍公司的下属企业已全部停产,或从未开工,或宣布停办,或对外出租,或沦为敌产。昔日属下企业众多、众星拱月的局面已不复存在。

六　合资企业全面收缩

(一) 九州钢厂落下帷幕

汉冶萍公司除拥有三大主体厂矿和一批下属企业外,还广泛进行局外投资。这些合资企业也大都惨淡经营,难以为继。

九州钢厂是中日合办企业,也是汉冶萍最大的合资工厂。但该厂从一

---

① [附件]《吴健致王勋函》(1914年8月20日),载《盛档》(四)之《汉冶萍公司》(三),第860页。
② 《日正金银行总经理井上致北京分行电》(1918年5月10日),载《汉冶萍与日本关系史料》,第752页。

开始就隐藏着矛盾，合作双方的地位并不平等。1920年10月，九州钢厂召开会议，孙宝琦委托总经理夏偕复出席，25日致夏氏函中就写明汉冶萍对安川的三点意见：一是钢厂在增招股本时应开股东大会表决；二是不得先期悬拟生铁价值；三是此次加增股本并无预算计划书寄送汉冶萍。

双方的矛盾仍在加剧。1922年3月，夏偕复赴八幡出席董事会，发现钢厂投资可能超过1100万日元的预算，即将此消息函告杨学沂、盛恩颐。

此时欧战结束已约4年，世界钢铁市场疲滞，汉冶萍卖给九州钢厂的生铁已经亏损，而九州钢厂也未必能盈余，勉强开炼，损失必多，如再亏损，汉冶萍按约又须赔付一半。夏偕复遂于10月11日向董事会提出："拟此两面吃亏，何如暂缓开工。"

汉冶萍董事会对夏的提议表示赞同："暂行缓办，解散职工。"[①] 汉冶萍派驻九州钢厂技师李裕同年11月27日致函公司总经理，通报钢厂缓办情况：11月已将员工遣散一半，其余俟工厂紧要部分建筑完工之后再行遣散，预计第二年3月全部遣散，"实行停办"。

李裕致公司总、副经理函中分析了中日两方在合办钢厂之事上的艰难处境，认为汉冶萍损失巨大，"非但仅损失500万，而千万以上之损失亦意中事"；而安川方面负债已达500余万元，每月付息约3万余元。李裕提出："解决方案，即在解除合办条约。"[②]

解除合办合同是安川首先提出的，他于1922年5月5日致函孙宝琦，主张对钢厂"暂时延期"。制钢厂停办已势所必然。

虽然安川敬一郎早已于1918年4月"告老隐居"，但仍然大权在握，特别是解散九州制钢公司这样的大事仍由安川说了算。

1924年，汉冶萍公司委派日本会计顾问吉川雄辅赴日，与安川商量，将合办组织解散，公司所有股券悉数交出，并对于借款未付利息一并解除。将来该厂开工需铁之时，公司仍行供给，并"格外克己，已酬免息厚意"。其时日本政府倡议全国钢铁国有，九州钢厂如欲享有国有权利，必

---

① 《公司董事会致夏偕复函》（1922年10月21日），载《汉冶萍与日本关系史料》，第665页。
② 《李裕致夏偕复、盛恩颐函》（1923年4月20日），载《汉冶萍与日本关系史料》，第666~668页。

须解除中日合办之约。因此，安川同意汉冶萍的要求。①

1925年3月16日，公司董事会第六次临时会议决定，对安川解散九州钢厂的想法"深表赞同"。5月19日，安川致函孙宝琦，承认解散合办组织并免除汉冶萍借款未付的利息是"不得已而为之"，但他要求公司兑现承诺：在九州会社将来开工需要生铁之时，公司"将按照对会社最有利之条件对会社提供公司所产之生铁"。公司董事会5月28日复函安川，同意他的要求。

6月15日，安川正式通知孙宝琦："敝社同意解散合办组织，公司所有股券全部提交鄙人及解除公司借款与未付利息之公司全部责任等条件。"至此，安川全部免除了汉冶萍所借本金当初未付的利息103万余元。应该说，这是一桩对华较为友好的举动。6月30日，孙宝琦代表合办公司汉冶萍方面全体董事、监事（监查员）提出辞呈。7月20日，上述手续全部办完，汉冶萍同该合办组织完全分离。中国驻当地总领事馆对于此事的认证手续也于同一天顺利办完。②

一度轰轰烈烈的中日合办九州钢厂大剧终于落下了帷幕。

尽管安川对华较为友好，且合办钢厂应当是双赢之举，但仍以失败告终。这表明，汉冶萍前行的道路是何等曲折艰辛。

（二）东方商运公司被取消

东方商运公司（以下简称商运公司）也是一家中日合办企业。

约1913年，汉冶萍驻日商务代表、日本人高木陆郎与其友人在东京组织东方商运公司，承办汉冶萍在日本的售铁购煤业务。据称，商运公司收取的佣金略低于原来经手此事的三井洋行，每年可为汉冶萍节省万余元。高木致函汉冶萍董事会，交来草合同两件，意欲与汉冶萍合办商运公司。12月1日，汉冶萍董事会临时会议通过决议，由公司商务所与高木签订相关协议。值得注意的是，公司董事会特别规定："至本公司应得该公司余

---

① 《盛恩颐致公司董事长事会函》（1925年3月14日），载鄂档《汉冶萍》下册，第146页；又载《汉冶萍与日本关系史料》，第670~671页。
② 《公司会计顾问吉川雄辅致正金银行总经理函》（1925年12月24日），载《汉冶萍与日本关系史料》，第673~674页。

利之一半，所有收支另列专簿，由会计所派人管理，以公济公，专备本公司额外开销。"① 质言之，董事会是想把商运公司的收入变成自己的小金库，由盛宣怀等人随意支配。

1913年12月13日，商务所长王勋与高木陆郎签订《煤铁批发转运合同》，规定"汉冶萍公司之出产品，如生铁、钢货、煤炭、焦炭、铁矿石等，以商运公司为日本批发及转运代理"；若松制铁厂购进上述产品时，"商运公司只作为交货代理"；1917年12月31日三井洋行的代理合同到期后，"商运公司方为唯一代理人"；若松制铁厂购进生铁、铁矿石等货物，汉冶萍按总货价的1%抽取佣金交给商运公司；商运公司销售的生铁、铁矿石等货物，汉冶萍按货价的15‰抽取佣金给商运公司；汉冶萍委托商运公司在日本采购煤炭、火砖等货物，亦按货价的1%抽取佣金给商运公司。②

同一天，王勋与高木签订《合办东方商运公司合同》，规定"商运公司允认于资本总额内将其半数之股份归汉冶萍所有，凡商运公司营业上所获利益按股均分"。这样，东方商运公司变成了双方各占股50%的中日合资公司，高木陆郎任总董。商运公司资本总额100万日元。

1918年7月1日，汉冶萍决定成立东京事务所，专门承办公司在日本的货物购销业务。7月17日，汉冶萍函告东方公司，两公司签订的代理合同自1918年8月底概行取消，汉冶萍名下所有东方公司股票、公积金全数退还东方公司。

但是，东方公司仍以汉冶萍代理人的身份招摇撞骗，在沪汉日文报纸上刊登广告，自称"代表汉冶萍公司订售货料"。此举引起公司警觉，1919年1月30日在报纸上刊登启事，声明双方合同已于1918年8月底概行解除，高木陆郎作为汉冶萍驻日商务代表的身份也已取消，"本公司与东方商运公司完全脱离关系"。③

---

① 《公司董事会临时会议案》(1913年12月1日)，载鄂档《汉冶萍》上册，第556页。
② 《东方商运公司与汉冶萍公司订立煤铁批发转运合同》(1913年12月13日)，载鄂档《汉冶萍》上册，第556页。
③ 《汉冶萍煤铁厂矿有限公司启事》(1919年1月30日)，载鄂档《汉冶萍》下册，第692页。

其时东方公司仍欠汉冶萍货款 1444484 日元，除已售出货价 322250 余日元立即缴还公司外，其余欠款按照日本顾问笠原的意见折合约 100 万日元交还汉冶萍，并按一成罚款立时交付，同时"将原货赶紧收回"。公司在这起交涉中"综计损失之数约合总数之二成五而强"，即损失高达 25% 以上。

（三）龙烟铁矿遭日攘夺

龙烟铁厂位于河北省龙关县，拥有烟筒山、庞家堡、辛堡、锡富山等处矿山，地质总储量在 5000 万吨以上。

龙烟铁矿是外籍人士安特生 1917 年发现的，1918 年 4 月开始筹备设立龙烟铁矿公司，实行官督商办体制，资本总额 500 万元，官商各半，实收股本共 469.55 万元，在当时可称大矿。1918 年 10 月 23 日，汉冶萍临时股东大会议决，共认 600 股，计 30 万元。

龙烟铁矿公司一时高官富商云集，陆宗舆任督办，丁士源、朱仁宝任会办，商股股东包括徐绪直、梁士诒、盛恩颐等各界名流，农商部技正张新吾任总经理。1919 年 3 月 29 日，龙烟铁矿公司股东大会召开，[①] 盛恩颐当选为董事。

龙烟铁矿基建工程规模浩大，总共花费 120 余万元，试采 3 个月，龙烟公司所属的烟筒山铁矿已出铁砂，含铁量约 55%～60%。筹办之初，欧战尚未结束，铁矿销售甚旺。但铁矿拟建的石景山炼铁厂尚未建成。孙宝琦认为："若以彼之砂由我代炼，在彼售铁既较售砂有利，在我则免得机炉搁置，且可利益均沾，实属一举两得。"双方一拍即合。孙宝琦、盛恩颐晋京，与龙烟公司督、会办磋议，1918 年 10 月 15 日双方签订草合同十条，大致为：用汉阳铁厂暂时搁置的 250 吨化铁炉一座代龙烟公司试炼铁矿，从 1919 年 3 月至 1920 年 2 月，为期一年，所获利润各得一半，规定无论是汉冶萍代售或龙烟公司自售均由龙烟付给汉冶萍佣金 5‰，但对外必须以龙烟公司名义。

[①] 《申报》1924 年 5 月 19 日，《经济部合办事业机关概况表》，1938 年 8 月，转引自汪敬虞编《中国近代工业史资料》第 2 辑，第 708～710 页。

1918年11月17日，双方签订《代炼龙烟铁矿公司铁矿合同》，内容与草合同基本相同，孙宝琦、夏偕复、盛恩颐与陆宗舆、丁士源在合同上签字。① 汉阳铁厂代炼龙烟铁矿正式实施。

1919年初，龙烟铁矿利用汉阳铁厂的第4号高炉，以河南安阳六河沟煤矿的煤和汉冶萍提供的锰矿石、石灰石试炼生铁，共炼4个月，炼成生铁1.6万吨以上。然而好景不长，1918年欧战结束，铁价大跌，汉厂代炼龙烟铁矿出现亏损。经过协商，双方同意缩短代炼期，以3个月为限，总共不超过2万吨，双方均表现出高姿态，龙烟还将汉冶萍"所认而未缴之20万元股份均已预列优先股额，以示优异"。

据1921年1月25日龙烟公司董事会后向农商部的报告称：公司开炉炼铁需流动资金60万~80万元，而汉阳铁厂代炼生铁1.6万余吨，如全部售出，除去成本尚余70余万元，足资补抵。但据同年7月1日陆宗舆在董事会上的报告称：汉阳铁厂代炼生铁尚存10094吨，积压成本太重。② 由于龙烟距汉阳甚远，运费过巨，使汉厂代炼龙烟矿无利可图，加上所炼生铁积压，双方蒙受巨大损失。

龙烟公司为改变困境作过努力，如1922年7月公举张国淦为督办，1923年2月又提出废止督、会办，改用董事制，并主张修改章程，等等。1923年2月4日，龙烟公司董事、监察员联席会议议决：3月4日召开股东大会，以修改公司章程。

此后，龙烟公司发展历经曲折。1928年7月22日，农矿部改龙烟铁矿为龙烟矿务局，委派黎世蘅接任局长。1929年11月24日，铁道部派员接管该矿。龙烟矿务局管理混乱，偷盗成风，局员相互攻讦，生产完全停顿。

此时，日本人的目光盯上了龙烟铁矿。七七事变后，该矿被日本攫夺，拨归兴中公司管辖。1938年4月，日军委托兴中公司整理石景山炼铁厂，改名石景山制铁所，其矿石来源于龙烟铁矿。1940年11月30日，兴

---

① 《代炼龙烟铁矿公司铁矿合同》(1918年11月17日)，载鄂档《汉冶萍》下册，第559~560页。
② 《经济部合办事业机关概况表》，1938年，转引自《中国近代工业史资料》第2辑，第711页。

中公司解散，其资产转让给新成立的华北开发公司。12月1日，日军委托该公司与日本制铁株式会社合资组建石景山制铁所。[1] 1942年，日本又成立北支制铁株式会社，全面接管石景山炼铁厂，疯狂掠夺中国铁矿资源和钢铁制成品，直至日本投降。[2]

（四）公司退出鄱乐煤矿

鄱乐煤矿包括江西省鄱阳县属的洞源岭、老窖头、公孙岭、大吉张家洪门口、炉田岭瑞象峰、罗汉冲6个矿区；乐平县属的鸣山、社令桥、底埠3个矿区；鄱阳县属已测尚未取照的七八个矿区。

鄱乐煤矿原由上海商人谢蘅牕（号天锡）创办，矿区面积9390余亩，储煤约1200万吨，可供炼焦及炼钢之用。民国初年，汉冶萍拟建大冶铁厂，汉冶两厂若6炉齐开，需煤焦量甚大。公司董事会1919年3月25日致函夏偕复、盛恩颐，谓"长江流域之好煤极为难得，计算萍乡焦炭尚不足供应六炉之用，谢君所办鄱乐煤矿，应如经理所议，收为本公司所有，另立鄱乐公司"。双方经过协商，于4月17日签订《鄱乐煤矿合股议约》，共15条，其主要内容有：鄱乐煤矿公司由新旧股东共同组成，旧股东代表谢蘅牕，新股东代表夏偕复、盛恩颐；股本由100万元增至600万元，新旧股东分别占股2/3和1/3，另加红股15万元；谢蘅牕创办煤矿的各种费用，由公司股款内拨还规银50万两，等等。

汉冶萍与鄱乐又于5月18日签订《永远购煤垫款契约》，规定鄱乐各矿区每天产煤，除留存不超过15%以供自销外，其余悉归汉冶萍永远购买；鄱乐每天出煤1000吨以内每吨售价7.7元，每天出煤2000吨以内每吨7.1元，3000吨及超过3000吨，每吨售价6.65元。孙宝琦和谢蘅牕在契约上签字。

鄱乐公司经营情况不佳，内外矛盾重重。夏偕复1923年6月28日致函公司董事会指出：鄱乐"名义虽为另立公司，按之实际确为本公司

---

[1] 朱玉崙：《石景山钢铁厂述要》，载《资源委员会季刊》卷7，第1、2期合刊，1947年6月，转引自《中国近代工业史资料》第2辑，第712页。
[2] 《华北日报》1947年9月1日，转引自《中国近代工业史资料》第2辑，第712页。

所属厂矿之一"。他还认为："鄱乐股额名为 600 万元，谢君方面所占 200 万元实系虚股性质，其余现金 400 万元，完全为本公司所担负。"在夏偕复眼中，鄱乐公司是汉冶萍的全资子公司，这就引起了谢蘅牕的不满，谢于是在股东大会上提出了股款提储、计算存息、改选董监、增设常务董事 4 项要求。夏偕复表示坚决反对，于 1923 年 7 月 6 日致函董事会，针锋相对地声明："一、股款不可提备；二、存息不可计算；三、常务董事不可增设；四、改选董监，我公司方面董事应悉用旧人，即有更动，我董事或职员必须占有六人，监察一人，而必以总经理任会长，副经理任常务董事。"夏还措辞强硬地表示："倘不蒙容纳，致使权利丧失，则偕亦断无再事贵会之理，对于本公司全局之事即不能再负责任。"这既是同公司董事会叫板，也是对谢蘅牕等人的威胁。夏偕复同谢蘅牕的矛盾不断激化。

鄱乐公司的外部环境也不好。1920 年 7 月，洪门口"痞匪勾结，大帮肆行扰乱，全部所有被毁无余"；1922 年 5 月，采掘已达煤层，正拟出煤之际，"鄱阳土匪复大举犯鸣，甫经军警戡定，而赣东溃兵又接踵窜扰，机料强半损毁，工人亦多离散，不得不暂行停工"。① 鄱乐开开停停，1924 年月产煤仅 300 吨，公司已难以为继。

鄱乐历年煤炭产量尚未查到，其数量有限，而汉冶萍却为此耗资巨大。从 1919 年到 1927 年，汉冶萍代鄱乐公司用款达 2113203 元。公司董事会 1928 年 10 月 27 日临时会议批准盛恩颐等人的提议："从前代谢蘅牕君担保之款全数划归鄱乐公司，作为本公司拨付鄱乐存款之一部分。"汉冶萍已准备从鄱乐公司抽身。

20 世纪 30 年代初，汉冶萍与鄱乐经济上均已陷入困境，鄱乐多次恳请汉冶萍拨还存款。1932 年，鄱乐致函汉冶萍："本公司资本六百万元，内有三分之一本息，约银二百余万元，向存贵公司。"虽多次请求公司还款，但公司因自身困难，"乃竟分文未拨"，此次要求归还 30 万元，仍一无所获。鄱乐公司迫不得已，只好于 1934 年 2 月 20 日致函汉冶萍提出向实业部申请援助，以鄱乐股票 100 万元向实业部押借 50 万元。直到 1935

---

① 《夏偕复致公司董事会函》（1923 年 6 月 28 日），载鄂档《汉冶萍》下册，第 571 页。

年1月,汉冶萍才应允鄱乐这一请求。后借款未成,公司董事会1月15日命总经理、襄理"迅将原股票即日收回"。

到1935年6月,处于绝境中的汉冶萍急于甩掉鄱乐这个包袱,6月7日盛恩颐致函公司董事会称:"本公司业务上已无经营鄱乐煤矿之必要。"盛恩颐准备"处分本公司持有之鄱乐股份,以其变价所得拨还是项存款本息,用资了结"。就是说,盛恩颐准备将汉冶萍持有的鄱乐股份打折出售,以其款拨还汉冶萍对鄱乐的欠债,结束双方关系。

为了尽快了结此事,谢蘅牕邀请承受人张啸林、姚慕莲、袁履登三人,均以2.46的折率承受汉冶萍在鄱乐的股份,三人共出资975636元。1935年8月交割完毕。双方签订的"合股议约"等文件一律作废,汉冶萍在鄱乐的股东资格也不再存在。汉冶萍彻底退出了鄱乐公司。

双方当场确认:汉冶萍存入鄱乐股份400万元,除历年支取和提货外,到1935年8月尚存本银1845358元,以年息2厘计,本息共2664950元;而鄱乐积欠汉冶萍本息1688498元,两项相抵,汉冶萍结欠鄱乐976452元,而张啸林等人承受的鄱乐股份975636元,尚不足816元,由汉冶萍当场付清,谢蘅牕出具收据,"所有债权、债务一并了清,毫无拖欠"。① 汉冶萍与鄱乐从此再无债务纠纷。

(五)扬子铁厂辗转入川

扬子机器制造公司,又名扬子机器厂,简称扬子铁厂,系商人宋炜臣、顾润章于1907年集资40万两在汉口谌家矶创办,为民族资本主义企业,以制造桥梁、车辆、车轨为主业。汉阳铁厂在该厂入股5万两并提供了部分旧机器设备。扬子铁厂所用钢铁材料购自汉阳铁厂。两厂关系非常特殊,据说该厂最初是由盛宣怀发起成立的,"初意汉厂供给材料,扬子制造成器,互相为用","汉厂专造大铁货,扬子专造小铁货"。②

扬子机器厂1911年建成100吨高炉,所需焦炭购自河南六河沟煤矿。该厂初期发展较为顺利。欧战爆发后铁价飞涨,扬子铁厂乃于1919年下半

---

① 《盛恩颐致公司董事会函》(1935年8月29),载鄂档《汉冶萍》下册,第575~576页。
② 《李维格致公司董事会函》(1916年6月8日),载鄂档《汉冶萍》下册,第662页。

年增资 100 万两，建造高炉 1 座，由美国人贝林马肖设计，高 20.5 米，容积 248 立方米，日可出铁 100 吨。除炉体外，高炉主要设施为汉冶萍公司制造，1920 年 6 月出铁。其矿石来自安徽当涂（后改用大冶象鼻山矿石），锰矿来自湖南湘潭，石灰石来自大冶，焦炭来自中兴、河南六河沟、江西萍乡等地。扬子铁厂拥有化铁、机器、翻砂、桥梁、造船等六个车间，虽号称国内八大铁厂之一，但规模不大。

欧战结束后，铁价猛跌，扬子铁厂所欠焦炭款无法偿还，遂将铁厂产权抵押给开滦煤矿，1923 年又将全厂出租给六河沟煤矿公司，未久，王正廷等增资 50 万元，将该厂更名为六河沟铁厂。

王正廷，曾任北洋政府工商部代总长、参议院副院长、巴黎和会中国全权代表，是中国近代政界、商界的名人。

大河沟铁厂聘汉阳铁厂的陈廷纪为总工程师，工厂恢复生产，共产铁 18.4 万吨，平均年产 18246 吨，其中头号铁约占八成，除自用外，还供应汉、沪等地厂商。该厂更名之初，经营尚可，1924 年 9 月每吨生铁成本 37.34 元，但未维持太久，1932 年 3 月每吨生铁成本升至 68.37 元，经营惨淡，靠抵押资产借债勉力维持，后被迫停产，抵押给中南银行。抗战爆发后，该厂西迁重庆。

（六）仙居铁矿无果而终

仙居铁矿又称城门山铁矿或城门铁矿，位于江西省九江县仙居乡城门山，距九江约 30 里，距长江约 17 里，矿区面积 559.58 亩，有矿区三处：大窑坡、烧火山、金鸡嘴，系盛宣怀 1899 年 3 月派大冶铁矿局总办解茂承率领洋矿师勘得。[①] 清末，盛宣怀将此山出售给广仁善堂。辛亥革命后，赣督李烈钧对此山极为关注，数次派人踏勘。1918 年 10 月，赣省官绅已派员赴汉冶萍洽谈合办事宜。12 月 19 日，创办人孙孟晋、李经方、夏偕复、盛恩颐等 9 人呈文农商部，发起组织仙居铁矿有限公司，暂定股本 240 万元，并附《仙居铁矿有限公司章程》。1919 年 1 月 4 日，北洋政府

---

① 《盛宣怀咨诫勖文》（1899 年 3 月 31 日），载《盛档》（四）之《汉冶萍公司》（二），第 90~91 页；《九江城门山矿床说明书》，载鄂档《汉冶萍》下册，第 582 页。

国务会议通过了仙居公司章程。1月6日，公司召开创办会议，推举孙宝琦、徐又铮、王揖唐、李经方、盛恩颐等9人为董事，夏偕复等3人为监察员。1月10日、12日、14日公司董事会先后召开三次会议，推举王揖唐为董事长，并通过"公司简章"和"办事细则"。2月7日，汉冶萍决定认股1/3。

但是，仙居铁矿亦出师不利。由于江西方面的阻挠，该矿开矿仅3个月矿照被扣，并迟迟未能领到新矿照，更无法进行开采。1921年6月9日，孙宝琦致函董事会，认为"仙居铁矿既经停搁不办"，就应当设法收回并销毁公司在"该矿一切案据及填就股票"，并对公司拨交仙居的开办费1.3万元"妥为办理"。

公司董事会1921年6月17日致函夏偕夏、盛恩颐，委派汉冶萍驻京事务所所长王晋孙同仙居铁矿"清算从前开办用款账目"。至此，汉冶萍同仙居铁矿的关系画上了句号。

(七) 振冶铁矿结束租采

振冶铁矿位于安徽当涂，拥有钟山、姑山、钓鱼山、和睦山、观音山五处矿区，总面积824.97亩，系安徽桐城人方聘商1914年租赁开发，名曰振冶铁矿公司，方履中（号玉山）任经理，1916年该矿向农商部注册领取矿照。

1918年是欧战最后一年，汉冶萍"熔铁量日渐扩张，大冶铁砂不敷分配"，公司董事会2月15日议决："租当涂矿山，补大冶之不足，事属可行。"3月6日，汉冶萍与振冶公司签订《买卖矿砂合同》，规定"除前钟山由乙公司（振冶）自备采炼外，其矿区内之后钟山、钓鱼山、姑山、前后和睦山及观音庵前后山等，均由甲公司（汉冶萍）认购，乙公司不得另售与他人"。矿石价格规定为："除开采工资、建设矿税等费"外，10万吨以内，每吨矿石由汉冶萍付给振冶1元；10万吨以上至20万吨，每吨核减0.1元；20万吨以上每吨再减0.1元。①

---

① 《汉冶萍公司与振冶公司订立买卖矿砂合同》（1918年3月6日），载鄂档《汉冶萍》下册，第590页。

但是，振冶面临的外部环境相当复杂。一是官府干涉，"倪（嗣冲）都督对于皖矿向持干涉主义，凡未领照之矿，固收归官有，即已领照者，仍思乘机收并"。二是地方势力试图染指，"地方人民见于动工在即，要求红利者有之，要求公益捐者有之，逐之耽耽，群思染指"。①

为加快采掘进度，振冶公司和汉冶萍采取了一些措施，如指派汉冶萍职员周开基（号子建）担任工程负责人，"凡工程设施及指挥工人等事皆属之"；又如在当地查家祠堂前悬一木牌，上书"振冶公司工程处"，以扩大影响；再如，从大冶铁矿调派工人前来振冶铁厂指导，等等。②

周开基在振冶铁厂做了一些工作，如招雇或从冶矿拨用矿工共 50 余人，为试探采掘作准备；在矿区开采窿口多处，仅一处明窿就采出铁矿 100 余吨，已取样送往汉阳铁厂化验等。双方约定，先试掘钓鱼山、姑山两矿，期限 3 个月。到 1918 年 12 月底，钓、姑两矿共探明储量 400 万吨以上，含铁 50% 以上。到 1919 年底，"始将钓、钟、和、姑、观音等山一律探竣"。双方于是在 1920 年 2 月 20 日签订《售砂合同》，规定钓鱼山、后钟山、和睦山、姑山、观音庵前后山所出矿砂，由汉冶萍认购，振冶公司不得售与他人。

振冶公司同年 3 月 6 日聘汉冶萍技术课课长周厚坤为总工程师，"执行本处范围以内工程上用人用款一切事务"，其权力仅次于总理。

由于当涂铁矿试探效果尚佳，拟筹备开采，汉冶萍同振冶于是改订合同，重新组织一家公司——振冶公司姑钓和观后钟工程处，方履中任总理，汉冶萍推荐周厚坤任总工程师。5 月 8 日，《姑钓和观后钟工程办事权限大纲》公布，指定汉冶萍总事务兼会计员丁应午任总务员，同样拥有仅次于总理的巨大权力。1921 年 7 月 5 日，两家公司签订《售砂合同》，规定汉冶萍 5 年内购买振冶公司和睦山、观音庵前后山所出的矿砂 25 万吨。同一天，双方签订《矿区基点声明书》和《售砂议价标准及收付款项契约》；振冶公司颁布《订聘工务长合同》，规

---

① 《夏偕复致方履中函》（1918 年 9 月 10 日），载鄂档《汉冶萍》下册，第 591 页。
② 《方履中、夏偕复致周开基等函》（1918 年 9 月 17 日），载鄂档《汉冶萍》下册，第 592 页。

定"工程处设工务长一人,执行本处范围内工程上用人用款一切事务",周厚坤兼任工务长,掌管"和观工程处"图章。至此,双方的合作达到高潮,汉冶萍基本掌握了振冶铁矿的矿权、山权和工程、财务等大权。

但是,由于受多种因素制约,振冶铁矿时采时停,至1925年该矿停工,共采砂约30万吨。抗战爆发后,形势日紧,1937年10月21日周厚坤致函丁应午称:"姑钧和观后钟工程处久经停办,应予裁撤。"12月3日,丁应午复函周厚坤,对此表示赞同,并对人员裁撤、房屋退租、积存矿砂处理等提出处理意见。汉冶萍停止租采振冶公司铁矿。

(八)汉昌公司即行停办

汉昌炭铁公司设厂于大冶,系沈和甫创办的沈亦昌铁厂与汉冶萍合资组建,主要利用大冶铁矿的矿砂、白石等原料,以土炉炭炼,生产的铁锅由公司矿驳带运至汉,再由公司"汉平"等轮运往上海销售。1918年8月13日,双方签订合同,正式组建汉昌炭铁公司,资本定为5000元,共十股,汉冶萍占六股,沈和甫占四股并担任经理,汉冶萍派员任司账并负责销售,决定先设两炉试炼。根据合同要求,双方9月份拟具《办事规则》,规定汉昌公司除设经理、司账各一员外,增设总理一员,此职由夏偕复兼任,《规则》规定:"一年得利若干,分十四成,以十成归股东,一成酬总理,半成酬经理,一成公积,余一成半酬同人。"总理所得酬劳是经理的一倍。

同汉冶萍其他合资企业一样,汉昌公司经营也不顺利。1919年9月,公司已筹集正本辅本共8000元,"该炉告成,试炼三日,不能出铁,遂即停止",用款已超过8000元,"推原其故,皆因创始不得其人,而造炉工匠由湖南招来,又不内行,致无结果"。[①]

沈和甫派代表陈焕如来冶调查,其意见是继续办下去。夏偕复、盛恩颐10月15日明确表示:"解除合同,即行停办",并对善后事宜作了安

---

① 《季厚堃致夏偕复、盛恩颐函》(1919年10月9日),载鄂档《汉冶萍》下册,第580页。

排。汉冶萍又一合资企业灰飞烟灭。

（九）泾县煤矿无意开采

安徽泾县煤矿与振冶铁矿同为方履中所创办。据矿师王冠英、冶矿矿长杨华燕1918年先后勘察，认为泾县煤矿储量为100万吨。7月1日，汉冶萍董事会常会讨论是否购买此矿，但未作出决定。

丁履中对此事似乎格外热心，于1918年7月9日致函汉冶萍称："鄙人创办此矿，颇历艰辛，轻弃既所不安，拓张又复不易，贵公司既以此矿合于炼焦之用，鄙人亦因此可稍卸仔肩。"很有点甩包袱的味道。

公司对此事态度谨慎。9月30日董事会临时会议决定："先行租探一年，以定行止。"公司付给泾县煤矿租金1万元，另借给该矿5万元。

但是，泾县煤矿并不是优质富矿，所取煤样所含灰成分与硫黄成分太高，无法用于炼焦、炼铁。公司代总经理盛恩颐于1925年2月20日致方履中函中指出："该矿之质既不合用，且矿量亦不丰富，敝公司目前经济又形竭蹶，是以暂时无意开采"。①

汉冶萍同泾县煤矿拖了六七年的租赁关系至此终结。

汉冶萍合资企业还有设于武汉的聚庆源机器制造股份有限公司等多家。这些公司或昙花一现，或无果而终，无一桩成功之例。

这也是汉冶萍走向衰败的一种表现。

七　公司地位急剧下降

（一）公司排名迅速后移

自1890年张之洞创办汉阳铁厂并开采大冶铁矿起，到抗战爆发前夕，全国已开采或开采未久即停办的铁矿多达10余处，其中包括大冶铁矿、象鼻山铁矿、辽宁庙儿沟铁矿、辽宁弓长岭铁矿、辽宁鞍山铁矿、安徽繁昌铁矿、安徽当涂铁矿、安徽铜官山铁矿、山东金岭镇铁矿、江苏凤凰山铁

---

① 《盛恩颐致方履中函》（1925年2月20日），载鄂档《汉冶萍》下册，第601页。

矿、河北滦县铁矿、察哈尔宣龙铁矿、河南修武铁矿等。还有一批已被发现而尚未开采的铁矿，如湖北灵乡铁矿、鄂城西山雷山铁矿、安徽鸡冠山铁矿、热河滦平铁矿与隆化铁矿等。

随之兴办的还有一批钢铁厂，如汉阳铁厂、大冶铁厂、本溪湖制铁所、鞍山制铁所、扬子机器公司、龙烟公司、和兴铁工厂、阳泉铁厂、上海钢铁机器股份有限公司等。

中国钢铁工业在世界钢铁大舞台的地位本来就很低，20世纪二三十年代，中国铁矿石产量约占世界总产量1%~2%，生铁产量约占4‰~8‰，钢产量则仅约占万分之二。详见表6-4、表6-5和表6-6。

表6-4 中国铁矿石产量占世界总产量比例（1927~1931年）

年 份	世界总产量（万吨）	中国总产量（万吨）	中国占比（%）
1927	17144.5	171.0	0.99
1928	17431.0	200.4	1.15
1929	20126.3	263.0	1.13
1930	17902.4	225.2	1.36
1931	11907.0	244.7	2.05

表6-5 中国生铁产量占世界总产量比例（1927~1931年）

年 份	世界总产量（万吨）	中国总产量（万吨）	中国占比（%）
1927	8477.9	41.1	0.44
1928	8758.5	43.4	0.47
1929	9729.2	44.3	0.45
1930	7976.9	47.3	0.59
1931	5555.3	47.8	0.86

表6-6 中国钢产量占世界总产量比例（1927~1931年）

年 份	世界总产量（万吨）	中国总产量（万吨）	中国占比（%）
1927	10185.0	3	0.029
1928	11001.0	3	0.027
1929	12050.0	2	0.016
1930	9488.5	1.5	0.015
1931	6908.5	1.5	0.021

资料来源：表6-4、表6-5、表6-6均见《中国近代工业史资料》第3辑，第748~749页。

到抗战前夕，中国生铁（含铁合金）、钢产量在世界总产量中所占比例已微不足道，不仅无法与美、苏、德、英、法、日等钢铁大国相比，连与经济落后的印度比较也相形见绌。见表6-7。

表 6-7　1935~1937 年中外各国钢、铁产量比较

单位：万吨

国　别	1935 年 钢	1935 年 生铁与铁合金	1936 年 钢	1936 年 生铁与铁合金	1937 年 钢	1937 年 生铁与铁合金
英　国	1001.7	652.7	1197.4	784.5	1219.2	862.9
美　国	3464.0	2171.6	4853.4	3152.7	5138.0	3772.3
苏　联	1260.0	1248.9	1624.4	1439.5	1782.5	1452.0
德　国	1614.4	1284.6	1875.6	1530.2	1935.6	1596.0
法　国	625.5	187.2	668.6	198.7	790.2	251.2
日　本	470.3	196.5	523.3	207.2	580.1	239.7
印　度	87.6	149.0	88.6	156.8	91.0	165.5
中　国	18.2	69.7	35.0	71.2	34.0	79.7

资料来源：《中国近代工业史资料》第3辑，第786页。

中国钢铁业如此落后，汉冶萍更是一蹶不振。汉阳铁厂所产钢铁在全国钢铁总产量中所占的比例随着公司的衰败和国内其他钢铁厂的兴办而不断下降，1911年之前为100%，1912年陡降为6.2%，此后，所占比例长期徘徊并呈下降趋势，1925年之后，汉冶萍属下的钢铁厂全部停产，钢铁产量为零，汉阳铁厂在全国钢铁业一枝独秀的局面一去不复返。详见表6-8。

表 6-8　汉冶萍钢铁产量在全国钢铁业所占比例

单位：吨，%

年　份	全国钢铁产量	公司钢铁产量	公司钢铁产量占全国钢铁总产量比例	备　注
1912	180510	11310	6.2	
1913	310150	110149	35.5	
1914	355850	182098	51.1	
1915	385016	184900	48.0	

续表

年份	全国钢铁产量	公司钢铁产量	公司钢铁产量占全国钢铁总产量比例	备注
1916	414858	191669	46.2	
1917	400966	192582	48.0	
1918	385794	166148	43.0	
1919	442594	170947	38.6	
1920	497808	163707	32.8	
1921	476213	170660	35.8	
1922	431844	149810	34.6	含冶厂1000吨
1923	371487	159896	43.0	含冶厂86144吨
1924	—	179128	—	含冶厂117860吨
1925	—	53482	—	含冶厂53482吨

资料来源：汉厂、冶厂产量见《汉冶萍公司钢铁产量表》，载鄂档《汉冶萍》下册，第444页；全国钢铁产量见《汉冶萍公司志》，第26页。

公司铁矿石产量已无缘全国第一。详见表6-9。

表6-9 抗战前夕全国主要矿山铁矿石产量

单位：万吨

矿山＼年份	1935	1936	1937
辽宁鞍山及弓长岭	123.5	126	150
辽宁庙儿沟及歪头山	25	26	45
大冶铁矿	54.5	60.4	37.6
察哈尔龙烟铁矿	—	—	9
山西阳泉	1.8	2.2	1
安徽当涂	12	29	20
安徽繁昌桃冲	28	28	18
山东金岭镇	15	15	15

注：对此表进行了一些调整，并对大冶铁矿矿石产量做了订正。
资料来源：《中国近代工业史资料》第3辑，第755页。

萍乡煤矿在全国的排名不断后移，欧战后其生产能力已落后于抚顺、开滦、中兴、中福、井陉、鲁大、门头沟、六和沟、本溪湖等煤矿，在全国十大煤矿中排名末位。①

萍乡煤矿自1928年被江西省接管后每况愈下，矿内机器设备如洗煤机、抽风机、气泵等，因屡遭战争破坏已无法使用。到1933年，萍矿更是破败不堪。据新闻记者报道，工人由1万降为2000人，"且每日仅得半数可轮流做工，工资一角，自食不敷，更无余力以赡其家矣"。②

（二）中日铁厂形成反差

主要依赖大冶铁矿石维持生存的日本八幡制铁所的发展同汉冶萍的衰败形成了强烈反差。1900年制铁所生铁产量仅876吨，而汉冶萍已达25890吨，占压倒性优势。1904年，煤铁互售合同签订后，拥有质优价廉铁矿石来源的八幡制铁所开始飞速发展，1906年生铁产量100570吨，首次突破10万吨，1911年更达到147668吨。而汉冶萍的生铁产量一直上升缓慢，直到1910年才达到119396吨，此后10年，两家企业的差距越拉越大，1916年制铁所生铁产量为302058吨，同年汉阳铁厂生铁产量146624吨，只有制铁所生铁产量的48.5%。而钢产量1907年汉冶萍仅8538吨，制铁所则为141877吨，此后，汉冶萍钢产量一直远远落在制铁所后面，到1914年欧战爆发后，钢产量仍只有51252吨，而制铁所钢产量已达333795吨，为汉冶萍公司钢产量的6.51倍。到欧战结束的1918年，制铁所钢产量突破40万吨，达453824吨，而汉冶萍公司钢产量反降至26996吨，前者已是后者的16.8倍。

像日本这样一个铁矿石资源极其匮乏的国家，如果不是通过"借款"等方式从中国大冶、汉阳大量输入质优价廉的铁矿石和生铁，日本钢铁业的发展是不可想象的。到1925年，八幡制铁所将重要对手汉阳铁厂完全挤出了竞争舞台。

居心叵测的日本人设下陷阱，日本内阁会议1913年10月14日决定：借给汉冶萍1500万日元，"本利还清，主要以铁矿及生铁购价充当，约40年还清"。③ 就是说公司在40年内要输送日本铁矿石、生铁两项共计折合

---

① 中国工程师学会主编《三十年来之中国工程》，台北，华文出版社，1967，第4~5页。
② 《汉冶萍公司史略》，第224页。
③ 《日外务大臣牧野伸显致驻华公使山座密电》（1913年10月22日），载《汉冶萍与日本关系史料》，第408页。

铁矿石3000万吨，著名地质学家翁文灏就此发表评论："其中大冶铁矿为汉冶萍公司所有的实际不过2000万吨，所以他们把大冶铁矿整个卖尽了，还要倒欠日本铁矿1000万吨。"[1] 这倒欠日本的1000万铁矿石只能靠中国其他矿山的铁矿石来弥补，中国钢铁业永远也逃不出日本人的桎梏。

更加令人忧虑的是，盛宣怀死后汉冶萍继续向日本人借款。1917～1930年，汉冶萍向日本横滨正金银行、安川敬一郎、兴业银行共借债9次（其中含公司应领的九州制钢公司股票和两次息款）。截至1930年5月，汉冶萍共向日本借款50601800.84日元、规银390万两、洋例银82万两。如此巨额的债务负担，像无数根粗大的绳索把汉冶萍紧紧捆住，公司生存已极度困难。

第二节 公司与湖北矛盾的尖锐化

欧战之后，随着汉冶萍的衰败，内外矛盾不仅没有消退，反而进一步激化。公司同湖北当局围绕"提铁捐"、"改征砂捐"等事项发生激烈争论，双方的矛盾更加尖锐和复杂。

一 提铁捐与改征砂捐

汉冶萍同湖北当局有关矿权与债捐的分歧不是新问题。自1918年公司同鄂省官、绅合办灵乡铁矿"办法"签署后，矛盾虽一度缓解，但并未消失。1919年2月，湖北官厅拟订《灵乡铁矿办法》，夏偕复2月6日逐条批示。双方的分歧集中在占股比例、领导人选、归还债款三大问题上。湖北认为，鄂官矿应占股4成；正、副经理和总工程师均由股东拟议，呈请湖北省长指派；汉阳铁厂开办费558万两，"所议筹还六百万元，即请全

---

[1] 翁文灏：《日本人如何取得铁矿砂的供给》，《独立评论》第1号，1932年5月22日，第13页。

拨现金"。夏偕复则认为：汉冶萍在灵乡应占股4成；总工程师应由汉冶萍选派；600万元应分作6年摊还。

双方更就砂捐问题发生激烈争论。湖北提出：公司出售的铁砂每吨缴银5钱，夏偕复则表示：公司本无完纳砂捐之必要，但为了从速解决难题，夏表示：照部章每吨缴捐4角。

湖北为了取得主动权，在组织上作了必要准备。1917年成立的汉冶萍公司鄂产清理处，1919年归并于鄂事务所，"集全力以争"。双方的较量达到白热化程度。

公司与鄂省的矛盾最初主要集中在铁捐上。据统计，从1896年至1916年，公司拨付丝麻局、汉阳堤岸各工程银两及兵工、钢药两厂所需的材料，共达100余万两，而从1917年至1920年，湖北收取汉厂27.8万余两，这都是作为铁捐上缴的。但自从欧战结束后，汉、冶两厂钢铁产量不断减少，直到最终完全停产。按照每产铁一吨收银一两的规定，湖北收到的铁捐也将越来越少，湖北当局于是开始在砂捐上做文章。1923年5月，湖北代民政长时象晋呈文湖北督军兼省长萧耀南，认为汉冶萍向日本出售矿砂1500万吨，已漏缴铁捐900万两，而汉厂亦漏缴400万余两，"若不特设专局，派员监视抽收，何能得其确数"。①湖北方面的打算是"每砂一吨抽取捐银六钱"。

未久，萧耀南致函公司董事会，以鄂产清理事务所的名义，"仍请变更奏案，不抽铁捐改抽砂捐"。这显然是公司无法接受的，5月10日，公司董事会致函萧耀南，驳斥了所谓公司"隐匿漏捐与违反成案"的指责，明确表示："鄂产清理事务所所请改抽砂捐，敝公司万难承认。"

公司董事会6月8日再次致电萧耀南，重申上述立场。但是，湖北当局并无改变抽取砂捐的打算，反而组建董事会，拟具收捐章程，聘任经理、干事，准备于6月中旬在大冶石灰窑设砂捐局开征。汉冶萍董事会被迫于6月9日致函农商部："敬祈大部俯赐毅力主持，电咨湖北萧兼省长转饬鄂产清理处取消设局改抽砂捐之议。"

湖北当局为自己的行为辩护，认为"改抽砂捐并未加增公司担负"。

---

① 《时象晋呈萧耀南文》（1923年5月），载鄂档《汉冶萍》下册，第199页。

公司董事会 6 月 25 日致电萧耀南，驳斥这一说法。公司认为，以每吨铁捐一两计算，抽捐至重之时不过 1/40，而当时矿砂每吨售价不过银元 3 元，竟欲抽捐 6 钱，约合银元将近 1 元，实计收捐 1/3，"需加捐数十倍之多，天下亦无如此重税"。

夏偕复见事态紧张，于 6 月 26 日致函董事会，请会长孙宝琦和盛恩颐赴鄂协商，并附《湖北交涉节略》。

二　双方态度亦硬亦软

孙宝琦阅历丰富，处事老练，对鄂省态度较为和缓，孙 7 月 9 日致函董事会称："此事鄂省既坚持设局征收，势难再为抗拒。" 7 月 24 日，孙宝琦再次致函公司董事会，除重申上述立场外，还特别指出："出售矿砂，倘每吨纳四角之税，较纳矿产税不相出入，似应委曲求全，以冀先行解决。"① 7 月，湖北在大冶设立砂捐局。

尽管公司在砂捐和合办灵乡铁矿等问题上作出了一些妥协，与鄂省代表进行了多轮商谈，但双方始终未能达成一致。鄂省清理处决定采取单方面行动，1925 年 5 月请省长萧耀南指令汉阳铁厂"不许片铁回炉，连同焦末一律按月交付，以便作价抵偿捐款"，并打算拘留吴健厂长。

湖北当局还拒绝与公司高层见面。1925 年 10 月上旬，赴萍乡处理工潮事件完毕返沪途经武汉的盛恩颐欲趁机与萧耀南商谈砂捐事宜，但"萧兼省长筹画军事，日昃不遑，谒商未便"。② 盛恩颐吃了闭门羹。

湖北当局的态度越来越强硬，尽管公司董事会已发出"恳饬地方文武停止强制执行"的请求，但鄂省仍在汉厂查封货物，"并收管轮驳，连日查点废铁、焦末，又借去四码头煤栈一所"，湖北军方和警厅均"奉命来厂调查产业"。③

---

① 《孙宝琦致公司董事会快邮代电》（1923 年 7 月 24 日），载鄂档《汉冶萍》下册，第 202 页。
② 《盛恩颐致公司董事会函》（1925 年 12 月 26 日），载鄂档《汉冶萍》下册，第 265～266 页。
③ 《公司董事会致孙宝琦函》（1925 年 12 月 10 日），载鄂档《汉冶萍》下册，第 204 页。

三　公司财产人员被扣

扣押轮驳是汉冶萍最为焦虑之事。1926年春，湖北省政府扣押公司轮船4艘，驳船15艘。由于汉冶萍一些轮驳被扣作军用，鄂省经向各方索还寻获，一年之中共有12艘小轮、19艘驳船归还湖北省政府，只有海军司令陈绍宽占用的轮驳始终未还，但鄂省收回的轮驳并未归还汉冶萍。失去轮驳，公司处境更加艰难。

公司被迫于1926年1月22日向两湖巡阅使吴佩孚求援："无如敝公司现被鄂省逼迫太甚，年关在迩，尚不知能否渡过。"

据时任湖北象鼻山铁矿局局长詹大悲12月31日致汉阳铁厂、运输所函中称：汉冶萍"经济异常困难，风闻拟将汉厂所存钢轨15500吨，又各种钢材约计3000余吨，又冶厂片铁约千吨上下，不日即行以运输所轮驳运沪销售"。而这些轮驳也将"概行收回，借抵砂捐欠款"。汉冶萍已山穷水尽。

汉厂存有焦炭7070吨，鄂省政府竟在1927年1月派员"保管"，并称"此次奉命接收保管此项焦炭系为抵偿公欠起见"。

特别严重的是，交通部部长孙科3月28日令汉冶萍"直接与鄂政府处理清楚，不得借词推诿"。由于交通部偏向鄂省，汉冶萍被湖北官矿局因砂捐问题悬而未决而扣用的轮驳长期未能归还，公司虽反复交涉，均无效果。

1927年10月20日，公司与鄂省在武昌官矿公署举行酒会，谈及砂捐事，非但未达成协议，官矿公署反将公司运输所所长盛铭扣留，公司虽多方奔走，仍未放人。11月2日，湖北农工厅长王祺与汉厂代理厂长黄金涛就如何结束砂捐事件举行会谈，王祺提出：（1）清理（公司）创办起之砂捐；（2）缴讨新捐6万元，释放盛所长；（3）保证今后新捐不再拖欠。

经过"诚意商洽"，双方达成协议13条，公司认缴砂捐6万元，其中缴纳现银1.4万元，另以锰砂2500余吨提单抵押4.6万元。11月15日，盛铭出具甘结，同意以公司轮驳作为抵押品，遵照议定税率陆续缴纳砂捐，同时由汉口招商局局长施子藩出面作保，鄂方才将盛铭放回。

事后不久，湖北公矿局局长潘康时涉嫌犯罪被拘，汉冶萍趁机推翻前议，登报否认前述协议。

四 鄂省提走公司财物

汉冶萍1928年5月16日为解决砂捐之事提出四项"条议"：捐率、缴捐办法、付缴欠捐、轮驳发还。但湖北当局并未采纳这些条议，反"将所收轮驳招商营业，由振兴公司立约承办"，经湖北政务委员会第24次会议通过后，于1928年2月起将轮驳派驶宜昌、沙市、武汉一带，装运货物，后因土匪猖獗、军差频仍等原因，致使营运受挫，国民政府军事委员会和交通部将这些轮驳"悉数交京粤两路军事运输委员会接收"。这些轮驳并未归还公司，砂捐交涉更无进展。

盛恩颐和襄理赵兴昌为促成轮驳和砂捐等问题的解决，于1928年9月提出"协议书"。会长孙宝琦1929年1月21日致函时任国民党武汉政府分会主席李宗仁，除递交"协议书"外，恳请李宗仁将砂捐一案"不日解决"，并将轮驳"一并发还"。但李宗仁以"仁现在服务中央，诸多碍难"，将问题推给了鄂省政府和海军当局。[①]

此后，湖北债捐委员会经过改组，各委员均由政府官员兼任，对汉冶萍态度更趋强硬。1930年，何成濬出任湖北省政府主席，提议将鄂债捐委员会改组为清理汉冶萍湖北债捐处（以下简称鄂清理处），设董事及主任等职，仍以湖北士绅任之。孙宝琦12月11日致电何成濬，恳求"转商清理处诸公先将砂捐条件解决，发还轮驳"。何成濬态度仍然强硬，于1931年3月16日致电公司董事会，指责公司"竟欲一款两付，借图搪塞，殊属不合"。

何成濬所说的"一款两付"，系指公司向浙江四明银行借款规元30万两的抵押品汉厂所存钢轨1.5万吨，截至1931年11月底，除已还外，尚欠本银36.6万余两，抵押钢轨尚存1.2万吨，而鄂财政厅欲以此钢轨作为

[①] 《李宗仁致孙宝琦函》（1929年1月26日），载鄂档《汉冶萍》下册，第212页。

抵押品向汉口各银行借款，这就是所谓的"一款两付"或"一物两抵"。

鄂省 1932 年初提走汉厂所存钢轨及配件 300 余吨，狗头钉 20 万枚，财政厅又提走本已押给四明银行的钢轨 100 余吨。公司同仁悲伤已极，公司董事会 1932 年 1 月 24 日致何成浚代电称："彼瓜已稀奚堪再摘！"而湖北省政府反于 1 月 30 日指斥公司"强词夺理，殊属不合"。

夏斗寅执掌湖北省军政大权后，对公司更变本加厉，于 3 月 21 日派员提走本已押给四明银行的钢轨 860 根及各种配件，公司董事会于 4 月 20 日致夏斗寅代电哭诉："不蒙鉴谅，不恤瓜稀，三摘四摘，钧府似此压迫有加无已，厂商不惟惶惑失望，且将无所措手足矣……万恳俯赐矜恤，勿再提取，为中华实业稍留一线生机。"

夏斗寅无动于衷，反于 4 月 30 日做出批示，竟称"汉阳铁厂纯系本省官股创办"，怒斥公司"仅主张一方利益，而对于本省债权绝不顾及，殊属不合"。6 月 9 日湖北省政府又做出批示："此项钢轨自当予以处分，借资抵偿。"

公司 1932 年 7 月派襄理赵兴昌与湖北清理处继续洽商。9 月，鄂清理处提出"对大冶矿厂历年出砂及应解砂捐统计"。据称，从 1896 年至 1932 年 8 月，该矿共出矿砂 11295355.7 吨，应解缴砂捐总额 6777213.4 两。鄂清理处认为：张之洞创办汉厂动用鄂官款 568 万余两，至 1931 年底，汉冶萍总欠鄂本息 17972860 两。上述两项相加达二千数百万两，而公司历年缴纳之款加上鄂省扣卖所获总共只有 200 余万两，两抵公司尚欠 2000 余万两，约合洋 3000 余万元，"为数之巨，实堪惊异"。①

鄂清理处这样漫天要价当然无助于问题的解决。事实上，鄂清理处自成立以来，"毫无成绩，每年二三十万元之轮驳收入概以开支薪工、修理轮驳，报销净尽，浮滥无可讳言"。1932 年 10 月，湖北监察处主任张难先呈文，批评清理处"徒糜公帑，自应立即裁撤，以杜浮滥"。湖北省政府 10 月 18 日批准了这一呈文。

尽管如此，公司处境并未改善。1933 年 4 月，鄂豫皖三省"剿匪"总

---

① 《湖北省财政厅清理汉冶萍湖北债捐处函》（1932 年 8 月 3 日），载鄂档《汉冶萍》下册，第 219~220 页。

司令蒋介石命鄂财政厅:"厂轨扫数提清分交陇海、平汉、津浦各路。"公司董事会闻讯"不胜惶急",于 4 月 17 日致蒋介石快邮代电,除说明上述钢轨早已押给四明银行外,并称:"查砂捐一项,据鄂省清理处自行结算亦止积欠 50 余万,而鄂省清理处所扣去之轮驳一项价值已逾 200 余万,加以租船及提用料价并历缴现款,敝公司所受损失不可胜计,"请求蒋介石"渊衷明察","以恤商艰而广仁政"。① 这封快邮代电石沉大海,"卒无效果"。

尽管"公司财政困难达于极度",但湖北省非但未作任何让步,1934 年反而要求将所缴砂捐增至 12 万元,"态度甚为坚决",公司只好"勉力照办"。②

公司董事会转于 5 月 19 日呈文实业部,"吁恳大部俯鉴下情,赐予维持",并呈报"大冶铁矿运交制铁所矿砂吨数及应付湖北砂捐表"。据统计,从 1923 年 7 月至 1934 年 3 月,公司运日冶砂共 3098225 吨,按砂捐每吨 0.425 两计算,应付湖北砂捐 1316745 两。

蒋介石因军事需要,"催缴砂捐甚急"。在蒋的催促下,汉冶萍与湖北省 1935 年 10 月提出砂捐结算表,公司欠鄂省砂捐(1923～1934 年)2187585.75 元,鄂省欠公司包括轮驳租费、煤焦生铁等价款、砂捐局等领取现款、提去钢轨款等(1920～1933 年)共 2477641.71 元,两抵鄂省欠公司 290055.96 元;1927 年鄂省应偿公司损失(包括轮驳成本利息、轮驳 7 年租金、取去船上所用料价)16199323.23 元。两项合并湖北共欠公司 16489379.19 元。③ 但此事是否得到湖北省政府承认,尚不得而知。

五 当局对债捐的结论

直到抗战胜利后的 1948 年 11 月 13 日,孙越崎兼任主任委员的汉冶萍

---

① 《公司董事会致蒋介石快邮代电》(1933 年 4 月 17 日),载鄂档《汉冶萍》下册,第 221 页。
② 《董事会常会议案》(1934 年 5 月 1 日),载鄂档《汉冶萍》下册,第 54 页。
③ 《汉冶萍公司与湖北省砂捐结算表》(1935 年 10 月),载鄂档《汉冶萍》下册,第 223～224 页。

公司资产清理委员会呈工商部、资源委员会文中附录的《公司与湖北省政府之债捐问题节略》中对债捐等事宜做出如下结论：

（1）鄂省府计算应缴捐银，自1996年至1937年共6561066.99两，而照汉冶萍公司计算，应缴铁捐砂捐总数为5016311.62两，较鄂省统计少1544755.36两。

（2）鄂省府计算，先后共收捐银2062782.97两，但历年向公司提取的煤焦、生铁、钢轨、现款及扣留之轮驳均未作价计算抵冲。照公司计算，已缴铁捐及煤焦、生铁、钢轨作价共3718200.82两，较鄂省统计多1655417.84两，尚有扣留之轮驳作价及租费，共15001596.61元。

（3）照鄂省府开列之数，公司结欠砂捐银4498284.01两。

（4）照公司缴纳铁捐砂捐账内计算，鄂省府结欠公司物料价款共计13173271.54元。

汉冶萍公司资产清理委员会最后的结论是："汉冶萍公司对国家所用建厂款项应向中央负还本纳捐之责。民国以来，此项应纳之债捐皆由湖北省政府代中央征收截用，是以鄂省府历年向该公司提取债捐、物料款项等，均应缴还国库。"①

就是说，公司结欠砂捐银449.8万余两和鄂省府结欠公司物料价款1317.3万余两都应上缴国库。而鄂省结欠公司的款项远多于公司所欠的砂捐款。

事情以这种戏曲性的方式结束，但它给汉冶萍公司的伤害却是严重的、长久的，甚至是致命的。

第三节 公司与中央纠葛的长期化

20世纪20年代后期，中国政坛的最大变化是武汉国民政府和南京国民政府先后成立。汉冶萍与中央的矛盾主要表现为与上述两届政府的矛

---

① 《汉冶萍公司资产清理委员会呈工商部、资源委员会文》（1948年11月13日），载鄂档《汉冶萍》下册，第224~225页。

盾。矛盾的焦点则是清理与反清理、接管与反接管的较量。由于日本的野蛮介入，国民政府的多次接管或清理均以失败告终。

一 武汉政府清查整理汉冶萍

1926年下半年，国内革命形势迅速发展，7月9日，国民革命军正式出师北伐，两湖地区是北伐战争的主要战场，从出师北伐到10月10日攻克武昌，激烈战斗进行了3个月。9月，广州国民政府迁汉，武汉国民政府（以下简称武汉政府）开始同汉冶萍发生错综复杂的关系。

北伐战争的胜利和两湖等地工农运动的发展，沉重打击了外国势力在中国各地的统治。被日本视为势力范围的汉冶萍面临的形势非常严峻。总体来说，公司对这场革命并不欢迎，反而充满了恐惧和抵触情绪。

武汉政府准备对汉冶萍进行整理。1927年2月28日，中央政治会议议决，准由武汉政府交通部设立汉冶萍公司整理委员会。3月7日，交通部令汉冶萍速派二人来部，"共同办理"。同一天，交通部长孙科发出布告：令汉冶萍"饬将所有汉阳、大冶、萍乡、运输所四处所存一切已成未成材料及大小轮驳，悉数保存，在未经本部令准以前毋得擅自移动，并一面函知该公司遣派代表来部磋商复业问题"。[①] 3月11日，《整理汉冶萍公司委员会章程》颁布，规定委员会"对于汉冶萍公司一切整理事宜有完全处理之权"。委员会由交通部派委员5人组成，其中1人为委员会主席，汉冶萍公司派代表2人。该委员会完全由武汉政府交通部控制，最初由蔡增基任主席，不久改由交通部铁道处处长黎照寰接任，吴尚鹰（邮政处处长）、陈延炯（交通部秘书）、谌湛溪（后任萍矿矿长）、刘义（萍乡总工会委员长）任委员。3月17日，该委员会举行第一次会议，宣告委员会成立并启用关防。

公司极力抵制武汉政府的整理。1927年3月26日，盛恩颐、潘灏芬在一封信中说："整理委员会既……为援助本公司而设，则非经本公司请求，自无开会之必要，惟仍须声明，该会须由本公司声请，方可开会。"

[①] 《交通部布告》（1927年3月7日），载鄂档《汉冶萍》下册，第148页。

就是说，没有公司的授权，整理委员会不能召开任何有关公司问题的会议，这当然是公司的一厢情愿。

汉冶萍同整理委员会的关系越来越紧张。6月7日，该会《会议修改章程》规定：汉冶萍代表只许列席而无提议及表决权。6月11日，该会第三次会议议决：汉冶萍"各煤铁厂矿全部实行整理"。在6月24日整理汉冶萍第四次会议上，公司代表、会计所长孙河环与交通部代表发生激烈争议：一是接管与没收是否一回事。孙河环称，"今贵会突然明令将公司接管，使公司无发言余地"，暗示接管即是没收。而谌湛溪则称："接管并非没收……不过管理权移于委员会（公司董事会无权过问，凡事皆属于委员会）。"二是委员会中双方人数问题。孙河环说："其委员人数应双方同等，今相差悬殊，公司纵有充分理由之提议亦必否决。"①

据孙河环6月26日致盛恩颐函称："对于该会接管一层一再辩论，只以彼方人多争议无效。"孙河环得出结论："该会美其名曰整理，其实觊觎厂矿，蓄意劫夺。"

武汉政府将整理汉冶萍的第一步放在萍乡煤矿。6月29日，整理委员会主席黎照寰携款4万元率员来萍，谌湛溪宣誓就任矿长兼工程处长，刘义就任事务处长，聘凌善永为会计处长，凌固辞未准。

公司获知萍矿被接管的消息后，于7月25日致电武汉政府，表示"殊深骇诧"，指责政府"派员接管萍矿使燃料中断，冶业全隳，殊背国家维护实业之意，亦失群众仰信政府之心"。公司表示："对此非法行为，绝对不能承认。"他们"吁悬政府迅即收回成命，并撤销接管委员会"。

孙科批驳道：整理汉冶萍委员会"与收归国有者，截然不同"。孙科认为："该公司不察，以为没收，电请收回成命，殊属误会。"②

整理委员会未停止接管萍矿行动，反而给萍矿发出公函，要求调阅相关档案，为进一步"整理"萍矿及汉冶萍公司作准备。

---

① 《整理汉冶萍公司委员会第四次列席会议录》（1927年6月24日），载鄂档《汉冶萍》下册，第151~152页。

② 《武汉政府秘书处复公司函》（1927年8月4日）［附件］《交通部长孙科原呈》，载《汉冶萍与日本关系史料》，第909~910页。

二 宁汉合流后对公司的清理

1927年上半年，中国时局急剧变动。1927年蒋介石发动四一二政变后，国内形势发生重大变化，4月18日，南京国民政府（以下简称南京政府）成立，与武汉国民政府相对抗，形成宁汉对峙局面。7月15日，汪精卫发动反革命政变，宁汉实现合流。

武汉政府各机关大举移往南京。汉冶萍公司整理委员会决定于8月25日迁宁。黎照寰、吴尚鹰、陈延炯9月上旬相率抵达南京。10月1日孙科就任南京政府财政部长，上述三人均转入财政部，其中黎照寰任参事、上海中央银行副行长，吴尚鹰任参事、烟酒税处长，陈延炯任秘书、机要科长。整理委员会另有二人：刘义继续留在安源；据称"谌湛溪因有共产党嫌疑，早已踪迹不明"，[①] 不过，此说恐不确。

整理委员会迁往南京后，有关事务移交新的交通部管理，原武汉政府交通部所派委员黎照寰、吴尚鹰、陈延炯、谌湛溪等于1927年10月6日向交通部长王伯群提出辞职，整理委员会会务亦即停顿。11月8日，《交通部整理汉冶萍公司委员会暂行章程》（以下简称《暂行章程》）颁布，与武汉政府交通部颁布的《整理汉冶萍公司委员会章程》大同小异，《暂行章程》强调："援照前汉口交通部办法，设立整理汉冶萍公司委员会，直隶国民政府交通部"，并将原章程规定的委员5人增至除主席委员外，另设委员5~9人，"汉冶萍公司得举代表二人，呈请交通部长核准加派为本会委员"。

11月26日，交通部委派李仲公为主任委员，黎照寰、朱履和、赵世煊为委员，谌湛溪为专任委员。委员会租定南京西城螺丝转湾铜银巷14号为会所，于12月3日召开成立会，李仲公、朱履和、谌湛溪三位委员到会。[②] 1928年1月11日，《交通部整理汉冶萍公司委员会着手办法》出台，分序言、提高砂价、用人、理财等8项，其结论是："先接管冶矿，次及

[①] 《公司会计顾问吉川雄辅致日本制铁所长官中井励作函》（1927年10月4日），载《汉冶萍与日本关系史料》，第925~926页；另见鄂档《汉冶萍》下册，第156页。

[②] （上海）《新闻报》1927年12月14日。

萍矿，萍焦能源源接济，即开汉厂一炉"，"第二步当集全力开拓萍矿"。① 办法由该会第三次常会提出，经交通部长王伯群审阅后送呈南京国民政府。同一天（1月11日），南京国民政府批复："准如所请办理。"

南京政府农矿部4月23日召开会议，参事陈郁就汉冶萍问题所做报告中强调："对于汉冶萍仍参酌交部整理招商局办法，先从接管入手，以政府力量，帮同公司整理，避却收归国有及借用外债两点。"② 这是这份报告的重点之所在。

未久，南京政府又将整理汉冶萍委员会移交农矿部管理。农矿部部长易培基即行文湘、鄂、赣三省和外、财、交三部，请各自派员前来"协同进行"。5月5日，农矿部派员前往委员会办公地点，接收卷宗，搭建机构，任命陈郁、胡博渊、袁良、蒋蔚仙、林实为汉冶萍整理委员会委员。③

《农矿部整理汉冶萍煤铁矿厂委员会员章程》于5月18日公布，与原章程大同小异，不同点为：委员由5人增加到5~9人，汉冶萍公司代表由2人减为1人。

南京政府进一步加快整理步伐。1929年初，农矿部发出训令："限于3月15日以前将公司所有煤铁矿及一切财产，交由该会接管整理。"公司董事会闻讯"殊深悚异"，于3月8日致函盛恩颐、潘灏芬："若遽将一切厂矿财产交与政府接管，对于股本之血本如何办法，对于巨额之债务如何承担，尚未言及，深恐外间不察，因而另生枝节，反令本公司处于为难地位。"董事会要求公司总、副经理："似宜请政府先将一切办法详细宣布，俟提出本公司股东大会公同议决。"

董事会请求易培基部长"俯恤商情，收回成命"，但农矿部回复："所请碍难照准，姑展限二十日"，即1929年4月5日以前将所有煤铁矿厂一切财产交由该会接管整理。④

会长孙宝琦再次呈文农矿部："吁恳大部俯恤商情，收回成命。"农矿

---

① 《矿冶杂志》1928年2月版，卷1第3期，转引自鄂档《汉冶萍》下册，第159~161页。
② 天津《大公报》1928年5月1日，转引自鄂档《汉冶萍》下册，第161页。
③ 天津《大公报》1928年5月10日，转引自鄂档《汉冶萍》下册，第161页。
④ 《公司董事会致股东联合会函》（1929年3月22日），载鄂档《汉冶萍》下册，第163页。

部部长易培基 4 月 2 日就此发布训令:"接管办法既奉国府批准照办,而限期移交又经行政院准予备案,自应照行,决无收回成命之理。"仍令公司 4 月 5 日前办理移交手续。

当汉冶萍公司同中央政府围绕接管问题闹得不可开交之时,日本人乘机插足,将水搅得更浑。

第四节 公司同日本关系的复杂化

汉冶萍同日本的关系非常复杂。日本是公司的最大债主,力图通过债务关系长期占有直至独霸大冶铁矿,将汉冶萍变成日本的经济附庸。而以盛恩颐为首的公司当权者为自身利益甘心为虎作伥,这与汉冶萍的长远利益和中华民族的根本利益背道而驰。国内各阶层特别是公司员工对此反应强烈,虽然他们无力阻挡公司滑入日本人挖好的陷阱,但客观上形成了与日本相抗衡的力量。这一时期,日本同中国有关方面在合办灵乡铁矿、国民政府接管汉冶萍等诸多问题上产生分歧和摩擦。这是公司同日本关系复杂化的重要表现。

一 日本介入砂捐和矿权案

日本在砂捐和矿权等问题上是一个不可或缺的角色。日本最根本的要求是为日本制铁所第三期扩建计划的实施提供更可靠的原料保证。日本的介入使问题变得更加复杂化。

1919 年 3 月 5 日,请假回国的会计顾问笠原与正金银行、制铁所召开会议,"大家意见亦与公司相同,均以按照湖北省对案,公司所受负担太大,所得太小,公司应当要求湖北让步"。日方提出"关于湖北要求还款缴捐……之最后条件",其内容繁杂,其要害是:(1)须与湖北交涉合办灵乡铁矿;(2)须购买象鼻山矿石。醉翁之意不在酒,日本的意图是趁机获得更多铁矿石。

日外务大臣内田 3 月 11 日致驻华公使小幡的密电中,对灵乡铁矿问题表明了日本的严苛立场:"1. 汉冶萍持有股份,与湖北绅商合计不少于五成;2. 主任工程师由汉冶萍选派;3. 运煤矿路工程及完成后之管理,实际上掌握在汉冶萍手中。"内田对灵乡矿石买卖的表态是:"其数量作为公司所用额,年额不少于50万吨。"①

正是按照内田的指令,5月8日,笠原在致公司董事会函中直言不讳地要求:"鄙人甚希望于公司与湖北交涉将妥之时,先与日本商酌后,再行签字。"②

公司明知"笠原贴补之说仅属口惠",但仍希望日方介入,这是因为有求于日本。12月18日,董事会副会长李经方致函制铁所长官白仁武:"敝公司归还湖北官款及合办灵矿所需成本,拟向正金银行商借银币,""务请贵长官俯念敝公司困难情形,切商正金银行务必鉴允照办。"同一天,李经方致函横滨正金银行头取梶原,请求银行特准透支公司缴还结欠湖北款和开办灵乡矿所需的资金共681万元。白仁武1920年5月5日致函李经方,制铁所对公司"无不竭诚援助",要求"公司应交敝所之矿石,先须以大冶矿石(照现在合同价值)供给至少须在大冶所产总数之一半以上"。简言之,就是要求公司以低价将大冶所产矿石一半以上供给制铁所。5月25日,梶原两次致函李经方,同意借给公司两项款共681万元,期限40年,年息6厘,两项借款的担保品除原有抵押品外,另以灵乡铁矿公司股票为抵押。就是说,尚未建成的灵乡铁矿的股票已被日本收入囊中,为他们日后占有这座矿山埋下伏笔。

日本人对灵乡铁矿觊觎已久,正金银行头取梶原仲冶1920年1月19日呈大藏大臣高桥是清函中称:"公司所进行勘察之铁山中,就矿质与数量而言,应以灵乡铁山为第一。"他主张:"使公司成为大股东之新公司,获得灵乡铁山采掘权,使新公司将矿石供给汉冶萍公司。"正金银行鉴于对资金"经常感到缺乏",于是向大藏省提出申请案,请求"允予贷款",请求借给官本偿还额541万元,合办灵乡铁矿所需的股本缴纳额140万元,

---

① 《日外务大臣内田致驻华公使小幡密电》(1919年3月11日),载《汉冶萍与日本关系史料》,第765页。
② 《笠原致公司董事会》(1919年5月8日),载鄂档《汉冶萍》下册,第194页;又见《汉冶萍与日本关系史料》,第767页。

共 681 万元。这笔钱"分 40 年摊配于交售制铁所之矿石 1500 万吨及生铁 800 万吨之内",本息按年摊还。3 月 26 日,大藏省召集有关方面进行讨论,正金银行的贷款申请立即获得大藏、外务、农商各大臣的支持。同年 5 月 5 日,制铁所长官白仁武复函李经方,告之"已与正金协议,该行允为借给"。5 月 20 日,正金银行头取梶原复函李经方,同意借给汉冶萍 681 万元,在 40 年内"本利如数还清"。

对此公司管理层心知肚明,公司 1923 年 6 月拟成的《湖北交涉节略》中承认:"归还官款,合办灵矿需资甚巨,自不能不借正金之供给,""此事之进行必须随时探询日本方面之意。"

尽管公司与日本对官绅商合办灵乡铁矿进行了具体筹划,但因湖北官绅意见不一致,合办之事胎死腹中,借债也就立即停止了。

但是,公司的轮驳仍被湖北当局扣押,孙宝琦有意向日本求援,1923 年 7 月 9 日致函董事会称:"鄙见只有向日本方面酌量设法,以冀补救。"

1926 年底 1927 年初,公司与湖北当局为铁砂捐之事闹得不可开交。湖北政务委员会"勒收"公司所有轮驳以抵铁砂捐,公司无力抵御,盛恩颐命正在东京的潘灏芬将此事密告日本。日本从此更深地介入处于革命风暴之中的汉冶萍。

湖北没收公司轮驳是由湖北公矿局执行的。其前身即湖北象鼻山铁矿局,1927 年改现名,因原局长詹大悲升任财政厅厅长,潘康时接任局长。詹、潘两人均系辛亥革命先驱、中共党员。1927 年 1 月 9 日,潘康时致函汉厂厂长赵时骧:"近闻贵厂存储焦炭甚多,兹电敝局黄委员崇庆前来接收保管,用备将来抵偿公欠。"盛恩颐对此十分恼火,于 1 月 15 致电赵兴昌:"恐其不得逞于运(输)所,将于汉、冶两处别生枝节。"公司与鄂公矿局的纷争为日本提供了机会。

日驻汉口总领事高尾亨就黄崇庆接管公司轮驳以抵充砂捐铁捐之事发表评论:"据推测,国民政府对汉冶萍公司之处理,有早晚没收之势。"高尾亨称:"此举如果实行,则对公司当为巨大之打击。"[①] 非常明显,日本

---

① 《日驻汉口总领事高尾亨致外务大臣币原喜重郎密电》(1927 年 1 月 12 日),载《汉冶萍与日本关系史料》,第 904~905 页。

对湖北当局接管公司轮驳等财产持反对态度。

二 日本插手鄂官绅商合办灵矿案

（一）日本与湖北关于合办案的接谈

汉冶萍自与日本签订大借款合同后，必须每年按合同供给日本制铁所大量矿石和生铁，"计算大冶铁矿所产，不敷甚巨，于是有开办灵乡铁矿之议"。汉冶萍同湖北本来已就官、绅、商合办纪家洛（灵乡）铁矿达成了协议，但日本的介入使事情变得格外复杂。

日本人船津1919年2月27日在同湖北官矿局长金鼎谈话时，公然"指责湖北方面要求之不当"，船津称："湖北士绅不顾早年历史，事实上拟将纪家洛收入其手中，殊不合理。"船津认为："此案今后之交涉如仍仅由汉冶萍代表进行，则我方多年来之苦心经营，恐难收获实效。"[①]这就不打自招地道出了日本介入合办案的动机。

日本方面3月5日提出了合办灵乡铁矿和购买矿石的"最后条件"，前者内容包括：公司股份与湖北绅商股份合计不得少于五成，总工程师由公司保举，矿山铁路（买地除外）事实上由公司办理；后者包括：合同上不能写明政府拥有优先购买权，灵乡卖给公司的矿石不得少于50万吨，不接受灵乡矿石价格按时价降低5%。精于算计的日本人懂得："维护"汉冶萍利益实际上是维护日本自身利益。3月11日，外务大臣内田复电驻华公使小幡，重申了日本的上述立场，日本由"调解人"变成了幕后操盘手。

为了达到与湖北合办灵乡铁矿和购买象鼻山矿石的目的，日本准备作出一点让步。按公司会计顾问笠原实太郎计算，截至1918年，公司欠湖北债捐541万元，而公司向日本大借款每年摊还的本息359565元，如铁捐减半计算，公司如每年出铁45万吨，则每年应缴铁捐316900元，两项相抵，

[①] 《日本驻华公使小幡酉吉致外大臣内田密电》（1919年2月28日），载《汉冶萍与日本关系史料》，第764~765页。

公司每年损失42665元①。在笠原看来，这点损失汉冶萍是可以承受的，"制铁所并无不允之意……此事亦请与灵乡矿事一并与湖北相机交涉方好"。② 显然，笠原知道：不放长线是钓不到大鱼的，不作一点让步是无法合办灵乡铁矿与购买象鼻山矿石的。

（二）日本对合办资金的筹划

灵乡矿拟由汉冶萍与湖北官绅合办，但公司本身经济困难，只好再次向日本求援，1919年12月18日，董事会副会长李经方分别致函日本制铁所长官白仁武和正金银行头取梶原仲治，请求日方借款681万元，本利在新合同规定的40年内所交矿石、生铁款中陆续扣还。

梶原仲治1920年1月19日致大藏大臣高桥是清函中认为，应当"满足其要求，以符奖励之意"。梶原还说："应首先注意缓和该省一般官民对公司之紧张心情，采取舍名求实之方针，答应湖北省之要求。"3月26日，日本大藏省召开有关人士会商，达成《关于与湖北交涉之日本方面条件》决议案，当即获得大藏、外务、农商各大臣认可。4月5日，大藏大臣令正金银行批准汉冶萍借款申请。关于上述与湖北交涉时日方的条件，日本银行总裁井上准之助1月20日就已提出：公司每年交付给制铁所的矿石，必须一半由大冶铁矿所采；其余不足之数制铁所允许公司向他处购买，但不得超过供给制铁所矿石总数的一半。5月5日，白仁武复函李经方要求大冶年产矿石80万吨以上。

汉冶萍董事会1920年6月1日常会高调宣称："制铁所及横滨正金银行两函极为平允"，常会对笠原、大岛两位顾问"竭诚往商"表示感谢，认为"此事为与鄂省交涉之基础"。③

由于湖北官绅对合办灵乡铁矿持有异议，此事尚未进行，便戛然而止，但日本染指灵乡铁矿的企图已暴露无遗。

---

① 笠原函中此数为42656元，似有误。
② 《公司会计顾问笠原实太郎致董事会函》（1919年5月8日），载《汉冶萍与日本关系史料》，第767~768页；又载鄂档《汉冶萍》下册，第194页。
③ 《公司董事会致经理、副经理函》（1920年6月3日），载《汉冶萍与日本关系史料》，第778~779页；又载鄂档《汉冶萍》下册，第198页。

三 八百五十万元大借款

（一）汉冶萍提出借款申请书

20世纪20年代初，汉冶萍极度困难，向日本所借的厂矿工程款900万日元不敷所需，且缺口达600万两，其中450万两需公司自筹。

公司向日本借款同聘请日本顾问又交织在一起。日本要趁公司借钱的机会全面控制公司，这中间需要一道桥梁——这就是所谓日本顾问，这是特定历史条件下日本在汉冶萍加强半殖民主义统治的产物。

孙宝琦代表公司于1922年1月6日聘请日本工学博士服部漸为最高顾问工程师，期限5年，年薪由原来的2万日元增至2.5万日元，并享有免费住宅、薪炭、灯光、医疗及旅行津贴（每天20～30日元）、年假6个星期等待遇，合同有效期5年，并可赓续5年。从此，最高顾问工程师在公司拥有更大权力并享有更高待遇。

聘用顾问与向日本借钱并行不悖。1922年3月，夏偕复赴日，主要磋商该年度矿石与生铁交易与加价事。7月17日，夏偕复致电董事会，提出向日本借款500万两，"以300万归还公司垫款，200万预备未完工程之需"。同一天，夏偕复向正金银行头取儿玉谦次提出借款申请书，内容包括：冶厂、汉厂、萍矿、冶矿截至1921年底已用款8859686.07两，其中动用900万日元借款中的5860671.3两，尚余2999014.77两，这是公司可以动用的资金，而据前工程顾问大岛审定，上述四厂矿需追加资金22733639.28两，就是说，工程竣工共需资金5272384.05两。夏偕复请求正金银行提供一笔补充借款，期限38年，年息6厘。①

儿玉收到申请书后，于7月20日抄报外务大臣内田康哉，内田于31日抄报驻华公使小幡。

仍在日本的夏偕复9月18日赴九州，"催促大借款之进行"，同行者有襄办大野、顾问服部、笠原等，19日到下关，23日抵东京，会晤了制

---

① 《夏偕复致儿玉借款申请书》（1922年7月17日），载鄂档《汉冶萍》下册，第68～69页；又载《汉冶萍与日本关系史料》，第782～783页。

铁所经理加藤等，而制铁所长官则在俵山温泉"养疴"，避而不见，对借款一事更是与大藏省"彼此将责任互相推诿，以致久悬"。而主持此事的日本银行总裁井上、正金银行头取儿玉受 1922 年 7 月 6 日高桥内阁倒台影响，"渐受攻击、意态消极"。① 夏偕复此行一无所获。日方之所以如此冷淡，是因为制铁所长官有意购买中国安徽省繁昌桃冲一带所产矿石，故有意疏远原货主汉冶萍。不过桃冲铁矿生产并不理想。

（二）日本调查汉冶萍公司

因公司借款数额巨大，沪上股东反对者甚多，日本方面特别担心。1923 年 2 月 6 日，白仁武、儿玉致函孙宝琦，正式通知日方将派员赴公司调查。5 月上旬，日方派出由大藏省理财局局长小野率领的 8 人调查团赴沪，成员包括大藏省书记官青木一男、制铁所课长斋藤亲广、技师熊泽劲太郎、正金银行课长奥田源三、汉口正金银行职员井上及小田、永田等。调查内容共 16 项，其中前 5 项最为重要：（1）关于各种生产费及各种经费节约整顿意见；（2）照前项调查 1923 年以后的预算；（3）兴业、正金借款以外的借款整顿意见；（4）关于原料资源山的意见；（5）1922、1923 年两年的损失及对超支的处理等。②

调查团 5 月 15 日抵大冶，17 日乘冶厂专轮赴汉，18 日参观汉厂。此后，调查团兵分两路，小野、永田等经庐山、南京，25 日抵上海；青木一男、斋藤亲广、熊泽劲太郎、奥田源三、井上员工及小田等于 22 日晚 5 时抵萍乡，23 日下午 7 时乘专车赴长沙，然后抵汉。斋藤等对萍乡矿区煤炭储量、矿界、焦炭成分及株萍铁路等情况进行了广泛调查。

日本调查团考察汉冶萍各厂矿后，曾向公司提出各种意见书，但公司此时正处于纷乱困顿之中，董事会试图通过裁员减薪以自救，立即引起"股东风潮"。到 1923 年秋，公司已处于分崩离析状态。对日本调查团提出的问题，公司董事会始终未做出正式答复。

---

① 《夏偕复致公司董事会函》（1922 年 9 月 25 日），载鄂档《汉冶萍》下册，第 69 页；又载《汉冶萍与日本关系史料》，第 785~786 页。
② 《夏偕复致董事会函》（1923 年 5 月 21 日），载《汉冶萍与日本关系史料》，第 790~791 页。

(三) 汉冶萍公司重申前请

汉冶萍董事会1923年8月专门召开谈话会，对借款问题拟具"意见书"，其主要内容包括：夏偕复向正金银行续商借款，包括公司已经筹垫和未来所需的建筑用款共507万两。公司供给日本矿石30万吨，马丁铁8万吨，翻砂铁5万吨，以上三项共值304.5万两，此外须交给鄂省铁捐、购买象鼻山矿石价款和归还国内外借款利息共64万两。"意见书"称，如果这次借款不能实现，则公司不单无法归还日本借款，且"收入更绌，实无维持之法也"。

孙宝琦10月25日访问日本驻华公使芳泽谦吉时指：这次借款的主要用途：（1）充实现在大冶熔矿炉所需的费用；（2）偿还中国方面的短期借款；（3）装备大冶厂制铁所需的费用。虽然日本关东等地1923年9月发生大地震，致财政出现困难，但日本公使仍表示："贵方正式提出斡旋时，必将善意考虑。"

为尽快促成大借款，夏偕复1924年1月8日再度赴日，与日本政商界要人白仁武、儿玉、小野、富田等进行晤谈，夏提出：（1）每年制铁所交付的矿石、生铁款中，"以一部提付本利，余款由公司提用周转资金"；（2）利息一律减为6厘，头5年只付息金，从1928年起，本利分30年平均摊还。日方表示："息率可允略减，还本亦可展缓，余事容当再行协商。"① 公司的借款要求有了一些眉目。

(四) 借款草合同的签订与通过

夏偕复在日交涉一度停顿，于是回国待命，1924年5月18日第三次赴日交涉。

此次交涉颇为困难。夏偕复提出：（1）利息统为6厘；（2）展缓还本；（3）矿铁售价的一部分摊扣利息。制铁所则坚持：（1）公司盈利时才能分配股息，最多6厘，尚有余款时以一半还本；（2）矿石交额改为

---

① 《夏偕复致公司董事会函》（1924年2月25日），载鄂档《汉冶萍》下册，第72页；又载《汉冶萍与日本关系史料》，第798~799页。

35万吨，制铁所可自由向他矿购买；（3）酌用日本技师，两顾问各添襄办若干名。夏偕复的意见除同意酌用技师外，其余要求均拟拒绝。① 6月12日，夏偕复同白仁武交涉，日方竟要求夏"秘密允认制铁所自由购砂，惟云不向象鼻山、纪家洛购买，并以帮助象、纪交涉为饵"，日方的心计十分阴毒。

位于大冶境内的象鼻山系湖北官矿之一，1896年张之洞向盛宣怀移交的铁矿未包括象鼻山。1921年5月7日，夏偕复与湖北官矿公署督办何佩瑢签订《订购象鼻山铁砂合同》，规定公司1921年向该矿购买铁矿5万吨，以后每年购买20万吨，以5年为限，矿价每吨4.1元，九五折扣，实价3.895元。从1923年开始每年阳历1月议价一次。既然汉冶萍已向象鼻山购矿，日方就做出表面的让步，不向象鼻山购矿，实际上是想获得更大利益：突破与公司签订的合同限制，在中国各地"自由购砂"。

公司董事会1924年6月17日召开联席会，一致认为对制铁所的三项要求"应概与（予）严拒，绝无迁就之余地"，董事会甚至幻想："日本既无意援助，应即许我另行商借外款"，并准备让正在东京的公司商务调查员高木陆郎协助夏偕复。

虽然正金银行头取曾出面调停，但董事会认为，对制铁所"直接他购矿石"的要求"断难丝毫迁就"，而对正金银行的调停也"不可轻允"。② 夏偕复也看透了高木，称其为"破坏专卖权之一人"，希望公司"勿用此人，以贻公司后累"。③ 7月18日，夏偕复离日返沪。

正当公司与制铁所为借款之事讨价还价之时，日大藏省理财局局长富田勇太郎8月23日致正金银行头取儿玉谦次密函中也谈及此事，认为"答应续借之申请，此完全出于维持既得利益之必要，即供给炼铁原料及确保借款本利偿还紧急需要之故"。他还指示正金银行将贷款利息定为年息

---

① 《夏偕复致盛恩颐电》（1924年6月9日），载《汉冶萍与日本关系史料》，第800页。
② 《公司董事会致夏偕复电》（1924年6月21日），载鄂档《汉冶萍》下册，第74页；另载《汉冶萍与日本关系史料》，第802页。
③ 《夏偕复致公司董事会函》（1924年6月22日），载鄂档《汉冶萍》下册，第74页；另载《汉冶萍与日本关系史料》，第802~803页。

6厘。

夏偕夏8月2日第四次赴日交涉，经磋商，9月22日与白仁武、儿玉谦次在东京签订《借款草合同》与《追加合同》及签署《附件》。11月12日，日外务大臣币原喜重郎致驻华公使芳泽的机密函中解释为何借款给汉冶萍："倘若拒绝续借，任其保持现状，放任不理，则势必陷公司于不可求药之绝境，终致事业难于继续，从本国制铁政策上看，从债权收回之观点上看，无论如何不能容忍，"他说，这"诚属迫不得已之事"。就是说，继续借钱给汉冶萍符合日本的制铁政策，也有利于收回公司所欠的巨额债务。币原还指示正金银行，所需资金"可由储金部通融"。

夏偕复在东京签订《借款草合同》后，于当天（9月22日）动身返沪，以便尽快办理股东大会通过草合同手续。此时公司发生内讧，盛恩颐及其亲信向夏偕复发起攻击，11月20日，盛氏愚斋义庄董事会致盛恩颐函中所附"意见书"，指责草合同使"制铁所一方之义务解除净尽，而公司一方义务又为本条银行同意所束缚，然则制铁所完全自由，而公司反加限制，互相对照，殊欠公平"，云云。在公司最大股东愚斋义庄的强大压力下，夏偕复被迫辞职，余缺由盛恩颐兼代。

公司股东大会将第13、14、15、16四届股东大会合并于11月29日在上海召开，专题讨论借款问题。盛恩颐虽利用借款之事扳倒了夏偕复，但他仍需借款来维持局面。虽然湖南股东代表张声焕及股东秦待时、潘承锷等提出了异议，但股东大股在盛恩颐等人操纵下，未经投票表决而以起立方式强行通过了借款草合同。

盛恩颐以兼代总经理名义于12月12日致函儿玉谦次，提出对草合同附件的三条修正意见：（1）删除公司决算方案送交银行并与之协商的内容；（2）对日工程师和顾问襄办人应有人数限制；（3）公司随时可以用中国人自己的资本还清债务的全部或一部分。盛恩颐委派公司董事盛毓常和会计所长赵兴昌等与日方磋商。

日方对公司提出的修正意见"颇表不满，啧有烦言"，并对盛毓常等故意为难。12月27日，正金银行头取儿玉对吉川顾问说，他已"与大藏省定议，所有合同暨各附件，一切照原议，不能更改"，仅答应在技师人数上稍作让步。

出于对借款的渴求和慑于日本的强硬，公司再次退让，盛恩颐 12 月 30 日致盛毓常、赵兴昌密电，实际上全盘接受了日本人开列的条件，只在枝节问题上故作姿态。

公司股东大会 1924 年 11 月 29 日"全体通过"850 万日元借款草合同。1925 年 1 月 15 日，刚刚卸任北洋政府总理的孙宝琦拜访日驻华公使芳泽，告之"股东大会已承认与日本方面之借款合同"。

日本方面又提出一些难题，如认为"襄办"二字是对日本人的轻视，应改为顾问部员；又如不肯立即交付全部借款，只肯先付 50 万两。在赵兴昌努力下，这些难题并未影响正合同签字。

（五）借款正合同及相关文件的签订

经过长达数年的磋议，借款正合同及其追加合同、合同附件，觉书（又分甲、乙、丙、丁、戊）及其追加合同、合同附件、协定书等，均于 1925 年 1 月 21 日签字，代表双方签字的有：孙宝琦的代理人赵兴昌和制铁所长官中井励作、横滨正金银行头取儿玉谦次。这些文件内容繁杂，篇幅长达 1.2 万余字。现撮其要点，作一简单介绍。

正合同称《推广改良工程事业资金续借合同》，主要内容有：银行借给公司资金共 850 万日元；公司应将施工设计书、预算书与图样迅速提交制铁所与银行，工程竣工后应在 2 个月内将设计书、实绩书与图样提交制铁所与银行；利息为年息 6 厘；借款期限 35 年；公司应将现在所有财产及这些借款增添的所有动产、不动产等作为这次借款本利的担保；制铁所从公司所购矿石、生铁的款项以公司名义交存银行，但每次照摊派的金额再加一成扣算，作为公司还付各种借款本利的基金存款；公司如有盈余派发官利、红利时，须与银行协商，并增加每年偿还本金的数目等。[①]

《旧借款追加合同》主要叙述从 1908 年 6 月 13 日至公司还清本息之日，汉冶萍向正金银行的借款额、以矿石和生铁出售给制铁所抵还债款的

[①] 《推广改良工程事业资金续借合同》（1925 年 1 月 21 日），载鄂档《汉冶萍》下册，第 77~79 页；又载《汉冶萍与日本关系史料》，第 816~819 页。

日期、还款日期、利息计算、还款办法等。

附件包括附件一、二、三、四、五、六，内容是对上述借款相关事宜的确认，此不赘述。

《觉书》分觉书甲之一、之二，觉书乙之一、之二，觉书丙之一、之二，觉书丁之一、之二，觉书戊之一、之二，其内容是孙宝琦、赵兴昌与中井励作、儿玉谦次的往来信函，仍是进一步确认和阐述借款的相关内容。

《追加合同》及其附件变更了公司还款时间及分摊办法：从1923年4月1日至1927年3月31日，三年时间暂不还本，仅付利息；自后25年时间内本利均等，按年摊还本息；缴款日期从每年6月15日和12月15日，改为每年3月31日和9月30日。

《关于废除公司所谓矿石专卖权协定书》，废除了1899年盛宣怀与日本制铁所长官和田签订的制铁所专买大冶铁矿的合同，使制铁所享有更大的矿石挑选权。①

日本不仅通过合同维护本国利益，而且为派往公司的顾问等人物谋夺更大好处。1925年2月5日，盛恩颐接上海正金银行函称：按照新合同须加荐会计顾问部员三人，年薪总数须华币2.4万元，且这些部员的待遇须"与大野弘君一律"，而大野弘的年薪须从3000日元升至华币5000元，之后还可递加至年薪8000元。公司提出部员年薪总数1.5万日元，"或两年至三年内，由1.5万元递加至2.4万元"，正金银行行长蒿爪来公司后，"忽翻前议，谓三人年薪非2.4万元不可"。经过协调，"双方退让，三人年薪减为二万元"。② 在公司极端困难的情况下，日方还千方百计到公司捞取好处，进行敲骨吸髓式的盘剥。

据盛恩颐事后回忆："留东三月，先后计开议至十七次，反复辩论，舌敝唇焦，最后结果计日本方面要求本公司者七条，允许本公司者四条。"③ 似乎各有所获。事实上，上述合同及其附件和其他相关文件的签

---

① 《关于废除公司所谓矿石专卖权协定书》（1925年1月21日），载鄂档《汉冶萍》下册，第81页；又载《汉冶萍与日本关系史料》，第833~834页。
② 《盛恩颐致孙宝琦函》（1925年7月23日），载鄂档《汉冶萍》下册，第93页。
③ 《董事会临时会议案》（1926年12月24日），载鄂档《汉冶萍》下册，第40页。

订，虽使汉冶萍获得了850万日元的借款，但更进一步丧失了工程管理权、财产支配权、余利分配权及矿石专卖权等权利，朝着沦为日本经济附庸的陷阱又跨出了一大步。

(六) 社会各界反对向日本借款

汉冶萍向日本借款的消息一经传出，举国哗然，质疑和反对声不绝于耳。

青年时代的毛泽东坚决反对向日本借款，他1919年在《民众的大联合》一文中说："全国唯一的招商局和汉冶萍还是每年亏本，亏本不了，就招入外股。"

公司内部也是一片反对声。1922年，以公司前监察孙慎钦为负责人的新股东联合会，"对于公司各事攻击甚力，并声言反对借日款"，盛恩颐感到忧虑，10月13日致函夏偕复："若不能妥为对付，款事必受影响。"

新股东联合会于10月18日致农商部快邮代电，对公司向日本借款"提出抗议"，并请求农商部"转饬公司，暂停进行，实为公便"。

新股东联合会副主任孙慎钦于11月致电正金银行时声明："敝会对于该董事会举动，大不信任。兹闻夏偕复擅借外债，将增股东负担，决不承认。所结契约，未经大会通过，当然无效。"1924年2月，新股东联合会再次致农商部代电，措辞尤为激烈："夏偕复背章违法，滥费浪支，股东联合会呈请查办。""擅借日债850万元，是以我股东当场反对，并有人提议投票表决，皆置不理。但见冒名顶替之辈，交头接耳之余，即呼多数通过。此种举动，不特欺众，抑亦违法，我股东决不承认。"代电指出："借款并未通过，董事失职，经理专权，擅支公积，私购劣矿，挥霍四载，损失千万，应负责任，当令赔偿。"

老股东联合会虽口气和缓，但也委婉批评夏偕复等擅借日债，1924年1月16日致函董事会称："敝会并无允借日债之事，""如本公司筹借外债，必须由股东大会通过，不得擅自定议。"

举借日债在公司内外激起一片谴责声。湖南代表张声焕11月29日在公司大会上强烈反对举借日债，30日又分别致电北洋政府各部总、次长以及上海总商会暨全国各商会,除阐明借日债之四不可外,还特别抨击公司某些人"出以鬼祟,其设心断送我国煤铁根本,如见肺肝。奸商蠹国,深堪发指,岂惟我股东痛心疾首,誓不承认;当亦爱国君子所同声愤慨者也"。同一天(30日),张声焕分别致电湖南省长、议会及财政厅:"所有萍矿运煤,恳即概予截留,至取消违法借款案之日为止。"张声焕等要以实际行动迫使公司当局取消借款。

湖北省长公署接到股东联合会呈控公司"蹈已往覆辙,饮鸩止渴,公司将从此破产,湘、鄂、赣由此多事,股东等决不承认"的报告后,致函公司董事会:"借款如成为事实,于吾鄂股、地两权并砂捐颇有重大关系,本兼省长未便置而不闻。"① 其反对态度也是鲜明的。

社会团体对借款的反对态度尤为激烈。1924年12月13日,社会各团体在上海开会,与会代表43人,代表32个团体指责公司"不惜以最后通牒方式迫吾承认"借款,"竟敢违反国民公意擅借巨款",决定成立"汉冶萍国权维持会"。并通过"通电全国公团一致声讨卖国贼、电京执政府制止借款、电湘鄂赣当道干涉公司、电日人勿轻借与巨款、警告公司股东驱逐奸人"五项决议。12月31日,汉冶萍国权维持会分别致电北京段祺瑞执政、外交部、内务部、农商部、交通部各总长和湖北萧耀南省长、湖南赵恒惕省长、江西方本仁督办和湘鄂赣各省议员,指斥"该公司三数巨蠹,以历年盘据败坏之不足,甘心为虎作伥,更思借某国巨款850万元,为根本之断送,奸商祸国,罪不容诛,国人一息尚存,势必反对到底"。他们还恳请"分别查封汉阳、大冶二铁厂,责令打销借款,以保国权"。②

(七)借款对公司的巨大影响

股东的反对未能阻止公司向日借款。公司最初向日本提出借款500万两,准备以300万两归还公司垫款,200万两被指定为工程用款,公司不

---

① 《湖北省长公署致公司董事会函》(1925年1月22日),载鄂档《汉冶萍》下册,第82页;又载《汉冶萍与日本关系史料》,第839页。
② 《保全煤铁之呼吁》,载上海《时事新报》1925年1月1日,转引自《汉冶萍与日本关系史料》,第841~842页。

能随意动用。由于借款谈判长达 3 年，公司又不断增加短期借款，到 1925 年初，经各种抵扣后，公司"实收日金 160 余万元，折合中银 90 余万两。适值阴历年关，诸债猬集，逐项点缀，到手辄空"。①

日方并没有按时将借款拨付给公司。据盛恩颐 1925 年 8 月 15 日致董事会函称："新借款内扩充工程款因汇率增高，约可溢出日金 20 余万元，拟请拨充萍矿整理之费，迭函请拨，亦置不理。"另外，公司请求日方从预算书第一期需用银中先拨 59.9 万余两汇存正金银行上海分行，随时支拨给公司，但日方"仍无答复"。后经了解，原来制铁所与大藏省发生分歧，"扩充工程款非公司派员往商，不能拨付"。日方会计年度上半年为 4 月 1 日至 9 月底，"一过九月即无从加入，虽派员亦难挽回"。② 这对公司的影响是致命的。

公司在痛苦中挣扎、煎熬。1926 年初，公司因受萍煤停运和鄂省扣押汉冶两厂财物影响，"两厂工作遂致停顿，敝公司经济来源因之告竭"。万般无奈之下，盛恩颐 1 月 28 日再次恳请制铁所、正金银行通融，借拨 99 万日元及银 30 万两，其中包括扩充专款余额 463311 日元、矿石及生铁价款 26 万日元、大冶铁矿矿石预付款 159750 日元、锰矿预付款 11.7 万日元，另外增加公司在正金银行上海分行的透支额 10 万两、以 85 磅规格的钢轨 1 万吨作第二次担保押借 20 万两。盛恩颐向日方哀求："务恳通融照准，以济燃眉，诚以年关在即，呼吁无门，非得鼎力维持，势必破产。"

对盛恩颐的哀求，日方无动于衷。上海正金银行 2 月 11 日致函孙宝琦，仅同意将 463311 日元作为 850 万日元借款的第七期付款付给公司，另同意作价 11.7 万日元向公司订购锰砂 1 万吨，"至于其他要求，敝处实无能为力矣"。

公司最终乞讨到的是原借款的一部分和预售锰砂款。对于公司而言，正金银行的表态无异于画饼充饥。

---

① 《盛恩颐致公司董事会函》(1925 年 8 月 15 日)，载鄂档《汉冶萍》下册，第 82 页；又载《汉冶萍与日本关系史料》，第 843 页。
② 《盛恩颐致公司董事会函》(1925 年 8 月 15 日)，载鄂档《汉冶萍》下册，第 82 页；又载《汉冶萍与日本关系史料》，第 843~844 页。

1926年4月，日本对公司的850万日元贷款情况进行了一次调查，截至1925年9月，日方已交付公司645万日元，余额205万日元。详见表6-10。

表6-10 截至1925年9月日方向公司贷款概况表

单位：万日元

顺 序	资金用途	当初预定额	1925年2月交付额	1925年9月交付额	余 额
1	扩充工程事业资金	327.4		120	205
2	正金银行短期借款清还额	251	253.5		
3	代付制铁所焦炭购入款	105.1		105.1	
4	公司营业费	166.5	166.5		
	合 计	850	420	225	205

资料来源：《汉冶萍与日本关系史料》，第847页。

表6-10说明，公司850万日元的借款几经抵扣，合同签订8个月后只剩下205万日元。为这区区205万日元，公司丧失的权利不知凡几。公司内部、两湖当局和社会各界对借款的批评，特别是他们对借款危害性和严重性的剖析，都不幸而言中。日本人和公司当权者相互勾串，使公司只能沿着预定的方向滑向深渊。

四 二百万日元借款案及后果

（一）日本策划加强对公司的控制

20世纪20年代后期，汉冶萍已陷入绝境。日本利用这一"有利"时机进一步加强对公司的控制。

日本大藏省次官田昌、商工省次官四条隆英、制铁所长官中井励作1926年2月26日签订"协定书"。大藏、商工两省的本意是"为获得矿石和生铁所举由储金部及国库通融之借款，转移制铁所"，这笔周转资金的利息当然由制铁所负担，但立即实行这一政策"恐不可能"，两省于是达成五项协定,其中前三项尤显重要:(1)汉冶萍与裕繁两公司专由制铁所负责制订办法以维持其经营,以确保原料的供应和债款的收回;(2)与借款有关的生铁与矿石购价,由制铁所特别考虑并与大藏省协议决定;(3)今后储金部和国库不再接收原料供应方的新借款要求,而已有借款条款亦不得变更。① 就是说,对汉冶萍等公司的日常经营、供日原料价格及借款等权利均转移到制铁所手中。

一次决定公司命运的重要会议——日本商工、大藏各省第一次"汉冶萍公司协商会议"(又称汉冶萍公司善后处理会议)于1926年4月24日在商工大臣官邸举行,出席者有:商工大臣片冈直温、大藏大臣滨口雄幸、外务大臣币原、商工省次官四条、大藏省次官田昌、理财局长富田、亚洲局长木村、正金银行头取儿玉、兴业银行总裁小野、制铁所代表制铁所大冶出张所所长西泽、汉冶萍公司会计顾问吉川。众多高官与会,说明了这次会议规格很高也极为重要。

吉川在这次会议上分析了公司面临的形势,一是由于频发工潮、铁路中断、强制课税等原因,致使萍煤供应濒于断绝,汉冶两厂的熔铁炉陷于停火状态;二是"公司主要董事等长住上海,暖衣足饱,对事业毫无用心,缺乏力挽狂澜之魄力"。吉川认为,"目前不能期待以萍乡煤炭来炼制焦炭",而大冶铁厂则应设法维持。商工大臣片冈随即提出整理汉冶萍的根本方针和应急方针。

根本方针:或公司实行中日合办,或将公司"技术及经营之实权,委于日本顾问之手"。

应急方针:(1)目前不向公司提供任何贷款;(2)制铁所收买堆积山下的4万吨矿石,以支付矿工欠薪;(3)冶矿年产矿石40万吨以上,年获利120万元,可将其中一半支付日本贷款利息,另一半"即作为该公司之利益";(4)试行以上方法约一年内,暂将出卖矿石款从制铁所承购焦炭,炼制生铁,以炼铁中所得利益"逐步作为公司企业恢复之资金"。

从这次"协商会议"不难看出几点:

---

① 《日本大藏省和商工省协定书》(1926年2月26日),载《汉冶萍与日本关系史料》,第848~849页。

一是日方对公司领导层发出罕见的指责声，批评他们"长住上海，暖衣足饱，对事业毫无用心"，虽然包含着日方推卸责任的成分，但多少道出了一些实情。

二是仍把中日合办和日本顾问掌握公司实权作为在汉冶萍问题上的根本方针，再一次暴露了日本独占汉冶萍的野心。

三是应急方针的要害是既不给公司借款，又要让公司能苟延残喘。这样，日方既不会陷入巨大的债务黑洞，又能伺机收回已支付的借款。

日本制铁所和大藏省分别于5月18日和6月10日提出有关汉冶萍问题的"对案"与"善后措施"，其主要内容包括扩大顾问权限、降低生铁生产规模、维持借款利息及汉冶萍之事改由商工省主管等。

据日本报纸报道，大藏、商工两省6月14日在商工相官邸举行汉冶萍问题协商会议，重点研究通融资金问题，出席者包括商工相片冈直温等政商界高官，会议认为，一定要将公司所负的全部债务转移给制铁所，否则，"举世攻击之对华借款更形严重"。[①] 6月15日，商工相片冈直温、大藏相早速整尔与首相若槻礼次郎"三人鼎坐，就汉冶萍问题有所协议"。

片冈7月20日在内阁会议上就汉冶萍问题做了详细报告。大藏省主张以汉冶萍4600万日元借款发行公债，移交制铁所接管，各方就此达成共识，"至是决定鄢"。会议还准备邀请孙宝琦、盛恩颐访日，"了结交涉"。[②]

外务、大藏、商工三省大臣于7月16日向首相上呈阁议案，承认日本政府为确保制铁所所需矿石、生铁的供给，已通过横滨正金银行或日本兴业银行贷给公司巨额资金，其中从国库拨借2924456日元，从储金部拨借36204736日元，此外已由储金部承认通融205万日元。"阁议案"承认：由正金银行或兴业银作为直接债权经营人，"实质上几与国库及储金部直接对公司通融无异"，"惟当时以事属外交机密，不能公开进行，不得已，唯有委诸储金部资金运用之方式"。这就最清楚不过地说明，日本贷款给

---

① 日本《国民新闻》(1926年6月15日)，东京《朝日新闻》(1926年6月15日)，转引自《汉冶萍与日本关系史料》，第862~863页。
② 东京《朝日新闻》(1926年7月21日)，大阪《每日新闻》(1926年7月21日)，转引自《汉冶萍与日本关系史料》，第863~864页。

公司完全是一种以掠运中国资源为目的的政府行为，之所以通过正金、兴业银行进行，则是一种掩人耳目的所谓"外交机密"。这份"阁议案"认为：汉冶萍"工作陷于停顿状态，既不能供给制铁所之矿石生铁，又不能偿还储金部全部借款之本利，就此状况拖延下去，不仅借款重点之矿石生铁供给断绝，将有陷制铁所经营于危险境遇之虞，且作为债权之储金部亦将蒙受巨额之损失"。阁议案重申了将公司借款转入制铁所和公司事务统由商工部主管等意见。[①] 7月19日，日总理大臣若槻礼次郎批准了这一阁议案。

(二) 盛恩颐赴日密商借款

吉川顾问7月17日致函盛恩颐，转述日方将邀盛赴日协商之意。7月20日，日内阁会议决定邀盛赴日。24日，吉川致电盛恩颐，告之先请副经理潘灏芬东渡日本，"预为磋商"，然后再请盛氏赴日。汉冶萍董事会授予盛恩颐谈判全权。

盛恩颐率襄理赵兴昌及翻译、书记、技师等于8月19日抵达东京，受到日方的"破格"接待。8月25日，日本举行招待会欢迎汉冶萍代表团，商工相片冈发表"热情洋溢"的讲话。盛氏与片冈"谈话甚久，颇表示维持之意"。8月28日，盛恩颐与正金银行举行"绝对秘密"的会谈，从8月底至10月中旬一个多月内，双方会谈14次，"日方询问公司各种情况，曲折细微，既详且尽，并多吹毛求疵。对于公司内债之多，利息之高，董会顾问咨议之耗费薪水，颇有责言"。盛恩颐嘱随员拟就意见书17页及各种表册23种交给日方。会谈拖延甚久，盛氏急求日方借款，"譬喻病人垂危，若不打一吗啡针救急，则虽有良方，将有不及投药之悔"。盛恩颐最后只求垫借17万日元用以发薪，日方仍未完全应允。

盛氏于12月1日启程返沪。盛氏这次匆忙回国，与招商局船只被扣事件有关。1926年7月，军阀孙传芳在南京将招商局的"江安"、"江顺"等9条江轮扣作军用，该局在长江航线的营运完全中断。未久，该

[①] 《日外务、大藏、商工大臣呈首相阁议案》（1926年7月16日），载《汉冶萍与日本关系史料》，第857~859页。

局"广利"等 3 轮又在汕头被扣。该局酝酿江海轮船全部停航。[①] 身兼招商局董事会副会长的盛恩颐被召回上海研究对策。临行前,盛氏仍在哀求日本向汉冶萍借款。在此情况下,正金银行总经理室借款课 12 月 3 日通知上海分行,向公司电汇 10 万日元,并将双方交涉大概过程另纸附列。这一附件文字冗长,只能撮要介绍:公司要求提高矿石、生铁价格、借款偿还延期两年以及 420 万日元的资金融通;日方则要求:(1)推荐有名望有经验之人物为代表派驻上海作为公司之最高顾问。凡重要事项,公司须接受其指导;(2)扩大顾问之权限,凡事业之组织经营及其他重要事项以及收入支出等事项,均须有顾问参与决定;(3)会计主任,由顾问推荐,公司任命;(4)要求委托技术顾问兼总工程师,对公司作业上有最高指挥命令权。

日方融资限额为 170 万日元,而盛恩颐希望至少有 240 万日元,方能接受日方的上述条件及追加条件:公司设立整理委员会,以总经理为委员长,副经理与顾问为委员;今后如发生事变或经营困难,公司应"承认由制铁所、正金银行指定之人,暂时以公司名义处理事业之一部或全部"。质言之,最高顾问在公司享有会计、工程等各事项的决策权;日本人能以顾问身份参加公司整理委员会;当公司经营困难时,日本人可取而代之。对日本人提出如此苛刻的条件,盛恩颐基本表示接受,并主动提出设立工务所,以负责"技术之改良与工务之统一",所长由日本技师担任。[②]

返沪后,盛恩颐向公司汇报了赴日交涉的过程和结果,这些结果反映在日后签订的借款合同等文件上。盛恩颐尽管百般辩解,仍难自圆其说,特别是对日本人在公司发生事变或经营困难时取而代之,盛氏的解释特别乏力:"万一此项办法竟成事实,不得已而暂时实行之时,亦不过为维持公司事业,局限双方损害起见……日方确信此事于公司名实均无不利,况事变平定或公司经营困难过去之时,此种办法犹可取消。"[③] 这种掩人耳目

[①] 张后铨主编《招商局史》(近代部分),第 325 ~ 326 页。
[②] 《日正金银行总经理室借款课致上海分行经理爪源吾函》(1926 年 12 月 3 日),载《汉冶萍与日本关系史料》,第 872 ~ 876 页。
[③] 《盛恩颐向董事会汇报日本提出条件之原件》(1926 年□月□日),载《汉冶萍与日本关系史料》,第 877 ~ 880 页。

的伎俩难以让人信服，日本人一旦对公司管理权"取而代之"，哪会轻易"取消"这一既成事实？

盛恩颐非常清楚："若将委人经营一事明记于条件之中，必大遭舆论之反对，终非自己一人之责任所敢承认者"，虽然他"亲谒片冈商相，面诉万难承认该条件之苦衷"，但遭到日方的粗暴拒绝。① 盛恩颐出卖公司的罪行难以洗刷。

（三）借款合同等文件的签订

日本内阁会议1927年1月21日"批准通融资金200万元以作公司恢复作业所必不可少之整理资金"。1月27~28日，汉冶萍向正金银行借款200万日元的协定书、借款合同书、代理经营书、觉书、制铁所、兴业银行同公司的协定书在上海签订，5种文件的日、中文各3份，共30份，代表各方签字的有中井励作、儿玉谦次、兴业银行总裁小野英二郎与孙宝琦、盛恩颐及证人、日驻上海总领事矢田七太郎，但每份文件签字人不尽相同。

日本正金银行总经理室借款课2月23日致函上海分行称："要求绝对保守秘密。"现将5份文件的要点分述如下。

［甲协定书］公司完全接受了日方提出的设立整理委员会、日本特别代表享有最高顾问待遇和最高顾问工程师兼任工务所所长等条件，并规定了矿石价格：从1926年4月1日起至1928年3月31日止，矿石每吨5.5日元，生铁每吨41日元；日本在1927年供给公司焦炭5万吨等。

［乙协定书］规定了制铁所购买公司矿石款的支付办法。

［丙协定书］规定公司供给制铁所生铁、矿石的吨耗，"今后五年间仍照前项规定施行办理"。

［甲合同］银行借与公司200万日元；年息6厘；从1927年1月27日至1949年1月26日，分32年均等按年摊还，每年分别于3月31日和9月30日两次付缴；抵押品与1925年850万日元借款的抵押品相同。

［乙合同］"公司今后倘因事变之发生或经营之艰难……由制铁所、银

---

① 《高木致孙宝琦函》（1926年12月20日），载鄂档《汉冶萍》下册，第84~85页；又载《汉冶萍与日本关系史料》，第880~881页。

行指定之人办理开采矿石、制造焦炭及生铁及上两项经理事务"。

［觉书］及［附件一］、［附件二］、［附件三］内容从略。①

差不多同一时间，中井励作与盛恩颐互致信函，主要谈及在1926年4月1日至1928年3月31日期间将铁矿石每吨价升至5.5日元；另谈及在1927年4月1日之后一年之内，制铁所将以"实在成本"价向公司供给5万吨焦炭。

从欧战结束到1930年，公司共向日本借款3笔，另欠息款4笔。公司向日本借款及欠息款详情见书后附表五。

根据《汉冶萍日本关系史料》一书的统计，从1903年至1930年，公司共向日本借款32笔（包括未能支付的利息转换而成的借款），总计50601800.84日元，规元390万两，洋例银82万两。这像是捆绑在公司身上的一根根绳索，将公司勒得喘不过气来，直至将公司变为日本单一的供矿机构和经济附庸。日本借钱给公司绝不是什么"慈善"行为，而是帝国主义向落后国家进行资本输出的一种形式。

（四）日本独揽公司管理权

日本攫夺公司管理权的最初手段是委派工程和技术顾问。

公司于1913年和1922年先后聘请大岛道太郎和服部渐为最高顾问工程师。1927年11月，服部自行退休辞职回国。1928年2月18日，公司聘村田素太郎为最高顾问工程师，聘期延至5年，年薪增至2万日元。村田1933年12月死于大冶。此后，公司未再聘请最高顾问工程师，而代之以权力更大的工务所长。

会计顾问笠原实太郎1915年10月任职，1923年10月死于东京。1923年12月17日，公司聘请吉川雄辅为会计顾问，吉川任职直至1945年日本投降。

最高顾问工程师和会计顾问拥有的权力很大，但必须"承认公司董事会会长暨总经理（代理总经理）职权"，即必须置于会长和总经理领导之

---

① 以上甲协定书及其他文件载于鄂档《汉冶萍》下册，第85~88页；又载《汉冶萍与日本关系史料》，第884~892页。

下。日本对此并不满意，他们急于攫取公司的最高管理权。

根据1927年1月27日签订的借款合同内［甲协定书］的规定，《公司整理委员会章程》于2月17日起施行，章程强调："议决之事随时抄送于经理处，至迟必须于十日内由经理处实行之。"① 就是说，整理委员会已凌驾于经理处之上。

公司2月17日委派股长费敏士兼任整理委员会翻译，课员金家锡兼任该会书记。2月22日，公司又委任襄理赵兴昌、顾问部员大野弘为该会干事。经正金银行头取儿玉推荐，公司董事会于6月17日聘请波多野养作为会计顾问部员，年薪华币8000元。大野弘、波多野等日本人不仅占据了公司整理委员会的重要位置，而且拥有极大权力。例如，波多野负责监察公司的收支事宜。8月5日，公司总经理、副经理通知大冶厂矿各矿、各股："特别收支事项，务须于事先与该部员（波多野）协议，征得同意后方可实行。"又如公司文牍课10月14日规定，凡公司寄给制铁所、正金银行的函件，"均须顾问盖章，前途（？）方能接受。前有两次漏未盖章，均被退回"。②

在整理委员会中占据要职的日本人猖狂到了何等程度。

工务所是日本独揽公司管理权的又一工具。

工务所于1928年4月11日在大冶成立，最高顾问工程师村田素太郎为所长，下设技师、技工各3人，事务长1人，事务员若干名；同时颁布《工务所规章》，规定工务所"掌理各厂矿、运输所及其他诸矿山之工作、企业扩充等一切业务之指挥监督事宜"；"所长审查关于事务所及各厂矿编制之工作，企业扩充等之预算、决算，而具陈总经理"；"各厂矿关于技术有具陈总经理之事项，须经由工务所长"。从中可以看出：工务所是一个由日本人充任所长的特殊机构，表面上听命于总经理，实则凌驾于总经理之上，实际上就是公司在工程、技术、材料、企业、基建等方面的最高领导机关。日本人从此独揽了公司管理权。

工务所之所以如此飞扬跋扈，与盛恩颐等人的步步退让也有一定关

---

① 《公司整理委员会章程》（1927年2月17日起施行），载鄂档《汉冶萍》下册，第89页；又载《汉冶萍与日本关系史料》，第894~896页。
② 以上史实见《汉冶萍与日本关系史料》，第896~897页；鄂档《汉冶萍》下册，第94~95页。

系。据总经理致董事会函称："工务所既经成立，所有关于工务之技术、材料等事，俱应归并该所办理；至本总所所设技术、材料两课形同骈枝，应即裁撤，课长课员亦一并取消。"① 本来是鸠占鹊巢，却说成是骈拇枝指，这种颠倒是非的语言，竟出自堂堂总经理之口，真使人啼笑皆非。

工务所在公司目空一切，肆意妄为。略举一例。大冶厂矿石堡码头亟待整修，运务股长柳晓明已面陈赵时骧厂矿长并获李赐求代厂矿长批准，遂于1930年12月8日开工试办。但在18日的会议上，冶金股长金其重在工务所长村田面前进谗言，指责柳晓明"越权"，第二天，村田便率领中日人员"到码头查勘，并到运务股办公处提阅案卷，索取图样，情同查办"。柳晓明向盛恩颐指控："如此举动不但越厂矿长之权，且越公司任人办事之权。"柳晓明说的是实情，但他实在找错了对象，因为对村田的越权行为，盛恩颐不仅是知情人，而且他本人就是村田越权的主要帮凶。

五　日本抗拒中国政府清理公司

（一）日本反对武汉政府对公司的清理

正当武汉政府准备清理汉冶萍而遭到强烈抵制之时，日本人乘虚而入，强行介入汉冶萍清理案。而公司当权者也不断乞求日本政府庇护和经济援助。

公司副经理潘灏芬1926年9月6日，致电正在东京的盛恩颐："溃兵屡至，恐饥工暴动，急待款接济。"潘灏芬已向兴业银行押借1万元，但"杯水车薪，无裨大局"，请盛向正金银行再透支十万两。9月9日盛恩颐致函潘灏芬称："武昌（按应为汉阳）确已失守，铁厂在兵工厂之旁，危险可虑，已托日外部电饬汉口日领照会南军保护。"这就表明，盛恩颐已公开请求日本介入汉冶萍事务。

日驻汉口副领事加藤加紧活动，1927年1月25日与武汉政府财政部长宋子文进行了密谈。

近代名人宋子文与汉冶萍颇有渊源，其舅父倪锡纯曾任公司商务所所

---

① 《公司总经理致董事会函》（1928年4月11日），载《汉冶萍与日本关系史料》，第899页。

长，经倪引荐，宋子文 1918 年进商务所当"学习办事"，1919 年初调任经理处调查课长，1920 年调查课裁撤，宋改任经理处西文秘书，1921 年又调任公司咨议，1922 年离开公司，前后在公司工作 4 年，日本人评价道："在汉冶萍时代，（宋子文）有极认真稳健人物之称，对于该公司内部情况，知之甚谂。"①

在这次与加藤密谈中，宋子文除感叹公司"穷困"外，并未发表实质性意见。

交通部铁道处处长蔡增基于 1927 年 3 月 25 日在武汉会见了日本铁道省北京代办处主任金井清，蔡氏表示："希望日本政府亦派出全权代表。在协议方面，根据国际原则加以解决。"听到蔡的表态，金井清喜出望外："蔡氏所谈，不仅同我从来所想者完全吻合，且其并未提极端没收之语。"28 日，蔡增基访问了高尾总领事，谈话后会蔡"欣然辞去"。

日本驻汉口代理总领事田中正一 6 月 27 日与整理委员会主席黎照寰、委员陈延炯交谈时，黎等表示："公司从来与日本方面之密切关系，均将根据合同，尊重日本之权益，并全部继承之。"但日方对黎照寰等人的表态并不相信，"本官对黎、陈等委员已详细说明我方与公司之密切关系及我方之权益，并提出警告"。②

武汉政府同日本在互不信任之中展开角逐。田中正一 6 月在致外务大臣田中义一的一封密电中，以南浔铁路为例，断言武汉政府必定将汉冶萍收归国有。

日本对武汉政府极不信任。7 月，田中义一致田中正一的密电中，认为"武汉政府方面之真意，尚难判明"，他说，根据汉冶萍公司整理委员会的"布告以窥测我方之态度如何等等，均存在不少可疑之处"。外务大臣叮嘱田中正一："我方在此事之根本对策考究上，务望充分了解。"

孙科、黎照寰 7 月 8 日在与田中正一的谈话中，再次明确表示：武汉政府"毫无没收公司财产或事业之恶意"。孙科等重申："公司与日本之密

---

① 《日驻沪商务书记官横竹太郎致外务大臣和原机密函》（1927 年 2 月 15 日），载《汉冶萍与日本关系史料》，第 912 页。
② 《日驻汉代理总领事田中正一复外务大臣田中密电》（1927 年 6 月□日），载《汉冶萍与日本关系史料》，第 916~918 页。

切关系，素所知悉，自不会有使日本迷惑之事。将来决定该公司整理复兴事业之具体方案时，必尊重日本之权利与利益。"但田中仍向外务大臣表态："不论政府当局之声明如何，但根据其演变，难保无此种不当行为，实有严重监视之必要。"

日本人公开反对整理委员会接管汉冶萍厂矿。

日本要求整理委员会负责人"保证（兑现）其诺言"，同时对萍矿管理委员会"漠视公司，任意行动，事实上已行使使用收益权，进行等于没收之措施，提出严重抗议"。为便于干预此事，制铁所驻上海"嘱托"山县初男和冶矿顾问部员波多野养作于1927年7月17日来到汉口，20日分别会见交通部长孙科、外交部长陈友仁。山县从谈话中感觉："从委员等之阵容看，派彼等整顿，较之盛（恩颐）经理或可以获得更良好之成绩，"但山县等人仍对武汉政府的行动表示"不无疑问"，"对萍矿管理委员会所办各项事情……决难承认"。①

日本的态度越来越嚣张。当听到整理委员会派谌湛溪等接管大冶铁厂（矿）的消息后，田中正一于8月18日面见孙科，"详细说明此举必生无故干涉公司事业、不法行使管理权之后果。有至大权利利益之帝国政府，万难容忍，并劝其从速制止此举，暂停该委员会之活动"。而孙科态度软弱，"颇谅本官之所言，答容再查酌办理，以副尊意"。田中正一致函代理财政部长张肇元，指责整理委员会派员接管萍乡煤矿，田中称："此事敝国绝难承认，即用武力接收亦必坚持反对。"

田中正一8月18日致函湖北交涉员刘明钊，气势汹汹地威胁道："闻一般共产分子现麋集萍矿者不下千余人，借整理之名，实系别有作用。萍矿成本千万，倘有损失，谁负其责？"田中要求刘明钊"速将该会等取消，免酿纠纷"。

武汉政府在日本人的威逼下步步退让。孙科对汉阳铁厂代理厂长黄金涛密称："汉冶萍公司整理委员迟早将停止进行工作。"② 孙科已发出取消

---

① ［附件甲号］［附件乙号］［附件丙号］《日驻汉代理总领事田中正一致外务大臣田中义一机密函》（1927年7月23日），载《汉冶萍与日本关系史料》，第930~936页。
② 《日驻汉代理总领事田中致外务大臣田中机密函》（1927年8月□日），载《汉冶萍与日本关系史料》，第941页。

整理委员会的信号。

此外，日本驻长沙领事糟谷廉二、驻汉口总领事高尾亨、公司会计顾问吉川雄辅、大冶出张所所长西泽公雄等大量收集武汉政府和公司厂矿工人运动等方面的情报，为日本当局和制铁所等相关企业制定针对武汉政府及公司的政策提供依据或线索。

（二）宁汉合流后日本对汉冶萍的干涉

南京国民政府1927年成立后，同汉冶萍及日本之间的关系变得更加错综复杂。

南京国民政府交通部汉冶萍公司整理委员会1927年6月11日第三次会议议决：接管汉冶萍厂矿，"全部实行整理"。6月21日，该会致函日本驻汉总领事："拟请由贵领事转知贵国购买该矿铁砂商人，径到本会接洽，以便继续交易。"

清理委员会接着对汉阳铁厂采取行动。1927年10月，军事委员会任命胡庶华为汉阳钢铁厂筹备处处长，10月25日正式就职。同时任命黄金涛为厂长兼总工程师。驻汉口总领事高尾亨获此消息后，"殊为疑虑"，于10月29日致函刘明钊，要求妥善处理，"以免枝节"。

高尾亨11月21日致外务大臣田中密函称：汉冶萍业务收归国有，即使对日本的"权利与利益全无忽视恶意"，但他们仍以中方人员"庸庸碌碌，不负责任"为辞，建议田中"从速聘用人力兼优华人和日本人充任顾问"，以便"遇事临机适宜处理"。高尾亨的用意是要将汉厂继续掌握在日本人手中。

同样引起中日各方关注的还有大冶铁矿。1927年12月18日，整理委员会命技佐黄伯逵驰赴大冶铁矿，"调查工人及一切情形"，并长期驻冶。黄伯逵途经武昌时，征得鄂政府主席程潜同意，由驻冶军队进行保护。但大冶厂矿以"厂矿一切之事，概由沪总公司主政"为由，对黄伯逵态度冷淡，厂矿长赵时骧1928年1月4日致盛恩颐函称："（对黄伯逵）照普通例招待，并安顿该技佐在厂住宿。"盛恩颐20日的回电更为干脆："对黄技佐不必正式接待。"

盛恩颐之所以如此强硬，是因为日本与之沆瀣一气。

早在 1927 年底,当李仲公、谌湛溪等准备派人接管冶矿之时,日本驻沪总领事馆向南京政府提出抗议,并决定由顾问部员波多野等与李仲公、谌湛溪等进行会谈。会谈透露了下列重要信息:整理委员会决定"首先接管大冶,其次有连及萍乡、汉阳之打算";"日本与其同公司合作,不如同政府合作";"矿石售价应予改定";公司不可能由日本"亲自"经营,"不如抛弃行将破产之公司,而与政府携手为宜",云云。日方的意见则是:"公司之整理,应让公司自己处理";"南京政府任意整理,万难同意",等等。李仲公向日方表示,如日方"提出抗议,并非所喜"。①

高尾亨鉴于"本地时局依然混乱",便向外务大臣田中建议:"此时若提出一般形式抗议,不仅收不到实效,反而将来进行交涉时,带来不利之顾虑。"高尾亨提出,由外务大臣"即令南京领事采取适当措施,俟本地今后确立有力政权以后,再进行适宜之处置"。②

波多野 12 月 27 日返回大冶,与西泽公雄及赵时骧协商后起草了一份报告,31 日访问汉口总领事和副领事,建议总领事向湖北"当局提出抗议,如南京政府要接办,则可向蒋介石说明设立委员会之不合理"。而总领事认为,此时湖北局势混乱,仍请波多野"电呈外务省请示政策,同时在南京提出强硬抗议"。③

当获悉南京方面派技佐黄伯逵赴大冶"调查"的消息后,日方作出强烈反应,高尾亨于 1928 年 1 月 9 日向新任交涉员甘介候递交抗议书,"凡于本国权利利益范围内有障碍之处,本总领事决难承认"。

日本不仅向南京政府及地方政府提出"严重抗议",还以武力相恫吓。

日本军舰"嵯峨号"1928 年 1 月 21 日停泊大冶江面。25 日"浦风"号接踵而至。26 日又有 1 艘日本军舰来大冶。

南京政府 2 月 3 日电令甘介候:"日水兵进矿示威,反抗国府接管该

---

① 《公司顾问部员波多野养作致顾问吉川雄辅函》(1927 年 12 月 21 日),载《汉冶萍与日本关系史料》,第 959~961 页。
② 《日驻汉总领事高尾亨致外务大臣田中密电》(1927 年 12 月□日),载《汉冶萍与日本关系史料》,第 961 页。
③ 《波多野养作部员之报告》,载《汉冶萍与日本关系史料》,第 963 页。

矿……仰即查明交涉并电复。"甘介候向高尾亨查询此事，日方竟答称："日舰之军官水兵等时有前赴矿山游览之事，此次或因适当汉冶萍问题发生，有人误会，目为示威，殊不足信。"甘介候对这荒诞说法进行了反驳："此时大冶一带并无骚乱情形，贵国侨民利益亦不受任何危险，贵国军舰派驻大冶，不特毫无必要，且适足以增加本国民众之误会。"甘要求日本驻汉总领事转请日本海军当局令饬进驻大冶的日本军舰"即行撤退"。日方岂肯轻易放弃军事威胁手段，高尾亨2月14日复函甘介候称：这些军舰的军官和水手或"卸除武器赴矿山视察"，或"专为赴矿见学，亦所常有之事"。为了给日本军舰驻泊大冶寻找借口，高尾亨称："本月五日大冶停车场附近一带，有用国民政府汉冶萍公司整理委员会名义张贴标语为打倒帝国主义及一切过激传单……本总领事为保护侨民安全起见，不得不派舰停泊。"他又以"长江一带并无限制军舰停泊地点"为由，坚持拒绝甘介候有关日舰撤出大冶的要求。①

军事威胁给南京政府带来巨大压力。

（三）国民政府屈服于日本淫威

为了给南京政府施加更大压力，日本政府决定派遣由大藏省财务官公森太郎率领的庞大代表团来华。日驻沪总领事矢田先后会见代理外交部长郭泰祺、南京代理卫戍司令熊式辉及张群等人，为公森访华造势。公森一行约十五六人乘坐日本邮船会社的"贺茂丸"于2月6日抵沪，当天拜会驻沪总领事矢田。公森、武内、小贯同矢田、领事清水、书记员草野举行会议，"内容严秘未宣"。矢田当晚在一次晚宴上遇到代理外长郭泰祺，要挟道："告以日本方面态度非常强硬，还告诉他，本官要去南京，向南京政府陈述我方主张。"郭的态度非常软弱——"国民政府亦对本案极为重视"，云云，7日晚，候选外长黄郛访问矢田时称："如本人就任，自当设法从速解决此案，若日本方面希望此案圆满解决，则对南京之抗议，就不必用高压手段过于刺激南京政府。"

---

① ［附件甲号］［附件乙号］《日驻汉总领事高尾亨致外务大臣田中公函》（1928年2月20日），载《汉冶萍与日本关系史料》，第969~971页。

公森等人在矢田陪同下,于9日抵南京。10日与交通部次长李仲公等会谈,公森、武内、小贯、斋藤等纷纷斥责南京政府在汉冶萍问题上的立场。李仲公也谈了自己的意见,"出人意外地否定了实行接管,并反复说明尊重我方权益……希望本案圆满解决"。

公森一行继续西行,到达武汉,15日午后,在驻汉总领事高尾亨陪同下,会见了湖北省政府主席张知本、交涉员甘介候、公矿局局长金梁国等。双方会谈主要涉及砂捐和公司船舶被扣。鄂方态度较和缓,但日方态度强硬,气焰嚣张,"声言奉其内阁决议案对我省(湖北省)严重抗议,索还轮驳",其"声势汹汹"。日方代表竟称:"公矿局虽依正式契约管理汉冶萍运输所轮驳,然有碍日本方面物权担保关系。"① 公森等人公然指责"中国方面对公司种种不法行为,并说明我(日)方权益被侵害,已与南京政府进行交涉,但此事与地方有关,故亦为同湘鄂临时政府交涉之必要"。公森竟称:"日本方面对公司财产拥有担保权,因此处于优先地位;反之,中国方面并无担保权,却侵害日本权利,故实属不当。"日方恶意攻击中方:"似此连优劣分别均辨认不清……在文明国家未见其例。"日驻总领事高尾亨讥讽"中国方面所发表之意见,条理不清,实属遗憾"。② 日方公然以殖民者自居,居高临下地训斥湖北当局代表,这种恶劣态度在外交场合颇为罕见。

在日本高压下,南京政府终于屈服。据日驻沪总领事矢田于2月15日致芳泽公使密电称,南京政府已表示:(1)交通部已发出命令,撤回前派往大冶之技佐;(2)交通部已命令技正顾化昌与日方代表前往武汉,交涉收回被武汉政府扣压的船只等。

新任外长黄郛2月27日向日本财务官公森等表示:"今后在任期内,当尊重日本之债权,努力处理。"③ 这是国民政府在日本压力下屈服的标志。

---

① 清理汉冶萍湖北债捐处编印:《清理汉冶萍湖北债捐文件纪要》(1932年10月),转引自鄂档《汉冶萍》下册,第208~209页。
② 《日驻汉总领事高尾亨致外务大臣田中机密函》(1928年2月22日),载《汉冶萍与日本关系史料》,第982~994页。
③ 《申报》1928年2月28日。

（四）日本三次抗议国民政府再次接管公司

1928年2月国民党二届四中全会之后，蒋介石集党政军大权于一身。为了增强国民政府的经济实力，正式推行将矿、铁路等收归国营的方针。4月，国民政府整理汉冶萍公司委员会移交农矿部接管。

日方对此颇为关注。6月18日，日驻华财政事务官公森太郎致函大藏大臣三士忠造称："最近国民政府以矿山国有为目的，提出整理财政。故其动向，须特别注意。"公森认为："国民政府将铁道、矿山等事业收归国有，自行经营，系根据所谓国民党党纲规定之政策而提出"，因此，当局"早晚必将作出决定性措施"。

公森的预测是大体准确的。1929年2月13日，农矿部呈请行政院："限于3月15日以前，将所有（汉冶萍）煤铁矿厂及一切财产交由属会接管，以便整理。"2月23日，行政部发出指令："呈悉，准予备案，此令。"3月1日，农矿部发出训令：接管汉冶萍所有矿厂及一切财产。

汉冶萍公司接到此训令后，请求日本驻沪总领事馆向中国政府提出抗议。3月4日，日驻沪总领事重光葵向中方交涉员金问泗提交第一次抗议书，要求他转告国民政府，"撤销不正当之接管命令"。

日本的抗议举动需要汉冶萍的配合。孙宝琦于3月2日和6日两次接待芳泽公使。孙的态度游移，一方面，他为中国当局辩护。"孙云，国民政府大体上将承认日本与汉冶萍公司之间原来关系"；另一方面孙宝琦又极力维护公司利益："股东颇感不安，将来必要时希望日本给以援助。"为此，孙宝琦请求农矿部长易培基和外长黄郛从旁帮助。易培基表示："公司方面不要以书面表示反对意见，以派代表去南京，与政府当局和平地交换意见较为合适。"[①] 3月7日，公司董事会第三次临时会议公推夏偕复赴沪访问易培基，以便交换意见。

日本第一次抗议之后，准备以经济手段对付国民政府，即从1926年4月1日起至1929年3月底止的3年时间内对汉冶萍的优惠措施（即从生

---

① 《日驻沪部领事重光葵致外务大臣田中密电》（1929年3月7日），载《汉冶萍与日本关系史料》，第1007页。

铁、矿石价款中优先拨付公司所需的费用）从 1929 年 4 月份之后不再执行。不过这一措施对国民政府的影响有限。

汉冶萍当权者非常配合日本的行动。3 月 11 日，孙宝琦致电农矿部部长称："奉贵部令限期接管，群情震骇，希体恤商情，收回成命。"农矿部态度坚决："收回成命，碍难照准"，但表示体恤商艰，同意展期 20 天，到 4 月 5 日以前办理移交，不过，期满仍未交出。

在这种情况下，日本又出面干涉了。3 月 14 日，日驻沪总领事重光葵向金问泗提出第二次抗议。

4 月 8 日，重光葵向国民政府外交当局提交第三份抗议书。

对重光葵提出的三次抗议，国民政府未作任何回答。但当农矿部 4 月 15 日以公司逾期不办移交为由，请求行政院准予颁令取消公司法人资格时，行政部的批示是："要慎重考虑。"此后在档案中再未见到农矿部对公司有何举动的记载。日本人对此看得十分清楚："国民政府不过是要顾全体面，实则已经接受了我方抗议，制止了接管实现，把问题拖延下去。"①

（五）国民政府的再次行动与再度失败

20 世纪 20 年代末，英、美的对华、对日政策发生了重大变化。1928 年末英国外交大臣在下院发言和 1929 年初美国国务卿凯洛克与日本驻美大使松本谈话，相继表示英美政府支持国民政府，反对日本进一步在中国扩张，这就使日本的对华外交陷入孤立。在这一背景下，国民政府再度发起接管行动。

1928 年 4 月上半月，农矿部向国民政府上呈提议案，准备接管汉冶萍。事情虽未果，却引起日本的高度重视，日本驻中国财务官公森太郎于 1929 年 5 月 3 日乘"上海丸"邮轮抵沪后对记者说，他此行使命有二：一为交涉整理对华借款，二为商榷中央接收汉冶萍问题。公森表明了对此事的反对态度。他准备长期驻沪，以便就近与国民政府接洽，而设在北平使馆内的财务署也将于日内迁来上海。

---

① 参阅《汉冶萍与日本关系史料》，第 1012、1018、1023 页。

时隔数日，日外务大臣田中于 5 月 9 日致上海总领事重光葵、南京领事冈本一策、九江代理领事河野清、汉口总领事桑岛主计机密函，认为："如果国民政府真将采取钢铁国营方针，则该政府之接管，将不限于汉冶萍，而更扩及象鼻山、桃冲及其他方面，因此，我国将失去矿石供给之大半，故在此紧要关头，非尽量阻止不可。"鉴于国民"政府所发出之接管命令，已逼近实施日期"，田中要求这些驻华领事"须持特别强硬态度"。

公森太郎于 5 月 17 日向大藏大臣三士忠造上呈"报告书"，这是一份内容详尽的有关日本第二次"保全"汉冶萍利权活动的备忘录。在重光葵三次向国民政府提出抗议的同时，日方有关官员 4 月 20 日在外务省亚细亚局局长室就如何阻止接管汉冶萍之事进行了讨论，命令公森太郎根据日方政策，努力达到阻止接管的目的。

参与此次对华交涉的人员包括使馆参事官重光葵（任帝国政府代表）、正金银行上海分行行长长渡边礼与制铁所驻上海"嘱托"山县初男（任债权人代表）以及公森太郎、安田猪马一等人。他们 4 月 30 日从东京出发，5 月 3 日到达上海。公森、重光葵等人先后会见了汉冶萍襄理赵兴昌、南京领事冈本、交通部长王伯群等人。其中制铁所"嘱托"山县初男与国民政府参谋长杨杰的谈话格外引人关注，山县称："关于此问题，蒋（介石）主席意见最关重要。"杨杰回答："今晨已向蒋主席汇报。主席嘱转告阁下，就本问题而言，决不会做出不法事情来，可以放心。"①

国民政府注意为自己的妥协作好舆论宣传，5 月 9 日早晨，国民政府机关报《中央日报》及其他各报刊登了同一新闻——《整理汉冶萍之经过》，其主要内容是说明汉冶萍公司"并无转移"。目的是使日本人放心。

国民政府要人纷纷出面"澄清"：政府并无接管汉冶萍的打算。5 月 13 日，中日实业公司副总裁高木陆郎访问公森，转述了财政部长宋子文关于汉冶萍接管问题的谈话："主张接管诸人，曾同宋子文商量过接管问题，宋表示：尔等主张接管，对于日本债务如何偿还，考虑过否？财政部决不

---

① 见《汉冶萍与日本关系史料》，第 1022 页。

负偿还该项借款之责任。"据公森评价："此者可谓实使接管论者气焰低降一重大原因。"

从 1929 年 4 月 30 日至 5 月下旬，公森等人通过与国民政府多位要人的接触，得出了若干结论：

（1）重光葵再三提出抗议，对于中国方面已起促使其反省一定效果；

（2）彼等对实行接管再不那么热心；

（3）国民政府首脑人物并无不顾损害日本感情、急速实行接管之意。

公森的建议是："不如暂时看一下形势，倘接管问题再抬头，届时再予以打击，必较得策。"①

"接管"行动以国民政府的彻底失败告终。重光葵 1929 年 5 月 23 日致外务大臣田中的密电中称："接管问题事实上已经消除，""政府态度事实上已有大为缓和之感，而且汉冶萍公司目前也仍继续向我方输出矿石。"就是说，这次较劲以日本的全胜告终。但是，日本一点也没有为已经到手的利益而满足，他们"姑且静观"，随时准备对汉冶萍采取更大行动。

六　公司沦为单一对日供矿机构

（一）冶矿产量的逐年下降

20 世纪二三十年代，偌大汉冶萍只剩下大冶铁矿，且冶矿也沦为专门向日本供应矿石的机构。就是说，一个集开矿、炼铁、采煤于一体、拥有职工数万人、横跨鄂赣湘诸省的大型钢铁煤炭联合企业变成了单一向日本提供矿石的原料基地，这是汉冶萍公司的悲哀，也是半殖民地旧中国的一种畸形现象。

当 1926 年北伐军抵达湖北时，政局一度混乱。大冶铁矿代矿长盛渤颐擅自决定一律停止矿石采运。自盛恩颐 1926 年 12 月初在日本谈妥 200 万元借款返回上海后，冶矿已具备复工的基本条件。狮子山、得道湾、铁山等矿区先后复工，但运输车辆不敷所需，此时，盛渤颐忽然离职，厂矿事

---

① 见《汉冶萍与日本关系史料》，第 1029 页。

务由会计处长龚炳慈领衔用"各处股长"名义办理。据龚炳慈估计，1927年应交日本矿石40万吨，但实际勉强只能交足20万吨。①

日本政府有关当局于1928年4月提出《关于汉冶萍公司今后措施案》，对该公司政策做出重大调整："我制铁所今后只以汉冶萍供应矿石为满足，不指望其生铁之供应。"这份决议案强调："1. 公司之事业，今后仅限于矿石之采掘与出售，中止生铁之生产；2. 提高矿石价格；3. 公司以扣除生产费用后剩余矿石价格，支付借款利息（分年偿付268.4万日元）；4. 我国方面，从速派遣最高顾问。"

盛恩颐对日本政策的变化可能浑然不知，对公司今后3年的工作仍做出这样的安排："以开采冶矿为最低限度……一有机会，即拟先从事于萍矿之复业，次及汉厂或冶厂之开炉。"而对于日本各项借款本利的归还，请求"准予再行展缓三年"。

遵公司之命，会计所簿记股股长费敏士3月中旬赴日交涉展期还款和提高砂价等事宜。经反复谈判，日方出于对矿石需求的考虑，7月份终于答应借款本利展期一年归还。

其间公司发生所谓"炸药护照"失效问题。据公司记载，1929年至1935年间冶矿历年所需的炸药、钢帽、白色引线和黑色引线等均购自日本，但1929年夏因蒋桂战争、蒋冯战争相继爆发，战火祸及湖北，当局严控炸药买卖，公司的炸药护照失效，重新办理延误三个多月，使采矿大受影响，加上天气奇寒和土匪袭扰，矿石产量锐减，实产33万吨，离预定全年产砂45万吨约少12万吨，冶矿经济极度困难。盛恩颐1930年3月26日函请日方将借款本息偿还期再展缓两年。日本制铁所、正金银行、兴业银行于1930年5月28日会衔函复盛恩颐，同意将还款期再展两年。

同一天，汉冶萍公司与制铁所正金银行签订《甲借款、乙借款及息款现存合同》；同一天，公司与制铁所、兴业银行签订《欠息交付办法合同》。6月2日，公司与制铁所、正金银行、兴业银行分别签订《变更借款利率合同》，这些合同内容极其繁杂，撮其要者简述如下。

---

① 《龚炳慈致总、副经理报告》（1927年6月23日），载《汉冶萍与日本关系史料》，第1039~1040页。

公司与制铁所、正金银行签订的《甲借款、乙借款及息款现存合同》规定：公司1910年向银行承借的100万日元，至1930年6月11日尚欠643713元（以下简称甲借款）；1912年借款19.6万两（折合177375日元，以下简称乙借款）；此外，至1930年6月1日公司所欠银行利息504142日元。这些款项由公司售给制铁所矿石价值的一部分偿还。甲借款和乙借款从1930年6月1日起按年息2厘支付，每月5月31日和11月30日两次各付一半。息款概不计息，15年之内停止偿还；从1945年6月1日起按年摊还。

《变更借款利率合同》规定：从1908年起至1927年的借款利率，均由6厘改为5厘半，从1930年6月2日算起。

公司与制铁所、兴业银行签订的两份合同与上述两份合同大致相同。

日方如此痛快地答应公司的降息要求，是想使冶矿勉力支撑，继续向制铁所提供矿石。但是，1930年日本发生经济危机，1931年工业总产值只相当于1929年的67.5%，对外贸易额减少40%，铁市更显萧条。日本制铁所将从公司进口的矿石价格每吨减为5日元，1931年又准备骤减为3.3日元，将购买量减为25万吨。据制铁所长官中井对前来拜访的公司会计所副所长费敏士、吉川顾问和大冶出张所所长山县初男称，自1930年以来，日本钢铁市场"一落千丈，去年春间钢料每吨可售日金百元以上，目前竟跌至六十元左右。且苦存货山积，脱售不易，存矿亦多至百八十万吨，以是流动资金顿告缺乏，周转困难。十九年（1930）年度结账共亏日金一千余万元，为制铁所制始以来未有之巨大损失……现在已将化铁炉九座中停止四座"。① 经费敏士等多方游说，中井总算答应将年进口矿石由25万吨增至27万吨，每吨价由3.3日元增至3.5日元。

日方减少矿石进口量和降低价格对公司影响至巨。据大冶厂矿长赵时骧1931年6月10日致盛恩颐信中称："本年所采之砂，剩余不在少数，既感无地堆储，兼以来日方长，尤有停采之虞。"而受冲击最大的是冶矿扩充工程。该工程本已着手进行，并从苏尔寿公司进口了机器。鉴于日本减

---

① 《费敏士致盛恩颐函》（1931年6月10日），载《汉冶萍与日本关系史料》，第1060页；参阅鄂档《汉冶萍》下册，第44页。

少矿石进口量和降低矿价，公司整理委员会决定暂时中止装配机器，工程暂停。这给公司造成了极大损失。

总的来说，欧战之后至九一八事变前，冶矿产量呈下降趋势，1930年产量相当于1919年的54%，但输日铁矿石并未减少，还略有增加。详情见书后附表三。

（二）九一八后继续向日供矿

1931年日军悍然制造震惊世界的九一八事变。消息传出，举国震怒。国人亦将矛头指向把铁矿石售与日本的汉冶萍。1932年3月15日，北平市工会、救国联合会致国民政府代电："报载汉冶萍公司私将军火原料售于（与？）日本，不啻资敌利器，间接自杀。"该公司"似此丧心病狂，不予制裁，何以对我此刻正在前方与敌拼命之全体将士"。① 12月22日，上海市印铁工会、外交协会等40多个团体的70多名代表一致议决：（1）致电国民政府实业部、军政部，请速作紧急而有效之处置，即行援照整理招商局办法，同样收归国营，切实加以整顿；（2）通电全国团体，一致注意，共起主张；（3）通函本埠各工商学及各救国团体一致反对，并防止将来有同样事件发生；（4）电请国民政府从严查办汉冶萍总经理盛泽承等共7条。23日，上海各团体救国联合会通过决议："呈请中央改组该公司，收归国有，切实整理，并严办该公司总经理盛泽承，处以极刑"。同一天，上海国货工厂联合会分电中央各部，要求对出卖矿砂给日本者"详细彻查，从严惩办，以为勾结日人者戒"。这些抗议者均将矛头指向汉冶萍与盛恩颐。

公司内部也传出质疑的声音。股东张谟远1933年2月6日致函盛恩颐质问："台端将本厂铁矿私售敌人制造军械，引起沪各团体之反响，此事真相究竟如何？"公司不得不于3月11日做出回应："此系根据借款契约，历有年所，并非私行售与"。

国民政府对公司出售铁砂给日本之事态度暧昧。汉冶萍函复实业部，

---

① 中国第二历史档案馆：《行政院4486号档》，转引自《汉冶萍与日本关系史料》，第1063页。

"略称：铁砂输出，系因履行借款合同之不得已情形"。实业部据此于 1933 年 4 月 19 日呈行政院函称："该公司所陈，虽属实情，惟以军火原料，资敌利用，自应设法制止"，"现正会同财政、军政两部筹商整个制止办法"①。5 月 20 日，实业部部长吴鼎昌咨湖北省政府："鄂省所属大冶及象鼻山两处铁矿，在本年七月一日以后继续报运铁砂出口时，自应一律呈请本部许可证，始得报关起运"。实际上，冶矿出口矿砂除须领取实业部制定的出口许可证外，并无其他限制，也从未停止出口。

实业部 1936 年 12 月 4 日给公司的"通知"改变了口气，不再强调"资敌"，而是说："我国铁矿储量并不丰富"。"通知"要求公司从 1934 年 1 月起至 1936 年 6 月底止，"所有装运铁砂出口船名，运出日期及吨位，分年详细列表具报"。

据实业部部长吴鼎昌 1937 年 1 月 15 日复公司批文称，公司最近三年年均出口铁砂 514710 英吨（约折 522969 吨），当年出口不得超过此数，且出口一吨铁砂须向实业部缴纳砂捐 0.2 元，而"应缴湖北省政府之砂捐，仍应由该公司如数照旧清缴"。

虽然按实业部的说法，自施行铁砂出口许可证制度以来，"对于铁砂出口数量，已有相当之限制及必要之考核"。②但与 1931 年相比，冶矿铁砂出口量不仅没有下降，反而呈逐年上升之势，直到 1937 年抗战爆发后军政当局采取了一些措施，矿石出口量才有所下降。详见书后附表三。

（三）日本对汉冶萍政策的调整

将汉冶萍变为日本的单一供矿单位和经济附庸是日本政府及日本制铁所的一贯政策。九一八事变后，日本对汉冶萍的政策作了局部调整。

一是减少了大冶铁矿石的进口量并降低了价格。

1930 年爆发的经济危机和 1931 年的九一八事变使日本对汉冶萍态度发生了一些变化。这首先表现在对进口矿石数量和价格的控制上。

---

① 中国第二历史档案馆：《行政院 4486 号档》，转引自《汉冶萍与日本关系史料》，第 1067 页。
② 《实业部民国二十五年度行政计划办理经过报告》，载中国第二历史档案馆《国民党经济部 4688 号档》，转引自《汉冶萍与日本关系史料》，第 1069 页。

日本为转嫁经济负担，危机期间减少了汉冶萍生铁和矿石的进口量，压低了价格。每吨生铁价格从 1930 年的 100 多日元陡降至 1931 年的约 60 日元，每吨矿石价格从 1930 年的 8.5 日元降至 1932 年的 4.17 日元。

二是建立钢铁垄断企业——日铁，使日本在处理汉冶萍关系时处于更有利的地位。

20 世纪 30 年代前后，日本三井、三菱等大财团各自直接投资兴办了一些钢铁企业，日本钢铁业处于较分散的状态。为了整合日本钢铁资源，日本政府颁布《日本制铁株式会社法》，1934 年 2 月成立以日本制铁所为中心的包括三井、三菱等公司属下钢铁企业的庞大钢铁集团——日本制铁株式会社，简称"日铁"。日铁凭借垄断地位控制钢铁生产，瓜分和垄断钢铁的原料产地、销售市场和投资场所，规定垄断价格来获取高额利润。

日铁成立后，同日本制铁所联名致函汉冶萍公司："所有原来贵公司与制铁所间，贵公司与制铁所、日本兴业银行间，以及贵公司与制铁所、横滨正金银行间，所订合同、协定书及其关系文件中关于制铁所取得矿石及生铁之关系，自昭和九年（即 1934 年）二月一日以后统由日本制铁株式会社照旧继承。"这长长的拗口话，简单地说就是：从 1934 年 2 月 1 日起，制铁所与汉冶萍公司的债权关系，全部由日铁继承。

公司从此要与一个更强大的对手打交道，更加变成日铁手中的玩物。

第五节 公司混乱的经营和管理

欧战结束至抗战爆发是汉冶萍最困难的时期，也是其经营、管理最混乱的时期。公司事实上已彻底失败，导致失败的因素异常复杂，留下了很多值得人们深思的话题。

一 公司营业起伏跌宕

从 1919 年 1 月 1 日起，公司仿照日本财会制度，实行复式簿记方式。记账单位不再是两，而是元即银元，结束了汉阳铁厂和大冶铁矿通用洋例银、萍乡煤矿使用湘平银、上海总事务所使用规元的不统一局面，方便了公司内部的财务结算。详见表6-11。

表6-11 公司1919~1936年经营情况

单位：元

年 份	开账结余	借 方	贷 方	结账结余
1919	27045525.92			
1920	12554243.56			
1921	79435235.77	17870087.71	17870087.71	78324756.34
1922	79778394.62	10683098.46	10683098.46	80289751.95
1923	-2952609.84			
1924	69282177.93	4698721.40	4698721.40	70156576.10
1925		9311.27		
1926		900.00		
1927		502.11		
1928		3328516.68	3350624.03	
1929		7491968.67	7493226.91	
1930		636772.39		
1931	?	?	?	?
1932	75921762.44	105699.71	55998.30	75872061.03
1933	75565143.69	264746.39	379784.02	75680181.32
1934	77137024.89	99977.38	165286.26	77202233.77
1935	77577637.48	204683.16	289322.97	77622277.29
1936	73310328.87	122382.48	186229.90	73374176.29

资料来源：鄂档汉冶萍之《1919~1936年历年账册》。

这里需要说明的有几点：

（1）这里的账册仍然是不完全的，如民国二十年（1931年）账册就无法调出。

（2）有些年份账册的项目，如开账结余或借方、贷方、结账结余不全。

从这些不很完全的账册中，人们还很难看清汉冶萍公司这一时期的经营情况。笔者虽曾多次到湖北省档案馆查找汉冶萍公司相关资料，特别是查阅历年账略或账簿、账册情况，湖北省档案馆工作人员给予了大力支持和热情帮助。但是，由于档案本身就有残缺，如缺1909年账略，资料显得不完整。另外，有些账册（如1931年账册）因年代久远破损严重且遭虫蛀，档案管理人员依照相关规定不外借，我们虽感遗憾但也无可奈何。因此，呈现在读者面前的只能是一份不太完整的账册。

令人略感欣慰的是，我们从一些史书中可以了解到公司这一时期的盈亏情况。详见表6-12。

表6-12 汉冶萍公司1919~1937年盈亏情况

单位：元

年 份	盈	亏
1919	2918463.63	
1920		1279588.44
1921		511835.03
1922		3666876.36
1923		2952609.86
1924		4034736.00
1925		3181301.00
1926		2901092.00
1927		2985606.00
1928	1204.00	
1929		1593818.00
1930		415142.00
1931		1723192.00
1932	69.571	
1933	153.126	
1934	7.859	
1935	219.961	
1936	100.842	
1937		173587.00

资料来源：《汉冶萍公司志》，第125页；《汉冶萍公司事业纪要》，载鄂档《汉冶萍》上册，第40页；《张国辉集》，第307页。

从表 6-12 我们不难看出：

（1）欧战之后公司多数年份亏损。1919 年 291.8 万的盈余是欧战后翘尾因素作用的结果。而 1920~1927 年连年巨亏，1924 年甚至年亏达 403 万余元，其余年份亏损也多达 300 万元左右。

（2）1928 年盈利是萍乡煤矿被江西接管所致。萍矿脱离后，汉冶萍公司骤减数千人，对萍矿的补贴也相应减少，整个公司的开支也有所降低，因此营业出现这一时期罕见的盈余，但盈余数仅 1204 元，这在公司是一个象征性数字。此后三年（1929~1931 年）公司又出现大量亏损，亏损额从 41 万余元到 172 万余元。

（3）1932~1936 年又出现盈余。九一八事变后，日本鉴于中国国内反日情绪高涨，不得不略微提高一点矿石价格，而国民政府对公司矿石出口也睁一只眼闭一只眼。但公司此时微不足道的盈余更具有象征意味，最多 219 元，最少 7 元。精于算计的日本人深知，如果此时再让公司亏损，会激起中国人更大的愤怒，对公司矿石出口极为不利。

（4）1937 年公司又出现亏损。七七事变后，日本撕下一切伪装，赤裸裸对华发动侵略战争，他们给公司的那点蝇头小利也被收回，公司出现亏损不足为奇。

造成公司长期亏损最重要的原因是日本的肆意掠夺。日本政府为了获得制铁所所需的大冶矿石原料，不惜以横滨正金银行的名义借款给汉冶萍，总数达四五千万日元，以大冶铁矿石的售出款逐年扣还。日本控制了矿石的定价权，完全根据制铁所的需要来决定矿石的进口量与矿石价格，其定价偏低。公司 1919~1938 年输往日本的矿石数量见书后附表三。

公司出口到日本的矿石数量多，生铁数量少，每年才几万吨，最多的 1922 年也只有 12 万余吨，1925 年之后因汉冶两厂先后停产，再无生铁出口。而出口到日本的钢材更如凤毛麟角，只 1922 年、1923 年分别出口 2000 余吨和 4000 余吨。非常清楚，日本是要通过自己的技术和资本，使大冶廉价的铁矿石变成昂贵的钢材。

从 1919 年起，日本不断从大冶之外的地方（包括中国东北、安徽等省份和其他国家）寻找新的矿石来源地，尽可能降低大冶铁矿石的价格。

这是日本制铁所对进口大冶矿砂的基本政策。

公司董事会1919年8月4日根据成本核算，主张铁矿石和生铁价格应当分别为9.6日元和92日元，而日方则坚持分别为4.2日元和75日元。

经过多轮磋商，特别是公司舞动减少对日矿石出口量的"撒手锏"后，日本制铁所"最后让步"，同意铁价每吨92日元，矿价每吨6日元。但华商裕甡公司卖给日本的铁砂却达每吨9日元，公司董事会发出感叹："同一售砂华商公司，而汉冶萍得价独短，亦非制铁所所以辅助本公司之意。"①

与汉冶萍的期望相反，日本于1920年12月将生铁价格每吨降至70日元，矿价4.5日元。公司董事会1920年12月25日在一封信中指出：这一价格"不敷成本，应即电复夏总经理再与磋商，酌量加给"。日本始终未作让步，公司只好吞下这枚苦果。日本人非常清楚，质优价廉的大冶矿石正是日本制铁所实力急剧膨胀的重要因素。

日本制铁所还公然违背1899年中日双方的约定，以中日实业股份公司的名义，于1919年开始经营桃冲山附近铁矿，每年购买该矿矿石5万吨。这本来是一种违约行为，但李经方在1921年4月4日致白仁武的信中竟说："贵所此次收买与该约所载不无抵触之处，但敝公司顾念贵所有特别原因，慎重考虑之下，勉为应允一次，嗣后不得援以为例。"日本人从此更加肆无忌惮地经营中国各地矿山，以压低大冶矿石价格。

1921年，双方本约定公司向制铁所提供生铁25万吨，但制铁所来信要求减为10万吨。减少生铁进口量是为了增加矿石进口量，这使公司十分无奈："照总额已减去半数，实属无可再减。"矿石价格则降为每吨3.5日元。公司认为：矿石"采挖愈深，工费愈多"，价格本应提高，而制铁所"购买桃冲、金岭镇、新加坡等处矿砂，均较大冶为贵"，公司提出矿价每吨4.5日元，但这一要求被日本断然拒绝。1922年日方更将矿价降为每吨3.45日元，生铁降为46日元。1924年虽将矿石略升为每吨3.52日元，但生铁价则猛降至每吨40日元。1926年后公司再无生铁出口，而矿砂价格则时有波动，1928年曾达每吨5.5日元，后降为3.3日元，1931年又升为

---

① 《公司董事会致夏偕复、盛恩颐函》（1920年2月7日），载鄂档《汉冶萍》下册，第122页。

3.5 日元，"价值过廉，公司不免吃亏"，1932 年又升为 4 日元。1933 年之后，虽然湖北官矿局、安徽繁昌公司等企业不断扩大矿石出口，但此时日本已从经济危机中逐渐复苏，加大了矿石进口量，且因日元贬值，故价格也从每吨 4.8 日元增至 5 日元。1935 年矿石每吨 6 日元，而"公司不敷成本，亏折已巨"。1936 年又降为 5.5 日元。当公司通过吉川顾问要求日铁加价时，日铁以"在中国购砂价格一律"为由而拒绝。此时日铁年耗铁矿石约 450 万吨，其中日本自产约 100 万吨，从南洋进口约 250 万吨，从中国进口约 100 万吨，而从汉冶萍进口约占从中国进口份额的一半，占日铁整个矿石消耗量的 1/9。日铁长官吉川 1936 年 12 月 1 日在一封信中写道："若加汉冶萍之价，势必招多数供给者之不平。"在这种貌似"公平"的幌子下，公司只能长期以低价向日本出售铁矿石，每吨矿石 5.5 日元的价格一直保持到 1938 年。

日本低价购买公司铁矿石，多次激起国人的严重抗议，但日本始终不曾放弃从大冶进口矿石。

1925 年后，汉厂、冶厂、萍矿先后停产或被地方接管，而唯一留存的冶矿矿石价格又如此之低，公司经营岂有不亏之理！

造成公司亏损的原因之二是公司当权者没有作为。他们或为尸位素餐者，或为官僚主义者，对公司均无大的建树。会长孙宝琦是个口碑甚佳的老官僚，身兼多职，对公司遥控指挥，很少亲自主持董事会议或处理公司事务。孙宝琦对此颇有自知之明，1916 年曾说："宝琦于实业素少经验，猥承各股东选举董事，又以羁身政界，未能躬亲其事。"① 1923 年孙氏又称："琦滥膺会长，职属遥领，于公司事，既无全权，且苦鞭长莫及。"② 他不是搞什么作秀或故作谦虚，说的是实情。

总经理盛恩颐本属纨绔子弟，缺乏管理汉冶萍公司这种大型企业的学识和能力。他除了喜欢豪赌、贪恋美色外，还嗜食鸦片，1926 年盛氏赴日商谈借款事宜时，经日本政府批准竟携带鸦片入境。

董事会副会长傅宗耀（图 6 - 2）更是一位擅于揽权与钻营的人物，其

---

① 《汉冶萍公司第八届账略》（1916 年 8 月），载鄂档《汉冶萍》下册，第 695 页。
② 《公司董事会 1923 年第一次临时会议案》（1923 年 2 月 5 日），载鄂档《汉冶萍》下册，第 20 页。

经济触角涉及三北轮埠、通商信托、中国通商银行、宁绍商轮、招商局、华兴水火保险、丰盛实业、祥大源五金号等多家企业。傅宗耀这一势利之徒于1924年居然当上了汉冶萍董事会副会长，但他也极少处理公司事务，甚至于1924年12月致函董事会"力辞副会长之职"，董事会12月6日复函慰留。他这样做，显然是故作姿态，自抬身价。九一八事变后，国人强烈反对向日本出售矿石，傅宗耀趁机"召集董事会议，痛陈利害，坚决反对，致垂成之议，完全打消"。① 日驻沪总领事石射猪太郎曾分析傅氏这番表演："傅（宗耀）近来策动驱逐盛（恩颐）总理。彼正利用时局关系，策划此次反对运动。"② 傅宗耀反对矿石运日不过是与盛恩颐争权的一种手段。

图6-2　汉冶萍董事会副会长傅宗耀

这样一批人盘踞公司，占据要津，均享受特殊待遇。孙宝琦1925年被任命为驻苏联大使，仍保留会长职务，"所有会长夫马公费仍照旧例支送"。1931年孙宝琦病逝，公司在极度困难的情况下赠送赙仪5万元，治丧费1万元并配祀盛公祠。这些掌权者并未为公司发展做出过什么贡献，反而大量耗费公司金钱，这也是公司长期亏损的原因之一。

造成公司长期亏损原因之三是公司分裂造成毁灭性后果。汉冶萍公司是一家特大型钢铁煤炭联合企业，是中国较早出现的大规模的生产组织。在正常情况下，这对公司的长远发展极为有利。令人扼腕叹息的是，公司最终的结果却是四分五裂，最后只剩下一座孤零零的冶矿，且直接置于日本人的控制之下，予取予夺，变成日本庞大军事机器的原料供应基地。

想使这样一家专供日本原料的公司能够盈利，不过是痴人说梦罢了。

---

① （上海）《新闻报》1932年12月22日。
② 《石射猪太郎致外务大臣广田弘毅密电》（1932年12月23日），载《汉冶萍与日本关系史料》，第1067页。

二 公司管理乏善可陈

（一）股东大会难以正常召开

在 1919~1937 年的 19 年时间内，汉冶萍管理甚少建树，乏善可陈。事实上，公司管理上漏洞甚多。仅以材料管理为例，"从前厂矿需料，仅凭临时请购之单，究竟请购之件是否急需，重量数目是否确系此数，均属无从核夺，以致不急之料预为购储，陈陈相因，寝成废物，而待用者或致缓不济急"。公司为此出台了《试办购买材料章程》共 13 条①。

公司财务管理也非常混乱。"各会计处之月报与成本报告，除一二处外，均极迟缓，甚有至五六月后方始报出，及接该项报告时已时变境迁，于实际上已失参考之价值。"公司会计所就此编写了"迟延主要原因"、"整理办法"和"报账期限"。②

特别严重的是，公司领导层明争暗斗，造成管理的极大混乱，连股东大会也难以正常召开。

公司股东大会于 1920 年 2 月 8 日假上海总商会召开，与会股东 442 人，计 132456 股。会议推选孙宝琦、李经方、盛恩颐、张武镛、靳云鹏、傅宗耀、邢冕之、杨学沂、沈敦和、刘燕翼、沈镛共 11 人为董事，孙宝琦、李经方分任正、副董事长，左孝同、邵子愉、潘复、叶琢堂 4 人为监察。夏偕复继续担任总经理，盛恩颐兼副经理。公司股东常会于 1921 年 6 月 4 日在上海召开，与会股东 71 人，计 77027 股。"今到会股东既不足四分之一数，照章不能议决事件。"总经理虽在这次股东常会上做了报告，但鲜少涉及公司管理问题。

管理层因对公司前途失去信心纷纷提出辞职，公司董事会也因财务过于困难而适当降低了董事的待遇。

副会长李经方 1921 年 5~6 月间以"自伤衰老"为由，提出辞职，孙

---

① 《夏偕复、盛恩颐致各厂矿所函》（1923 年 3 月 2 日），载鄂档《汉冶萍》下册，第 626~627 页。
② 《公司会计所致夏偕复、盛恩颐函》（1924 年 3 月 21 日），载鄂档《汉冶萍》下册，第 627~628 页。

宝琦等虽再三慰留，但李经方再未出席董事会议，1925 年改任顾问，每月夫马费 500 元。

困境中的董事会缺乏凝聚力。1922 年，董事盛重颐（字泮臣，盛宣怀第五子）"函请辞职"，董事会虽专函挽留，但直到 1923 年 5 月，盛重颐仍未参加董事会议。董事会副会长李经方 1922 年春登报声明，已辞退汉冶萍等公司的董事之职。1923 年 6 月 1 日，李经方致函董事会，仍坚辞副会长之职，甚至为此说了重话："若强以仍复旧职，实非所敢承；况昔为董事，今非股东，曾在联合会自行陈明。今若以局外之人强任以董事之职，于情理似不合，亦法律所不容。"

公司因经济困难，董事会决定降低管理人员薪酬。自 1922 年 1 月起，孙宝琦自请每月减支"公费"200 元，交际费按八折支领；夏偕复自请八折减薪，盛恩颐自请暂行停支薪水。从 1922 年 2 月起，孙慎钦、陈安生、卢鸿沧等 9 人停送夫马费；同月起，李维格等 9 人夫马费按八折支领。

公司的许多制度被束之高阁。公司最基本的制度——股东大会制度也处于半休眠状态。

按公司制度规定，股东大会一年最少应召开一次。但公司股东大会四年未开，在 1924 年 11 月 29 日召开的股东大会上，股东黄泽民提出质疑："本公司定章，每年应开股东大会一次，今已延误四年，未知据何理由？"孙宝琦做出回应："前年曾经召集一次，以到会股权未足法定之数，不能成立；去年又曾登报召集，亦未成会，并非董事会有意迟延。"不过，孙宝琦并未解释股东为何不愿来开会？说到底，这是股东对公司前途已彻底失去信心，而董事会也实无成绩向股东交代。

这次股东大会选举孙宝琦、傅宗耀、盛恩颐、李国杰、夏偕复等 11 名董事，邵子愉、谢蘅牕等 4 人为监察。12 月 2 日，董事会临时会议推选孙宝琦为会长，傅宗耀为副会长。1925 年 10 月 13 日，董事会临时会议任命盛恩颐为公司总经理，赵兴昌为襄理。

1927 年 4 月 27 日，傅宗耀因与国民政府矛盾激化，被国民党政治会议上海分会下令迅予缉拿，傅氏被迫逃跑。中央政治会议第 96 次会议议决暨蒋介石电令：没收傅宗耀在汉冶萍等公司的所有股份。傅宗耀在汉冶萍股份共 667 股被查封，傅氏也被免去副会长职务。11 月 30 日，上海租界临时法院发出训令：查封傅宗耀在汉冶萍等公司的股份，将傅氏所有股份改归官股，更其名称为国民政府财政部官股，另发新股票，傅氏原股票作废。

从30年代开始，公司进入了最困难的时期。1930年2月15日，董事会临时会议议决，从3月份起停发会长孙宝琦的夫马费。1931年2月3日，孙宝琦病逝，重出江湖的傅宗耀再度当选副会长，并掌握董事会实权。此后公司董事会再未选出新会长。

傅宗耀的复出与其同乡、宁波旅沪同乡会委员长虞洽卿的积极活动密切相关。傅氏被查扣股票667股计33350元全部发还。

公司与上级主管部门——实业部及重要关系企业的关系似乎也较微妙。实业部是公司大股东之一，本应占有董事一席，但虚悬已久，直到1933年4月，该部才派黄金涛接任董事之职。1932年，招商局董事会会长兼总经理、汉冶萍董事李国杰涉嫌经济大案被捕入狱。1933年6月李氏"因案缺席"公司董事会常会。此后，李国杰再未出现在公司董事会上。

公司最大的问题之一是股东大会长期未能召开。从1924年到1933年长达9年时间内，未开过一次股东大会，直到1933年6月30日，公司临时股东大会才在上海召开，与会代表310人，代表股权70043股，副会长傅宗耀主持会议。与会股东的股权不及实收股份373325股的1/5。这次大会的主题是审议公司新的章程，虽然与会股东对该章程逐条进行了讨论，但因与会股东及其代表的股数均不足法令之数，故这次会议通过的修正章程只能作为假决议，须再召开股东大会才能确定。

时隔未及一月，公司第二次临时股东大会7月23日在上海召开，与会代表89人，代表股权52066股，会议仍由傅宗耀主持。这次会议代表的股权仅及公司实收股权的1/7，但傅宗耀在主持会议时竟称，这次与会股东"虽亦不足法定额数，但合两次之表决已可认为股东多数之意见，依法即可作为确定"。傅宗耀强奸股东之意已到了不择手段的地步。

这次临时股东大会人数虽少，但火药味极浓，股东对董事会的批评甚为激烈，略举几例：

股东石芝坤：……敢问公司中之会计、出纳等之经济实权是否操在国人手中，太阿倒持，成何体统！

股东施福昌：公司章程早已形同具文，盖董事、监察从未遵照章程行使其股东会所赋予之职权，而公司对外抵押借款等重大事项股东均未由过问，敢问此种押借之权应操之于董事会欤？抑当操之于股东会欤？

股东石芝坤：股东已有多年未接公司会开之通知，今日应乘此难得之机会讨论公司之"生命线"问题……

面对股东如潮恶评，傅宗耀再三以"今日专议章程，不涉其他问题"，"其他一切可于股东常会中提出讨论"为借口，堵住股东的口，强行通过了《汉冶萍公司修正章程》。这份章程既未经多数股东讨论，又未得到贯彻执行，只不过是一纸具文。

（二）小股东联合会的活动

与股东大会多年沉寂相反，股东联合会的活动是相当活跃的。这是这一时期公司管理的一大特点。

如前所述，股东联合会是1913年6月成立的以傅宗耀为主任的组织，是支持盛宣怀的一支重要力量，在公司拥有很大势力，在相当程度上取代了股东大会。股东联合会在公司为所欲为的时代持续了近十年。

1922年，公司"金融竭蹶，达于极点"。公司一些顾问被停发夫马费，因而十分不满。徐博泉、孙慎钦等人于9月24日联合中小股东，组织"股东联合会第二"，又称小股东联合会（以下简称小联会），声称其宗旨是"纠正公司主要领导人越轨行为及参与查账等事"。开始时只有股权33435的股东参加，选举徐博泉为会长，孙慎钦、陆麟仲为副会长，此后大股东吴作镆和代表盛氏愚斋义庄2/5股权的股东也参加了该会。公司出现了两个股东联合会并存的局面。小联会也以股东联合会的名义出现，锋芒直指夏偕复、吴健。

公司董事会不欢迎小联会，于1922年10月15日致电农商部、交通部称："殊难再认此种骈指机关，致多紊乱。"小联会10月16日推举王伯言、谢永森、沈向梅、黄泽民前往公司查账，交通部则委派任筱珊为公司查账代表。10月25日，小联会向农商部举报：至1919年历年净盈余1140余万元，"不料当局见财起意，借口扩充，浮报滥支，如数销尽"。"董会既一筹莫展，公司恐万劫不复。"董事会则于10月27日指责小联会"近又电致交通部，其意更属叵测"。双方已到剑拔弩张的地步。

小联会专以揭露公司阴暗面为己任。1922年10月31日，小联会致农商部代电，揭发公司商务所长倪锡纯、汉厂商务所许志澄等舞弊之事，并说许志澄与其兄"前皆贫寒，今俱豪富，汽车大厦远胜股东"。11月2日，小联会再致农商部代电，披露公司"雇工虚额，买料浮报，为绝大漏卮，自夏偕复等经理以后，变本加厉……黑幕重重，人言啧啧"。代电还列举许多事例来说明公司的腐败，"彼等自知情虚，死力抵抗，迄今半月，尚未将账交出。董会专横，背章违法，股东呼吁，力竭声嘶"。

公司董事会及孙宝琦、夏偕复、盛恩颐等人对小联会的批评给予猛烈回击。孙宝琦10月31日致函董事会称："沪上各小股东组织联合会，派员查阅簿册，并提出疑问十四款之多，自属被裁之人，挟嫌寻衅，本无价值之可言。"盛恩颐1923年3月22日致函董事会，对小联会的批评逐条进行驳斥。4月6日，夏偕复、盛恩颐联名致函董事会，并呈附件两份，对小联会的质疑作出了特别详尽的答复。

老股东联合会向新股东联合会伸出了橄榄枝。1923年3月13日，小联会推举任筱珊、徐博泉、孙慎钦、汪幼安、张仲炤赴公司执行监督。3月15日，新老股东联合会表面上实现了统一。4月16日，股东联合会成立股东检查委员会，主任李国杰，副主任任筱珊、张仲炤，委员包括傅宗耀、汪幼安、邵子愉、孙慎钦、徐博泉、盛昇颐、陈辉庭、李征五、施省之、谢蘅牕等多人。

农商部1923年5月1日派葛敬中、俞凤韶等5人出席即将召开的股东大会，聘请会计师徐永祚检查账目，湖南也派吴应图作为公股代表参加检查组。5月23日，公司董事会决定：邀请股东联合会与董事会举行联席会议，决定"凡董事会与股会联合会所开联席会议议决各案，由董事会长以职权执行"，股会联合会已取得与董事会平起平坐的地位。

股东联合会表面上看起来是代表股东利益的团体，实际上是盛氏父子的御用工具。1924年1月，总经理夏偕复在强大压力下被迫辞职，公司聘汪幼安、俞凤韶为稽核处督察，送夫马费，并拨款规元7000两作为检查委员会经费。11月30日，股东联合会致函董事会，对公司工作提出严厉批评，如"定章股东会每年一次，贻误四截，亏损八兆，当局违法，股东痛心,旧董不自引咎,敝会代为抱歉";"四届账略,一时莫明,未经检查,万难承认,如果觅得证据,自应正式起诉"。

与老股东联合会相比,新股东联合会要逊色得多。该会成立未久,便致函老股东联合会,将名称改为纠正会,后又退缩为老股东联合会属下的协会。1924年12月,老股东联合会登报声明解除新股东联合会"协会"名义,该会正副会长徐博泉、孙慎钦登报声明与新股东联合会脱离关系。至此,该会已名实俱亡。

三 运输所职能的逐步丧失

运输所所辖各运销局中,长沙运销局情况较为特殊。该局兼办运销,凡与运输有关的事宜,如进出口报关、稽查盗卖、救护打捞等,均属长沙局处理。但该局由商务所管理,"只言分销,未言及运事",使运输所颇感为难。1919年1月7日,运输所所长潘国英致函夏偕复,提出长沙局仍由运输所管辖,而对外销售部分,"照旧归该局兼管,划出一部分受成于商务所"。直至1920年3月,"汉冶萍公司汉阳运输所"钢质正方形钤记(公章)才正式启用。

截至1924年,除已出售、遭风沉没、年久朽烂拆卸、改作趸船、兵焚被毁外,运输所实有大小轮(木)驳、货轮共199艘,其中拖驳23艘,即楚富、楚强、汉顺、汉兴、汉发、汉利、萍福、萍寿、萍通、萍达、萍丰、萍富、萍强、萍安、萍顺、萍元、萍亨、萍利、萍贞、萍发、萍兴、运利、祥临;往来沪汉的货轮1艘,即汉萍(或称汉平);钢驳31艘(其中汉字头7艘,萍字头24艘);木驳144艘。公司除汉厂、冶厂、冶矿分别拥有码头5座、3座和3座外,运输所也拥有汉阳码头、武昌码头、株洲码头(共12处)、岳州码头(共4处)。

运输所虽拥有较完善的船岸设施和一定的运输能力,但1918年9月粤汉铁路长沙至武汉段建成通车后,萍矿煤焦可通过火车从萍乡直达武汉,运输所的功能已基本丧失。

1927年,汉冶萍与湖北省因发生砂捐纠纷,武汉国民政府决定查封运输所船只,共接管拖轮4艘,钢驳25艘,木驳75艘,还有部分轮驳被军事机关征用。鄂公矿局在汉设立管理汉冶萍运输事务处，立约将轮驳交由振兴公司经营。同年2月，湖北省政务委员会决定将轮驳开往宜昌、沙市装载货物。

1932年5月，湖北省政府主席夏斗寅将运输事务处交给省建设厅管辖，改称轮驳管理所，范鸿太任所长。该所经营一年多，1933年底才将轮驳交还给汉冶萍。但此时公司已无煤焦、钢铁可运，公司运输所的功能至此终结。

四　三大事务所的设立与撤销

事务所可视为公司的派出机构，三大事务所即指驻京事务所、东京事务所、伦敦事务所。

驻京事务所成立于1916年。由于汉冶萍与官场交接之事甚多，特别是与各部、省联系频繁，董事会决定设立驻京事务所，委总公司原秘书、驻京办事员王晋孙任经理，沈卫等四人为秘书，柏年等二人为书记。办事处每月办公经费700元，10月1日，驻京事务所正式成立。

根据会长孙宝琦的提议，驻京事务所1918年缩小范围，保留秘书、书记各一人，每月经费500元。1919年5月，驻京事务所经理改称所长。11月，公司颁发"汉冶萍煤铁厂矿有限公司北京事务所"角质图记（公章）。

所长王晋孙1927年逝世，王养之继任。但王养之迟迟未接手，所中经济困难已达极点，连房租都无法支付，全所不得不迁往北京灵境宫空房内。7月底，北京事务所奉命撤销。

东京事务所成立的时间稍晚于北京事务所。欧战结束之时，由于公司销往日本钢铁数量巨大，公司于1919年6月决定设立东京事务所。所长孙天孙是日本高等商校毕业生，"对于商务原则具有研究"、"办事稳练精详"。所员四人，其中准用日人一人。《公司驻东京事务所办事章程》也随之公布，规定该所承办："售卖本公司出产货物"、"购买本公司应用之原料"及"调查报告市面情形"等。事务所下设营业、会计兼庶务两科。

东京事务所8月7日租赁东京赤坂区冰川町45番住房，作为办公场所。该所由于业务主要为出卖产品和购入原料，故与公司商务所关系密切。1919 年 9 月 30 日，商务所长倪锡纯致函夏偕复、盛恩颐，报告东京事务所所呈该所人员名单及"办事细则"一份，其中日本人稻村笃太郎为营业兼会计员。1919 年 11 月，公司颁发"汉冶萍煤铁厂矿有限公司东京事务所"角质公章。

第二年，公司营业渐转萧条，东京事务所所员相继辞职，所长孙天孙也辞意甚坚。公司遂于 1920 年 5 月委派商务所采买股股长吴焕荣代理该所所长。但吴焕荣任职未久，即由事务所所员叶绪耕升署所长。叶接任之后，"锐意整理，日起有功"，1921 年营业额仅 15 万元，1922 年增至 100 余万元，1923 年有望突破 300 万元。

但 1924 年之后，汉厂、冶厂相继停产，东京事务所营业锐减。1925 年 2 月 24 日，所长叶绪耕来沪，商量裁减东京事务所事宜，经商议，拟将事务所迁往大阪。因为大阪系日本工商巨埠，公司"销铁亦以大阪为最多"，但东京离大阪较远，故事务所设出张所于大阪，专司交货收款事宜，使东京事务所"几形同骈枝"。4 月 1 日，公司董事会决定东京事务所迁往大阪。6 月 20 日，大阪事务所各项修缮工程竣工，正式对外营业。到 7 月大阪事务所裁撤 6 名日本所员：稻村笃太郎、甲斐彻、松尾贞子、柳濑富美子、上条良夫、冈外一郎，年省薪饷 2365 日元。

1926 年公司形势大变，萍矿、汉厂、冶厂相继停工，大阪事务所无事可干，形同虚设。所长叶绪耕因病请假，回国就医，公司委派商务所簿记股长费敏士前往暂代，实际上是办理收缩事宜。1926 年 8 月 17 日，公司正式裁撤大阪事务所。

伦敦事务所的情况要特殊一点。欧战期间的 1916 年，公司因"岁需洋料为数至巨，特在英国伦敦地方设立采办机关，雇用英人阿哈辣为代理人，驻英专司其事"。这就是英京（即伦敦）事务所的前身。

同年，英国政府为取缔非法经营，规定凡外国公司在英国设立营业机构，须将其公司章程由原注册机关证明呈报。公司董事会为此于 1916 年 8 月 14 日致函农商部，"谨将本公司所刊历史内摘出呈请注册全案并章程，汇钉一册，寄呈大部，请在册后批明：本部核与在部注册原案一致相符，足为该公司注册之证明"。

律师丁榕告诉孙宝琦："本公司章程译文照伦敦来信须英领事核对作

证无讹，费用甚巨"，他以商务印书馆在新加坡设立办事机构为例，"只须我公司向农商部呈请一注册部照……由其译成英文，连同公司英文章程，呈请英领事盖印后，邮寄英京便可注册"。

但事情远没有想象的那么顺利，直到 1920 年前后，公司伦敦事务所才获准成立，英国人彭脱任所长。

彭脱与公司关系较深，早在 1904 年就奉命陪同李维格出洋考察改良冶炼事宜。李维格 1908 年 10 月 25 日在汉口商会追忆这次考察时盛赞"英人顾问工程师彭脱出力居多"。从汉厂改建至冶厂新建，所需的外洋材料均由彭脱购运，"彭脱在公司服务年久，著有劳绩"。1923 年，冶厂即将竣工，伦敦事务所"无多事可办"，公司于年底将其完全裁撤。1924 年 5 月 1 日，公司董事会批准按年发给彭脱养老金 150 英镑，"以示体恤"。

公司三大事务所已全部取消。

五　公司失败原因初析

（一）公司失败的主要原因

从欧战结束到抗战爆发近 20 年时间内，公司遭遇一连串重大挫折，已经彻底失败。

汉冶萍是个很庞大的企业。根据 1937 年 7 月公司呈报给实业部的文件披露，公司共有股份 374247 股，合 18712350 元，另有未来填换的股票等计 216794 元。为何如此庞大的企业仿佛一夜之间就土崩瓦解了呢？

对公司失败的原因，社会各界众说纷纭，莫衷一是。前总办李维格在《汉冶萍公司创办概略》一文中列举了"自张盛二公及二公前后所用之人无一非门外汉"等五大因素，[①] 这些因素在中国其他一些近代企业如轮船招商局、江南造船厂等企业也大都存在，这些企业虽然经历过多次挫折，仍然顽强地生存并有所发展，而没有被彻底击垮。

---

① ［附件］李维格：《汉冶萍公司创办概略》（1914 年 6 月 12 日），载《盛档》（四）之《汉冶萍公司》（三），第 844 ~ 848 页。

汉阳铁厂代理厂长黄金涛认为"办理不善并非完全公司之错",他认为萍乡煤焦无法运出、冶厂大量工人失业、砂捐之事未获解决、公司难于接受整理委员会的接管是公司办理不善的原因。① 不过,这种说法实在有点因果倒置之嫌。

参事陈郁曾说:"汉冶萍之事,一误于盛宣怀,再误于北京政府,三误于公司股东。"② 这种说法听起来很全面,但并未点出问题的要害。

与公司有关特殊关系的日本横滨正金银行总经理井上准之助说:"贵公司最大病源,就系此八厘官息(按指公司规定的8厘股息),以及增加股本填给股票。"③ 这显然是一种一叶障目的花招,拿一些非本质东西来掩盖事情的真相。

《安源路矿工人运动史》一书指出:"汉冶萍公司由于日本帝国主义的榨取和公司买办集团的腐败,也由于第一次世界大战后世界钢铁市场的不景气,更趋衰落。"这种观点完全正确,但三条原因究竟哪条是主要原因呢?

笔者认为:汉冶萍失败的主要原因是日本帝国主义对公司疯狂的经济掠夺,这是近代中国社会的主要矛盾——帝国主义与中华民族矛盾发展的必然结果。刘少奇早在1924年就指出:盛宣怀主持公司后,"其铸成最大之根本错误为借款与条约"。未久,刘少奇又指出:"汉冶萍失败之最大原因为滥借外债。"④ 这是十分深刻而洞彻的见解,击中了问题的要害。

从武昌首义直至欧战结束,日本连续策划"日中合办"、"大借款"、"二十一条"等事件,加快将汉冶萍纳入日本势力范围的进程。日本派驻公司的最高顾问工程师和会计顾问,实际掌握了公司工程技术和财务全权,揭开了公司沦为日本经济附庸的沉重一页。日本通过贷款不仅进口了大量廉价铁矿石,促进了日本钢铁业的快速崛起,而且剥夺了公司对铁矿石的定价权,公司仅在欧战时期损失即达1亿元以上,错失发展的最佳时机。

---

① 《黄金涛致盛恩颐、潘灏芬函》(1927年8月22日),载鄂档《汉冶萍》下册,第155页。
② 《陈郁关于汉冶萍问题之报告》(1928年4月23日),载鄂档《汉冶萍》下册,第161页。
③ [附件一]《井上致李经方函》,载鄂档《汉冶萍》下册,第98页。
④ 刘少奇:《救护汉冶萍公司》,载《新建设》卷2第2期,1924年8月20日。

截至1930年5月，公司结欠日本5060万余日元、规元390万两、洋例银82万两。公司根本无力归还这笔巨欠，只能以低价出售铁矿石和生铁偿还，1900～1937年运交日本制铁所铁矿石947万余吨，1911～1925年运交制铁所生铁78.3万余吨。不论公司当权者是否挣扎或抗争过，公司最终还是变成了日本的经济附庸即单一供矿机构。而日本派驻大冶铁矿的工务所则成为日本独占公司管理权的象征。

日本经济侵略对公司的危害为时人所共睹。近代政治、经济界名人陆宗舆1917年曾说："汉冶萍生铁及矿砂等原定售价吃亏太甚，当此昂价年岁，惟视人坐收其利。"①

中共湖南区委1925年指出，日本"政治的、经济的双管齐下，以谋夺汉冶萍为己有。三公司产业不过七千万，而目前欠日债已过六千万，故三公司实际上已成了日本的产业"②。

一位叫罗夫的人1925年也指出："三公司已欠日债六千余万，三公司每向日本借债一次，日本侵略即变本加厉一回。"③

与汉冶萍发生经济纠纷的湖北债捐处1932年致湖北省政府函中认为："该公司资本破产，私借日款补充，即该公司对外交涉亦悉由日人作主，是汉冶萍之实利实际上已为日人所劫持。"④ 这就叫当局者迷，旁观者清。

革命先烈陈清河生前为安源工人编写的《补习教科书》深刻指出："所谓经济侵略，就是利用金钱的魔力，借款给弱国，取得其重要的抵押品，如矿产、租税等。"⑤ 他的论断显然是有感而发的。

战后华中钢铁公司筹备处在致宋子文的呈文中指出：汉冶萍"积习日深，百弊丛生，擅借日债，利权丧失，并设日籍顾问，监察一切，行政悉听指挥，公司业务随趋衰落，几成代日人掠夺我资源之机构，（公司）在

---

① 《陆宗舆致夏偕复函》（1917年8月22日），载鄂档《汉冶萍》下册，第615页。
② 《中共湖南区委关于安地事件的决议》（1926年10月底），载《安源路矿工人运动》（上），第541页。
③ 罗夫：《安源工人之惨劫》，载《向导周刊》第137期，1925年12月3日，转引自《安源路矿工人运动》（下），第877页。
④ 《清理汉冶萍湖北债捐处致湖北省政府函》（1932年10月22日），载鄂档《汉冶萍》下册，第221页。
⑤ 见《安源路矿工人运动》（下），第821页。

抗战前已濒破产"①。

(二) 公司失败的其他原因

日本侵略是导致汉冶萍失败的主要原因,但不是唯一原因。公司失败的原因可以大致归纳为十四条。

一是管理方面的失误。公司当权者以追逐眼前利益而不是以谋划公司长远发展为出发点。长久以来,"通国皆知其亏累不堪,股票市价不及额面之半,而就其账略通收、支、存三项计之,往往有盈无绌,或所绌无几"。尽管公司大量亏损,每年也要给股东分派官利8厘,即使无现款可发,也要以加发股票的方式来应付。欧战时期,公司盈利1137.8万余元,但公司并未用于偿还日本债务,而是以各种名义分配掉了2940万两,远远超过了公司欧战时期的实际盈余,公司职员更是"虚糜浪费,豪侈极一时"。② 这样的企业焉有不败之理!

二是各类人才的奇缺。公司"所用之人,无一非门外汉。暗中摸索,何时入室升堂?"李维格将此列为造成公司困难原因的第一位,③ 这是很有战略眼光的见解。公司管理人才、技术人才都缺乏,技师、技工都不足,这种状况一直持续到20世纪二三十年代。民族人才的缺乏不仅使公司背上了雇请外国专家的沉重包袱,而且严重阻碍了公司自身的发展。

三是国内形势不安定。萍乡煤矿1924年在一份报告中说:"两年中所受之影响,其最大者,曰工潮,曰军事,曰交通。"④ 萍乡煤矿如此,整个汉冶萍厂矿概莫例外。覆巢之下焉有完卵,一个战火不熄、土匪肆虐、风潮四起、交通瘫痪的社会,怎能为汉冶萍这样的超大型企业提供保护?

四是公司资本构成不合理。公司股本只有1380余万元,而债务竟高达5000余万日元(另有规银390万两和洋例银82万两),这样的资本构成是

---

① 《华中钢铁公司筹备处呈行政院院长宋子文函》(1947年5月23日),黄石市档案馆藏华中钢铁公司档案。
② 全汉昇:《汉冶萍公司史略》,第219~220页。
③ 李维格:《汉冶萍公司创办概略》(1914年6月12日),载《盛档》(四)之《汉冶萍公司》(三),第845页。
④ 《安源路矿工人运动》(下),第1322页。

非常危险的。李维格说:"迄今仍债多股少,不但付利,兼须拨还债本。"①这是公司一笔沉重负担。

五是公司支付的股息过高。李维格说,从 1896 年商办到 1914 年,公司支付债息 985.5 万余两;股息 411.1 万余两,超过全部股本的 1/4。他感叹:"岂有难于制铁事业,方在购机建厂而即须付利。"② 这无疑是一种杀鸡取卵的下策。一个企业分光花光,不进行资本积累,不要说扩大再生产,连简单再生产也难以维持。

六是国家未能完全实行保护政策。各国对进口钢铁实行重税政策,以保护本国钢铁业。"中国不但不能加重,且并值百抽五之轻税亦豁免",而对于"华铁出口则重征之"。③ 客观地讲,国家对汉冶萍还是实行了一些优惠政策。如对汉厂钢铁产品的免税政策,从 1911 年起展免 5 年,1916 年起再展免 5 年,1921 年、1926 年又各展免 5 年。此后铁厂停产当然无税可免。又如交通部 1918 年再次对汉冶萍所欠轨价款 200 万两免算复利,为公司减轻了不少经济压力。因此不能说国家对公司毫无扶助,只能说,国家在政策层面上对汉冶萍的扶持和保护还做得不够。

七是国家无重大建设工程。在军阀混战不已的形势下,国家对铁路建设投资极少。1911 年全国铁路总长 5796 英里,到 1926 年也只有 7683 英里,即 16 年间只修筑铁路 1887 英里,约等于清代晚期修筑铁路总里程的 1/3 弱。④ 国家没有铁路等重大建设工程,汉冶萍的钢铁产品怎能有销路? 一个没有市场的企业是很难生存的。

八是盛氏家族对公司的操控。盛宣怀担任公司最高领导人长达 20 年,其子盛恩颐又把持大权达 20 余年,盛氏家族成员如盛春颐、盛善怀、盛渤颐、盛铭等分别担任公司总办、稽查、冶矿矿长等要职。汉冶萍成了盛家世袭领地,而盛家则成了公司最大股东。如果说,盛宣怀对公司既立下奇功,又犯下重大过错,那盛恩颐之流对公司无寸功可言,倒是把公司引向了毁灭的深渊。

---

① 见《盛档》(四)之《汉冶萍公司》(三),第 845 页。
② 见《盛档》(四)之《汉冶萍公司》(三),第 845 页。
③ 见《盛档》(四)之《汉冶萍公司》(三),第 845~846 页。
④ 《汉冶萍公司史略》,第 222~223 页。

不仅盛恩颐之流大量吞噬汉冶萍财产，连盛宣怀的妻子即盛恩颐的母亲庄德华也在公司沾润，1935年盛庄氏逝世时备极哀荣，公司董事会通过决议：谨致赗仪4000元[①]，这一数字远高于李维格等有功之臣逝世后的待遇。

九是地方势力对公司的争夺。公司所在地鄂赣湘三省特别是鄂赣两省地方官员对汉冶萍心存觊觎，两省与汉冶萍围绕矿权、股权、债捐、资源等事涉经济利益的问题展开激烈争夺。不仅使公司付出了巨大经济代价，而且严重阻碍了公司业务的正常开展。

十是公司无法承受管理层的高额报酬。孙宝琦、李经方、夏偕复、盛恩颐等人除照常领取夫马费和薪酬外，每年还可得到不菲"酬劳"。如1918年他们所得的"酬劳"为：孙宝琦1.44万元、李经方1.1万元、夏偕复1.4万元、盛恩颐1.16万元；1919年每人各增加1/3以上，即孙宝琦1.92万元、李经方1.4666万元、夏偕复1.8666万元、盛恩颐1.5466万元。[②] 1920年公司严重亏损，公司董事会竟称："总、副经理统筹全局，擘画辛勤，厥功甚伟，总经理应提给酬劳洋三万元，副经理应提给酬劳洋二万四千元。"[③]

以上仅是他们年终的"酬劳"，如加上他们各自领取的夫马费、薪酬以及年终的红利等，各自收入都是惊人的数字。各厂（矿）长、所长、处长、股长的收入也极可观。在层层盘剥下，汉冶萍内部矛盾不断激化，更谈不上有何推动公司发展的动力。

十一是中央与公司关系未理顺。从1926年开始，武汉国民政府和后来的南京国民政府都以"整理"的名义，试图把汉冶萍纳入自己的势力范围。此举遭到公司的极力抵制，双方关系越来越紧张，整理和反整理的斗争愈演愈烈，日本的介入使矛盾更趋复杂。国民政府虽最终屈服于日本的淫威，但公司的伤口却难以愈合。

---

① 《公司董事会致总经理函》（1935年10月16日），鄂馆藏汉冶萍，LS56-1-1233。
② 《公司董事会致夏偕复、盛恩颐函》（1920年3月6日），载鄂档《汉冶萍》下册，第717页。
③ 《公司董事会致夏偕复、盛恩颐函》（1921年2月1日），载鄂档《汉冶萍》下册，第718页。

十二是国际钢铁市场急剧萎缩。欧战结束后，国际钢铁市场价格一落千丈，1918年到1923年，东京市场汉阳一号生铁每吨价格从435日元降为64日元，即1923每吨生铁价只有1918年的14.7%，而中国国内市场生铁和钢的价格也直线下降，公司出口日本的生铁价格更贱。与此同时，外国钢铁制品大量涌入中国，使汉冶萍面临巨大的竞争压力，最终难逃停炉熄火的厄运。

十三是萍乡煤焦供应链断裂。萍乡煤焦供应是汉冶萍整个生产体系的重要一环。在汉冶萍看来，萍乡"为公司所用煤焦之唯一资源，本公司于创办时用巨大金钱极长时期多方探索而得，所炼焦炭较开滦为优，矿区极大，照以前估计可经多年采掘"。[①] 但是，由于国内战争频仍，交通中断，萍矿煤焦的供应时有中断之虞。汉厂厂长吴健1918年曾指出："上游煤路断绝数月，汉上无论军民、商号轮舶，烧用各煤异常缺乏，价值飞腾，昂贵已达极点，而来源不继，以故汉市煤荒倍于往昔。"[②] 萍矿正常的生产被延绵不绝的战火所打乱，萍矿只好压缩生产规模，减少直至停止对汉冶两厂的煤焦供应。这也是造成汉冶两厂先后停炉的直接原因。

十四是公司执行了寅吃卯粮的政策。例如，1908年川汉铁路公司与汉冶萍签订购轨合同，预付洋例银100万两，年息9厘。因铁路收归国有，合同未能履行，汉冶萍既未支付利息，也未预存届时应当归还的欠款，到1919年7月底，已积欠川路公司本息172万两，双方商定此后停付利息，本年内归还12万两，余款160万两分80个月摊还。截至1925年12月15日，公司积欠过期未付的川路兑债票38万两，并有按月到期的债票14万两，"此款转移川省各军旅作为军需，屡来迫索"。[③] 之所以出现这种尴尬局面，是因为汉冶萍不计后果地花掉了川路的路轨预付款，也就是人们常说的寅吃卯粮。

有关公司失败的原因还可以列出许多条。

上述因素相互交织，相互影响，相互作用，构成了将汉冶萍推向失败

[①] 《公司关于原料资源之意见》(1924年7月)，载鄂档《汉冶萍》下册，第621页。
[②] 《吴健致夏偕复函》(1918年1月14日)，载鄂档《汉冶萍》下册，第617页。
[③] 《盛恩颐、潘瀛芬致公司董事会函》(1926年1月8日)，载鄂档《汉冶萍》下册，第726页。

深渊的合力，公司在劫难逃。

第六节 安源路矿工人的伟大斗争

安源路矿工人运动是中国工人运动的典型代表，是具有中国特色的革命理论和工人运动相结合的光辉典范。它书写了中国工运史和中国革命史的重要篇章。

安源路矿工人运动是汉冶萍工人运动最精彩的一页。在汉冶萍工运史上，安源路矿工人运动是参与人数最多、持续时间最长、活动区域最广、斗争策略最佳、影响最为深远的组成部分。

安源路矿是中国工人运动的策源地之一，这里诞生了中国工人运动史上的多个第一：中国共产党第一个产业工人支部，中国第一个产业工会组织——安源路矿工人俱乐部，中国工人阶级第一个经济组织——安源路矿工人消费合作社……

安源路矿工人运动同中国共产党和国家领导人的革命活动紧密相连，同秋收起义、创建井冈山根据地等伟大斗争休戚相关。因此，我们可以将安源路矿工人斗争视为汉冶萍工人斗争的一个缩影。

一 中国近代最宏大的产业大军

安源是1898年创办的萍乡煤局所在地，也是萍乡煤矿的重点产区；而株萍铁路则是为运输萍乡煤焦于1905年建成通车的。安源煤矿与株萍铁路合称安源路矿。

汉冶萍工人是近代中国最宏大的一支产业大军，而萍乡路矿工人则是这支产业大军最重要的组成部分。

官办初期，汉阳铁厂、大冶铁矿等厂矿共有工人7700余人。自1898年3月萍乡等处煤矿总局成立后，萍乡工人迅速超过汉阳铁厂。官督商办之初，汉冶萍厂矿工人超过1万人，其中萍乡煤矿3600人，超过汉阳铁厂的3440人和大冶铁矿的1700余人。20世纪初，三厂矿共雇用工人约2万人，其中萍矿约 6000~7000 人，另有路工约 1000 人。① 这是一支与路矿先进技术设备相联系的产业工人大军。随着萍乡煤矿的发展，安源路矿工人队伍不断壮大，欧战爆发前矿局工人已超过万人，路矿两局工人超过 1.1 万，汉冶萍工人总数接近 3 万。欧战爆发时矿局工人约 1.5 万人，路矿两局工人在 1.6 万以上，矿局开大工时可能达到 1.7 万人，汉冶萍工人总数已超过 3 万。

欧战结束后，随着萍矿生产的萎缩，工人人数有所减少，1920 年为 1.3 万人；1921 年减为 1.2 万余人，加上路局工人 1100 余人，路矿两局工人超过 13100 人。此外，安源地区常有失业工人四五千人，他们是路矿产业工人的后备军。② 而汉冶萍工人总人数约 2 万人。

作为近代中国无产阶级的组成部分，萍乡路矿工人阶级同社会化大生产这种先进的经济形式相联系，没有任何私人占有的生产资料，具有较强的组织纪律性。中国近代工人阶级具有的优点，如坚强的斗争性和彻底的革命性、分布集中、和农民有着天然的联系等，在萍乡路矿工人队伍身上表现得特别明显。同样，近代中国工人阶级的弱点，如人数较少、文化水平较低等，在萍乡路矿工人队伍中也显得很突出。

安源路矿工人具有下述特点：

一是路矿工人高度集中。路矿两局工人除 1400 多人分散居住在紫家冲、醴陵、株洲外，绝大部分集中于安源，加上失业工人，面积只有四五平方里的安源竟集中了 1.6 万~1.7 万工人，"万余工友，团聚一处，声息相通，故团结力亦十分充足"。③ 煤矿工人与铁路工人的命运休戚相关，特别有利于他们的团结和斗争。

二是路矿工人与农民有着天然联系。路矿工人大多是来自附近州、县的农民，与农村有着直接而广泛的联系；而地处山区的安源周边都是农村，路矿工人与农民的联系也更加密切。据报载，安源矿工"湖南人居

---

① 《张国辉集》，第 267 页；刘善文主编《安源路矿工人运动史》，上海社会科学院出版社，1993，第 27 页；《汉冶萍公司志》，第 161 页。
② 少奇、少连：《安源路矿工人俱乐部略史》，载《安源路矿工人运动》（上），中共党史资料出版社，1991，第 114 页；《安源路矿工人运动史》，第 28 页。
③ 少奇、少连：《安源路矿工人俱乐部略史》，载《安源路矿工人运动》（上），第 116 页。

多，湘潭、长沙、醴陵等县约占大半，本地也不太少"。① 这使路矿工人的斗争易于得到农民的声援。

三是路矿工人斗争具有重大意义。"安源煤矿在中国产业上占重要地位，路矿两部工人底团结在全国劳动运动亦极有影响。"② 安源路矿作为汉冶萍公司的煤焦生产基地和运输线，在全国产业界的地位是不言而喻的。路矿工人斗争为全国人民所瞩目，他们的斗争具有更为重大的意义。

二 安源路矿工人的早期斗争

安源工人身受资本家、国内军阀、国际帝国主义的三重压迫，"他们解放的要求自然更紧迫、更激烈；但惟其在这三重压迫之下，他们解放的实现，也是依同样的比例而增加其难度的"。③

安源工人罢工和痛打洋人的斗争最早见于1905年的《时报》。据报载，德籍矿师以"做工贻误"为由，扣罚工人工资。数以千计的工人为此于5月17日开始罢工，痛打德国矿师和华洋监工，"其势汹汹，几至抢夺枪械"。这次罢工因矿局串通军队镇压而失败。④ 其影响极大，被中国工人运动的先驱邓中夏誉为中国最早的两次工人罢工之一。⑤ 1906年，萍矿工人因反对矿局延长劳动时间而举行罢工，历时仅一天便因当局武力镇压而告失败。从1898年到1906年，安源路矿工人的反抗斗争共达4次。

在资产阶级民主革命中，安源路矿工人作为革命的跟随者参加了多次起义，其中最著名的当推黄兴、马福益领导的1904年长沙起义，1906年根据黄兴的指示由刘道一、蔡绍南、肖克昌等领导的声势浩大的萍浏醴起义，这些起义虽被清政府残酷地镇压了，却是安源路矿工人参加大规模武装起义的英勇尝试。其中在萍浏醴起义中和失败后被杀害的革命者和会党

---

① 长沙《大公报》（1920年4月21日），载《中国近代工业史资料》第3辑，第459页。
② 维汉：《安源路矿工人俱乐部罢工胜利周年纪念》，载《安源路矿工人运动》（上），第79页。
③ 《安源路矿工人俱乐部罢工胜利周年纪念册》（文选·1923年10月10日），载《安源路矿工人运动》（上），第68页。
④ 《时报》1905年5月30日、6月20日。
⑤ 邓中夏：《中国职工运动简史》，第4页。

群众达1万人以上。这是1905年孙中山领导的革命政党同盟会成立后举行的第一次武装起义,是1911年武昌首义前规模最大的一次起义,是辛亥革命的一次重要演习,开创了中国工人阶级参加武装起义的纪录,在中国近代民主革命史和工人运动史上都具有特别重大的意义。

萍浏醴起义失败后,安源路矿工人运动进入低潮,但仍然爆发了1913年窿工反对工头克扣工资、反对德国工程师打伤工人的斗争和1919年工人抗议德国监工打伤工人的斗争,并且取得了初步胜利,德国人被全部遣送回国。从19世纪末到欧战结束,安源路矿工人斗争见诸文字者达8次。这些斗争充分显示了安源路矿工人不畏强暴、前仆后继的反抗精神,同时也为工人阶级作为独立的政治力量登上斗争舞台准备了条件。

三 安源路矿工人俱乐部的成立

1919年五四运动和1921年中国共产党诞生后,安源路矿工人运动步入了新阶段,其根本标志是安源路矿工人俱乐部的成立。

图6-3 安源路矿工人俱乐部筹备委员会成立

1921年8月,全国工人运动的领导机关中国劳动组合书记部成立。10月中下旬,中共湘区委员会书记、劳动组合书记部湖南分部主任毛泽东到安源,逗留约一个星期,考察安源路矿情况,并设法与安源工人建立起通信联系。1921年12月,毛泽东、李隆郅(李立三)及宋友生、张理全再次来到安源,经毛泽东等提议,准备在第二年元宵节(1922年2月12日)正式成立安源路矿工人俱乐部,使之成为代表路矿工人利益的团体。未久,路矿工人杨连秋、周镜泉、李涤生在《工人周刊》上发表了准备成立安源路矿工人俱乐部的消息。

同年冬,李立三根据毛泽东的布置来到安源。

李立三(1899~1967年),在安源工作时名李隆郅,又写作李能至,中共党员,1922年12月从法国勤工俭学回国后,即由中央派往湖南从事工运活动。

李立三等在安源通过创办平民小学、夜校等形式,广泛接触工人,吸收周镜泉、李涤生等5名先进分子加入共产党,约于1922年2月成立中共安源路矿支部,李立三任书记,这是中国产业工人中最早建立的中共支部。在党支部领导下,工人俱乐部的筹建工作加快了步伐。3月16日召开工人俱乐部第一次筹备会议。4月1日召开第二次筹备会议,决定由李立三、朱少连等10人以发起人名义呈请萍乡县公署立案成立工人俱乐部。4月16日召开第三次筹备会议,通过俱乐部总章和部员公约,选举李立三为主任,朱少连为副主任,并决定"十人团"为俱乐部的基本组织。

安源路矿工人俱乐部于1922年5月1日正式成立,同时举行庆祝五一国际劳动节游行。从下午3时多开始,三四百人的游行队伍冒雨缓步前行,沿途高呼口号,"返部时,已近六时,各部员衣履尽湿,精神更加焕发,大呼俱乐部万岁者三,始行散会"。[①]

四 路矿第一次大罢工的胜利

在安源路矿工人俱乐部的组织和推动下,路矿工人运动蓬勃发展。

中共湘区委员会于1922年9月6日决定组织粤汉铁路工人和安源路矿工人同盟罢工,这是湘区第一次组织如此大规模的罢工斗争。9月7日,毛泽东从长沙抵达安源,于当晚主持召开了党支部会议,与会者有朱少连、蒋先

[①] 《民国日报》(1922年5月18日),转见《安源路矿工人运动》(下),第1128页。

云、蔡增准、李涤生、周镜泉、朱锦堂等 10 余人。会议认为举行罢工的时机已经成熟，决定立即组织路矿两局工人罢工。毛泽东要求党支部从安源路矿的实际出发，采取"哀兵必胜"的策略，提出"哀而动人"的罢工口号。

为加强对这场罢工的领导，李立三、刘少奇分别于 9 月 9 日、10 日（或 11 日）到达安源。

图 6-4　安源刘少奇塑像

刘少奇（1898~1969 年），1921 年被派往莫斯科东方劳动者共产主义大学学习，同年冬加入中国共产党，1922 年奉命回国，被湘区委员会派往粤汉铁路从事工运工作。

在李立三、刘少奇领导下，安源路矿党支部根据"哀而动人"的策略思想，引导俱乐部从思想、政治、组织各方面为即将到来的大罢工作准备。1922 年 9 月 11 日，俱乐部致函萍矿矿长李寿铨，提出三点要求：（1）路矿两局"陈请行政官厅明白出示保护俱乐部"；（2）俱乐部所办的互济游艺学校等项每月开支约 200 元，"请路矿两局按月各津贴 100 元"；（3）"请于七日内将从前积欠工人存饷一律发清"。上述三条须于 12 日 12 时以前"完全答复，以息众愤"。① 12 日，路矿两局首次答复，俱乐

---

① 《安源路矿工人俱乐部致李寿铨函》（1922 年 9 月 11 日），载鄂档《汉冶萍》下册，第 232 页；又载《安源路矿工人运动》（上），第 38 页。

部对此表示不满意，于是函告路矿两局限时答复。当天"两局虽一变从前欺压的态度为谦虚的态度，作具体答复，但尚圆滑"，俱乐部对两局有关存饷问题的答复不满意，于是再次致函两局，提出增加工资、减少剥削等条件。当天，俱乐部接到中国劳动组合书记部的函件，表示"我们对于你们表无限的同情，决设法为诸君的声援"。①

俱乐部按照"哀而动人"的策略，提出15项条件，包括"俱乐部改为工会，路矿两局承认工会有代表工人向路矿两局交涉之权"及"废止大礼拜，采用小礼拜"、"每年十二月须发给夹薪"、"路矿两局从前积欠工人存饷一律发给"等。② 9月13日，路矿两局对俱乐部9月11日来函做出较为含糊的答复。③ 俱乐部于9月13日午夜12时果断发布罢工命令，时仅有俱乐部部员700余人。

俱乐部提出"从前是牛马，现在要做人"的口号，极大激发了罢工工人的斗志，同时博得了社会各界的广泛同情，14日凌晨2时，罢工正式开始，当晚驶往株洲的"元次车"率先停开。凌晨3时，东平巷电线突然断电，"运炭电车不能行走，各工友皆已知罢工，遂如潮水一般一群群涌出窿外，大呼'罢工'不绝"。他们用树枝将窿口塞满，先通知凌晨4时接班的工友不要进班，再派人在各窿口把守，并竖立大旗一面，上书"罢工"二字，"于是窿工完全罢工了"。接着，洗煤台、制造处、修理厂、炼焦处等处工人均于14日停止工作。14日午前，除锅炉房、发电机、打风机、抽水机按原定计划继续工作外，路矿两局1万余名工人全部罢工。

这次罢工由李立三任总指挥，刘少奇任俱乐部全权代表。罢工当天，萍矿全体工人致电汉冶萍公司："萍矿工人每日工资少者仅200文，无法生活，只好停工。"同时向社会各界发布《罢工宣言》，其言辞悲切感人。宣言提出要求17条，前15条与向矿局提出的要求完全相同，后2条为：制造处、机器厂将包工改为点工；路矿工人每日工资在4角以下者，须增

---

① 少奇、少连：《安源路矿工人俱乐部略史》，载《安源路矿工人运动》（上），第119页；
② 《安源路矿工人俱乐部之15条件》（1922年9月），载鄂档《汉冶萍》下册，第232页。
③ 《萍乡矿局、株萍路局致安源路矿工人俱乐部函》（1922年9月13日），载鄂档《汉冶萍》下册，第232页。

加1角。①

安源路矿工人罢工的消息在《申报》、《民国日报》、长沙《大公报》、《通俗日报》等报纸报道后，全国各地工团纷纷致函、电声援。萍矿当局采取软硬兼施的政策。一方面，矿长李寿铨于9月14日6时分别致电萍乡县署、镇守使署、汉冶萍公司，告之安源发生罢工的消息，"并商办法"。下午1时，镇守使署派李团长带兵驻矿，并宣布安源为特别戒严区，以赣军旅长李鸿程为戒严司令，伺机对工人进行武力镇压，戒严司令部就设在矿局办公楼内。另一方面，总平巷总监工王鸿卿等串通有亲谊关系的数名工人入窿，许以不做工可照发工资。这种分化拉拢的手段因遭到俱乐部监守员和罢工工人的坚决抵制而告失败。

戒严司令李鸿程9月15日来到安源，矿局许以每人每天两块大洋为报酬，请军队占据俱乐部机关并驱散各处工人监守员，强迫工人复工。在数千工人有理有节的行为和严密的纪律面前，矿局和军队的企图宣告失败。李鸿程"对于这次罢工，后来反积极维持，出力甚多"。而工人十分听从俱乐部的指挥，"如有事故，即一呼数百，如臂使指"。②

在重兵高压、拉拢分化、暗杀工人等手段使完后，矿局又提出"先开工后磋商条件"，遭到俱乐部代表刘少奇的断然拒绝。9月15日，路矿两局派出全权代表与李立三、刘少奇进行第一次会谈，双方针锋相对，毫无回旋余地。安源路矿两局全体工人发表宣言，态度更加坚定，言辞更加犀利，直言"我们要求路矿两局的条件是救死的唯一法子，不达到我们的要求，便没有生路"。③ 这种较量到16日中午达到白热化的程度。

李鸿程9月16日上午10时，以路矿两局名义约请刘少奇去戒严司令部。刘少奇明知有凶险，仍孤身赴会。李寿铨、李鸿程同刘少奇经过一番口舌较量，理屈词穷。矿局办公楼外数千工人吼声如雷，誓作刘少奇的坚强后盾。刘少奇一度外出向工人发表演说，后重回办公楼。路矿两局慑于罢工工人的浩大声势和刘少奇的凛然正气，决定同工人代表举行谈判。

---

① 《萍乡安源路矿工人罢工宣言》，载《安源路矿工人运动》（上），第41~42页；又载鄂档《汉冶萍》下册，第232页。
② 见《安源路矿工人运动》（上），第123~124页。
③ 见《安源路矿工人运动》（上），第43、125页。

矿局全权代表舒季俊、路局全权代表李义藩1922年9月17日下午4时同俱乐部主任李立三开始谈判,地方商绅派出4名代表作为调停人出席会谈。经过长时间激烈辩论,三方于18日凌晨2时达成13条草约。矿长李寿铨"舌敝唇焦,始克定议,派代表与李隆郅订条约"。① 18日上午,三方代表在路局机务处签订正式协定,史称13条,内容包括"路矿两局承认工人俱乐部有代表工人之权"等。②

这次罢工取得了完全胜利。"这一次大罢工,共计罢工五日,秩序极好,组织极严,工人很能服从命令。俱乐部共用费计120余元,未伤一人,未败一事,而得到完全胜利,这实在是幼稚的中国劳动运动中绝无而仅有的事。"③

当天下午,路矿两局1.3万余名工人举行大会和大游行。在向社会各界发表的《上工宣言》中指出:"我们这次所得的胜利虽是很小,但这是第一次胜利,以后第二次、第三次……的胜利是无穷的。"④ 庆祝大会的当天和次日凌晨4时,路矿两局工人先后复工。未久,中国劳动组合书记部在贺信中称:"诸工友这次的罢工,敝部已经看到了诸工友是很有战斗能力和组织能力的,对于诸工友这次的大胜利,敝部是很佩服的欣喜的,敢向诸工友前庆祝胜利。"

事实上,汉冶萍公司对上述三方达成的协议持反对态度。盛恩颐认为:"该协定十三条,其间条款殊觉宽假……嗣后究应如何对付之处,理合据情转陈。"⑤ 此后,公司董事会的反对态度更加清楚:"所订十三条,多所迁就,实属窒碍难行,于公司前途损害极大,本会断难承认,应仍责成该矿长等设法挽回,勿稍透卸。"⑥ 围绕俱乐部是否有权代表两局工人和

---

① 李寿铨:《药石轩日记》(节录),载《安源路矿工人运动》(下),第1272页。
② 见《安源路矿工人运动》(上),第126~127页;鄂档《汉冶萍》下册,第232~233页;《安源路矿工人运动史》,第132~133页。
③ 少奇、少连:《安源路矿工人俱乐部略史》,载《安源路矿工人运动》(上),第129页。
④ 少奇、少连:《安源路矿工人俱乐部略史》,载《安源路矿工人运动》(上),第128页;中国革命博物馆藏《安源路矿工人俱乐部罢工胜利周年纪念册》,转引自《安源路矿工人运动》(上),第45页。
⑤ 《盛恩颐致公司董事会函》(1922年10月11日),载鄂档《汉冶萍》下册,第233页。
⑥ 《汉冶萍公司第8次董事会记录》(1922年10月20日),鄂馆藏汉冶萍,转引自《安源路矿工人运动》(下),第1292页。

年终加发半薪等问题，劳资双方展开了激烈辩论，在反复较量之后，当局才被迫履行协议。例如，在夹薪问题上双方斗争非常激烈，12月26日，数千工人将矿局公事房团团包围，要求矿局立即发给年终夹薪。12月28日，俱乐部致电汉冶萍公司称："萍矿年终夹薪，恳速发给，工情愤激，难保意外。"由于工人索薪"势甚汹汹"，矿局只好"急向市铺凑借数千元，每名发两元接济日食"，同时苦求公司经理夏偕复："火速设法急筹三十万两，赶十五前由沪汇长济急。"① 公司哪有如此巨款？李寿铨1923年1月11日再次致电夏偕复，语气更加凄惶："铨衰病苦支，不忍坐视糜烂，务乞大发慈悲，法外设法。"1月15日，李寿铨又一次电请夏偕复："务求提早筹备六十万两，在阴历年内分批指汇到矿，方能脱险。"

矿局虽反复请求，但公司始终未能拨款，而工人又多次围索，矿局只好先用矿票发给年终夹薪一半。这次索薪风潮一直持续到2月中旬即农历年关前夕，矿局才最终按13条协议的规定给工人全部发给年终夹薪和欠饷。

罢工胜利后，路矿两局工人踊跃加入俱乐部，几天内部员即由700余人增到1.2万余人。俱乐部趁机进行改组，仿效俄罗斯政权机构建立自下而上的代表会议制度和工作机构。改组自9月下旬开始，至10月23日完成。俱乐部以十人团为最小的基层组织，路矿两局共有十人团1382个；每个十人团选举十代表1人；每10个十人团选举百代表一人，共选出百代表140余人；每工作处选举总代表一人，共选出总代表45人。由全体总代表组成最高代表会议，为俱乐部最高议决机关，朱锦堂任书记。由全体百代表组成百代表会议，为俱乐部最高复决机关。百代表会议的选举结果是：总主任李立三，路局主任朱少连，窿外主任刘少奇，窿内主任余江涛，并委任各股股长7人，各股委员30余人，"至是安源路矿工人俱乐部始克完成"。未久，俱乐部又在紫家冲、湘东、醴陵、株洲设立4个分部。

俱乐部的活动经费不断增加，1922年仅留作俱乐部活动经费的工人年终夹薪的一半即达2.5万余元，此外还有入部工人缴纳的入部费共1700余元，工人入股后上交的常月费每月400余元，每月领取的路矿两局的津贴

---

① 《李寿铨、舒修泰致夏偕复电》（1923年1月8日），载鄂档《汉冶萍》下册，第237页。

共 400 元。这就为拓展工人教育事业和经济事业提供了条件。1923 年 1 月俱乐部拟订扩充教育事业计划并逐一实施,工人学校从 1 所扩充到 7 所,公共阅报处由 1 处扩充至 31 处,创办工人图书馆 2 座。安源工人教育事业名闻全国,连国民党办的《湖南清乡公报》也承认:"过去共党在安源的教育工作,确有一部分是对的,我们不能将其一概反对。"①

工人经济事业发展的典型事例是创办消费合作社。合作社创办资金 1.8 万余元,包括俱乐部下拨经费 1.08 万余元和部员入股 7800 余元。1923 年 2 月 7 日,合作社开始营业,易礼容任总经理,朱少连任副总经理,下设兑换、粮食、服物、器用 4 股,分别经营兑换银钱和买卖日常生活用品业务。

图 6-5　安源路矿工人消费合作社

安源路矿工人运动的胜利极大地推动了汉冶萍各厂矿工人运动的发展。1922 年 11 月 12 日,汉冶萍总工会筹备处在汉阳成立,安源路矿、汉阳铁厂、轮驳、大冶钢铁厂、下陆铁矿五工团代表出席第一次筹备会议。12 月 10 日,汉冶萍总工会成立大会在汉阳隆重举行,上述五工团代表及

---

① 《共党在安之教育概况》(1928 年 9 月 25 日),载《安源路矿工人运动》(下),第 1369 页。

各地工会观光团等 2000 余人与会。汉冶萍总工会的成立在汉冶萍工运史上具有划时代意义，这是全国最早成立的产业工团组合，它所属五工会（除安源工会外）都是全国最早成立的省级工会——湖北省工团联合会的主要成员。安源路矿工人一直在其中发挥骨干作用。此外，俱乐部还积极参与筹建全国铁路总工会，声援开滦煤矿、京汉铁路及湖南水口山铅锌矿等处工人的斗争。安源工人运动对全国工人运动特别是对湘、鄂、赣三省工人运动做出的重大贡献，本身也是巩固和发展罢工胜利成果的重大举措。

五　路矿工人俱乐部巍然独存

1923 年二七惨案以后，全国工人运动转入低潮。但安源"好似工人的世外桃源"，路矿工人俱乐部"仍旧巍然独存"，[①] 成为全国工人运动中的一道亮丽景观。

俱乐部的外部环境相对较好。湖南省长兼湘军总司令赵恒惕打着"省宪自治"的旗号，不敢贸然投靠北洋政府，同时慑于劳工运动的强大威力，对工人运动的态度较为缓和。而江西都督蔡成勋"对于路矿工潮屡嘱和平，一旦取消，设有反抗，牵及地方，不可不虑"。[②] 因赣督对安源工运不甚热心，汉冶萍委派冶厂副厂长黄锡赓手持孙宝琦信函拜访蔡成勋，"将萍矿艰困情形及请取消原因面为陈述"，蔡成勋表示："目前正值多事之际，矿工事未便过严取缔，俟大局平静再行设法。"[③]

尽管湘、赣当局都对安源工运持较为宽容的态度，但在全国工运转入低潮的形势下，安源工运也由进攻转为退守。根据李立三回忆，毛泽东此时提出了"弯弓待发"的斗争策略，"看形势发展如何再决定是否罢工"。与此同时，安源干部队伍也进行了局部调整，1923 年 4 月李立三调任中共武汉区委书记，安源地方书记一职由朱少连接任，工人俱乐部总主任由刘少奇代理，而陈潭秋、李求实、黄静源、贺昌等优秀干部先后调来安源工作。

[①] 邓中夏：《中国职工运动简史》，第 109 页。
[②] 《夏偕复、盛恩颐致孙宝琦函》（1923 年 5 月 19 日），载鄂档《汉冶萍》下册，第 246 页。
[③] 见鄂档《汉冶萍》下册，第 246~247 页。

硕果仅存的俱乐部与矿局进行了多轮较量。

由于正确执行了"弯弓待发"的灵活防守策略，俱乐部克服了少数工人左倾蛮干的无组织行为，与矿局的谈判也取得了进展。7月21日，双方签订协议七条，内容包括：凡薪费每日在一元以上之工人，上年罢工时未增加工资者，按原薪增加5%；矿局每月津贴工人俱乐部经费1000元；矿局对于学徒每年须考查其成绩一次；每日平均出产额达到2300吨以上……这是一个双方均做出妥协的协议，刘少奇、萍矿副矿长舒修泰在协议上签字盖章。① 这是俱乐部为争取工人经济利益和维持煤矿生产而做出的又一巨大努力。

11月，李寿铨辞职，舒修泰任代矿长。此时矿局经济极度困难，五六个月未给工人发过全饷，所发的矿票比银元价值低25%～30%，舒修泰打算取消年终夹薪，1924年12月8日致函盛恩颐称："自今年终起不准再加发半月工资，即由矿布告。"狡猾的盛恩颐做出批示："以后如何布置，应由该代矿长负责"，即将停发年终夹薪的责任完全推给舒修泰。12月23日，舒修泰致函盛恩颐，告之担心工人"有围逼之事，所幸尚未布告，否则值此时局借事生风，更难收拾。"②

工人听说矿局取消年终夹饷，又未完全兑现年终发给夹薪的承诺，12月30日趁矿长召集各处长、主任开会之机包围矿局公事房，反对取消年终夹饷和解散俱乐部，"工人愈聚愈众，几有二三千人之多"。③ 当局被迫同意当月每人发矿票三元，其余欠饷在次年1月5日先发半月，显然，矿局的许诺不过是缓兵之策。到1925年1月5日，矿局不仅未兑现先发半月欠饷的承诺，反以"公司损失"为由准备取消年终夹饷。工人闻讯大为震怒，1月7日发出快邮代电，请各报馆转全国各公团："尚祈各界怜恤我等之痛苦，与以有力之援助。"1月8日俱乐部发表《萍矿工人同萍矿算算账》，列举大量事实说明："我们受了这样的损失，并未向矿局要求赔偿，而矿局反取消年终夹饷，人之情理，无道已极。"同一天，工人又发表《告各界父老兄弟书》。军界、商界也对取消夹饷持有异议。萍矿稽核马载

---

① 《安源路矿工人运动》（上），第134～135页。
② 《舒修泰致盛恩颐函》（1924年12月23日），载鄂档《汉冶萍》下册，第250页。
③ 《马载飚致盛恩颐函》（1924年12月31日），载鄂档《汉冶萍》下册，第250页。

飏于是致盛恩颐快邮代电："究意此款应否照发，稽核任重款巨，不敢擅专，务乞克速电示祗遵。"①

据马载飏称："年终取消夹饷系矿长奉经理特令执行"，要求俱乐部"转告各工人万勿因疑惧而生误会，因误会而酿成巨变"。② 这种威胁性语言使工人感到：矿局"有意破坏条约，群情激愤，大有暴动之势"。③

1月7日至8日，工人遵照俱乐部的要求，有组织地向矿局和各工作处进行围索。8日，窿内煤产量因部分工人罢工由2000吨减至1600吨，9日又减至1100吨。窿外各机器厂工人则几乎全体罢工。④ 这是安源工人的第二次罢工。1月14日，俱乐部代表刘少奇、陆沉来到矿局，要求在本月15日之内发给工人年终夹饷。矿局突然变卦，否认之前有此许诺，这就激起了工人和调解人的极大愤怒，三四千工人包围公事房。工人既有理有节、又不屈不挠的斗争，迫使局方同意工人的要求，先搜集矿票2万余元，发给夹饷七天半，剩下七天半夹饷到17日用临时支票发给。安源工人第二次罢工取得了完全胜利。

此后，安源路矿因汉、冶两厂停炼钢铁而深陷困境，煤炭产量锐减，4月21日由原产煤2000余吨降至900余吨，22日减至350余吨，24日完全停产。矿局更频繁欠饷，工人困苦万分，愤怒已极。4月21日，公司代总经理盛恩颐为"整顿"萍矿，与日本顾问吉川雄辅、日本制铁所长官齐藤、大冶铁厂厂长吴健、公司会计所所长赵兴昌在舒修泰陪同下巡视安源，当他们抵达紫家冲时，"即被工人围索欠饷，且有泼粪汹涌攒殴，幸经警察劝阻，而舒帽已被殴落矣"。23日下午，约有千余人包围吉川等人住宿的盛公祠，在强大压力下，吉川、赵兴昌"允许5月10日以前汇银6万两，预备发给一个月欠饷"。工人们到晚7时半才散去，"言次日再来围索"。吉川等原准备在安源逗留6天，"已提前于24日清晨遄返矣"。⑤

---

① 《马载飏致盛恩颐快邮代电》（1925年1月8日）及［附件一］［附件二］［附件三］，载鄂档《汉冶萍》下册，第250~251页。
② 《马载飏致盛恩颐函》（1925年1月9日），载鄂档《汉冶萍》下册，第252页。
③ 长沙《大公报》（1925年1月10日），载《安源路矿工人运动》（下），第1180页。
④ 《安源路矿工人运动史》，第173页。
⑤ 《安源路矿工人运动》（下），第1330页。

俱乐部经与矿局郑重交涉，同意将所存焦炭 20 万吨从速招商拍卖，以其所得略发工饷，稍解工人倒悬之急。萍矿工人阻运焦炭，迫使公司就范。到 7 月下旬，公司先后给萍乡汇款 100 万元，而萍矿交给公司的煤焦不足 5 万吨。① 萍乡亏损越来越大，欠饷也越积越多，到 9 月上旬，萍矿累计欠饷已达 50 余万元，大致相当于全矿 5 个月工饷的总额。在近两年极度困难的环境下，安源工人遵循"弯弓待发"的策略思想，坚定不移地进行反封闭、反瓦解、反饿困的斗争，工人俱乐部的旗帜在敌对势力的重重包围中始终高高飘扬。

俱乐部组织工人帮助路矿周围各地工人开展斗争，参与恢复全国铁路总工会和汉冶萍总工会。在安源路矿工人俱乐部的积极参与下，1925 年 5 月 1 日全国第二次劳动大会在广州召开，成立了中华全国总工会。汉冶萍总工会代表李立三、刘少奇被选为总工会执行委员，刘少奇当选为副委员长。中华全国总工会的成立，标志着中国工人运动进入了新的发展阶段。俱乐部和安源路矿工人在国民革命、五卅运动中都发挥了独特作用。

安源路矿工人俱乐部在工人教育方面取得巨大进展，工人教育体系已初步形成，革命宣传有声有色，工人游艺活动丰富多彩；俱乐部经济工作得到极大加强，安源已成为中共活动经费的主要储备点之一。特别是工人消费合作社不断扩充和逐步完善，在提倡工人储蓄的基础上，1923 年发行合作社纸币 1 万元，数目虽不大，却是中国工人阶级首次发行货币，也是中国共产党领导金融事业的最初尝试。到 1925 年 9 月，合作社资金已达数万元，年营业额四五十万元。安源路矿工人消费合作社是中国第一个也是当时仅有的一个工人消费合作社，是中国工人阶级第一个经济组织。消费合作社为中国革命培养了毛泽民、林育英等大批优秀干部。

在一派萧瑟沉寂的中国工运界，安源路矿工人俱乐部一枝独秀，在白色恐怖下傲然屹立了两年多，安源也被人们誉为"小莫斯科"。②

---

① 《盛恩颐致马载飓等电》（1925 年 7 月 29 日），载鄂档《汉冶萍》下册，第 261 页。
② 《中国青年》卷 8 第 3 号，1927 年 10 月 10 日，转引自《安源路矿工人运动》（下），第 887 页。

六　大革命高潮中的安源工运

汉冶萍公司早就图谋取消路矿工人俱乐部。路矿工人第二次罢工胜利后，盛恩颐在萍乡县知事张鹏翊的一封来信中做出批示："将来整顿萍矿、对付工人时，应请贵知事帮忙。"① 他还致函董事会，认为"萍矿积习已深"，"工习固嚣，而内部亦实腐败，自应大加整理"，盛氏自告奋勇地表示："或于必要时经理亲自赴矿，将内部改组，以怯积习而冀刷新。"② 一场腥风血雨即将来临。

1925年4月底5月初，代矿长舒修泰辞职，稽核马载飏代行矿长职务。

8月21日，盛恩颐从上海启程来萍，途经武汉到长沙，与湖南省长赵恒惕密谈多日。盛恩颐此行排场极大，其生母庄太夫人也随之前来，"太夫人性好游玩"，故沿途逗留时间较长。盛氏还"带来中英法日四秘书、四翻译、二打手，以及随员女仆使女人等，有四十余人之众，一切烹调饮食尽属女工，做火提枪悉用使女"③。9月12日，盛恩颐一行总算抵达了萍乡，在县城逗留两天，与赣西镇守使李鸿程、旅长张凤岐等商定，调集重兵"星夜到山，出以疾雷不及掩耳手段，俾工党猝难准备抵抗"。9月14日，盛氏"车抵安源站时，夹道人声鼎沸，为数不下一二万人，其间工人殆居多数，均手执红旗，大呼打倒资本家、罢工自由、欢迎财神诸口号"。④ 工人的行动既含有示威成分，又流露出对公司和矿局的最后一丝希望。

根据盛恩颐的安排，李鸿程、张凤岐于20日手持赣督方本仁下达的"派军队封闭党部，拘拿首要，如敢抗拒，准其格杀勿论"的密令，赶赴安源。盛恩颐也于当晚9时回到矿山。是晚适有大雨，工人并无防备。

---

① 《萍乡县署致汉冶萍公司函》（1925年5月1日），载鄂档《汉冶萍》下册，第259页。
② 《盛恩颐致公司董事会函》（1925年6月5日），载鄂档《汉冶萍》下册，第259页。
③ 长沙《大公报》（1925年9月10日、15日），转引自《安源路矿工人运动》（下），第1193、1199页。
④ 《盛恩颐致公司董事会函》（1925年12月26日），载鄂档《汉冶萍》下册，第264~265页。

21日约凌晨4时，李鸿程派出的两个营和两个机枪连，加上矿警队共约1500人，包围了工人俱乐部和工人学校等处，"即行封闭，改作营部"，拘捕俱乐部副主任黄静源等9人，萍矿总工会则称当晚被军警捕去70余人。住在萍矿餐宿处的四五千名工人突围冲出，当场被军警打死3人，打伤7人。[①] 坚持三年多的安源工人俱乐部就这样被盛恩颐及当地军警血腥镇压了。

盛恩颐的倒行逆施激起天怒人怨，萍矿新任矿长雷炳焜也大感不解："工人代表纷纷潜来，倡言有俱乐部而工人可生，无俱乐部而工人将死，以今比昔，实无词可缄其口，而解其纷。"他因此提出辞职要求。[②]

反动势力未停止对路矿工人的残害。1925年10月16日，黄静源被枪杀于安源。路矿工人俱乐部发表《泣告全国同胞书》，血泪控诉盛恩颐、方本仁等镇压工人俱乐部的罪行。

事后，一万多名路矿工人被强行遣散，但他们并未被吓倒，而是以更勇敢的姿态投入国共合作的北伐战争。安源工人踊跃参加国民革命：1926年5月之前赴广东参军；1926年5月北伐先遣队抵达湖南后纷纷就地参军；1926年9月革命军北伐到萍乡之后，有更多工人自动参军或被党组织动员参军。大量安源工人参军，对确保北伐军取得两湖战役和江西战役的胜利，起了重要的助推作用。

北伐军1926年9月6日到达萍乡后，安源路矿工人组织进入全面恢复和发展阶段。9月10日，2.3万余人在安源举行恢复安源工人俱乐部的群众大会，会上宣布萍矿总工会正式成立。9月14日萍矿总工会召开第一次工人代表会议，此后，工会会员人数不断增加，1926年11月2000余人，12月3200余人，1927年1月增至4100余人。萍矿总工会的最高议事机关——总干事会也随之成立，朱锦堂任委员长，由于朱锦堂此时不在安源，其职务由刘义代理。

在轰轰烈烈的大革命中，安源路矿工人斗争颇具声色。各级工会组继恢复，工人纠察队得以重建，矿警队进行了彻底改造，反动分子受到惩

---

① 《盛恩颐致公司董事会函》（1925年12月26日），载鄂档《汉冶萍》下册，第265页；《萍矿总工会报告》（1926年12月7日），载《安源路矿工人运动》（上），第597页。
② 《雷炳焜致盛恩颐、潘灏芬函》（1926年3月11日），载鄂档《汉冶萍》下册，第266页。

罚，特别是在恢复煤焦生产和改善工人生活方面做了大量工作。

武汉国民政府交通部1927年3月成立整理汉冶萍公司委员会，萍矿总工会委员长刘义为该委员会五位委员之一。4月，在全国总工会委员长苏兆征、湖北省总工会副委员长刘少奇的参与下，另行筹备成立萍矿管理委员会，并入汉冶萍公司整理委员会。未久，刘义任矿局事务处长，株萍铁路总工会委员长朱少连兼任矿局株洲转运局局长。路矿工会的通力合作，使矿山生产和运输管理得到加强，煤日产量由约100吨增至700多吨，复业工人增至4100多人。这对于缓解武汉国民政府面临的煤荒压力和支持北伐战争都起了积极作用。

蒋介石发动四一二政变前后，安源路矿工人与之进行了坚决斗争，安源的党组织也有所壮大。1927年4月中共五大在武汉召开时，中共安源地方党组织拥有支部约30个，党员约600人，其中安源矿区党员549人。株萍铁路总工会委员长朱少连出席了党的五大，并被选为中央执行委员会委员兼驻湘委员。但是，蒋介石的叛变使中国革命形势迅速恶化，安源路矿工人运动进入了更加困难的时期。

七　安源工人武装进军井冈山

自四一二事变和七一五事变后，中共安源特区委实行以灰色掩护"招兵买马"的策略，到1927年9月，集结在安源的革命武装，包括安源工人纠察队、原安源矿警等共达1300~1400人，有步枪千余支，这是秋收起义的一支重要力量。

1927年9月1日，毛泽东来到安源，当天至5日在张家湾主持召开了部署湘赣边界秋收起义的军事会议，成立了前敌委员会和行动委员会，毛泽东任前敌委员会书记。会议讨论了秋收起义的具体计划：决定将驻安源、修水、铜鼓三地的起义部队组建为工农革命军第一军第一师，下辖三个团，以安源工人武装为主的约2000人的起义部队为第二团。会议决定，三处部队与安源、萍乡、醴陵、株洲、平江、浏阳参加暴动的工农群众相互配合，9月11日兵分三路从安源、修水、铜鼓出发，会合后于9月18日进攻长沙。

图 6-6　秋收起义军事会议旧址

安源会议是中国工人运动史和中国工农红军建军史上的一次重要会议，是中国工人运动同农民运动、武装斗争三者开始结合的标志。会议确定建立的军队是第一支用共产党旗帜相号召，首次由共产党独立领导的革命军队。①

工农革命军第二团9月10日晚从安源张公祠出发攻打萍乡县城，11日和12日清晨两次进攻失利。12日上午，全团乘火车转攻醴陵，先头部队在萍醴交界处的老关车站歼敌1个排，缴枪10余支。当天下午，在醴陵四乡暴动农民的配合下，二团攻克醴陵县城。当天晚上举行军民大会。13日成立中国革命委员会醴陵分会，安源工人张明生任县长。第二团闻敌军从株洲方向扑来，决定避敌锐气，于13日晚11时撤出醴陵，转攻浏阳。16日上午10时，第二团一举攻克浏阳县城。②

以安源工人为主体的工农革命军第二团在秋收起义中表现出的顽强斗志和勇敢精神，书写了中国工人阶级的光荣篇章。正如中共中央所指出的那样："秋暴的事实已告诉我们，攻打萍乡、醴陵、浏阳，血战几百里的

---

① 《安源路矿工人运动史》，第313~314页；安源路矿工人运动纪念馆编《秋收起义各纪念馆（址）研究宣传资料选编》，2011，第1~2页。
② 《安源路矿工人运动史》，第320~324页；《秋收起义各纪念馆（址）研究宣传资料选编》，第2~3页。

领导者和先锋,就是素有训练的安源工人。……可以说,秋暴颇具声色,还是安源工人的作用。"① 《中央政治通讯》也盛赞:"在秋收暴动的经过中,湖南无产阶级——安源工人、铁路工人等的奋斗精神表现得十分坚固和勇敢,确是革命的先锋队。"②

第二团因孤军深入,且麻痹轻敌,17 日下午遭敌袭击,全团被打散,剩下 120 余人来到浏阳县城东南约 50 公里处的文家市,同一、三团会师。21 日,起义部队共 1500 余人跟随毛泽东向井冈山进军,开始了创建全国第一块革命根据地的伟大斗争。

安源路矿经罗霄山脉与井冈山紧密相连,安源路矿工人运动同井冈山武装割据密切相关。数千名安源路矿工人先后参军,壮大了黄公略、彭德怀、毛泽东、朱德率领的红军的力量,实现了工人运动的主力从路矿到战场的伟大转移。

---

① 《中共中央致湖南省委信》(1927 年 12 月 15 日),载《安源路矿工人运动》(上),第 657 页。
② 《中央政治通讯》第 12 期,载《安源路矿工人运动》(上),第 636 页。

第七章 烽烟四起

——抗战期间公司的风雨历程（1938~1945）

第一节 抗战初期厂矿大迁徙

抗战爆发后，日军接连占领上海、南京。徐州大战之后，日军更溯江西上，准备进犯武汉。汉冶萍大部分员工卷入全国抗日洪流，开展了一场惊心动魄的厂矿大迁徙。

一 钢迁会正式成立

汉冶萍厂矿大迁徙经历了半年多的酝酿过程。国民政府军政部兵工署1937年8月致函汉阳铁厂："以前方抗战需要，自行铸造钢件甚急，上海炼钢厂在炮火中不能开工，亟需借用汉阳铁厂"，宣布8月28日接收该厂，并请湖北省政府和实业部分别派员协助监交。①

军政部长何应钦9月1日致电汉阳兵工厂代厂长郑家俊转汉阳铁厂代厂长韩鸿藻：

> 郑厂长译转汉阳铁厂韩厂长：公密。艳电悉。此次本部接收该厂，以战事紧急，处置一切物品，希照数点交，俟战后清算，并由鄂省府及实业部派员监交。为避免泄漏军事机宜计，现时无

---

① 《韩鸿藻致盛恩颐、赵兴昌函》（1937年8月28日），载鄂档《汉冶萍》下册，第738页。

庸通知总公司。关于是项不通知之责任由本部完全负之。何应钦。东。兵造。①

军政部同时电令郑家俊和上海炼钢厂厂长张连科负责接收汉阳铁厂。

事实说明，何应钦的担心并非空穴来风。韩鸿藻于8月30日和9月2日、3日、7日、8日、9日、21日连续7次致函（电）盛恩颐，汇报军政部来厂接收详情，并称系"汉阳兵工厂借用汉厂所有机器、工具、材料及器具、房地产业等"。韩鸿藻拒绝移交，多次与之讨价还价。盛恩颐10月2日致函董事会，密陈兵工署令汉阳兵工厂郑家俊借用汉阳铁厂的前后经过。上述函件的字里行间透露出盛恩颐、韩鸿藻等人的不合作态度。

时值战争日紧，军政部、实业部态度坚决。9月3日实业部电嘱汉厂"不得违抗"，韩鸿藻才将汉阳铁厂物品清点造册。10月3日，韩鸿藻和点交员郑宜复等将厂内所有物品连同清册移交兵工署接收，但未包括厂外的房产及其他财产。10月17日，何应钦致韩鸿藻快邮代电，要求将厂外产业一并移交，包括所有厂外之栈房、渣砖厂、江边各码头及其一切附属设备与空地等，在强大压力下，韩鸿藻终于将厂内外财产全部交出。11月，汉冶萍派朱庆田担任驻汉保管员，保管未被兵工署接收的公司房屋和物料，韩鸿藻将汉厂的所有卷宗、簿据交给大冶厂矿保管。

武汉此时已成为全国政治、军事、经济中心和抗战的物资集散中心，国民政府虽于1937年11月迁都重庆，但军事委员会和各主要机关仍麇集武汉。武汉成为日军势在必夺的首要目标。日本大本营在调集大军进攻徐州的同时，命航空兵对武汉进行狂轰滥炸。拆迁工作必须加速进行。

国民政府经济部部长翁文灏和军政部兵工署署长俞大维根据蒋介石1938年2月7日手令："汉阳钢铁厂应择要迁移，并限三月底迁移完毕为要"，2月14日决定由经济部资源委员会与军政部兵工署会衔组织钢铁厂

---

① 《照抄军政部东电》（1937年9月1日），鄂馆藏汉冶萍，LS56-1-1267②。

迁建委员会（以下简称钢迁会或迁建会），以兵工署制造司司长杨继曾兼任主任委员。

杨继曾，别号君毅，安徽怀宁人，德国柏林大学机械系毕业，历任兵工署制造司司长、署长等职，是钢迁会存续期间的主要负责人。

钢迁会"主要工作为拆卸汉阳及武汉附近其他钢铁厂的机器设备，以俾迁川建厂，俾为后方钢铁事业树一基础"。[①] 为健全钢迁会组织，经济部、兵工署令派上海炼钢厂厂长张连科为钢迁会副主任委员，另派资源委员会矿业处处长杨公兆、电业处处长恽震、专门委员会的程义法为委员。1938年3月，兵工署和资源委员会规定了钢迁会的办事大纲：（1）对外单独行文；（2）会计独立，但得受钢迁会派员查考；（3）职员由钢迁会任用；（4）日常工作按月份呈报。

3月1日，杨继曾等就职视事，宣告了钢迁会的正式成立。3月25日，钢迁会在汉口小西路办事处召开第一次会议，向与会者告以最高当局已决定拆迁汉冶萍所属钢铁厂，另在后方创办新厂，"以树立国防重工业之基础"。[②] 4月和6月，兵工署分别加派严恩棫、胡霨为钢迁会委员。

根据档案记载：钢迁会"奉兵工署暨资源委员会会衔训令须发本会国防军章"，[③] 这说明钢迁会是一个军事色彩浓厚的组织，这在严酷的战争环境下是十分重要的举措。

二 汉阳铁厂大拆卸

汉冶萍厂矿大迁徙主要指汉阳铁厂和大冶厂矿的拆迁，由杨继曾主其事，据当时评价：他"沉毅果断，排除万难，竭力以付"，[④] 使厂矿拆迁得

[①] 《钢铁厂迁建委员会统计手册》，1946年4月，重庆市档案馆藏钢铁厂迁建委员会档案（以下简称渝馆藏钢迁会）。

[②] 钢迁会：《钢迁会五周年大事记》（1943年），载《抗战后方冶金工业史料》，重庆出版社，1988，第63~64页；黄显淇：《迁建会运输工作回忆录》（1938年4月至1939年12月），载鄂档《汉冶萍》下册，第742页。

[③] 《钢迁会五周年大事记》，转引自《抗战后方冶金工业史料》，第64页。

[④] 黄显淇：《迁建会运输工作回忆录》，载鄂档《汉冶萍》下册，第742页。

以紧张有序地展开。

厂矿大迁徙的第一步是对机器设备进行拆卸。

战争使厂矿搬迁变得异常迫切。1938年7月20日，蒋介石致钢迁会快邮代电：

> 迁建委员会公鉴：查当此抗战期间，五金材料来源困难，而后方又甚需要，汉冶萍公司内之化铁炉、打风炉及桁架等，希加雇工人积极拆除，运往后方，以供军需之用。中正

汉阳铁厂已停工10多年，机器炉座大都陈旧腐坏，零件缺损严重，很多专家认为难以拆迁重建，且这些设备均于1900年前后购自外国，当年参与铁厂建设的中方技术人员多已作古。有鉴于此，钢迁会分别约请散居在鄂、湘、沪、港各地的"专家参加此项艰巨工作，细心筹划，大胆施工"，[①] 拆卸工作有条不紊地展开。

汉阳铁厂的拆卸由钢迁会委员张连科驻厂主持，参与此事的技术人员除鄂湘沪港专家外，也包括曾在公司工作过的人员，如翁德銮、金其重、侯德均、唐瑞华等10多名资深工程师，还有资源委员会派遣来的从德国克虏伯厂实习回国的4名工程师：刘刚、严恩棫、靳树梁、王之玺。

厂矿拆卸从1938年3月开始，历时约7个月，据钢迁会预计："汉阳铁厂全部拆卸钢料，亦可达十余万吨，今只得拆运五万吨。"但实际拆卸吨位要少于预期。据运输股股长黄显淇回忆，汉厂原定拆卸总量3万吨[②]。而杨继曾回忆，汉阳铁厂拆卸的机器包括：

（1）250吨和100吨炼铁炉炉座各1座及湛家矶100吨炼铁炉1座；

（2）日产30吨马丁炉2座，35吨和50吨高架起重机各2部；

（3）钢轨机、钢板机、钢条机各1座。

附属设备包括汽炉房、水力房、竣货厂、车辘厂、钢钉厂等所有轧钢

[①] 《钢铁厂迁建委员会概略》（1941年11月），载渝馆藏钢迁会，全宗0182，目录9，卷号2776（以下简称0182-9-2776）。

[②] 《黄显淇回忆运输情况》（1939年12月），载《抗战后方冶金工业史料》，第71页。

厂附属设备，交流发电机、直流发电机、变流机、水管、汽炉与一切配电、供电设备、机修设备、翻砂厂、打铁厂与锅炉厂、铁路钢轨、钢枕及车辆等。①

汉阳铁厂所属的二、三、四号码头及厂内外铁路等设施也被纳入拆卸范围。日本军机频繁袭扰，"随修随炸，随炸随修，固无时无日不在轰炸威胁之下工作"。1938年1月25日，日本飞机轰炸汉阳铁厂。7月19日，日机再次袭击汉厂，炸死史汉生等5人。但参与拆卸工人并未畏葸退缩，人数反增至千余人，"至技术工匠及搬抬小工，以京沪流亡西来者甚夥"，他们"日夜工作，迄于武汉撤守"。②

图7-1　汉阳铁厂1938年11月24日遭日机轰炸

10月22日，日军逼近武汉，钢迁会拆迁工作停止。

武汉沦陷的前一天即1938年10月24日中午11时，武汉卫戍司令部、警察局派爆破队对汉阳铁厂进行爆破，以免资敌，共炸毁总公事房、俱乐

---

① 杨继曾：《撤迁汉、冶两厂经过》（1941年12月），载《抗战后方冶金工业史料》，第66~67页；《钢铁厂迁建委员会概略》（1941年11月），载渝馆藏钢迁会，0182-9-2776。
② 见鄂档《汉冶萍》下册，第742页。

部、厂巡处、卫生股、物料库、修德里、邻德里、山边西砖栈房、三号码头大铁架等建筑。

三　大冶厂矿大爆破

（一）军政当局责令冶矿停止开采

大冶厂矿的拆卸要比汉厂复杂得多。

大冶铁矿是汉冶萍唯一继续维持生产的单位。抗战爆发后，日本派驻大冶厂矿的顾问、日铁大冶出张所和日本近海邮船会社的人员及他们的家属数十人于1937年8月5日乘"红叶丸"分批撤离。小田、森口、江口、小野等日籍高级职员相继离冶。日本襄办小田以个人名义向大冶厂矿会计处借支500元。①"他们从大冶撤退至上海，根本没有回国，最初匿居在吴淞口外日本兵舰内。上海沦陷后，他们回到上海，由公司继续发给他们薪金。"②

抗战爆发后，冶矿矿砂虽再未运往日本，但开采并未停止。铁山、得道湾两采区每天约采2000吨，每月约采6万吨，这些矿砂堆存在采区周边、大冶铁厂老炉一带和江边码头。日本限令冶矿每月最少出矿砂2万吨，以盛恩颐的名义按月从上海汇款6万元至香港转汇汉口浙江兴业银行，以此作为冶厂的开矿经费。

冶矿助纣为虐的行为激起了国人的愤怒，石灰窑居民胡忠1938年2月2日写信给时任《抗战》三日刊主编的邹韬奋，斥责冶矿此举"俾将来敌军占据此间时，得以尽速运返日本，制造军火来征服我国"，请求邹韬奋"在可能范围内促当局迅速予以制止"。③

军事委员会军令部接到武汉卫戍司令部关于冶矿继续开采铁矿的谍

---

① 《汪志翔致盛恩颐函》（1937年8月6日），载鄂档《汉冶萍》下册，第745页。
② 《大冶厂矿老职员回忆材料》（1959年6月），载《汉冶萍与日本关系史料》，第1083页。
③ 《大冶厂矿老职员回忆材料》（1959年6月），载《汉冶萍与日本关系史料》，第1084页；李仲明：《报刊史话》，社会科学文献出版社，2000，第156页；《韬奋文集》第1卷，第475~476页。

报后，致密函给经济部："拟请钧部饬湖北省政府，将该厂（矿?）接之。又其所出铁砂，如我不需用时，应令停止所掘，并将现存铁砂运走，或于必要时弃入江中，以免资敌之用。且准于必要时，将该矿厂全部破坏。"① 1938 年 4 月，湖北省令大冶县政府转饬大冶厂矿停工。4 月 25 日，大冶县政府向大冶厂矿传达省政府命令。代厂矿长汪志翔当天召集会议并做出 3 项决议：（1）于次日（26 日）遵令停工；（2）将矿山设备拆除并将运务股各项车辆集中，以便分别保管；（3）向总公司请示可否在停工期间每月由总公司接济 3 万元，以 6 个月为限。会后，汪志翔即将此事向总公司报告。

盛恩颐 5 月 3 日复电汪志翔，嘱派干员由香港去上海面商。湖北省政府担心此举会泄露内地军事秘密，遂将 4 条意见密呈军令部：（1）命令大冶县政府、警察局、第二区公署对汪志翔及高级职员切实监视，实行五人连环保结，若有人逃离大冶即行拘捕；（2）选派干员赴大冶厂矿处理善后；（3）大冶厂矿的长短枪支一律缴存；（4）派员警看守江边铁矿石。军令部随即将湖北省政府呈件转经济部。

武汉行营秘书处第三科科长郭寿华 5 月 4 日呈文称："汉冶萍煤铁厂矿公司过去在日人卵翼之下，其职工多有汉奸嫌疑……盛恩颐驻沪代理总经理职务，与日方联系犹未断绝"，提醒行营令大冶县政府转饬冶矿停工。

军令部、经济部、湖北省政府责令停工的消息已传到大冶铁矿。5 月 16 日，汪志翔召开会议时做出 9 项决议，其中尤为重要者："1. 照原议本厂矿自 5 月份起即为保管期间，应即改称为汉冶萍公司大冶厂矿保管处，除由厂矿长指定保管主任一员外，余均称为保管员……2. 员工应即疏散，一律停薪留职，并照汉厂例，各发给疏散费三个月。"② 这些决议 5 月 18 日获盛恩颐批准。

直隶于公司会计所的大冶厂矿会计处也随之裁减人员。

大冶厂矿于 1938 年 6 月另设保管处，汪志翔任处长，派定职员 31 人，

---

① 渝馆藏钢迁会，474 卷。
② 《汪志翔致盛恩颐函》（1938 年 5 月 19 日），载鄂档《汉冶萍》下册，第 747~748 页。

其中厂矿长处、会计处、材料股、起卸股、车务股各3人，工程股6人，采矿、事务两股各5人。

至此，大冶厂矿已遵命停产。

(二) 大冶厂矿的拆卸

大冶厂矿的拆卸工程十分浩大，既包括厂、矿自身的拆卸，也包括大冶矿区至石灰窑铁路的拆卸。

钢迁会于1938年4月25日派吴玉岚驻大冶厂矿主持拆迁。5月14日，动力股股长陈东率9名职工赴大冶厂矿拆卸发电设备。

国民政府对汉冶萍高层的媚日行为始终心怀警惕和戒备。6月23日，经济部召开会议，并邀请军政部、军令部、政治部和湖北省政府派员与会。会议决定：由军政部负责处理大冶厂矿，在处理过程中不要汉冶萍人员参加，厂矿设备由钢迁会迅速拆迁。6月24日，蒋介石电令湖北省政府主席陈诚：石灰窑各工厂、铁山象鼻山官矿、各私人经营的煤矿和水泥厂等立即从事拆迁，并同时准备破坏。

厂矿拆卸大约于5月初开始，8月31日全部完成。拆卸的设备包括：铁厂1500千瓦透平汽轮发电机2座，得道湾420千瓦柴油发电机3座和150千瓦柴油发电机1座，此外还有大冶厂的高炉机件、渣滓车、汽锤、量矿车、各种机床、锅炉等，矿山设备包括大绞车、锅炉、小矿车、空气压缩机等。

吴玉岚7月9日奉命拆卸铁路，7月12日在叶家塘车站和厂内天桥动工。7月20日，交通部派专员刘孝勤率粤汉铁路工务处工务员杨景荣及44名路工抵达大冶。交通部工人和钢迁会运输股工人"切实合作，尽力拆运，不必限定里数"，从7月25日到8月21日，拆轨工程全部告竣，共拆轨33.97公里，计钢轨7434根，钢枕19764条，鱼尾板12914块。①

---

① 《吴玉岚呈钢铁厂迁建委员会运输股函》（1938年9月），载鄂档《汉冶萍》下册，第740页；《古矿百年话沧桑》，第104页。

（三）大冶厂矿的爆破

大冶厂矿部分设备体积庞大，不便拆迁。经济部1938年6月23日召开的会议早已做出决定：撤退前夕，由军政部负责遣散工人，并对厂矿加以炸毁。7月28日，蒋介石致杨继曾快邮代电：

> 汉阳铁厂迁建会杨主任委员勋鉴：7月25日报告悉。汉冶萍公司大冶化铁炉等，既不便拆除，应准备爆破为要。中正

日军已逼近大冶，"寇机在大冶附近一带狂肆轰炸，轮驳相戒不前"。大冶厂矿拆迁人员依照8月4日武汉卫戍区爆破队最后一次紧急会议的决定，将大冶厂矿、铁路无法拆运的设备"概予散投江心"。

（1）从8月10日至21日，共投江钢轨5521根，钢枕19199条，岔道10条，鱼尾板12914块；余下钢轨1913根、钢枕563条被驻冶炮兵第十一团第五、第六两连征作修筑防御工事之用。

（2）从8月25日至26日，处理机件559吨，"小者一律投江，大者一律施以破坏"。

（3）大冶铁厂至黄石港一带有大小码头船10余艘，拆迁人员在离开大冶前一天将三号铁趸船设法弄沉。

根据蒋介石和经济部有关撤退前夕炸毁设备的命令，1938年6月28日，武汉卫戍总司令部委派阎夏阳为石灰窑爆破队队长，钟以文为爆破工程师，令武汉警备司令部派兵一连随爆破队前往石灰窑，并密令驻石灰窑第三集团军总司令孙桐萱、第二十军军长李汉魂协助办理爆破事宜，并拨款1000元作为爆破经费。以8月10日起，爆炸队开始处置大冶厂矿未及运走的设备、机件和设施，到21日已将厂矿高炉、热风炉、部分厂房、矿区输电线路、下陆至铜鼓地长7.5公里铁路全部炸毁。这是中国军人主动实施的免使战略设备落入敌寇之手的行动，也是中国人民宁为玉碎不为瓦全的不屈精神的体现。

四 其他厂矿的拆卸

位于汉口下游谌家矶的六河沟煤矿有限公司炼铁厂，原为扬子机器厂的炼铁部。

1938年汉、冶设备拆卸之际，钢迁会驻厂委员、总工师助理严恩棫于5月到六河沟铁厂考察；6月，钢迁会用120万元以分三期付款的方式购买铁厂的整套设备（包括火砖），由六河沟铁厂包拆、包装、包运到汉厂码头，包款5万元，在120万购价款内扣除。在这些设备中又由技师谭根、邓本初二人分包拆卸鼓风机3部，6月开工，7月拆完，7月底开始装运。全厂员工随迁重庆。

西迁来渝的还有上海钢铁厂。抗战初，该厂为军政部兵工署第三兵工厂（又称第32厂），有2.5吨炼钢炉、320～400毫米蒸汽轧钢机各一套，职工500余人。该厂除生产小型兵工钢材外，还生产500磅炸弹壳。1937年八一三事变后，经蒋介石核准，兵工署于8月27日、28日连续急令上海炼钢厂将"重要材料机器尽力迁往武汉"。该厂从11月起分批迁往武汉，为全面抗战开始后第一个内迁的兵工厂。[1] 1938年2月，上海炼钢厂筹议归并于钢迁会，6月该厂迁往重庆。[2]

迁入后方的还有萍乡煤矿。1939年3月，蒋介石签发电文，催促萍矿从速迁移，电文称："萍乡煤矿局向为倭寇所垂涎，此次寇军南侵，应即从速准备迁移破坏。"萍矿撤迁行动由资源委员会萍乡煤矿整理局执行，第九战区司令部派出多人赴现场监督。此次拆迁的设备包括：大小洗煤台和炼焦炉全部设备，修造厂全部设备，发电厂设备和所属锅炉厂设备，八方井所有卷扬、压风、抽风和锅炉设备等。

1939年5月29日，萍乡煤矿局将所有器材、煤焦拆光运出，共有五金器材5155吨，装车162辆；煤焦共26753吨，装车856辆。全部器材、煤焦共31908吨，共装车1018辆。这些设备和物资陆续由资源委员会向江

---

[1] 黄立人：《抗战时期大后方经济史研究》，中国档案出版社，1998，第128页。
[2] 岳庆主编《重庆历史上的今天》，西南师范大学出版社，1998，第133页。

西、重庆、甘肃等地调拨，其中重庆大渡口钢铁厂接收了萍矿的发电设备，湖南矿务局接收了萍矿修理厂的机床等全套设备，其余设备由设在广西全州的萍乡煤矿整理局全州清理处保存。[1]

五　汉冶设备的迁运

（一）招商局领衔组织长联处

汉阳铁厂、大冶厂矿拆卸下来的设备主要循水路运往后方四川。

汉阳铁厂、大冶厂矿及六河沟铁厂、上海钢铁厂等厂矿设备的西迁运输由钢迁会运输股股长黄显淇负责。

钢迁会1938年7月23日在汉口同福里召开专门研究运输问题的"谈话会"，会议决定：四川卸货点为大渡口。[2] 这与后来在大渡口建设钢铁厂的构想完全吻合。

具体承担厂矿设备西迁任务的是1937年8月24日由招商局领衔在南京成立的长江航业联合办事处（以下简称长联处），该处约于1938年初与钢迁会签订运输合同。5月24日是钢迁会器材在汉口装船的第一天，长联处派三北公司的"三兴"轮在汉口码头接装。船岸工人克服货件重、搬运工人经验不足、码头设施不完备等诸多困难，装卸速度越来越快，第一天只装6吨，第二天增至16吨，第三天便装了129吨。[3] 大冶厂矿的装运工作也已经开始。6月5日，"凤浦"轮抵达大冶，装载器材958吨，于6月21日驶离大冶。"三兴"轮于7月7日抵达大冶，装载器材945吨，7月14日离冶。前来装运器材的木驳先后17批，共51艘，装运设备器材1324.5吨。其中2艘在黄石港上游的三峡洗渔洲被日机炸沉，损失器材48吨，其余器材或由"北平"等轮拖带，或驳船自行上溯，先后抵达宜昌。[4]

---

[1]　《萍乡矿务局志》（未刊稿），第16页；《汉冶萍公司志》，第184页。
[2]　《本会第21次谈话会》（1938年7月23日），载渝馆藏钢迁会，0182-2-225。
[3]　黄显淇：《迁建会运输工作回忆录》，载鄂档《汉冶萍》下册，第743页；黄振亚：《长江大撤运全景实录》，广东省出版集团、广东人民出版社，2013，第93页。注：黄先生所记钢迁会器材装船时间为5月25日。
[4]　《吴玉岚呈钢建会运输股函》（1938年9月），载鄂档《汉冶萍》下册，第740页；黄显淇：《迁建会运输工作回忆录》，载鄂档《汉冶萍》下册，第742页。

图7-2 武汉沦陷前迁往重庆的汉阳铁厂设备

到6月中旬，钢迁会待运物资已日益增多。6月14日，长联处函告钢迁会，对运输该会器材已做出具体安排："经本处设法配合，定以三兴、英平、凤浦、青浦、美德、裕平六轮长供贵会装载。其他各轮应俟军运及其他公物输送完毕再行加拨。"16日，汉口航政局局长王洸召集各轮船公司开会，讨论各航线船只配备事宜。其时停泊武汉的轮船120余艘，经航政局介绍参与运输的轮船51艘，驳船、帆船270余艘。在汉宜线参加钢迁会器材运输的船舶甚多，除招商、三北、民生等公司约10艘船舶外，一些停航的海轮，如"华顺"、"永亨"、"通成"、"永安"、"裕平"、"伏龙"、"凤浦"、"三兴"、"英平"、"清浦"等轮也加入抢运钢迁会器材的行列。尽管如此，船舶仍不敷所需。

钢迁会深感长联处运输速度太慢。6月17日杨继曾召开会议对此提出批评：从5月25日至6月17日的23天内，仅有"三兴"轮装了1500吨物资开往宜昌，而各能装载1500吨的"伏龙"、"凤浦"还在汉口码头装货。18日，钢迁会复函长联处：批评"三兴"、"英平"、"裕平"三轮航速太慢，要求增派"海瑞"、"海祥"、"新浦"三轮投入抢运。

在钢迁会的督促和长联处的协调下，西迁速度明显加快，但宜昌港向无码头设备，起卸货物均由木船驳运，对粗重货物则无法卸船转运。长联处的领衔单位招商局于是将汉口分局一、二、三号码头船拖往宜昌，在宜建起能够顺利起卸转运器材设备的码头。①

装载六河沟铁厂设备运川的船只由钢迁会运输股统一调配。招商局客轮负责装载六河沟铁厂的散装器材，如火砖、零件、材料。三北公司的"伏龙"、"凤浦"两轮则分装大件。②

据黄显淇回忆，钢迁会除先后派出"伏龙"、"长兴"、"新仁"、"江汉"4轮前往六河沟装载部分器材外，又以木驳10艘拖运至汉阳再装大轮上运，从六河沟铁厂共装运机件、火砖、锰矿3700吨。③

到8月间，应钢迁会要求，长联处改调"北平"、"铁狮"、"铁龙"等轮专航汉塔（塔市驿，下同）段，"利济"等轮专航塔宜段，另雇"义成"、"储亨"、"华通"等轮由武汉直航宜昌。

据与长联处接触最多的黄显淇评价，招商局副总经理、长联处主任沈仲毅等人"遇事开诚，并能尊重署、会两方之意见，听从本股调度，自始至终浃洽无间。汉宜运输虽困难重重，终能迎刃而解"。④

招商局在钢迁会器材西迁中扮演了重要角色。据档案记载，该局除大量抽调轮船参加长联处组织的运输外，还承担零星运输任务。"在汉口采购其他材料，则直接交付招商局运宜昌。"⑤

钢迁会在汉冶厂矿器材的西迁过程中克服了许多意想不到的困难。一是设法提高运输和装卸能力。钢迁会1938年7月18日调派副工程师魏子烺率路工、起重工等赶赴宜昌，敷设铁路，并派人协助装卸笨重器材；同时与长联处协商在计划外另行增加班轮9艘；同时以较平时略高的租金，在短期内雇得木驳200余艘，使运力紧张的局面得以缓解。二是解决笨重器材的装载难题。一些笨重器材，如钢炉等重件或其他爆炸危险品，不便装舱。钢迁会员工尝试用两艘木驳扎成一排，以枕木垫平舱底，从钢轨平铺其上，这样，稍大一点的船可装火车头一对或锅炉两只，另加10吨重的

---

① 《招商局史》（近代部分），第420页。
② 马彩佼：《拆迁六河沟铁厂100吨高炉入川重建经过》（1986年4月），载《抗战后方冶金工业史料》，第91~92页。
③ 《黄显淇回忆运输情况》（1939年12月），载《抗战后方冶金工业史料》，第71页；又载鄂档《汉冶萍》下册，第743页。
④ 鄂档《汉冶萍》下册，第742页。
⑤ 《器材迁运》（1938年），载渝馆藏钢迁会，0182-1-107。

器材一两件。装好重件的驳船可由小轮拖带，与大轮并行于大江。从此，重量15吨以上的器材："期于短期内运竣无遗。"①

据黄显淇回忆，汉阳铁厂原定拆运3万吨，6月份钢迁会又提出"能抢运1.3万吨为已足"，但抢运人员认识到："迁建会工作，关系抗战前途，不拼死奋斗即不克有成，多数员工胥能共喻斯旨，黾勉尽职。"到6月底，上运器材达1.2万余吨，7月底已达29221吨，10月22日以前更达56819吨，钢迁会主任杨继曾将此"誉为已臻运输最高峰，慰勉有加焉。"② 上述西迁器材中包括兵工署所属沪、宁、巩、株等厂、处、库的器材19567吨，另外还有一些大件和新进口的器材，上述器材共约3万吨，故汉厂上运的器材约为2.6万吨。

大冶厂矿方面抢运成功者为3250吨，"其剩余溢征之器材560吨，则不得不遵令实行销毁矣"。

六河沟铁厂的迁运工作从1938年5月开始，10月结束。先用民驳10艘将器材拖至汉阳，再装长联处派出的"伏龙"、"长兴"、"新仁"、"江汉"四轮上运，共装载机件约1400吨、火砖约2000吨、锰矿约300吨，共约3700吨。③

钢迁会还组织抢运上海钢铁厂的器材约1万余吨。

木船一度在西迁运输中起了重要的补充作用。随着西迁运输量的加大，轮船已远远不敷所需，钢迁会遂大量征用木船，从30多艘到80艘再到140艘。木船队配备有一定数量的拖轮，如"利济"、"北平"、"铁狮"、"铁龙"、"楚利"、"福泰"等，由武汉拖带木船到塔市驿，或在塔市驿再将木船拖至宜昌。1938年10月，"润泰"轮不顾敌机轰炸，顺利将木船拖进了宜昌。武汉失守前，钢迁会一批木驳装载3000吨货物驶抵塔市驿时，军方已在石首、调关一带布雷封江。黄显淇闻讯后当即部署：一只只木驳绕道内江，再用绞车绞出浅水河段，然后驶入长江继续西上，终于驶至郝穴，经沙市抵达宜昌，历时约2个月。

---

① 鄂档《汉冶萍》下册，第744页。
② 鄂档《汉冶萍》下册，第743页。
③ 以上汉冶厂矿及六河沟铁厂西迁情况均见鄂档《汉冶萍》下册，第743页；《抗战后方冶金工业史料》，第89页。

汉冶萍还有部分器材由湘江北上经长江运往宜昌。钢建会在岳阳存有材料1万吨，在株洲存有3100吨。杨继曾1938年6月中旬曾预作安排：株洲存料先由帆船或火车运往岳阳，再与岳阳库存材料一起由长联处派轮运往宜昌，务必40天运完。长联处为此调配"清浦"、"鸿贞"二轮专供兵工署直接指挥。"清浦"轮配备有可起重3吨的机械，从而满足了岳阳料库装运重件的需要。此后，岳阳、株洲库存的重件源源不断地由湘江北上经长江水路运往宜昌。

为了供应未来后方钢铁厂的需要，钢迁会8月以六河沟铁厂名义委托香港大陆商行购买火泥90吨、五金材料60吨，由兵工署填发调字第002号护照并由财政部饬海关免税验收放行，第二批购买帽钉4种，共1.5吨；第三批帽钉7.75吨。除第一批46吨已运汉口外，其余货物因"交通阻塞"，只能经由海防转运昆明。这批货物由西南公司"武昌"轮承运，1939年4月1日离港，水陆兼程，9日到达昆明。[①] 后辗转运来重庆。

1938年10月20日晨，黄显淇接到在后方勤务部船舶运输司令部万急代电：

> 特急。汉口迁建委员会鉴。密。现因加强水上防线，闻金口即将加以封锁，该会尚未运出之各厂机件及铁类，限于21日以前一律装妥离汉，万勿延误为要。
>
> 俞飞鹏
>
> 皓　酉
>
> （船管参印）

钢迁会接电后，立即派护运队队长胡震朋相继向武汉卫戍司令部等机关汇报，请求他们接管汉厂内外防务，均一律遭到拒绝。钢迁会只好临时招募小工百余人，连同钢迁会工人，将较重要的材料分装"凤浦"轮和铁趸、铁驳，并将一些来不及迁移的车辆，或推入江中，或拆毁其主要部件。留汉员工连同眷属600余人随时候命转移。

武汉已到了失守前的紧要关头。

杨继曾、黄显淇分别在宜昌、武汉现场指挥。10月23日即武汉失陷

[①] 根据渝馆藏钢迁会，0182-1-1776多份资料整理。

前两天，黄显淇与钢迁会职工一起匆忙登上"江顺"轮。此时"江顺"上的难民、乘客约达 7000 人，相当于平时的 10 倍。当该轮起锚西上时，黄显淇立即通过船上电台把未及发出的电报发给钢迁会宜昌办事处：

> 汉阳刻无驻军。（对）铁厂内外防务，卫戍、警备、县政府等拒绝接管。此间秩序混乱，包工头尹闻瞻昨晨狙毙。工人逃。长联处等今撤退，轮驳限今晚均离汉。职现仍督率本股及拖轮员工尽力工作，迄船离汉为止。留汉员工护送队分乘江顺、凤浦及清浦三轮赴宜。黄显淇叩①

在一派肃杀、悲壮而混乱的氛围中，钢迁会停止了在武汉的抢运。

（二）以民生等公司为主的川江抢运

国难当头，川江上最大的民营航运企业民生轮船公司挺身而出，1938 年初与兵工署签订运输合同，承担起了西迁运输的重任。据 1938 年 7 月统计，民生公司为钢迁会运输器材的轮船有"民本"、"民主"、"民权"、"民风"、"民贵"、"民康"、"民勤"、"民佑"、"民俭"等 9 艘，约占此时民生公司船舶数的一半。

为了满足钢迁会加快运输进度的要求，民生总公司于 1938 年 6 月 17 日函告万县公司："迁建会要求运输迅速起见，拟分段转运（即宜万、万渝），并有一部分器材在万囤存。该会已来函，决定照此办理，万处所需栈房、提驳小工等，希即积极准备，并选派专人办理，力求妥善。"由此足见民生公司对钢迁会器材西迁是十分重视的，对具体转运事宜也是十分细致的。

钢迁会抵宜后，时局更加紧张，长联处的"裕平"、"三兴"、"新浦"、"永亨"等轮一度搁浅，经运输股组织人员奋力营救方才脱险。而民生公司船只吨位有限，分配甚感困难。钢迁会囤存在宜昌的器材达 2.6 万吨，民生公司承运这些器材的是吨位较小的"民主"、"民康"等轮，"民元"、"民本"、"民风"等轮则相继停驶，而唯一有吊杆设备的"民俭"轮为避日机白天空袭，只能夜间装载器材。这些都会影响钢迁会器材的运输。钢迁会经长联处、民生公司和木船装运入川的器材只能囤存在川江一

---

① 渝馆藏钢迁会，转引自《长江大撤退》，湖北人民出版社，2006，第 101 页。

些站点。

据民生公司 1939 年 3 月 10 日之前对川江港站器材进行的调查，其情况详见表 7-1。

表 7-1　1939 年 3 月上旬川江各港站存货数量

单位：吨

囤存站点	兵工器材	迁厂器材	总　计
巴　东	775	1377.2	2154.5*
小青滩	767	1481	2248
巫　山	10802	300	11102
奉　节	2596.5	480	3076.5

* 此栏前两项数字相加应为 2152.2。
资料来源：长航民生档，船 85，转引自黄振亚《长江大撤退》，第 146 页。

上述各港所存器材绝大部分属于钢迁会。

钢迁会器材从 1938 年 5 月 24 日起从武汉向宜昌发运，据钢迁会统计，至 1939 年 3 月共达 37355.759 吨。1939 年 3 月上旬各港站囤存的器材数量见表 7-2。

表 7-2　1939 年 3 月上旬钢迁会器材囤存各港站数量

单位：吨

站　点	数　量	站　点	数　量
宜　昌	10898.214	巫　山	7414.879
三斗坪	618.16	奉　节	796.498
青　滩	413.574	万　县	7683.242
小青滩	973	重　庆	6660.292
巴　东	667.116	宜昌以下木船	94.244

注：（1）战争损失 1073.759 吨；（2）器材合计 37355.978 吨。
资料来源：渝馆藏钢迁会，转引自《长江大撤退》，第 146 页。

对川江各港囤存的钢迁会器材的数量，民生公司和钢迁会的统计数字有较大出入。

兵工署和钢迁会希望民生公司充当西迁运输的主角。在 1939 年 4 月

20 日召开的专题运输会议上，兵工署提出：囤存在三斗坪的 5600 吨和巫山约 9000 吨器材须在 6 月底运完，承担这一任务的分别是"民元"、"民俭"、"民本"、"民风""民俗"、"民贵"、"民权"共 7 艘民生公司轮船。①

由于资料缺乏，我们难以弄清民生公司承运钢迁会器材的具体数量。据黄振亚先生推断，到 1938 年 11 月底，民生公司为兵工署运出的存宜器材至多 2 万余吨②，其中为钢迁会承运的器材要少于这一数字。我们唯一可以肯定的是：包括民生轮船在内的多家公司的轮船和大量木船构成了钢迁会器材溯江西迁的一道独特景观。

（三）航运业对钢迁会西迁的贡献与牺牲

据钢迁会统计，从 1938 年初开始迁运，到 1939 年底告竣，由汉阳、汉口、谌家矶、大冶、岳州、监利、长沙、香港等处共迁运器材 56819 吨，其中专属钢迁会所有及未来煤铁两矿需用者 37252 吨（包括沿途失吉和被敌机炸毁者 2745 吨），其余近 2 万吨系兵工署所属各厂、处、库和相关厂所委托代运。这一统计与钢迁会运输股长黄显淇的回忆大体相符。另据钢迁会统计，当时在汉、岳、宜、渝等埠由钢迁会"征雇指挥利用之运输工具"，包括海轮 11 艘，江轮 27 艘，炮舰 2 艘，铁驳船 4 艘，拖船 17 艘，木驳船 218 只，柏木船 7000 只。

另外还陆续将器材交给汉宜、宜渝段的商轮承运。这些船驳将器材"由武汉西运抵达宜昌后，即卸存转载运川，当因时局紧张航运困难，沿途分囤三斗坪、庙河、巴东、巫山、奉节、万县、涪陵、九龙坡等地，经次第转运，始达大渡口厂地"。③

一支由 60 余艘新式轮驳和 7000 余条旧式木船组成的浩大船队，承载 5.6 万余吨器材设备，穿行在从中游武汉到川江重庆的千里航线上，一幅

---

① 《兵工署存三斗坪、巫山器材运输办法会议记录》（1939 年 4 月 20 日），载渝馆藏钢迁会，0182 - 1 - 1511。
② 《长江大撤退》，第 95 页。
③ 杨继曾：《撤迁汉、冶两厂经过》（1941 年 12 月），载渝馆藏钢迁会，转引自《抗战后方冶金工业史料》，第 67 页；《钢铁厂迁建委员会迁建概况》，载鄂档《汉冶萍》下册，第 741 页；《钢铁厂迁建委员会概略》（1941 年 11 月），载渝馆藏钢迁会，0182 - 9 - 2776。

何等壮阔恢宏的画卷！这是中国钢铁工人和海员船工在严酷的战争环境下抒写的英雄史诗，是他们将在抗战后方续写企业辉煌的前奏。

在敌机的狂轰滥炸下胜利完成运输 5.6 万余吨器材的壮举，得益于以钢迁会为代表的众多厂矿和以招商局领衔的长联处各航运企业的通力合作，民生、三北、华胜、永亨等多家公司均为此做出了贡献。

器材西迁要冒极大风险。"后方尤其是紧贴前方之器材运输，为敌机所最注目"。抢运期间，"浔埠以上相继沦陷，敌机逆江梭巡，滥施轰炸，轮驳遭其毒手者不可胜数"。① 敌机空袭造成钢迁会人员物资损失情况见表 7-3。

表 7-3 钢迁会 1938 年底前遭敌机空袭损失概况表

空袭时间	地点	死伤人数	机件损失情况	交通工具与建筑损失情况
4月29日	汉阳	炸死2人，伤6人	铁炉轧机等机件损失较重	路轨、岔道损失约7000元
7月19日	汉阳	死18人，伤40余人	铁炉机件损坏20件，动力机件损失3件，綦江铁矿所需材料损坏7件	路轨、岔道很多被毁，护运队等处房屋多震毁
8月6日	黄石港上游	—	动力、铁炉、运输三股机件损失约70吨	木驳2艘被炸沉
8月11日	汉阳鹦鹉洲	死2人，伤1人	南桐煤矿两座锅炉受损	木驳3艘受损
8月16日	汉阳	—	钢炉、轧机、运输三股5件机件受损	轧钢、钢锭、铁货、造砖、钩钉各厂建筑均严重受损，有1座建筑全部被炸燃烧
11月17日	宜昌	—	轧机股机件被炸数件	钢迁会在宜新建办公室全部焚毁
11月18日	宜昌	—	轧机股机件被炸数件	

---

① 鄂档：《汉冶萍》下册，第 742 页。

续表

空袭时间	地点	死伤人数	机件损失情况	交通工具与建筑损失情况
11月18日	宜昌	死1人	动力、轧机两股和綦江南桐两矿损失器材百余件,钢炉、铁炉两股的镁灰、火泥、火砖受损	铁路坝钢迁会办公室士兵宿舍、工人宿舍及材料库全被焚毁
11月20日	宜昌	—	动力股器材、铁炉股火砖被损毁	—
合计	前后遭空袭9次	死23人,伤50余人	黄石港上游、宜昌下铁路坝两次损失器材共210余吨	损失无法估计

资料来源:《钢铁厂迁建委员会在廿七年底以前迁被敌机空袭各项损失情形一览》,载渝馆藏钢迁会,0182-1-289。

对1938年11月17日、18日敌机轰炸宜昌,钢迁会档案中有更为详细的记载,详见表7-4。

表7-4 宜昌被炸损失器材概况表(1938年11月17日、18日)

单位:吨

股别	铁炉	动力	轧机	钢炉	运输	建筑	南桐铁矿	綦江煤矿	技术室	总计
损失重量	2.2	32.2	17.5	38.6	15.0	设备可用	11.2	32.3	0.1	149.1

注:档案中小数点原有3位数,现只保留一位。
资料来源:渝馆藏钢迁会,0182-1-282。

器材西迁最摄人心魄的一幕发生在湖北石首封江前后。武汉失守后,军事当局征集小轮20艘共1645吨,在石首江面塞江御敌。11月末,当钢迁会征雇的30艘小轮装载900吨器材拖抵观音州后准备重返营拖之际,"霹雳一声敌之舰艇若封豕长蛇,蹑蹑而至",这是西迁中"最大无可补价之损失"。①

石首封江后钢迁会船只绕道内河西迁。1938年11月末,石首封锁线下密布水雷,钢迁会5艘小火轮和80只木驳均被阻拦在封锁线下。钢

---

① 《抗战后方冶金工业史料》,第72页。

迁会多次与军事当局交涉，毫无成效，且沿江小火轮、渔船、柴油船时有触电炸爆者，局势十分严峻。装载六河沟炼铁炉和汉厂配件的木驳必须尽快上运。经磋商，军方允许这批木驳由海关第 20 号标杆处驶入内河，拉纤绕越封锁线。弓堤内河水急滩凶，水深不及小腿，故木驳先后搁浅。

此时四川已告铁荒，最高当局限令短期内先行建造小型化铁炉 1 座，以应急需。经军方允许，"铁狮"小轮奋勇当先，于 1939 年 1 月底 2 月初率先闯过雷区，试探航路获得成功。各轮也拖带 75 艘木驳依次通过封锁线。从 3 月 5 日至 18 日，钢迁会小轮除拖带该会驳轮外，还奉命代拖第 21 厂重驳 1 艘、湖北建设造纸机件木驳 2 艘。

刚刚越过石首封锁线，装载有大量器材的船只"竟被阻拦于藕池口封锁线以下"，钢迁会经与军方交涉被允许通行，其 80 艘轮驳装载 3000 吨器材，"经多数得力员工详加探查，冒死上行，竟将封锁线通过安达宜昌"。[①]

木船在为钢迁会器材西迁运输做出贡献的同时，自身也付出了沉重代价。钢迁会所属柏木船分兵工署划拨和自雇两部分：自雇者 148 艘，安全直航抵达者 124 艘，中途失事者 17 艘；兵工署划拨者 228 艘，安全直航抵达者 67 艘，失事者 110 艘，淹滞途中者 51 艘。[②]

第二节　重庆大渡口重建设新厂

成立钢迁会的目的，一是将汉、冶等厂矿设备迁入后方建设新的钢铁厂；二是在川南桐梓一带开采煤矿，在綦江开采铁矿，以保证钢铁厂所需原料、燃料的供应。钢迁会在极端困难的战争环境下出色完成了这一艰巨任务，为保证抗日战争对钢铁的需求和大西南冶金工业体系建设作出了巨大贡献。

---

① 《抗战后方冶金工业史料》，第 75~76 页；《本会迁建概况》（1943 年 3 月），见渝馆藏钢迁会，0182-4-3。
② 《抗战后方冶金工业史料》，第 77 页；《钢铁厂迁建委员会迁建概况》（1943 年 3 月 1 日），载鄂档《汉冶萍》下册，第 741 页。

一 选址大渡口重建铁厂

钢迁会的首要任务是在后方选择厂址，以便器材迁运到重庆后立即着手进行新厂建设。1938年3月26日，钢迁会委派委员严恩棫、运输股长黄显淇至重庆，在长江、綦江两岸调查选址。

最初有人建议：在綦江县三江镇（即三溪镇）附近设厂，这里位于綦江与蒲河交汇处，离煤铁两矿较近，便于原料的供应。但这一带煤炭含硫过高，不能单独炼制合乎炼铁要求的焦炭，必须与嘉陵江沿岸的侏罗纪薄层良煤搭配才能炼焦，且南桐煤挥发性较低而胶性强，不适合炼钢煤气发生炉之用，势须采用犍为的黄丹烟煤和江北的龙王洞煤。钢迁会认为："若设厂于三溪，则此种必须配用之煤逆流运上，殊觉不便"；同时钢迁会许多设备重达3.5～25吨，铁厂必须拥有深水码头和配备拥有起重设备的趸船，但三溪没有这些设备，且綦江水浅滩多，又有二处石滩，异常险阻，平常的货物运输已极为困难，钢铁厂所用的笨重机器更"一时无法运达"。① 钢迁会放弃了设厂三溪的方案。

为使厂址选择更具合理性，钢迁会4月27日提出了选择厂址三原则：一是为运输方便和建厂迅速，须在长江沿岸；二是必要时拟借用重庆市之电力，离城不宜太远；三是厂区至少需1000亩平地，为解决供水困难，离供水位不宜过高。当天，钢迁会委派工程师李仲强组织测量队入川勘察。从4月27日至5月17日，李仲强等对重庆附近的九龙坡、大渡口、茄子溪、冬笋坝、黑石碑（南岸）5处进行了调查。钢迁会主要考虑交通因素，1938年5月21日初步确定大渡口镇为新厂厂址。②

大渡口时属巴县，距重庆20公里。大渡口之所以被确定为新厂址，是由于其具有以下优势：

(1) 笨重机件可从宜昌直接运达；

---

① 《钢铁厂迁建委员会沿革》（1946年），渝馆藏钢迁会，0182-1-75；《钢铁厂迁建设委员会概略》（1941年11月），渝馆藏钢迁会，0182-9-2776。
② 岳庆主编《重钢历史上的今天》，第55～56页；《重钢志》（1938～1985年），1987，第13～14页。

（2）炼铁需要的烟煤可经嘉陵江、綦江及长江上游各埠运达；

（3）离厂不远的重庆为四川工商业中心，故各种工程材料的供应和产品的运销都颇为便利；

（4）计划修建的成渝铁路近在厂外，接轨至便，将来产品可由铁路运往西南各省；

（5）其地势高出洪水位 10 米以上，无被淹没之虞；

（6）钢迁会主管机关就在重庆，便于监督指导。

大渡口作为厂址也有缺点：一是綦江及其支流难以满足铁矿和部分煤矿的运输需要；二是厂址内地形不够平坦，势必增加建设费用。①

钢迁会征用土地 3336 亩（包括原兵工署第三工厂用地），大渡口铁厂建设拉开了帷幕。兵工署原打算聘请瑞士人立利霍担任总工程师，他担心在中国停留时间较长，须将家眷接来重庆，但一离开中国，沿海即被日军封锁，他未能再回重庆。钢迁会遂任命翁德銮为总工程师。②

1938 年 7 月 5 日，铁厂临时办公室和单身宿舍——晴川阁开始兴建，这是大渡口铁厂动工兴建的第一栋建筑。随后，南桐煤矿筹备处人员入川工作。8 月，钢迁会正式决定在大渡口设厂。为解决綦江及其流通过能力不足的难题，钢迁会邀请导淮委员会对綦江进行整治，使其日通过能力达到 500 吨，可初步满足大渡口铁厂的原料运输需要。

二 管理机构的不断完善

钢迁会的管理机构日臻完善。1938 年 6 月该会设技术室、会计室和总务、铁炉、钢炉、轧机、动力、建筑、运输、水道 8 股以及綦江、南桐两矿筹备处，详见图 7-3。

到 1939 年 9 月，钢迁会增设直辖的水道运输管理筹备处，同时奉命于 1940 年 1 月 1 日将毗邻的兵工署第三工厂予以归并，成为抗战时期后方规模最大的钢铁联合企业。委员会下设办公厅、工务处、建筑工程处、会计

---

① 《厂址勘定》（1938 年），载《抗战后方冶金工业史料》，第 65 页。
② 刘刚回忆《建设大渡口钢铁厂》（1985 年），载《抗战后方冶金工业史料》，第 88 页。

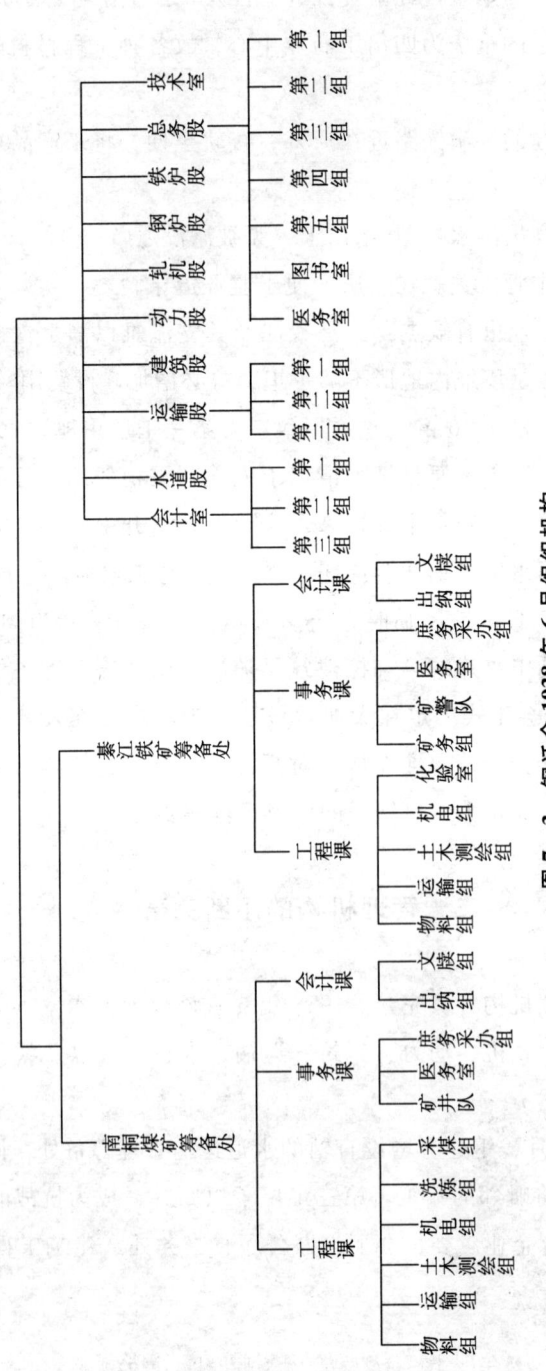

图 7-3 钢迁会 1938 年 6 月组织机构

资料来源：渝馆藏钢迁会，见《抗战后方冶金工业史料》，第 80 页。

处、购料委员会、职工福利处及各制造所等。同时在江津县所属的江口镇附设采石场，以便供应钢迁会各厂矿建设和冶炼所需的大量石灰石。1940年3月，煤铁两矿和水道运输管理处正式成立，原筹备处撤销。1941年3月在綦江蒲河增设大建分厂筹备处，以便就近利用煤铁原（燃）料。1942年1月1日，钢迁会调整和完善原有体制，将原有的厅、会等职能机关悉改为处，共设秘书处、总工程师办公处、工务处、建筑工程处、购置处、会计处、职工福利处和7个制造所及运输所。3月1日设立煤铁两矿联络铁路工程处，主要负责修筑南桐煤矿和綦江铁矿之间的轻便铁路工程。3月16日成立新厂建设工程处，以便积极筹建新厂。后钢迁会在贵州遵义发现储量甚丰的锰矿，遂于1942年12月份成立锰矿筹备处。① 至此，钢迁会管理体制已大体完备。

《钢铁厂迁建委员会暂行组织条例》也随之颁布，除规定设立上述处级机关外，同时对各处职责做出了具体、详尽的规定，并对钢迁会附属单位的设立及其职能作出规定。②

钢迁会针对战线长、厂矿和人员分散的特点，于1944年4月26日公布施行《本会人事集中管理办法》。从7月10日起，钢迁会各管理单位实行联合办公，借以提高工作效率。③

钢迁会下设第一、二、三、四、五、六、七所和运输所，其下属机构包括南桐煤矿、綦江铁矿、綦江水道运输管理处、大建分厂筹备处、煤铁两矿联络铁路工程处、新厂建设工程处、锰矿筹备处、綦江铁路局等。④ 1942年钢迁会组织系统见图7-4。

此后，钢迁会组织机构随着形势的变化而不断变更。1943年4月，新厂建设工程处暂行停办。10月，钢迁会因"各项建筑告一段落，无需专设机构"，因此撤销建筑工程处，未了事宜归并于福利处。⑤ 这一局面一直维持到抗战胜利之后。1945年钢迁会及其直属机关主管人员名录见表7-5。

---

① 《本会成立五周年纪念日告同人书》，载渝馆藏钢迁会，0182-4-3。
② 《钢铁厂迁建委员会暂行组织条例》，载渝馆藏钢迁会，0182-4-16。
③ 《钢迁会第429通报附件》，载渝馆藏钢迁会，0182-9-823。
④ 《钢铁厂迁建委员会沿革概况》（1942年），载渝馆藏钢迁会，0182-1-75；《钢铁厂迁建委员会沿革概况》（1942年），载《抗战后方冶金工业史料》，第78~79页。
⑤ 《钢铁厂迁建委员会沿革》（1946年），载渝馆藏钢迁会，0182-1-75。

468 | 汉冶萍公司史

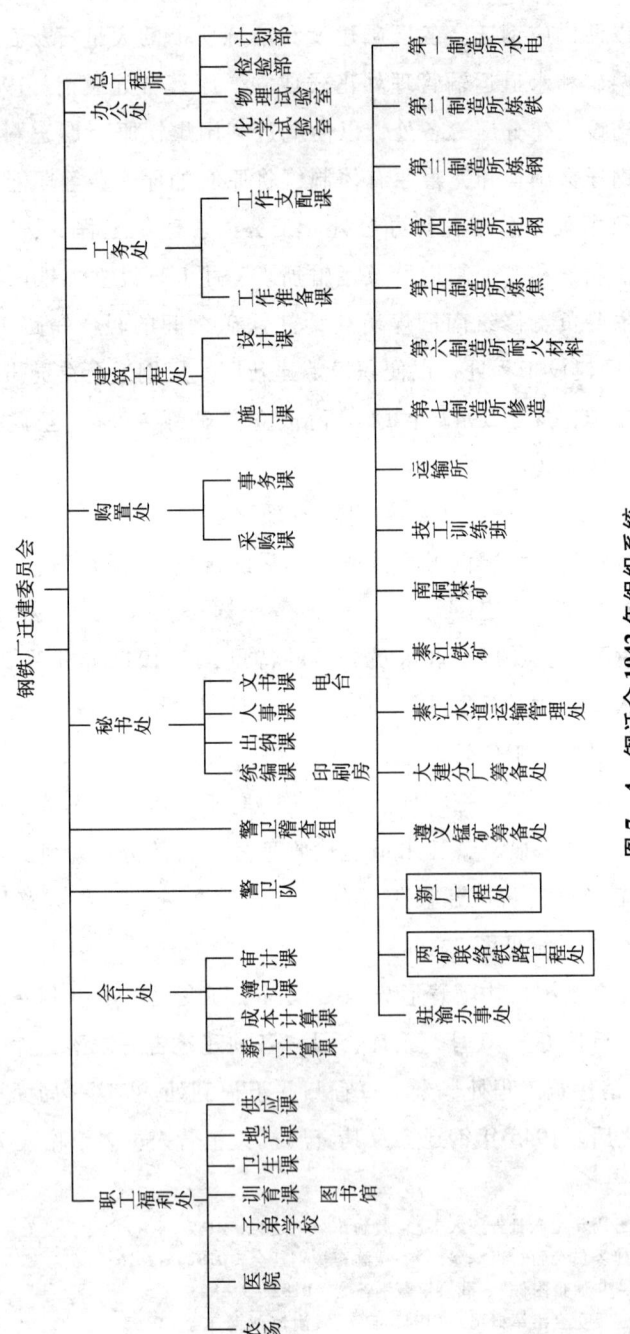

图 7-4　钢迁会 1942 年组织系统

说明：加框的为临时性组织。

资料来源：渝馆藏钢迁会 18 卷，载《抗战后方冶金工业史料》，第 81 页。

表 7-5 钢迁会主管人员名录（1945 年 9 月 1 日）

部 别	职 别	姓 名	别 号	性别	籍贯	出 身	重要经历
委员室	主任委员	杨继曾	君 毅	男	安徽怀宁	德国柏林大学毕业	兵工署副署长
	副主任委员	鲁循然		男	河南新野	德国富爱北格矿冶大学毕业	綦江铁矿矿长
秘书处	主任秘书	梁 强	锐 仲	男	浙江绍兴	日本京都帝国大学土木工科工学士	兵工专门学校校长及兵工研究委员
福利处	处 长	童致诚	志 言	男	江苏宜兴	法国南锡大学化学工程博士	本署第二十军机总库库长
会计处	处 长	杨君雅	颂 南	男	江苏无锡	复旦大学商学院会计系毕业	军政部兵工署制造司专员
购置处	处 长	李仲强	云 衢	男	浙江绍兴	国立北京大学工科采矿冶金系毕业	西安市工程处处长
工务处	处 长	孟宪厅		男	河南舞阳	国立同济大学机械科毕业	兵工署制造司聘任工程师兼厂科科长
总工程师办公室	兼总工程师	翁德銮	耀 民	男	广东顺德	英国苏格兰格拉斯哥大学机械科毕业	大冶钢铁厂工程股长
第一制造所	所 长	陈 东	文 甫	男	江苏上海	南洋大学电机科毕业	首都电厂工程师兼发电厂主任
第二制造所	所 长	陈 洽	礼 百	男	江苏	日本东京高等工艺学校	兵工署第十一工厂工程师
第三制造所	所 长	周自定		男	山东单县	唐山工程学院采矿系毕业	中央研究院技术员、大建分厂工程师
第四制造所	所 长	徐纪泽	波 沐	男	江苏海门	交通大学机电科毕业	汉冶萍大冶钢铁厂机械工程师
第五制造所	所 长	孙祥鹏		男	浙江绍兴	德国柏林工业大学特许工程师	柏林煤汽厂实习工程师
第七制造所	所 长	陆芙塘		男	江苏宜兴	交通大学	南通天生巷电厂工程师
运输所	所 长	韩兆琦		男	河北丰润	唐山交通大学机械科毕业	杭江铁路机械工程师

资料来源：渝馆藏钢迁会 18 卷，载《抗战后方冶金工业史料》，第 85 页。

三　钢迁会主体工程施工

（一）第一所的建设

钢迁会的建设和生产主要是围绕七所和两矿展开的。投资概算为1000万元，各项工程分发给相关公司承包。

钢迁会下属7个制造所全部集中在大渡口厂区。后在大渡口建立第八所，又称运输所。

第一制造所即交流发电机厂。其发电设备主要包括从汉阳铁厂和大冶铁厂撤迁来的4台400千瓦交流发电机、200多只大小不等的直流马达、2台1500千瓦透平发电机、7座锅炉、30余只交流高低压大小马达。[1] 第一所以供应全厂水、电为主要业务。

钢迁会1939年春先行建造临时直流发电厂，内装有400千瓦和200千瓦直流发电机各1台，锅炉3座，提供鼓风机、造砖及其他动力用电之需，这一工程1939年5月动工，年底完成。1940年3月正式发电。[2]

为防空袭和保证供电，第一所分设两处直流供电站：一在江边设有400千瓦220～440伏交直流变流机一座及其附属设施；二在钢厂和钢轨钢板厂之间设有400千瓦220～440伏交直流变流机2座及其附属设施。[3]

交流发电机厂房土石方工程于1939年3月1日开工。接着，凉水池、沉淀池和500立方米水塔、打水机等相继施工。到1941年7月，2台1500千瓦交流发电机安装发电，从而保证了各项工程建设的用电需要。水塔等设施除供给炼炉运转所需凉水外，也成为全厂一切用水的来源。[4]

---

[1]《钢铁厂迁建委员会业务报告》，载渝馆藏钢迁会，0182-4-3；《钢铁厂迁建委员会概略》（1941年11月），渝馆藏钢迁会，0182-9-2776。

[2]《第一所实施报告》（1941年），载渝馆藏钢迁会8卷，转引自《抗战后方冶金工业史料》，第108页；《钢铁厂迁建委员会业务报告》，载渝馆藏钢迁会，0182-4-3。

[3]《钢铁厂迁建委员会第一制造所报告》（1943年2月16日），载渝馆藏钢迁会，0182-9-819。

[4]《本会成立五周年纪念日告同人书》，载渝馆藏钢迁会，0182-4-3；《抗战后方冶金工业史料》，第108页。

(二) 第二所的建设

第二制造所负责冶炼生铁。钢迁会原拟将汉阳铁厂 250 吨高炉拆迁到大渡口重建，但因无法保证原料供应，改为建造 100 吨高炉。这座高炉原购自六河沟铁厂，其设备残缺或不足者，由该厂另购补充。热风炉的火砖已使用几十年，此次拆迁经长途转运起卸，造成大部分火砖破碎。第二所除利用汉厂存砖补充外，缺额最大的铬砖由该会第六所制造。

100 吨高炉土石方工程从 1938 年 10 月开始，至 1939 年春竣工。混凝土底部工程从 1939 年春开始，至 5 月完工。高炉安装工程因铁件使用时间过久，经长途转运起卸损坏残缺之处甚多，修配工程量较大，故交给新中营造公司承包，从 1939 年底开始安装，12 月底完工。包括炼炉、热风炉在内的全部火砖砌筑工程全部交给祥泰公司承包，1939 年 12 月动工，1941 年 5 月全部完工。改建后的 100 吨高炉设备上有所改进，扩大了除尘器，并用 4 座 10 吨锅炉代替了原来的 6 座 4 吨高炉。[①]

由于大型高炉改建周期较长，"殊难在短期内实现冶炼"，钢迁会临时决定先行加建 20 吨高炉，以备急需。在成渝铁路路基旁斜坡下选择了一块占地 2400 平方米的地方作为该炉厂基，从 1938 年 12 月招商承包挖掘，至 1939 年 3 月告竣。20 吨高炉 1940 年 3 月 2 日首次开炼，1941 年 1 月 2 日停炼，共产铁 2977.1 吨。同年 3 月 22 日第二次开炼，11 月 20 日再次停炼，其间产铁 1774.3 吨，"两次冶炼期间，皆因空袭频繁，以致产量及品质均受莫大影响"。[②]

(三) 第三所的建设

第三制造所负责炼钢和铸造。钢迁会原打算迁川后建设 30 吨平炉 3 座，每天产钢 200 吨，为此在汉阳铁厂拆卸 30 吨平炉 4 座，其中 1 座备

[①] 《第二制造所业务报告》（1942 年），载渝馆藏钢迁会 449 卷；马彩佼：《拆迁六河沟铁厂 100 高炉入川重建经过》（1986 年），分别载《抗战后方冶金工业史料》，第 89～90、92 页。

[②] 《20 吨炼炉建造情形》，载渝馆藏钢迁会 449 卷，转引自《抗战后方冶金工业史料》，第 90～91 页；《钢铁厂迁建委员会业务报告》，载渝馆藏钢迁会，0182 - 4 - 3。

用；同时拆卸煤气炉、清灰炉各6座、白云石炉3座及盛钢桶、钢锭模、钢锭车等设备。汉厂的镁砖、铬砖、矽砖、镁石、云石及制砖机亦迁运回川。详见表7-6。

表7-6 由汉运输器材统计

单位：吨

类别	名称	在汉交运吨位	到渝实收吨位	相差吨位	附注
机件	平炉机件	701.454	686.711	14.743	
	煤气炉机件	296.225	286.268	9.957	
	砖厂机件	184.810	不明	不明	此项拆交六所接收
	杂件	405.572	392.737	12.835	
	合计	1588.061	1365.716	37.535	
砖	镁砖	54.560	51.428	3.132	
	铬砖	792.050	589.407	202.643	
	矽砖	1061.830	730.334	331.496	
	火管砖	35.460	35.460	0	
	合计	1943.900	1406.629	537.271	
矿	锰矿	59.710	56.710	0	
	镁矿	400.000	327.820	72.180	
	镁灰	155.960	119.941	36.019	
	铬灰	209.760	152.882	56.878	
	火泥	28.800	8.892	19.908	
	合计	854.230	669.245	184.985	
总计		4386.191	3441.590	759.791	

资料来源：《抗战后方冶金工业史料》，第96页。

第三所铸钢厂厂房系钢筋水泥建筑，由建筑工程师招商营造，1939年3月份开工，因延至1942年2月方告竣工，致使建炉工程也顺延至同年3月动工。

第三所原拟建设3座30吨平炉，后因运输、原料、设备各种因素影响而难以实现，故临时改变计划，建设10吨碱性平炉2座、3.5吨贝色麻炉、1.5吨电炉和3吨电炉各1座。又兴建4.5吨熔铁炉4座，烘模炉和退火炉各 1 座。以供铸造钢铁与合金之用。上述炉座到 1942 年 10 月还有 3 座未完工。①

第一座 10 吨平炉在严恩棫指导下由刘刚、王之玺等设计，由第三所所长何维华组织建设，在建设中严恩棫等对原设计作了重大修改，被列为一号平炉，刘刚等设计的另一座平炉被列为二号平炉。②

一号平炉 1942 年 6 月 10 日完工，14 日开始以白煤在炉门各处徐徐烘烧，7 月 6 日通煤气燃烧，情况良好，6 日下午进生铁 3 吨洗炉，7 月 7 日正式开炉出钢。1.5 吨电炉原系江南造船厂废置未用的旧物，1939 年由钢迁会接管，其建造工程由工程师陈鱼玄主持，1941 年 11 月完成，11 月 9 日开炉。3 吨电炉系第三兵工厂抗战前一年在沪订购，经多次易手，1942 年由兵工署拨交钢迁会，建造工程由工程师叶文龙主持，10 月 18 日开炉炼钢。铸造部的 4.5 吨和 1.5 吨熔铁炉分别于 1942 年 4 月 8 日和 9 月 10 日开炉。瑞典籍工程师李傅士 11 月主持冶炼后，提出新的方案，"冶炼经过两月，而钢锭之磷含量反而增高，浇钢铸件亦多废品，较诸本所吨半电炉冶炼成绩似觉逊色"。③

（四）第四所的建设

第四制造所分为钢条厂、钢轨钢板厂、钩钉厂三部分，而以轧钢为主要业务。

钢条厂机器拆自汉阳铁厂，据说是光绪年间张之洞从英国购买，经多年使用，早已锈烂不堪，零件散失不全，迁运过程中在巴东沉失了重约 18 吨的 400 马力大飞轮。1938 年秋，钢条厂厂基土石方工程动工，虽于 1940 年遭敌机轰炸，但房厂仍于 1941 年夏完工。轧钢条机所缺的蒸汽机大飞轮由第 24 兵工厂协助翻铸，费工 10 余个月始得修竣，钢迁会完成配装，同年底安装完成，1942 年 5 月起开工生产。由于缺乏燃煤等原因，钢条厂

---

① 何维华：《第三制造所业务报告》（1943 年 4 月），载《抗战后方冶金工业史料》，第 95~97 页。
② 何维华：《钢迁会第一号平炉设计经过》（1943 年），载渝馆藏钢迁会 10 卷，转引自《抗战后方冶金工业史料》，第 531~532 页。
③ 何维华：《第三制造所业务报告》（1943 年 4 月），载《抗战后方金工业史料》，第 97~99 页；《钢铁厂迁建委员会业务报告》，载渝馆藏钢迁会，0182-4-3。

1942年产量仅950吨，1943年也只有2250吨。①

该厂主要设备为500毫米和380毫米轧钢机各两对，320毫米轧钢机4对。在汉时，500毫米轧钢机由600马力蒸汽机带动，380毫米、320毫米轧钢机由400马力蒸汽机带动。600马力蒸汽机因已锈烂，故未拆运。入川后只能以400马力蒸汽机两边调用。该厂还有锅炉、烘钢炉、鼓风机、轧辊车床、六尺车床、刨床等设备。生产能力每月300~350吨。②

钢轨钢板厂的机器也拆自汉厂。在汉时原系钢轨钢材厂和钢板厂分开安装。钢轨钢材厂的动力，包括已经陈旧的6400马力蒸汽机和比较新式的13200马力三缸蒸汽机。后者因汽缸已裂，故只将6400马力蒸汽机运出。而钢板厂原系8000马力蒸汽机拖动。此机系光绪末年添置，较为新式，但因35吨主轴在运输途中遗失等原因，无法安装，故只能将两厂合并，并命名为钢轨钢板厂。③

图7-5　8000马力蒸汽机记（张兵摄）

该厂原计划置于钢条厂旁，后因1939~1940年连遭日机轰炸，故选址于大渡口黄家湾。1941年春土石方工程动工，1942年底完成，由于重庆电

---

①《本会成立五周年纪念日告同人书》，载渝馆藏钢迁会，0182-4-3；《第四制造所业务报告》（1946年），载渝馆藏钢迁会197卷，转引自《抗战后方冶金工业史料》，第102页。
②《重钢志》（内部发行），第14~15页。
③《第四制造所业务报告》（1946年），载渝馆藏钢迁会197卷，转引自《抗战后方冶金工业史料》，第102~103页。

力、水泥供应不足，工程一度中断。1942年夏，开始用水泥浇注主要机器的底部，次要机器的底脚仍用青石砌成。1943年11月开始安装机器。因机器已锈烂不堪，钢迁会只好设法添置。工程于1944年9月中旬完工试车，10月正式生产钢板。①

钩钉厂是为第四所修理、制造道钉、螺丝钉、螺丝帽、铆钉等零件的工厂，大部分机件拆自汉阳铁厂钩钉厂。1938年底曾暂借磁器口第24兵工厂之地自建临时工场，1939年2月正式投产。1942年钩钉厂厂房完工，即开始安装机器。因铆钉、螺钉销路不广，1943年开始专制各轻轨铁路的道钉和螺钉，当年产量44吨，以后产量也不高。②

（五）第五所的建设

钢迁会1941年5月5日奉命成立炼焦研究室，创办经费100万元，厂址定在观文岩。首先安装新式洗煤机，将煤矿所出的含硫较高的原煤洗成合乎冶铁用焦要求的煤，"结果尚称满意"。③ 随即开始设计炼焦机、副产品吸收装置，并进行全厂布置。1942年1月奉命改炼焦研究室为第五制造所，划拨建设费350万元。第五所的器材非迁运而来，而是重新建造，这在抗战期间"并非易事"。④

工程常受敌机空袭侵扰。1941年1月，洗煤机在20吨高炉沉淀池旁开始施工，至8月中旬大致完工，同年9月1日突被敌机全部炸毁，后奉命重造，1942年4月竣工。6月开始测量厂基，其余工程逐步完成。1943年因无空袭，工程进展较为迅速。同年洗煤机迁到观文岩内。2月末，全厂各部装备大体装竣，3月烘炉试机，4月可产焦炭。⑤ 1944年5月22日，该所正式装炉炼焦。

---

① 《第四制造所业务报告》（1946年），载渝馆藏钢迁会197卷，转引自《抗战后方冶金工业史料》，第103页。注：此页中"32年9月中旬"系"33年9月中旬"之误。
② 《第四制造所业务报告》（1946年），载渝馆藏钢迁会197卷，转引自《抗战后方冶金工业史料》，第103~104页。
③ 《本会成立五周年纪念日告同人书》，载渝馆藏钢迁会，0182-4-3。
④ 《第五制造所创办的经过》（1943年），载渝馆藏钢迁会449卷，转引自《抗战后方冶金工业史料》，第104~105页。
⑤ 《第五制造所创办的经过》（1943年），载渝馆藏钢迁会449卷，转引自《抗战后方冶金工业史料》，第105页。

（六）第六所的建设

该所负责制造耐火材料，分烘泥、熟料、磨细、分节、配料、制坯、烧砖等部门，主要设备有烘泥房、熟料窑、碎石机、磨机、节机、配料房、干湿和料机、自动装砖机、烘坯房、圆窑、试验窑等。上述设备均于 1940 年春完工，5 月开始生产，每天可产火砖 10 吨。炼钢炉需要的矽砖也已试验成功。该所生产耐火材料（硅砖）、火砖为蒸汽锅炉、炼铁炉、高白式热风炉和炼钢炉所用，而利用炉渣生产水泥也已告成。该所还制造陶器，"供化学工业及电料之用"。[1]

（七）第七所的建设

第七制造所原上海炼钢厂的一部分，1937 年迁汉，改称第三工厂，1938 年 3 月自汉西迁，1939 年 6 月在大渡口动工重建，1940 年 1 月奉命正式与钢迁会合并，改为第七制造所，"专司机件之修配及机器与工兵器材等之制造"。[2]

第七所分铸造部、机修部、锻造部。每年生产的兵工器材、挫刀、洋钉、工具机、门钉、图钉、书钉、木螺丝及修造品总值约 3600 万元。主要设备有小型熔铁炉 3 座，大小汽锤 3 部，加热炉 65 座，车、钻、刨、铣等机床 130 余台，凿锉机 4 台，制钉机 2 部。1939 年已开工生产，后逐步分设制胚、木工、锻工、铆工、车工、机工、钳工、装配、工具、制钉、五金、杂工等 12 部。

（八）运输所的建设

运输所又称第八所，分厂外运输课和厂内运输课。厂外运输课负责运输由江口至大渡口（计 50 千米）和由重庆至大渡口的物资，江口至大渡

---

[1]《第六制造所工务报告》(1940 年)，载渝馆藏钢迁会 29 厂 1149 卷，转引自《抗战后方冶金工业史料》，第 106~107 页；《本会成立五周年纪念日告同人书》，载渝馆藏钢迁会，0182-4-3。

[2]《第七制造所概略》(1942 年)，载渝馆藏钢迁会 8 卷，转引自《抗战后方冶金工业史料》，第 107 页。

口段主要承运煤铁两矿产品和江口出产的石子，大渡口至重庆段运输外购和拨借的各种器材。厂内运输课则负责办理厂区内材料的起卸移置。运输所设备有：小火轮 4 艘，载重量共约 182 吨；木船 58 只，载重量共约 1851 吨；铁驳 7 艘，载重量共约 2200 吨；吊车 5 部，起重量约 2～14 吨；各种车辆（包括机车、高边车、平车、低边车）共 33 辆；跳船 5 艘；木趸船 1 艘，码头 6 处。铁路已敷设到各主要厂所。运输工人厂内课、厂外课分别为 1000 余名和 500 余名。每月平均运量厂外约 5000 吨，厂内约 2000 吨。①

此外，钢迁会为保证产品质量，在总工程师办公处下设立检验部和化学实验室、物理实验室，配有各种检测仪器，以便分析和试验各种原料、产品的化学成分、性质。②

为了减少因敌机轰炸造成的损失，钢迁会各制造所的重要建筑，如 100 吨高炉、20 吨高炉、交流发电厂、铸钢厂、钢条厂、火砖厂的厂房与烟囱等都进行了大规模伪装，"以免显露目标"。厂内还开凿山洞 18 处，作为员工避难和储存重要器材之用。③

四 綦江南桐两矿的发展

（一）西南煤铁矿资源概况

钢铁业的发展需要储量可观的煤铁矿来支撑。

抗战时期，中国大片国土已经沦丧，东北和长江中游储量丰富的煤铁矿已被日军所占，中国对外贸易通道也大都被日军切断，根本不可能从沦陷区或国外获得煤铁矿的供应，只能在西南诸省寻找煤铁矿资源。

根据资源委员会战时勘测，四川、西康、云南、贵州四省都发现了储量不等的铁矿，总储量最少在 1.7 亿吨以上，详见表 7-7。

---

① 《钢迁会运输报告》（1943 年），载渝馆藏钢迁会 8 卷，转引自《抗战后方冶金工业史料》，第 108～109 页。
② 《本会成立五周年纪念日告同人书》，载渝馆藏钢迁会，0182-4-3。
③ 《钢铁厂迁建委员会概略》（1941 年 11 月），载渝馆藏钢迁会，0182-9-2776。

表7-7 西南诸省战时铁矿资源概况

单位：万吨

省别	县别	产地	最低储量	最高储量	矿床种类
四川	綦江	土台等地	470.0	1324.2	水　成
	涪陵	铁匠沟	199.4	250.6	水　成
	洪雅	龙福荡	—	174.0	水　成
	洪雅	炳灵祠	25.0	234.0	水　成
	威远	连界场	50.0	200.0	层状或结核状
	雷波	文水镇一带	—	10059.58（？）	浅水沉积
	广元	大浪会	100.0	—	水　成
西康	冕宁	泸沽	493.0	2217.6	接　触
	会理	毛姑坝	190.0	400.0	热　液
	会理	白花树	14.0	250.0	冷水充填
	荣经	大小矿山	88.2	875.0	水　成
	盐边	攀枝花	—	1000.0	岩浆分泌
	道孚	菜子沟	90.0	161.91	热液交付
云南	易门	军哨等区	105.0	289.025	水成变质
	峨山	山后厂、上厂	248.0	835.1	次　生
贵州	水城	观音山	2315.2532	10000.0	水成次生
	威宁	铁矿山	240.0	1200.0	岩浆胎凝
	平越	三岔土	240.0	320.0	风化残余
	遵义	仙人岩	500.0	—	豆状结核
	道真	丁石坝	400.0	—	水　成

资料来源：《资源委员会季刊》卷4第4期，第2~3页。

这些铁矿大都为赤铁矿，矿石含铁成分在50%左右，其余为磁铁矿或褐铁矿，含铁成分60%~70%，个别为含铁较低的菱铁矿。这些铁矿中硫、磷、二氧化矽等有害成分含量不等。总的来说，这些铁矿大都具有一定的开采价值。详见表7-8。

表7-8 西南诸铁矿化学成分

单位：%

矿　地	矿　种	铁	硫	磷	二氧化矽
綦　江	赤铁矿	50.09	0.09	0.33	16.55
涪　陵	赤铁矿	53.87	0.08	0.13	6.786

续表

矿　　地	矿　　种	铁	硫	磷	二氧化矽
洪雅龙福荡	赤铁矿	55.04	无	0.05	0.22
洪雅炳灵祠	赤铁矿菱铁矿	57.31	无	痕迹（?）	11.72
威　　远	菱铁矿	38.38	0.39	0.58	10.72
雷　　波	赤铁矿	47.46	2.28	0.27	25.03
广　　元	赤铁矿	28.13	痕迹（?）	1.01	14.01
冕　　宁	磁铁矿	65.88	痕迹（?）	0.05	4.90
会理毛姑坝	磁铁矿	71.74	痕迹（?）	0.01	0.45
会理白花树	褐铁矿	67.25	无	0.29	1.52
荣　　经	赤铁矿	46.86	无	0.34	3.40
盐　　边	磁铁矿	优劣不一	—	—	—
道　　孚	磁铁矿	70%以上	—	—	—
易　　门	磁铁矿	67.03	—	—	—
峨　　山	褐铁矿	52.33	—	—	—
水　　城	褐铁矿	58.67	0.05	无	1.63
威　　宁	赤铁矿	57.70	无	无	1.22
平　　越	褐铁矿	低	—	—	—
遵　　义	赤铁矿	31.93	0.02	0.27	7.08
道　　真	赤铁矿	45.24	0.05	0.03	10.17

资料来源：《资源委员会季刊》卷4第4期，第3~4页。

西南诸省特别是四川省煤矿资源也非常丰富。四川全省煤炭总储量28亿吨，其中烟煤占90%以上，烟煤中"又以侏罗纪煤较多而普遍"。川煤中"相比较值得开采者，厥惟二叠纪煤层"。而四川二叠纪煤层中，以嘉陵江观音峡背斜层带煤田和南川县属各煤田最为重要。前者储量近4亿吨，唯"焦性较弱，须加掺和，乃得良焦"。而南川县属各煤田，以储量2788万吨的万盛场煤田、储量约5000万吨的鲜家坪煤田和储量6790吨的丛林沟至大铺子煤田较为重要。贵州省煤矿储量也相当丰富，仅桃子荡煤田、马湾煤田储量就分别达到5217万吨和3626万吨，而兴隆场铜鼓滩至綦江县所属的两河口，储煤更达1.09亿余吨。西南各省石灰石、锰、氟石、镍、钨、锑的储量也相当可观。①

（二）綦江铁矿的兴办

綦江铁矿位于綦江东溪，地处四川盆地南部边缘崇山峻岭之中，与云贵高原紧邻，交通闭塞，历来采用土法开采铁矿。1938年3月在汉阳成立綦江铁矿筹备处，同年6月12日入川工作，8月16日暂以包采制开采，1940年取消筹备处名义，正式设立綦江铁矿，负责供应钢迁会铁矿砂。该矿继续沿用土法开采，于8月中旬将3个矿区内的土窑收回改造，铁砂日产量可达250吨，矿区面积1941年达到642亩。②

綦矿最初根据运输条件，重点开采麻柳滩矿区并外包开采白石潭矿场，以应大渡口炼铁之急需。

1938年4月，綦江向河南省地质调查所租用全部钻机及附件，从4月16日起租，租期两年。6月，租借的钻探队驶抵矿场，27日在白石潭大矿山开始钻探第一钻眼，未见矿层；遂移钻土台矿场第二钻眼，亦告失败；又移钻田坝第三钻眼，进至177英尺时，已见矿层约5英尺。③

图7-6 大渡口铁厂人工搬运矿石

---

① 张连科：《我国西南区钢铁事业之蠡测》，载《资源委员会季刊》卷4第4期，第4～9页。
② 《建设计划及经费概算》（1938年），载渝馆藏钢迁会1087卷，转引自《抗战后方冶金工业史料》，第86页；《钢铁厂迁建委员会概略》（1941年11月），载渝馆藏钢迁会，0182-9-2776。
③ 《河南省地质调查所、綦江铁矿筹备处商定钻机租用办法》（1938年4月），载渝馆藏綦江铁矿2目53-1卷；《钻探工作报告及地测》（1939年3月28日），载渝馆藏綦矿2目55卷，见《抗战后方冶金工业史料》，第472～473页。

綦江铁矿储量四五百万吨，含铁约 45% ~ 54%，分为土台（东西矿场）、麻柳滩、白石潭、大锣坝五个矿区，以土法开采为主，后逐渐采用近代技术开采，土台铁矿成为该矿的主要采区。到 1939 年上半年，已凿直井 3 座，斜井 1 座，1942 年又增 2 号斜井一座。① 但是，土台位于高山之上，运输极感困难，采出的矿石全靠人力背运，每天背矿工人达千人以上。为解决这一难题，綦江从 1938 年起开始兴建田坝至小鱼沱的运输坡道，全长 12 华里的坡道分设 5 站，各置绞车 1 座，敷设双轨，安置钢丝绳，重车下行将空车带上，每坡有开车工 1 人，会车工 3 ~ 4 人。② 起运矿车的钢丝绳直径 1 英寸，为确保安全，钢丝绳每隔五六尺安置辊筒，"免其磨损"③。经过 3 年多的艰苦努力，土台大坡道于 1941 年 9 月 1 日建成通车，上运的大飞轮重达 6 吨。④

坡道运输难题的解决，不仅节省了人力，减轻了背矿工的劳动强度，而且增加了运矿量，为重点开采土台铁矿创办了条件。这是綦矿利用山区的自然地形，采用物理学原理在无动力条件下利用矿车下行的重力带回空车往复运行的创举，是该矿技术人员的一大创造，这是重庆地区最早的"缆车"。时任矿长黄典华在坡道路旁立一石碑，上刻"人定胜天"四字，至今犹存。⑤

綦矿的各主要采区（矿场）概况如下：

土台东矿场。土台矿区面积辽阔，铁矿储量较丰富，开采范围逐渐扩大。为便于管理，钢迁会 1942 年 6 月将土台矿区分为东、西两个矿场。东矿场所辖的井洞包括 1 号和 2 号直井、3 号斜井、泄水洞、教化沟平洞、团山堡老洞等。这些井洞铁矿良莠不齐，其中 1 号直井和 3 号斜井一带铁

---

① 《綦矿业务报告》（1945 年），载渝馆藏綦矿 1 目 34 卷，转引自《抗战后方冶金工业史料》，第 478 页；《钢铁厂迁建委员会概略》（1941 年 11 月），载渝馆藏钢迁会，0182 - 9 - 2776。
② 童书德：《綦江铁矿事业概况》（1943 年 10 月），载渝馆藏綦矿 1 目 200 卷，转引自《抗战后方冶金工业史料》，第 485 页。
③ 吴大章、王玲：《綦江铁矿调查报告》（1943 年 3 月 24 日），载渝馆藏电化冶炼厂 366 卷，转引自《抗战后方冶金工业史料》，第 485 页。
④ 黄典华：《土台大坡道（通）车纪念讲词》（1941 年 9 月 1 日），载渝馆藏綦矿 2 目 24 - 2 卷，转引自《抗战后方冶金工业史料》，第 488 ~ 489 页。
⑤ 《抗战后方冶金工业史料》，第 484 ~ 485 页。

矿品质较佳，后又分别安装电力绞车和电泵，工作效率大增。

土台西矿场拥有直井、斜井、斜洞各1座，均采用人力开采和背运。

麻柳滩矿场。这一矿场原开采中长平洞，其最大缺陷是易受洪水侵袭，后移至中1与中5平洞，但这几个矿洞"几已于从前采完"，到1943年10月中旬，麻柳滩矿场奉命暂停施工。

白石潭矿场。这里矿砂以供给土炉为主，"一切设施，因陋就简"。

大锣坝矿区情况未详。

至抗战结束，綦矿实有职员47人，里工161人，件工458人，官佐6人，士兵130人。①

总的来说，綦江铁矿储量一般，施工条件较差。綦矿技术人员和工人克服困难，努力采矿，基本保证了大渡口铁厂的需要，这在战时是了不起的成就。

（三）南桐煤矿的开发

南桐煤矿于1938年3月20日在汉口成立筹备处，负责开采烟煤和提炼焦炭。

该矿筹备处几经勘测，最终决定在川黔交界处桐梓县所属的桃子荡设立煤矿。全体职工于同年7月经宜昌迁川探矿，8月到达桃子荡，租房办公，接着兴建厂房，开凿煤井，测筑铁道，安装机器，并研究洗煤炼焦事宜。1939年6月全体职员迁入矿内新房办公。1940年3月，取消筹备处名义，正式成立南桐煤矿，原筹备处主任侯德均任矿长。②

南桐煤矿早已于1938年9月收买土窑进行改造，并开临时直井2座，4个月后每天可出煤500吨，炼焦试验亦已进行。从11月起开凿新斜井2座。

南桐煤矿长6834米，宽1600米，面积1012公顷。若按开采深度100米计算，煤炭储量约4500万吨。"不但储量丰富，质地亦复佳良，在西南

---

① 以上四个矿场情况均见《綦江铁矿事业概况》（1943年8月7日），载渝馆藏綦矿1目200卷，转引自《抗战后方冶金工业史料》，第109~117页。
② 《成立之经过及沿革》（1946年），载渝馆藏兵工署29厂5目151卷，转引自《抗战后方冶金工业史料》，第118页。

各煤田中实居最重地位。"①

南桐煤矿不断扩建采掘运输设施,1940年4月运输煤炭的轻便路全线完工,1941年5月第二分厂(矿)2号井正式投产。1942年夏决定将轻便路改驶小型机车,其路距不变,于是一面订购富国煤矿机车3部,一面招商改善路基。截至抗战胜利,南油煤矿日可产煤400吨,焦炭120吨。

南桐煤矿共凿五井,其主要设备有:总厂一分厂、二分厂均装有兰格夏氏锅炉,以开动2、3号井的卷扬机和井下排水机。二分厂同时装有小型压风机、风扇各1部。机器设备大部分从汉阳铁厂和大冶厂矿迁运而来,小部分则购自重庆。1942年夏在一分厂开始安装400千瓦直流发电机1部,100千瓦直流发电机4部,添装管子锅炉4部,以供井下改设电泵之用。

截至1942年底,全矿共有职员198人,工人5430人,是一座规模较大的煤矿。②

五 水道铁路的建设

(一) 綦江水道处的设立

水运是钢迁会支持保障系统的重要组成部分。1939年9月,綦江水道运输管理处筹备处在綦江城南的沱湾成立,颜振銮任筹备专员,接收南桐、綦江两矿船只312艘,并与綦江民船公会订立包运协议,即于同年12月开始运输。时有运输线2条:从盖石至江口,运输铁矿砂;从蒲河至江口,运输煤焦,均由江口转运至大渡口。在盖石、蒲河、三江三处各设装卸站,办理矿料接运、装卸及转运事宜。③

1940年2月,綦江水道运输管理处(以下简称綦江水道处)正式成立,李仲强任处长。该处首先设立造船厂,以便修造船只,并在綦江沿岸

---

① 《成立之经过及沿革》(1946年),载渝馆藏兵工署29厂5目151卷;《建设计划及经费概算》(1938年),载渝馆藏钢迁会1087卷。分别转引自《抗战后方冶金工业史料》,第118~119、85页。

② 见《抗战后方冶金工业史料》,第118~119页。

③ 《钢迁会綦江水道运输管理处处史资料》,载渝馆藏钢迁会,0182-1-75。

设立伏牛、西湖、真武三个督运段。因船只不敷运矿所需，遂向内江、安岳等县征雇柳叶商船 100 艘。1941 年 3 月，三溪办公处落成，水道处由綦江迁往蒲河、綦江两水交汇处的三溪桥北。同年 4 月，羊蹄、盖石两洞通船，水道处运输线延伸至赶水，设立赶水装卸站。原盖石装卸站即改称盖石转运站。后又增设五岔、羊蹄（后改太平桥）两督运段。12 月，水道处奉命接办江口至大渡口运输。至此，水道处共有 3 个装卸站，8 个督运站。大渡口铁厂设有运输码头 6 处。1942 年 3 月，为了抢运矿料，钢迁会经呈准行政院，水道处停止綦江商运 45 天，全江船只一律用于公物运输。同年 8 月，军事委员会暨四川省政府令綦江水道处会同綦江县政府成立綦江流域船舶管理联合办事处，实行商船运输管制，规定商船按"三公一商"从事营运。12 月，江口至大渡口段运输由钢迁会第八所接管。1943 年该处拥有舢板船、柳叶船等公商船只 1000 余艘。1944 年 3 月，蒲河智、仁、勇三座船闸交给内迁来川的治理淮河委员会接管，水道处每月须缴纳船只过闸费 60 万元，这一规定至 1944 年底停止执行。1945 年 2 月，蒲河大建分厂开炉，所需矿砂亦由水道处承运。抗战胜利后，水道处 1945 年 11 月奉命撤销綦江船舶管制。①

綦江水运处的工人呈逐年递增之势。为了加强对工人的监督，该处还配备了一定数量的官佐和士兵，详见表 7 - 9。

表 7 - 9　綦江水道处工人、官佐、士兵逐年统计表

单位：人

年　份	1939	1940	1941	1942	1943	1944	1945
工　人	44	232	541	691	419	810	854
官　佐	46	103	157	176	175	140	145
士　兵	无	45	48	95	100	90	82

资料来源：《钢迁会綦江水道处处史资料》，载渝馆藏钢迁会，0182 - 1 - 75。

綦江水道处的运输完全依靠旧式木船，而綦江河道浅滩甚多，危险随时可能发生，故其运量不够稳定。详见表 7 - 10。

---

① 《水道管理处沿革》（1947 年 11 月），载渝馆藏钢迁会 42 卷，转引自《抗战后方冶金工业史料》，第 119~120 页；《本会成立五周年纪念日告同人书》，载渝馆藏钢迁会，0182 - 4 - 3。

表 7-10 綦江水道处运输量统计表

单位：吨

年 份	1939	1940	1941	1942	1943	1944	1945
运 量	382.3	44823.2	52285.0	69678.8	73136.2	78581.7	52198.1

资料来源：《钢迁会綦江水道处处史资料》，载渝馆藏钢迁会，0182-1-75。

綦江水道处年水运量达数万吨，成为钢迁会最重要的运输形式。与此同时，綦江水道处也为此付出了较大代价，仅1940年12月就失吉公船、商船32艘，失吉货物65.5吨，占当月运输量的37.52%。[①]

（二）綦江铁路工程建设

钢迁会所属的綦江铁路工程处（后改称綦江铁路局）修筑了四川第一条铁路——綦江铁路。

随着大渡口铁厂的兴建和綦江铁矿的开发，兴修一条连接厂矿的铁路之事便提上了兵工署的议事日程。1940年4月，国防最高委员会核准修筑綦江铁路。5月，交通部设立綦江铁路工程处，"从事筹备，测定路线"。铁路工程处对铁路沿线进行了测量，并与各地企业洽商选购车辆和轨料，集中于衡阳准备装船西运，后因宜昌陷落，筹建铁路工作暂告中止。这条铁路以长江东岸的猫儿沱为起点，经顺江场入綦江，沿綦江东岸蜿蜒南向，经仁沱场、真武场、五福场（五岔）、广兴场、綦江县城对岸，到达终点三溪场，全长85.5千米。全路共有大桥13座，小桥23座，涵洞270个，土石方401.9万立方米，御土墙3.38万立方米，占用土地46411.46公亩。

綦江铁路是在抗战正酣，国际交通基本断绝的背景下修建的，所需钢材全赖国内供应，而修筑该路的目的是运输綦江煤铁矿砂，以满足大渡口钢铁厂的需要，该路所需的车辆和钢轨大部分从大渡口钢铁厂调拨，并续制一部分。未久国防工业委员会核准修建。

但是，由于战时物价飞涨，綦江铁路的路基修筑和所拨材料等费约达

[①] 《公商船只装载矿料中途失吉损失吨位报告表》（1940年12月），载渝馆藏钢迁会，0182-1-1671。

1.02亿元,军事委员会委员长蒋介石1941年2月代电命其"缓筑"。同年6～7月,军委会国防交通组和运输统制局先后通知交通部:这条铁路已列入国防交通建设三年计划,嘱交通部先行垫款修筑,以便提前完成。①

綦江铁路工程处于1942年5月开始修筑猫儿沱至五岔全长38公里的一段铁路,"当时对日战争正紧张进行,大局动荡不安,国家财政困难,这段铁路在经费限制下,只有时作时辍,进度滞缓不堪,工程因陋就简,降低标准"。② 直到1945年8月,这段铁路才算勉强完成,但"所铺枕木道碴,亦以经费不足,颇多疏松之处,如不加以整修,一时仍难通车"。③

綦江"铁路所用的钢筋、钢轨、道钉等,都是大渡口钢铁厂的出品,水泥便购自四川水泥公司,枕木就地取用,这是一条纯粹的（国产铁路）"。④

由于綦江铁路抗战期间尚未竣工,故暂未发生作用。

六 钢迁会艰难维持生产

(一) 钢迁会的成就与不足

钢迁会主体工程和配套工程相继完工后,生产营运也随即展开。在极端艰难困苦的战争环境下,钢铁生产仍取得了一定成绩。20吨高炉于1940年3月2日首次开炼,1.5吨电炉于1941年11月9日开炉。1944年钢板厂建成投产,而平炉、电炉、熔铁炉的完工和开炉时间见表7-11。

表7-11 第三所（制钢）平炉、电炉、熔铁炉完工和开炉时间表

部门	炉座名称	炉座能力（每天）	完工时间	开炉日期
炼钢部	第一号10吨平炉	20吨	1942年6月	1942年7月7日
	3吨电炉	10吨	1942年10月	1942年10月18日

---

① 《铁路工程概况》(1942年11月),载渝馆藏綦江铁路工程处249卷,转引自《抗战后方冶金工业史料》,第120～121页。
② 重庆《大公报》(1947年11月),转引自《抗战后方冶金工业史料》,第122页。
③ 綦江铁路工程处:《沿革》,载渝馆藏钢迁会,0182-1-75。
④ 重庆《大公报》(1947年11月),转引自《抗战后方冶金工业史料》,第124页。

续表

部门	炉座名称	炉座能力（每天）	完工时间	开炉日期
铸造部	1.5 吨电炉	5 吨	1941 年 11 月	1941 年 11 月 9 日
	4.5 吨熔铁炉	10 吨	1942 年 4 月	1942 年 4 月 8 日
	1.5 吨熔铁炉	3 吨	1942 年 9 月	1942 年 9 月 10 日

资料来源：渝馆藏钢迁会 10 卷，见《抗战后方冶金工业史料》，第 97 页。

钢迁会的生产和建设是交叉进行的，以该会最困难的 1944 年为例：5 月 6 日，钢板厂轧制重达 24 吨的大牌坊，为该会自行修配的最大机件；5 月 22 日，第五制造所正式装炉炼焦；7 月 15 日，钢轨钢板厂电器动力设备安装完毕；10 月 11 日，第五制造所焦油蒸馏设备正式投入使用；10 月 20 日，钢板厂安装完工，正式试车。①

钢迁会于 1941 年 3 月 15 日在三溪蒲河设立了大建分厂，原拟建设 20 吨高炉 2 座，后因购买机器困难等原因，改为"尽先完成一座"。高炉及相关设备安装于山洞内，1944 年底装设完成，1945 年 6 月 18 日举火，最高日产量曾达 20 吨，至 9 月底共出生铁 200 余吨，后炉体稍有损坏，于 9 月 26 日停炉检修，旋于 10 月奉命结束。②

钢迁会还于 1942 年 3 月 1 日成立煤铁两矿联络铁路工程处，负责修筑轻便铁路工程，以便将煤铁两矿相连通；3 月 15 日成立新厂建设工程处，负责筹建新的工厂；12 月在贵州遵义成立锰矿筹备处，负责为大渡口铁厂提供锰矿。

钢迁会已成为抗战时期后方最大的钢铁联合企业，不仅拥有大渡口钢铁厂、綦江铁矿、南桐煤矿和专属的綦江铁路、綦江水道处，而且集中了一大批优秀的技术人才，经费由国民政府国库指拨。但其生产能力远未达到设计水平，1941～1945 年仅生产生铁 46074.6 吨，钢锭 28586.9 吨，各型钢材 12792.4 吨，平均年产量分别为 9214.9 吨、5717.3 吨和 2558.4 吨。钢迁会 1941～1945 年各项生产指标见表 7-12。

---

① 《钢铁厂迁建委员会 1944 年度大事记》，载渝馆藏钢迁会，0182-9-823。
② 《三溪大建分厂结束报告》（1946 年），载渝馆藏钢迁会 320 卷，转引自《抗战后方冶金工业史料》，第 106 页。

表 7-12　1941~1945 年钢迁会各项产品产量统计

年份	铁矿砂（吨）	发电度数（kWA）	生铁（吨）	钢锭（吨）	铸品（吨）	各型钢材（吨）	螺钉（吨）	铆钉（吨）	道钉（吨）	洋钉（吨）	锉刀（把）	耐火材料（吨）
1941	15721	—	4444.6	113.0	—	—	—	—	—	—	21615	1053.7
1942	29949	3454.2	12994.3	10000.0	877.2	960.4	—	—	—	0.01	43726	2024.8
1943	45147	5893.4	13392.9	4088.9	1137.4	2416.2	15.8	—	26.3	27.2	27092	1771.4
1944	20078	6022.8	2254.9	6559.2	1632.9	2892.6	38.4	7.6	2.2	10.7	24859	1771.3
1945	36104	8456.7	12987.8	7825.8	1512.6	6523.2	33.8	16.7	29.3	8.9	20000	1381.6

资料来源：渝馆藏钢迁会 14 卷；兵工署 29 厂 5 目 1773~1775，见《抗战后方冶金工业史料》，第 125~126 页。

钢迁会这样一家大型钢铁厂每月只能生产几百吨生铁或钢材。其生产时断时续，例如，100 吨高炉 1941 年 4 月 9 日出铁后，未久因原料供应不足而停产，1943 年 7 月 7 日再次开炉，名人邵力子还莅临演讲，但开炉 9 个月后停炉，直到 1945 年 10 月才开炉。钢迁会生产维持在较低水平上。

钢迁会有时也请外单位代为加工钢材。如 1945 年请资渝厂代轧钢锭 400 吨，轧制成品 359.3 吨，占钢锭总量的 89.82%，其中合格钢材 328.5 吨，不合格钢材 30.7 吨，分别占钢锭总量的 82.14% 和 7.68%。[①]总的来看，代加工的质量还不错。

为了保证钢铁生产的顺利进行，技术人员进行了巨大努力，取得了一些重要的技术改进成果。详见表 7-13。

表 7-13　钢迁会历年重要技术改进概况

名　称	说　明
百吨炉炼制碱性铁	第四次冶炼时共炼制碱性铁 1500 吨，其成分中含硫 63%，矽 11.4%
钢轨厂轧制 85 磅标准轨	1946 年试制成功，共轧制 600 吨
20 吨炉产量增加	因炉身之改良，每日产铁可达 20 吨，且焦比亦自 2.2 减至 1.75
平炉炉底的改良	增加每届冶炼炼炉寿命：1 号平炉最高纪录出钢 217 炉，冶炼日数 94 天；2 号平炉出钢 159 炉，冶炼日数 77 天

---

① 《资渝厂 1945 年度代轧本会钢料统计表》，载渝馆藏钢迁会，0182-1-13。

续表

名　称	说　明
白云石炉焦比减低	新白云石炉完成后，由于炉身的改良，焦比自 1.538 减至 0.66，即每烧 1 炉可节省焦炭 12 吨
钢锭整理以减少夹砂	钢锭制成后一律先经整理以去表面夹砂等疵病，俾轧成钢料疵病减少
轧钢所需钢锭损耗减少	钢胚缩孔一端剪下作次钢，轧制建筑钢，损耗减少，从 14% 减至 5.5%
炼制去硫铁	试炼成功后，大量废铁均获利用，去硫去矽炼成碱性铁，以供炼钢需要，对钢迁会炼钢原料之补充，裨益至多
钢板厂自制人字轮的装配完成	自制人字齿轮经一再修配，已于 1947 年装置完成，钢板轧制工作已正式恢复

注：个别技术改进项目于抗战后完成，但其数量不多，故未单独列出。
资料来源：渝馆藏钢迁会 109 卷，见《抗战后方冶金工业史料》，第 127 页。

钢迁会成立 5 周年之际曾这样总结以往的经验："第一为全部原料之自给自足，凡冶炼所需煤、焦、矿石，不仅供应不匮，而且生产有余。第二为制造工作之配合联系。自冶炼、轧钢、机电、修造以及炉渣废品之利用，均能互相衔接，周转灵便。且各项出品，经严格检验，精究品质，为友厂所乐用，乃能尽力生产，尚感供不应求。"应当说，这一评价是客观的。

但是，钢迁会的生产始终在低水平上徘徊。困扰该会的"最大困难，仍为运输问题"，綦江水道虽经疏浚修闸，仍受天时限制，而筑路之议更难于付诸实施。这不能不严重制约钢迁会生产的发展。綦江铁矿与南桐煤矿"极为邻近，如用空中索道贯通，相距不过 30 公里"，① 这虽然是一个很诱人的设想，但钢迁会囿于自身财力，只能让设想化为泡影。

钢迁会的生产经营实行战时体制，按照兵工署下达的制造命令和下拨的指标经营，自行购置原燃料组织生产，所产灰口生铁、钢锭、钢材供各工厂之所需，每月产品数量视拨款多少而定。由于运输困难导致煤、铁矿供应不足，历年两座高炉只开 1 座，20 吨高炉和 100 高炉分别于 1943 年、

---

① 《本会成立五周年纪念日告同人书》，载渝馆藏钢迁会，0182-4-3。

1944年全年停产。由于战时物资奇缺,钢铁产品更是供不应求。国民政府对钢迁会产品实行"包干销用"政策,各项开支照实列表,钢迁会对企业盈亏和产品质量未能承担必要责任,因此各厂矿普遍存在产品成本高、质量低的问题。

这种现象的出现,一是日本发动侵华战争所致,二是与国民政府及钢迁会未能采取措施降低成本、确保质量也有关系,三是与后方极为落后的经济、技术水平亦密切相关。

钢迁会的成就和不足在相当意义上反映了后方冶金工业的现状。

(二)钢迁会在后方冶金工业中的地位

为坚持持久的对日作战,后方必须具有较为牢固的经济基础,特别是重工业基础。经过后方军民不懈努力,西南诸省到1940年已建成重庆、川中、广元、川东、桂林、昆明、贵阳、宁雅8个工业中心区,以重庆工业区为最大。① 特别值得一提的是,自抗战爆发后,国民政府通过内迁、新建和改造,建立了以重庆为中心,由钢迁会及兵工署第24和第28厂、资渝、资鑫、人和、云南等一大批企业组成的新的钢铁基地,这是近代中国完全依靠自己的技术和资源建立起来的钢铁工业体系。②

根据资源委员会1940年统计,西南各省铁厂概况见表7-14。

表7-14 1940年后西南各铁厂概况

厂 名	高炉(座)	日产铁能力(吨)	备 注
钢迁会	2	85	通常开炼一炉
中国兴业公司	1	30	
钢迁会大建分厂	1	20	
资源委员会威远铁厂	1	15	
中国兴业公司涪厂		10	此时尚未产铁
资和铁厂	1	20	已归并资渝钢铁厂
人和铁厂	2	12	通常开炼一炉,时已改称资蜀钢铁厂

---

① 《抗战时期大后方经济史研究》,第40页。
② 《抗战时期大后方经济史研究》,第191页。

续表

厂　　名	高炉（座）	日产铁能力（吨）	备　　注
荣昌铁厂	1	5	冷风
上川钢铁厂	1	5	冷风
渝鑫铁厂	1	5	冷风，已归并资渝钢铁厂
矿冶研究院试验铁厂	1	5	
蜀江铁厂	2	5	冷风，通常开炼一炉
福昌铁厂	1	5	
大昌铁厂	1	3	
中国兴业公司永荣铁厂	1	3	
云南钢铁厂	1	50	实际日产40吨左右
昆华公司	1	10	
平桂矿务局	1	10	
共　　计	21	288*	

* 此栏各数相加应为298。

资料来源：《资源委员会季刊》卷4第4期，第12页。

钢迁会在抗战后方工业体系中占有特殊重要的地位，是后方18家钢铁厂中规模最大、产量最高、员工最多、技术最为先进、配套体系最为完整的一家，钢迁会（含大建分厂）生产能力为日产生铁105吨，占后方钢铁总生产能力日产生铁298吨的35%以上。

七　日机对钢迁会的轰炸

自蒋介石1938年9月27日决定"将重庆定为陪都"后，日本飞机对重庆的轰炸也变得更为嚣张和疯狂。

日本将空军视为发动侵华战争的主要工具之一，1937年上半年日本航空部队已拥有作战飞机约2700架。1938年武汉失守后，日本御前会议批准了对重庆进行战略轰炸的"345号大陆作战令"——陆海空中央航空协定。日本天皇是重庆大轰炸的最高决策人物。[①] 而主要实施者之一是日本

---

① 李金荣、杨筱：《烽火岁月——重庆大轰炸》，重庆出版社，2005，第15页。

第二航空司令官大西泷治郎。①

轰炸重庆的飞机，主要从汉口能容纳 200 架空军飞机的基地——W 基地起飞。1939 年 5 月 3 日、4 日飞机轰炸造成的惨案震惊中外。在两次惨案中，敌机投弹 194 枚，炸死 3991 人，炸伤 2323 人，炸毁房屋 4871 幢。②

日本 1940 年 4 月 10 日发布《海战要务令续编》，从 5 月 18 日开始实施"101 作战计划"，对重庆进行更大规模的轰炸。从 1941 年起，日本实施对重庆第三次战略轰炸，即执行所谓的"102 作战计划"。

重庆遭受日本飞机轰炸次数最多、持续时间最长、损失最为惨重，从 1938 年 2 月 18 日至 1943 年 8 月 23 日，日本共出动飞机 9513 架次，投弹 21593 枚，炸死 11889 人，伤 14100 人，炸毁房屋 17608 幢。③ 大轰炸使重庆变得遍地残垣断壁，满目疮痍。

钢迁会作为后方最大的冶金企业成为日机轰炸的重要目标。据不完全统计，从 1940 年 9 月 14 日至 1941 年 9 月 1 日不到一年的时间内，日本飞机轰炸大渡口厂区不少于 3 次。详见表 7 - 15。

表 7 - 15　日本飞机轰炸钢迁会概况

时　　间	地　点	人员伤亡情况	财产损失情况	损失金额（元）
1940.9.14	大渡口厂区	死约 70 人，伤约 40 人	炸毁房屋 100 余间	582045.76
1941.8.22	大渡口厂区	死 9 人，伤约 30 人	香涛院办公室及住宅、库房被炸	288417.40
1941.9.1	大渡口厂区	死 9 人，重伤 15 人	炸毁房屋 40 余间	236650.62

资料来源：根据渝馆藏钢迁会档案整理。

大渡口厂区遭日机轰炸的情形惨不忍睹。例如，1940 年 9 月 14 日中午 12 时，敌机 27 架"集于该地低飞，投下爆炸弹 90 余枚，燃烧弹 10 余枚，毁该厂职工宿舍及办公室房屋百余间，死伤 110 余人，均系该厂员工及警卫人员"。④

---

① 《重庆大轰炸图集》，重庆出版社，2001，第 25 页。
② 《烽火岁月——重庆大轰炸》，第 29 页。
③ 《重庆大轰炸图集》，第 3 页。
④ 《军政部兵工署训令》（1940 年 9 月），载渝馆藏钢迁会，0182 - 1 - 292。

其余各次轰炸的情况也大抵如此。

有时敌机轰炸，钢迁会档案中略有提及，但语焉不详，如1941年5月16日敌机轰炸大渡口厂区，人员、财产损失情况均不详。①

据钢迁会1944年2月统计，日本飞机轰炸大渡口厂区和轰炸汉冶西迁物资及上海炼钢厂未能及时转移物资所造成的损失共1964万余元，大约相当于大渡口厂区和两矿投资概算1000万元的2倍。详见表7-16。

表7-16　抗战期间敌机轰炸等造成钢迁损失情况

时　间	地　点	类　别	重　量	原价（元）	损失原因	损失程度	备　注
1938.8.6	三峡洗鱼洲	冶炼器材	50余吨	50000	被　炸	沉江底	木船2只被炸
1938.8	大冶厂矿	冶炼器材	560余吨	560000	抢运不及	毁　弃	
1939	长江宜渝段	火砖	66吨	100029.6	失　吉	沉江底	木船17只被炸
1939	长江宜渝段	火砖钢轨铁料	1300余吨	2823431	失　吉	沉江底	
1940.9.14	大渡口厂区	各项房产器材等	—	582045.76	被　炸	见表7-15	
1941.8.21	大渡口厂区	各项房产器材等	—	288417.4	被　炸	见表7-15	
1941.9.1	大渡口厂区	各项房产器材等	—	236650.62	被　炸	见表7-15	
1937	上海炼钢厂	机器厂房炉座	—	15000000	抢运不及	毁　弃	该厂1938年归并钢迁会
共　计				19640574.38			

资料来源：钢铁厂迁建委员会制《中日战争期内日方毁损、没收或占用我国公私企业财产调查表》（1944年2月），载渝馆藏钢迁会，0182-1-1201。

日本飞机的野蛮轰炸不仅使钢迁会蒙受了巨大的人员、财产损失，而且在装备、技术上也遭到致命打击。例如，钢迁会第四所钢条厂的设备原

---

① 见渝馆藏钢迁会，0182-1-282。

系张之洞从英国购买,是战争环境下极为珍贵的设备,1942年1月7日钢条厂开始轧钢,但未久即遭日机轰炸。这给钢迁会在技术和设备方面带来了严重影响。

八　厂矿员工的艰苦生活

抗战时期钢迁会对员工数量虽有统计,但仅限于职员和正式在册工人(时称里工),不包括计件工和其他临时工。历年员工人数见表7-17。

表7-17　抗战期间钢迁会员工人数统计

年　度	职员人数	工人(里工)人数	备　注
1938	52	1177	
1939	76	3091	
1940	105	1803	
1941	132	2026	
1942	155	1147	
1943	131	1873	
1944	98	909	曾资遣一次
1945	107	1182	

资料来源:见渝馆藏兵工署29厂5目1773~1775,转引自《抗战后方冶金工业史料》,第125页。

钢迁会大渡口铁厂和附属单位里工和各类临时工及士兵总人数1.5万左右,1942年底即达15699人(未计锰矿),详见表7-18。

表7-18　1942年钢迁会本会及其所属单位负责人与员工一览表

部　　门	职　衔	姓　名	官佐	士兵	工人	合计
钢迁会总部	主任委员	杨继曾	784	486	5580	6850
南桐煤矿	处　长	侯德均	198	142	5430	5770
綦江铁矿	处　长	黄典华	155	101	1147	1403
綦江水道运输处	处　长	翁德勋	189	96	620	905
大建分厂筹备处	处　长	王拓洲	95	75	244	414
新厂建设工程处	处　长	张九成	76	—	43	119

续表

部　　门	职　衔	姓　名	官　佐	士　兵	工　人	合　计
铁路工程处	处　长	李仲强	63	94	81	238
遵义锰矿筹备处	处　长	陈培铨	暂　缺			
合　计	—		1560	994	13145	15699

注：工人数字中包括计件工和其他临时工。
资料来源：见渝馆藏钢迁会，0182－9－819；另见渝馆藏兵工署第29厂5819卷。

钢迁会工人的工作条件极为简陋、恶劣。以綦江铁矿为例，该矿"采矿悉用人力，以钢钎打眼，实以黑药，借药力炸开之"；排水"则以状如唧筒之竹龙逐段插入沟中"；矿井无任何通风设备，"纯取自然通风法"；"井下照明全用桐油灯"；"搬运悉用人力，以小型竹篓将砂背出，每工可背一吨左右"，"他如选砂、运输等，亦均有人力"。①

土台背矿工人"自踵至顶，往返上下，全线六百余公尺，都满布着工人，全用小背兜背运石子，每次仅可背三四十小块，每日八次，约二三百块"。② 工人的劳动强度十分繁重。

工人生活异常艰苦，矿方坦承：綦矿"员工每月收入，在此高度生活压迫之下，人人节衣缩食，尚可勉强维持最低之生活"。③ 钢迁会对员工实行《战时生活补助费办法》，战时生活补助费基本数为200元，依其所支薪俸额加成发给，薪俸额50元以下者，依其薪俸额十成计算，薪俸额在50元以上者，除其中50元仍按十成计算外，其余按五成计算。④

尽管钢迁会常因敌机轰炸遭受巨大经济损失，但仍设法对伤亡职员及其家属予以照顾。例如，1940年9月14日敌机轰炸后两天，钢迁会于9月16日召开紧急会议，做出一系列规定：如受灾职工紧急借款可不受普通借支规定的限制，但以本人两个月薪水为限；受灾职工及其眷属安排在九宫庙等处收容，在9月22日前"设食堂供给包饭"；钢迁会领导亲自慰问

---

① 《綦江铁矿事业概要》（1943年8月7日），载渝馆藏綦矿1目200卷，转引自《抗战后方冶金工业史料》，第114页。
② 黄典华：《土台大坡道车纪念讲词》（1941年9月1日），载《抗战后方冶金工业史料》，第489页。
③ 《抗战后方冶金工业史料》，第118页。
④ 《战时生活补助费办法》，载渝馆藏钢迁会，0182－11－223。

受灾或重伤职工及其眷属等，共达 9 条。① 此外，钢迁会还给在敌机空袭中受到损失的员工发给救济费，例如 1940 年 9 月敌机空袭后，钢迁会共给张德勋等 4 名职员补发救济费 299 元，最高者 123 元，最低者 12 元。

钢迁会尽管自身困难重重，但仍为维持职工基本生活做了大量工作：大到派车或外借车辆赴大竹等地购买大米，然后以略高于购进价的价格卖给职工，以解职工缺粮之虞；小到厂区厕所太少、工人随地便溺等事，都被列入钢迁会领导层的议事日程。②

更为重要的是，钢迁会广大职工自己动手，种菜养猪。1944 年，"工人对于蔬菜猪肉，均差可自给，最缺乏而最需要者，则为布匹"。③

钢迁会还兴建了一批办公用房和宿舍，据 1941 年统计，全厂共有办公室 24 栋，校舍 3 所，医院 2 座，库房 25 栋，职员与眷属住宅 90 栋，单身宿舍 7 大栋，工人与眷属住宅 70 栋，工棚 19 间，还有警卫队、合作社、银行等房舍共 10 座。④

钢迁会员工在极其严酷的战争环境下维持了相对艰苦而平稳的生活。

第三节　日本对冶矿资源的掠夺

抗战爆发后，日本对汉冶萍厂矿的占有经历了从寻找代理人到直接粉墨登场的过程。盛恩颐"通力合作，事不难为"的通敌表态，未能改变日本对大冶铁矿的直接占领。日本对大冶铁矿的疯狂采掘，翻开了该矿历史上最为黑暗的一页。

一　日铁大冶矿业所的成立

日军进攻大冶前夕，一度想让盛恩颐出面当傀儡，通过盛氏控制大冶

---

① 《（1940 年）9 月 16 日紧急会议记录》，载渝馆藏钢迁会，0182-9-2049。
② 《本会第 74 次联合办公记录》，载渝馆藏钢迁会，0182-2-214。
③ 《涛声》副刊第 2 期，1944 年 11 月 11 日，第 2 页。
④ 《钢铁厂迁建委员会概略》（1941 年 11 月），载渝馆藏钢迁会，0182-9-2776。

铁矿，为此抛出了种种诱饵。1938年7月8日，盛恩颐应邀前往日本访问，先到大连、旅顺游览，又乘轮船到天津，再赴北京参观名胜古迹。8月5日，盛氏乘车赴奉天（今沈阳）。随行者有公司会计所副所长费敏士等。

此时，正在朝鲜的汉冶萍顾问部员大野弘邀请盛恩颐赴朝一游。大野弘的胞弟绿一郎时任朝鲜总监。盛恩颐欣然应邀，于8月11日到达汉城，当天拜访了朝鲜总督南次郎大将。①

日本人高规格接待盛恩颐是别有图谋的。8月17日，盛恩颐抵达日本，随即同吉安雄辅、服部渐两位顾问一起拜访了日本制铁株式会社（日铁）、横滨正金银行、日本大藏省、理财局等企业或部门负责人。8月21日，盛恩颐同日铁株式会社社长中井、常务董事中松、涩泽、饭田等举行第一次会谈，其主题是大冶铁矿是否应该归并于华中铁矿公司。

日本原计划由所谓的华中铁矿公司来经营大冶铁矿。该公司是1938年4月在上海成立的日伪经济组织，以掠夺安徽、江苏、浙江三省的铁矿为目的。盛恩颐担心权力旁落："自从来历史及其他关系而论，大冶不应归入华中之内"，他还列举了汉冶萍不能与华中铁矿公司合并的理由。由于这一问题并不影响日本的既得利益，日方没有坚持让冶矿与华中铁矿公司合并。②

双方8月26日第二次举行会谈。中井提到中日合办，盛恩颐回答："将来即采取合办制，汉冶萍方面亦无何妨碍。"在纪家洛铁矿、萍乡煤矿等问题上，盛恩颐均表现出愿与日方"合作"的态度。最后，双方达成如下协议：（1）此际由日铁、正金、汉冶萍三方面协议，根据约款，委由日铁代行，实为最良之法；（2）至于将来应如何办理，则俟一有机会，即作中日合办亦可。中松在会上提出："大冶占领后，愿立能运出存矿，开工采掘，务请彼时与我方以充分援助。"盛恩颐当即作出具通敌性质的表态："通力合作，事不难为也。"③

---

① 《费敏士回忆材料》（1963年），载《汉冶萍与日本关系史料》，第1079~1080页。
② 《1938年8月盛经理在日交换意见笔录》，见黄石市档案馆藏华中钢铁公司档案，全宗号L2，卷号287。
③ 《1938年8月盛经理在日交换意见笔录》，见黄石市档案馆藏华中钢铁公司档案，全宗号L2，卷号287；国民政府资源委员会、经济部汉冶萍公司资产清理委员会：清理卷第2002号，转引自《汉冶萍与日本关系史料》，第1080页。

10月8日,日军沿江西犯,抵达大冶县境内,在与中国驻军激战后,日军波田支队于10月20日下午侵占铁山。抗战爆发之初从大冶厂矿撤走的日本襄办小田团次郎及森口喜之助、江口良吉等人戴着"日本海军陆战队嘱托"的袖章随军到达。①

日军占领大冶之前,仍坚持由华中铁矿公司接管大冶铁矿。日驻沪代理总领事致外务大臣的机密函中提出:"汉冶萍所属之大冶矿山及桃冲矿山,在对日本方面借款问题解决以前,委托华中铁矿公司经营。"② 1938年12月,该公司改称华中矿业公司,进一步扩大掠夺范围。

日军占领大冶后,改变了上述方针,改由日本军部委托日铁在大冶成立大冶矿业所,直接开采铁矿。他们命令盛恩颐赴日接受这一既成事实。

图7-7　开设于1938年的日铁大冶矿业所

根据日方的召唤,盛恩颐11月4日再次东渡日本。7日,盛恩颐同吉川顾问等拜访陆军省。陆军省次官东条英机面令盛恩颐:"大冶陷落,蒋军退却,我军占领,以后冶矿概归军部管理。生产、运输、管理等,汉冶

---

① 《大冶厂矿老职工回忆材料》(1959年6月),载《汉冶萍与日本关系史料》,第1083页。
② 《日驻沪代理总领事复藤镒尾致外务大臣宇垣一成机密函》(1938年8月26日),载《汉冶萍与日本关系史料》,第1082页。

萍不能参加与闻，盼公司当局接受遵行，此令。"① 汉冶萍被彻底剥夺了在冶矿的一切权力，日本军队赤裸裸地强占了大冶铁矿。

11月，日铁成立大冶矿业所，斋藤任所长，其组织构架如图7-8所示。

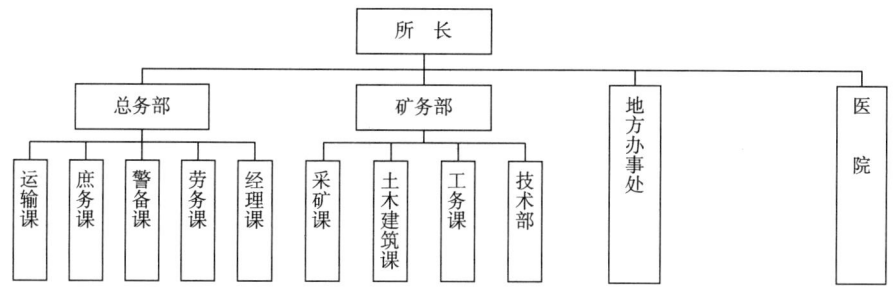

图7-8 日铁大冶矿业所组织构架

资料来源：《汉冶萍与日本关系史料》，第1097页。

日本原派驻汉冶萍的一些高级职员，摇身一变成了大冶矿业所的职员，如小田、森口、江口等都是此类人物。

通过军事镇压和潜伏下来的日本人的努力，日铁迅速强占了汉冶萍所属的大冶铁矿、湖北省建设厅所属的象鼻山铁矿和鄂城西山、雷山铁矿。该所运出抗战爆发以来积存的23.5万吨矿石，开始恢复生产。

在盛恩颐和日本的"通力合作"中，大冶厂矿保管处处长汪志翔等扮演了重要角色。早在日军侵占大冶前，汪志翔就携带大冶厂矿卷宗、仪器、图样等重要物品到汉口分存各地，分别聘管维屏、朱庆田为大冶厂矿驻汉保管专员和保管员，租汉口特二区四民街49号作为办公室。保管处除设警务股外，有保管职员31人。

应日方要求，盛恩颐派襄理赵兴昌、人事课长盛渤颐到大冶，与日铁办理财产移交手续，他们在日本人预先准备好的财产清册上盖了章，② 从形式上完成了将冶矿财产"移交"给日铁的手续。

根据日方要求，大冶铁矿驻汉保管专员管维屏于12月31日将冶矿有关图纸和资料运上"明丰丸"，由日铁会计部员江口带回大冶，包括日铁

---

① 《费敏士回忆材料》（1963年），转引自《汉冶萍与日本关系史料》，第1083页。
② 《大冶厂矿老职员回忆材料》（1959年6月），载《汉冶萍与日本关系史料》，第1090页。

"借用"的资料7件：1929年10月所造财产清册1本，1938年4月匠工警役薪饷表1本，1937年4月~1938年3月预算1本，1937年5~10月开炉筹备预算1本，1937年11月~1938年3月营业预算1本，1936年采矿股得道湾、铁山两处矿价一览表2本。另有两次"借去"的蓝图共706张。①日铁恢复开采冶矿的一切条件均已具备。

二　日本对冶矿的疯狂采掘

日本人利用大冶铁矿留存的资料、图纸，开始修复铁山到石灰窑江边的铁路，1939年4月3日恢复通车；在江岸安装号称"东洋第一"的装载机2部，同时修复得道湾发电所。

日铁相继侵占了铁门坎、龙洞、象鼻山、老鼠尾、狮子山、大石门、野鸡坪、尖山、管山等300多公顷的山场和良田，实现了对大冶铁矿的垄断性经营。

1939年10月，大冶铁矿恢复生产。

为了满足侵略战争对钢铁的巨大需求，日铁耗资7000余万日元，为冶矿添置或补充了一批设备。在山场地带（即采区）添置有50马力斜坑卷扬机1台，凿岩机30台，装载设备（俗称码头）3座，发电所配备750马力、500马力、400马力德色尔发电机各1台。空气压缩机配备200马力、50马力德色尔发电机各一台。在新厂（即大冶铁厂）地带配备有发电所（750马力、300马力、130马力德色尔发电机各1台），修理工作场（车辆修理工场、模型工场、翻砂及铜工场、锻工场、车床及加工工场各1处）以及氧气制造设备、制冰设备等。在铁路运输方面，有矿石车约1000辆，矿山至石灰窑的铁路30公里，100吨型机车5台，30~50吨机车10台，40~50吨矿石货车110辆，平货车100辆。江岸设备有：皮带卸矿机2座，储矿仓3处，可储矿62万吨。船舶运输设备：150~180吨小汽船6艘，600~700吨铁驳15艘，900吨铁艘2艘，200吨木驳10艘，发动机船（用于江内联络和拖带船只）3艘。

---

① 《管维屏致盛恩颐函》（1939年1月3日），载鄂档《汉冶萍》下册，第750页。

此外，日铁大冶矿业所还兴建了山场总事务所和尖山、狮子山、象鼻山及新厂等事务所，还有工员宿舍、职员宿舍、苦力宿舍、职工食堂兼娱乐场、医院、商店、摔跤场、练武场、大厨房、日本小学等设施。①

钢迁会虽在抗战爆发后将大部分设备拆迁到了重庆，但"矿山依旧，450吨炼铁炉2座及其固定附属设备仍旧留在厂内"。② 因此，日本人恢复冶矿生产不是太困难之事。到1940年，大冶铁矿的开采能力和铁路运送能力已达到每天5000吨，年产量可达150万吨，每月发电量可达65万度。

日本将新购置的设备首先放在狮子山一带。据战后调查，其探矿、开掘矿井、采矿、矿上搬运、选矿、动力、修理等各类设备一应俱全。

日本人在冶矿兴建了大批房屋，计职工宿舍2栋，有房102间；职工住宅22栋，有房172间；小工宿舍能容6500人；"医院一所，规模甚大"。运矿铁路和得道湾、下陆、石灰窑三处车站均得到修复，拥有各类机车16辆，货车116辆，矿车170辆，客车7辆。③

日本人正是凭借雄厚的采掘和运输能力，对大冶铁矿进行肆无忌惮的开采，得道湾、狮子山采区更被弄得面目全非。日本占领期冶矿矿石开采总量达500万吨，详见表7-19。

表7-19 日本占领期大冶铁矿历年开采铁砂数量

单位：万吨

年 份	1939	1940	1941	1942	1943	1944	共 计
产 量	7.7	40	110	144.5	109.9	87.9	500

资料来源：国民政府《华中钢铁公司档》，载《汉冶萍与日本关系史料》，第1104页。

据国民政府经济部和华中钢铁公司战后调查，沦陷期内日本从大冶铁矿掠夺矿砂也是500万吨，详见表7-20。

---

① 《汉口日本商工会议调查部调查报告》（1943年5月1日），载《汉冶萍与日本关系史料》，第1094~1097页。
② 严恩棫、郑翰西：《汉冶萍公司大冶厂矿视察报告》（1945年12月20日），载《汉冶萍与日本关系史料》，第1099页。
③ 华中钢铁公司档案：《汉冶萍公司大冶厂矿视察报告》（1945年12月20日），载《汉冶萍与日本关系史料》，第1100~1102页。

表 7-20　日本劫夺大冶铁矿砂数量（1938~1945 年）

单位：吨

年　份	1938	1939	1940	1941	1942	1943	1944	1945	合　计
数　量	15597	189970	297660	920459	1413054	979775	461145	722340	5000000

资料来源：《华中钢铁公司调查》，载鄂档《汉冶萍》下册，第755页；《汉冶萍与日本关系史料》第1104~1005、1123页。

事实上，沦陷期内冶矿开采矿石500万吨和日本运走500万吨是一种巧合，冶矿在此期间每年开采量和运往日本量完全不同。运往日本的矿砂中包括抗战爆发后冶矿停工时所存、后被日本运走而列入公司销售账的235668吨矿砂，也包括日本人从鄂城铁矿运走的174471吨矿砂。[①] 另据国民政府经济部战后调查，大冶铁矿1942年后因运输困难而减少产量，到1943年2月全部停产[②]。这就是说1943年以后运走的是积存下来的矿石，而不是当年生产的矿石，但这似乎与表7-19有所矛盾，姑且存疑。

这些铁矿运往上海后再转运至日本，"供给八幡铁厂之用"。[③]

为了开采矿砂，日铁高级职员小田、江口、森口等召集留在大冶的老职员，劝诱他们"积极筹备铁矿采运工作"。此后，各采区中国工人不断增加。同时，为了加强对中国员工的监督，各采区也增加了不少日本人。截至1942年2月底，大冶铁矿共有中日员工14946人。详见表7-21。

表 7-21　1942 年 2 月底大冶铁矿中日员工数量

单位：人

类别＼场所	石灰窑	下　陆	山　元	合　计
日本职员	633	7	292	932
中国工人	2407	123	347	2877

① 《汉冶萍与日本关系史料》，第1123页表3注。
② 国民政府经济部：《接管大冶矿业所现况说明》，载《汉冶萍与日本关系史料》，第1103页。
③ 国民政府经济部：《接管大冶矿业所现况说明》，载《汉冶萍与日本关系史料》，第1104页。

续表

类别 \ 场所	石灰窑	下陆	山元	合计
常备苦力	2236	191	4045	6472
包工苦力	2020	—	2178	4198
中国佣人	335	6	126	467
合计	7631	327	6988	14946

原注：另，日本成年家属132名。

资料来源：《日铁大冶矿业所昭和17年2月份作业状况报告》（1942年3月1日），载《汉冶萍与日本关系史料》，第1093页。

日铁大冶矿业所也将矿山工程承包给日本有关施工企业，这些企业雇用临时工从事施工。详见表7-22。

表7-22 日铁大冶矿业所工程承包分区人数表

单位：人

区别	日本人	中国人	苦力	合计
大同组	25	650	500	1175
间组	120	833	3758	4711
寿组	35	328	470	833
总计	180	1811	4728	6719

资料来源：《汉冶萍与日本关系史料》，第1094页。

日铁大冶矿业所强行开采的老矿区有铁门坎、龙洞、象鼻山、老鼠尾、狮子山、大石门、野鸡坪、尖山等，新辟采区有管山（日本人称青备山），新老采区山域面积337.62公顷，日铁自铁山至石灰窑一线共圈地3.157平方公里。矿区各类土木建筑面积25360.83平方米。日铁进行了一定规模的探矿，其办法是槽探、钻探及少量坑探相结合，在下陆、管山、铜鼓地、铁山、分伙山等地布置了探槽或钻头，整个矿区共施钻33孔，其中有记录者12孔。日铁根据钻探资料计算大冶铁矿储量4073万吨，但有一位日本人估算铁山矿石储量3246万吨，减去1942年开采的100余万吨，1943年实存矿石3146万吨。①

---

① 《汉冶萍公司志》，第231~232页。

日铁大冶矿业所的开采方式包括露天采掘、窿道采掘和竖坑采掘。从1939年开始，日铁沿用原大冶铁矿、象鼻山铁矿使用的办法分阶段采掘，全矿露天采掘共分18个工作面。日铁在露天采场采矿时，只运走矿石，将大量废石堆积在采场两端。"日人经营时专以抢运矿石为目的，积荒甚厚，驯至高达百余公尺之悬崖陡壁，非徒影响将来露天开采，且现有房屋设备亦有被摧之虞。"据美国专家伊唐战后估计，冶矿为此须清理土石2000万吨以上，"否则将有400万吨之矿石因地下采掘而致损失"。①

日本另一开采方式是窿道采掘。日铁为快速开采狮子山、老鼠尾一带的优质矿砂并缩短运距，采用了"露天漏斗法"。与此同时，日铁恢复了坑内生产，除利用原得道湾窿道外，1943年又开凿了象鼻山、大石门窿道，采出了少量矿石。日铁在窿道采矿，不按正常的填充法填充，致使窿内出现大量空洞。此外，日铁还采用了竖坑采掘，1943年尖山、得道湾及象鼻山与老鼠尾之间的三座竖井工程动工。但直到1945年8月日本投降，东竖井仅开了平洞巷道，中、西竖井分别开凿了100米和81.5米。这些竖井均未生产矿石。②

日本人将人力和设备集中于采矿场，而将大冶铁厂变成了后勤基地，员工福利设施也大都建于此地。厂内的火力发电所设备主要有2座四筒式锅炉、3300伏蒸汽透平发电机和6.6万伏变压设备。其机械修理部门包括木模、铸造、机械加工、铁路车辆修理、汽车修理、冷作兼焊接、铜件兼管子、装置、氧气、制冰等各类工场。小型自来水厂也已恢复，"所有福利设施颇为完备，如住宅、宿舍、医院、演艺馆、游泳池、蓄植场、酿造厂均附设于厂区之内"③。

三　冶矿员工的悲惨生活

大冶矿业所役使的中国工人被称为"苦力"，他们在采场、铁路、码

---

① 《接收经过及目前概况》，载黄石市档案馆藏华中钢铁公司档案，全宗号L2，案卷号32。
② 《汉冶萍公司志》，第233页。
③ 《严恩械、郑翰西视察汉冶萍公司大冶厂矿报告》（1945年12月20日），载鄂档《汉冶萍》下册，第757页。

头从事采矿、搬运和装卸货物等笨重劳动,约达1万人。

铁山固定的苦力约6000人,1个月以上的临时工达14万人次,每人平均采矿量约0.8吨。他们主要为当地居民、外来移民和战俘。大冶矿业所采用中国特有的工头制包工法,由工头负责组织生产领取工资,并分配给苦力。这种生产组织,少则30人,多则130人。采矿标准由工头与矿业所签订合同来规定,露天采矿以吨为单位,矿内采掘以米为标准,搬运以一辆货车的载重量为标准。苦力每个月的劳动天数为20至25天,上工率为80%。江岸运矿工苦力2000余人,以400~500人组成一班,每班有大工头、中工头各1人,小工头数人,分别负责现场的指挥监督。矿业所对工头实行月薪制,苦力则根据其搬运次数,以包工方法领取工资,每人每天大约2~3元。运矿标准系根据船舶装载吨数和船舶与储矿场之间的距离而定,每班每小时最高装载180吨。矿业所除利用中国特有的工头制外,还"设置奖励金,加紧督促,以增加作业之训练与效率"。①

大冶矿业所职员和技术工人的待遇与苦力大不相同。日中两国职员实行月薪制,工资最高者月收入约200日元(或储备券),多为日籍职员,最低者月收入约40日元。技术工人采用日薪制,技术较熟练的工人或领工每日工资2日元多,刚进矿的学徒工每天0.8日元,半年之后增至1日元,1年后增至1.2日元,1年半后加至1.4日元。相比较而言,工人的工资颇低。

令人触目惊心的是,矿山经常发生各种事故,不少工人当场毙命。1940年,象鼻山一名矿工被钢钎刺死。1942年夏,9名工人在老铁山隧道因塌方死亡。1944年2月5日,狮子山山洞里炸药库发生爆炸,300多名中国矿工全部毙命,20多名日本人也被炸死。②

日铁大冶矿业所是靠刺刀来维持开采的。

日本人认为:

> 矿业所业务之一,就是要组织警备队及保护团,以负维护治安之

---

① 汉口日本商工会议所调查部:《武汉地区工业调查报告书》第9号:铁业,1943年5月1日,载《汉冶萍与日本关系史料》,第1099页。
② 《汉冶萍公司志》,第238~240页。

责；同时亦应与附近军队取得联络，进行严密警戒。

警戒方法之一是石灰窑至铁道沿线，宽10米之地，张设电网，通电流，以防敌匪（按：指中国抗日游击队）侵入。其他在发电所及江岸装载机、皮带传送机旁之油库、仓库等主要设备地带，亦有同样设施。①

日本人把大冶铁矿变成了一座集中营。大冶铁矿进入了最黑暗、最血腥的岁月。

战争后期，日本人鉴于战局无法早日结束，华中又无大型炼焦厂与大冶铁厂相配套，一度酝酿拆迁炼铁炉移设于石景山，无奈战局急转直下，这件事也就不了了之。②

图7-9　战败前夕，日铁人员在大冶神社前祈祷

四　公司旧职员助纣为虐

大冶、武汉相继沦陷后，汉冶萍尚有部分人员留在汉口，如冶矿驻汉保管专员管维屏、铁厂驻汉保管员朱庆田、冯树等。他们一方面代表盛恩颐保管公司（包括汉厂、冶矿）在汉财产和重要文件资料，经常有求于日方；另一方面，他们也不遗余力地为日方奔走效劳。

日军占领武汉后不久，汉阳治安维持会于1939年1月13日发布公告，宣布将汉冶萍公司莲花湖等地的财产收归该会保管并收税。汉厂驻汉保管员虽分头与之交涉，但毫无结果。保管专员管维屏于是请日本人阿部善三郎出面向汉口军特务部说明情况。③

---

① 《汉冶萍与日本关系史料》，第1097~1098页。
② 严恩棫、郑翰西：《汉冶萍公司大冶厂矿视察报告》（1945年12月20日），载《汉冶萍与日本关系史料》，第1099页；鄂档《汉冶萍》下册，第756页。
③ 《朱庆田致盛恩颐、赵兴昌函》（1939年2月3日），载鄂档《汉冶萍》下册，第751页。

1939年4月初，日本制铁株式会社汉口事务所正式成立，新原荣藏任所长。新原准备将汉阳铁厂、武昌纱厂所有机器、铁件拆除运往日本，等两厂拆毕，"然后及于冶厂，如化铁炉、热风炉等均在拆除之列"。管维屏等认为"事关本公司产业"，除陈报盛恩颐外，也积极与日铁汉口事务所交涉。① 12月2日，日铁和公司驻汉保管处分别派内田和黄子廷、胡保定等查点了武昌材料栈所存的材料，公司请求将这些材料点收作价，并将日兴洋行原先运走的材料"一并作价，以保权益"。②

他们也请日铁出面"保护"公司在汉产业。公司在汉阳的一些残破房产，"须由日铁名义出面进行，方免波折；其较为完整者，则由日铁张挂木牌保护"；"汉口地产，向宪兵队收回，亦须由日铁办理，方无困难"。③

但是，日铁对汉冶萍在汉财产的"保护"是十分有限的。我们迄今不知日铁"保护"公司财产的具体情况，而相反的事例倒不少。例如，公司在汉口宗关下和堡垣两处地皮于1939年九十月间被日本宪兵队指认为"敌产"或"公产"，收归该队保管收租，直到1940年9月，"日铁虽允交涉，但仍未发还"。④

如果说，公司一些人在刺刀下被迫干些"拉大旗作虎皮"的勾当还情有可原的话，那么，他们心甘情愿充当日铁的鹰犬走卒则只会被世人切齿痛恨。

1939年9月，日铁大冶矿业所致电日铁汉口事务所，要求管维屏携带大冶厂矿地图，赴冶接洽。经请示盛恩颐后，管维屏于12日搭乘商轮赴冶，13日会见代理所长鹤田丰等，获悉日铁将在黄石胜阳港一带扩充码头、铁路，凡不属汉冶萍的地皮则出价购买。日铁希望管维屏留冶帮同办理当地民房、坟墓出价迁移事宜，时间约为一年。管维屏开始并未应允，

---

① 《管维屏致盛恩颐函》（1939年4月13日），载鄂档《汉冶萍》下册，第751页。
② 《朱庆田致日铁汉口事务所函》（1939年12月4日），载鄂档《汉冶萍》下册，第751页。
③ 《朱庆田致盛恩颐、赵兴昌函》（1940年1月13日），载鄂档《汉冶萍》下册，第752页。
④ 《朱庆田致盛恩颐、赵兴昌函》（1940年9月7日），载鄂档《汉冶萍》下册，第752页。

但同意借给1920年10月所绘大冶铁矿沿铁道地产图共10张。①

日铁董事田尻1940年10月"视察"冶矿后返日路过上海，向盛恩颐商借冶矿旧人，双方都把目光锁定在管维屏身上。② 11月2日，管维屏遵盛恩颐之嘱搭乘"铁山丸"抵冶，拜会了斋藤所长。日铁指派管氏担任日铁大冶矿业所地方事务处华籍职员，该处有日员4人：中村、江口、长田、庭野；华员3人：除管氏外，有刘启贤、王耀宗。③ 地方事务处是日铁处理地方事务和华籍员工事务的部门，是震慑中国矿工的重要机关。管维屏积极为日铁效劳，1940年11月力荐起卸股监工王道平随同中村、鹤田、江口等人前往富池口调查所存阳新锰矿情况，结果发现该处存锰矿砂约2000吨。④

公司会计所副所长费敏士等人对日籍人员关怀备至。日本会计顾问吉川远在东京，长期未在大冶工作，但会计所仍按盛恩颐指示于1943年5月31日寄给吉川上半期津贴4076.82元，吉川对此虚假地表示："实在出乎本人意外"，"实觉惶恐，盛经理前希代致谢。"⑤

盛恩颐等人助纣为虐，在汉冶萍历史上写下了最耻辱的一页。

五 围绕矿区使用费之争

大冶铁矿沦陷后不久，便于1938年11月恢复了对日本的铁矿石销售。价格从1936年的每吨5.5日元升至6日元，但后来又降为5日元。据估计，这应是用于支付冶矿沦陷前积存的矿石价款，等这批积存的矿石运完，从1940年10月起，公司账册便不再有销售矿石的记载。

1940年10月之后，日本运走矿石的记载，"仅仅属于应付给地主矿区使用费而已"。不过双方往来文件中仍将"使用费"习惯性地称为"价格"。1941年9月18日日本颁布了《物价停止令》，将大冶矿石排除在加价范围之外。1943年5月24日，费敏士致函会计顾问吉川，谈及大冶矿

---

① 《管维屏致盛恩颐函》（1939年12月19日），载鄂档《汉冶萍》下册，第752页。
② 《盛恩颐致管维屏函》（1940年10月24日），载鄂档《汉冶萍》下册，第753页。
③ 《管维屏致盛恩颐函》（1940年11月19日），载鄂档《汉冶萍》下册，第753页。
④ 《管维屏致盛恩颐函》（1940年11月19日），载鄂档《汉冶萍》下册，第753页。
⑤ 《吉川致费敏士函》（1943年6月21日），载鄂档《汉冶萍》下册，第753~754页；《汉冶萍与日本关系史料》，第1107页。

石加价之事，吉川表示，大冶矿石不符合加价的条件，"只好暂时搁置"。①

1941年太平洋战争爆发后，国际市场上钢铁价格猛涨，这不能不波及冶矿矿石价格。

围绕冶矿1942年的价格问题，各方有过一次争吵，而作为矿山业主的汉冶萍却没有任何发言的资格。会计顾问吉川提出：1942年价格应比1941年增加二成，即矿石在40万吨以内，每吨增加1.2日元；40万吨以上每吨增加0.6日元。日铁则认为：大冶采掘费估价过高，需降低矿石价格，故提出所谓"对案"，即40万吨以内加价1日元，100万吨以上加0.2日元，40万吨至100万吨之间则分别加价0.5、0.4和0.3日元。吉川又提出一个与此差别不大的方案。此时因人事变动，交涉暂停，直到1943年3月30日，公司才接到日铁所付价款325441日元。这场日本方面导演的煞有介事的争论，最后是日铁同意吉川做出"让步"的方案，协议成立并得到日本大东亚省批准，1943年6月16日"接到通知批准定案"。② 这场事关汉冶萍利益的价格之争，却没有任何一名公司成员参与。事后，吉川将此事的最终结果函告费敏士，并以"我方主张，恐难贯彻"③为辞，推卸了日铁在故意压低矿石价格上的一切责任。

从日铁交付正金银行账户内的数目看，从1937年11月至1943年11月的6年间，日铁交付公司的矿石价款共2505683.65日元，但实际汇往上海的总数字不详。④

日本占领期间从大冶运走矿石500万吨，而付给公司的钱仅250万日元，也就是说，每吨矿石仅0.5日元。日本支付这点可怜"矿区费用"后，就可以堂而皇之地在大冶开采和掠运矿石。而这250万日元的矿区使用费，使盛恩颐一伙得以在沦陷区继续享受花天酒地的奢靡生活，而公司广大矿工并没有得到什么好处。

---

① 《吉川致费敏士函》（1943年6月3日），载鄂档《汉冶萍》下册，第753页；《汉冶萍与日本关系史料》，第1106页。
② 《吉川致费敏士函》，（1943年7月5日），载《汉冶萍与日本队关系史料》，第1108~1109页；鄂档《汉冶萍》下册，第754页。
③ 《吉川致费敏士函》，（1943年8月3日），载《汉冶萍与日本队关系史料》，第1110~1111页；鄂档《汉冶萍》下册，第754~755页。
④ 《汉冶萍与日本关系史料》，第1111页。

第八章 残阳如血
——汉冶萍公司退出历史舞台（1945~1948）

第一节 接收敌产和清理公司资产

抗战胜利后，国民政府全面接管汉冶萍公司和日伪产业，第一步是成立大冶厂矿保管处，接收日铁大冶矿业所；第二步是组建华中钢铁公司，接管原汉冶萍在湖北境内的产业。显赫一时的汉冶萍从此在历史舞台上悄然消失。

一 接收日铁大冶矿业所

抗日战争的胜利，使汉冶萍迎来了命运的大转变。

钢迁会委员严恩棫及郑翰西奉命对大冶厂矿进行调查，他们于1945年12月20日提出《视察汉冶萍公司大冶厂矿报告》，提供了大冶厂矿的战时变迁、铁矿储量、矿上设备、运矿铁路及卸矿码头、铁厂设备方面的详细情况。详见表8-1。

表8-1 1945年大冶厂矿采矿设备一览

设备类型	设备名称	设备能力	单 位	数 量
探矿设备	试钻机		台	3
	抽水机		台	3
	石油发动机	7马力	台	1
	石油发动机	5马力	台	1

续表

设备类型	设备名称	设备能力	单位	数量
开掘矿井设备	卷扬机		台	4
	吊式电力抽水机		台	5
	钻孔机		台	若干
采矿设备	电力空气压缩机	50 马力	台	1
	电力空气压缩机	200 马力	台	1
	电力空气压缩机	500 马力	台	1
	电力空气压缩机	100 马力	台	2
	柴油空气压缩机	100 马力	台	1
	钻孔机		台	319
	修钻机		台	10
	钻孔机	矿石大爆破用	台	2
	铲土机		台	2
搬运设备	斜坡卸矿道		处	9
	小铲机	1 吨	辆	138
	小铲车	2 吨	辆	200
选矿设备	破碎机		套	3
动力设备	柴油发电机	220V 30 马力	台	1
	柴油发电机	400V 50 马力	台	1
	柴油发电机	3300~3500V 400 马力	台	1
	柴油发电机	3300~3500V 750 马力	台	1
	柴油发电机	160 马力	台	1
修理设备	大小车床		台	6
	大小钻床		台	5
	牛头刨床		台	1
	砂轮机		台	1
	空气锤		台	1
	电焊机		台	1
	锯木机		台	1
	送风机		台	1
	电钻机		台	3
	空气压缩铆钉机		台	3

资料来源：《严恩棫、郑翰西视察汉冶萍公司大冶厂矿报告》（1945 年 12 月 20 日），载鄂档《汉冶萍》下册，第 756 页。

此外，大冶厂矿还有大量房产、运矿铁路和铁厂设备。

严恩棫等人的调查显然是为国民政府接管大冶厂矿作准备。

1945年下半年，国民政府经济部湘鄂赣区特派员李景潞委派朱若萍、李卓等负责接收日本制铁株式会社大冶矿业所并成立"日铁保管所"。

1946年2月1日，日铁保管所被资源委员会接管，改称经济部资源委员会大冶厂矿保管处，刘刚任主任，保管处下设秘书、总务、会计、运输、材料、工务六组，保管处还颁布了《接收日铁办法》。① 9月3日，李景潞致函华中钢铁公司（以下简称华钢）筹备处，明确规定："大冶象鼻山铁矿及大冶铁厂、铁矿日人增益部分资产，应由华中钢铁有限公司筹备处接管，大冶、汉阳及武汉附近汉冶萍厂矿有限公司资产亦暂由该处接收代为保管。"

图8-1 国民政府经济部委派李景潞
（前排左起第四人）视察冶矿

至此，华钢筹备处成为接收日铁在鄂产业和清理汉冶萍冶、汉资产的主体。

此时大冶厂矿保管处面临的环境十分恶劣。"大冶厂矿地区辽阔，物资不少，有经拆除未竣者，亦有经安装而未完成者，散置各地，情形颇为混乱。当接收之初，员工有限，警卫力量尚未组织，或虽组织而未充实，当地宵小不时勾结不肖军人盗取物资，防不胜防，此为集中保管工作所感受之困难。"②

---

① 《资源委员会钢铁厂接收日铁办法》（1946年2月1日），鄂馆藏汉冶萍。
② 《接收经过及目前概况》（1946年底），黄石市档案馆藏华中钢铁公司档案（以下简称"华钢档"）。

尽管如此，华钢筹备处以大冶厂矿保管处名义出面，与原日铁大冶矿业所日籍管理人员交涉，接收工作取得不菲成绩。截至1947年3月，华钢筹备处接收的大冶矿业所房地产、设备、材料的清点并估计清册见表8-2。

表8-2 接收日铁大冶矿业所财产清册

清册名称	份数	清册内容
接收财产清点暨估价清册	3	日铁在汉冶萍大冶财产增益部分
接收财产清点暨估价清册	3	日铁移交湖北官矿局大冶财产部分
接收财产清点暨估价清册	3	日铁移交汉冶萍大冶财产部分
接收财产清点暨估价清册	3	日铁在大冶材料部分
接收武器清点暨估价清册	3	日铁在大冶武器部分
接收化验药品清点暨估价清册	3	日铁在大冶化验药品部分
接收西药清点暨估价清册	3	日铁在大冶西药部分
接收资产清点暨估价清册	3	日铁汉口出张所资产部分
盘盈接收财产估价清册	3	日铁在大冶财产部分
盘盈接收财产估价清册	3	日铁移交汉冶萍大冶财产部分

资料来源：《华中钢铁公司筹备处呈资源委员会文》（1947年3月11日），黄石市档案馆藏华中钢铁公司档案。

由于汉冶萍在大冶苦心经营了几十年，日铁为掠夺铁矿资源也耗巨资添购设备，故大冶厂矿设备、材料、房产等数量众多，项目繁杂，"日铁株式会社及其他敌遗产业，包括工厂、房地、物资、船舶、汽车、火车、矿厂设备等，为数甚多，亟待全盘清理"。①

大冶厂矿保管处会同经济部湘鄂赣区特派员接收日铁大冶矿业所资产。保管处代表朱若萍和原日铁大冶矿业所日籍经管人员就房屋、器材、设备等初步交接，造具清册，于7月底办理完毕。保管处嗣后奉经济部特派员办公处之命接管汉阳铁厂和日铁

图8-2 解放初一片荒凉的大冶铁矿

---

① 《华中钢铁公司筹备处呈资源委员会文》（1947年3月11日），黄石市档案馆藏华钢档。

汉口出张所资产,先后于9月15日和10月15日交接竣事。①

战后大冶铁矿还留存有80余万吨矿石。根据政府部门制定的《接收国内日本产业赔偿我国损失记账办法》第二条第四项规定:"日人在我国所强占之土地及强占之矿权,不作为赔偿之用。"因为这些矿石系日本人强占大冶矿权时所窃取,因此不能认作接收的敌产,故未列入接收日铁大冶矿业所资产清册。②

从1946年9月起,华钢筹备处便已公开介入接收日铁大冶矿业所之事。12月24日,"关于华中钢铁厂接收大冶日铁株式会社产业座谈"在行政院特派员办公处举行,达成三项协议,其第三条规定:"船舶、房地产及机器等日人增益部分,由华中钢铁厂遵照行政院命令,整个估价转账,但船舶及房地产应分别造册送行政院特派员办公处转发长江区航政局及中信局汉口分局。"③。1947年2月4日和3月23日,行政院特派员办公处将上述规定分别转发给长江区航政局和中信局武汉区敌伪产业清理处。④

接收日铁大冶矿业所是按照战胜国的权利依法有序进行的,仅一年多时间就顺利完成了涉及面极宽、内容极为复杂的接收任务。

抗战胜利后滞留大冶的日籍员工及眷属共1600余人,华钢筹备处根据上级有关"日本重要技术人员,仍须酌为留用"的指示,留用了部分日籍员工。截至1947年5月,留用日籍员工71人,其中日籍医师11人,华钢筹备处5月27日将日籍人员全部遣送回国。⑤

至此,接收日铁大冶矿业所的工作告一段落。

二　清理汉冶萍大冶厂矿

资源委员会在冶矿的工作重心逐渐从接收日铁财产转移到清理汉冶萍

---

① 《接收经过及目前概况》(1946年底),黄石市档案馆藏华钢档。
② 《华中钢铁公司筹备处呈资源委员会文》附件(1947年3月),黄石市档案馆藏华钢档。
③ 《关于华中钢铁厂接收大冶日铁株式会社产业座谈记录》(1946年12月24日),黄石市档案馆藏华钢档。
④ 《华中钢铁公司筹备处呈资源委员会文》(1947年6月13日),黄石市档案馆藏华钢档。
⑤ 《华钢筹备处致资源委员会经济研究室密电》(1947年9月9日),黄石市档案馆藏华钢档。

在冶、汉资产上来。

资源委员会会同经济部于 1946 年 6 月 26 日呈文行政院："认为该公司实有由政府彻底清理之必要"，"呈请钧院准由本会会同本部组织清理汉冶萍公司资产之机构，加以整理清算"。行政院 7 月 8 日做出批示："准予照办。"

根据资源委员会、经济部 1947 年 4 月颁布的《汉冶萍公司资产清理委员会组织规程》的规定，由上述会、部共同组织汉冶萍煤铁厂矿公司清理委员会（以下简称清理委员会），调查清理汉冶萍煤铁厂矿全部资产，并拟定处理办法；清理委员会设委员 9 人，分别由资源委员会和经济部指派 5 人和 4 人，并由委员会推定主任委员一人，常务委员二人。清理委员会 1947 年 4 月 22 日在南京举行第一次会议，推举资源委员会主任孙越崎为该会主任委员，经济部李鸣和与程义法为常务委员。[①] 5 月 2 日，行政院发布指令：准予照办。

清理委员会 5 月 12 日发布公告：（1）自即日起，汉冶萍一切资产，该公司不得为任何之处分，并应由该公司指定负责人员将所有资产及其契据、账册、档案等一律点交本会接管，以凭清理；（2）自抗战起迄本会接管之日止，该公司在此期内对其资产如有任何处分及移动等情事，应逐项叙明详情及理由，并检同证件移交本会并案清理。5 月 23 日，经济部部长王云五签字同意汉冶萍公司资产清理委员会的成立和对孙越崎等人的任命。

资源委员会 1947 年 5 月 23 日呈请行政院行文明令：（1）由资源委员会会同经济部指派人员组织清理汉冶萍资产之机构，俾便整理清算，并可拟具处理办法予以合理之解决；（2）日人在汉冶萍产业上之增益部分及以前湖北省之象鼻山铁矿一并划归资源委员会接管；（3）经济部湘鄂赣特派员办公处行将结束，所设汉冶萍资产之保管机构移隶资源委员会。[②] 7 月 8 日，行政院批准照办，并令将该公司汉阳、大冶厂矿资产及日本制铁所在大冶铁矿增益之设备等，均由华中钢铁公司筹备处分别接

[①] 《汉冶萍煤铁厂矿公司资产清理委员会第一次会议记录》（1947 年 4 月 22 日），黄石市档案馆藏华钢档；另见鄂档《汉冶萍》下册，第 757~758 页。
[②] 《行政院训令》（附抄发原呈件）（1947 年 5 月 23 日），黄石市档案馆藏华钢档。

收管理。

清理委员会的各项工作逐步展开。

需要指出的是，作为汉冶萍组成部分的萍乡煤矿早已于1928年被江西省政府接管，抗战胜利后改为国营性质的赣西煤业局，故不在清理范围之内。

根据华钢筹备处对接收的汉冶萍大冶、汉阳等地资产清册的估价（按1945年11月市价八折计算），共达740802951.4元。而萍矿资产则荡然无存。

第二节　国民政府接收汉冶萍产业

资源委员会清理汉冶萍的最终目的是要将这家公司收归国民政府所有。此举遭到汉冶萍总经理盛恩颐等人的顽固抗拒，但这不过是螳臂当车而已。显赫一时的汉冶萍历经挫折，最终消逝在历史的长河之中。

一　盛恩颐阻挠政府清理

自汉冶萍公司资产清理委员会1947年4月22日成立并宣布对汉冶萍资产进行清理之后，以盛恩颐为首的公司高层对此甚为恼恨并进行顽固抵制。

汉冶萍公司资产清理委员会是把汉冶萍资产作为敌伪产业来处理的。5月12日，清理委员会将行政院的指令以清理委员会第一号公告的形式刊登于南京《中央日报》、《和平日报》，上海《中央日报》、《申报》、《新闻报》和汉口《武汉日报》各三天，命汉冶萍公司遵照办理。

清理委员会派宋作楠、孙治公前往接收，盛恩颐以"当召开董事会，惟在董事会未议决移交以前，渠未便擅自办理"为由，拒绝移交。6月14日清理委员会再派委员卜昂华赴沪，责成盛恩颐确定移交日期，盛恩颐又称："各董事之意须交付股东大会讨论方可决定"，始终不作肯定答复，似系故意拖延。

1947年7月10日，公司董事会呈文行政院，一方面虚假地表示："所称各节为加紧清理工作起见,确属核要",对清理委员会派委员宋作楠、法律顾问孙治公等前来执行清理,公司董事会也未提出异议。但另一方面董事会提出了三个貌似有理实则荒谬的问题:一是职工安置问题。呈文说:"对于公司原有员工生计及股东权益之如何处理,均尚未蒙明示。自清理委员会登报公告成立以后,各股东纷来质询,群情惶急。"二是收回萍矿问题。呈文说:"至煤矿民营,法令在所不禁,与国策亦无抵触,拟恳俯念商公司创业艰难,在接管汉冶厂矿资产之前准将萍矿部份划归民营,俾商公司名义仍得继续存在。"三是政府赔偿问题。呈文说:"准将前所征用汉冶厂矿之机器、材料及此次准备接管之资产,按市值酌予贴补,以便萍矿复兴之用。"

清理委员会7月初举行第二次会议,拟具汉冶萍公司接收方式与清理方式,对盛恩颐等提出的各项要求"未便照准",7月17日呈文资源委员会、经济部,痛斥"盛恩颐及其他负责人狡诈性成,蔑视命令","并将盛氏父子先后勾结日人擅借日债、违法畏权种种罪行沥陈于次",此文除揭露盛氏擅借日债、阻挠整理外,还特别指出:盛恩颐"勾结敌人充任伪职",此系指盛恩颐1942年以汉冶萍总经理名义充任日伪组织华中矿业公司发起人兼监察人。根据行政院规定:"凡曾任职敌伪公司之总裁、理监事等人附从敌伪,胜利以后应撤销此项资格",因此盛恩颐的汉冶萍总经理资格已被取消。清理委员会强调:汉冶萍所有厂矿资产"依照敌伪产业处理办法应归政府所有"。此后工商部、资源委员会1948年9月17日呈行政院文中痛责盛恩颐"为敌作伥,昭然若揭",并揭露盛恩颐1938年在与日铁会谈时表示"通力合作,事不难为也",认为盛恩颐"通谋敌国,出卖本国资源,事实昭然"。

1947年7月,经济部部长陈启天、资源委员会委员长翁文灏发布指令,批准清理委员会提出的接收方式和清理办法。

10月初,行政院发布指令:"关于清理该公司日债一案,饬由清理委员会会同苏浙皖区处理敌伪产业审议委员洽接办理",即按照敌伪产业处理办法来处理汉冶萍资产。对汉冶萍举借的大量日债,翁文灏12月25日致财政部长俞鸿钧函中提出如下处理意见:"至于该公司所欠日债之债权,应即由政府收归国者,抵作战事损失之赔偿,连同抵押品一律交由清理会并案清理,另组公司,以国营为原则。凡未附逆之股东,仍承认其合法权益。"

清理委员会12月25日发表《清理汉冶萍公司资产节略》，其要点是：

（1）该公司所欠日债之债权，自日本无条件投降后一律收归国有，由我国中央政府承受，抵作对日战争损失之赔偿；其抵押品（即全部厂矿资产的契据等）交由会、部清理委员会接收整理。

（2）该公司资产与负债，其原有价值应当按照1937年上半年的物价标准折合计算。

（3）承认未附逆股东的合法权益，但该公司名义俟清理完竣后即行撤销。

至此，清理委员会冲破盛恩颐等设置的重重障碍，清理工作取得重大进展，汉冶萍公司名义将被撤销。

二 汉冶萍公司落下帷幕

鉴于"盛恩颐蔑视法令，一昧拖宕，多方阻挠政府清理"，清理委员会呈文行政院：（1）由行政院再令盛恩颐限于文到15日内将各项簿据送至清理委员会；（2）如逾期不交，由清理委员会将汉冶萍上海总公司及各地产业径行接管，并登报公告各股东限期至清理委员会登记，同时提出清理办法三项。1948年1月14日，行政院发出训令："1. 接收方面，可由清理委员会径向该公司洽接清理，如该公司延不点交，可由该委员会径行接管。2. 清理办法三项，准予照办。"

盛恩颐等人仍不肯就范。清理委员会按照行政院1948年1月14日的训令，派员赴沪，会同监交人经济部上海工商局辅导处处长欧阳崙的代表钱国钮、资产委员会上海办事处处长夏宪讲的代表翟丹生，于2月16日接收汉冶萍上海总公司，与该公司前总经理盛恩颐、襄理赵兴昌办理该公司账册、簿据、档案、地契的移交手续。同一天，在上海四川路33号中国企业银行8楼汉冶萍公司原址上设立清理委员会上海办事处。既波澜壮阔又跌宕起伏的汉冶萍公司永远落下了帷幕。

2月18日，汉冶萍公司清理委员会发布公告，宣布奉行政院命令，从2月16日起接管汉冶萍公司，进行清理，"开始办公"。

清理委员会的工作进入善后阶段，工商部、资源委员会1948年9月

17 日呈文行政院：（1）拟请行政院准予明令将该公司全部厂矿资产拨交华钢承受，撤销汉冶萍公司名义；大渡口钢铁厂和赣西煤矿局均请准予照旧案办理。（2）没收盛恩颐名下股份，承认未附逆股份的合法权益，许其以原有股份加入华钢，如不愿参加者，拟请准由资源委员会公平规定价格，收回其股票。（3）该公司所欠正金银行规银 250 万两的抵押品为该公司汉阳地契 87 张、汉口地契 2 张和浦东地契 1 张，已由上海中国银行接收移交苏浙皖敌伪产业清理处保管，请准予将上列契据一并移交清理委员会接收。①

汉冶萍公司清理委员会 1948 年 11 月 16 日发布公字第四号公告，宣布已完成两桩事宜：一是取消汉冶萍公司名义，二是保护未附逆股东的权益。"本会清理完竣，遵令撤销。所有作价换股及未了事项，均由华中钢铁公司赓续办理。"

汉冶萍公司清理委员会已完成自己的使命。

第三节　华中钢铁公司的正式组建

在接收日铁大冶矿业所和清理原汉冶萍公司资产的基础上重建一座新的钢铁厂似乎已呼之欲出。这本来是一桩十分美好的愿望，但是，由于国内战火重燃，经济衰败，民生凋敝，这一愿望最终只能宣告破灭。

一　华钢筹备处的成立

华中钢铁公司是资源委员会战后兴建的一座钢铁厂。

早在 1944 年春，资源委员会委派刘刚等人赴美国考察钢铁工业，准备战后利用大冶铁厂基地建设年产 100 万吨的钢铁厂。刘刚等委托美国麦基公司负责设计钢厂，美国则承诺借给中国 5 亿美元作为战后兴办钢铁工业

---

① 《工商部、资源委员会呈行政院文》（1948 年 9 月 17 日），载鄂档《汉冶萍》下册，第 765～766 页。

的资金。由于美国借款未能落实，战后资源委员会准备拆迁日本广畑钢厂或八幡制铁所设备运回大冶建设新厂，后因盟军驻日司令麦克阿瑟的阻挠，其事未果。资源委员会认为："检讨数月来自煤铁资源分布、物料水陆运输、钢铁制造成本、市场分配等逐项核算，在华中区域而论，以建厂大冶为最佳。"① 大冶建厂已初露端倪。

资源委员会1946年六七月间呈文行政院长宋子文："清理汉冶萍煤铁厂矿有限公司并筹设新厂一案，业经本会陈述接管理由及办法要点，签呈行政院鉴核示遵"，7月8日获宋子文批准。② 大冶厂矿保管处改称资源委员会华中钢铁公司筹备处，7月10日在石灰窑成立，原钢铁厂迁建委员会委员程义法任筹备处主任（未到职），刘刚任副主任，下设总工程师室、秘书室、总务组、土建组、机电组、采矿组、冶炼组、会计组、工务组、运输组。组下设课。其主要任务是继续办理日伪财产的接收和移交事宜，并为筹设新厂进行准备。

1946年11月，筹备处呈准修正组织规程，筹备处下设八组二室的构架正式形成。详见图8-3。

华钢成立的条件已大体具备。一方面，大冶铁矿存有矿砂80万吨，可供重建一座炼钢炉两三年内原料之所需；另一方面，筹建钢铁厂的准备工作，如"测量厂基、铁路及需用土地、开山平土、修理机器及运输设备、勘测矿藏、试验炼焦等"已基本就绪，而原有450吨炼铁炉炉身及各项机件（除火砖及鼓风设备须补充外）也可供修建一座炼铁炉之用。③

此外，华钢还从政府部门得到日本赔偿物资。1948年，资源委员会下属的钢铁事业管理委员会将日本赔偿的613.35吨大水压机分配给华钢。④

华钢筹备处开始紧张的筹备工作。根据笔者统计，从1946年4月5日到1948年7月5日，华钢筹备处共召开处务会议75次，另临时处务会议3次，大约每10天召开处务会议一次。

《华中钢铁有限公司组织规程》于1948年6月25日明令颁布，规定公

---

① 《资源委员会呈行政院院长宋子文》（1947年5月23日），黄石市档案馆藏华钢档。
② 《宋子文训令：令华中钢铁公司筹备处》（1946年7月），黄石市档案馆藏华钢档。
③ 《接收经过及目前概况》（1946年底），黄石市档案馆藏华钢档。
④ 《抄致钢铁事业管理委员会上海营运处》（1948年7月），鄂馆藏汉冶萍。

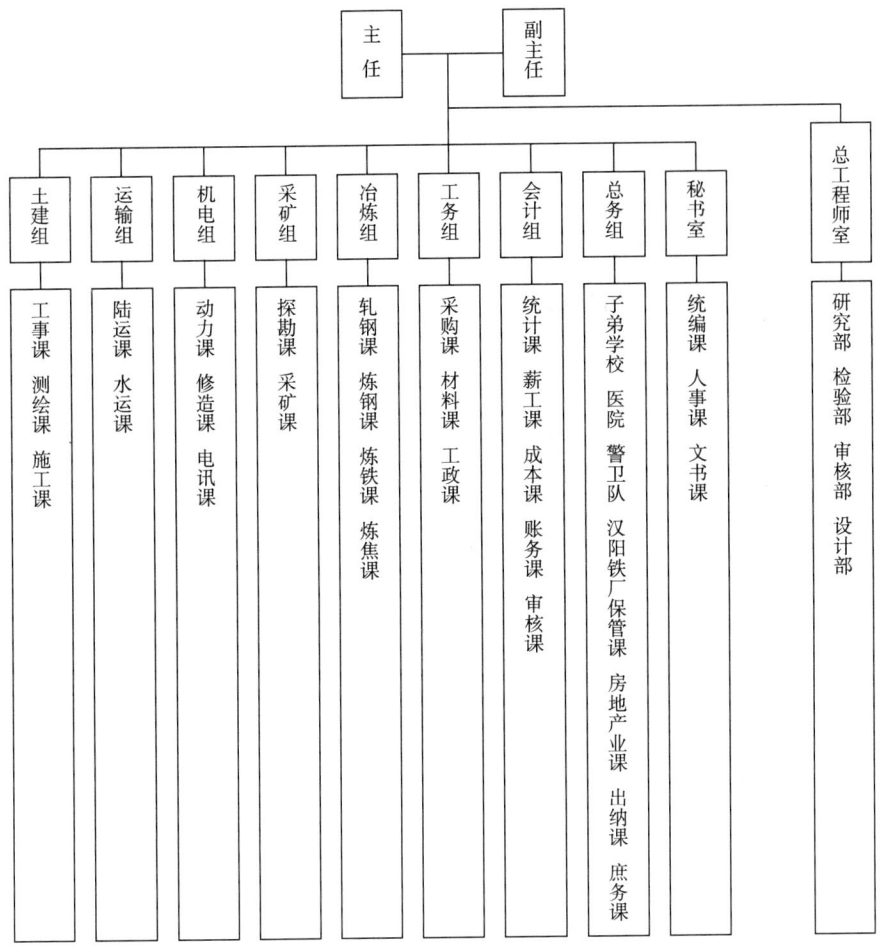

图 8-3　华中钢铁有限公司筹备处组织系统

资料来源：《华中钢铁公司筹备处组织系统表》（1946 年 11 月），黄石市档案馆藏华钢档。

司设总经理、副总经理各 1 人，协理 2~4 人，下设 2 室 6 处 7 厂，即技术室、秘书室、总务处、业务处、工务处、运输处、会计处、建造工程处和炼焦厂、炼铁厂、炼钢厂、轧钢厂、动力厂、修造厂、采矿厂；各室、处、厂设室主任（处长、厂长）各 1 人，处、厂"视事实需要各设副处长、副厂长一人"；公司设正工程师 3~6 人，正管理师 2~4 人，工程师 12~24 人，管理师 8~16 人，秘书 2~3 人。室、处、厂下设课或组。①

---

① 《华中钢铁有限公司组织规程》（1948 年 6 月 25 日），黄石市档案馆藏华钢档。

华钢筹备处还陆续颁布了一批规章、制度，如《工人加工给予暂行办法》（1946年8月22日）、《工人请假暂行办法》（1946年8月22日）、《工人进退暂行办法》（1947年1月18日）、《厂区警戒暂行办法》（1947年2月3日）、《员工购领食米暂行办法》（1947年3月13日）、《管理工人牌箱暂行办法》（1946年8月29日核准施行、1947年3月18日修正、1947年5月24日再次修正）以及《职员保证规则草案》（具体时间未详）、《职员加班法》（1947年10月1日准予备案）等。这些"办法"内容过于繁杂，不及备述。

二 组建华中钢铁公司

1948年7月10日，华中钢铁有限公司在石灰窑正式成立。原东北电力局长郭克悌任总经理（未到职）。7月12日，华钢召开第一次会议，其议题包括日本赔偿机件、1948年下半年创业经费与营业预算等12项。7月13日，华中"剿匪"总司令部、湖北省政府任命张松龄为副总经理代行总经理职权，[①] 刘刚、丘玉池任协理。[②]

华钢的管辖范围大致相当于原汉冶萍在湖北省的经营范围。原湖北省所属的象鼻山铁矿交给华钢经营，成为公司属下采矿厂的一个采矿场。包括汉阳铁厂房产在内的原汉冶萍在汉各类财产划归华钢管理。此外，资源委员会又从鞍山、抚顺、本溪、石景山等钢铁厂中抽调一批技术人员充实到华钢。华钢职工人数呈上升趋势。详见表8-3。

表8-3 华中钢铁公司职工人数统计

时　　间	职员	技术人员	普通工人	警役	合　计	备　注
1946年上半年	49	28	190	280	547	
1947年7月	155	—	659	300	1114	
1949年2月14日	137	105	860	未　详	1102	未算警役
1949年5月	246	—	876	273	1395	

资料来源：根据黄石市档案馆藏华钢档整理。

[①]《华中剿匪总司令部、湖北省政府任命状》（1948年7月13日），黄石市档案馆藏华钢档。
[②]《资源委员会华中钢铁有限公司职员表》（1948年8月），黄石市档案馆藏华钢档。

华钢占地面积 24134.227 公亩,其中厂房面积 1298 公亩。为了营业便利,华钢将营业所和事务所设于汉口胜利街交通银行四楼。①

三 艰难筹建新钢铁厂

早在 1946 年 7 月华钢筹备处成立后就提出建设钢铁厂的大致构想:"在工程方面最好能在美国订购新式冶炼设备,次向日本拆迁,再次以不妨碍新钢铁厂计划之原则下,先行重建 450 吨炼铁炉一座,提早生产";同时提出具体建设规划:"预定全部工程分为三期进行,一年半完成。"②。

根据上述构想,资源委员会于 1946 年夏邀请美国麦基公司的三名专家赴石灰窑勘察厂基和收集有关建厂资料,历时 1 个月,然后向资源委员会提出建厂设想,回美后进行设计。同年 12 月,麦基公司将其设计的年产 100 万吨钢的建厂方案和厂区 1∶1000 的平面布置图交给华钢筹备处。工程计划分两期施工,第一期拟耗资 2 亿银元用 5 年时间形成年产 50 万吨钢锭的生产能力,第二期拟耗资 1 亿银元也用 5 年时间形成年产 100 万吨钢锭的生产能力。③

此时正值抗战胜利后不久,百业萧条,万里哀鸣。战争的创伤尚未抚平,国民政府又于 1946 年 6 月发动全面内战,资金益感匮乏。在此背景下,华钢的建厂资金根本无法在国内筹集。

美国原来许诺的借给中国 5 亿美元作为战后兴办钢铁工业的资金已成为一纸空文。"自去年(1945 年)大战结束以后,美国劳资纠纷由隐而显,罢工风潮亦由近而远,风气所趋,蔓及全国,直接受其影响者,有钢铁、煤电、汽车制造、铁路运输及航运诸业,间接受其影响者,实为整个社会经济,今年(1946 年)上半年美国主要生产活动几至停顿。"④ 美国自顾不暇,哪有余力援助中国?

---

① 《华中剿匪总司令部武汉区工业动员委员会工厂设备及生产原料调查表》(1949 年 2 月 14 日),黄石市档案馆藏华钢档。
② 《接收经过及目前概况》(1946 年底),黄石市档案馆藏华钢档。
③ 《汉冶萍公司志》,第 243 页。
④ 《恽震致资源委员会代电》(1946 年 9 月 26 日),黄石市档案馆藏华钢档。

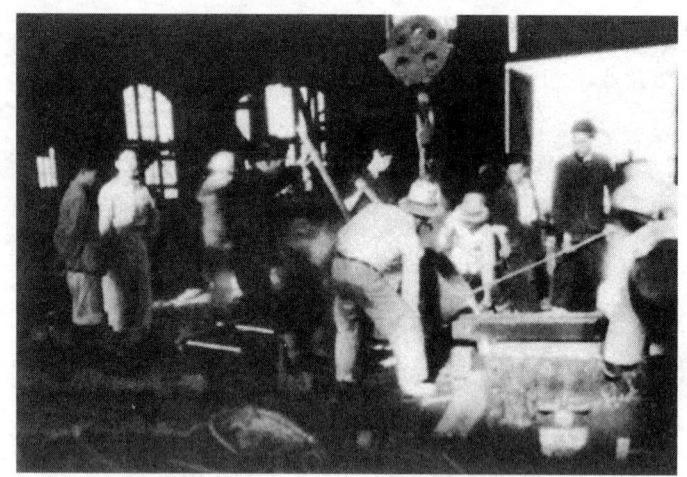

图 8-4 华钢炼钢厂

图 8-5 华钢工人操作机器

华钢十年建厂计划无法实现,麦基公司又拟定了一个为期 6 年的施工规划,生产规模仍为 100 万吨。华钢筹备处为此开展了一些前期准备工作,但由于内战正酣,借款无着,这一计划再次落空。华钢筹备处

1948年又拟订规模大为缩小的年产15万吨钢锭的三年建厂计划，分两期施工。资源委员会决定将石景山、海南岛、重庆、青岛等地炼钢设备运往大冶建厂，但是，由于经济过于困难，这个缩小规模的建厂计划仍被束之高阁。1948年7月华钢正式成立后又提出了一个规模更小的临时生产计划：年产钢锭3600吨，轧制钢材2700吨。后因钢铁供应紧张，资源委员会要求华钢将年产量扩充至年产钢锭1.2万吨，钢制品9000吨。华钢为此决定增建15吨平炉、600毫米轧机和新建1座年产2000吨耐火砖的耐火材料厂。截至1949年5月，华钢共完成66立方米高炉1座、炼钢厂房和容积1.5吨贝氏炉1座、250毫米轧机1台、3吨电炉1座和430毫米轧机1台。冷铸车间已开始生产，其他设施仅1.5吨贝氏炉进行过试验性炼钢生产。[①] 就是说，华中钢铁公司直到国民党政权退出大冶之前并未真正投产。

1949年5月15日，中国人民解放军进军大冶，6月1日，武汉市军事管制委员会军代表王厂、陈希接管华钢。新中国成立后，党中央和政务院决定在华中地区利用华钢建设我国第二钢都，拉开了新钢厂建设的序幕。

中央重工业部1952年5月1日在黄石市成立大冶钢铁厂的办事机构"三一五厂（工程代号）筹备处"，开始在武汉、大冶之间选择厂址。

1952年12月，"三一五厂筹备处"并入由中南钢铁局改称的华中钢铁公司（以下简称新华钢），隶属于中央重工业部领导。位于黄石市的老华钢更名为大冶钢厂，隶属新华钢领导。

在国家批准以武汉市青山为厂址后，中央采纳了苏联专家组"新厂以武汉地名命名为宜"的建议。1954年9月，重工业部钢铁局在新华钢经理会议上宣布，华中钢铁公司于1954年底更名为武汉钢铁公司。[②]

从老华钢到新华钢再到武汉钢铁公司、武汉钢铁（集团）公司，中国这家最古老的钢铁企业经历几次蜕变，实现凤凰涅槃，跻身中国特大型钢铁集团前列。

---

① 《汉冶萍公司志》，第243~244页。
② 据中国武钢博物馆馆员曹艺琳小姐提供的资料编写。

第四节 战后钢迁会的沧桑巨变

抗战胜利后，钢迁会的命运也发生了重大改变。为满足国民政府发动内战的需要，钢铁产量一度快速飙升。但随着国民政府在内战中的失败，钢迁会的生产又跌入低谷。1949年3月后钢迁会几次易名，预示着这一企业即将发生根本性改变，发展成为西南地区最大的钢铁集团。

一 钢铁生产剧烈动荡

抗战胜利后，钢迁会各项生产指标急剧变动。国民政府1946年发动全面内战后，对钢铁产品需求量大增，钢迁会加紧生产，1947年生产生铁9169吨，钢材6649吨，其他产品产量也大都有所增长。详见表8-4。

表8-4 1946~1948年10月钢迁会各项产品产量统计

年 份	铁矿砂（吨）	发电（度）	生铁（吨）	钢锭（吨）	铸品（吨）	钢材（吨）	螺钉（吨）	道钉（吨）	锉刀（把）	耐火材料（吨）
1946年	14112	7851.8	1326.4	7034.7	1664.8	5822.1	13.8	73.3	4538	1362.6
1947年	18123	6094.3	9169.7	8803.9	1599.3	6649.2	20.9	30.7	4709	2084.5
1948年 1~10月	11342*	6490.9	6118.2	8221.3	1334.4	5449.5	20.8	1.5	5574	1295.5

* 1948年铁矿砂为1~7月份的产量。
资料来源：渝馆藏钢迁会14卷；兵工署第29厂5目1773~1775，转引自《抗战后方冶金工业史料》，第125~126页。

1948~1949年，国民党统治区的局势快速恶化，钢迁会的处境极为恶劣，钢铁生产急剧萎缩。

据钢迁会1947年12月致兵工署的呈文中称："各部门机器均系汉阳钢铁厂迁建于川，早逾使用年限，窳旧不堪，时生障碍，故生产能力多受限制；更以运输工具不足，各种原料特虞不继，每月奉令额造数量殊感困难。"呈文列举了各所面临的困难，一所电力不足；二所因经费不足、原料短缺而致百吨大炉不能长期开炼；三所主要原料如废钢、生板毛铁时有缺乏之虞；四所机械使用年限在 40 年以上，常生障碍；五、七所修理工具大都超龄，效率甚低；运输所仅有 1 艘轮船可用。①

钢迁会 1948 年致函兵工署署长杨继曾，再次陈述该会困难，包括产品单价不敷成本，附属组织已成为钢迁会"极大之累赘"和百吨大炉迟迟难开等。钢迁会提出的解决方案是：即时拨款购焦，使百吨炉如期复炼；迅速完成南桐煤矿的两步计划，使之短期内达到月产 1.2 万吨原煤的目的，并使钢材产量维持在每月 500 吨以上。② 显然，钢迁会的方案是根本无法实现的一纸空文。

炼钢、轧钢两厂 1949 年上半年经常停产待料，钢条厂因无钢锭停产 51 天，未能完成兵工署下达的钢材上缴任务，积欠 1000 吨，生铁积欠 400 吨。同期 3 吨电炉仅开工 37 天，平炉开工 103 天，钢板轧机开工 30 天，钢条厂开工 110 天，1949 年全年仅生产生铁 6415 吨，钢 5793 吨，钢材 3987 吨。

钢迁会的下属企业也纷纷下马。1945 年 1 月，三溪大建分厂奉命结束。1946 年 4 月撤销两矿联络铁路工程处，其未了工程划归綦江铁路局接办。1947 年第五、第六制造所也相继停产。

二　成渝铁路一枕黄粱

1945 年 11 月綦江铁路局的成立并不能解决钢迁会的运输问题。他们把希望寄托在成渝铁路身上。

成渝铁路 1947 年 11 月已铺轨至铜罐驿，与綦江铁路猫儿沱车站隔江相望。此时綦江铁路已通车至綦江县城，但江口至大渡口段仍依赖水运，而长江水位涨落不定，沿江险滩甚多，不利于运输。钢迁会 12 月 23 日提出：希望成渝铁路能提前修到铜罐驿，"一举而数利备焉"。钢迁会同时表示，如果短期内借款难成，则希望当局将重庆至大渡口 16 公里铁路先行铺

---

① 《1947 年后生产日趋萎缩》（1947 年 12 月），载渝馆藏钢迁会 14 卷，转引自《抗战后方冶金工业史料》，第 127~129 页。
② 《钢迁会呈兵工署长杨继曾函》（1948 年），载渝馆藏钢迁会，转引自《抗战后方冶金工业史料》，第 129~130 页。

轨，其钢轨与配件由钢迁会轧制售供。如果此举仍难以办到，则钢迁会"最希望能于最短期间将九龙坡大渡口间8公里即行铺轨"，以便接运政府下拨的物资和接收战争赔偿的笨重机件器材。①

杨继曾1948年5月18日复函钢迁会称："仅有400吨钢轨可予价拨，不敷甚巨……一俟筹有着落，自当转饬成渝路局，尽先铺筑渝大路。"杨婉言谢绝了钢迁会修建成渝铁路某一路段的要求。

钢迁会经与成渝铁路局达成协议：该路在钢迁会区域的工程将于1948年9月15以前完工，②但这不过是空头许诺。1949年9月10日，成渝铁路工程局局长致函兵工署第二十九工厂（原钢迁会）："本局现正等候交通部拨款，一俟款到，立即着手铺轨。"

此时，国民党政权行将崩溃，其职能部门也已成惊弓之鸟，交通部自顾不暇，哪里还有精力主持修筑成渝铁路？即使他们确有此意，财力枯竭的交通部实在也拿不出钱来。

钢轨会寄希望于成渝铁路也只能是黄粱一梦。

三　管理机构频繁变动

抗战胜利后，钢迁会管理机构几经变迁。因经费困难，綦江铁路无力继续延展工程，綦江铁路工程处遂于1945年11月改称綦江铁路局，为钢迁会下设机构，1945年12月正式成立。③1946年5～6月钢迁会紧缩机构，压缩人员，至此，钢迁会下设秘书处、会计处、工务处、总工程师办公室和第一、二、三、四、七所，以及运输所、稽查组、警卫队共12个直属单位和南桐煤矿、綦江铁矿、綦江铁路局、綦江水道处4个附属单位，员工总数由1946年3月的4640人压至4068人，其中工人由3986人压至3682人，职员由654人压至368人。1946~1948年钢迁会职工人数见表8-5。

---

① 《钢迁会呈兵工署文》（1947年12月23日），载渝馆藏钢迁会，0182-1-1957。
② 《钢迁会内部便笺》（1948年8月30日），载渝馆藏钢迁会，0182-1-957。
③ （綦江铁路局）《沿革》，载渝馆藏钢迁会，0182-1-75。

表 8-5　1946~1948 年员工人数变化情况（以各年度 12 月底人数为基准）

部别	区别	1946 年 4 月资遣时人数	1946 年 12 月	1947 年 12 月大炉开炼	1948 年 12 月	备注
本会	职员	646	401	384	398	1948 年 12 月职员士兵人数内已将配属各机关警卫队官兵数并计在内，人数因而增多
	工人	4565	3293	3651	3284	
	士兵	507	518	478	831	
	公役	96	61	58	56	
南桐煤矿	职员	157	85	88	88	
	工人	2530	1240	2303	1729	
	士兵	140	142	139		
	公役	12	12	14	14	
綦江铁矿	职员	104	49	54	54	
	工人	1050	257	283	1207	
	士兵	79	78	130		
	公役	11				
綦江水道处	职员	125	73	72	49	
	工人	700	432	664	495	
	士兵	85	48	42		
	公役	43	29	27	21	
綦江铁路局	职员	119	252	128	88	
	工人	692	757	684	875	
	士兵		139	99		
	公役		42	23		
大建保管处	职员	13				归并煤矿
	工人					
	士兵					
	公役					
铁路工程处	职员	54				裁并铁路局
	工人	143				
	士兵	46				
	公役	8				
总计	职员	1217	860	726	677	
	工人	9680	5979	7685	7590	
	士兵	857	925	888	831	
	公役	170	144	122	91	

资料来源：渝馆藏钢迁会 109 卷，转引自《抗战后方冶金工业史料》，第 84 页。

钢迁会1949年3月1日改番号为兵工署二十九工厂。厂长张可冶、王怀琛，副厂长鲁循然、翁德銮。所属各厂、矿、局大都改称分厂，即南桐煤矿改称第一分厂，綦江铁矿改称第二分厂，綦江铁路局改称第三分厂，綦江水道管理处暂缓改名，原一、二、三、四所名称不变，七、八所改五、六所。4月，钢迁会撤销綦江水道运输管理处。

1949年11月，人民解放军兵临重庆，国民党当局准备炸毁第二十九兵工厂，在该厂发电厂安装了TNT炸药，11月30日，简国治等17名工人为保卫工厂，冒着生命危险将这批炸药抢运出厂，不幸被定时炸弹炸死，另一名护厂积极分子胥良也惨遭杀害。①

12月3日，重庆军事管制委员会派军代表陆凤翔进驻第二十九兵工厂，12月6日，中国人民解放军重庆市军事管制委员会接管第二十九兵工厂，工厂厂名仍为第二十九兵工厂，全厂3459人，其中职员312人，工人3147人。厂设一所（水电）、二所（轧钢）、三所（炼钢）、四所（炼铁）、五所（耐火材料）、六所（铆焊）、七所（车钳）、八所（运输）等生产单位。军管会接管工厂后，成立重庆市军管会第二十九兵工厂军代室，由军事代表、联络员、工作人员组成。陆凤翔、刘星先后任军事代表。1951年3月1日，第二十九兵工厂更名为西南军政委员会工业部一零一厂，设一场（大轧）、二场（小轧）、三场（小平炉）、四场（炼铁）、五场（耐火）、六场（锻钩）、七场（机修）、八场（铆焊）、九场（翻砂）、十场（水电）、十一场（土木）、十二场（运输）等生产车间。②

从此，一家在抗日战争烽火中从汉阳辗转入川的钢铁企业的命运发生了天翻地覆的变化。1955年3月，一零一厂与西南钢铁公司合并，成立重庆钢铁公司。如今的重庆钢铁（集团）公司已发展成我国西南地区最大的钢铁集团公司。

---

① 重钢档案处编《百年重钢》，四川科学技术出版社，2002，第35页。
② 《建国初期的二十九兵工厂与一零一厂》，渝馆藏，第3页。

附 录

汉冶萍公司大事年表

1875年 光绪元年

1月 李鸿章、沈葆桢、翁同爵联名上奏,盛宣怀被朝廷委派办理湖北矿务。

7月7日 李瀚章、翁同爵命盛宣怀前往广济阳城山查勘煤矿。

7月24日 盛宣怀等札饬广济县令史醇,宣布从即日起开挖盘塘山一带煤矿,湖北开采煤铁总局拟在盘塘设局。

1876年 光绪二年

1月14日 湖北开采煤铁总局关防正式启用。

1月15日 李鸿章、沈葆桢、翁同爵上奏清廷,委派盛宣怀前往盘塘设局,所需经费由直隶、湖北合拨30万串。未久获清廷批准。

1877年 光绪三年

1月25日 海关总税务司驻英代表金登干与英籍矿师郭师敦签订合同,雇请郭师敦来华探矿。

7月17日 郭师敦报告盛宣怀:发现大冶铁矿。

9月27日 郭师敦拟订《化验矿质报告》,指出冶矿含铁86.6%。

12月11日 李瀚章批准盛宣怀查勘大冶铁矿。

12月17日 盛宣怀率林佐、郭师敦勘察冶矿。

1878 年　光绪四年

1 月 2 日　盛宣怀率林佐、郭师敦及武昌县令、黄冈县令履勘沿江安炉之地，并获悉武昌西山、雷山有铁矿。

1 月 14 日　郭师敦再写《勘矿报告》，建议设炉于黄石港东首半英里处。

1879 年　光绪五年

7 月 18 日　湖北省开采煤铁总局正式结束，结亏官本 15.8 万串。

1889 年　光绪十五年

4 月 2 日　张之洞上奏清廷，力呈修建卢汉铁路。

8 月 8 日　清廷任命张之洞为湖广总督，主持修建卢汉铁路。

12 月 7 日　张之洞与盛宣怀在沪商讨开办铁厂事宜。

12 月 18 日　张之洞抵达武昌，开始了 18 年的湖广总督生涯。

1890 年　光绪十六年

1 月 20 日　张之洞致电海署、李鸿章，请将广东购买的机器移鄂。

1 月　张之洞派大批人员赴湘、鄂、赣、晋、川、黔、陕、鲁诸省找煤。

春　湖北铁政局在武昌水陆街成立。

3 月 19 日　张之洞奏准清廷同意开采大冶铁矿。

4 月　海军衙门拨给汉阳铁厂 200 万两，以后不再拨款。

6 月 3 日　湖北铁政局迁至武昌宝武局公所，蔡锡勇任总办。

6 月 9 日　张之洞致电薛福成，托其在国外订购设备。

7 月 2 日　张之洞派员 5 人进驻大冶铁山铺，成立运道矿务总局。

9 月 5 日　张之洞致函总署，力主设厂于汉阳。

11 月 30 日　张之洞札委王树藩、游学诗等协助张飞鹏开采王三石煤矿。

12 月 2 日　张之洞委张飞鹏修筑大冶铁矿运道。

12月20日 张之洞呈海署文称：铁厂及煤铁各矿共需银246.8万两。

1891年　光绪十七年

1月　汉阳铁厂基建工程动工。

4月13日　张之洞委林佐等修筑铁山至石灰窑的运矿铁路。

7月5日　张之洞委高培兰等开办马鞍山煤矿。

9月　张之洞奏明铁厂基建工程开工，委英籍工程师贺柏生为总监工。

1892年　光绪十八年

10月16日　全长35公里的铁山——石灰窑运矿铁路竣工。

1893年　光绪十九年

2月　王三石煤矿出煤。

4月　汉厂炼铁厂基建工程完工。

6月　汉厂贝色麻钢厂、炼熟铁厂竣工。

8月　冶矿铁山采区和马鞍山煤矿直井建成。

8～9月　汉厂炼马丁钢厂、造铁货厂、造钢轨厂先后建成。

10月1日　张之洞乘兵船视察马鞍山煤矿。

10月3日　张之洞首次视察铁山和王三石煤矿。

10月　汉阳铁厂基建工程基本竣工。

1894年　光绪二十年

6月28日　汉厂1号高炉举行试产典礼。

6月30日　汉厂正式出铁，日产50余吨。

7月3日　张之洞视察汉阳铁厂。

7月　王三石煤矿因大水被迫停产。

11月　张之洞调署两江总督。

12月　马鞍山煤矿炼焦炉建成。

1895年　光绪二十一年

3月　张之洞改任德国人德培为铁厂总监工。

1896年　光绪二十二年

3月6日　张之洞视察大冶铁矿。

3月8日　张之洞视察马鞍山煤矿。

3月9日　张之洞视察汉阳铁厂。

5月1日　盛宣怀考察大冶铁矿。

5月4日　盛宣怀拟订《招商章程八条》。

5月14日　张之洞札委盛宣怀为汉阳铁厂督办。

5月23日　张之洞提出《湖北铁厂招商章程》，共18条。

5月23日　盛宣怀呈《接办汉阳铁厂禀》，拟招股100万两。

5月24日　盛宣怀以督办身份接管汉阳铁厂、大冶铁矿等厂矿。

6月1日　张之洞任命郑观应为铁厂总办。

6月11日　盛宣怀发布《招集湖北铁厂股东公告》。

6月24日　张之洞札盛宣怀《添定铁厂招商章程文》，规定了"吨铁一两"、"免税十年"等优惠政策。

6月26日　张之洞向清廷呈送《铁厂招商承办议定章程折》。

6月28日　张之洞札委恽积勋查勘萍乡煤矿。

6月　汉阳铁厂信纸用"湖北钢铁厂"名称。

7月3日　郑观应向盛宣怀递呈《查勘大冶矿务节略》。

9月2日　张之洞向清廷推荐盛宣怀督办铁路。

10月1日　洋矿师马克斯、赖伦勘察萍矿煤矿，11月呈报勘察结果。

10月20日　清廷任命盛宣怀为铁路总公司督办，兼管卢汉、粤汉、苏沪三条铁路。

12月15日　清廷批准汉阳铁厂免税5年。

本年　盛宣怀派卢洪昶在湘潭设转运局，自办萍煤运输。

1897 年　光绪二十三年

1 月　铁路总公司在上海成立。

5 月 13 日　盛宣怀任命莫燨为萍矿总办。

6 月　日本八幡制铁所动工兴建。

7 月 21 日　郑观应辞职，盛宣怀札委盛春颐代理汉阳铁厂总办。

11 月 5 日　汉口—孝感路轨开工。

本年　日本人西泽公雄以清政府实业顾问身份考察大冶铁矿。

1898 年　光绪二十四年

3 月 22 日　"萍乡等处煤矿总局"成立，张赞宸任总办。

4 月 3 日　张之洞奏称：截至 1896 年，铁厂共用款 5687614 两。

7 月 18 日　盛宣怀与小田切签订合同，聘大日方一辅勘验矿务。

7 月 26 日　萍矿矿井工程动工。

10 月 14 日　日本前首相伊藤博文抵汉口，与张之洞、盛宣怀磋议煤铁互售事宜。

本年　盛宣怀在汉阳设立萍煤转运局。

本年　萍矿使用机器采煤。

1899 年　光绪二十五年

1 月　萍安铁路开工修建。

3 月　张之洞陪同德国亨利亲王游览铁山。

4 月 7 日　盛宣怀与日本八幡制铁所长官和田维四郎签订《煤铁互售合同》。

4 月 8 日　萍矿以招商局产业作抵，向德国礼和洋行借款 400 万马克。

11 月　萍安铁路通车。

本年　赖伦任萍矿总矿师。

1900 年　光绪二十六年

年初　日本农商省、日本制铁所任命西泽公雄监运铁矿石到日事宜。

7月4日　"饱浦丸"首次从大冶石灰窑运走铁矿石1600吨。

本年　阳新锰矿创办。

1901年　光绪二十七年

10月　招商局发布招股启事，为萍矿添招股份290万两，其中招商局认股100万两，但实际招股情况不详。

11月10日　清廷批准汉厂产品免税展期5年。

1902年　光绪二十八年

10月22日　李维格等首次出国考察。

11月　萍醴铁路通车。

1903年　光绪二十九年

12月14日　大仓喜八郎向汉阳铁厂贷款20万两。

本年　李维格代理汉阳铁厂总办。

1904年　光绪三十年

1月15日　盛宣怀与小田切、井上等签订《大冶购运矿石预借矿价正合同》，向日本借款300万元。

4月8日　李维格启程赴美、欧诸国考察，收获极丰，同年11月27日回国。

10月11日　萍乡煤矿向大仓喜八郎借款37.3万余日元。

1905年　光绪三十一年

3月　盛宣怀委任李维格为汉阳铁厂总办。

5月17日　安源工人罢工，痛打德国矿师和洋监工。

6月26日　萍矿与大仓喜八郎签订借款30万日元的合同。

11月　汉阳铁厂改扩建工程开工。

本年　盛宣怀投资98万余两，为汉阳铁厂创办专业运输船队。

本年　全长90公里的株萍铁路建成。

1906 年　光绪三十二年

4月1日　卢汉铁路全线通车，改称京汉铁路。

5月16日　正太铁路向汉厂订购钢轨 3000 吨。

12月　张赞宸调任天津银行总办。

本年　日本制铁所制订年产钢 18 万吨的第一期扩张计划。

1907 年　光绪三十三年

4月13日　张赞宸逝世，该矿员工建张公祠以纪念之。林志熙继任总办，李寿铨、薛宜琳任会办。

8月2日　清廷颁旨嘉奖汉、冶、萍厂矿。

8月9日　汉阳制铁厂萍乡大冶煤铁矿总公司发布公启，首谈三家合作事宜。

9月3日　盛宣怀上奏清廷并附两份奏片，请求将三厂矿归并为一家公司。

10月　公布《公议汉冶萍制铁采矿合并公司扩充办法条款》。

11月6日　《汉冶萍公司组织章程》出台。

本年　萍矿基建工程竣工，共耗银 6767866 两，加上购地买山、修建铁路等共耗银 740 余万两。

本年　赖伦对冶矿部分矿山重新进行测量，总储量为 5576.5 万吨。

本年　外籍矿师估计，汉冶萍厂矿潜在价值在 1 亿元以上。

1908 年　光绪三十四年

3月12日　经清廷批准，盛宣怀、李维格拟定章程共 88 节，赴农工商部注册。

3月13日　盛宣怀会同赵尔巽向清廷奏呈《汉冶萍厂矿现筹合并扩充办法折》，当即获清廷批准。

3月15日　盛宣怀咨农商部文：请求给汉冶萍公司注册。

3月26日　农商部发给汉冶萍公司注册执照。

5月16日　汉冶萍与川汉铁路总公司签订《订轨合同》，川汉公司预付 100 万两。

5 月　清政府授予赖伦宝星，为汉冶萍获此殊荣的第一个外国人。

9 月 2 日　盛宣怀赴日本治病并考察日本钢铁业情况。

9 月　汉冶萍公司发表《招股章程启》。

10 月 25 日　李维格在汉口商会发表长篇演说，号召商界入股。

11 月 1 日　盛宣怀参观日本制铁所。

本年　招商局向大冶铁矿投资 178120 两。

本年　汉冶萍公司创办常耒锰矿局。

本年　张之洞创办汉阳砖厂，为铁厂提供红砖。

1909 年　宣统元年

1 月 19 日　萍乡煤矿发生大火，烧毙 100 余人。

2 月　汉阳铁厂 2 号平炉开炼。

3 月　汉冶萍公司招股达 1000 万元。

5 月 16 日　汉冶萍第一次股东大会召开，推举盛宣怀为总理，李维格为协理。

11 月　汉阳铁厂 4 号平炉开炼。

本年　吕柏、赖伦将汉冶萍公司总值估算为 4087 万两。

本年　萍矿煤产量 111.56 万余吨，首次突破 100 万吨。

1910 年　宣统二年

3 月 22 日　盛宣怀、李维格与美国西方炼钢公司总理签订《生铁、矿石价款附约》（又称《生铁及铁矿合同》）。

4 月　汉阳铁厂 3 号高炉开炼。

9 月　汉阳铁厂 5 号平炉开炼。

10 月 10 日　日本"大冶丸"水手醉酒上岸，刺死趸船水手耿文甫。

11 月 4 日　盛宣怀将佛宁煤矿收为汉冶萍旗下企业。

11 月　盛宣怀聘高木陆郎为公司驻日商务代表。

1911 年　宣统三年

1 月 6 日　盛宣怀被清廷委任为邮传部尚书。

3 月 31 日　汉冶萍与日本制铁所签订《购售生铁合同》。

5 月 1 日　盛宣怀等与日方签订《预借生铁价值续合同》，向横滨正金银行借款 1200 万日元。

9 月　萍矿发生总办林志熙侵蚀公司款项 30 余万两案。

10 月 10 日　辛亥革命爆发。汉阳铁厂炉机熄火停炼。

10 月 26 日　清政府下令将盛宣怀革职，"永不叙用"。

10 月 30 日　盛宣怀逃往大连，未久经青岛乘船抵日本神户。

本年　日本制铁所制订年产 35 万吨钢的第二期扩张计划。

本年　马鞍山煤矿停产，洗煤机运往萍乡煤矿。

本年　汉阳铁厂提出中国第一部钢轨《技术标准和验收规范》。

1912 年　民国元年

1 月 1 日　以孙中山为临时大总统的南京临时政府成立。

1 月 2 日　临时政府第一次内阁会议决定以汉冶萍为抵押向日本借款。

1 月 21 日　黄兴委任何天炯为临时政府赴日借款代表。

2 月 2 日　临时政府拟以"中日合办汉冶萍公司"为条件，向三井洋行借款 250 万日元。

3 月 22 日　汉冶萍公司股东临时大会否决了"中日合办"案。

3 月 26 日　黎元洪《上大总统》一文力主汉冶萍公司改归国有。

4 月 3 日　湖北代表丁立中致函汉冶萍董事会，提出湖北在公司应拥有事权、财权、地权。

4 月 13 日　公司召开股东常会，选举赵凤昌为董事会会长，推举张謇为总经理，李维格、叶景葵为经理。

4 月 19 日　公司函复丁立中，批驳湖北所索三权。

4 月 21 日　盛宣怀邀请丁立中商谈，将丁说服。

4 月 25 日　汉冶萍收支所成立，项兰生任所长。

4 月　汉冶萍商务所成立，王勋任所长。

4月　湖北军政府派蔡绍忠、纪光汉分任汉厂、冶矿监督。

6月下旬　湖北议会议决没收汉冶萍公司。

6月30日　公司呈文黎元洪，驳斥鄂议会要求。

8月1日　汉冶萍董事会常会决定：对公司国有案进行股东投票公决。

8月12日　经汉冶萍公司特别大会投票，94%以上的股东赞同国有。

8月24日　李烈钧强烈要求掌控萍矿管理之权。

9月7日　萍矿全矿大会推举李寿铨为临时矿长。

9月9日　公司董事会委任李寿铨为萍矿临时矿长。

10月10日　北洋政府为汉冶萍拨发公债票500万元，并决定公司仍归商办。

10月30日　盛宣怀从日本悄然回沪。

本年　公司结亏203.9万余两。

1913年　民国二年

2月21日　董事会批准赵凤昌辞职，王存善任会长。

3月29日　股东特别大会通过议案："取消国有，主张完全商办及另举总理。"

3月31日　董事会议推选盛宣怀为会长。

4月22日　董事会同意张謇辞职。

5月20日　股东常会一致通过借款议案。

6月7日　汉冶萍公司股东联合会成立。

12月2日　汉冶萍与日本制铁所、横滨正金银行签订三份合同，共借款1500万日元，期限40年。

12月13日　王勋与高木签订《煤铁批发转运合同》。

12月15日　汉冶萍公司与日方签订《聘请最高顾问工程师合同》和《聘请会计顾问合同》。

冬　盛宣怀命吴健筹建大冶铁厂。

1914年　民国三年

3月7日　股东大会投票赞成向日本借款和官商合办。

6月 日本制铁所大冶出张所成立，西泽公雄任所长。

7月19日 李维格、叶景葵向董事会提出辞职，盛宣怀命王勋、于煃年代理经理职务。

9月 公司派吴健、大岛道太郎赴美为冶厂购买炉机。

12月17日 日外相加藤致函驻华公使日置益，提出《汉冶萍公司日华合办大纲案》。

1915年　民国四年

1月18日 日本向中国政府提出"二十一条"，其内容包含合办汉冶萍公司。

1月下旬 中日两国政府代表就包含汉冶萍合办内容的"二十一条"举行第一次会谈。

年初 盛宣怀在萍冶两厂实行"事工分治"。

2月5日 中日外交官举行第二次会谈，双方在汉冶萍问题上仍分歧严重。

5月4日 日本政府起草《关于汉冶萍公司案》，后改为最后通牒。

6月24日 孙宝琦就任汉冶萍董事会会长，盛宣怀为副会长。

6月 通惠公司成立，拟为汉冶萍公司发行债券1200万元。

8月21日 李经方任董事会副会长。

9月6日 通惠公司聘赵椿年为总经理。

9月 会计顾问池田回国，笠原实太郎继任。

10月15日 汉冶萍向通惠借款1200万草合同签订。

11月 汉冶萍向通惠借款案破灭。

1916年　民国五年

3月11日 公司董事会委任吴健兼任大冶铁厂厂长，大岛兼任总工程师。

4月17日 公司董事会在冶厂分设工程、事务两部。

4月27日 盛宣怀在上海病故。

8月22日 公司董事会任命李维格为大冶铁厂厂长。

8月23日　孙宝琦与松本健一郎正式签订《创设中日合办制钢厂合同》。

9月　大冶铁厂开始设计。

9月　董事会任命夏偕复为总经理，盛恩颐为副总经理。

10月1日　汉冶萍驻京事务所成立。

10月21日　粤汉铁路湘鄂工程局、株萍铁路管理局、汉冶萍萍煤转运局订立《运煤合约》。

本年　粤汉铁路株长段通车，极大方便了萍煤外运。

本年　财政部批准再免汉冶萍关税厘金5年。

本年　公司盈余133万余两。

本年　日本制铁所制订年产量65万吨钢的第三期扩张计划。

本年　公司在伦敦设立采办机关。

1917年　民国六年

3月5日　汉冶萍运输所成立，潘国英任所长。

4月24日　湖北省成立汉冶萍公司鄂产清理处事务所。

5月5日　董事会任命吴健为大冶铁厂厂长，黄锡赓为副厂长。

8月　《汉冶萍公司与安川合办九州制钢股份有限公司章程》在上海颁布。

8月18日　萍矿发生火灾，烟毙工人至少119人。

11月　公司改良簿记处成立。

12月31日　三井洋行的代理合同到期，东方商运公司成为汉冶萍在日本销售煤铁的唯一代理人。

本年　大冶铁厂两座高炉同时动工兴建。

本年　株萍铁路改由交通部管理。

1918年　民国七年

1月1日　冶矿对管理机关进行改组，实行矿长负责制。

1月27日　汉冶萍股东大会选举孙宝琦、李经方为正副会长，夏偕复、盛恩颐分任总经理、副经理。

3月6日　汉冶萍同振冶公司签订《买卖矿砂合同》，认购其部分矿山。

4月16日 九州制钢公司第一次股东大会召开。

6月25日 汉冶萍与相关方签订契约,在奉天海城试采镁矿。

7月1日 汉冶萍决定成立东京事务所。

8月 汉冶萍公司会计制度改革工作结束。

8月13日 汉昌炭铁公司组建,汉冶萍占股60%。

9月30日 汉冶萍董事会决定租探泾县煤矿,为期一年。

9月 粤汉铁路武汉长沙段建成,从此萍乡煤焦可直抵武汉。

11月17日 汉阳铁厂正式代炼龙烟铁矿。

12月 汉冶萍与湖北官、绅拟订《合办灵乡铁矿公司办法》。

1919年 民国八年

1月1日 公司仿照日本财会制度,实行复式簿记方式。

3月29日 龙烟铁矿公司股东大会召开,盛恩颐当选为董事。

4月1日 大冶铁厂至石堡车站的铁路通车。

4月17日 汉冶萍与鄱乐铁矿签订《合股议约》。

6月 公司决定成立东京事务所,孙天孙任所长。

10月 汉冶萍解除与汉昌公司合办合同。

12月8日 大冶铁厂1号高炉砌砖修造。

本年 汉阳铁厂1号、2号高炉停炼。

1920年 民国九年

本年 公司伦敦事务所正式成立,英国人彭脱任所长。

本年 冶矿生产矿石82万余吨,创建矿以来最高纪录。

1921年 民国十年

3月24日 安徽省实业厅发给汉冶萍在龙山勘探铁矿的护照。

3月30日 经北洋政府批准,凡冶厂生铁出口概免捐税。

6月8日 佛宁煤矿撤局停办。

6月17日 汉冶萍同仙居煤矿结束关系。

7月24日　冶厂贮水塔发生水箱坍塌事故。

7月31日　永和公司董事会决定将煤矿归并于汉冶萍。

10月11日　公司最高顾问工程师大岛道太郎突然病死。

10月中下旬　毛泽东来到安源，逗留约一星期。

12月　毛泽东等再次来到安源，准备第二年元宵节成立安源路矿工人俱乐部。

年底　大冶铁厂建设工程竣工。

1922年　民国十一年

1月6日　公司聘请服部渐为最高顾问工程师。

1月　龙山铁矿筹建工作停止。

2月　中共安源路矿支部成立。

3月14日　《大冶厂矿合并机构改革设置方案》出台，季厚堃任厂矿长。

3月16日　安源路矿工人俱乐部召开第一次筹备会议，后又于4月11日、16日召开第二、第三次筹备会议。

5月1日　安源路矿工人俱乐部成立。

6月24日　冶厂1号高炉开炉。

9月7日　毛泽东抵安源主持召开党支部会议，决定立即组织路矿两局工人罢工，要求提出"哀而动人"的罢工口号。

9月9日、10日（或11日）　李立三、刘少奇到达安源。

9月14日　安源路矿人大罢工，李立三任总指挥，刘少奇任俱乐部全权代表。

9月15日　刘少奇、李立三与路矿两局代表举行第一次谈判。

9月16日　李鸿程以路矿两局名义约请刘少奇去戒严司令部。刘少奇孤身赴会，威震敌胆。

9月17日　李立三与路矿两局代表进行谈判，罢工斗争取得了完全胜利。

9月24日　汉冶萍小股东联合会成立。

10月23日　路矿工人俱乐部仿效俄罗斯政权机构改组完成。

12 月 10 日　汉冶萍总工会成立大会在汉阳隆重举行。

1923 年　民国十二年

年初　李寿铨任萍矿矿长，金岳祐任总工程师。

3 月 15 日　新老股东联合会表面上实现了统一。

4 月 4 日　冶厂 2 号高炉举火。公司为冶厂建设已耗资 689 万两。

4 月 16 日　汉冶萍股东联合会成立股东检查委员会。

4 月　李立三调任中共武汉区委书记，朱少连接任中共安源地方书记，刘少奇代理工人俱乐部主任。

5 月上旬　日本理财局局长小野率团来华调查汉冶萍公司。

11 月　舒修泰任萍矿代矿长，金岳祐任总工程师。

年底　冶厂 2 号高炉停炉。

年底　公司撤销伦敦事务所。

本年　阳新锰矿停产。

1924 年　民国十三年

3 月　大冶铁厂与大冶铁矿合并为大冶厂矿，季厚垫任厂矿长。

10 月　汉阳铁厂 3 号高炉停炼。

11 月 29 日　公司股东大会召开，推举孙宝琦、傅宗耀为正、副会长，盛恩颐兼代总经理，夏偕复辞职。

12 月 31 日　冶厂 2 号高炉停炉。

本年　亏损 403.4 万余元，创公司成立以来亏损最高纪录。

1925 年　民国十四年

1 月 25 日　公司同日方签订借款 850 万日元的正合同及其附属文件。

2 月 20 日　汉冶萍结束与泾县煤矿的租赁关系。

4 月 21 日　盛恩颐一行抵安源，遭工人"围索欠饷"和泼粪抗议。

5 月 1 日　汉冶萍总工会代表李立三、刘少奇参加全国第二次劳动大会并被选为执行委员，刘少奇任总工会副委员长。

7 月 20 日　汉冶萍完成解散九州钢厂的全部手续。

7 月 马载飏任萍矿代理矿长。

9 月 21 日 盛恩颐串通军警封闭安源路矿工人俱乐部，打死 3 人，打伤 7 人，拘捕 9 人。

10 月 13 日 董事会任命盛恩颐为公司总经理，赵兴昌为襄理。

10 月 16 日 俱乐部副主任黄静源被枪杀于安源。

10 月 18 日 冶厂 1 号高炉停炉。

本年 萍矿停止炼焦。

1926 年　民国十五年

1 月 雷炳焜任萍矿矿长。

春 湖北当局扣押汉冶萍轮驳 19 艘。

5 月 季厚堃他调，遗缺由盛渤颐暂代。

5 月 7 日 盛渤颐任大冶厂矿长。

6 月 蒋介石电令萍矿即日开工。

8 月 17 日 公司正式裁撤大阪事务所。

9 月 10 日 路矿工人 2.3 万余人举行大会，宣布成立萍矿总工会。

9 月 14 日 萍矿总工会召开第一次代表会议。

9 月 16 日 夏偕复致函江西实业厅，告之永和煤矿停工之事。

11 月 4 日 蒋介石复电汉冶萍董事会，表示对"公司鄂赣各地之厂工生命，一体分别保护"。

1927 年　民国十六年

1 月 27~28 日 公司向日本正金银行借款 200 万日元协定书等文件签订。

2 月 28 日 中央政治会议议决：准由武汉政府交通部设立汉冶萍公司整理委员会。

3 月 11 日 《整理汉冶萍公司委员会章程》颁布，蔡增基任委员会主席（后由黎照寰接任）。

4 月 1 日 盛渤颐不辞而别，赵时骧接任大冶厂矿长。

6 月 29 日 黎照寰携款 4 万元，接管萍乡煤矿。

7月底 汉冶萍驻京事务所奉命撤销。

9月1~5日 毛泽东在安源张家湾主持召开部署湘赣边界秋收起义的军事会议，并被选为前敌委员会书记。

9月11日 为配合秋收起义，安源参加起义的军队和工农群众兵分三路抵达萍乡县城，但攻城受阻。

9月上旬 汉冶萍整理委员会迁抵南京。

9月21日 包括安源路矿工人在内的起义部队跟随毛泽东向井冈山进军。

10月20日 湖北当局趁"酒会"之机扣留汉冶萍公司运输所长盛铭。

11月8日 《交通部整理汉冶萍公司委员会暂行章程》颁布。

11月26日 李仲公任整理汉冶萍委员会主任委员。

本年 潘灏芬任汉冶萍公司襄理。

1928年 民国十七年

2月18日 公司聘用村田寿一郎为最高顾问工程师。

3月4日 日驻沪总领事第一次抗议南京政府接管汉冶萍公司。

4月11日 工务所在大冶成立，日本人村田任所长。

5月 湖北省成立清理汉冶萍湖北债捐委员会。

12月1日 江西省政府委派专员何熙曾接管萍矿。

本年 阳新锰矿划归大冶厂矿管理。

1929年 民国十八年

3月14日 日驻沪总领事就汉冶萍之事第二次向南京政府提出抗议。

4月8日 日驻沪总领事向南京政府提出第三次抗议。

6月 李维格病逝于上海。

10月27日 江西省专员肖家模在萍矿宣誓就职。

11月24日 铁道部派员接管龙烟铁矿。

1930年 民国十九年

5月28日 同一天汉冶萍分四次向正金银行借款共82.4万余日元。

12 月　国民政府农矿、工商两部合并成立实业部，整理汉冶萍公司委员会工作停止。

1931 年　民国二十年

2 月 3 日　会长孙宝琦病逝，傅宗耀再度当选副会长。

1932 年　民国二十一年

10 月 18 日　湖北省裁撤清理汉冶萍湖北债捐处，相关事宜移交湖北省财政厅。

1933 年　民国二十二年

4 月　蒋介石令鄂财政厅将汉厂钢轨全部分交陇海等各路。
6 月 30 日　公司临时股东大会召开，与会股东不足法令人数。
7 月 23 日　公司第二次临时股东大会召开，与会代表仅 89 人，其代表的股权仅及公司实收股权的 1/7。

1934 年　民国二十三年

2 月　日本成立以制铁所为中心的钢铁集团——日本制铁株式会社，简称日铁，从 2 月 1 日起，制铁所与汉冶萍的债权关系全部由日铁继承。
本年　大冶铁矿得道湾发电所建成。
本年　大冶铁厂亏损 81.7 万余元。

1935 年　民国二十四年

8 月　汉冶萍彻底退出鄱乐公司。
10 月　在蒋介石催促下，汉冶萍与湖北提出《砂捐结算表》。

1936 年　民国二十五年

1 月　赵时骧病逝，翁德銮代理大冶厂矿长。
年初　得道湾、狮子山采区扩充工程竣工，冶矿年生产能力增至 60 余万吨，所产矿石全部运往日本。

2月6日　西泽公雄病死。

1937年　民国二十六年

7月2日　盛恩颐下令撤销常耒锰矿保管处。

7月7日　抗日战争全面爆发。

8月24日　招商局领衔组织长江航业联合办事处，准备承担汉、冶等厂矿的西迁运输任务。

8月28日　兵工署宣布接收汉阳铁厂。

10月17日　何应钦致汉阳铁厂代厂长韩鸿藻快邮代电，要求将厂内外产业一并移交。

12月3日　汉冶萍停止租采振冶公司铁矿。

1938年　民国二十七年

1月25日　日机轰炸汉阳铁厂。

2月7日　蒋介石手令："汉阳钢铁厂应择要迁移，并限三月底迁移完毕为要。"

2月14日　国民政府决定成立钢铁厂迁建委员会（以下简称钢迁会），杨继曾兼任主任委员。

3月1日　钢迁会正式成立。

3月20日　綦江铁矿、南桐煤矿筹备处成立。

3月25日　钢迁会举行第一次会议，决定拆迁汉冶萍所属钢铁厂，在后方创办新厂。

3月26日　钢迁会派员赴重庆调查，选择厂址。

5月初　大冶厂矿开始拆卸。

5月21日　钢迁会初步确定大渡口镇为新厂厂址。

5月24日　钢迁会器材在汉口开始装运。

6月21日　"凤浦"轮装载器材驶离大冶。

6月24日　蒋介石电令大冶厂矿立即从事拆迁，并同时准备破坏。

6月　钢迁会用120万元购买六河沟铁厂整套设备并开始拆卸。

6月　钢迁会设技术、会计两室和总务、铁炉等八股及綦江、南桐两矿。

7月5日　大渡口铁厂动工兴建第一栋建筑——晴川阁。

7月19日　日机轰炸汉阳铁厂，炸死史汉生等5人。

7月20日　蒋介石致钢迁会快邮代电，令将"汉冶萍公司内之化铁炉、打风炉及桁架等"积极拆迁，运往后方。

7月23日　钢迁会决定以四川大渡口为西迁物资卸货点。

7月28日　蒋介石致杨继曾快邮代电："汉冶萍公司大冶化铁炉等，既不便拆除，为准备爆破为要。"

7月　六河沟铁厂拆卸完毕。

7月底　六河沟铁厂器材开始装运，全厂员工随迁重庆。

8月10～21日　爆破队将大冶厂矿重要设备及铁路等全部炸毁。

8月26日　盛恩颐在与日铁会谈时作具通敌性质的表态："通力合作，事不难为也。"

8月　钢迁会正式决定在大渡口建厂。

9月4日　汪志翔将大冶厂矿重要卷宗、文件等运往汉口存放。

10月22日　日军逼近武汉，钢迁会拆迁工作停止。

10月25日　钢迁会对汉阳铁厂进行了爆破。

10月　钢迁会第二所100吨高炉土石方工程动工。

11月7日　东条英机面令盛恩颐："以后冶矿概归军部管理。"

11月17～18日　日机轰炸宜昌，炸毁钢迁会机件149吨。

11月　日铁成立大冶矿业所。

12月31日　管维屏将冶矿有关图纸、资料交给日方。

1939年　民国二十八年

春　钢迁会100吨高炉土石方工程竣工，混凝土底脚工程开始施工。

3月1日　钢迁会交流发电机厂房工程动工。

3月　钢迁会第三所铸钢厂厂房动工兴建。

4月3日　日铁将大冶铁山至石灰窑的运矿铁路修复通车。

4月初　日本制铁株式会社汉口事务所成立。

4月　汉冶萍将海城镁矿卖给满洲工务所职员。

5月29日　萍乡煤矿局将所有器材、煤焦拆光运出。

5月　钢迁会第一所直流发电厂工程动工。

5月　钢迁会100吨高炉混凝土底脚工程完工。

9月　钢迁会增设水道运输管理筹备处。

9月13日　管维屏会见日铁大冶矿业所代理所长鹤田丰，同意将冶矿地图10张借给日方。

10月　大冶铁矿恢复生产，大冶铁厂改为日铁大冶矿业所生活基地。

至年底　钢迁会征雇的运输工具包括各类轮驳279艘，柏木船7000只，迁运器材5.6万余吨，其中属钢迁会者3.7万余吨，西迁运输胜利结束。

1940年　民国二十九年

1月1日　钢迁会将兵工署第三工厂予以归并。

2月　綦江水道运输管理处正式成立。

3月2日　钢迁会20吨高炉首次开炼。

3月　钢迁会第一所直流发电机发电。

4月　南桐煤矿轻便运输道路完工。

春　钢迁会第六所各项设备安装完毕，5月开始生产。

5月　交通部设立綦江铁路工程处。

8月　南桐煤矿正式成立。

9月14日　日机轰炸大渡口厂区，110余人伤亡。

11月2日　管维屏在大冶拜会斋藤所长，并充任日铁大冶矿业所地方事务处华籍职员。

1941年　民国三十年

3月15日　钢迁会增设大建分厂筹备处。

3月　钢迁会水道处迁往三溪桥北。

春　钢迁会钢轨钢板厂土石方工程动工。

5月5日　钢迁会奉命成立焦炭研究室。

5月　交通部成立綦江铁路工程处。

5月 钢迁会100吨高炉安装工程全部完工。

7月 钢迁会第一所直流发电机开始发电。

夏 钢迁会钢条厂厂基土石方工程竣工。

8月22日 日机轰炸大渡口厂区，死9人，伤约30人。

9月1日 日机轰炸大渡口厂区，死9人，重伤15人。

11月9日 钢迁会1.5吨电炉开炉炼钢。

1942年 民国三十一年

1月1日 钢迁会完善原有管理体制，设7处8所。

1月 钢迁会炼焦研究室改称钢迁会第五制造所。

2月 钢迁会铸钢厂厂房竣工。

3月1日 钢迁会煤铁两矿联络铁路工程处成立。

3月16日 钢迁会新厂建设工程处成立。

3月 钢迁会铸钢厂建炉工程动工。

4月8日 钢迁会4.5吨熔铁炉开炉。

5月 钢迁会轧钢条机厂开工生产。

6月10日 钢迁会一号平炉竣工，7月7日开炉。

夏 9名工人在老铁山因窿道塌方死亡。

9月10日 钢迁会1.5吨熔铁炉开炉。

10月18日 钢迁会3吨电炉开炉炼钢。

12月 遵义锰矿筹备处成立。

年底 钢迁会钢轨钢板厂土石方工程竣工。

1943年 民国三十二年

4月 钢迁会新厂建设工程处停办。

10月 钢迁会撤销建筑工程处。

1944年 民国三十三年

5月22日 钢迁会第五所正式装炉炼焦。

9月中旬 钢迁会钢轨钢板厂工程完工试车。

1945 年　民国三十四年

2月5日　大冶狮子山山洞里炸药库爆炸,炸死中国矿工300余人、日本人20余人。

6月15日　钢迁会大建分厂高炉点火。

下半年　经济部湘鄂赣区特派员李景潞派人接收日铁大冶矿业所,并成立日铁保管所。

10月　钢迁会大建分厂高炉奉命停炉。

1946 年　民国三十五年

2月1日　日铁保管所被资源委员会接收,改称大冶厂矿保管处。

6月26日　资源委员会、经济部呈文行政院:彻底清理汉冶萍资产。

7月8日　行政院批示同意清理汉冶萍资产。

7月10日　华中钢铁公司筹备处在石灰窑成立。

9月3日　中方规定:日铁、汉冶萍在鄂产业由华钢筹备处接管。

9月15日　原日铁人员向中方移交汉阳铁厂资产竣事。

10月15日　原日铁人员向中方移交汉口出张所资产竣事。

12月24日　"关于华中钢铁厂接收大冶日铁株式会社产业座谈会"举行。

1947 年　民国三十六年

4月　"汉冶萍煤铁厂矿公司清理委员会"成立。

4月22日　清理委员会举行第一次会议,孙越崎兼主任委员。

1948 年　民国三十七年

2月16日　清理委员会接收汉冶萍上海总公司,并于同日设立清理委员会上海临时办事处。汉冶萍公司历史终结。

附　表

附表一　汉冶萍公司（含汉阳铁厂）主管人员变动情况

时　间	职务与姓名
1890 年春	张之洞在鄂省会武昌设湖北铁政局
1890 年 6 月 3 日	张之洞委蔡锡勇为汉阳铁厂总办，赵渭清、徐仲虎为会办
1893 年 3 月 27 日	张之洞委朱滋泽为湖北铁政局坐办，主管财务工作
1896 年 5 月 14 日	张之洞札委盛宣怀为汉阳铁厂督办
1896 年 6 月 1 日	张之洞札委郑观应为汉阳铁厂总办
1897 年 7 月 21 日	盛宣怀札委盛春颐代理铁厂总办，后正式升任总办
1901 年	李维格任汉阳铁厂总稽核，实际居会办地位
1905 年 3 月	盛宣怀正式委任李维格为铁厂总办
1908 年 3 月 12 日	清廷批准汉冶萍改为商办，盛宣怀任总理，李维格任协理
1909 年 5 月 16 日	汉冶萍公司第一次股东大会推选王存善、顾润章、宗子载、张月阶、何伯梁、罗焕章、严子均、聂云台、李云书为权理董事，施禄生、顾润章为查账董事，盛宣怀任总理，李维格为协理
1912 年 4 月 13 日	汉冶萍股东常会选举赵凤昌、盛宣怀、杨士琦、聂其杰、王存善、沈敦和、何声灏、朱葆三、袁思亮为董事，朱志尧、杨廷栋为查账董事，赵凤昌任会长，张謇任总经理，李维格、叶景葵为经理
1913 年 2 月 21 日	董事会批准赵凤昌辞职，王存善任会长
1913 年 3 月 29 日	汉冶萍股东大会推选盛宣怀任公司总理，盛力辞未允
1913 年 3 月 31 日	盛宣怀被董事会推选为会长
1913 年 4 月 22 日	张謇辞去总经理职务
1914 年 7 月 19 日	李维格、叶景葵辞职，盛宣怀命王勋、于焌年代理
1915 年 5 月 27 日	公司股东大会选举孙宝琦、盛宣怀、王存善、李经方、周晋镳、沈敦和、张武镛、林熊征、杨学沂为董事，谢纶辉、吴作镆为查账董事
1915 年 6 月 24 日	董事会选举孙宝琦为会长，盛宣怀为副会长
1916 年 4 月 27 日	盛宣怀病逝

续表

时间	职务与姓名
1916年8月21日	董事会推选李经方任副会长
1916年9月	董事会任命夏偕复为总经理，盛恩颐为副经理
1918年1月27日	公司股东大会选举孙宝琦、李经方、周晋镳、盛恩颐、杨学沂、傅宗耀、张武铺、沈敦和、邢冕之、陶湘、吴作镆为董事，沈铺、谢纶辉、林熊征、刘燕翼为查账人，孙宝琦、李经方任正副会长，夏偕复、盛恩颐任总经理和副经理
1920年2月8日	公司股东大会推选孙宝琦、李经方、盛恩颐、张武铺、靳云鹏、傅宗耀、邢冕之、杨学沂、沈敦和、刘燕翼、沈铺为董事，左孝同、邵子愉、潘复、叶琢堂为监察，正副会长、总副经理未变
1924年11月29日	公司股东大会推选孙宝琦、傅宗耀、盛恩颐、李国杰、夏偕复等11人任董事，邵子愉等4人为监察，夏偕复辞去总经理职务，盛恩颐任代总经理
1924年12月2日	董事会临时会议推选孙宝琦为会长，傅宗耀为副会长
1925年10月13日	董事会临时会议任命盛恩颐为总经理，赵兴昌为襄理
约1926~1927年	潘灏芬任公司副经理
1927年	傅宗耀被免去副会长职务
1931年2月3日	会长孙宝琦病逝，未久傅宗耀再度当选副会长，公司再未设会长
1948年2月16日	汉冶萍公司被国民政府清理委员会接收，盛恩颐总经理之职被终结

附表二 汉冶萍公司钢铁产量（1894~1925）

单位：吨

年份	全年总产量 钢	全年总产量 铁	汉阳铁厂 钢	汉阳铁厂 铁	大冶钢铁厂 钢	大冶钢铁厂 铁
1894	680	4636	680	4636		
1895	680	4360	680	4360		
1896	1236	11055	1236	11055		
1897	8418	24022	8418	24022		
1898	22506	20490.5	22506	20490.5		
1899	20257	25483	20257	25483		

续表

年 份	全年总产量 钢	全年总产量 铁	汉阳铁厂 钢	汉阳铁厂 铁	大冶钢铁厂 钢	大冶钢铁厂 铁
1900	22134	25892	22134	25892		
1901	12451	28805	12451	28805		
1902	22906	15825	22906	15825		
1903	—	38875	—	38875		
1904	—	38771	—	38771		
1905	—	32314	—	32314		
1906	—	50622	—	50622		
1907	8538	62148	8538	62148		
1908	22626	66410	22626	66410		
1909	39000	74406	39000	74406		
1910	50113	119396	50113	119396		
1911	38640	93336	38640	93336		
1912	3321	7989	3321	7989		
1913	42637	67512	42637	67512		
1914	51252	130846	51252	130846		
1915	48369	136531	48369	136531		
1916	45045	146624	45045	146624		
1917	42653	149929	42653	149929		
1918	26996	139152	26996	139152		
1919	4851	166096	4851	166096		
1920	38760	124947	38760	124947		
1921	46300	124360	46300	124360		
1922	185	149525	185	148525	—	1000
1923	—	159896	—	73752	—	86144
1924	—	179128	—	61268		117860
1925	—	53482	—	—	—	53482
合 计	620554	2472863.50	620554	2214377.5		258486

资料来源：本表系根据公司档案摘录整理，转引自鄂档《汉冶萍》下册，第444页。

附表三　大冶铁矿历年铁矿石产销情况（1893~1938）

单位：吨

年　份	产　　量	运销日本额	运销汉阳铁厂	运销大冶铁厂
1893	3000			
1894	10000			
1895	10000			
1896	15933		16100	
1897	20545		32800	
1898	36558		30820	
1899	24765		30280	
1900	57201	15476	39389	
1901	109215	70189	36354	
1902	84036	48169	25843	
1903	107794	51268	55935	
1904	106378	59990	55033	
1905	151168	72000	50194	
1906	185610	105800	69868	
1907	174630	100000	85195	
1908	171934	127000	100159	
1909	309399	95600	142142	
1910	343097	96210	244359	
1911	359467	121000	189465	
1912	268685	192980	13435	
1913	416342	273900	164025	
1914	488258	292400	220095	
1915	546789	298350	229658	
1916	550810	284500	252195	
1917	542519	323495	251749	
1918	629089	321100	234066	
1919	696935	356730	279389	
1920	824490	385950	210172	
1921	384286	249900	209185	
1922	345631	294144	249790	2000
1923	486631	303650	123970	173000
1924	448921	246139		235360

续表

年　份	产　量	运销日本额	运销汉阳铁厂	运销大冶铁厂
1925	315410	244249		106964
1926	85732	105215		
1927	243632	153719		
1928	419950	399410		
1929	350623	391140		
1930	379712	391380		
1931	314359	254515		
1932	382002	330000		
1933	388757	368170		
1934	453640	468420		
1935	545120	536690		
1936	604843	533300		
1937	376093	277720		
1938	240000			
总　计	14009989	9239868	3641665	517324

注：1891～1892年只去土未出矿。

资料来源：鄂档《汉冶萍》下册，第678页。

附表四　萍乡煤矿煤焦产额（1898～1928）

单位：吨

年　份	煤炭产量	焦炭产量	年　份	煤炭产量	焦炭产量
1898	10000	29000	1913	693411	176824
1899	18000	32000	1914	687956	194413
1900	25000	43000	1915	927463	249164
1901	31000	63000	1916	992494	266418
1902	56000	82000	1917	946080	239797
1903	122000	93000	1918	694433	216012
1904	154000	107000	1920	794999	249015
1905	194000	114000	1921	772971	206087
1906	347000	82000	1922	827870	254973
1907	402000	119000	1923	666739	208918
1908	702447	105281	1924	648527	190100
1909	1017843	118134	1925	512300	
1910	332914	215765	1926	75715	
1911	1115614	166062	1927	183349	
1912	243923	29834	1928	168821	

资料来源：鄂档《汉冶萍》下册，第509页。

附录 | 559

附表五　汉冶萍公司所借日债

编号	借款日期	债权人	借款数额	抵押和担保	原定利率	利率 1917年9月	利率 1925年1月	利率 1930年6月	截至1948年9月结欠额	备注
1	1903年12月14日	大仓组	洋例银20万两	汉厂栈存钢轨6000吨作抵，汉厂作保	7.2厘					合同定为6厘
2	1904年1月15日	兴业银行	300万日元	大冶得道湾矿山、铁路、矿山吊车并车辆房屋及修理机器厂作担保	6厘			5.5厘	2051551.8日元	
3	1906年2月28日	三井物产会社	100万日元	汉厂动产及所产钢铁和栈存煤焦材料作抵押	7.5厘					
4	1907年12月13日	大仓组	200万日元	萍乡煤矿所有生利之财产物作抵	7.5厘					
5	1907年12月13日	汉口正金银行	30万日元	与前编号2兴业银行借款相同	7厘					
6	1908年6月13日	横滨正金银行（第一批）	150万日元	汉冶萍公司原有矿山及其他财产和九江大城门铁矿山作抵押	7.5厘	7厘	6厘	5.5厘	150万元	内有1905年6月所借30万元转入，此次实借只有170万元

续表

编号	借款日期	债权人	借款数额	抵押和担保	原定利率	利率 1917年9月	利率 1925年1月	利率 1930年6月	截至1948年9月结欠额	备注
7	1908年11月14日	横滨正金银行（第二批）	50万日元	汉冶萍公司原有矿山及其他财产和九江大冶门铁矿山作抵押	7.5厘	7厘	6厘	5.5厘	50万日元	
8	1909年3月21日	汉口正金银行	洋例银50万	公司汉口地契一、二、三、五、六号共25张作抵，盛宣怀作保	8厘					
9	1910年9月10日	横滨正金银行（第三批）	100万日元	与前编号6正金银行借款相同	7厘	6.5厘	6厘	5.5厘		
10	1910年11月17日	横滨正金银行（第四批）	612730日元	与前编号6正金银行借款相同	7厘	6.5厘	6厘	5.5厘	612730日元	原为规银100万两，后分拆成借款两笔
11	1910年11月17日	横滨正金银行（第五批）	614395日元	与前编号6正金银行借款相同	7厘	6.5厘	6厘	5.5厘	614395日元	原为规银100万两，后分拆成借款两笔
12	1910年12月28日	三井物产会社	100万日元	向六合公司转借集成纱厂契据						

续表

编号	借款日期	债权人	借款数额	抵押和担保	原定利率	利率 1917年9月	利率 1925年1月	利率 1930年6月	截至1948年9月结欠额	备注
13	1911年3月31日	横滨正金银行（第六批）	600万日元	合同中未提抵押担保事	6厘			5.5厘	600万日元	
14	1912年2月10日	横滨正金银行（第七批）	300万日元	冶矿产和武昌银头山、余财产、马婆山、兴国富池口、鸡笼山所产铁矿石	第一年7厘，后再商定	6厘			2976059.95日元	此笔借款中由公司转借给临时政府250万日元
15	1912年2月8日	汉口正金银行（第八批）	洋例银12万两		8厘	7厘				
16	1912年6月13日	横滨正金银行（第九批）	50万日元	洋矿轮驳	7厘	6.5厘	6厘	5.5厘	50万日元	此笔借款在正金银行账下折为日金2924456日元
17	1912年12月7日	上海正金银行（第十批）	规银250万两	北洋政府公债票500万元及汉阳铁厂部分产业	8厘	6厘	6厘	5.5厘	规银250万两	
18	1912～1913年陆续借用	上海正金银行	规银120万两	汉口地契2张、钢轨栈单1张、矿石栈单1张	8厘					

续表

编号	借款日期	债权人	借款数额	抵押和担保	原定利率	利率 1917年9月	利率 1925年1月	利率 1930年6月	截至1948年9月结欠额	备注
19	1913年4月10日	三井物产会社	规银10万两	栈单1张，计生铁4000吨	8.5厘					
20	1913年4月11日	三井物产会社	规银5万两	栈单1张，计生铁2000吨	8.5厘					
21	1913年5月19日	三井物产会社	规银5万两	栈单1张，计生铁2000吨	8.5厘					
22	1913年11月30日	三井物产会社	50万日元	汉口地契17张，出货单2张计生铁1.5万吨，生铁4万吨	8.5厘					
23	1913年12月2日	横滨正金银行（第十一批）	600万日元	公司现有全部财产及因日本借款新添之一切财产	7厘	6.5厘	6厘	5.5厘	600万日元	
24	1913年12月2日	横滨正金银行（第十二批）	900万日元	公司现有全部财产及因日本借款新添之一切财产	7厘		6厘	5.5厘	900万日元	
25	1917年9月7日	安川敬一郎	125万日元	公司应领九州制钢公司全部股票	前5年6厘，后再商定					

续表

编号	借款日期	债权人	借款数额	抵押和担保	原定利率	利率 1917年9月	利率 1925年1月	利率 1930年6月	截至1948年9月结欠额	备注
26	1919年4月25日	安川敬一郎	125万日元	公司应领九州制钢公司全部股票	前5年6厘，后再商定					
27	1925年1月21日	横滨正金银行（第十三批）	850万日元	公司现有全部财产及因本借款新添之一切财产	6厘			5.5厘	6398050.98日元	在谈判过程中已先后支付6398050.98日元
28	1927年1月21日	横滨正金银行（第十四批）	200万日元	公司现有全部财产及因本借款新添之一切财产	6厘			5.5厘	200万日元	
29	1930年5月28日	横滨正金银行（甲借款）	116681.62日元	无抵押	2厘					此系正金银行第三批借款未付利息
30	1930年5月28日	横滨正金银行（乙借款）	1773375.56日元	无抵押	同上					此系短期借款19.6万两转换而来
31	1930年5月28日	横滨正金银行（息款）	504142.16日元	无抵押	无息				504142.16日元	
32	1930年5月28日	兴业银行（息款）	26501.50日元	无抵押	无息				14501.50日元	

资料来源：《旧中国汉冶萍公司与日本关系史资料选辑》，第1112~1120页。

附表六　公司运交日本制铁所生铁数量（1911~1925年）

单位：吨

年份	生铁	年份	生铁	年份	生铁
1911	19164	1917	49684	1923	57345
1912	15752	1918	50000	1924	122306
1913	14800	1919	60000	1925	32297
1914	15000	1920	75460		
1915	50936	1921	63300	合计	783340
1916	40950	1922	116346		

资料来源：汉冶萍公司档案杂卷，转引自《旧中国汉冶萍公司与日本关系史料选辑》，第1123页。

附表七　大冶沦陷期间日本运走铁矿石数量

单位：吨

年份	运日铁矿石	年份	运日铁矿石	年份	运日铁矿石
1938	15597	1941	920459	1944	461145
1939	189970	1942	1413054	1945	722340
1940	297660	1943	979775	合计	500万

资料来源：《旧中国汉冶萍公司与日本关系史料选辑》，第1123页。

撰后杂感

20世纪80年代初,我在撰写《招商局史》(近代部分)时,就对在中国近代经济生活中扮演重要角色的招商局的一些关系企业如开平煤矿、电报局、中国通商银行、汉冶萍公司等产生了浓厚兴趣。

时隔近30年后,我撰写《汉冶萍公司史》则多少带有一点偶然性。

2010年5月,我去拜访黄振亚老先生,蒙他赐赠《旧中国汉冶萍公司与日本关系史料选辑》,回家一读,感到这本书编得太好了,久藏心底的写作欲望又开始萌动。

7月份,我前往湖北省档案馆查阅资料,除看了汉冶萍的一些重要史料外,又蒙该馆赠送《汉冶萍公司档案史料选辑》(上、下册)。经工作人员引荐,我拜访了张之洞与汉阳铁厂博物馆顾必阶馆长,受到他的热情接待。顾馆长与我素昧平生,却给了我极大信任,不仅将全部馆藏文献(包括《张之洞全集》、《愚斋存稿初刊》、《盛档·汉冶萍公司》等)对我开放,还让我将书借回去阅读、复印,并将馆藏的珍贵照片借给我扫描、洗印。

此后,我到湖北省图书馆查找资料,马志立博士给了我极大帮助。当时省图准备搬迁,很多图书都打了包,马博士设法帮我将《矿务档》、《中国近代工业史资料》(第二、三、四辑)等许多文献从网上发过来,并帮我扫描了一些地图。

我的女儿从网上也为我购买了一些必需的资料。我在湖北省图书馆、湖北省档案馆、武汉市图书馆、武汉市档案馆收集若干资料之后,就要选好研究的课题。我初定的题目包括"汉冶萍公司史"、"招商局与汉冶萍"等。我写信给一向支持我从事招商局史研究的招商局集团副总裁胡政先生，征求他们的意见。9月初，集团办公厅邱树荣经理来信，嘱我撰写《招商局与汉冶萍》。在招商局集团的支持下，从10月3日开始，我正式进入收集专题资料、草拟大纲和撰写书稿的阶段。

此后约9个月时间内，我先后赴武钢、重钢、重庆档案馆、大冶铁矿、萍乡煤矿、黄石市档案馆等处收集资料，得到丁秀英、唐克洪、马景源、孙正风等先生（女士）的大力支持和热情帮助，收集到了一些稀缺资料。

我采取边收集资料边撰写的工作方式，这样既可以随时发现史料的不足，又能随时将一些内容补进史稿。至2011年4月底，《招商局与汉冶萍》初稿已基本完成。经过反复修改和录入、打印，到9月上旬，我将书稿寄给招商局，真有如释重负之感。2012年9月，《招商局与汉冶萍》由社会科学文献出版社出版，图文并茂，印刷精美，这对我是极大的鞭策。

早在2011年下半年，我就开始准备撰写《汉冶萍公司史》，抓紧补充收集资料和正式撰写书稿，2012年2月17日完成该书前半部分（1890~1918年），8月28日基本完成初稿，又反复修改了四遍，11月8日完成全部书稿。

这里，有几个技术性问题需说明一下：

一是将书中涉及的农历全部改成了公历。这虽费时不少，但可为读者提供一些方便；

二是基本不用自己已出版书中用过的插图，这主要是为了减少篇幅，增加信息量；

三是尽量压缩已出版书中用过的史料，只保留若干极重要的内容；

四是适当减少书中的注释（资料来源），以免行文过于烦琐、芜杂。

《汉冶萍公司史》是我耗费时间和精力最多的专著。这本书能够顺利出版，首先要归功于招商局集团的倾力支持。一是招商局史研究会毅然承担了本书的出版费及其他相关费用；二是招商局史研究会嘱我撰写《招商局与汉冶萍》，在此过程中我收集了部分资料，为撰写《汉冶萍公司史》打下了较好的基础。我在此向为企业文化建设做出独特贡献的招商局集团领导和集团办公厅表示崇高敬意！

与此同时，我也要向对编写该书给予大力支持的武钢、重钢、张之洞与汉阳铁厂博物馆、冶矿、萍矿，以及湖北省、重庆市、黄石市、武汉市各档案馆、图书馆的有关领导和工作人员真诚表示感谢！

社会科学文献出版社有关人员，特别是责任编辑王雪、宋荣欣为本书的出版付出了大量心血，我谨致以诚挚的谢意！

对此书的缺陷和差错，敬请专家、学者和广大读者不吝赐教。

张后铨

2014年5月于武汉

图书在版编目(CIP)数据

汉冶萍公司史 / 张后铨著 . —北京：社会科学文献出版社，2014.8
（招商局文库·研究丛刊）
ISBN 978 - 7 - 5097 - 6167 - 0

Ⅰ.①汉… Ⅱ.①张… Ⅲ.①汉冶萍煤铁厂矿公司 - 经济史 Ⅳ.①F426.31

中国版本图书馆 CIP 数据核字 （2014）第 133684 号

招商局文库·研究丛刊

汉冶萍公司史

著　　者 / 张后铨

出 版 人 / 谢寿光
出 版 者 / 社会科学文献出版社
地　　址 / 北京市西城区北三环中路甲29号院3号楼华龙大厦
邮政编码 / 100029

责任部门 / 近代史编辑室 （010） 59367256　　责任编辑 / 王　雪　宋荣欣
电子信箱 / jxd@ ssap.cn　　责任校对 / 张文飞
项目统筹 / 宋荣欣　　责任印制 / 岳　阳
经　　销 / 社会科学文献出版社市场营销中心 （010） 59367081　59367089
读者服务 / 读者服务中心 （010） 59367028

印　　装 / 三河市东方印刷有限公司
开　　本 / 787mm×1092mm　1/16　　印　张 / 36.75
版　　次 / 2014 年 8 月第 1 版　　字　数 / 581 千字
印　　次 / 2014 年 8 月第 1 次印刷
书　　号 / ISBN 978 - 7 - 5097 - 6167 - 0
定　　价 / 128.00 元

本书如有破损、缺页、装订错误，请与本社读者服务中心联系更换
▲ 版权所有　翻印必究